In der Klappe links:
Übersicht über die in diesem
Buch beschriebenen Routen

Dr. Hans-R. Grundmann GmbH
Verlagsgruppe Reise Know-How

Kanada, der ganze Westen

Alberta, British Columbia, Yukon und Northwest Territories,
Trans Canada Highway durch Ontario, Manitoba und Saskatchewan

mit Alaska

Bernd Wagner
Hans-R. Grundmann

Canada oder Kanada?

Die kanadische Schreibweise ist »Canada«, die deutsche »Kanada«. In diesem Buch wird durchgehend »Canada« als Eigenname des Landes verwendet, im Text als Adjektiv gemäß deutscher Rechtschreibung jedoch »kanadisch«.

Der Titel dieses Buches, früher konsequenterweise auch mit »C« geschrieben, wurde auf die deutsche Schreibweise umgestellt, weil in den deutschsprachigen Verzeichnissen, Katalogen und Internet-Bibliotheken »Kanada« üblich ist und das früher unter »C« eingeordnete Buch daher oft nicht gefunden wurde.

Bernd Wagner, Hans-R. Grundmann

Kanada, der ganze Westen - mit Alaska

13. komplett neu bearbeitete und aktualisierte Auflage 2009
(bis 6. Auflage unter Mitarbeit von Heike Wagner)

mit separater **Straßenkarte** und
Unterkunfts- und Campingführer Westalberta/British Columbia

ist erschienen im

Reise Know-How Verlag

ISBN: 978-3-89662-247-1

Gestaltung
Umschlag: Carsten C. Blind/Asperg, Hans-R. Grundmann
Satz & Layout: Hans-R. Grundmann
Fotos: siehe Nachweis auf Seite 560
Karten: map solutions, Karlsruhe

Druck
W. Zertani, Druckerei und Verlag, Bremen

Dieses Buch ist in jeder Buchhandlung
in Deutschland, Österreich und der Schweiz erhältlich.
Die Bezugsadressen für den Buchhandel sind

- Prolit Gmbh, 35463 Fernwald
- AVA Buch 2000, CH-8910 Affoltern
- Mohr Morawa GmbH A-1230 Wien
- Barsortimenter

Wer im lokalen Buchhandel Reise Know-How-Bücher nicht findet,
kann diesen und andere Titel der Reihe auch im Buchshop des
Verlages im Internet bestellen: **www.reisebuch.de**

Zur Konzeption dieses Reiseführers

Dieses Buch wendet sich in erster Linie an Leser, die den **Westen Kanadas auf eigene Faust** entdecken und erleben möchten. Es entstand aus der langjährigen Reisepraxis der Autoren und stellt konkrete Fragen, wie sie sich während der Reisevorbereitung und unterwegs ergeben, konsequent in den Vordergrund.

Das einführende Kapitel liefert spezifische, vor allem unter touristischem Blickwinkel wichtige **Informationen zu den Reisezielen Kanada und Alaska**. Es erläutert alle wesentlichen Möglichkeiten der Urlaubsgestaltung und hilft bei der Vorklärung der Frage nach den besten Reiseterminen und -regionen.

Zu **Flügen** nach und in Canada und Alaska sowie zur Entscheidung über die **Art des Reisens** (mit Campmobil, Pkw und Motel/Zelt, Bus und/ oder Eisenbahn) sind in den folgenden Kapiteln alle Informationen und Aspekte zusammengetragen. Sowohl das **Flugkapitel mit Exkurs zur Internetbuchung** als auch die Abschnitte über **Pkw- und Campermiete** gehen in ihrer Ausführlichkeit weit über das sonst gewohnte Maß hinaus. Viele Tipps und Hinweise helfen, **unterwegs in Canada** problemlos zurechtzukommen und unnötige Ausgaben, Zeitverlust und Ärger zu vermeiden.

Im **Reiseteil** findet sich ein **dichtes Routennetz für Kanadas gesamten Westen und Alaska**, außerdem eine **Ost-West-Route** von Toronto nach Calgary auf ***Trans Canada Highway*** und Nebenstrecken, ⇨ Umschlagklappe. Für **British Columbia** mit seinem vergleichsweise verzweigten Straßennetz wurden die Teilstrecken so gewählt, daß sie auch anders als beschrieben kombiniert werden können. Zusätzlich zu den im Text verfolgten Routen ergänzen regionenübergreifende **Tourenvorschläge** die Reisekapitel. Weitere Details zum Reiseteil und dessen Aufbau stehen auf den Seiten 170+171.

Wert gelegt wurde auf **Wanderempfehlungen**. Hinweise auf die jeweils schönsten Wege gibt es in allen Kapiteln, ⇨ auch Seite 31.

Alles Wissenswerte zu Canada, den Provinzen und Territorien ist in einem ausführlichen **Anhang** behandelt; darüber hinaus stehen **Themenkästen** an geeigneter Stelle im laufenden Text.

Auch diese Auflage wurde wieder sorgfältig komplett überarbeitet und aktualisiert. Zahlreiche **Internet-Adressen ergänzen die Informationen** und ermöglichen dem Leser, Preise und Daten weiterhin *up-to-date* zu halten.

Eine gute Reise wünschen Ihnen

Bernd Wagner und Hans-R. Grundmann

Teil 1 PLANUNG, VORBEREITUNG UND DURCHFÜHRUNG einer Reise durch Canadas Westen und Alaska

TEIL 3 ANHANG

*) Die allgemeinen Informationen zu den Provinzen sind identisch aufgebaut, die Gliederung ist hier nur einmal exemplarisch aufgeführt.

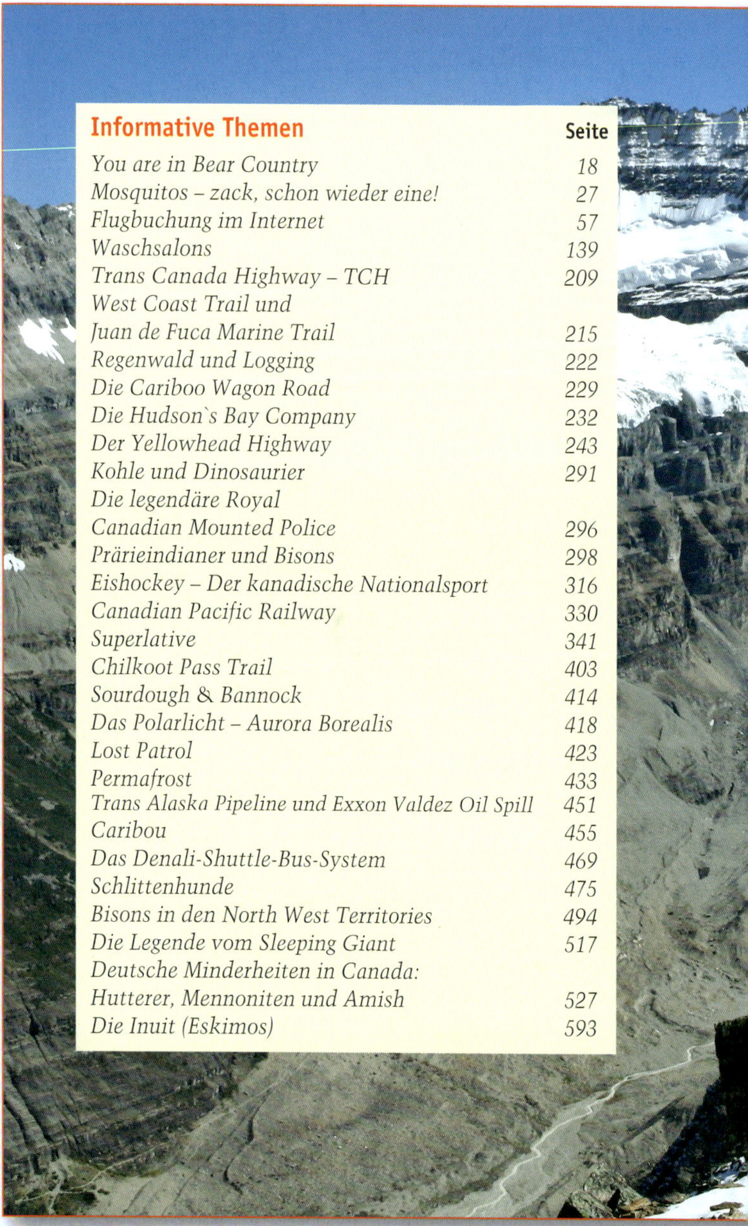

Informative Themen

Planung, Vorbereitung und Durchführung

einer Reise durch Kanadas Westen und Alaska

1. WAS BIETET CANADAS WESTEN?

1.1 Reiseziel Canada

Naturerlebnis und Abenteuer

Canada gilt als Inbegriff unberührter Natur, Einsamkeit und Wildnisabenteuer. Weite Gebiete im Westen und Norden des riesigen Landes und nicht zuletzt in Alaska entsprechen auch tatsächlich diesem Bild: Unendliche Wälder, glasklare Bäche und Seen, reißende Flüsse, schneebedeckte Berge und mächtige Gletscher warten auf den Reisenden. Begegnungen mit Bären und Elchen sind keine Seltenheit, Gewässer voller Forellen und Lachse der Traum eines jeden Anglers. Ob per Wohnmobil, mit dem Zelt, zwischendurch vielleicht auch mal auf Schusters Rappen, auf dem Pferderücken oder im Kanu, in Canada gehören Naturerlebnis und Lagerfeuerromantik zu den selbstverständlichen »Zutaten« jeder Reise, ja machen ihren besonderen Reiz aus. In den Nationalparks der Rocky Mountains, am *Trans Canada Highway* in British Columbia, am Lake Superior in Ontario und auf dem *Alaska Highway* mit seinen Nebenstrecken – um nur die touristisch populärsten Bereiche zu nennen – wird jeder Reisende sein »typisches« Canada finden.

Großstädte

Aber durchaus nicht überall stehen zivilisationsferne Attraktionen im Vordergrund. Ebenfalls Besuchermagneten sind Canadas Großstädte. Die Lage **Vancouvers** zwischen Meer und Küstengebirge mit Badestränden in Zentrumsnähe, Resten von Regenwald in seinen Parks und Skipisten unweit der nördlichen Vororte wird von keiner anderen Großstadt Nordamerikas übertroffen.

Die Präriezentren **Edmonton,** als Sitz der Provinzregierung und Tor zum Norden, und **Calgary** als Ölhauptstadt Albertas und Heimat der *Calgary Stampede*, der größten Rodeo Show Amerikas, besitzen beide den Vorzug einer kurzen Distanz zu den Rocky Mountains.

Klimatische »Überraschungen«

Kaum bekannt ist, dass die südlichsten Zipfel Canadas auf derselben Breite wie Nordkalifornien oder Rom liegen. Während in der subarktischen Tundra die Vegetation gegen Dauerfrost kämpft, gedeihen im südeuropäisch anmutenden Sommerklima Ontarios Weintrauben und Pfirsiche. Im südlichen Alberta und Saskatchewan, wo im Juli und August Tagestemperaturen von 25°-30°C überwiegen, ist es sogar noch wärmer.

Ausgedörrte ***Badlands*** erinnern dort an Landschaften im Südwesten der USA. Eine Art kanadisches Oberitalien und warme Badeseen, Weinterrassen, Obst in Hülle und Fülle und sogar

Landschaftliche Vielfalt

Kakteenbestände findet man im ***Okanagan Valley*** in British Columbia. Nur wenige hundert Kilometer westlich davon stehen auf **Vancouver Island** dichte Regenwälder entlang einer niederschlagsreichen, eher unwirtlichen, aber nichtsdestoweniger reizvollen Küste.

Im Südosten der Insel ziehen dagegen flache Sandstrände und eine warme Meeresströmung Badegäste an. Weiter im Norden an der noch kaum erschlossenen **Pazifikküste** passieren die Alaskafähren durch die *Inside Passage* rauhe Gebirgszüge und kalbende Gletscherfelder.

»Lebende Museen«

Fast wie ein Teil der Landschaft wirken die originalgetreuen Rekonstruktionen historischer Dörfer und Befestigungsanlagen (*Barkerville* und *Fort Steele* in BC, *Fort Walsh* in den Cypress Hills/Saskatchewan oder *Old Fort William* bei Thunder Bay/ Ontario), die als »lebende« Museen zu den besonderen Sehenswürdigkeiten Canadas zählen. Ein Höhepunkt jeder Fahrt in den Norden ist das heute zum historischen nationalen Denkmal erklärte **Dawson City,** Kapitale des Klondike-Goldrausches im ausgehenden 19. Jahrhundert.

Pioniergeist

Wer auf eigene Faust durch Canada reist und sich vielleicht vom ***Frontier Spirit,*** dem alten Pioniergeist, anstecken lässt, wird noch manches Unerwartete mehr entdecken.

Reisekosten

(➪ dazu auch www.reisebuch.de/nordamerika/buecher dort Thema: »Dollarkurs und Reisekosten«)

Sprachlich kommt man leichter »durch« als beim Nachbarn USA, benötigt aber doch eine einigermaßen gefüllte Brieftasche. Denn leider hat der kanadische Dollar in den letzten Jahren den Wechselkursabstieg des US-Dollar nicht mitgemacht, nachdem sich beide Währungen früher stets im »Gleichschritt« bewegten. Mit anderen Worten: aus der Sicht von Eurobesitzern blieb Canada ein teures Reiseland, während sich die Kosten für viele Produkte und (touristische) Dienstleistungen in den USA dank des günstigeren Dollarkurses auch 2008 wieder deutlich verbilligten. Nichtsdestoweniger ist eine Canadareise auch bei knappem Budget realisierbar, sofern man campt oder konsequent in preiswerteren Quartieren übernachtet.

Indianertradition, eher mit den USA in Verbindung gebracht, gibt es auch noch in Canada: hier auf dem Kamloops Pow-Wow im zentralen British Columbia

1.2 Landesüberblick

Fläche und Bevölkerung

Canada umfaßt eine Fläche von fast **10 Millionen km²** und ist damit nach Russland und (knapp) vor den USA das zweitgrößte Land der Erde, besitzt aber nur **33,2 Mio. Einwohner**. Zum Vergleich: in Deutschland leben auf nur 3,6% der Fläche Canadas (357.000 km²) 82,2 Mio. Menschen. Dabei ergibt sich für Canada eine **durchschnittliche Bevölkerungsdichte** von knapp über **3 Einwohnern pro km²**, in Deutschland von 231Menschen pro km².

Canada erstreckt sich in Ost-West-Richtung von Cape Spear bei St. John's auf Neufundland bis zur Alaska/Yukon-Grenze über eine Luftlinie von rund 5.514 km. Die maximale Nord-Süd-Distanz von *Middle Island,* einer winzigen Insel vor *Point Pelee* im Lake Erie bis zum *Cape Columbia* auf Ellesmere Island (nur 765 km vom Nordpol entfernt) beträgt ca. 4.634 km.

Die Grenze mit den USA ist im Westen mit dem Verlauf des 49. (Karlsruhe) und im Osten zu einem Teil mit dem des 45. Breitengrades (Turin) identisch. Die Bevölkerung lebt zu über 90% auf nur einem Fünftel des Gesamtterritoriums, innerhalb eines etwa 500 km breiten Gürtels entlang der Grenze zu den USA in einer Mitteleuropa entsprechenden geographischen Zone.

Kanadischer »Schild«

Mit Abstand am dichtesten besiedelt sind die nördlichen Uferregionen des St. Lorenz Stroms und das Gebiet zwischen den Seen Huron, Erie und Ontario. Inmitten dieser fruchtbaren landwirtschaftlich intensiv genutzten Ebenen liegen die wichtigsten Industriezentren. Unmittelbar nördlich der Großen Seen erstreckt sich in einem weiten Bogen rund um die Hudson Bay der sogenannte *Kanadische Schild,* eine in der Eiszeit geformte felsige **Hügellandschaft,** die sich von Ontario über den Norden Manitobas, Saskatchewans und Albertas bis in die Northwest Territories hinein fortsetzt. **Zahllose Seen** füllen Senken und Vertiefungen. Das größte Gewässer, der ***Lake Winnipeg***, ist mit einer Fläche von 24.400 km² (Bodensee: 540 km²) größer als Hessen. Der südliche ***Canadian Shield*** ist dicht bewaldet, eignet sich aber kaum für Agrarwirtschaft oder Viehzucht. Er blieb daher weitgehend unbesiedelt. Erst in den 1970er-Jahren wurden die oft durch Flüsse und Wildwasser miteinander verbundenen Seenplatten als touristisch »verwertbare« Freizeit- und Abenteuerreviere erkannt.

Prärien

Die flachen bis leicht hügeligen, scheinbar endlosen **Getreidefelder** im Süden Manitobas, Saskatchewans und Albertas sind eine Fortsetzung der US-amerikanischen ***Great Plains***. Die ins Land strömenden Siedler machten daraus in wenigen Jahrzehnten die Kornkammer Canadas. Von den ***Grasslands***, Weideflächen einst riesiger Bisonherden, blieben nur kleinere Areale erhalten.

Die nördlichen Grenzen der vier Provinzen British Columbia, Alberta, Saskatchewan und Manitoba verlaufen entlang des 60. Breitengrades, auf dem auch Oslo liegt. Die durch die ***Mackenzie***

Der »hohe« Norden

Mountains getrennten Northwest und Yukon Territories stehen in Canadas Westen für den »hohen« Norden. Nadelwälder und unzählige Seen und Flüsse kennzeichnen vor allem die südlichen **Northwest Territories.** Dort findet man die beiden größten ganz in Canada gelegenen Seen, den **Great Slave Lake** und den **Great Bear Lake** (28.600 km^2 bzw. 31.300 km^2). Der mächtige ***Mackenzie River*** fließt vom Großen Sklavensee ins Nordpolarmeer. In weiten Teilen der Territorien herrscht **Permafrost** (der Boden ist bis auf wenige Zentimeter dauerhaft gefroren), der im Bereich des Polarkreises und weiter nördlich nur Tundravegetation in Form von Moos- und Heidebewuchs zulässt.

Rocky Mountains in Canada

Das **Landschaftsbild** im kanadischen Westen wird geprägt durch die mächtigen Rocky Mountains und die Coast Mountains. Die beiden parallel von Nordwesten nach Südosten verlaufenden **Gebirgszüge** gehören zu den **Kordilleren**, die von den Anden Südamerikas bis nach Alaska reichen. In der Prärie kann man schon aus großer Entfernung die schneebedeckten Gipfel der **Rocky Mountains** erkennen, wobei im ***Waterton Lakes National Park*** der Übergang zwischen *Great Plains* und Hochgebirge dann vollkommen abrupt erfolgt. Die *Rockies* im Grenzbereich zwischen den Provinzen Alberta und British Columbia sind erklärte Lieblingsziele europäischer Touristen, denn in ihnen befinden sich mit ***Banff*** und ***Jasper*** zwei der populärsten Nationalparks Nordamerikas. Die Rocky Mountains setzen sich weiter nördlich bis zum ***Muncho Lake Provincial Park*** am *Alaska Highway* in British Columbia nahe der Grenze zum Yukon Territory fort.

Küstengebirge

An der Westküste bilden die ***Coast Mountains*** die Fortsetzung der US-amerikanischen **Kaskaden.** Ihre steilen Hänge über dem Pazifik lösen sich in zahlreiche fjordartige Buchten und gebirgige Inseln auf. In der südwestlichsten Ecke des Yukon Territoriums ***(St. Elias Range/Kluane National Park)*** steht der ***Mount Logan,*** mit 5.959 m höchster Berg Canadas. Dort befindet sich im angrenzenden Wrangell-St.Elias National Park (bereits in Alaska) mit dem ***Bagley Icefield/Bering Glacier*** der größte Gletscher Nordamerikas.

Gebirge in British Columbia

Im südöstlichen und nordwestlichen British Columbia liegen zwischen beiden Hauptformationen weitere dazu parallel verlaufende Gebirgszüge. Sie umrahmen das im zentralen Bereich der Provinz gelegene ***Fraser Plateau,*** eine bewaldete Hügel- und Seenlandschaft mit einer Basishöhe um 600 m.

Inseln

Der Westküste vorgelagert sind zahlreiche Inseln, davon als bedeutendste **Vancouver Island,** die mit einer Fläche von **31.200 km^2** die Ausmaße eines kleinen europäischen Landes besitzt und mit ihren unterschiedlichen Landschaftsformen und Klimazonen ein Reiseziel für sich darstellt.

1.3 Vegetation und Tierwelt

Indian Summer/ Wälder

Vor allem die Laubwälder Ontarios liefern im Herbst ein außerordentliches Farbenspiel. Die leuchtenden Rottöne der **Ahornbäume,** die im Frühjahr den beim kanadischen Frühstück unverzichtbaren ***Maple Syrup*** liefern, und das strahlende Gelb der Eichen, Birken und Espen finden in Europa kaum ihresgleichen. Die intensive Blätterfärbung entsteht durch den früh im Jahr einsetzenden Nachtfrost.

Nach **Norden** hin nimmt der Anteil der Nadelbäume zu, bis in subarktischen Gefilden schließlich der boreale **Nadelwald** dominiert. Die unendlichen Wälder Canadas bieten **Hirschen, Elchen, Schwarzbären, Bibern, Waschbären, Füchsen, Bisamratten** und vielen Kleintierarten einen immer noch verhältnismäßig ungestörten Lebensraum.

Tundra

Jenseits der Baumgrenze breitet sich bis ans Nordpolarmeer die Welt der **Tundra** aus. In dem rauhen Klima vermag nur eine Vegetation zu überdauern, die den langen, dunklen Wintern mit ihren eisigen Schneestürmen trotzen kann und sich mit einer ausgesprochen kurzen Wachstumsperiode zufriedengibt. Die extrem an die Witterung angepaßten, meist kleinen und gedrungenen Pflanzen wachsen in Spalten und Senken oder hinter Felsen und Hügeln, die Schutz vor den Unbilden der Witterung gewähren. Da **im Norden** in der Regel **nur wenig Niederschläge** fallen, haben die meisten Pflanzen wirkungsvolle Mechanismen für die Wasserspeicherung entwickelt. Trotz der ungünstigen Bedingungen konnte sich daher eine bemerkenswert vielfältige Vegetation durchsetzen.

Fauna im Norden

Die Fauna ist in dieser unwirtlichen Gegend nicht übermäßig artenreich, die Tundra in erster Linie das Land der *Caribous* (➪ Seite 455). Die kalten Gewässer des Nordpolarmeeres und der Hudson Bay sind Lebensraum für **Großwale, Belugas, Walrösser, Seehunde, Eisbären,** zahlreiche Fischarten sowie Kleinstlebewesen. Das sensible Biosystem reagiert auf Störungen sehr empfindlich. Schon im 18. Jahrhundert verschwanden aus unbekannten Gründen viele Walarten aus diesen Gewässern, was die ***Inuit*** zwang, zur **Robbenjagd** überzugehen.

Prärieprovinzen

Wie oben angedeutet, mussten die einstigen **Kurzgrasprärien** der Provinzen Manitoba, Saskatchewan und Alberta weitgehend dem **Weizenanbau** weichen. Dies führte zu Flächen riesigen Ausmaßes, heute zum Teil **Brachland,** fast ohne natürliche Vegetation. Als Folge kam es zu starker Winderosion. Eisige Winterstürme und heiße, trockene Sommer machen es der Pflanzenwelt zusätzlich schwer, wieder Fuß zu fassen.

Der dort arg dezimierte **Tierbestand** findet in vereinzelten kleinen Waldinseln und Prärieresten einen kaum noch nennenswerten Lebensraum.

Bisons

Auf die aus freier Wildbahn praktisch verschwundenen **Bisons** trifft man nur noch bei privaten Züchtern und in geschützen Bisongehegen wie z.B. in den ***Riding Mountain, Elk Island und Wood Buffalo National Parks.*** Immerhin ist es gelungen, den

Biber

Biber, Wappentier Canadas, vor der Ausrottung zu retten. Es gibt ihn wieder in großer Zahl in den Wald- und Seengebieten nördlich der Landwirtschaftszone.

Bären

Die dicht bewaldeten, einsamen Regionen der Rocky Mountains und die Küstengebirge sind ***Bear Country.*** Das Reich der ***Grizzlies*** liegt in den schwer zugänglichen Hochregionen, die **Schwarzbären** haben ihr Revier in tiefergelegenen Gebieten. Beide Bärenarten kommen sich aufgrund dieser unterschiedlichen Lebensgewohnheiten selten in die Quere. Typisch für die Bergwelt sind außerdem **Dickhornschafe, Bergziegen und Adler.** Aus den stärker besiedelten Gebieten des ***Fraser Plateaus*** – wiewohl ebenfalls überwiegend Waldland – haben sich die Bären etwas zurückgezogen. Dort sieht man neben dem Hochwild gelegentlich noch **Elche.** Ansonsten leben in den Wäldern kleine **Pelztiere** wie Marder, Füchse und Dachse; an Seen und Bächen auch dort zahlreiche Biber. Die Gewässer sind reich an **Forellen** und **Lachsen**.

Bären in Alaska beim Lachsfischen

Regenwald

Bereits erwähnt wurden die imposanten Regen(ur)wälder entlang der **Pazifikküste** und auf **Vancouver Island.** Obwohl ihnen die Ausbeutung durch die Holzwirtschaft seit Jahrzehnten zusetzt, existieren immer noch große Bestände gewaltiger, moosüberzogener Douglasfichten.

Wüsten-vegetation

Bis in den Süden British Columbias reicht ein Ausläufer der ***Great American Desert.*** Neben anderen typischen Gewächsen arider Zonen gedeihen in Grenznähe sogar **Kakteen** und **Palmen.** Im ***Okanagan Valley*** bis nach Kamloops und westlich davon sorgen Trockenheit und hohe Sonneneinstrahlung für nur karge Wachstumsbedingungen.

You are in Bear Country!

In Canada sind drei Bärenarten heimisch. **Schwarzbären** *(Black Bears)* sind – mit Ausnahme des südlichen Teils der Prärien sowie der arktischen Tundra – in ganz Canada verbreitet. Zu den Braunbären gehören als Unterarten **Grizzly-** und **Kodiakbären**. *Grizzlies* sind in den einsamen Gebirgsregionen West-Canadas und Alaskas anzutreffen. Der Lebensraum der *Kodiak Bears* beschränkt sich auf die Insel gleichen Namens und die Westküste Alaskas. Die **Eisbären** *(Polar Bears)*, die dritte bedeutende Bärenart Nordamerikas, leben ausschließlich in arktischen Gefilden.

Die Schwarzbären sind kleiner, schlanker und anpassungsfähiger als die scheueren *Grizzlies* und die Kodiakbären, die als größte Vertreter der Braunbären bis zu 800 kg schwer werden und aufgerichtet eine Länge von bis zu 3 m erreichen. Die Färbung des Pelzes reicht bei den Braunbären von blond über zimtfarben bis zum dunklen Braun, wobei die Grizzlies dem längeren, angegrauten *(grizzled)* Deckhaar ihren Namen verdanken. Am leichtesten zu identifizieren sind sie durch den ausgeprägten Schulterbuckel *(Hump)*. Ihr Gesicht ist zwischen Nase und Ohren deutlich gewölbt, während das Profil der *Black Bears* eine nahezu gerade Linie bildet. Die wesentlich längeren Klauen der *Grizzlies* hinterlassen außerdem unverwechselbare Fußspuren.

Natürliche Feinde besitzen Bären nicht; Gefahr droht ihnen hauptsächlich durch den Menschen. Die fälschlicherweise oft als Raubtiere angesehenen Allesfresser bevorzugen pflanzliche Nahrung wie Beeren und Gras. Ihre Fleischkost besteht zu einem großen Teil aus Aas und Kleingetier; für die flinken *Grizzlies* stellen Lachse und Forellen eine willkommene Bereicherung ihres Speiseplans dar.

Das Vorrücken der menschlichen Zivilisation hat sich allerdings auch auf das Ernährungsverhalten der Bären ausgewirkt. Sie werden zunehmend von leicht erreichbaren Essensresten auf städtischen Müllplätzen angelockt, und selbst Abfalltonnen vor Wohnhäusern sind mittlerweile vor ihnen nicht mehr sicher. Durch zu häufige Besuche dieser Futterstellen – wobei sie zuweilen ihr Einzelgängerdasein aufgeben und in größerer Zahl auftreten – verlieren sie schnell die natürliche Scheu vor Menschen und reagieren aggressiv auf Abwehrversuche. Besonders aufdringliche Exemplare werden betäubt, markiert und in die Einsamkeit zurückgeflogen.

Früher wurden in manchen Nationalparks Bären durch regelmäßige Fütterungen an Menschen gewöhnt und dadurch zur Parkattraktion. Um Nahrung bettelnde Tiere begannen, eine Gefahr zu werden. Um die »kulinarischen« Verlockungen für die Tiere zu minimieren, stehen heute auf allen »bärennahen« Campingplätzen verriegelte Abfallcontainer. Allerdings bekunden Bären mit ihrem guten Geruchssinn nicht nur für Nahrungsmittel ein ausgeprägtes Interesse. Im Zelt befindliche Kosmetika und Zahnpasta oder angebrannte *Marshmellows* in der Asche des Lagerfeuers sind gleichfalls Objekte ihrer Begierden! Wildniscamper hängen ihre Lebensmittel über Nacht für Bären unerreichbar an ein Seil zwischen zwei Bäumen. Beim Kochen halten sie Abstand zum Zelt und achten darauf, dass der Wind die Essensdüfte nicht in Richtung Schlafplatz weht. Und vor dem Schlafengehen ist Wäschewechsel eine gute Idee.

Wildniswanderungen führen oft durch Bärengebiet. Ein bimmelndes Glöckchen oder eine mit Kieselsteinen gefüllte Coladose am Rucksack, eine Trillerpfeife oder laute Rufe und Singen sollen die Bären rechtzeitig auf Gefahr aufmerksam mache, der sie lieber aus dem Weg gehen. Dabei muss der Geräuschpegel natürlich Wind und rauschendes Wasser übertönen. Tatsächlich bietet das einigen Schutz, auch wenn der Lärm mitunter lästig wird.

Begegnet man trotz aller Vorsichtsmaßnahmen einem Bären, hilft nur besonnenes Verhalten. Panisches Wegrennen lädt Meister Petz zur Verfolgung ein. Die tapsig wirkenden Bären erreichen Sprintgeschwindigkeiten bis zu 50 km/h. Zufluchtsuche auf dem nächsten Baum empfiehlt sich nur bei *Grizzlies* im Erwachsenenalter (indessen, woher weiß man, wie erwachsen der aufgetauchte *Grizzly* ist?), die nicht mehr gerne klettern, vorausgesetzt man kommt hoch genug. Ihre jüngeren Artgenossen und insbesondere *Black Bears* erklimmen Bäume zur Futtersuche und zum eigenen Schutz gern und erstaunlich elegant.

Die *Ranger* der Nationalparks raten, bei einem plötzlichen Zusammentreffen mit einem Bären langsam den Rückzug anzutreten. Sollte der Bär dennoch bedrohlich näherkommen, kann man ihm zur Ablenkung im letzten Moment den Rucksack als »Köder« zuwerfen. In den meisten Fällen wird er sich darüber hermachen und dem Wanderer Zeit geben, das Weite zu suchen. Als neue Wunderwaffe und letzte Notbremse gilt ein ***Anti-Bear Spray,*** dessen Geruch Bären angeblich nicht ertragen können. Bei kranken, verletzten oder hungrigen Tieren, deren Verhalten nicht berechenbar ist, sind – wenn man Pech hat – alle genannten Strategien wirkungslos. Gleiches gilt für Bärinnen mit Jungen, wenn man zwischen Mutter und Nachwuchs gerät.

Attacken von Schwarz- oder Braunbären soll man unterschiedlich begegnen. Bei Schwarzbären kann man sich (insbesondere in einer Gruppe) angeblich gut wehren. Die *Ranger* sagen: *Fight back!* Damit darf man indessen erst beginnen, wenn klar wird, dass der Bär keinen Scheinangriff inszeniert, bei dem er in letzter Sekunde abdreht. Bei den starken Grizzlies hilft absolut keine Gegenwehr. Greift ein Grizzly an, kann man sich nur noch mit dem Bauch auf dem Boden einkugeln, den Kopf mit den Armen schützen und den Angriff über sich ergehen lassen. Zumindest hat man so eine gute Chance, mit dem Leben davonzukommen, wenngleich schwere Verletzungen wahrscheinlich sind.

Hier sieht man`s deutlich: Schwarzbären klettern selbst erstaunlich dünne Stämme hoch

1.4 Klima und Reisezeit

Kennzeichnung

Westwinde am Pazifik, stabile Hochs im Zentrum und Tiefdruckgebiete am Atlantik charakterisieren im großen Maßstab das kanadische Klima. Die regionalen Unterschiede sind, wie bei einem so riesigen Land nicht anders zu erwarten, extrem. Im Süden der Prärieprovinzen etwa überschreiten die Temperaturen im Juli/August fast täglich 30°C, während in Inuvik in den Northwest Territories die Sommerwärme gerade ausreicht, den gefrorenen Boden einen Meter tief aufzutauen.

1.4.1 Temperaturen

Pazifikregion

Das Klima in der Pazifikregion wird von relativ milden Luftmassen geprägt. An der Küste sorgt die **Nordamerikaströmung** nicht nur im Süden von Britisch Columbia, sondern auch in der *Inside Passage* Alaskas für **moderate Wintertemperaturen** oberhalb der Frostgrenze. So hat Anchorage ungeachtet seiner nördlichen Position ähnliche Wintertemperaturen wie Ottawa. Das angenehmste Klima besitzt Victoria auf Vancouver Island: es erfreut sich milder Winter und durchweg warmer und sonniger Sommer mit zahlreichen Tagen im Juli und August, an denen 25°C und mehr gemessen wird.

British-Columbia

Während Wolkenfelder an den windzugewandten Seiten der Gebirge auch im Sommer häufig **kühle Witterung** und Regen mit sich bringen, ist es in geschützten, windabgewandten Regionen wie dem ***Okanagan*** oder dem unteren ***Fraser Valley*** von Mai bis September **sehr warm,** im Sommer mit Temperaturen von oft über 30°C sogar **heiß.** Im Mai/Juni muss man im Küstenbereich und in Höhenlagen mit Temperaturen von im allgemeinen unter 20°C rechnen. Im Sommer ist es auch an der Küste und in den Bergen warm, vorausgesetzt, die Sonne scheint. Im Herbst wird es bei tagsüber oft angenehmen Temperaturen nach Sonnenuntergang rasch kühl.

Prärien

Östlich der Rocky Mountains, der Klimascheide des westlichen Canada, prägen kalte Winter und warme Sommer mit Temperaturen über 30°C das Bild. Verantwortlich für das Wettergeschehen im Zentrum des Landes ist das »**Kanadische Hoch**«, das kontinental-arktischen Luftmassen aus dem Norden den ungehinderten Zugang nach Süden bis tief in die USA hinein verschafft. Da es keine von Ost nach West verlaufenden Gebirgszüge gibt, die sie aufhalten, bestimmt das ***Canadian High*** bis tief in die USA hinein die **trockene Witterung.** Die Folge davon sind um ca. 20°C tiefere Wintertemperaturen als in Europa auf demselben Breitengrad.

Im Sommer verzeichnen die Prärien oft wochenlang **stabile Hochdruckwetterlagen,** die bisweilen von Gewittern unterbrochen werden. Sonnigster Punkt Canadas ist Estevan im Südosten von Saskatchewan mit jährlich 2.537 Std. Sonnenschein.

Sandburg im Sonnenuntergang am Strand des Lesser Slave Lake (Alberta)

Verantwortlich dafür ist ebenfalls das *Canadian High*. Es bewirkt selbst im Norden der Provinzen im Juli und August Tagestemperaturen von meist deutlich über 20°C und lässt das Thermometer nahe der Grenze zu den USA auf Höhen ansteigen, die in Canada sonst nur das Okanagan Valley registriert.

Hoher Norden

Die **sommerlichen Temperaturen** im hohen Norden sind wegen der langen Dauer des Sonnenscheins (nördlich des Polarkreises zum Sommeranfang rund um die Uhr) erstaunlich hoch. Bei klarem Wetter erreichen sie im Juli/August meist über 20°C, bisweilen auch 30°C und mehr.

Allerdings gilt dies nicht für den Einflussbereich der **Hudson Bay.** Neun Monate des Jahres schiebt sich vom Eispanzer der Bucht ein **Kältekeil** über das kanadische Festland, der auch im Sommer seine Wirkung nicht ganz verliert. Da die kalte Luft wenig Feuchtigkeit aufnimmt, fallen im Norden erheblich geringere Regen- und Schneemengen als in allen anderen Regionen Canadas.

Ontario

Im zentralen Ontario und weiter östlich besitzt das *Canadian High* nur begrenzten Einfluss. **Feuchtwarme tropische Luft** aus der Karibik und dem Golf von Mexiko dringt von Mai bis Oktober oft bis ins südliche Canada vor. **Schwülwarmes Wetter** ist die Folge. Die durchschnittlichen Höchsttemperaturen von bis zu 27°C im Juli/August etwa in Südontario liegen weit über den Mittelwerten in Deutschland. Die Winter sind dort andererseits kalt und schneereich.

Die folgende Übersicht zeigt durchschnittliche Temperaturen an ausgewählten Orten während der Hauptreisemonate:

Durchschnittliche Tageshöchst-/tiefsttemperaturen

Angaben in °C	Juni	Juli	August	September
Alaska				
Anchorage	17/6	18/10	17/9	13/4
Fairbanks	22/8	22/9	18/6	12/1
Juneau	16/7	17/9	17/8	13/6
Alberta				
Banff	18/5	23/7	22/6	16/4
Calgary	20/7	24/10	23/8	18/4
Edmonton	21/8	22/10	22/8	17/4
Jasper	20/5	23/7	22/6	17/3
Lethbridge	22/9	26/11	25/10	20/6
British Columbia				
Fort St. John	20/8	22/11	20/10	16/5
Kamloops	26/11	29/13	28/12	22/8
Penticton	25/10	29/12	27/12	22/8
Prince George	20/6	22/8	21/7	17/3
Prince Rupert	15/8	17/10	17/10	15/8
Vancouver	19/11	22/13	22/13	18/10
Victoria	16/9	18/10	19/10	17/9
Manitoba				
Churchill	11/2	17/7	15/7	8/2
The Pas	21/8	25/12	23/10	16/4
Winnipeg	23/11	27/14	26/12	19/7
Northwest Territories				
Inuvik	16/4	19/8	16/5	7/-1
Yellowknife	17/7	21/11	18/10	11/4
Ontario				
Niagara Falls	25/14	27/17	26/16	22/13
Sault Ste. Marie	21/8	24/11	23/11	18/8
Sudbury	23/12	25/14	24/13	19/9
Thunder Bay	20/8	24/11	22/11	17/6
Toronto	24/13	27/16	26/16	22/12
Saskatchewan				
Prince Albert	22/8	25/12	24/10	17/4
Regina	23/8	27/11	26/10	20/4
Saskatoon	22/9	25/12	24/10	18/5
Yukon Territory				
Watson Lake	17/3	21/8	20/6	13/2
Whitehorse	20/6	20/7	18/6	13/3

1.4.2 Niederschläge

Pazifikregion

Mit **Regen** rechnen müssen Canada-Reisende vor allem im Einzugsbereich des Pazifik, in erster Linie aber auf Vancouver Island. ***Estevan Point*** an der Westküste der Insel bringt es auf einen Rekordwert von 3 m Niederschlag pro Jahr. Im Windschatten der insularen Gebirgszüge erhält Vancouver nur noch ein Drittel dieser Regenmenge, wobei ein Großteil davon auf die Wintermonate entfällt. Im Sommer regnet es in Vancouver vergleichsweise wenig.

Zentrales BC

Etwa 100 km östlich der Stadt gibt es in Hope und Umgebung an den windzugewandten Westhängen der ***Cascade Mountains*** aber wieder erhöhte Niederschlagswerte. Im dahinter gelegenen ***Okanagan Valley*** fällt kaum noch Regen.

Rocky Montains

An den Gebirgszügen der Rocky Mountains regnen sich die feuchten Westwinde endgültig ab. In den **Prärien** bleibt es daher relativ trocken. Die durchschnittlichen **Niederschläge** liegen dort bei ganzen **40 cm pro Jahr**. Im Sommer prallen Ausläufer feucht-

Prärien

warmer Strömungen aus dem Süden auf die trockenen kontinental-arktischen Luftmassen. Dann bilden sich **Sturmwetterlagen** mit Gewittern, die aber mit den vorherrschenden Westwinden meist rasch nach Osten ziehen.

Ontario

Weiter östlich spielen diese Faktoren eine stärker werdende Rolle, so dass etwa das östliche **Manitoba** mehr sommerliche Regentage zählt als **Saskatchewan** und **Alberta.** Ontario kommt – wegen starker Schneefälle – oberhalb der Großen Seen und im Osten auf höhere Niederschläge als die Westprovinzen abseits der Gebirgsregionen. **Toronto** zum Beispiel hat weit mehr Schnee zu verkraften als Ontarios kalter Norden. Im Sommer dürfen Reisende dort mit gutem Wetter rechnen, wenn auch Regenfronten die Großen Seen viel häufiger heimsuchen als die Prärie.

Die Zahlen auf der folgenden Seite verdeutlichen noch einmal die erläuterten Fakten. Alle Orte liegen hintereinander in West-Ost-Richtung auf ungefähr derselben Breite unweit der US-Grenze:

Extreme Trockenheit im Dinosaur Valley unterstützte die Bildung solcher sog. Hoodoos (➪ Seite 292) nur 200 km östlich der Rocky Mountains

Jährliche Niederschlagsmenge

3.177 mm	Estevan Point/Vancouver Island (Westseite)
1.163 mm	Nanaimo/Vancouver Island (Ostseite)
1.199 mm	Vancouver Airport
2.008 mm	Hope/BC
333 mm	Penticton/BC
334 mm	Medicine Hat/Alberta
400 mm	Regina/Saskatchewan
540 mm	Winnipeg/Manitoba
740 mm	Thunder Bay/Ontario
790 mm	Toronto

Die Tabelle zeigt die Verteilung der Regenmenge in ausgewählten Orten der Westprovinzen auf die Hauptreisemonate:

Niederschläge in Millimetern

	Juni	Juli	August	Sept.	Jahr
Alberta					
Calgary	88	58	60	37	437
Edmonton	75	83	72	36	450
Medicine Hat	64	39	39	33	334
British Columbia					
Penticton	36	25	22	18	333
Prince George	58	58	73	56	620
Prince Rupert	107	122	147	243	2.552
Vancouver	45	30	37	61	1.199
Manitoba					
Churchill	40	49	58	52	400
Winnipeg	80	80	74	53	540
Ontario					
Toronto	63	81	67	61	790
Northwest Territories					
Inuvik	18	35	36	20	236
Yellowknife	17	33	36	28	250
Saskatchewan					
Regina	83	58	50	36	400
Yukon Territory					
Whitehorse	29	33	37	29	263
Alaska					
Anchorage	28	51	54	64	387
Fairbanks	34	46	49	28	265
Juneau	77	105	128	163	2.337

1.4.3 Optimale Reisezeiten

Saison-abgrenzungen

Ob man in der **Hauptsaison** (tourist season) oder in der Vor- bzw. **Nebensaison** (off-season) nach Canada fliegen sollte, hängt nicht nur von terminlichen Vorgaben und Geldbeutel, sondern auch von den Aktivitäten ab, die man während der Reise plant. Grundsätzlich eignen sich die Monate Juni bis September am besten für einen Urlaub im Westen des Landes, bei dem das **Naturerlebnis Canada** im Vordergrund steht. Bis in den Mai hinein und ab Oktober muss man – je nach Region – mit witterungsmäßigen Unbilden und begrenzten touristischen Möglichkeiten rechnen. Regenperioden und sehr kühle Tage, in den Höhenlagen Schnee und Kälte, sind dann wahrscheinlicher. Noch oder schon **geschlossene touristische Einrichtungen** (z.B. Seilbahnen, Berghütten, Schwimmbäder, Campingplätze, sogar Motels) und stark eingeschränkte bzw. eingestellte Angebote (Boots-, Fahrrad- und Pferdeverleih, Veranstaltungen in Nationalparks, Wildwasserfahrten) beeinträchtigen dann die Urlaubsfreude. Gleichzeitig bricht die Dunkelheit früher ein. Einige Straßen schneien bei **Schlechtwettereinbrüchen** selbst im Juni schon mal wieder zu, etwa der Icefields Parkway in den National Parks Jasper und Banff. **Schnee** bleibt häufig bis in den Frühsommer hinein liegen. Im Winter entstandene Straßenschäden sind daher oft im Mai, gelegentlich auch erheblich später noch nicht beseitigt. Gravel und speziell Dirt Roads (zu den Straßenkategorien ➪ Seite 126ff) können bis zum Frühsommer nicht befahrbar sein.

Hauptsaison

Die **Touristensaison** beginnt nach offiziellem Verständnis Mitte Juni und dauert bis zum ersten Montag im September *(Labour Day)*. In diese Zeit fallen auch die kanadischen und US-amerikanischen Schulferien. Sieht man ab von den absoluten Brennpunkten des Tourismus wie den bekanntesten Nationalparks und bestimmten Provinzparks ab, kann aber von einer echten **Hauptsaison** im Sinne voll ausgelasteter touristischer Kapazitäten nur an Wochenenden (in Canada lediglich Samstagmittag bis Sonntagabend) und in den Ferienkernwochen **Anfang Juli bis Mitte August** die Rede sein. Außerhalb dieser sechs Wochen, den Wochenenden und generell abseits der touristischen Hauptpfade wird man im Westen Canadas selten einen – nach unseren Begriffen – großen Andrang erleben.

Vor- und Nachsaison

Bei zeitlicher Flexibilität und Reisen in die Rocky Mountains und nach Vancouver Island, aber auch bei Reiseplänen, die Fahrten mit den Alaskafähren einschließen, sollte man den **Start ab Mitte August** bevorzugen. Auch in den ersten Septemberwochen wird das Wetter tagsüber im allgemeinen noch recht angenehm sein, während die Nächte schon spürbar kühler sind als im Sommer.

Eine **Campingreise per Zelt** im Juni oder September ist daher in Höhenlagen nur etwas für abgehärtetere Naturen. Der **Spätsommer/ Frühherbst** besitzt jedoch generell den Vorzug geringer frequentierter Ziele. Auf den dann ruhigen Campingplätzen trifft man überwiegend europäische Urlauber oder amerikanische Rentnerehepaare mit ihren Wohnmobilen. Gelegentlich findet sich ein ganzes Seeufer ohne Nachbarcamper.

Sonderfall Dalton und Dempster Highways

Reisen nördlich des Polarkreises sollte man besser nicht vor **Mitte Juni** antreten. Denn Straßenschäden sind dann noch nicht ausgebessert, und Schnee- und Eisreste können die Fahrt über Passhöhen erschweren. Obwohl im Hochsommer Gutwetterperioden eher die Regel sind (siehe oben), kann das **Wetter** auch schon mal **recht wechselhaft** ausfallen. Bereits Ende August wird es nachts in aller Regel empfindlich kühl. Spätestens Mitte September sinken auch die Tagestemperaturen auf ein ungemütliches Niveau, und der erste **Schnee** lässt oft nicht mehr lange auf sich warten.

Mückenplage

Nebenbei sei angemerkt, dass rechtzeitig zur Touristensaison ab Juni fast überall eine mehr oder minder lästige Mückenplage auftritt. Sie nimmt erst im Laufe des August langsam ab. Spätestens im September setzen ihr Nachtfröste ein Ende.

Saisonale Charakteristika

Als zusätzliche Hilfestellung zur Entscheidung für die persönlich optimale Reisezeit sind im folgenden bereits genannte und zusätzliche bedeutsame Charakteristika der Reisebedingungen für Früh-, Hoch- und Spätsommer zusammengefaßt:

Frühsommer (Anfang Juni bis Mitte Juli)

- Die Tage sind besonders lang
- Lange Dämmerlichtzeiten bieten gute Möglichkeiten zur Tierbeobachtung
- Wanderwege verlaufen durch schöne *Bogs* (Sümpfe) mit reicher Vegetation
- Blütezeit der alpinen Blumen
- Flüsse und Fälle führen viel Wasser
- Bergspitzen sind noch fotogen verschneit, aber ebenso die Wanderwege in größeren Höhen
- Das Wetter neigt zu höherer Schauer- und Gewitterbildung
- Zahllose *Black Flies* und *Mosquitos* vergällen bisweilen die Ferienfreude. Die Mücken stechen morgens und abends, Schwarze Fliegen beißen tagsüber
- Vor allem viele Schotterstraßen zeigen noch nicht reparierte Winterschäden, aber auch asphaltierte Nebenstrecken im Gebirge

Hochsommer (Mitte Juli bis Mitte August)

- Wanderwege sind auch in größeren Höhen schneefrei
- Höchste Temperaturen
- In Südontario ist es schwül, im *Okanagan Valley* (BC) und in den südlichen Prärieprovinzen sehr heiß

Mosquitos – zack, schon wieder eine!

In Canada sind von Anfang Juni bis Mitte September Stechmücken, auf amerikanisch *Mosquitos,* allgegenwärtig. Sie bevorzugen zwar Feuchtregionen und schattige Waldgebiete, aber vor allem im Juni/Juli entgeht man den Stechmücken fast nirgendwo. Selbst in höheren Gebirgslagen und am offenen Wasser, bei Wind und Kälte suchen sie nach Opfern.

Dabei greifen Stechmücken tagsüber meist nur verhalten an. Ihre Zeiten sind vorzugsweise das Morgengrauen und natürlich die Dämmerung, wenn der Canada-Urlauber – gemütlich vor Wohnmobil oder Zelt sitzend – die Abendstimmung in Ruhe genießen möchte. Ein Lagerfeuer bringt nur Entlastung, wenn es ordentlich qualmt. Aber dann vertreibt es meist nicht nur die Insekten. Mit kleinen regionalen Unterschieden lässt die Plage ab August spürbar nach und verschwindet mit den ersten Nachtfrösten ganz. Nur im Hochgebirge bleibt man von der Plage generell verschont.

Sprays und Lotionen aus europäischer Produktion richten gegen kanadische Mosquitodamen (nur sie stechen) wenig aus. Am besten hält man sich die Mücken mit einheimischen *Insect Repellents* wie dem bewährten Johnson`s Off, *Muskol* oder *Cutters Deep Woods* vom Leibe. Die gibt es allerorten in *Drugstores,* Supermärkten und Tankstellen. Leider steigen die ohnehin schon hohen Preise für den *Mosquito*-Schutz mit der Schwere des Problems. D.h., am höchsten sind sie weitab städtischer Zivilisation. Man sollte sich deshalb vorsorglich in urbanen Gebieten eindecken, wo die Pr eise im allgemeinen unter dem Niveau des einzigen Shops im Nationalpark liegen. Hilfreich für Camper sind *Mosquito Coils,* Mücken-Spiralen, die im Freien vor sich hinkokeln. Summgeräte und andere Neuerungen zur Insektenbekämpfung scheinen kanadische Mücken nicht sonderlich zu beeindrucken.

Auch Kleidung bietet nur begrenzten Schutz. Was ein richtiger *Mosquito* ist, der sticht sogar durch relativ dicke Stoffe wie Zeltwände und Jeans. Empfehlenswert sind weite Textilien, die indessen an Hals, Handgelenken und Knöcheln dicht anliegen sollten.

Trotz gewissenhaften Einreibens, Sprayens und anderer Maßnahmen wird ein Urlaub in Canada kaum ganz ohne Mückenstiche ablaufen. Kratzen gegen den Juckreiz hilft bekanntlich nicht, sondern verschlimmert ihn nur. Doch auch dagegen gibt es geeignete Prä parate. Beruhigend ist immerhin, dass kanadische *Mosquitos* im Gegensatz zu ihren tropischen Verwandten im allgemeinen keine Krankheiten übertragen, wiewohl in den letzten Jahren das sog. ***West Nile Virus*** eingeschleppt wurde. Infizierte Mücken geben diesen Erreger weiter an Menschen. Die dadurch ausgelösten Symptome reichen von Fieber bis Meningitis. Eine Impfung oder Medikation dagegen ist nicht bekannt. Immerhin gibt es Bekämpfungsprogramme, die die Ausbreitung bislang unter Kontolle hielten.

- Alle Attraktionen haben bis in den Abend hinein geöffnet
- An beliebten Ausflugszielen herrscht großer Andrang
- Hochsaisonpreise
- Motels und Campingplätze sind in populären Urlaubsgebieten (Nationalparks) oft ausgebucht

Spätsommer/Frühherbst (Mitte August bis Mitte September)

- Im Laubwald tritt die *Fall Foliage*, die Blätterfärbung ein; insbesondere in Ontario und den östlicheren Provinzen bilden sich nach erstem Frost prachtvoll bunte Wälder.
- *Black Flies* verschwinden mehr oder weniger; *Mosquitos* erlahmen in ihrer Angriffslust.
- Im allgemeinen kann man mit einer relativ stabilen Gutwetterlage rechnen. Die Nächte sind kühl; über 1000 m liegen die Nachttemperaturen unter dem Gefrierpunkt.
- Wasserfälle und Wildbäche führen nur noch wenig Wasser; Stauseen stehen oft halbleer. Feuchtgebiete liegen trocken, ganze Landstriche wirken ausgedörrt.

1.5 National- und Provinzparks

Konzeption und System

Das Nationalparkkonzept Canadas verfolgt wie das der USA zwei **Ziele:** zum einen geht es um den Schutz der Natur und historisch bedeutsamer Stätten vor kommerzieller Ausbeutung, zum anderen dienen die Parks als Erholungs- und Freizeitlandschaft. ***Parks Canada*** verwaltet **42 *National Parks***, **2 *Marine Parks*** und über **100 *National Historic Parks*** und ***Sites.*** Der älteste ist der 1885 gegründete ***Banff National Park,*** der zusammen mit dem ***Jasper National Park*** in der Beliebtheitsskala ganz oben rangiert.

Bei den National Parks handelt es sich meist um größere Gebiete, die geographische, biologische und/oder geologische Besonderheiten aufweisen. Wird eine Lokalität wegen ihrer historischen Bauwerke oder wichtiger Ereignisse für schützenswert erklärt, nennt man sie ***National Historic Site*** oder ***Park.***

Lage der Parks/ Verkehrsanbindung

Die meisten Nationalparks liegen **abseits der großen urbanen Zentren** und lassen sich in der Regel **nur mit dem Auto** problemlos erreichen. Busverbindungen existieren nur zwischen besonders populären Parks und den jeweils nächstgelegenen Ortschaften. **Schienenanschlüsse** gibt es mit Ausnahme des *Jasper National Park* keine.

Auf ein Fahrzeug ist man erst recht innerhalb der Parks angewiesen, denn dort gibt es in aller Regel keine Busverbindungen zwischen den oft weit auseinanderliegenden Sehenswürdigkeiten, Wanderwegen und Campgingplätzen.

Eintritt

Der Besuch von Nationalparks kostet Eintritt. Ein **Tagespass** (gültig bis 16 Uhr des Folgetages) kostet **\$5-\$10,** für Kinder **\$3-\$5** und

Senioren **$6-$8.** Ein Ticket für Gruppen bis zu 7 Personen kostet pauschal **$20**. Die zusammenhängenden **Parks *Jasper/Banff/ Yoho/Kootenay*** in den BC- und Alberta-Rocky Mountains werden wie ein Park behandelt.

Jahrespässe

Ein **Jahrespass** (für 12 Monate ab Kaufdatum) für alle Nationalparks in Canada, der ***National Pass***, kostet **$68/Person**, für Senioren bzw. Kinder $58 bzw. $33. Mehrere Personen im Auto fahren ggf. preiswerter mit einem **Familien- bzw. Gruppenticket für $136**. Sollen neben Nationalparks auch noch ***National Historic Sites*** besucht werden, kostet der erweiterte Jahrespass jeweils 25% mehr als der reine Nationalparkpass.

Inwieweit sich die Anschaffung eines Jahrespasses lohnt, ist ein Rechenexempel. So macht etwa der Kauf eines Jahrespasses bereits bei 7 Tagen Aufenthalt in den populären Parks #4-#10 Sinn.

Jahrespässe können per Kreditkarte bezahlt werden.

Information vor Ort

An der Einfahrt oder im immer vorhandenen **Besucherzentrum** erhält man gratis ein **Parkfaltblatt** mit einer Karte und wichtigen Hinweisen. In allen ***Visitor Centres*** gibt es in der Regel Ausstellungen, Diashows und Filme zu Geschichte, Geologie, Flora, Fauna und Höhepunkten des jeweiligen Parks. ***Park Ranger,*** Aufsichtsbeamte und Besucherbetreuer zugleich, sind Ansprechpartner für sämtliche »ihren« Park betreffende Fragen, Wanderführer und Vortragsredner.

Internet

Offizielle Informationen zu allen kanadischen Nationalparks findet man im Internet unter www.pc.gc.ca. Einen aktuellen **Wetterbericht** für ganz Canada findet man unter wwww.ec.gc.ca, der Website der Naturschutzbehörde ***Environment Canada***.

Camping

In den Nationalparks ist das **Campen** ausgesprochen **populär**. Die meisten Campingplätze sind erfreulich in Bezug auf Lage und Anlage, aber selten superkomfortabel, ➪ Seite 142.

Zu in Nationalparks möglichen Aktivitäten gibt das folgende Kapitel ausführlich Antwort.

Provincial Parks

Was generell zu den Nationalparks angemerkt wurde, gilt im wesentlichen auch für die Provinzparks. **Naturschutz und Erholung** stehen dort ebenso im Vordergrund wie Bewahrung und Pflege historischer Stätten. Wie die Bezeichnung sagt, obliegt die Verwaltung nicht einer nationalen Behörde, sondern der jeweiligen Provinz.

Hinsichtlich landschaftlicher Attraktivität und Infrastruktur stehen viele **Provincial Parks** den National Parks nicht nach. Herausragende Beispiele sind u.a. ***Wells Gray, Mt. Robson, Manning*** und ***Barkerville*** in British Columbia, ***Peter Lougheed*** und ***Dinosaur*** in Alberta, ***Cypress Hills*** mit ***Fort Walsh*** in Saskatchewan, ***Whiteshell*** und ***Spruce Woods*** in Manitoba sowie ***Quetico*** und ***Lake Superior*** in Ontario.

Fast alle Provinzparks verfügen über Campingplätze. Eine Besonderheit von **British Columbia** sind die reinen ***Campgrounds*** unter Provinzverwaltung.

Sie tragen allesamt, ob groß oder klein, überdurchschnittlich reizvoll oder nur durchschnittlich gelegen, ebenfalls die Bezeichnung ***Provincial Park***.

1.6 Naturerlebnis und Abenteuer

Aktivitäten

Die Möglichkeiten für aktive Ferien sind in Canada überaus vielfältig. Das gilt besonders für die ***Outdoor Activities,*** also sportliche Betätigungen an frischer Luft wie Wandern, Bergsteigen, Reiten, Schwimmen, Angeln, Kanupaddeln etc.

Wandern

Dem Wanderfreund stehen in Canada buchstäblich alle Wege offen. Insbesondere in den National- und Provinzparks findet man hervorragende ***Hiking Trails,*** Wanderwege aller Schwierigkeitsgrade und unterschiedlichster Länge (viele Hinweise dazu ⇨ Reiseteil). Kürzere ***Nature Trails*** führen durch Bereiche im erschlossenen Teil eines Parks, deren geologische Beschaffenheit und/oder Flora Aufmerksamkeit verdient.

Für intensives Wandern in den Rocky Mountains empfiehlt sich das ausgezeichnete Buch ***Canadian Rockies Trail Guide*** (*Patton/ Robinson, Summerthought Publishing,* $25): www.banfbooks.com. Dieses 460-Seiten-Buch ist zum aktuellen Dollarkurs bei www.amazon.de erhältlich.

Wegesystem

Mit guter Kondition und geeigneter Ausrüstung sind mehrtägige und sogar mehrwöchige Touren ins Hinterland eines Parks auf eigene Faust kein Problem (z.B. ***West Coast Trail,*** ⇨ Seite 215; ***Chilkoot Pass Trail,*** ⇨ Seite 403). Wer sich zum ***Backpacking***, dem Rucksackwandern, entschließt, muss wissen, dass in der Wildnis des ***Backcountry*** Pfade oft nur schlecht markiert und überwuchert, Wildbäche zu überqueren und die wenigen Schutzhütten im Hinterland unbewirtschaftet sind. Daher ist für fast alle Übernachtungstrips ein Zelt unerlässlich.

Permits

Fürs *Backpacking* in Parks sind ***Permits*** (Genehmigungen) erforderlich. Man erhält sie nach Erläuterung seiner Pläne und der unvermeidlichen Belehrung durch einen *Park Ranger* in den Besucherzentren. Diese Kontrollmaßnahme dient einerseits dazu, die Anzahl der Wanderer zu begrenzen und die Natur nicht übermäßig zu belasten. Andererseits möchte man Wanderer von zu ehrgeizigen Plänen abhalten und ggf. Anhaltspunkte über ihren möglichen Verbleib haben. Oft sind Permits kostenlos, nicht aber in den ***Rocky Mountain Parks,*** dort kostet ein ***Übernacht-Permit*** **$10,** der **Jahrespass $69.**

Bergsteigen

Wer höher hinaus will, findet fabelhafte Möglichkeiten zum Bergsteigen vor allem in den Nationalparks ***Banff, Jasper, Kootenay*** und ***Yoho,*** aber auch in einigen ***Provincial Parks.***

Reiten

Das Reiten, ***Horseback Riding*** genannt und im Western-Stil betrieben, ist in Canada, speziell im Westen des Landes, äußerst populär. In vielen touristisch erschlossenen Regionen gibt es herrliche Reitgelände. Ab den ***Riding Stables*** kosten geführte Ausritte $15-$20 die Stunde und $70-$100 pro Tag. Aber auch sonst – zumal in den westlichen Provinzen – ist es nicht schwer, unterwegs einen Reitstall für einen Ausritt »zwischendurch« zu finden. Komplette Reiterferien auf ***Guest Ranches*** und geführte Mehrtagestouren in die Wildnis können großartige Erlebnisse sein, haben aber ihren Preis.

Schwimmen

Canadas Westen hat auch hervorragende Wassersportreviere. Im Süden gibt es an vielen Seen schöne Sandstrände. Urlaubsstimmung à la Gardasee versprechen bei Sommertemperaturen um die 30° C die Badeseen im Okanagan Valley. So wetteifert etwa der **Osoyoos** mit dem **Christina Lake** am *Crowsnest Highway* um die Ehre des wärmsten kanadischen Sees. Vielbesucht sind auch ***Kitsilano Beach*** und ***Wreck Beach*** in Vancouver, der **Seton Lake** bei Lillooet, die Seen der **Cypress Hills** und der Strand des Milk River im ***Writing-on-Stone Provincial Park*** in Alberta, die Stauseen in Saskatchewan, der **Lake Winnipeg** in Manitoba sowie die ***Wasaga Beach*** an der südlichen Georgian Bay in Ontario.

Der **Pazifik** hingegen zeigt uns die kalte Schulter. Nur an den populären Stränden zwischen Nanaimo und Qualicum Beach an der **Südostküste von Vancouver Island** erwärmt sich das flache Wasser im Sommer bis auf angenehme 21°C.

Heiße Quellen

An vielen Orten im westlichen Canada existieren aber wohltemperierte Alternativen. Es gibt zahlreiche heiße **Thermalquellen,** von denen viele an oder in der Nähe touristisch interessanter Strecken liegen. Die besten ***Hot Springs*** befinden sich bei Jasper *(Miette),* in Banff (beide Alberta) und vor allem in British Columbia *(Ainsworth, Canyon, Fairmont, Harrison, Liard, Mount Layton, Nakusp, Radium).* Gelegentlich sprudelt das Wasser in natürlichen Felsbecken, meist aber in angelegten ***Pools*** mit unterschiedlichen Temperaturbereichen.

Überdachtes Superwellenbad »World Water Park« mit Riesenrutschen als Teilbereich der West Edmonton Shopping Mall

Öffentliche Bäder

Die meisten öffentlichen **Freibäder** sind nur von Mitte Juni bis Anfang September geöffnet. Ganzjährig zu besuchen sind **Hallenbäder,** die oft zusammen mit Sauna, Whirlpool, Fitneßcenter etc. in attraktive ***Leisure Centres*** oder ***Recreation Centres*** integriert sind.

Water Parks

Attraktiv sind die kombinierten **Wasser- und Spiellandschaften** vor den Toren einiger Großstädte (z.B. in **Edmonton** der *World Water Park,* ➪ Seite 317). Die Besucher können sich dort auf Rutschen aller Art und in Wellenschwimmbecken austoben.

Kanusport

Canada ist das Mutterland des Kanusports. Traditionell knien Indianer in offenen, aus ausgehöhlten Baumstämmen oder Baumrinden (vor allem der Birke) konstruierten Booten und bewegen es per Stechpaddel.

Für die immer populärer werdenden Kanutrips eignet sich Canada wie kein anderes Land. Zahllose Seen und Flüsse bieten hervorragende Bedingungen für Anfänger, Fortgeschrittene und Wildnisenthusiasten. Die besten Kanureviere liegen im ***Bowron Lake Provincial Park*** in BC und im ***Quetico PP*** in Ontario. Speziell im ***Wells Gray PP*** in BC gibt es verschiedene längere Kanurouten. Auch und besonders der mächtige **Yukon River** (➪ Seite 398) ist beliebt für Langstreckentouren.

Kanuverleih

Wer mit dem Gedanken spielt, Canada (auch) per Kanu kennenzulernen, kann sich an eine der zahlreichen Verleihfirmen wenden. Die **Miettarife** betragen ab $30 pro Tag. Ausrüstungsgegenstände (z.B. Zelte, Regenponchos, Kocher etc.) lassen sich normalerweise gleich mitmieten. Für längere Touren in der Hochsaison (Juli bis Mitte August) empfiehlt es sich, Kanu und Zubehör zeitig im voraus zu reservieren.

An den meisten touristisch frequentierten Seen gibt es Kanuvermietungen

Hausboote

Eine schöne, wenn auch relativ teure Variante eines Canadaurlaubs auf dem Wasser sind **Hausbootferien.** Beste Voraussetzungen dafür besitzen die Seengebiete ***Lake of the Woods*** bei Kenora (➪ Seite 521) in Ontario und ***Shuswap Lake*** mit den Orten Sicamous und Salmon Arm (➪ Seite 331) in British Columbia. Dort im Hochsommer auf eigene Faust ein Boot der gewünschten Größe und Ausstattung zu finden, ist schwierig. Für die Hochsaison (Juli-Mitte August) sollte man auf jeden Fall langfristig vorbuchen. In der Nebensaison (im Juni und ab Mitte August, mehr noch im September nach Labour Day) sind dagegen Boote immer verfügbar, und die **Miettarife** liegen deutlich niedriger als in der Hochsaison. Es ist dann auch kein Problem, Hausboote direkt vor Ort zu mieten. Vorteilhafterweise kann man dabei die schwimmende Ferienwohnungen vor der Anmietung in Augenschein nehmen. Gerade **Spätsommer und Frühherbst** auf relativ einsamen Gewässern bieten ein besonders intensives Canada-Erlebnis. Tagsüber ist es noch angenehm warm, und die kühleren Nächte stören im komfortablen Hausboot ohnehin nicht.

Reviere

Auf die hübschen kleinen Seeuferdörfer und urigen Kneipen, wie sie für europäische Hausbootreviere typisch sind, muss man freilich verzichten. Dafür darf man sich sowohl in Ontario als auch in British Columbia auf schöne Anlegestellen an stillen Buchten und romantische Abende am Lagerfeuer freuen, wo dann der selbstgefangene Fisch in der Pfanne brutzelt.

Wildwasserfahrten

Wer **Wildwasserabenteuer** sucht, kommt im westlichen Canada voll auf seine Kosten. ***Whitewater*** wird mit den Schwierigkeitsgraden I (kleine Stromschnellen) bis VI (nur bei geeigneten Wasserständen eventuell befahrbar) bewertet. Kommerzielle Veranstalter bieten in der Regel Touren von Grad II (mittlere, kindergeeignete Stromschnellen) über III (lange, hohe Stromschnellen) bis IV (anspruchsvolles Wildwasser).

Es gibt heute kaum noch einen für **Schlauchboottrips** geeigneten Fluss, der nicht von kommerziell operierenden Veranstaltern fürs touristische ***Whitewater River Rafting*** genutzt würde. Die lassen sich das gut abgesicherte Abenteuer mit Nervenkitzel und Restrisiko zwar nicht schlecht bezahlen, aber im »Gummifloß« durch Stromschnellen zu schießen, ist ein Hauptspaß. Vor allem kürzere ***Raft Trips*** kann man ohne weiteres vor Ort einen Tag im voraus buchen. Wer aber einen festen Reiseplan besitzt und Rafting mit Zwischenübernachtung plant, ist gut beraten zu reservieren. Die meisten Veranstalter operieren in British Columbia. Ihre Anschriften findet man in der Broschüre ***Outdoor Adventure*** des BC Tourism Office, ➪ Seite 578.

Reviere

Fraser River und **Thompson River** sind die populärsten Flüsse mit dem Ort Lytton an deren Zusammenfluss als bestem Ausgangspunkt für ein *Rafting*-Abenteuer in British Columbia. Beliebteste Trips sind die Routen auf dem Thompson River von Spences Bridge nach Lytton oder auf dem Fraser River durch das *Hell's Gate*. Ebenfalls zahlreiche *Whitewater Rafting* Anbieter lockt der Kicking Horse River bei Golden am Westausgang des *Yoho National Park* und der Fraser River am *Mount Robson Prov. Park* an. In den Rocky Mountains von Alberta gibt es im *Jasper National Park* ruhige Touren auf dem Athabasca River oder etwas wildere auf dem Sunwapta River. Die **Preise** sind in Abhängigkeit von Schwierigkeitsgrad der Flüsse und Region recht unterschiedlich. In touristisch stark frequentierten Gebieten werden für Kurztrips ab **$40** (ca.1,5 Std. auf dem Wasser; mit Vorbereitung Hin- und Rücktransport 3-4 Std.) verlangt. Ganztagestrips (ca. 3-4 Std. auf dem Wasser) gibt es ab $100.

Komfort-Hausboot auf dem Shuswap Lake (➪ oben) im zentralen British Columbia, www.twinanchors.com, (✆ 1-800-663-4026), ab Sicamous ➪ Seite 331

Radfahren

Radfahren – ***Bicycling, Cycling*** oder ***Biking*** genannt – ist als sportliche Freizeitaktivität ausgesprochen populär; speziell, seit es ***Mountain Bikes*** gibt. Fahrräder lassen sich in jeder größeren Stadt, aber auch in vielen National- und Provinzparks mieten. Etwa Vancouver auf der ***Seaside Bicycle Route*** durch den Stanley Park und um die English Bay per Zweirad zu erkunden, kann gar nicht genug empfohlen werden. Kanadische Autofahrer sind auf Leute, die das Fahrrad als Fortbewegungsmittel benutzen, indessen oft nicht eingestellt. Da die meisten Städte keine Radwege besitzen, ist ein wenig mehr Vorsicht als hierzulande daher angebracht. Die **schönste Radroute** mit zahlreichen sehenswerten Brücken und Tunneln verläuft über die stillgelegte Trasse der 481 km langen ***Kettle Valley Railway*** von Hope nach Midway durch den zentralen Süden von British Columbia. Obwohl mit nur 2,2% Maximalsteigung prinzipiell gut befahrbar ist die Strecke wegen Trassenschäden sowie steiler Umleitungen wegen zerstörter Brücken/Tunnel stellenweise nur Mountainbikern vorbehalten. Mehr Information im Buch ***Cycling the Kettle Valley Railway,*** *Dan & Sandra Langford, Rocky Mountain Books,* 288 Seiten, www.heritagehouse.ca (can$22), zum aktuellen Dollarkurs im Internet bei www.amazon.de.

Gute **Mountain-Bike-Reviere** mit Seilbahntransport sind der ***Calgary Olympic Park, Mount Washington*** bei Courtenay, ***Red Resort*** bei Rossland, ***Silver Star Mountain*** bei Vernon und der ***Whistler Mountain.***

Wer mehr über Radfahren und Mountain Biking auch in Canada wissen möchte, sollte zum Reise Know-How-Titel **»USA/Canada Bikebuch«** von Helmut Hermann greifen.

Angeln

Die liebste **Freizeitbeschäftigung** eines rechten Kanadiers ist ganz ohne Zweifel das Angeln. Im Sommer sitzen Männer, Frauen und Kinder jeden Alters geduldig an den See- und Flussufern oder werfen unermüdlich Blinker und künstliche Fliegen aus.

Angelgerät kann man zwar problemlos im Flugzeug mitnehmen, aber drüben wartet eine derartige auf kanadische Verhältnisse zugeschnittene Auswahl, dass viel dafür spricht, sich erst vor Ort einzudecken. Zumal auch die **Preise** dafür relativ günstig sind.

Angelerlaubnis

Neben der geeigneten Ausrüstung benötigt jeder Angler unbedingt eine ***Fishing Licence*** bzw. ein ***Fishing Permit*** der jeweiligen Provinz oder des Nationalparks. Angelscheine sind noch in kleinsten Ortschaften erhältlich – im Lebensmittelladen, an der Tankstelle oder sonstwo. Jedermann kennt die Ausgabestellen. Die **Gebühren** für Angler, die nicht in Canada leben, sind deutlich höher als für Provinzbewohner. Bei längerem Aufenthalt lohnt sich der Kauf eines Mehrtages-/Jahrestickets. Ausländer zahlen z. B. in BC \$20/1Tag, \$50/8Tage, \$80/Jahr für ***Non-Tidal Angling Licences*** (Süßwasserreviere) bzw. \$8/1Tag, \$33/5Tage, \$107/Jahr für ***Tidal Water Fishing Licences*** (Salzwasserreviere).

Regeln

Die Bestimmungen (die jeder Angler zur Kenntnis zu nehmen verpflichtet ist) zur Regulierung der allgemeinen Angelleidenschaft sind von Provinz zu Provinz unterschiedlich. Sie sind sorgsam zu beachten. **Streng kontrollierte Beschränkungen** beziehen sich auf tägliche Fangmenge, Art der Köder und der zum Fang freigegebenen Fischarten. Eine überall geltende Vorschrift besagt, dass ein Angler nicht mehr als **eine Angel** gleichzeitig benutzen darf. Wer ohne gültige Genehmigung erwischt wird, darf sich auf eine saftige **Geldstrafe** gefaßt machen. Üblich ist zudem die Konfiszierung des Angelgeräts, aber auch des Bootes oder Campmobils, wenn darin illegal gefangene Fische gefunden werden. Bei Begrenzungen der **Tagesmenge** zählen auch Fische, die vom Vortag stammen, aber noch nicht verzehrt wurden! In den **Nationalparks** benötigt man – unabhängig von der jeweiligen Provinz – eine **Sondergenehmigung.** Das ***Fishing Permit*** (für Banff&Jasper NPs z. B. $10/Tag, $35/Jahr) gibt es in den Besucherzentren.

Zum Schutz der Fischbestände hat man das ***Catch & Release Fishing*** eingeführt. Dabei geht es nicht mehr um den Fisch als essbare Beute, sondern ausschließlich um die Aktivität Angeln als solche. Der Angler nimmt dabei den gefangenen Fisch wieder vom Haken und setzt ihn zurück ins Wasser – eine fragwürdige Methode, bei der viele Fische verletzt werden und qualvoll zugrundegehen.

Fish Hatcheries

Die starke Befischung vieler Seen und Flüsse würde etliche Arten in ihrer Existenz bedrohen, wenn die Bestände nicht immer wieder künstlich aufgestockt würden. Mit der Aufzucht und dem Aussetzen von Jungfischen sind Fish Hatcheries betraut, allerorten zu findende staatliche Fischzuchtstätten und künstliche ***Spawning Channels*** (Laichkanäle, z.B. an Duncan Lake, Galena Bay). Sie können häufig besichtigt werden. Obwohl der Staat über die *Fishing Permits* erhebliche Einnahmen realisiert, reichen sie

Angler am Lake of the Woods im westlichen Ontario

kaum zur Aufstockung aller leergefischten Reviere. Dem Wahlvolk über das bereits vorhandene Reglement hinaus aus ökologischen Gründen weitere Zurückhaltung aufzuerlegen, mag offenbar keine Regierung riskieren.

Jagen

Im Gegensatz zum Angeln ist das Jagen für Ausländer eine aufwendige und kostspielige Angelegenheit. Sie dürfen ausschließlich unter der Obhut von staatlich geprüften Jagdbegleitern ***(Outfitters)*** jagen, die ihren gut zahlenden Gästen alle Jagdvorbereitungen abnehmen und für den Transport zu den besten Plätzen sorgen. Außerdem kümmern sie sich um die Unterkunft in der Wildnis. Wer bestimmte Felle oder Geweihe mit nach Europa nehmen möchte, benötigt dazu eine besondere Genehmigung.

Lizenzen

In ***National Parks*** ist **Jagen grundsätzlich verboten,** ebenso das bloße Mitführen gebrauchsfähiger Waffen.

Gebührenfreies Goldwaschen am Touristenclaim des Bonanza Creek, einem Nebenflüsschen des Klondike River

Goldwaschen

Ein besonderes **Abenteuer** ist für Canada-Touristen das Goldwaschen. An zahlreichen Flüssen und Bächen in British Columbia, in Alaska und im Yukon Territory trifft man noch heute auf Relikte der **Goldrauschepoche ab 1858**: zerwühltes Erdreich, verlassene Minen und verrostendes Gerät. An derartigen Originalschauplätzen wie Barkerville, Dawson City, Fairbanks oder Anchorage kann jedermann Waschpfannen leihen oder kaufen und sein Glück versuchen.

Situation heute

Grundsätzlich befindet sich das Gold zunächst in felsigen Lagerstätten. Bergwerke gewinnen das goldhaltige Erz im ***Hardrock Mining***-Verfahren, indem sie tiefe Stollen in den Fels treiben. Durch Erosion freigesetzte Goldpartikel werden aber auch vom Wasser aus dem Erz geschwemmt und setzen sich am Grund und an den Uferböschungen von Wasserläufen als Waschgold (*placer gold*) ab. Auf diese ***Gold Flakes***, darunter dann und wann auch größere ***Nuggets***, hatten es einst die ***Gold Prospectors*** oder ***Diggers*** abgesehen. Maschinell wurde Waschgold im Placer Mining-Verfahren mit gigantischen Eimerkettenschwimmbaggern (***Gold Dredges***, z.B. in Dawson City, Fairbanks) aus Bachböden herausgespült. Mit Waschpfanne, aber auch mit mancherlei raffiniert ausgetüftelten Gerätschaften sind Prospektoren nach wie vor an der Arbeit. Außer in Gebieten mit früher noch nicht ausgeschöpften Goldreserven suchen sie vor allem nach Goldpartikeln, die erst nach der Goldrauschperiode aus den Lagerstätten herausgewaschen wurden.

Touristen Claims

Wer sich selbst als Goldgräber betätigen möchte, muss sich im ***Tourist Claim*** z.B. bei Dawson City entweder nach alter Art stundenlang in einen eiskalten Bach stellen und mit schmerzendem Rücken ***Pay Dirt*** (goldhaltigen Sand) durchspülen oder am kommerziell betriebenen Trog für ein paar Dollar etwas bequemer eine im voraus mit dünnsten Goldflocken (*Flakes)* präparierte Pfanne auswaschen.

Literatur

Vor dem Einstieg in die Praxis sind theoretische Kenntnisse nützlich: In kanadischen *Book Shops* stößt man auf eine beachtliche Auswahl an Werken über **Methoden des Goldschürfens**, geeignete Ausrüstung und gesetzliche Vorschriften. Der Titel ***Methods of Placer Mining*** (88 Seiten, $10, *Heritage House Publishing Company*, www.heritagehouse.ca), von *Garnet Basque*, ist preiswert, anschaulich und vor allem für Anfänger gut geeignet (nur in großen Läden vorrätig). In ihm findet man u.a. Adressen von Firmen, die den modernen Prospektor mit allem ausstatten, was er braucht. Den Titel gibt's zum aktuellen Dollarkurs auch bei www.amazon.com.

Allgemeine Auskünfte über Goldsuche in Canada und Alaska erhalten Interessenten auch bei den ***Tourist InfoCentres.***

Wasch-pfanne

Eine stilecht zerbeulte Goldwaschpfanne ist im übrigen ein originelles Mitbringsel aus dem hohen Norden und ggf. ein schönes Erinnerungsstück an die »eigene Goldgräberzeit« oder die ***Yukon Gold Panning Championship,*** die jedes Jahr am 1.Juli in Dawson City stattfindet. Leider sind die meisten der zum Kauf angebotenen Pfannen aus Plastik.

Goldwaschmeisterschaften unter Mountie-Aufsicht in Dawson City/ Yukon Territory

2. REISEVORBEREITUNG UND -PLANUNG

2.1 Formalitäten, Finanzen und Versicherungen

2.1.1 Einreise nach Canada

Reisepass und Aufenthaltsdauer

Zur Einreise benötigt man nur den für die Reisezeit, besser aber noch mindestens sechs Monate gültigen Pass. Direkt aus Übersee einfliegende Touristen mit **Rückflugticket** und genügend Bargeld bzw. Reiseschecks und/oder Kreditkarten erhalten im Normalfall den erforderlichen Sichtvermerk für eine **Aufenthaltsdauer bis zu maximal 6 Monaten**. Meist stellen die Einwanderungsbeamten keine detaillierten Fragen und geben sich mit einer kurzen Auskunft zu Zweck und Dauer der Reise zufrieden. Dabei findet im Regelfall keine Überprüfung der Angaben des Reisenden statt. Falls die Canada-Reise in den USA (Alaska eingeschlossen) beendet werden soll, ist es – vorsichtshalber – sinnvoll, erst das Rückflugdatum nach Europa als Ausreisetermin aus Canada zu nennen.

Einreise nach Canada über die USA

Bei Anreise über die USA und einem bereits von den US-Behörden in den Pass gehefteten ***Departure Record*** (siehe nächsten Abschnitt), erhält man ebenfalls einen Einreisestempel für maximal 6 Monate in Canada. Aber andere Eintragungen kommen vor, etwa bei Auskünften des Touristen, die den *Immigration Officer* nicht befriedigen. Die einmal erteilte Aufenthaltsdauer für die USA bleibt auch für die Wiedereinreise (nach einem Canada-Abstecher) weiter gültig. Wenn diese Absicht besteht, muss man ggf. den kanadischen Grenzbeamten darauf hinweisen, damit er den *Departure Record* nicht aus dem Pass entnimmt.

Ausreise in die USA und Wiedereinreise

Dagegen verliert bei einer Ausreise von Canada in die USA die einmal erteilte kanadische Genehmigung im Prinzip ihre Gültigkeit. Wer erneut nach Canada einreist, muss sich bei der *Immigration* eigentlich einen neuen Sichtvermerk holen. Bisweilen verzichten die Grenzbeamten aber – nach einem Blick in den Pass, in dem noch die alte Eintragung steht – auf diese Prozedur und winken den Touristen einfach durch.

Mit Auto von den USA nach Canada

Wegen der (insbesondere nach Umsatzsteuern) niedrigeren Autopreise sind grenznahe Städte in den USA ggf. bedenkenswerte Ausgangspunkte auch für eine Reise durch Canada für Langzeitreisende, die sich ein Auto kaufen wollen (➪ Seite 99). Der Grenzübertritt ins Nachbarland ist auch mit einem Fahrzeug – gemietet oder gekauft – problemlos. **Wagenpapiere** oder **Führerschein** werden normalerweise nicht einmal kontrolliert.

Einen Nachweis über die in Canada vorgeschriebene **Haftpflichtversicherung** muss man erst bei Unfällen und gelegentlich bei Verkehrskontrollen erbringen. Einige (wenige) *Rental Car Companies* untersagen den Grenzübertritt. Wer in einem Mietwagen von den USA aus nach Canada fahren möchte, sollte daher die Absicht vor Vertragsabschluß ankündigen bzw. bereits vor der

Buchung sicherstellen, daß Canada auch mit dem in den USA gemieteten Fahrzeug ohne Einschränkungen befahren werden darf.

Eigenes Fahrzeug

Für ein eigenes Auto benötigt man von seiner (US-amerikanischen) Versicherung eine für Canada gültige ***Non-Resident Inter-Province Motor Vehicle Liability Insurance Card*** (entspricht unserer grünen Versicherungskarte). Sie wird meist nicht automatisch, sondern nur auf ausdrückliches Verlangen (im allgemeinen ohne Zusatzkosten) ausgestellt.

Privat geliehenes Fahrzeug

Bei Verkehrskontrollen fragt die kanadische Polizei bisweilen nach einem **Besitznachweis** für den Wagen. Als Beleg dient die ***Registration***, ein dem deutschen Kraftfahrzeugschein entsprechendes Papier, bzw. der Mietvertrag. Falls das Auto von Bekannten geliehen ist, sollte man sich eine **notariell beglaubigte Erlaubnis des Eigentümers** für die Benutzung und Einreise nach Canada geben lassen. Die Beglaubigung erledigt gegen Gebühr ein ***Notary Public***, den man in den USA »an jeder Ecke« findet.

2.1.2 Einreise in die USA

Ohne Visum

Zur Einreise in die USA, also auch nach **Alaska**, benötigt man – auch für jedes Kind einzeln! – einen maschinenlesbaren bordeauxroten **Reisepass** (nach 10/2005 ausgestellte Pässe müssen zusätzlich biometrische Daten enthalten), der mindestens noch drei Monate gültig sein muss. Bürger der meisten westeuropäischen Staaten benötigen kein Visum, wenn sie

- lediglich einen Aufenthalt von bis zu 90 Tagen planen und
- ein **Ticket** für die Rück- oder Weiterreise besitzen.

Bekanntlich haben die USA nach 09/11 scharfe Kontrollen eingeführt. Von jedem Besucher werden bei der Einreise die Abdrücke aller 10 Finger digital gescannt und ein digitales Porträtphoto erstellt. Die Airlines müssen vor Abflug die Flug- und Reservierungsangaben von Passagieren an die US-Grenzbehörden weiterleiten. Alle Gepäckstücke werden durchleuchtet. Für manuelle Nachkontrollen darf die TSA (*Transportation Security Administration*, www.tsa.gov) verschlossene Gepäckstücke gewaltsam öffnen. Deshalb sollte man aufgegebenes Gepäck nicht mehr abschließen bzw. TSA-zugelassene Schlösser verwenden.

Hinweis zur Gepäckkontrolle bei USA-Flügen

Gepäckstücke werden im Transatlantikverkehr in großen Stichproben geöffnet und durchsucht. Verschlossene Gepäckstücke »knackt« man einfach. Also entweder alles von vornherein unverschlossen lassen oder – besser – sog. ***Travel Safe Locks*** verwenden, kleine Zahlenschlösser, die von der amerikanischen Checkinstanz TSA (und angeblich nur von dieser) geöffnet werden können. Erhältlich sind diese Spezialschlösser in vielen Ausrüstungs-, Sport- und Reisegepäckshops ab ca. €5/Stück (USA ca. $8). Mehr Information über das Produkt findet man auf der Website des Herstellers *Eagle Creek*: www.eaglecreek.com. Dort gibt es auch eine Liste aller Läden in Europa, die *Eagle Creek*-Produkte vertreiben.

Visum/ Voraus-setzung

Ein **Visum** ist nur notwendig bei (schriftlich und nach Einladung – ggf. zusätzlich mündlich plausibel erläuterten) Reiseplänen für Zeiträume von über 90 Tagen und für Bürger von Staaten, die nicht vom Visumerfordernis ausgenommen sind.

Antrag auf Erteilung

Die Prozedur der **Visa-Beschaffung** ist ziemlich aufwändig.

Das Visum kostet Ende 2008 eine **Gebühr von €89** und wird von den US-Generalkonsulaten in **Berlin** (Neue Bundesländer und Norddeutschland), **München** (Bayern) und **Frankfurt** (alle anderen Bundesländer) erteilt. Alle Details zur **Gebührenzahlung** finden sich unter der Webseite: www.roskosmeier.de.

Alle Informationen zum Visaantrag und das Visantragsformular DS 156 zum Ausfüllen/Ausdruck gibt's unter der Internetadresse

www.usvisa-germany.com

Um überhaupt am Prozess der Visaantragstellung teilnehmen zu können, muss man seit 2007 zuerst im Internet eine **PIN-Nummer** erwerben: sie kostet **€10,00**, Zahlung nur per Kreditkarte.

Neben dem Visa-Antrag müssen alle **Männer im Alter zwischen 16 und 45 Jahren** zusätzlich das **Formular DS 157** ausfüllen und zwar online unter http://evisaforms.state.gov.

Telefonauskunft dazu unter ✆ **0900 1 85005** (€1,24/min).
Anruf nur möglich Mo-Fr 7-20 Uhr.

Der ausgefüllte Antrag DS 156, ggf. Formular DS 157, farbiges Passfoto, Reisepass und ggf. weitere Unterlagen sind samt frankiertem Rückumschlag (€1,44) ans zuständige Konsulat zu senden:

Konsularabteilung der US-Botschaft in Berlin
Clayallee 170, 14195 Berlin

Generalkonsulat Frankfurt
Gießener Straße 30, 60435 Frankfurt

Generalkonsulat München
Königinstr.5, 80539 München

Botschaft der Vereinigten Staaten in der Schweiz
Visa-Abteilung, Sulgeneckstr. 19, 3007 Bern,

✆ **031/357-7011**; Termine: ✆ **0900 878472** (2,50 SFr/min)
Internet: http://bern.usembassy.gov

Botschaft der Vereinigten Staaten in Österreich:
Parkring 12, 1010 Wien, ✆ **01/313390**,
Terminabsprache: ✆ **0900-510300** (2,16 €/min)
Internet: www.usembassy.at

Das in den Pass gestempelte Visum berechtigt zu beliebig vielen Einreisen (*multiple entries*) in die USA innerhalb des gewährten Zeitrahmens (maximal 10 Jahre). Die letzte Instanz bei der Einreise ist nichtsdestoweniger der ***US Immigration Officer*** auf amerikanischem Boden.

Einreise-formalitäten/ Apis-Formblatt; ab 2009 ESTA

Die Einreiseformalitäten sind für die USA aufwendiger als für Canada. Flugpassagieren wird schon bei der Buchung vom Reisebüro ein **Vordruck** mitgegeben, der – mit allen wichtigen Personendaten ausgefüllt – mitsamt Pass beim Einchecken vorzulegen ist. Im Vordruck muss eine USA-Adresse angegeben sein*). Wer kein Formblatt erhalten hat, kann es im Internet herunterladen: www.drv.de/fileadmin/user_upload/APIS_Formblatt.pdf.

Ab 2009 wird dieser Formular abgelöst durch **ESTA**, ***Electronic System for Travel Authorization***, fast schon eine Art Visum für eigentlich Visabefreite. Das muss bis drei Tage vor der Reise online ausgefüllt werden, damit man eine Einreiseerlaubnis zum Ausdruck erhält, ohne die man gar nicht erst einchecken kann.

Jeder USA-Besucher muss noch zwei weitere **Formulare** ausfüllen: Einreisepapier (***Arrival/Departure Record***) und die Zollerklärung (***Customs Declaration***):

Formulare

- Das **Einreiseformular**, das mit dem **Zollformular** bei **Flügen in die USA** bereits beim Einchecken oder spätestens im Flugzeug verteilt wird, ist in Blockbuchstaben auszufüllen*). Es besteht aus zwei Abschnitten. Der untere, der ***Departure Record***, wird in den Pass geheftet.

Gebühr

- Bei erster **Einreise auf dem Landweg**, z.B. auch von Canada nach Alaska, fällt eine **Gebühr von US$6** in bar/$-Reisescheck an – keine Kreditkarte, keine kanadische Währung!

Überprüfung

- Bei normalen Urlaubsplänen prüft der *Immigration Officer* die Angaben des Reisenden meist nicht weiter und erteilt die Höchstaufenthaltsdauer von 90 bzw. 180 Tagen (mit Visum). Er fragt aber schon mal nach **Rückflugticket, Barmitteln** und **Kreditkarte** und verkürzt u.U. die maximal mögliche Aufenthaltsdauer nach Ermessen.

Departure Record

- Mit dem ***US Departure Record*** im Reisepaß kann man innerhalb der zugestandenen Aufenthaltsdauer beliebig oft nach Canada oder Mexico reisen und wieder in die USA zurückkehren, ohne erneut die Einreise zu beantragen. **Verlässt man die USA**, wird der *Departure Record* beim Einchecken im Airport von den Angestellten der Fluggesellschaft wieder aus dem Paß entfernt bzw. – bei Ausreise nach Canada – von kanadischen Grenzbeamten.

Zoll/ Customs

- Die **Zollerklärung** ähnelt im Aufbau dem Immigrations-Papier. Bei der Aussage »Ich habe noch Früchte, Gemüse, Fleischwaren u. a. m. dabei und war kürzlich auf einem Bauernhof« heißt die kategorische Antwort ***no***! Wer wursthaltige Marschverpflegung oder Obst von daheim in der Tasche hat, muss alles spätestens im Ankunftsflughafen entweder essen oder vernichten.

---

*) Unter der Rubrik »Anschrift in den USA« ist unbedingt eine Adresse anzugeben. Wer nicht die Anschrift von Freunden oder Verwandten zur Hand hat, setzt z.B. die des ersten Hotels oder der Autovermietung ein.

Die Zollbeamten machen unter dem Schild *Nothing to declare* nur **Stichproben**. Aber sie müssen in jedem Fall das **Zollpapier stempeln**, das am Ausgang abzugeben ist. Ohne **Zollstempel** bleibt die Tür zum gelobten Land verschlossen.

2.1.3 Zollbestimmungen

Zollfreie Einfuhr Canada

Folgende Waren dürfen zollfrei nach Canada eingeführt werden:

1,14 l Spirituosen oder 1,5 Liter Wein oder

4 *Sixpacks* Bier zu je 12 *Ounces/Dose* (= 0,355 ml; das Äquivalent einer Kiste Bier mit 8,5 l)

und **200 Zigaretten und 50 Zigarren** sowie **Geschenke** im maximalen Gegenwert von **$60**

Obst, Gemüse

Beschränkungen gibt es in einigen Gebieten bei der Einfuhr von Obst- und Gemüsesorten, die auch in Canada angebaut werden. Je nach Herkunft der Nahrungsmittel und Zielort des Reisenden werden sie einbehalten und vernichtet, soweit man sie nicht stante pede verzehren mag. Das gilt z.B. für Äpfel bei der Einreise vom US-Staat Washington über Vancouver Island oder das Okanagan Valley.

Preisgefälle USA/Canada

Einige Produkte sind in den USA preiswerter als in Canada, in erster Linie Tabakwaren und Alkoholika. Viele Kanadier zieht es daher zu **Einkaufstrips** in die USA, wobei sie es mit den zollfreien Mengenbegrenzungen häufig nicht so genau nehmen. Vom ***Shopping* jenseits der Grenze** zurückkehrende Kanadier geben auf die Frage ihrer Zollbeamten nach den mitgeführten Waren die unverfängliche Antwort: ***Gas and Groceries*** – Benzin und Lebensmittel. Denn **eine Tankfüllung ist zollfrei** ebenso wie die meisten Lebensmittel, soweit nicht ein Einfuhrwert von $60 überschritten wird.

Das Interesse der kanadischen Grenzer gilt aber in erster Linie Tabak und und Alkohol. Außerdem wird oft nach **Schusswaffen** gefragt, da die Waffengesetze in Canada wesentlich strenger sind als in den USA.

Zollfreie Waren USA

Die Einhaltung der amerikanischen Einfuhrbeschränkungen für **Zigaretten** (**200 Stück**), **alkoholische Getränke** (**1 Liter**) und Geschenke (im **Wert bis zu US$100**) wird von den US- Zollbeamten nur lax kontrolliert. Sie interessieren sich vor allem für eventuell mitgeführte Fleischwaren, Obst und Gemüse, deren Einfuhr streng untersagt ist.

Die **schriftliche Zollerklärung** wird im übrigen nur bei der Einreise in die USA per Flugzeug verlangt. Bei Überquerung der kanadisch-amerikanischen Grenze beschränken sich die Beamten in aller Regel auf eine kurze mündliche Befragung.

2.1.4 Reiseversicherungen

Kranken-versicherung

Eine Reise nach Nordamerika sollte nie ohne umfassenden Krankenversicherungsschutz angetreten werden. Den besitzen automatisch nur unbegrenzt Privatversicherte, deren Kassen weltweite Kostendeckung gewähren. **Die gesetzlichen Krankenkassen übernehmen in Canada oder den USA anfallende Behandlungskosten nicht einmal teilweise**. Aber selbst, wer privat krankenversichert ist und glaubt, keine Auslandszusatzversicherung zu benötigen, sollte den **Geltungsbereich** seines Vertrages prüfen. Manche Versicherungen beschränken die Leistungspflicht auf Krankheitskosten, die in Europa und in Ländern rund ums Mittelmeer anfallen.

Kurzfristige Auslandskrankenversicherungen werden von vielen Gesellschaften angeboten. Die meisten Veranstalter legen ihren Buchungsunterlagen Überweisungsformulare für den unkomplizierten Abschluß aller denkbaren Reiseversicherungen bei. Es gibt sie aber auch separat, d.h., unabhängig von einer Buchung, in jedem Reisebüro. Kreditkartenunternehmen (➪ Seite 53) und **Automobilclubs** bieten ihren Mitgliedern Vorzugstarife beim Auslandsschutz. Im Jahresbeitrag für einige **Kreditkarten**-Edelversionen ist der Versicherungsschutz für Auslandsreisen enthalten.

Tarifvergleich

Grundsätzlich lohnt sich vor Abschluß ein Vergleich nicht nur der Tarife, sondern auch der mit dem Vertrag verbundenen Leistungen. Einige Versicherungen verzichten z.B. auf eine Eigenbeteiligung des Versicherten, bei anderen müssen die Ausgaben für kleinere Verschreibungen und Behandlungen selbst getragen werden. Zu beachten ist auch, daß ab einem bestimmten Alter (meist 65) die Versicherungstarife deutlich steigen.

Versicherter Zeitraum

Ein wichtiger Punkt bei Auslands-Krankenversicherungsverträgen ist der **maximal versicherte Zeitraum** bei ununterbrochener Abwesenheit. Insbesondere über bestimmte Mitgliedschaften »automatisch« Versicherte (Abbuchung des Beitrages jährlich ohne Notwendigkeit eines erneuten Abschlusses) sind **oft nur bis zu sechs Wochen** geschützt. Bei längeren Reisen muss auch in solchen Fällen ein gesonderter Vertrag über den gesamten Zeitraum abgeschlossen werden.

Preisgünstig sind **Verträge bis zu 2 Monaten Gültigkeit**. Für kurze Fristen ist auch die Auswahl groß. Das Spektrum der Angebote beginnt bei ganzen €9 für 8 Wochen (Erwachsene bis 59 Jahre bei der Alte Leipziger Hallesche – Internet: www.al-h.de; Kinder zahlen dort nur €6 für denselben Zeitraum); ab 60 Jahre sind €20 fällig; Jahresbeiträge gelten auch bei Mehrfachfahrten.

Familien mit Kindern bis 21 Jahren zahlen €14,50, Einzeltarif €6, Personen über 70 Jahre jeweils Aufpreis €11 (HUK-Coburg: www.huk24.de; 6 Wochen Gültigkeit).

Für längere Auslandsreisen vermindert sich die Zahl der Anbieter; und auch die Kosten steigen bei einigen Gesellschaften überproportional. Umso wichtiger ist der **Kostenvergleich.**

Langfristige Absicherung

Die Victoria Versicherung www.victoria.de verlangt z.B. für eine 90-Tage-Versicherung €45. Leider kann man teurere Tarife langfristiger Verträge nicht durch mehrere aufeinanderfolgende Kurzfristverträge zum Niedrigtarif umgehen. Man verliert dann nach der ersten Vertragsperiode seinen Versicherungsschutz.

Die Versicherer lassen sich bei kostspieligen Versicherungsfällen Flugscheine oder den Pass mit Einreisestempel vorlegen. Falschangaben des Versicherten kommen dann heraus.

Brille

Brillenträgern sollten neben einer Reservebrille den **Brillenpass** mitnehmen. Damit kann man bei Verlust oder defekt ohne Umweg über einen Augenarzt einen Optiker aufsuchen.

Behandlung und Zahlung

Im Krankheitsfall wird in Nordamerika häufig **vor** der Behandlung ein **Nachweis der Zahlungsfähigkeit** verlangt. Eine Kreditkarte ist dabei hilfreich. Ohne ausreichende Mittel und/oder Kreditkarte muss man sich bei teuren Behandlungen ggf. per Fax oder Telefon an seine Auslandskrankenversicherung wenden und um Vorschuß bzw. Kostenübernahme bitten. Die **Kopie des Vertrags** und die Rufnummern der Versicherung sollte man daher vorsorglich mitführen.

Erstattung

Falls man Arzt- oder Rezeptgebühren vorstreckt, sind für die spätere Erstattung in der Heimat **detaillierte Aufstellungen** mit Datum, Namen des behandelnden Arztes, einem Behandlungsbericht etc. notwendig. Je vollständiger die Unterlagen, um so reibungsloser erfolgt daheim die Überweisung des ausgelegten Betrages. Da die meisten Versicherungen **Dollarausgaben** mit dem Tageskurs umrechnen, an welchem der Erstattungsantrag bei ihnen eingeht, können Währungsschwankungen zu kleinen Verlusten führen. Einige Gesellschaften erlauben deshalb ihren Versicherten, den am Tag der Zahlung der Behandlungskosten geltenden Dollarkurs zugrundezulegen.

Behandlungskosten, die wegen chronischer Leiden oder infolge von Erkrankungen vor Reisebeginn anfallen, sind durch Reiseversicherungen nicht gedeckt. Zweifelsfälle sollten vor der Reise mit der Krankenversicherung erörtert werden.

Weitere Reiseversicherungen

Inwieweit man über die Krankenversicherung hinaus weiteren Versicherungsschutz benötigt, hängt von bereits bestehenden Versicherungen in der Heimat und dem eigenen Risikoempfinden ab. Vor dem Abschluss etwa einer **Reisehaftpflicht-** oder **Reiseunfallversicherung** sollte man prüfen, ob ggf. vorhandene Versicherungsverträge nicht auch außerhalb von Europa Deckung gewähren.

Gepäckversicherung

Über den Nutzen der vergleichsweise teuren **Reisegepäckversicherung** sind die Meinungen geteilt. Bei sorgfältiger Lektüre des »Kleingedruckten« entsteht mitunter der Eindruck, daß die Möglichkeiten des Haftungsausschlusses zahlreicher sind als Fälle, in denen der Versicherer zahlt. **Camping** etwa gilt versicherungstechnisch als besonders riskantes Unternehmen, auf das sich allerhand Ausschlußklauseln beziehen.

Wertsachen sind im allgemeinen nur bis zur Hälfte der Gesamtversicherungssumme gedeckt. Tatsächlich ist das Diebstahlrisiko in Canada, aber auch in den USA bei umsichtigem Verhalten eher nicht hoch.

Versicherungspakete

Bei den von Reisebüros gerne verteilten Versicherungspaketen sollte man prüfen, welche Einzelleistungen wirklich benötigt werden. Eine Haftpflicht- und Unfallversicherung besteht vielleicht schon, und die absolut notwendige Krankenversicherung gibt es manchmal anderswo günstiger.

Reise-Rücktrittskostenversicherung

Eine Reiserücktrittskosten-Versicherung ist bisweilen im Reisepreis schon enthalten. Sie kann, sollte das nicht der Fall sein, aber auch gesondert abgeschlossen werden. Die Prämien sind relativ niedrig (Elvia, Europäische u.a.). Man sollte darauf speziell bei langfristiger Vorbuchung nicht verzichten.

2.1.5 Bargeld, Reiseschecks und Kreditkarten

Cash

Bargeldlos

Bargeld spielt im Zahlungsverkehr Canadas und der USA insgesamt eine deutlich geringere Rolle als in Europa. Kanadier und Amerikaner begleichen oft auch niedrige Beträge per Kreditkarte oder mit Scheck. Auch Touristen brauchen **keine größeren Dollarbeträge in bar** mitzunehmen. Es macht Sinn, Bargeld zunächst nur für die ersten Ausgaben bereitzuhalten. Denn der Wechselkurs für Bargeld aus Automaten oder für Reiseschecks ist günstiger als der **Sortenkurs** der Banken beim Kauf von Bardollars.

Umtausch in Canada/USA

Euros und Franken lassen sich ausschließlich in Großstädten und auch dort nur in wenigen Banken und an internationalen Flughäfen umtauschen, und zwar zu ungünstigen Kursen.

EC-Karten

Indessen können **EC-Karten** (mit Maestro-Logo) auch an Geldautomaten in Nordamerika eingesetzt werden, ➪ Seite 53.

Münzen

Kleine Münzen sind in **Canada und den USA** nicht nur vom Aussehen her ähnlich und in der Größe so gut wie identisch:

1 Cent:	***Penny***	5 Cents:	***Nickel***
10 Cents:	***Dime***	25 Cents:	***Quarter***

In **Canada** sind darüberhinaus **$1- und $2-Münzen** im Umlauf. Auch für sie gibt es umgangssprachliche Bezeichnungen:

1 can$: ***Loonie***

2 can$: ***Twonie***

Die in den **USA** kursierenden 50-Cent- und Ein-Dollar-Münzen bekommt man nur sehr selten zu Gesicht.

Vor allem ***Quarters*** benötigt man häufig: in der **Telefonzelle,** am **Cola-Automaten** und im **Waschsalon**. Ein Vorrat davon ist praktisch. Bei Banken gibt es **Rollen** zu je 40 Quarters ($10).

Nach wie vor ist die Queen of England kanadisches Staatsoberhaupt. Ihr Konterfei ziert daher auch Banknoten

Münzen benötigt man auch in den öffentlichen Verkehrsmitteln der meisten Großstädte. Die Fahrgäste werfen den abgezählten Fahrpreis in einen gut gesicherten Behälter. Die Fahrer verfügen als Vorsichtsmaßnahme gegen Überfälle grundsätzlich nicht über Wechselgeld.

Banknoten

Da **US-Dollarscheine** unabhängig von ihrem Wert dieselbe Größe und Farbgebung aufweisen (Zahlseite grau-schwarz, Rückseite blaßgrün), kommt es leicht zu Verwechslungen und auch mutwilligen Täuschungen. Beim Herausgeben ist deshalb etwas mehr Aufmerksamkeit als bei uns angebracht. Verwechslungs- und fälschungssicherer mit Wasserzeichen, Farbwechsel an der Wertzahl und Sicherheitsfaden sind die neuen, farbigen $5, $10, $20- und $50-Scheine.

Kanadische Geldscheine unterscheiden sich zwar auch nicht in der Größe, lassen sich aber dank unterschiedlicher Farbgebung besser auseinanderhalten.

US-Dollars in Canada

US-Dollars werden in Canada weitgehend akzeptiert, meist allerdings zu einem Kurs, der ungünstiger ist als der Wechselkurs in der Bank.

Wechseln großer Scheine

Aus Sicherheitsgründen behalten manche abends und nachts geöffnete Shops und Tankstellen nicht mehr als **$20 Wechselgeld** in der Kasse. Überschießende Einnahmen verschwinden per Rohrpost unwiederbringlich im Tresor. So können größere als $20-Noten bei kleinen Kaufsummen nicht gewechselt werden; mitunter verweigert man sogar die Annahme. Auch bei Barzahlungen am Tage kommt man mit **Geldscheinen bis maximal $50** am besten zurecht. $100-Scheine werden oft ungern, in kleineren Geschäften mitunter gar nicht angenommen.

Cash only!

Trotz der großen Bedeutung der Kreditkarten, gibt es Situationen, wo sie nicht weiterhelfen, wo unbedingt mit ***Cash*** zu zahlen ist: Für Touristen sind in erster Linie die **Campingplätze** in National- und Provinzparks und besonders in den Nationalforsten zu nennen, wo die Übernachtungskosten bar und abgezählt ohne Wechselmöglichkeit in einem Umschlag deponiert werden müssen, ➪ Seite 142. Auch manche (Billig-) Tankstellen akzeptieren Kreditkarten nicht.

Travelers Cheques

Anwendung

Travelers Cheques von *American Express*, der marktführenden Ausgabeorganisation von Reiseschecks, werden in Geschäften und Dienstleistungsunternehmen durchweg ohne Abzug wie Banknoten akzeptiert. Die Auszahlung der Differenz zwischen dem Wert eines Reiseschecks und dem jeweiligen Rechnungsbetrag erfolgt anstandslos in *Cash*. Im Gegensatz zu Europa ist es in Nordamerika unüblich, Reiseschecks bei Banken in Bargeld umzutauschen. Denn dort werden heute immer öfter **Gebühren erhoben**. Meist fragt man auch dabei nach Vorlage des Passes.

Kanadische Dollars (hier can$; offizielles Kürzel: CAD)

Wer nach Canada reist, sollte sich ausschließlich auf **kanadische Dollar lautende *Travelers Cheques*** beschaffen, für **Alaska** bzw. im Kernland der USA dagegen nur **US$-*Travelers Cheques*** verwenden. Reiseschecks, die auf Euro lauten, lassen sich in beiden Ländern nur unter Schwierigkeiten einlösen. Auch für Reiseschecks gilt das unter »Wechseln großer Scheine« bereits Gesagte: Hohe Nennwerte werden ungern gangenommen.

Kosten der Reiseschecks

Beim Kauf von Dollar-Reiseschecks in Europa erfolgt die Währungsumrechnung zum Devisenbriefkurs (➪ Tageszeitung) oder wenig darüber. Trotz der Provision von 1% des Wertes sind sie dadurch etwas günstiger als Bargeld zum Sortenkurs.

Beim Kauf unterschreibt man in der Bank die *Travelers Cheques* ein erstes Mal, bei der Einlösung müssen sie in Anwesenheit des Kassierers gegengezeichnet werden. Gelegentlich wird die Vorlage von Pass oder Führerschein verlangt.

Ersatz für abhanden gekommene Reiseschecks

Der **Vorteil der Reiseschecks** gegenüber dem Bargeld besteht darin, daß bei Verlust oder Diebstahl rasch Ersatz erlangt werden kann, ohne daß dafür Kosten entstehen. Man muss zu diesem Zweck den Kaufnachweis vorweisen und – etwa durch die notierten Einlösedaten verbrauchter Schecks – glaubhaft belegen, welche Schecks (Nummernfolge) verloren gegangen sind.

Gebührenfreie Telefonnummer von **American Express**, die im Verlustfall angerufen werden muss: ✆ **1-800-221-7282**

Die Zentrale nennt dem Anrufer die **nächstliegende Bank**, welche den Verlust dokumentieren und die Ersatz-Schecks ausstellen kann. Nicht gebrauchte Reiseschecks lassen sich zu Hause (zu ungünstigen Konditionen) zurücktauschen. Dabei erheben Banken Einlösegebühren und berechnen teilweise statt des Devisenkurses den Sortenkurs.

Tausch Bargeld in Reiseschecks

Wer in Nordamerika größere Beträge in **Bardollars** einnimmt (etwa durch den Verkauf eines zuvor erworbenen Fahrzeugs), kann als Mitglied eines europäischen Automobilclubs beim kanadischen oder US-amerikanischen Club (CAA bzw. AAA) ***American Express Travelers Cheques*** gebührenfrei kaufen und damit das Geld ohne Risiko mit sich führen.

Credit Cards

Verbreitung der unterschiedlichen Kreditkarten

In Nordamerika gehört die Zahlung per *Credit Card* seit Jahrzehnten zum täglichen Leben. Die meisten Kanadier und US-Amerikaner besitzen mehrere Kreditkarten. ***Visa*** und ***Mastercard*** werden fast überall akzeptiert. Relativ weit verbreitet ist auch die ***American Express Card***, aber eher bei Unternehmen für Waren und Dienstleistungen des sogenannten »gehobenen« Bedarfs. Ebenso die ***Discover Card***, eine in Europa bislang leider noch nicht erhältliche »Bonuskarte«, die dem Besitzer für jede Zahlung einen kleinen Prozentsatz der jeweiligen Ausgabe gutschreibt. Wesentlich seltener lässt sich die *Diners Club Card* verwenden.

Vorteile

Kreditkarten machen das Reisen in Canada und in den USA erheblich leichter: Nicht nur kann ein Großteil der Ausgaben per Karte getätigt werden, sondern es wird in manchen Fällen auch mehr oder weniger erwartet. Im Hotel etwa oder bei der **Autovermietung** ersetzt die Kreditkarte eine Überprüfung der Bonität des Kunden. Leute ohne »Plastik« gelten als weniger vertrauenswürdig. Ohne Vorlage einer Kreditkarte wird man daher keinen Leihwagen bekommen oder zumindest eine extrem hohe Kaution hinterlegen müssen. Hotelzimmer, Mietautos, Fährpassagen, Theaterkarten, Campingplätze etc. lassen sich verbindlich im allgemeinen nur unter Angabe einer Kreditkartennummer **reservieren**.

Behandlungen durch Ärzte und Zahnärzte oder in Krankenhäusern erfolgen erst, wenn die Zahlungsfähigkeit des Patienten geklärt ist. Das Vorhandensein einer Kreditkarte räumt in solchen Fällen etwaige Zweifel aus.

Die **Anschaffung einer Kreditkarte**, sollte man noch keine besitzen, ist daher vor einer Reise nach Canada und erst recht in die USA **mit Nachdruck zu empfehlen**.

Wer seine Kreditkarte konsequent einsetzt, braucht nur noch für *Fast Food Restaurants,* auf öffentlichen *Campgrounds* und für kleine Nebenkosten Bargeld bzw. Reiseschecks.

Kosten

Die Mitglieder des **ADAC** zahlen z.B. als Jahresgebühr für die Visa Starter Karte €12, die Visa- oder Mastercard mit Guthabenverzinsung je €29, zusammen für beide €39. **Banken und Sparkassen** stellen die Mastercard für €20-€30 aus, einige sogar kostenlos.

Etliche Karten können gebührenfrei zur Probe benutzt werden. Bei der **HUK-Coburg** kostet eine Visacard einschließlich Auslandskrankenversicherung nur €19,42 pro Jahr, für Familien mit Kindern bis zu 21 Jahren €35,79; www.huk-visa.de.

Vergleich

Zur Frage, welche Karte den persönlichen Bedürfnissen am besten entspricht, sei verwiesen auf die regelmäßigen veröffentlichten **Kreditkartenvergleiche der Stiftung Warentest** (Zeitschriften »test«/»Finanztest«). Reports dazu gibt's auch in Wirtschaftsmagazinen (Capital, Impulse u.a.). Die individuell optimale Karte ermittelt man unter www.cardscout.de.

Ausgabengrenzen

Mit einer Kreditkarte lassen sich beliebig hohe Beträge begleichen, sofern die im Abrechnungszeitraum aufgelaufene Summe aller Rechnungen im Rahmen des festgesetzten persönlichen **Kreditlimits** (speziell Visa) bzw. der von der Hausbank zugestandenen Girokonto-Überziehungslinie (Mastercard) liegen.

Effektive Zahlung

Für die **Umrechnung** von Dollarausgaben in die heimische Währung ihrer Kunden legen die Kreditkartenorganisationen mehrheitlich den **Devisenbriefkurs** (Wirtschaftsteil der Tageszeitung) **plus 1%-1,75%** zugrunde. Dies Vorgehen führt normalerweise zu einem Wechselkurs unter dem für Bardollars.

Vorteilhaft bei der Zahlung mit Karte kann auch der zeitliche Abstand zwischen dem eigentlichen Geschäft und der Abbuchung sein. Meistens wird einmal monatlich abgerechnet, wobei nicht immer schon alle Belege des vergangenen Monats vorliegen. In Einzelfällen erfolgt die **Belastung** erst zwei oder mehr Monate nach der Zahlung. Der Kunde genießt in der Zwischenzeit kostenlos Kredit.

Bargeld per Kreditkarte

Bargeld erhält man unter Vorlage des Passes am Bankschalter oder mit Geheimzahl (*Pin Code*) an kanadischen und amerikanischen **Geldautomaten**

Bei der Barentnahme entstehen relativ hohe Kosten, in aller Regel ab 3% der ausgezahlten Summe, mindestens eine fixe Minimumgebühr bei Abhebung von Kleinbeträgen. Barentnahmen werden im Gegensatz zu laufenden Ausgaben in Geschäften, Restaurants etc. umgehend dem heimischen Konto belastet.

Icefields Parkway zwischen Lake Louise und Jasper (Alberta)

EC-Geldkarte

An zur Zeit rund 42.000 kanadischen **Geldautomaten** mit dem Maestro-Logo (www.mastercard.ca) bereitet die Bargeldbeschaffung für EC-Karten-Inhaber keine Probleme. Aber man sollte für mögliche Rückfragen wegen der für Ausländer teilweise unklaren Abfragepunkte an vielen ATMs (***A****utomated* ***T****eller* ***M****achines*) die Banköffnungszeiten nutzen.

Direktzahlungen in Läden sind mit EC-Karte **nicht** möglich.

Die **Modalitäten der Bargeldbeschaffung** sind in Abhängigkeit von Kartenart und Ausgabestelle sehr unterschiedlich. Bei einigen Gesellschaften gelten ohne Guthaben restriktive Entnahmeregeln. Ein aufmerksames Studium der Bedingungen ist ratsam, möchte man unterwegs unliebsame Überraschungen vermeiden.

Preise und Zahlungsart

Insbesondere bei höheren Ausgaben lohnt sich die Frage nach Preisdifferenzen zwischen den Zahlungsarten: »***Same price cash or credit?***« Denn wegen der Provision der Kartenunternehmen sind viele Geschäftsleute bereit, bei Barzahlung (auch *Traveler Cheques*) Preisnachlass zu gewähren – ***Rebate for Cash***.

»Edelkarten«

Inhaber von **Gold-, Platin**- und anderer »Edelkarten« dürfen zu höheren Jahresgebühren meist **höhere Bargeldabhebungen** vornehmen und genießen automatisch bei Zahlung mit Karte weitreichenden **Versicherungsschutz**. Allerdings sind nicht alle Versicherungen im Einzelfall von Bedeutung, da viele Kunden bereits gleichartige Versicherungen anderweitig besitzen.

Interessant ist insbesondere die automatische Aufstockung einer eventuell unzureichenden Haftpflicht-Versicherungssumme bei Wagenmiete im Ausland bei Buchung vor Ort (➪ Seite 73; speziell bei einer Miete in den USA, wo viele Mietwagen nur mit der jeweils zulässigen Minimalsumme versichert sind), wie sie etwa die ADAC-Visa-Goldkarte mit der Gold Mastercard für €89 oder die Platincard der Netbank (www.netbank.de; sogar mit Vollkaskoversicherung) bieten, sofern der Mietpreis per Karte beglichen und dies von vornherein auch im Vertrag festgehalten wird.

Missbrauch

Leider ist das Kreditkartensystem schwer gegen **unerlaubte Nutzung** zu schützen. Wer an Nummern fremder Karten herankommt (also z.B. jeder, der Zahlungen per Kreditkarte entgegennimmt), ist in der Lage, damit telefonische Bestellungen und Reservierungen auf fremde Rechnung vorzunehmen. Bei Kartenverlust oder Missbrauch, kann man sie durch einen Anruf bei der Gesellschaft mit sofortiger Wirkung **sperren lassen**:

American Express:	1-800-554-AMEX
Mastercard:	1-800-MC-ASSIS
VISA:	1-800-847-2911

Für bis zu einer Sperrung eventuell eingetretene Schäden haftet der Kunde in der Regel mit höchstens €50.

Im Strathcona Provincial Park auf Vancouver Island

Maschine der kanadischen Chartergesellschaft Air Transat auf dem Airport von Vancouver

2.2 Die Flugbuchung

2.2.1 Der Flug nach Canada

Ziele in Canada

Die großen Städte Westkanadas (**Vancouver, Calgary, Edmonton**) und **Toronto** erreicht man von Europa aus nonstop per Linien- und Charterflug. Canadas größter Flughafen, der *Toronto Pearson International Airport* (YYZ, in 2007 31,5 Mio Passagiere), wird von allen bedeutenden *Airlines* angeflogen. Vancouver (YVR, 17,7 Mio Passagiere) ist mit großem Abstand die Nr. 2 im Lande. Calgary (YYC) verzeichnet 12,3 Mio Passagiere, Edmonton (YEG) 6,1 Mio Passagiere.

Charterflüge

Im Sommer fliegen fünf Chartergesellschaften in den Westen Canadas; neben den genannten Großstädten gehört auch Whitehorse (YXY) zu den Zielen, ➪ Liste Seite 56 unten.

Air Canada

Der *Star Alliance*-Partner ***Air Canada*** bedient ganzjährig alle wichtigen Städte des Landes. Aber kaum jemand bezahlt die offiziellen Tarife der einzigen bedeutenden überregionalen kanadischen Fluggesellschaft. Auch die in Veranstalterkatalogen und auf deren Websites genannten »Sondertarife« für Transatlantikflüge nach Canada sind durchaus nicht »das letzte Wort«. Flugspezialisten (➪ Seite 55) und Internetagenturen (➪ Seite 57) unterbieten diese häufig noch substanziell. Es gelten dann aber andere ungünstigere Bedingungen, etwa bei der Geltungsdauer, dem Prozentsatz der Kinderermäßigung und/oder vor allem bei den Umbuchungsregelungen bzw. -kosten.

Flüge über Amsterdam, London etc.

Eine ganze Reihe ausländischer Airlines befördert Passagiere aus Deutschland, Österreich oder der Schweiz mit Zubringerflügen zu ihren Knotenpunkten (insbesondere **KLM**/Amsterdam, **British Airways**/London, **Air France**/Paris) und von dort zum Zielflughafen in Canada oder den USA. Derartige Umsteigverbindungen sind häufig preiswerter als die günstigsten Direktflüge.

Stopover

Es sei in diesem Zusammenhang noch angemerkt, daß der Begriff »**Direktflug**« nicht gleichbedeutend ist mit »**Nonstop-Flug**«. »Direkt« bedeutet, daß Ziele ohne Umsteigen, aber mit (ggf. zeitraubenden) Zwischenlandungen angeflogen werden. Nur Nonstop-Flüge garantieren Transport ohne Flugunterbrechung.

Ein Zwischenstop im Osten Canadas oder in den USA auf Direktflügen oder auch die Notwendigkeit, umsteigen zu müssen, ist nicht unbedingt ein Nachteil. Denn ***Stopover*** erlauben dem Passagier in vielen Fällen Unterbrechungen und den Besuch weiterer Ziele in Nordamerika ohne Mehrkosten oder zu einem relativ geringen Aufpreis. In den USA kommen für *Stopover* viele Städte in Frage, in Canada zur Zeit nur Toronto und Calgary.

Gepäcklimits; **⇨ auch Seite 41**

Ein **Nachteil einiger Charterer** sind die Gepäcklimits zwischen 20 kg und 32 kg pro Person. Auf **Linienflügen** nach Nordamerika liegt das Limit dagegen bei zwei Gepäckstücken bis zu **je max. 23 kg, also insgesamt höchstens 46 kg.**

Vorteil Linienflüge

Außerdem gilt, daß **Charterflieger** nach Canada nur an bestimmten Wochentagen im Sommer starten. Eventuell notwendige Umbuchungen lassen sich daher nur unter Schwierigkeiten oder gar nicht bewerkstelligen. Die meisten **Liniengesellschaften** bieten von vornherein einen größeren terminlichen Spielraum (meist täglicher Abflug) und je nach Tarif auch mehr Flexibilität hinsichtlich Datenänderungen nach bereits erfolgter Buchung.

Gabelflüge

Selbst wenn Chartergesellschaften Gabelflüge zulassen, die durch **unterschiedliche Ziel- und Rückflug-Airports** gekennzeichnet sind, bleiben die Kombinationsmöglichkeiten wegen der weitaus geringeren Flugfrequenz und den wenigen Zielen begrenzt.

Northwest Airlines fliegt in Code Sharing mit KLM ab Amsterdam in die USA und bedient via Minneapolis/Detroit auch die Großstädte des kanadischen Nachbarn

2

Flugübersicht

Die nachfolgende Liste liefert einen umfassenden Überblick über alle ab Deutschland, Österreich, Schweiz und Nachbarländern verfügbaren Flüge zu Zielen in Canada westlich von Toronto. Bei Linienflügen ist ein Abflug von allen größeren Airports möglich, bei Charterflügen Abflug nur von ausgewählten Airports.

Nonstop-Flüge mit Air Canada:

Toronto und Calgary.

Air Canada hat ein *Code-Share*-Abkommen mit seinen *Star Alliance* Partnern, ➪ Seite 60. Deshalb sind auf vielen Routen kanadische Flugzeuge im Einsatz, auch wenn das Ticket eine der kooperierenden Airlines verzeichnet.

Nonstop-Flüge mit Lufthansa: Calgary, Toronto, Vancouver.

Linienflüge mit US-Airlines:

Alle Flüge **nonstop** von Deutschland **in die USA**, nach Gepäckannahme, Zoll- und Paßkontrolle Weiterflug mit Umsteigen nach Canada (dort erneute Zoll- und Passkontrolle). Auf der direkten Flugstrecke ist in der Regel ein kostenloser *Stopover* erlaubt.

American: Calgary, Toronto, Vancouver

Continental: Calgary, Toronto, Vancouver

Delta: Calgary, Edmonton, Toronto, Vancouver, Winnipeg

Northwest: Calgary, Edmonton, Kitchener, London, Regina, Saskatoon, Thunder Bay, Toronto, Vancouver, Winnipeg

United: Calgary, Toronto, Vancouver

US Airways: Calgary, Edmonton, Toronto, Vancouver

Nonstop-Linienflüge mit europäischen Airlines:

Air France (ab Paris): Toronto

Alitalia (ab Mailand): Toronto

Austrian Airlines (ab Wien): Toronto

British Airways (ab London): Calgary, Toronto, Vancouver

Czech Airlines (ab Prag): Toronto

KLM (ab Amsterdam): Toronto, Vancouver

Jet Airways (ab Brüssel): Toronto

Lot (ab Warschau): Toronto

Charterflüge:

Air Transat (Hochsaisonpreis retour inkl. aller Gebühren ab Deutschland): Toronto €843,Calgary, Edmonton, Vancouver je €996

Air Berlin mitBelair (via Zürich): Calgary, Vancouver

Condor:Vancouver, Whitehorse

Air Berlin: Vancouver

Martinair (via/ab Amsterdam): Calgary, Toronto, Vancouver

Billigflüge

Überregional operierende **Billigfluganbieter**, die in Zeitungen und Reisezeitschriften inserieren, reagieren mit aktuellen Sonderangeboten auf geänderte Marktlagen. Ihre Preise findet man nicht in den Katalogen. Überaus nützliche Informationen bieten vierteljährlich erscheinende **Magazine** wie **»Reise & Preise«** www.reise-preise.de **und »Clever reisen«** www.fliegen-sparen.de mit Links zu *Airlines* usw. Daneben ist vor allem das **Internet** eine ergiebige Quelle, ➪ Kasten unten und nächste Seite.

Für günstigste Preise muss man u.a. Abflug in der Wochenmitte, Zubringer übers Ausland, Zwischenstopps und/oder weitere Umsteiger akzeptieren.

Gebühren

Zu den reinen Flugtarifen addieren sich pro Ticket €70-€100 für Flughafensteuern und Sicherheitsabgaben. Bei Starts am Wochenende werden oft €25 Zuschlag je Flugstrecke berechnet.

Buchung

In der Hoch(preis-)saison zwischen Mitte Juni und Mitte /Ende August sind die Plätze zu Billigtarifen in der Regel langfristig ausgebucht, denn nur ein Teil der jeweiligen Kapazität wird »superbillig« verkauft. Ein bestimmter Termin lässt sich zu einem günstigen Tarif daher nur bei sehr frühzeitiger Buchung sicherstellen. Außerhalb der Hochsaison gibt es aber selbst zu Sondertarifen oft noch kurzfristig freie Plätze. Flexible Kunden machen deshalb in vielen Fällen ein Schnäppchen, wenn sie erst 4-6 Wochen oder noch knapper vor dem gewünschten Flugtermin buchen.

Anfahrt zum Flughafen

Für die Anfahrt zum Airport gibt es drei preiswerte Alternativen:

- Der eigene Wagen wird auf dem Langzeitparkplatz des Flughafens (teilweise sehr teuer) abgestellt oder auf dem **Parkplatz eines Hotels** preisgünstig bis kostenlos, sofern man dort vor oder im Anschluss an den Flug übernachtet. Entsprechende Angebote findet man in Veranstalterprospekten und -websites.
- Man fährt per ***Rail & Fly Ticket*** der Deutschen Bahn. In bestimmten Ticketpreisen ist *Rail & Fly* bereits enthalten, es kann nicht separat gekauft werden.

Flugbuchung im Internet

Die ***Websites*** bieten von den Flugplänen der Airlines bis zum Tarifüberblick und der konkreten Vakanzanfrage ein überwältigendes Informationsangebot. Dabei entwickelt sich aber die Suche nach freien Plätzen zu Niedrigpreisen leicht zum zeitaufwendigen Dauersurfen, weil jede Airline ein breitgefächertes Tarifsystem besitzt. Auch wer nicht online bucht, verschafft sich auf jeden Fall per Internet eine Marktübersicht und kann im Reisebüro konkrete Preisvorstellungen äußern und Angebote beurteilen.

weiter nächste Seite

Generell sollten Online-Bucher folgende drei Punkte beachten:

- Nur bei deutschen Internetagenturen kann man sich in Streitfällen auf deutsches Recht berufen und erreicht bei Problemen bzw. Rückfragen einen konkreten Ansprechpartner.
- nur bei Zahlungen gegen schriftliche Rechnung besitzen Kunden einen detaillierten, überprüfbaren Buchungsnachweis,

Weitere Hinweise:

- Wer Flugdaten jeweils um einige Tage verschiebt, kann Sonderpreise finden, die zu anderen Terminen womöglich schon ausgebucht sind bzw. nicht existieren. Dieselbe Flexibilität lohnt sich auch beim Abflugairport. Beispielsweise verschafft man sich zunächst eine Übersicht beim Transatlantikflug und überprüft erst anschließend die Tarife mit Zubringerflügen.
- Nicht jede Datenbank der Internet-Reisebüros erfasst ein Komplettangebot aller Linien zu sämtlichen kanadischen Airports bzw. alle innerdeutschen Zubringerflüge und/oder die preiswertesten Charterflüge. Da Ziele wie Anchorage, Calgary, Toronto oder Vancouver von allen größeren europäischen, kanadischen und US-Airlines unmittelbar oder im *Code-Sharing* angeboten werden, findet man den passenden Flug oft nur nach einem Surfen durch die *Websites* mehrerer Anbieter.
- Nach der Tariferkundung muss man feststellen, ob zum gewünschten Preis noch freie Plätze existieren, weil Fluggesellschaften immer nur ein bestimmtes Kontingent zu Sonderkonditionen vergeben. Zudem haben einige Tickets oft nur eine begrenzte Gültigkeit, etwa 1 Monat; bei längerfristigen Aufenthalten gelten andere Tarife. **Bei negativer Vakanzanfrage** überprüft man anschließend erst nur den Transatlantikflug ohne Zubringerstrecken. Finden sich dort noch freie Plätze, wählt man bei den Anschlussflügen in Deutschland/USA/Canada andere Zeiten oder Flughäfen.

Internetagenturen für Flugtickets:

www.airline-direct.de

www.billigflug.de

www.discountflieger.de

www.ebookers.de

www.flug.de

www.flugticket.de

www.mcflight.de

www.skyways.de

www.amondo.de

www.travelocity.de

www.usareisen.com

www.billiger-reisen.de für Preisvergleich mehrerer Internetportale

Canada über die USA

Manchmal lohnen sich für scharfe Rechner die USA ggf. auch als Ausgangspunkt für den reinen Canada-Urlaub.

Der ***Seattle-Tacoma International Airport*** etwa liegt nur 200 km von Vancouver entfernt und wird von allen großen US-amerikanischen und verschiedenen europäischen Fluglinien zu – häufig – günstigeren Tarifen als Vancouver bedient.

Auch **Detroit** zwischen Huron und Erie See an der Grenze zu Ontario eignet sich ggf. als Ausgangspunkt für Fahrten nach Canada hinein.

Vielflieger-Programme

Alle großen Fluglinien bieten heute ihren Kunden Vielflieger-Programme, die unter unterschiedlichsten Bezeichnungen laufen (***Frequent Flyer***, ***Miles & More***/Lufthansa etc.). In diese Programme sollte sich jedermann bereits vor dem ersten Flug bei »seiner« Airline eintragen lassen. Vom Datum des Antrags an können auf diesem Bonuskonto Meilen gesammelt werden. Beim Einchecken gibt der Kunde einfach seine Bonuskontonummer an, der Rest läuft von alleine.

Wer seine Karte (noch) nicht zur Hand hat, kann mit dem verbliebenen Abschnitt seines ***Boarding Pass*** Meilen auch noch nachmelden. Oft werden als Anreiz bei Ausstellung des Passes schon mal vorab 5.000 Meilen gutgeschrieben. Weitere »Meilen« landen auf dem Konto, übernachtet man im Anschluss an einen Flug im Haus einer kooperierenden Hotelkette oder mietet ein Fahrzeug bei der »richtigen« Leihwagenfirma.

Bei genügend Meilen winken Geschenk- oder Essensgutscheine, kostenlose Leihwagen, Hotelnächte oder Freiflüge als Prämie. Aber Achtung: bei vielen Airlines verfallen die Bonusmeilen, wenn innerhalb eines Zeitraums keine neuen Meilen hinzukommen.

Internationale Airlines mit Destinationen in Westkanada und/oder Alaska

	Toll-free ✆ **USA/Canada**	✆ **Deutschland**
Air Berlin/Belair	1-866-266-5588	01805/737800
Air Canada	1-888-247-2262	069/27115111
Air France	1-800-237-2747	01805/830830
Air Transat	1-877-872-6728	069/6976570
Alaska/Horizon Air	1-800-252-7522	06031/737620
Alitalia	1-800-223-5730	01805/074747
American Airlines	1-800-433-7300	069/50985070
Austrian Airlines	1-800-843-0002	01803/000520
British Airways	1-800-247-9297	01805/266522
Condor	1-800-524-6975	01805/767757

Fortsetzung umseitig

Internationale Airlines (Fortsetzung von Seite 59) mit Destinationen in Westkanada und/oder Alaska

	Toll-free ✆ USA/Canada	✆ Deutschland
Continental	1-800-523-3273	01803/212610
Czech Airlines	1-800-223-2365	069/9200350
Delta Airlines	1-800-221-1212	01803/337880
Iberia	1-800-772-4642	01805/442900
Jet Airways	1-877-835-9538	kein dt. Telefon
KLM/Northwest	1-800-225-2525	01805/214201
LOT	1-(416)-236-4242	01803/000336
Lufthansa	1-800-399-5838	01805/838426
Martinair Holland	1-800-627-8462	01805/100211
SAS	1-800-221-2350	01805/117002
SWISS	1-877-359-7947	01803/000337
United Airlines	1-800-864-8331	069/50070387
US Airways	1-800-428-4322	01803/000609

Websites (http://www.)

Air Berlin/Belair airberlin.de

Air Canada aircanada.de

Air Transat airtransat.de

Alitalia alitalia.de

Austrian Airlines aua.com

Condor condor.de

Czechair czechairlines.de

KLM/Northwest klm.de

Jet Airwys jetairways.de

Lufthansa lufthansa.de

SAS flysas.de

US Air usair.com

Air France airfrance.de

Alaska Airlines alaskaair.com

American Airlines aa.com

British Airways ba.com

Continental continental.com

Delta Airlines delta.com

Iberia iberia.de

Lot lot.com

Martinair martinair.de

SWISS swiss.com

United Airlines ual.de

Star Alliance staralliance.de
(Air Canada, Austrian Airlines, Lot, Lufthansa, SAS, Swiss, Tap Portugal, Turkish Airlines, United, US Air)

One World www.oneworld.com (BA, AA, Iberia, Finnair, Malev)

Skyteam skyteam.com (Alitalia, Air France, Continental, Czech, Delta, KLM, Northwest)

2.2.2 Fliegen in Canada und von den USA nach Canada*)

Situation vor Ort

Wegen der enormen Entfernungen und der Mobilität der Bevölkerung besitzt der Luftverkehr in Nordamerika eine erheblich größere Bedeutung als in Europa. Eine Reise per Flugzeug ist in Canada für die meisten Menschen viel alltäglicher als bei uns. Die Kosten sind außerdem – bezogen auf die zurückgelegten Kilometer – relativ niedrig.

Kanadische Airlines

Mit ***Air Canada***, der größten nationalen Fluggesellschaft, gibt es nur eine einzige international bedeutende kanadische Airline, die mit ihren Partnern der ***Star Alliance*** (⇨ unten nebenstehend) weltweit bestens etabliert ist.

Flugnetz

Air Canada fliegt zwischen den großen Städten im Süden des Landes alle wichtigen Strecken wie **Vancouver-Calgary** (bis 16x/Tag) und die Transkontinentalroute Vancouver-Toronto (18x/Tag) jeweils nonstop. Ihre Tochtergesellschaft, die Regionalfluglinie ***Air Canada Jazz*** (www.flyjazz.ca), bedient mit Kurz- und Langstrekkenflugzeugen rund 60 kanadische Destinationen, aber in Saskatchewan nur zwei, in Manitoba (Winnipeg) Yukon (Whitehorse) und NWT (Whitehorse) jeweils nur eine.

Unter-brechung

Wer mehrere weit auseinanderliegende Ziele in Canada und/oder Alaska besuchen möchte, sollte bei der Buchung nach einem **Direktflug** mit Unterbrechungsmöglichkeit(en) fragen. Auf dem Weg nach Vancouver kostet ein Zwischenstop in Calgary oder Toronto bei *Air Canada* €60 Aufpreis.

Bei Flügen mit US-Airlines nach Vancouver oder Seattle ist meistens ein kostenloser *Stopover* in den USA möglich, z.B. bei *Northwest Airlines* in Minneapolis/St. Paul und Detroit, bei *United/American Airlines* in Chicago.

Air Canada Boeing 777 über den Rocky Mountains

*) Die zahlreichen in diesem Kapitel genannten Preise unterliegen erfahrungsgemäß raschen Veränderungen, illustrieren aber im Vergleich die getroffenen Feststellungen und informieren über Größenordnungen.

Weitere Airlines

In den letzten Jahren konnten sich einige kleinere überregionale Airlines neben *Air Canada* auf dem Markt etablieren:

WestJet (www.westjet.com, ✆ 1-888-937-8538) hat sich auf einem wachsendem Netz zum größten Rivalen entwickelt.

Air Transat bedient nicht nur per Charter außerkanadische Ziele, sondern auch viele innerkanadische Destinationen mit Linienflügen. ***CanJet*** (www.canjet.com, ✆ 1-800-809-7777, vornehmlich im östlichen Canada) mit Flügen in die USA, ***First Air*** (✆ 1-800-267-1247, www.firstair.ca, im Besitz von Inuit aus der Region Nunavik) und ***Calm Air*** (www.calmair.com, ✆ 1-800-839- 2256), sind die jeweils größten Fluglinien im Norden Canadas bzw. in Manitoba.

Air North (✆ 1-800-661-0407, www.flyairnorth.com) ist im Yukon Territory stark vertreten.

Coupon-Tickets/ Air Canada

Insbesondere bei mehreren Langstreckenflügen lohnen sich die **Coupon-Tickets** des *Star Alliance North America Airpass*. In der Hochsaison 01.06-31.08 kosten:

3 Coupons:	**€549**	**4 Coupons:**	**€659**
5 Coupons:	**€769**	**6 Coupons:**	**€919**

- Es darf das ganze Streckennetz von *Air Canada, United Airlines* und *US Airways* in den USA und Canada genutzt werden (Aufpreis Alaska und Hawaii €140 für eine Strecke).
- Der **Transatlantikflug** muss mit *Air Canada* oder anderen Airlines der *Star Alliance* erfolgen (➪ Seite 60).
- Pro Stadt ist 1 Stopover, d.h. Aufenthalt länger als 24 Std., erlaubt. Die maximale Gültigkeit der Coupons beträgt 3 Monate.

Für jede Flugnummer wird ein Coupon benötigt; der erste Flug muss in Europa reserviert und spätestens 21 Tage nach Ankunft in Nordamerika angetreten werden.

Für alle *Coupon Tickets* gelten hier nicht ausgeführte weitere Regelungen und Restriktionen.

Beurteilung

Mit Coupon-Tickets kann man sich preiswert eine individuelle Flugroute quer durch Nordamerika mit kostenlosen Flugunterbrechungen zusammenstellen.

Wasserflugzeugshuttle zwischen Nanaimo und Downtown Vancouver: Leben auf Vancouver Island und arbeiten in der City dank Kleinflugzeugpendelverkehr ist dort nicht ungewöhnlich.

US-Airlines

Coupon-Tickets

Ähnlich wie *Air Canada* in Kooperation mit den *Star Alliance*-Partnern *United Airlines* und *US Airways* bieten auch die *SkyTeam*- bzw. *OneWorld*-Fluggesellschaften ***Coupon-Tickets*** an. Sie sind ggf. auch für »reine« Canada-Urlauber bedenkenswert, weil damit die wichtigsten kanadischen Cities (Calgary, Edmonton, Toronto, Vancouver, Winnipeg) und wichtige grenznahe US-Flughäfen (etwa Detroit, Minneapolis, Seattle) erreicht werden können.

In der **Hochsaison** (01.06.-31.08.) kostet der *SkyTeam America Pass* €559 mit 3 Coupons, €639 mit 4 und €719 mit 5 Coupons. Dabei muss der Transatlantikflug mit *den* ***SkyTeam*-Fluglinien** erfolgen. In Canada, Mexiko und den USA bezieht sich der Pass auf das komplette Streckennetz von *AeroMexico, Continental, Delta* und *Northwest* ohne Flüge nach Alaska und Hawaii.

Beim *One World Visit North America Pas*s erhält minimal 2 bis maximal 10 Einzelcoupons, die je nach Entfernung $100, $140, $180, $225, $265 oder $330 kosten, und auf dem gesamten Streckennetz von *American Airlines* gültig sind. Der Transatlantikflug muss mit einer Airline der *Oneworld* Allianz erfolgen.

Bedenkenswertes

Die Coupontickets bestimmter Gesellschaften können im Einzelfall ausgesprochen ungeeignet und trotz scheinbarer Preiswürdigkeit im Endeffekt teuer sein, wenn das Streckennetz im ausgesuchten Zielgebiet dünn ist, lange Wartezeiten für Anschlussflüge in Kauf zu nehmen sind und fürs Umsteigen viele Coupons verbraucht werden. Daher lässt sich das wegen der unterschiedlichen Flug- und Streckenpläne der einzelnen *Airlines* für den individuellen Reiseplan günstigste Angebot nur mit erheblichem Arbeitsaufwand herausfinden.

Geeignete US-Airlines für Flüge nach Canada

Grundsätzlich liegt es beim Hauptreiseziel Canada nahe, neben kanadischen Gesellschaften ***Northwest Airlines*** in Betracht zu ziehen, da diese Linie ihre Knotenpunkte im Norden der USA unterhält (Seattle/Tacoma, Minneapolis/St. Paul, Detroit und Boston), von wo aus sie die großen kanadischen Airports bedient. Sie verfügt über ein relativ dichtes Netz mit hoher Flugfrequenz in den nördlichen US-Staaten und fliegt obendrein täglich mehrmals non-stop Anchorage an.

Eine Übersicht der Hauptziele amerikanischer Fluglinien in West-Canada kann man der Flugpreistabelle auf Seite 56 entnehmen, Destinationen in Alaska ⇨ umseitig.

Kooperation zwischen den Airlines

Die großen US-Airlines (⇨ Seite 56) bedienen von den USA aus alle wichtigen Ziele in Canada, sie fliegen aber nicht auf innerkanadischen Strecken. Aber *United Airlines* kooperiert mit *Air Canada* im Rahmen der Star Alliance über ein *Code Sharing,* so dass sich dadurch das jeweils eigene Streckennetz um das Netz (oder Teile davon) des Partners erweitert.

Buchung ab Europa

Im Regelfalle ist es preislich günstiger und vor allem deutlich sicherer für Folgeplanungen (Leihwagen- oder Wohnmobilübernahme), alle Flüge in Europa zu reservieren und von den oben erwähnten Möglichkeiten wie Stopovertarifen, Coupon-Tickets und Gabelflügen Gebrauch zu machen.

Buchung in Nordamerika

Wer erst in Nordamerika einen Flug buchen muss/möchte, sollte nicht nur bei einer Airline anrufen, wenn die gewünschte Strecke von mehreren Gesellschaften bedient wird. Jede besitzt ihr eigenes Tarifsystem mit zusätzlichen, nur temporär gültigen Sondertarifen. Bei Zahlung in Canada muss man GST und PST entrichten (➪ Seite 165).

Tarife

Reduzierte Tarife gibt es

- bei vielen Fluggesellschaften für **Studenten** bis zu einem Alter von etwa 25 Jahren, sofern sie einen gültigen Studentenausweis vorweisen können.
- für Flüge zu Tageszeiten mit geringem Verkehrsaufkommen. Frühmorgens gelten etwa ***Early Bird***-Angebote, abends ***Night Coach***-Tarife (Abflug ab 21 Uhr).
- unter bestimmten Auflagen, etwa **Vorausbuchung** und mindestens ein Wochenende am Zielort.

Buchungsstellen

Statt bei den Airlines direkt anzufragen und sich der Mühe des Preis- und Konditionenvergleichs zu unterziehen, ist der Weg zum **Reisebüro** (*Travel Agency*) bzw. die Internetbuchung oft bequemer.

Die Reiseabteilungen der Automobilclub-Dependancen (AAA bzw. CAA, ➪ Seite 131, in allen Großstädten) bieten in dieser Beziehung einen guten Service. Als Mitglied eines europäischen Partnerclubs darf man die Einrichtungen von **CAA** und **AAA** nutzen wie jedes einheimische Mitglied.

2.2.3 Fliegen nach und in Alaska

Linienflüge mit Stopover

Vom südlichen Festland der USA bedienen die sechs unten genannten *Airlines* den nördlichsten Bundesstaat. Trotz der relativ geringen Entfernung von **Frankfurt nach Anchorage** (nur rund 500 Flugkilometer mehr als nach Chicago) besitzen die Umwege mit ***US-Airlines*** von Deutschland über US-Flughäfen (etwa über Seattle knapp 3.000 km mehr) ihre Vorzüge. Dabei muss der Passagier zwar deutlich längere Flugzeiten in Kauf nehmen, hat dafür aber bei täglichem Abflug von vielen deutschen Airports durchweg auch noch die Möglichkeit zur kostenfreien Unterbrechung (➪ Seite 54f).

Flüge mit ***American, Continental, Delta, Northwest, United*** oder ***US Airways*** nach Anchorage auf dem Umweg über den kontinentalen Hauptteil der USA (»*Lower 48*«) kosten in etwa dasselbe wie der *Condor*-Direktflug ab Frankfurt. Delta fliegt zudem Fairbanks an.

Coupon-tickets

Mit diesen *Airlines* gibt es eine weitere Flugoption nach Alaska, nämlich die Kombination aus Transatlantikflug und mindestens 3 Flugcoupons. Dies ist aber teurer als der Direktflug Europa–Anchorage (⇨ Anmerkungen auf Seite 63).

Charter nach Alaska

Das Angebot an Charterflügen nach Alaska hat in letzter Zeit zugenommen; im Sommer fliegt *Condor* ab Frankfurt:

- nach Anchorage jeweils dienstags mit Stopp in Whitehorse, samstags und sonntags non-stop,
- nach Fairbanks jeweils am Donnerstag mit Stopp in Whitehorse

Alaska Airlines

Über das beste Flugangebot nach/innerhalb Alaskas verfügt ***Alaska Airlines.*** Ab **Seattle** werden in der Hauptsaison folgende Ziele nonstop angeflogen (tägliche Flüge in Klammern):

Anchorage (20), Fairbanks (4), Ketchikan (5), Juneau (7), Sitka (2). Von **Portland/Oregon** geht es 3x, von **Los Angeles** 2x, von Chicago, Denver, San Francisco und Vancouver 1x täglich, ebenfalls nonstop, nach Anchorage. Innerhalb Alaskas gibt es 20 Ziel-Airports von Alaska Airlines.

Die Mehrheit der Siedlungen im Norden und Westen Alaskas ist nur über **Regionalflieger** mit der Außenwelt verbunden.

Zu den größeren Airlines gehören ***Era Aviation*** (www.flyera.com, ✆ 1-800-866-8394), ***Pen Air*** (www.penair.com, ✆ 1-800-448-4228).

Frontier Flying Service (www.frontierfly ing.com, ✆ 1-800-478-6779) bedient im Linienbetrieb täglich jeden nennenswerten Ort im Norden Alaskas.

Alaska Airlines beeindruckt durch originelle Bemalung der Flugzeuge

2.3 Individuell Reisen mit dem Auto

Beurteilung

Für Rundreisen in Canada und Alaska gibt es **zum Auto keine echte Alternative**. Das Streckennetz der öffentlichen Verkehrsmittel ist bei weitem nicht so dicht geknüpft, wie man es in Europa kennt; d.h., **mit Bus oder Bahn** lassen sich hauptsächlich Ziele entlang der Hauptstraßen bzw. weniger Schienenstränge erreichen. Wegen der durchweg niedrigen Verkehrsfrequenz (eine Abfahrt pro Tag, mitunter weniger) **ist ein flexibles Reisen** selbst in erschlossenen Bereichen **nicht möglich**. Vielmehr sind genaue Zeitplanung und -einhaltung erforderlich, sollen lange Wartezeiten vermieden werden. Viele Regionen, National- und Provinzparks sind ohnehin nur mit dem Auto zu erreichen, sieht man ab von Mini-Airlines, die in Canada für teures Geld auch noch die entlegenste Ortschaft anfliegen.

2.3.1. Mietwagen

Voraussetzungen der Automiete

Voraussetzung jeder Wagenmiete ist in ganz Nordamerika fast ausnahmslos, daß der/die Fahrer das **21. Lebensjahr** vollendet hat/haben*). Für jeden **Fahrer unter 25 Jahren** wird in aller Regel ein **Zuschlag** von mindestens $8 (nur National) bis $45/Tag (plus Steuern) berechnet, meistens $20-$25/Tag.

Alter

Einzig die Firma ***Alamo*** das frühere Mindestalter von 21 auf 19 Jahre herabgesetzt und bietet nun **19-24jährigen Mietern** pauschal ein ***»Under 25 Special«*** an, das bei Entfall des Tageszuschlags – je nach Wagentyp – ganze $30-$40 proWoche teurer ist als das Standardpaket für Mieter ab 25 Jahren. **Wichtig**: Dieser Tarif ist nur erhältlich bei Vorausbuchung in der Heimat und nicht direkt vor Ort.

Bei den **Campfahrzeugen** ist bei den meisten Firmen die Miete ab 21 Jahren ohne Zusatzkosten möglich.

Kreditkarte

Eine weitere Voraussetzung, ohne die es bei der Miete vor Ort nicht geht, ist eine **Kreditkarte**. Auch im Fall der Buchung und Zahlung bereits in der Heimat wird bei der Übernahme die Vorlage einer Kreditkarte zur Abdeckung der Kaution und erst vor Ort fälliger Zahlungen erwartet (Steuern, Zusatzversicherungen, Einwegzuschlag etc.). Man akzeptiert in diesem Fall aber oft die Hinterlegung der Kaution und die Zahlung sonstiger Kosten in bar oder Reiseschecks. Ohne Kreditkarte muss man sich vor der Buchung vergewissern, ob dies bei der gewählten Firma möglich ist. Zu beachten ist darüberhinaus, daß Mieter und Kreditkarteninhaber identisch sein müssen.

---

*) Nationaler **Führerschein** genügt. Wer keinen Führerschein im neuen Euroformat besitzt, sondern noch den alten »Lappen«, tut gut daran, zusätzlich einen Internationalen Führerschein mitzuführen. Der ist ggf. nützlich bei Verkehrskontrollen. Dank der vielen deutschen Touristen sind den meisten Verleihfirmen die grauen Uraltformate aber bekannt.

Welches Fahrzeug?

Wer sich für eine Reise im Auto entscheidet, hat die Wahl zwischen **Pkw** bzw. einem Fahrzeug, in dem man nicht übernachten kann, und einem **Wohnmobil,** dessen Miete gleichzeitig die **Übernachtungsfrage** löst. Pkw-, Mini-Van- oder Jeep-Fahrer müssen wählen zwischen festen Nachtquartieren wie Hotel, Motel oder *Hostel* und der preiswertesten Lösung, dem Zelt. Zunächst zum Thema Pkw-Miete und allen damit zusammenhängenden Fragen:

Die Pkw-Miete – Vorbuchung

Vorteile

Schon seit Jahren empfiehlt sich die Buchung bereits in Europa. Die Angebote der Reisebüros sind (bei Mietzeiten ab einer Woche!) günstiger als vor Ort kurzfristig realisierbar. Von Vorteil ist auch, daß das reservierte Fahrzeug mit Sicherheit zum gewünschten Termin bereitsteht und nach kurzen Formalitäten übernommen werden kann. Bei Reklamationen hat man den Vertragspartner im Heimatland.

Ein Vergleich der Kataloge und Internetportale großer Reiseveranstalter wie TUI (www.tui.com), Thomas Cook (www.thomascook.info), REWE Touristik (www.rewe-touristik.com; u.a. DER-Tour, Meier´s, ADAC-Reisen) und Frosch Touristik (www.fti.de) zeigt, dass substanzielle Unterschiede bei den Tarifen kaum existieren. Das gilt auch für **Saisonzuschläge** (Woche) **bei Anmietung im Juli und August**.

Die Buchung in Europa kann außer bei Reiseveranstaltern und dem – speziell für Nordamerika – günstigen Vermittler ***holiday autos*** (ebenfalls in Reisebüros) auch direkt bei den Leihwagenfirmen erfolgen, soweit sie hier vertreten sind. Detailinformationen unter den folgenden Telefonnummern oder auch im **Internet**. In Deutschland unterhalten folgende internationale Vermieter, die auch in Canada operieren, eigene Büros:

	Telefon	Website
Alamo	01805/462526	www.alamo.de
Avis	01805/217702	www.avis.de
Budget	01805/244388	www.budget.de
Dollar	0800/1816427	www.dollarrentacar.de
Hertz	01805/333535	www.hertz.de
Holiday*)	01805/179191	www.holidayautos.de
National	0800/464-7336	www.national.de
Sixt	01805/232222	www.sixt.de
Sunny Cars*)	089/82993399	www.sunnycars.de
Thrifty	0203/3485555	www.thrifty.de

*) ***Holiday Autos*** und ***Sunny Cars*** sind Vermittler; über diese Firmen landet man in der Praxis bei verschiedensten Vermietern, aber zum fest vorgegebenen Holiday- bzw. Sunny-Cars-Tarif.

2

Fahrzeugtypen

Die Auswahl bei den Fahrzeugtypen ist groß und umfaßt das gesamte Spektrum der in Nordamerika gängigen Marken und Kategorien vom Kleinwagen (***Ford Festiva/Geo Metro***) bis zu Luxuslimousinen (***Cadillac/Ford Lincoln***), ***Mini Van***, **Cabriolet** und **Jeep**. Auch in Canada überwiegen in den Fuhrparks der Vermieter Fahrzeuge der drei amerikanischen Hersteller *General Motors*, *Ford* und *Chrysler*. Einige Vermieter sind Tochterunternehmen der Autohersteller.

Tipp

Ideal für Zelturlauber sind die SUVs (***S****port* ***U****tility* ***V****ehicle*: Bezeichnung für Großraumjeeps mit/ohne 4WD). Sie bieten viel Platz, hohe Sitzposition und ideale Be- und Entladung hinten. Zur Not kann man in ihnen (unbequem) schlafen. Die Kosten liegen €70-€100/Woche über denen mittlerer Pkws.

Bei ***Alamo*** und ***National*** kann man auch die Mittelklasseversion der SUV für Tarife um €245 in der Hochsaison mieten (»*Equinox*« oder ähnlich, z.B. »*Saturn Vue*«), handliche gute Fahrzeuge mit geringerem Benzindurst. Bei diesen Firmen darf man sich bisweilen aus dem Bestand vor Ort das Wunschfahrzeug aussuchen. Oft interessiert es niemanden, ob der »*Midsize SUV*«-Bucher sich einen an sich teureren »*Trail Blazer*« greift, wenn gilt SUV = SUV.

Kennzeichnung

Amerikanische Kraftfahrzeuge sind nach wie vor komfortabler als europäische Wagen vergleichbarer Größe. Leihwagen besitzen fast immer ein Automatikgetriebe und Klimaanlage (*Air Condition*). Nichtsdestoweniger hält sich ihr **Treibstoffverbrauch** heute wegen moderner Motoren und Tempolimits (➪ Seite 125) in Grenzen. Dies und die niedrigeren Benzinpreise sorgen dafür, daß man in Canada und in den USA selbst in einem Oberklasse-Pkw immer noch **geringere Spritkosten** hat als in Europa mit Kleinwagen.

Tarifelemente

Bei den großen Veranstaltern sind bei **Vorausbuchung** mit der Zahlung normalerweise die **Basiskosten** des Mietwagens (einschließlich Steuern und Flughafengebühren) und die **Haftpflicht- und Vollkaskoversicherung** abgedeckt (dazu noch mehr weiter unten). Vor Ort fallen dann keine Kosten mehr an.

Aber **Aufschläge** für junge/zusätzliche Fahrer, **Überführungsgebühren** bei Einwegmieten und eventuelle **Zusatzversicherungen** müssen direkt beim Vermieter in Dollar beglichen werden. Die Zahlung erfolgt dann bei Fahrzeugrückgabe.

Hinweise

Die Kosten der **Pkw-Miete in Canada** entsprechen weitgehend den Miettarifen **in den USA**.

Für beide Länder sind **unlimitierte Meilen bzw. Kilometer Standard**. **In Canadas Süden** gibt es (bei Vorausbuchung) **keine wesentlichen regionalen Unterschiede** bei den Tarifen. Lediglich in **Alberta** ist die Miete manchmal etwas günstiger, da die Provinz **keine PST** (Provinz-Umsatzsteuer) erhebt.

Anmietungen **im Norden Canadas** (z.B. ab Yellowknife und Whitehorse) kosten wöchentliche Aufschläge bis zu €126. Mietwagen **in Alaska** sind rund €50/ Woche teurer als in den übrigen US-Bundesstaaten.

Einwegmiete

Alle Tarife gelten grundsätzlich unter der Voraussetzung, daß das Fahrzeug am Ausgangsort zurückgegeben wird. Sonst handelt es sich um eine Einwegmiete, manchmal sogar innerhalb ein- und derselben Stadt; d.h., am Flughafen übernommene Autos können nicht ohne Zusatzkosten in einer City-Filiale wieder abgegeben werden und umgekehrt.

Konditionen Einwegmiete

Eine Einwegmiete, soweit erlaubt (in Canada und von Canada in die USA bzw. umgekehrt nur zwischen bestimmten Städten, z.B. Calgary/Vancouver–Seattle oder Toronto–Detroit, unterliegt bei allen Firmen unterschiedlichen **Restriktionen**. In keinem Fall sind alle Fahrzeugkategorien dafür zugelassen, Minivans oder Cabrios davon meistens ausgenommen. ***One-way*** muss immer ausdrücklich bestätigt werden, d.h., trotz prinzipiell möglicher Einwegmiete Winnipeg-Calgary kann ein Vermieter einzelne Anfragen für diese Strecke ggf. negativ bescheiden. Generell werden entfernungsabhänge Pauschalbeträge (**Rückführungsgebühr/*One-way Service Fee***) berechnet, die je nach Vermieter recht unterschiedlich ausfallen. Lediglich für Mieten zwischen Calgary, Edmonton und Vancouver entfällt oft die Einweggebühr.

Steuern

Bei allen in Dollar ausgewiesenen Rechnungsbeträgen (das gilt immer bei Buchung drüben und bei den Nebenkosten für zusätzliche/junge Fahrer, *one-way* etc.), sind Umsatzsteuern fällig.

Canada

In Canada wird im ganzen Land einheitlich die ***Goods & Services Tax* (GST) von 5%** berechnet und zusätzlich **7%-10% *Provincial Sales Tax* (PST)** der jeweiligen Provinz – mit der Ausnahme Albertas und der nördlichen Territorien (je 0%).

USA

In den USA beträgt die ***Sales Tax*** zwischen 3% und 7%. In Oregon, Montana und **in Alaska** gibt es keine *Sales Tax*.

In den USA mieten (z.B. in Seattle, ➪ Nummernschild: Washington State) und dann nach/in Canada reisen, ist kein Problem

Concession Fee

Bei der Wagenrückgabe direkt an den Flughäfen (nicht in den Innenstädten) fallen in beiden Ländern zusätzlich zu den Steuern in der Regel erhebliche **Zuschläge** (*Concession Fee*) an, z.B. in Anchorage 11%, in Calgary 15%, in Vancouver 17%.

Zwei weitere Aspekte verdienen bei der Fahrzeugmiete besondere Beachtung: die Höhe der **Haftpflichtversicherungsleistung** und eventuelle **Gebietsausschlüsse**:

Haftpflichtdeckung

Manche Verleihfirmen gönnen ihren Kunden lediglich eine Haftpflichtversicherung, die gerade eben dem jeweils gesetzlich vorgeschriebenen **Minimalschutz** entspricht. Dieser beträgt in den westkanadischen Provinzen nur can$300.000 und in einigen Bundesstaaten der USA ganze US$50.000. Es bedarf keiner großen Phantasie, sich Unfälle vorzustellen, bei denen derartige Beträge nicht ausreichen.

Leistungspakete der Reiseveranstalter bzw. Rental Car Companies

Die großen **deutschen Reiseveranstalter** haben deshalb **Gruppenversicherungen** abgeschlossen, die jeden Kunden, der über sie ein Fahrzeug mietet, automatisch bis zu einer Summe von €1 Mio., teils auch can$1 Mio., absichert, sollte die vorhandene Deckungssumme im Haftpflichtschadensfall nicht ausreichen. In den Tarifen solcher Veranstalter ist diese Zusatzversicherung ebenso wie die Vollkaskoversicherung in **Leistungspakete** integriert. Bereits die preiswertere **Fassung A** bzw. **Super-Spar** sorgt dafür, daß vor Ort keine Steuern und Sonderzuschläge mehr anfallen.

Das erweiterte, nicht wesentlich teurere **Leistungspaket B/Super-Inklusiv** enthält zusätzliche Versicherungen, Gebührenentfall für einen weiteren Fahrer und einen vollen Tank »gratis«. Oft lohnen sich die Mehrkosten schon allein oder doch fast durch die bezahlte Tankfüllung, die sonst zu einem relativ hohen Preis in Rechnung gestellt wird (die alte sauberere Methode »voll übernehmen« und »voll zurückgeben« ist passé), ohne daß man sie wirklich voll verbrauchen kann. Denn wer fährt schon mit dem letzten Tropfen Sprit zur Rückgabe und der Gefahr kurz vorher liegen zu bleiben? Wer sich bei Reiseende etwa auf der Fahrt zum Airport auf die Genauigkeit der Tankuhr natürlich nicht blind verlassen darf, benötigt zudem immer einige »Sicherheitsliter bzw. -gallonen«. Was am Ende im Tank steckt, wird so oder so dem Vermieter geschenkt. Indessen: Wer scharf rechnet, mag überlegen, ob sich die Mehrkosten dafür lohnen bzw. ob der Versicherungsumfang des preiswerteren Pakets nicht bereits ausreicht.

Seit kurzem gibt es ein Kategorie ***Paket B+Navigerät*** etwa ab €20/Woche mehr. Sehr erwägenswert ist das für Fahrten in dicht besiedelten Regionen, bei Touren durch Britisch Kolumbien (außerhalb von Vancouver und Victoria) und weiter nördlich aber eher unnötig.

Aufschluß über die Versicherungssummen und Details der Leistungspakete gibt nur ein aufmerksames Lesen und Vergleichen der Veranstalterkataloge.

Zusatzdeckung/ Sonderversicherung

Rental Car Companies mit niedrigeren Deckungssummen kennen natürlich die Problematik der Unterversicherung und bieten ihren Kunden vor Ort eine Höherversicherung (ALI= ***Additional Liability Insurance***) gegen Zusatzkosten von $10-$12/Tag oder mehr. Sinnvoll ist dies natürlich nur, wenn aus individuellen Gründen auf eine Vorausbuchung bei uns verzichtet wurde und erst vor Ort gebucht werden kann/muss.

Zusatzdeckung über Kreditkartenzahlung

Wer mit Kreditkarte zahlt und Wert auf die Zusatzhaftpflicht legt, sollte **überprüfen**, inwieweit bei Automiete per Karte automatisch eine Haftpflichtaufstockung erfolgt. Dies ist der Fall bei einigen Edel- und Goldkarten in Abhängigkeit von der ausgebenden Institution (Aufstockung auf €1 Mio. und mehr bei bestimmten Gold- bzw. Platinkarten). Wichtig ist, alle damit verbundenen Bedingungen einzuhalten. Das »Kleingedruckte« will also gelesen sein, zumal immer Änderungen eintreten können.

Gebietsausschlüsse

Die großen Vermieter gestatten in aller Regel den Grenzübertritt zwischen Canada und den **USA** (zu den Grenzbestimmungen ➪ Seite 40f.) und erlauben auch Fahrten nach Alaska.

2

»Gesperrte« Straßen

Auch innerhalb »erlaubter« Regionen aber dürfen Leihwagen nicht auf allen Strecken eingesetzt werden. Erst vor Ort, bei der Aushändigung des Mietvertrages, erfährt man die Einzelheiten im Kleingedruckten auf der Rückseite unter dem Punkt ***Prohibited Use of the Vehicle***. Die größeren Autovermieter untersagen ausdrücklich das Befahren unbefestigter Straßen, und zwar auch für 4WD-Fahrzeuge wie *Chevrolet Blazer* u.ä.. Je nach Fahrzeugvermieter und Reiseveranstalter lauten die Einschränkungen:

- ausgeschlossen sind unbefestigte oder geschotterte oder nicht öffentliche Straßen
- ausgeschlossene Straßen werden einzeln aufgezählt,
- bei Fahrten auf unbefestigten Straßen erlischt der Versicherungsschutz.

Problematik

Strenggenommen liegt manche Zufahrt zu Sehenswürdigkeiten in Nationalparks schon außerhalb des zugestandenen Fahrgebietes. Ganz sicher auch die Mehrheit der Forststraßen, die als Zubringer zu manchen Campingplätzen dienen. Abseits der erlaubten Routen kommt die Vollkaskoversicherung ggf. nicht für Schäden auf. Bei ausgerechnet dort auftretenden Problemen hat der Mieter »schlechte Karten«.

Auch wenn im Vorwege alles bedacht wurde, ergeben sich bei der Wagenübernahme regelmäßig noch weitere Fragen bzw. werden von den Mitarbeitern der Verleihfirma gestellt:

Anderes Fahrzeug als gebucht

- Gelegentlich sind Fahrzeuge einer bestimmten Kategorie **überbucht,** dann wird Kunden »eigentlich« automatisch ein Wagen der nächsthöheren Klasse zugewiesen – ohne Aufpreis! Es kommt aber durchaus vor, daß man stattdessen das Angebot erhält, für eine gewisse Zuzahlung ein größeres Modell zu nehmen. Man muss sich darauf nicht einlassen.

Die Chance ist groß, daß dann das ***Upgrading*** kostenlos erfolgt. Auf keinen Fall sollte man »blind« akzeptieren, sondern zunächst einmal den eigentlich gemieteten und dann den teureren Wagen in Augenschein nehmen. Wenn andererseits das gebuchte und zugewiesene Fahrzeug nicht gefällt, besteht immer noch die Möglichkeit, auf ein anderes Modell zu wechseln – dann jedoch nicht mehr zu europäischen Katalogpreisen, sondern zu amerikanischen Tarifen.

CDW/LDW Bedeutung

- Die – nach unserem Verständnis – **Vollkaskoversicherung**, je nach Gesellschaft **CDW/*Collision Damage Waiver*** oder **LDW/*Loss&Damage Waiver*** genannt, ist **bei Vorbuchung** immer in den Tarifen enthalten, wie erwähnt, bei Buchung vor Ort dagegen nie! Dort kostet sie bis zu $25/Tag.

  Da es sich nicht um eine Versicherung im üblichen Sinn handelt, wird in den Katalogen von **Haftungsbefreiung** (von Schäden am eigenen Mietwagen) gesprochen. Überwiegend entfällt jede Selbstbeteiligung, in Einzelfällen beträgt sie $300. Die Haftungsbefreiung bezieht sich auch auf Schäden, an denen der Mieter schuldlos ist. In Amerika zahlt er nämlich ohne CDW etc. zunächst selbst für **alle** Schäden am Fahrzeug. Solange der Unfallgegner sein Verschulden nicht anerkennt bzw. nicht rechtskräftig schuldig verurteilt ist und effektiv den Schaden trägt, bleibt der Mieter ohne CDW auch auf dem fremdverursachten Schaden am Mietfahrzeug sitzen.

CDW/LDW auf dem Vertrag

Es kann geschehen, daß ein Mitarbeiter der Verleihfirma den Vermerk »***includes CDW***« o.ä. auf dem vom Kunden eingereichten *Voucher* übersieht und auf dem Mietvertrag noch einmal als Extra einträgt. Man sollte sich die einzelnen **Punkte des Vertrages** genau ansehen und im Zweifel erläutern lassen, bevor man seine Unterschrift leistet bzw. per »Kürzel« (***Initials***) eingekringelte Passagen abzeichnet, die sich später als vielleicht gar nicht gewünschte (und kostspielige) Zusatzversicherungen herausstellen.

Zusatzversicherungen

- Die werden den Mietwagen-Kunden nämlich gerne angeboten: neben **ALI**, der Zusatzhaftpflicht, von der bereits die Rede war, noch **PAI/*Personal Accident Insurance*** oder **PPP/*Personal Passenger Protection***, beides eine Insassen-Unfallversicherung, und **PEP/*Personal Effects Protection*** oder **PEC/*Personl Effects Coverage***, Gepäckversicherungen. Sie kosten zusammen can$ 6-10 pro Tag, sind aber in »Super-Inklusiv-Paketen« (➪ Seite 70) bereits komplett enthalten. Sofern solche Versicherungen vorgedruckt im Mietvertrag stehen, sollte man ggf. darauf achten, daß ihre Ablehnung (***no!***) markiert ist und mit dem eigenen *Initial* »abgehakt« wird.

  Wer Risiken scheut, sollte solche Versicherungen stets zu Hause mit dem Super-Inklusiv-Paket abschließen.

Pkw-Miete vor Ort

Am Flughafen

Auf größeren Flughäfen Nordamerikas sind regelmäßig **die international bekannten Leihwagenfirmen** im Ankunftsbereich der *Terminals* vertreten, außerdem noch der eine oder andere preiswertere Anbieter.

Auch ohne Vorausbuchung findet sich **dort immer ein Auto**, wiewohl nicht unbedingt in der gewünschten Kategorie und selten zu einem besonders günstigen Preis. Ein Mindestalter von 21 Jahren, Führerschein und Kreditkarte sind Voraussetzung der Miete direkt vor Ort, ➪ auch Seite 66.

Lokaler Tarifvergleich

Wer erst in Canada oder in den USA ein Auto mieten möchte, spart in der Regel Geld, wenn er **nicht** direkt den **Flughafen-** oder **Cityschalter** eines Vermieters ansteuert, sondern telefonisch erst den Tarif erfragt. Es darf ruhig kurzfristig sein, etwa wenige Stunden oder ein Tag vor der geplanten Übernahme. Dabei macht es Sinn, mehrere Vermieter anzurufen, um die Verfügbarkeit des gewünschten Wagens und die jeweiligen Tarife zu erfragen, bevor man fest reserviert. Die **Unterschiede** sind nicht nur bei den **Basis-Mietkosten** groß, sondern auch bei der **CDW/LDW**, die bei Buchung in Canada oder in den USA mit Ausnahme weniger Staaten **immer extra zu zahlen** ist. **Der Anruf** für Auskünfte und Reservierungen **kostet nichts**; die gebührenfreien Nummern der wichtigsten überregional operierenden *Rental Car Companies* lauten (**Websites** ➪ Seite 67):

Alamo	1-800-GO-ALAMO (462-5266)
Avis	1-800-331-1212
Budget	1-800-527-0700
Discount	1-800-263-2355
Dollar	1-800-800-4000
Enterprise	1-800-RENT-222
Hertz	1-800-654-3131
National	1-800-CAR-RENT (227-7368)
Payless	1-800-PAYLESS (729-5377)
Rent a Wreck	1-800-327-0116
Thrifty	1-800-THRIFTY (847-4389)

Kurzmieten

Zwar sind die Tarife für Vorausbucher bei mindestens einwöchiger Mietzeit erheblich günstiger als direkt in Nordamerika. Da aber die Mindestmietzeit in den Katalogen der Reiseveranstalter vier Tage beträgt, ist das bei **Kurzmieten** nicht der Fall. Insbesondere nicht bei flexiblem Vorgehen unter Ausnutzung lokaler Sonderangebote:

Günstig kann man Pkw und Minivans an Wochenenden mieten. ***Weekend Special*-Tarife** gibt es bei mindestens 2 Tagen Mietzeit meist bereits ab Do-Mittag, spätestens ab Freitag, bis Mo-Mittag. Übernahme- und Rückgabezeiten sind verhandelbar. Sonderkonditionen werden oft auch in Bordzeitschriften der *Airlines* und in den Tageszeitungen veröffentlicht.

Sonderdiscounts

Einige Leihwagenfirmen räumen den Passagieren bestimmter *Airlines* einen ***Discount*** ein; es kann nicht schaden, danach zu fragen. Vorlage des *Boarding Pass* genügt dann, um in den Genuß derartiger »Kooperations-Rabatte« zu kommen. Wer einen ***Frequent Flyer Pass*** besitzt (➪ Seite 59), sollte nicht vergessen, daß Leihwagenbuchungen bei der »richtigen« Firma zusätzliche Meilen bringen.

Kleine Vermieter/ Problematik

Preisgünstiger als die bekannten überregionalen Vermieter können **lokale *Auto Rentals*** sein. Ihre Rufnummern lassen sich den *Yellow Pages*, den Gelben Seiten des Telefonbuches entnehmen. Diese Firmen bieten keinen Transfer vom/zum Flughafen, wenn sie nicht in dessen unmittelbarer Nähe residieren, gelegentlich aber einen **Abholservice für Hotelgäste** in der City. Buchungen vor Ort bei anderen als den bekannten überregionalen Verleihfirmen sind aber für Touristen eher problematisch, denn nur zu oft gelten Einschränkungen wie:

- Die im Basispreis enthaltenen **Kilometer sind limitiert** (selten mehr als 200 km), ein Überschreiten des Limits führt rasch zu hohen Kosten
- Der **Aktionsradius** ist auf einzelne Bundesstaaten bzw. Provinzen beschränkt, ein Grenzübertritt von den USA nach Canada und umgekehrt nicht gestattet
- Bei **Panne oder Unfall** außerhalb der Geschäftszeiten ist die Firma schwer zu erreichen, rascher Ersatz in solchen Fällen nur schwer und, wenn überhaupt, unter Zeitverlust möglich
- Die **Basismiete** enthält weder Steuern und Gebühren noch Vollkasko- und Zusatzhaftpflicht-Versicherungen, die zusammen leicht $30 und mehr pro Tag kosten, speziell wenn bei Abgabe am Flughafen auch noch eine *Concession Fee* anfällt.
- Übernahme und Rückgabe sind an die **Geschäftszeiten** gebunden, eventuell an Sonn- und Feiertagen nicht möglich.
- **Probleme** können **nur vor Ort** geregelt werden und nicht auch noch in nachhinein von der Heimat aus
- Das gilt im Prinzip auch für Autos der Billigfirma ***Rent-a-Wreck***, www.rentawreck.ca, ✆ 1-800-327-0116.

Im übrigen sind bei der Vor-Ort-Miete die im vorigen Ab-schnitt ausführlich erläuterten Punkte zu Steuern, Haftpflicht- und anderen Versicherungen, Gebietsausschlüssen etc. eben-so bedeutsam wie bei Vorausbuchungen.

Wer eine Vor-Ort-Buchung erwägt, sollte bezüglich seiner Kreditkarte unbedingt vorgesorgt haben, d.h., eine der Edelkarten besitzen, die automatisch eine Haftpflichtaufstockung beinhalten, ➪ Seite 53. Andernfalls stellt sich bei Vorliegen geringer Deckungssummen die Frage nach einer Höherversicherung (➪ Seite 70), die einen an sich preiswerten Basistarif rasch teuer werden lässt.

Die Miete eines Campmobils

Voraus-setzung

Camper, welcher Größe auch immer, dürfen mit **Pkw-Führerschein** bewegt werden. Niemand fragt danach, ob der soeben eingetroffene Tourist jemals vorher hinter dem Steuer eines vergleichbaren 30-Fuß-Ungetüms saß. Er muss sehen, wie er – kaum die Einweisung hinter sich – mit dem großstädtischen Nachmittags-Verkehr auf dem vollbesetzten *Trans Canada Highway* klarkommt. Tatsächlich ist das Bewegen selbst eines großen *Motorhomes* aber einfacher, als es zunächst den Anschein haben mag. Man gewöhnt sich schnell an die Ausmaße des Fahrzeugs, an die für unsere Begriffe weiche Federung und die dadurch bedingte Schwammigkeit der Straßenlage sowie an die meist sehr leichtgängige Lenkung.

Welcher Camper?

Damit zu den konkreten Fragen der Campermiete in Canada. Zunächst ist es wichtig, die verschiedenen **Fahrzeugtypen** zu kennzeichnen. Im Gegensatz zu den Pkw-Kategorien, die sich im wesentlichen durch Größe, kaum aber durch abweichende Funktionalität unterscheiden, besitzen die diversen Campertypen **spezifische Vor- und Nachteile.** Die Entscheidung für oder gegen eine bestimmte Fahrzeugart ist nicht nur eine **Kostenfrage**, sondern auch abhängig von den **Ansprüchen des Mieters**.

Campertypen

Recreational Vehicles/ Kenn-zeichnung

In Nordamerika gelten Camper vom kleinsten Modell bis zum Riesen-Motorhome als ***Recreational Vehicles*** (umgangssprachliches Kürzel **RV,** sprich »Arwí«). RVs verfügen in aller Regel über einen großvolumigen **8-12-Zylinder-Motor,** automatisches Getriebe, Servolenkung und -bremsen sowie Klimaanlage. Das alles und die kastenförmige Bauart kombiniert mit hohem Gesamtgewicht sorgen für einen ausgeprägten **Benzindurst** schon bei den kleineren Modellen. **Dieselfahrzeuge** sind auf dem Markt selten und in Mietflotten bislang kaum vorhanden.

Schaut man in die Nordamerika-Kataloge der Reiseveranstalter, findet man für Canada **fünf unterschiedliche Typen** von Campfahrzeugen im Angebot:

(1) Van Conversion oder Van Camper

(2) Motorhome

(3) Pick-up- oder Truck-Camper

(4) 5th-Wheeler Gespann (Super Travel Campmobil)

Van Camper/ Conversion

zu (1): Der ***Van Conversion*** oder ***Van Camper*** entspricht von seinen Ausmaßen her in etwa einem Kastenwagen der Klasse Ford Transit/Mercedes Sprinter und besitzt grundsätzlich **Stehhöhe.** Bei rund 2 m Breite gibt es ihn in unterschiedlichen Längen von 17-20 Fuß (4,90 m/6,10 m) und Ausstattungsvarianten auf Fahrgestellen der drei großen amerikanischen Hersteller *Ford, General Motors* und *Chrysler*.

Aufbauten und Inneneinrichtung werden von Spezialfirmen ausgeführt – oft nach genauer Spezifikation der Vermieter. Mit Ausnahme der kleinsten Modelle besitzen sogar die Vans ein **Doppelbett im Hochdach** über der Fahrerkabine oder hinten. Der Abstand zwischen Matraze und Dach ist für erwachsene Schläfer jedoch oft zu gering. Die zweite (überwiegend schmalere) Schlafgelegenheit besteht entweder aus einem langen **Klappsofa** oder aus der abends umzubauenden **Sitzecke. Gasherd, Spüle** und **Kühlschrank** (ab 19 Fuß in Haushaltsgröße) fehlen nie. Eine tragbare Chemietoilette gehört – zumindest optional – zur Ausstattung auch des kleinsten Vans. Größere Typen verfügen heute meist über eine Spültoilette und oft sogar ein Mini-Duschbad. Ein 17-Fuß-Van mit 6 Zylindern begnügt sich schon mal mit **15 l/100 km**, längere und schwerere Versionen brauchen bis **22 l/100 km.**

19-Fuß-Roadtrek Vancamper, der »Mercedes« in seiner Klasse (für 2 Personen). Seit einigen Jahren gibt's den auch mit Daimler-Benz Dieselmotoren, auch wenn Chrysler auf der Kühlerhaube steht. Leider dann sehr teuer.

Motorhomes

zu (2): Die **technische Basis** eines Motorhome ab 19/21 Fuß (5,70 m/6,30 m) bis etwa 27/28 Fuß (8,10 m/8,40 m) entspricht weitgehend dem eines *Van Campers;* Fahrerkabine, Motoren und Fahrgestelltechnik sind im Prinzip identisch. Die **Hinterachse** ist allerdings **verstärkt** und **mit Zwillingsreifen** versehen, damit das breite, seitlich überstehende Campinggehäuse getragen werden kann. Über den Vordersitzen befindet sich ein **Dachüberhang,** der im Normalfall recht weit über die Windschutzscheibe hinausragt. Die Sicht zur Seite und nach oben ist durch diese Bauweise stark eingeschränkt.

Ausstattung

Der Überhang beherbergt ein (Alkoven-) Doppelbett, das meist mehr Höhe als im *Van Camper,* aber weniger als im Truck bietet. Umbauliege/Sitzecke, **Küchen-Einbaugeräte in Haushaltsgröße** inklusive Mikrowelle und Toilette/Duschbad gehören ebenso wie die gesonderte, elektrisch zu betreibende **Klimaanlage** bereits zum Standard kleinerer *Motorhomes.*

Ab 23 Fuß Länge gibt es durchgängig ein **gesondertes Doppelbett im hinteren Teil** des Wagens und ein Minibadezimmer mit Toilette. Sessel ergänzen dann den Wohnbereich.

Komfort-maximierung

Um auch ohne Steckdose in der Wildnis alle Geräte betreiben zu können, besitzen *Motorhomes* ab 23 Fuß, spätestens ab 25 Fuß einen **Generator.** Man erkennt nebenbei: viel Komfort bedeutet auch viel Technik, die als Kehrseite der Annehmlichkeiten nicht ganz von selbst funktioniert, sondern richtig behandelt und gut gewartet werden will.

Luxus-RVs

Dem Komfort sind nichtsdestoweniger kaum Grenzen gesetzt. Ab 29/30 Fuß wird aus dem *Motorhome* eine Art Reisebus. Die Überhänge verschwinden zugunsten eines integrierten Cockpits mit besserer Rundumsicht, über dem meistens ein Doppelbett abgesenkt werden kann. Derartige Fahrzeuge verfügen außerdem über ein abgeschlossenes Schlafzimmer und einen großzügigen Naßbereich.

Der Benzinverbrauch beginnt bei etwa 22 l/100 km und übertrifft bei großen Modellen locker 30 l/100 km.

2

Pick-up oder Truck-Camper

zu (3): *Pick-up* oder *Truck Camper,* **Kleinlastwagen,** auf deren Ladefläche ein **»Campingkasten«** montiert wurde, haben sich in den letzten Jahren bei fast allen Vermietern in den Vordergrund geschoben und in einigen Flotten die *Van Camper* ersetzt. Nicht etwa, weil sie als die besseren Fahrzeuge erkannt wurden, sondern weil Anschaffungspreis und Abschreibung geringer sind und damit wohl trotz günstigerer Miettarife unter dem Strich mehr übrig bleibt. Da sich *Trucks* im Gegensatz zu reinen Campfahrzeugen zu allen Jahreszeiten besser verkaufen lassen, fällt es leichter, eine *Truck-Camper-Flotte* zu erneuern als einen Fahrzeugpark, der aus *Van Campern* besteht. Dabei ersetzen auch Firmen, die mit neuen Modellen werben, in der Regel wohl nur das Fahrzeug und nutzen den Campingaufsatz mehrere Jahre.

27-Fuß-Motorhome unterwegs im Banff Nat'l Park

Typen

Die zur Vermietung stehenden Fahrzeuge verfügen über **Aufsätze unterschiedlichster Größe** vom relativ einfach ausgestatteten 17-Fuß-Camper (wie *Van Camper* gleicher Länge, siehe oben) bis zum »**Luxuskasten**« (Klimaanlage, Mikrowelle, Backofen, Warmwasserversorgung, Duschbad etc.) mit

enormen Überhängen, was die Gesamtlänge des Fahrzeugs auf bis zu 24/25 Fuß bringen kann. Über der Fahrerkabine befindet sich in allen Versionen ein bequemes **Alkovenbett,** das eine deutlich höhere Kopffreiheit bietet als die Hochbetten im *Van Camper;* praktisch für Familien: Die drei Sitzplätze auf der Frontbank werden bei Bedarf in Liegen verwandelt.

Nachteile

Da zwischen *Truck* und Campingkasten **kein Durchgang** existiert (Eingang meistens vom Heck aus) und Ladefläche und Seitenwände die Raumverhältnisse nach unten bzw. seitlich begrenzen, geht es im *Truck-Camper* beengter zu als im *Van Camper* oder *Motorhome* gleicher Länge. Die **Sicht ist** bis auf die kleinsten Modelle nach allen Seiten und oben durchweg stark behindert. Hinzu kommt, wie bei Motorhomes, eine erhöhte Windempfindlichkeit. Leider liegt der Benzindurst selbst kleiner *Truck- Camper* ebenfalls leicht bei über 20 l/100 km.

Vorteile

Jedoch besitzen ***Truck Camper*** dank hoher Bodenfreiheit und ihrer Grundkonzeption als ***»Arbeitstier«*** deutliche **Vorteile bei schlechten Straßenverhältnissen.** Sie dürfen deshalb bei einigen Vermietern (gegen Zuschlag) in die Yukon und Northwest Territories und nach Alaska gefahren werden. ***Truck Camper*** gibt es auch mit **Vierrad-Antrieb**. Das eigentliche Plus des *Truck* Campmobils gegenüber anderen Campfahrzeugen ist die mögliche **Trennung von Fahrzeug und Aufsatz.** Aber gerade die bleibt den meisten Mietern verwehrt, da die dazu nötige Vorrichtung nicht mitgeliefert wird. Die Vermieter befürchten Probleme bei unsachgemäßer Handhabung.

Typische Pick-up Trucks, wie sie auch vermietet werden (allerdings ohne separates Gestänge zum Abstellen des Wohnkastens), mit Alkovenbett. Großer Benzindurst garantiert.

Gespanne

zu (4): Wer auf die Trennmöglichkeit entscheidenden Wert legt, findet die Lösung des Problems durch Miete eines Ge-spanns aus ***Pick-up Truck*** und einem sog. ***5th Wheeler,*** einem doppelachsigen Wohnwagen mit Auflieger auf der Ladefläche des Zugfahrzeugs. Von der **Wohnqualität** her sind diese Anhänger, die in unterschiedlicher Größe angeboten werden, ohne weiteres mit *Motorhomes* vergleichbar. Ist der **Trailer** auf dem *Campground* abgestellt und fixiert, kann man Ausflüge und Einkäufe per Truck erledigen, ohne in der Stadt oder auf engen, kurvigen Straßen durch den Anhänger behindert zu werden. Das **Fahren mit *Trailer*** ist nicht ganz so einfach wie mit einem *Motorhome*, und speziell das Rangieren auf Park- und Campplätzen für Ungeübte so eine Sache. Dafür liegen die **Mieten unter denen vergleichbarer *Motorhomes*** (z.B. bei *Canadream* mit Stationen in Vancouver, Calgary, Toronto, Kelowna, Edmonton, Victoria und Whitehorse) bei ähnlichem Benzindurst.

Van Camper 19-/20-Fuß: Dieses Modell ist schon fast ein richtiges Motorhome, hat aber ein recht niedriges Alkovenbett. Dafür ist es etwas sparsamer im Verbrauch

Die Wahl des »richtigen« Campmobils

Wie eingangs angesprochen, hängt die Entscheidung für ein bestimmtes Fahrzeug nicht nur von den Kosten ab, sondern auch von Reiseplänen und individueller »Reisephilosophie«.

Schlechte Straßen

Gerade unter Canada-Urlaubern gibt es viele, die weniger auf Komfort und Bewegungsfreiheit im Fahrzeug Wert legen, als auf Fahreigenschaften und Wendigkeit. Mit einem ***Truck*** lassen sich auch abseitig gelegene »Ecken« und Campingplätze ansteuern oder die *Forestry Trunk Road* (➪ Seite 302) ohne Probleme abfahren, während sich die großen ***Van Camper*** oder ***Motorhomes*** auf schlechter Straße schwer tun: spätestens auf dem ersten Stück welligem Schotter wird man vom Gerüttel der Achsen und Gescheppper der Aufbauten genervt. Normal instandgehaltene Schotterstraßen lassen sich mit kleineren *Vans* und *Motorhomes* jedoch passabel befahren. Zu beachten ist bei Mietfahrzeugen aber das Kleingedruckte zu den erlaubten Fahrgebieten, sonst gibt es bei Schäden Probleme.

Vorteile Van Camper

Wie aus den Erläuterungen oben hervorgeht, ist der ***Van Camper*** **das angenehmere Fahrzeug,** mit besserer Raumaufteilung, wobei andererseits der *Truck Camper* das bequemere Alkovenbett besitzt. Im *Van* sind für größere Personen Stehhöhe und Bettlänge oft knapp bemessen, dafür verzeichnet der Truck einen erheblich höheren Benzindurst.

Für Fahrten auf schlechten Straßen – und dazu gehört manche Zufahrt zu National- und Provinzparks nicht nur im hohen Norden – eignen sich indessen die *Trucks* besser, auch wenn`s im Campingaufsatz klappert.

Fazit

Bis zu einer Besetzung mit 4 Personen (d.h., 2 Erwachsene und 2 kleinere Kinder) stellen die etwas größeren, gut ausgestatteten ***Van Camper*** den **besten Kompromiss** zwischen Fahreigenschaften, Kosten und Verbrauch einerseits sowie Platz und Komfort andererseits dar. Ohne die Absicht, Strecken zu fahren, auf denen es auf die spezifischen Vorteile der *Truck Camper* ankommt, sollte bei mehr Platzbedarf eher an ein *Motorhome* als an größere *Truck Camper* gedacht werden.

Aber keine Frage: die kleinen ***Truck Camper*** **sind die preiswertesten Campingfahrzeuge** auf dem Markt, ihre größeren Versionen billiger als *Motorhomes* vergleichbarer Länge.

Welches Motorhome?

Wer ein ***Motorhome*** bevorzugt, steht immer vor der Entscheidung für **die »richtige« Version.** Man muss bedenken: je größer das *Motorhome,* umso weniger geeignet ist es für Abstecher zu Zielen, die sich nur auf engen und mitunter schlechten Straßen erreichen lassen z.B. die Takakkaw Falls, ➪ Seite 322. Die Anfahrt zu manch einem besonders reizvoll gelegenen Campingplatz wird bei Fahrzeugen über 21 Fuß schon mal kritisch. Nicht zu reden von der mit zunehmender Länge überproportional steigenden **Rangiermühe**. Sonderklauseln in den Mietverträgen, die bei selbst verursachten Heckschäden einen erhöhten Eigenanteil des Wohnmobilfahrers festlegen, sprechen für sich. Bei großem Radabstand sind auch **ebene Stellplätze** auf Campingplätzen schwerer aufzutreiben. Auf unebenen Straßen kann man Schlaglöchern schlechter ausweichen.

Empfehlung

Wenn der größte *Van Camper* platzmäßig nicht reicht, sollte **das kleinste noch passend erscheinende *Motorhome*** erste Wahl sein. »Vorsichtshalber« den Camper eine Nummer größer zu wählen als eigentlich benötigt, ist im allgemeinen keine gute Idee. Es sei denn, daß ruhiges Reisen mit längeren Verweilperioden und ein sehr hoher Komfortbedarf die Wahl stärker bestimmen als der Wunsch, in Canada viel zu sehen und deshalb auch viel zu fahren.

Gespann

Über die Miete eines **5th Wheelers** sollte nur nachdenken, wer bereits Erfahrung mit Gespannen hat und nicht plant, den Canada-Urlaub überwiegend »auf Achse« zu verbringen.

2

Royal Canadian Mounted Police vor Totem Poles in Vancouvers Stanley Park

Tarife, Gesamtkosten und Konditionen bei Vorbuchung

Kosten in der Hauptsaison

Campmobile aller Kategorien sind ein teures Vergnügen. Selbst der preiswerteste ***Truck Camper* 19 Fuß** kostet als Neufahrzeug (bis 2 Jahre alt) in der **Hauptsaison** (Mitte Juli bis Mitte August) **bei 250 Freikilometern** kaum unter **€**130 pro Tag, €100 Zwischensaison. Die Tagestarife für ***Motorhomes* bis 22 Fuß** Länge beginnen bei **€155**, **ca. €115 Zwischensaison**. Diese Tarife liegen dem Kostenvergleich auf Seite 96 zugrunde und enthalten der besseren Übersicht halber bereits Steuern, Übergabegebühren, Endreinigungskosten, Pauschalen für *Camping-Kit* – Geschirr, Decken, Axt etc. – und Haftungsbefreiung CDW/VIP. Während in der Hauptsaison die Tarife in Canada in etwa USA-Tarifen entsprechen, kann man zu anderen Zeiten Campmobile in Canada billiger mieten.

Zwischen-/ Nachsaison

Von Anfang Juni bis zum Beginn der Hauptsaison und danach bis Mitte/Ende September gelten bereits **erheblich niedrigere Tarife,** wobei die genauen saisonalen Abgrenzungen vom jeweiligen Vermieter abhängen. Für den Rest des »touristischen« Jahres (Oktober und April-Mai) sinken die Tagestarife auf 50% der Hochsaisonrate und darunter, bei allerdings identischen Kilometerkosten. Zur Eignung dieser Monate für Ferien in Canada ➪ Seiten 25/28.

Schema

Um dem Leser in Anbetracht des unübersichtlichen Tarifgefüges einen Preisvergleich zu erleichtern, findet sich auf den Folgeseiten ein **formalisiertes Berechnungsschema zur Ermittlung der Gesamtkosten einer Campermiete.** Auf Kopien davon lassen sich leicht die Daten konkreter Angebote eintragen und die effektiven Gesamtkosten ermitteln. Die erste Seite bezieht sich auf grundsätzliche Daten des Vorhabens und des zu prüfenden Angebots sowie auf die Eventualitäten, in denen der Mieter zur Kasse gebeten werden könnte. In vielen Fällen müssen die Eigenanteile ausdrücklich erfragt werden, da sie nicht komplett in den Katalogen abgedruckt sind.

Die Details der Bedingungen und des Berechnungsschemas bedürfen der Erläuterung. Dabei werden alle bei einer Campermiete wichtigen Einzelheiten mit angesprochen:

- Die meisten hiesigen Veranstalter arbeiten in Canada mit mehreren Vermietern zusammen, die unterschiedlichste Konditionen bieten. Die **Vertragspartner** sind in den Katalogen durchweg namentlich genannt, so daß sich gut ersehen lässt, welcher Veranstalter die günstigsten Preise hat.
- Wie bereits weiter oben erläutert, differieren die **Saisonabgrenzungen** von Vermieter zu Vermieter. Während z.B. bei Vermieter X Ende August bereits der günstigere Zwischensaison-Tarif gilt, berechnet Vermieter Y noch den teuren Tagesmietpreis der Hochsaison. Bei einer längeren Reise mit einem großen *Motorhome* können daraus leicht Unterschiede von €500 und mehr resultieren.

Konditionen und Gesamtkosten der Campermiete

Reisedaten: von ______________ bis ____________ = _____ Tage

Campertyp: ____

Prospekt Firma __________________ Vermieter _________________

Saisonkategorie laut Prospekt: _______________________________

Übernahme in: ____________________________ am ____________

Rückgabe in: ______________________________ am _____________

Tage mit dem Camper unterwegs: ___________________________
(Übernahme- plus Rückgabetag = 1 Miettag)
Geplante Kilometer (Kartendistanz + 20%): ___________________

Einzelheiten, die man ggf. erfragen sollte:

Mindestalter des Fahrers:
Fahrten in die USA/nach Alaska erlaubt: ja/nein
Fahrten ins Yukon/Northwest Territories erlaubt: ja/nein/Zuschlag?

Haftpflichtversicherungssumme: __________________ can$/US$/€

Eigenbeteiligung bei Schäden am Fahrzeug:

	ohne VIP	mit VIP
Selbstverschuldeter Unfall (mit Vandalismus, Feuer und Diebstahl)	_________	_________
Windschutzscheibe/Glas	_________	_________
Schäden auf Campgrounds	_________	_________
Schäden durch Zurücksetzen	_________	_________
»Dachschäden« (Klimaanlage)	_________	_________
Unterbodenschäden (Tanks)	_________	_________
Inneneinrichtung	_________	_________
Kaution (can$/US$):	_________	_________

Mietkosten (in €/sFr)

(1) ...... Freikilometer/Tag x .... Miettage = ... Summe Freikilometer

Geplante Kilometer – Freikilometer = ... Mehrkilometer

daraus ggf. abgeleitet: ..... 800 km-Pakete plus ....Zusatzkilometer

(2) Tagessatz (.............) x Miettage: ....

oder (2a) Satz für 1 Woche ....

plus Wochensatz x Zusatzwochen ....

ggf plus **(2)** für »überhängige« Miettage ....

plus Kosten .... (Anzahl) Kilometerpakete ....

plus Mehrkilometer x Satz/km ($0,.......) x $-Kurs: ....

+ Steuern auf zus. km (.......% in can$ x Kurs) ____________

(3) Gesamte Mietkosten inkl. geschätzter Kilometer: ....

(4) Mietkosten bei unbegrenzten Kilometern
(Tagessatz x Miettage) ....

+ ggf. Fixpauschale ....

+ ggf. Steuern (.......% in can$ x Kurs) ____________

Niedrigerer Wert (3) oder (4), falls verfügbar ....

+ **VIP-Versicherung** (siehe Text, $/€/sFr)

Tagessatz x Tage = ...

(bei $ + ...% Steuern ....)

Insgesamt: .... (ggf. x Kurs) ....

+ Nebenkosten (siehe Text, $/€/sFr)

Erstausstattung (*Preparation Fee*) ....

Kosten Convenience Kit (Bettzeug, »Pött un' Pann«) ....

Sonstiges (Einwegzuschlag, Kindersitze, Generator) ....

ggf. Yukon-/Alaskagebühr ....

(bei $ + ...% Steuern ....)

Summe Nebenkosten: .... (ggf. x Kurs) ____________

Gesamtkosten des Campers ____________

Zusätzlich **Benzinkosten**:

..... l Verbrauch x ca. €0,84 = Spritkosten gesamt: ____________

One-way

- **Einwegmieten** erlauben u.U. attraktivere Reiserouten als eine Rückkehr zum Ausgangspunkt. Der Aufpreis wird durch ersparte Kilometer und Reisetage für die Rückfahrt oft mehr als kompensiert. Insbesondere die Strecke Vancouver-Calgary ist beliebt und bei allen Vermietern zugelassen, die dort Stationen besitzen. Die Zuschläge dafür sind recht **unterschiedlich** und reichen von $375 bis $800. Interessant für manchen sind die Sonderpreise bestimmter Vermieter für Einwegfahrten von Calgary/Vancouver nach Whitehorse im Frühsommer und umgekehrt im Herbst. Einwegmieten gibt es bei *Alaska Motorhome Rentals* (US$ 1.095) und *Cruise America* (US$750) auch zwischen Alaska und dem Kernland der USA.

Alter

- Das **Mindestalter** des/der Fahrer liegt fast durchweg bei 21 Jahren, selten bei 25 Jahren (z.B. ***Alaska Motorhome Rentals***).

Hoher Norden

- Die Regelungen für **Fahrten in den hohen Norden** sind sehr unterschiedlich. Möglich sind sie z.B. bei ***Fraserway*** und ***Cruise America/Canada*** und (jeweils nur bei Fahrt auf Asphaltstraßen) aufpreisfrei und bei anderen unter Zusatzbedingungen mit bis zu $700 Aufschlag.

Haftpflicht

- Die **Haftpflichtversicherungssumme** kann ein problematischer Punkt sein, aber eher, was in den USA angemietete Fahrzeuge angeht. Wer dort mietet, sollte ggf. Vorsorge treffen oder bei einem der Veranstalter buchen, der seine Kunden zusätzlich absichert, ➪ Seite 70.

Bei **Miete in Canada** stellt sich das Problem weniger. Abgesehen von den bei Vorbuchung über hiesige Veranstalter ohnehin vorhandenen Zusatzdeckungen, sind in Canada zugelassene Campmobile in der Regel von vornherein deutlich besser haftpflichtversichert als in den USA.

CDW

- Die **Abkürzung CDW** steht für *Collision Damage Waiver* (manchmal auch **LDW,** L für *Loss*) und suggeriert Freistellung von Kosten im Schadensfall. Faktisch ist sie in den Camper-Miettarifen enthalten, beinhaltet aber eine Eigenbeteiligung bei Schäden am Fahrzeug (unabhängig davon, wer der schuldige Verursacher sein mag) bis $5.000. Bei bestimmten Schäden, die nicht auf Straßenunfall zurückgehen, haftet der Mieter auch mit CDW häufig unbegrenzt – ➪ Seite 84 (manche Schäden sind gar nicht versicherbar).

VIP

- Die **Zusatzversicherung** mit der schönen Bezeichnung VIP *(Vacation Interruption Policy)* ergänzt CDW/LDW. Sie kostet can$18-$20/Tag (plus Steuern) oder – bei Buchung in den USA – US$14-18/Tag und ist bei längeren Mietzeiten für maximal 30-40 Tage zu entrichten. Der Abschluss der VIP-Versicherung reduziert die Selbstbeteiligung bei Schäden am Fahrzeug vermieterabhängig auf $200-$1000.

  Über CDW gar nicht abgedeckte Schäden (etwa eine Beschädigung der Dachklimaanlage) gehen bei Abschluss der VIP nur bis maximal $3.000 zu Lasten des Mieters. Im Fall »grober Fahrlässigkeit«, wie immer das definiert sein mag, haftet der Mieter auch mit VIP meist voll. Sollte unterwegs eine Fahrtunterbrechung wegen eines vom Mieter nicht zu verantwortenden Defekts unvermeidlich sein, erhalten Mieter mit VIP eine begrenzte finanzielle Kompensation.

- **VIP ist immer optional.** Es stellt sich daher oft die Frage: Lohnt sich der Abschluß dieser doch relativ teuren Zusatzversicherung eigentlich? Leider weiß man erst nach Ende der Reise, ob die Ausgabe für VIP sinnvoll war. Statistisch lohnt sich VIP nicht, weil die meisten Mieter schadenfrei bleiben. Im Einzelfall jedoch fährt man sicher entspannter mit der VIP. Und wie es so geht, passiert oft gerade dann etwas, wenn man unversichert ist.

Kaution

- **Die Höhe der Kaution** hängt ab von den jeweils abgeschlossenen Zusatzversicherungen. Sie kann bei Vorbuchung aus dem Ausland in bar oder Reiseschecks hinterlegt werden. Üblich ist eine **Blankounterschrift auf einem Kreditkartenbeleg**. Man sollte darauf bestehen, daß von vornherein die vorgesehene Kautionssumme eingetragen wird.

Kosten

Das **Kalkulationsschema** auf den Seiten 84/85 erklärt sich weitgehend selbst. Es berücksichtigt die heute gültigen unterschiedlichen Möglichkeiten der Tarifgestaltung, so daß einzelne Zeilen freibleiben müssen. Die in Europa vorausbezahlten Kosten verstehen sich inklusive lokaler Umsatzsteuern. Wenn Nebenkosten in Dollar anfallen, muss ggf. umgerechnet werden. Bei Ansatz in Dollar kommen immer die Steuern hinzu *(Sales Taxes).*

Van Camper von Wildwest in Vancouver(➪ Seite 80): Bikes und Kanu+Ausrüstung können gegen moderate Zusatzkosten mitgemietet werden.

Benzin

Zu den Benzinpreisen in den USA und Canada ⇨ Seiten 130 und 380. Wer mit einem Durchschnittswert von ca. €0,90 im Süden Canadas, €1,00 im Norden Canadas, €0,80 in Alaska kalkuliert, dürfte auch 2009 nicht verkehrt liegen. Eine kleine Ungenauigkeit hier beeinflusst die Gesamtrechnung nur geringfügig.

Vorteil Vorbuchung

Nicht zuletzt die relativ komplizierten **Miet- und Haftungskonditionen sprechen für eine Buchung vor der Reise**. Denn zunächst einmal hat man Zeit zum Vergleich. Und außerdem ist Vertragspartner der heimische Veranstalter, mit dem man sich ggf. nach der Reise auseinandersetzen kann. Bei Buchung vor Ort kann es gelegentlich schwer sein, während der Reise aufgetretene Mängel mit Erfolg zu reklamieren oder gar Erstattungen durchzusetzen.

Campermiete vor Ort

Prinzipielles

Wer einen Camper vor Ort mieten möchte, sei es in Canada oder auch jenseits der Grenze in den USA, hat bis Ende Mai und nach dem *Labour Day* im September relativ gute Aussichten, ein Fahrzeug des gewünschten Typs zu einem akzeptablen Preis zu finden. In der Hauptsaison ab Mitte Juni bis Ende August ist ein Camper allerdings nur schwer aufzutreiben. Bis April und ab Oktober freuen sich die Verleihfirmen speziell in Canada über jeden Kunden, soweit die Stationen dann überhaupt besetzt sind. Wer in der **Vor- und Nachsaison** in einer der Großstädte Canadas und auch der USA die Mühe auf sich nimmt, »seinen« Camper direkt zu suchen, wird aber keine prinzipiellen Schwierigkeiten haben.

Geeignetes Vorgehen

Die Voraussetzungen für eine Campermiete vor Ort sind identisch mit denen der Pkw-Miete, siehe oben. Telefonnummern der Verleihfirmen findet man in den Gelben Telefonbüchern (***Yellow Pages***) unter der Rubrik ***Automotive/RV-Rental*** oder direkt unter ***Recreational Vehicles*** oder für preiswertere Gebrauchtfahrzeuge unter ***Used RVs***; außerdem in **Kleinanzeigen** (*Classified Ads*) in der Tageszeitung.

Kosten und Versicherung

Für die Ermittlung der Gesamtkosten und zum Preisvergleich eignet sich auch für Angebote vor Ort das Berechnungsschema auf den vorstehenden Seiten. Genau wie bei der Vorbuchung sollte man sich Klarheit verschaffen über **Haftung des Mieters** bei Eintritt der unterschiedlichen Schadensfälle. Eine **Aufstockung der Haftpflichtdeckungssumme** bereits im Vorwege durch eine Sonderversicherung (⇨ Seite 70) ist dann zu erwägen, wenn die Miete **in den USA** erfolgen soll.

Problematik

Die Gretchenfrage »**Lohnt es sich, erst drüben zu mieten?**« lässt ich wegen der Komplexität der Angelegenheit selbst für die *Off-Season* und niedrige Dollarkurse nicht eindeutig beantworten.

Viel spricht generell für die Miete hier, denn erstens gibt es bei den heimischen Veranstaltern auch für die Nebensaison günstige Angebote, und zweitens spielen qualitative Aspekte eine Rolle. So kann die Suche stressig und nicht gerade der ideale Einstieg in die Reise sein. Ein wenig ermunternder Gedanke ist auch, dass man bei Mängeln des Fahrzeugs und eventuellen Schäden eine Auseinandersetzung mit dem Vermieter im fremden Land führen müsste. Bei größeren Defekten hat man bei Campern, die über Veranstalter bei uns gebucht wurden, einen Anspuch auf Entschädigung für entgangene Urlaubszeit. So etwas gibt es bei einer Direktbuchung nicht.

Zu beachten ist, daß bei Buchung vor Ort Steuern, CDW/VIP und ggf. Deckungsaufstockung immer zum Basistarif hinzu kommen und damit selbst scheinbar günstige Tagesmieten zu erheblichen Gesamtkosten führen können.

Campermiete auf eigene Faust vor Ort mögen die Autoren auch außerhalb der Hochsaison letztlich nur Leuten raten, die über mindestens gute Englischkenntnisse und individuelle Reiseroutine im Ausland verfügen.

Im Übrigen gilt, was zur Pkw-Miete gesagt wurde, ➪ Seite 74.

Übernahme des vorgebuchten Mietfahrzeugs

PKW-Miete

Im Fall einer **Pkw-Miete** bei den großen internationalen Vermietern kann der Wagen direkt bei Ankunft am Airport übernommen werden.

Die **Übernahme eines Pkws** geht rasch über die Bühne: Voucher des Veranstalters, Pass, Führerschein vorlegen, ggf. noch Beschlußfassung über zu buchenden Zusatzversicherungen, Unterschrift und Hinterlassung der **Kaution** (durchweg Kreditkartenerfordernis, ➪ oben), Unterschrift unter die Formulare, Schlüssel steckt schon, Auto ist vollgetankt, fertig.

Kein Mensch wird auf die Idee kommen, irgendetwas zu erklären. Leuchtet die Bedienung der Automatik, der Klimaanlage, des Tempomats, der Zündschloß- oder Anlassersperre (!) etc. nicht ein, muss man schon fragen. Alle **Warntöne** schalten sich aus, wenn die Türen geschlossen und die Gurte eingerastet sind.

Vor der Abfahrt sollte man eine **Inspektion rund ums Auto** nicht vergessen und bereits vorhandene Dellen oder Kratzer »protokollarisch« festhalten lassen, sofern die CDW bei Schäden eine Eigenbeteiligung vorsieht. Nicht schaden kann eine Kontrolle des ordnungsgemäßen Funktionierens der Beleuchtungsanlage, speziell der Bremsleuchten.

Rückgabe

Auch die **Rückgabe ist unkompliziert** und bis unmittelbar vor Abflug zu erledigen, wenn die Station im Airportbereich liegt.

Camper-miete/ Abholung

Beim **Camper** dauert die Übernahmeprozedur erheblich länger als beim Pkw. Das beginnt damit, daß am **Tag der Ankunft** nach dem Transatlantikflug die **Wagenübernahme** aus versicherungstechnischen Gründen nicht erfolgen kann*).

Die Camper-Verleihfirmen holen ihre Kunden in der Regel am Tag nach der Ankunft im Hotel ab.

Formales Mehr oder weniger identisch ist bei allen Vermietern das Formale. Die Kaution bzw. Blanko-Kreditkartenunterschrift deckt hier nicht nur Risiken ab, sondern bezieht sich mitunter auf eine lange Liste von Extrakosten wie Übergabegebühren, Zusatzversicherungen, Zusatzmeilen, Leihgebühren für die Campingausrüstung, Geschirrset und Bettwäsche, Benutzung des Generators, Endreinigung, Gasfüllung, lokale Steuern und ggf. Schäden. Abrechnung nach Rückgabe.

Technik Nach Klärung der Formalitäten erfolgt die Inspektion des Fahrzeugs verbunden mit einer mehr oder minder intensiven **Einweisung** (Firmen mit einem hohem Buchungsaufkommen deutschsprachiger Touristen verfügen meist über Personal mit Deutschkenntnissen). Denn der Kunde muss wissen, was es mit Umbauliegen, Wassertanks, Schmutzwasserbehältern, Gasherd, Kühlschrank etc. auf sich hat. Bei Andrang sind die unter Zeitdruck gegebenen **Erläuterungen** indessen nicht immer optimal und vollständig. Glücklicherweise wurden die **Bedienungsanleitungen** in den letzten Jahren von den größeren Verleihern stark verbessert und zumeist ins Deutsche übersetzt. Fragen sollte man nach **Unterleghölzern** zum Niveauausgleich, der auf vielen Campingplätzen bitter nötig ist. Ein nicht waagerecht stehender Wagen bringt schlafstörende Schieflage der Betten mit sich.

Erster Tag Am ersten Tag ist es ratsam, nicht viel weiter als bis zum nächsten Campingplatz zu fahren und sich nach den ersten Besorgungen Zeit für ein **gründliches Durchchecken des Fahrzeugs** und seiner Technik zu nehmen. Sollte sich nun herausstellen (auf dem Platz des Vermieters wird man das selten so schnell merken), daß etwa der Kühlschrank nicht richtig funktioniert, der Wasserschlauch zum Auffüllen fehlt oder Bedienungsdetails beim besten Willen nicht einleuchten, kann man zur Not noch einmal bei der Station vorbeifahren.

Checkliste Vor jeder morgendlichen Abfahrt muss allerhand verstaut, verzurrt und festgemacht sein, auch außen 'rum darf nichts mehr hängen oder ungewollt offenstehen. Besonders **ohne bisherige Campererfahrung** des Reiseteams sollte man sich eine kleine Checkliste machen, die man vor Aufbruch abspult. Sonst bleibt am Ende der Wasserschlauch draußen, oder die Klappstufen des Einstiegs reißen am nächsten Bordstein ab. Nach einiger Zeit hat man die Kontrollpunkte im allgemeinen auch ohne Liste im Griff; »gefährlich« sind vor allem die ersten Tage.

Der folgende ***Check*** vor der Abfahrt **nach jedem Stop** wird bald zur festen Gewohnheit:

---

*) Wer dagegen direkt von Nordamerika aus in die Stadt der Fahrzeugübernahme einfliegt, z.B. von Toronto nach Vancouver, und rechtzeitig genug eintrifft, hat mit dieser Regelung keine Probleme und darf noch am selben Tag in »seinen« Camper steigen.

2

- Ist im Innenraum alles wieder rutschfest verstaut?
- Ist der Kühlschrank ggf. auf Batteriebetrieb umgestellt, ist die Tür gesichert?
- Ist das Dachfenster geschlossen?
- Ist das Gas abgedreht?
- Ist der Tritt unter der hinteren Tür eingeklappt?

Wartung

Mieter aller Fahrzeuge sind **bei langfristiger Miete** verpflichtet, in vorgegebenen Abständen Wartungsarbeiten durchführen zu lassen. Die **Kosten** dafür müssen zur späteren Verrechnung ausgelegt werden. Da es in beiden Ländern Nordamerikas viele Stationen für den schnellen Ölwechsel einschließlich einer **Kontrolle anderer wichtiger Liquide** gibt (Automatikgetriebe, Bremsflüssigkeit, Servolenkung), macht das wenig Probleme, ➪ Seite 130f.

Reparaturen

Ärgerlich sind Reparaturen, die – sofern sie minimale Kosten (heute meist can$100/US$50) übersteigen – **immer erst nach der Rücksprache mit der Verleihfirma** ausgeführt werden dürfen. Dazu gehört auch der Ersatz von unterwegs verschlissenen Reifen. Die größeren Vermieter haben Verträge mit landesweit operierenden Reifenfirmen w.z.B. ***Canadian Tire*** oder ***Goodyear,*** die nicht nur aufs Reifengeschäft fixiert sind, sondern auch viele gängige Routinereparaturen durchführen. Für die jeweils kooperierenden Unternehmen erhält der Mieter eine Liste der Vertretungen, die er im Bedarfsfall von sich aus anlaufen kann. Das hat den u.a. Vorteil, daß die telefonische Kommunikation mit dem Vermieter entfällt. Das übernimmt dann die Werkstatt und entscheiet in Absprache mit dem Vermieter, welche Reparaturen ausgeführt werden sollen.

Pannen

Spätestens bei der ersten Panne wird man feststellen, daß es **kaum Bordwerkzeug** gibt, mitunter nicht mal einen Schraubenzieher. Dahinter steckt Methode: Der Kunde soll gar nicht erst auf die Idee kommen, selbst »herumzufummeln«. Das geht soweit, daß einige Vermieter sogar Wagenheber und Radschlüssel entfernen. Man soll bei einer Panne eben den **Straßendienst** anrufen – in mancher Situation leichter gesagt als getan. Aus der Sicht der Firma jedoch macht es Sinn:

Sollte nämlich der Reifen irgendwo auf einer Schotterstraße zum einsamen *Campground* oder in einer an sich »ausgeschlossenen« Region draufgehen, existiert gleich ein Protokoll über Ort und Uhrzeit, und man kann den Kunden ggf. zur Kasse bitten. Das hört sich recht dramatisch an, aber ernsthafter Ärger bei den überwiegend relativ neuen Mietfahrzeugen tritt eher selten auf.

Man tut dennoch gut daran, sich auf die Möglichkeit einzustellen und ggf. ein wenig vorzusorgen, ➪ Seite 122.

Rückgabe des Campers

Vor der Abreise steht die Rückgabe des Campers, bei den meisten Vermietern am Vormittag. Möchte man hohe **Endreinigungskosten vermeiden,** muss der Camper besenrein und mit entleerten

Abwassertanks zurückgegeben werden, oft auch mit gefülltem Frischwasser- und Benzintank, falls man letzteren voll übernommen hat. Die Vermieter akzeptieren im allgemeinen äußerlich »normal« verschmutzte Fahrzeuge. Es wird aber erwartet, daß der Kunde groben Dreck (an einer der vielen Waschanlagen mit Druckreinigern) vor der Rückgabe selbst entfernt. Andernfalls bittet man (wieder) zur Kasse. Ist nichts beschädigt, gibt es bei der Rückgabe keine Probleme. Die **Formalitäten,** d.h. kurze Inspektion des Wagens, Abrechnung von Mehrmeilen, Steuern etc., sind rasch erledigt.

Flughafen-Transfer

Der Vermieter sorgt für den Transport zum Hotel bzw. zum Airport. Bei Planung von **Rückgabe und Abflug am selben Tag** sollte auf reichlich Zeit geachtet werden: besser nicht unter 5 Stunden zwischen frühestmöglicher Ankunft in der Station und Abflug bei einer angenommenen Transferzeit von z.B. 1 Stunde. Denn gelegentlich entstehen **Wartezeiten**, etwa wegen weiterer Kunden, die im selben Bus ggf. zu anderen Zielen transportiert werden müssen. Entspannter verläuft auf jeden Fall die Rückgabe einen Tag vor Abflug.

Camping mal ganz anders, als man sich Canada vorgestellt hat, in der ungewöhnlichen Landschaft der sog. Badlands im Dinosaur Provincial Park im östlichen Alberta. Kinder finden das toll.

Reiseformen im Vergleich:

Pkw mit Zelt oder Motel und Campmobil

Die Vor- und Nachteile des Reisens per Pkw/Zelt, Pkw/Motel und im Campmobil lassen sich nur begrenzt verallgemeinern. Denn zu unterschiedlich sind individuelle Vorstellungen und Ansprüche. Aber es gibt einige in Nordamerika, besonders im Westen Canadas wichtige, teilweise aber nicht offenkundige Aspekte, die vor der Entscheidung für die eine und gegen eine andere Reiseform bedacht werden sollten.

Doch dazu mehr am Ende dieses Abschnitts. Die recht unterschiedlichen **Kosten der drei Alternativen** klären vielleicht schon im Vorwege, welche Möglichkeit in Frage kommt – ganz unabhängig von weiteren Überlegungen:

Die Kosten

Annahmen

Ein Kostenvergleich zwischen Reiseformen muss generalisieren und Annahmen machen, die im Einzelfall so nicht immer zutreffen. Das folgende Schema kann aber leicht mit saisonal und/oder aktuell veränderten Zahlen modifiziert und so für die persönliche Reiseplanung und -dauer zugrundegelegt werden.

Für den Vergleichszweck sei ausgegangen von

- einem **4-Wochen-Urlaub** (28 Übernachtungen) für **2 Personen** in der **Hauptsaison**, die in Canada bezüglich der Hotel-/Motelkosten die vollen Monate Juli und August umfaßt. Für die Campmobilmiete ist dies nur teilweise der Fall; die hier unterstellten Preise gelten bei einigen Verleihern nur in einer 6-wöchigen »Kernzeit« von ca 10.07-20.08. (davor und danach liegen die Miettarife niedriger)
- **Pkw-Miete** (unlimitierte Kilometer, Zusatzgebühr für Zweitfahrer) und **Campermiete** zum Neufahrzeugtarif jeweils ab Calgary oder Vancouver. In der Praxis sind Pkw maximal 1 Jahr alt, Camper maximal 3 Jahre.
- saldierten **Mietkosten** mit Langzeitermäßigung, die bereits Erstausstattung mit Toilettenchemikalien und Propangas, Geschirr, Bettwäsche usw.,Transfer ab/bis Flughafenhotel, Steuern und VIP-Versicherung beinhalten, wichtige Kostengrößen, die in vielen Katalogen separat ausgewiesen werden.
- **Campertarifen mit 250 Freikilometern pro Tag**; das macht in 27 Tagen 6.750 km, die in den meisten Fällen ausreichen dürften, gleich ob im Pkw oder Camper, ➪ Seite 83 oben.
- einem Benzinpreis von ca. €0,87/l. Der **Benzinkostenansatz** basiert auf den angenommenen 6.750 km Fahrstrecke.
- einer vorhandenen und aus der Heimat mitgebrachten **Ausrüstung für den Fall des Zelturlaubs**.

- Übernachtung auf **gebührenpflichtigen Campingplätzen**, bei **Zeltcamping**: ab can$12/Nacht. Bei **Campercamping** wird hier nur ausnahmsweise Nutzung eines *Full Hook-up* (Anschluß an Strom, Wasser, Abfluss) angenommen; daher können **im Schnitt** Kosten von can$20/Nacht ausreichen; ➪ Seiten 143ff.
- **Hotelübernachtung** für Camper- und PKW-Urlauber eine Nacht im Airport/City-Hotel ($120, Nebensaison $100). Zusätzlich **27 Nächte in Hotels/Motels** untere Mittelklasse (mindestens $80 im Schnitt inkl. Steuern, ➪ Seite 135, Nebensaison $60 möglich) bei **Pkw-Hotel-Urlaub**. Im Fall von **Pkw-Zelt-Camping** vier Nächte zu $50, in der Nebensaison $40 in preiswerteren Bleiben an Schlechtwettertagen oder in Städten.
- **Verpflegung bei Camping** nicht unter can$30 pro Tag (für 2 Personen) einschließlich gelegentlichem *Fast Food*, aber **ohne** Alkoholika, Restaurant- und Kneipenbesuche.
- Bei der **Variante Pkw/Hotel** sind die Möglichkeiten zur Selbstverpflegung begrenzter; relativ häufige **Cafeteria- und Restaurantbesuche** gehören dazu, d.h., ohne eisernen Willen zum Sparen sind can$60/Tag (für beide Reisepartner zusammen) kaum zu unterbieten. Leicht wird es mehr.
- **Eintrittsgelder,** die ja unabhängig von der jeweiligen Reiseform anfallen, persönliche **Nebenkosten, Einkäufe** günstiger Artikel (Jeans etc.), Kosten für **Souvenirs, Mitbringsel** etc. sind in den Zahlen der folgenden Tabelle nicht explizit berücksichtigt und noch individuell zu addieren.

Zeltcamping am idyllischen Pinto Lake (Chilcotin Highway/BC)

Zu den konkreten Zahlen

Die folgenden Zahlen für **Mietkosten** basieren auf typischen Veranstalterpreisen 2008 jeweils ab Calgary oder Vancouver, die sich 2009 nicht wesentlich verändern dürften. Für die Mietwagen wurden die Tarife international bekannter Vermieter zugrundegelegt (*Compact* für Zeltcamper, *Intermediate oder SUV* für Motelübernachter). Die Kosten für **Campfahrzeuge** beziehen sich auf ***Truck Camper* 19 Fuß** und ***Motorhome* 22 Fuß**. Gleichartige Fahrzeuge können je nach Veranstalter und Vermieter auch etwas preiswerter oder teurer sein. Alle anderen Werte errechnen sich aus den Einzelkosten wie auf den vorstehenden Seiten erläutert.

Kostenvergleich Canada-Urlaub für 2 Personen und 6.750 km in € *)

4 Wochen Hauptsaison Juli/August/Zwischensaisonpreise Juni oder September

Kostenart	Pkw[1]/Zelt	Pkw[2]/ Hotel	Truck Camper[3] 19 Fuß	Motorhome[4] 22 Fuß
Mietkosten (4 Wochen Pkw bzw. 27 Tage im Camper)				
Hauptsaison[5]	840	960	3.510	4.185
Zwischensaison	716	836	2.700	3.105
Benzinkosten	453	567	1.134	1.528
Übernachtung				
Hauptsaison	307	1.438	415	415
Zwischensaison	282	1.083	403	403
Verpflegung	529	1.058	529	529
Gesamtkosten				
Hauptsaison	**2.129**	**4.021**	**5.588**	**6.657**
Nebensaison	**1.980**	**3.544**	**4.766**	**5.565**

Anmerkungen:

zugrundegelegter Kurs für 1 can$ = €0,65

1) Kompakte oder untere Mittelklasse (z.B. Ford Focus); der Verbrauch wurde hier mit in Canada/USA realistischen 8 l/100km angenommen.

2) Mittelklasse (wie Ford Mondeo o.ä.); Verbrauch etwa 10 l/100km.

3) bzw. etwas teurer *Van Camper*, ➪ Seite 77; Verbrauchsannahme 20 l/100 km.

4) Bietet bereits ab 21 Fuß bei einem guten Grundriss ausreichend Platz auch für 4 Personen. Modelle größer als 23 Fuß bringen nach Meinung der Autoren kaum Zusatznutzen, jedoch eingeschränkte Wendigkeit und nicht nur mehr Mietkosten, sondern auch (noch) höheren Verbrauch, Annahme hier: recht hohe 26 l/100 km. Die neueren Modelle bis 23 Fuß brauchen in den meisten Fällen weniger.

5) Basis für alle Zahlen sind bei Pkw Tarife inklusive CDW und Steuern (Paket A). Bei den Campern wurden Gesamtkosten inklusive Steuern, VIP-Versicherung, Transfer und aller Nebenkosten zugrundegelegt, ➪ Seite 94.

*) **ohne Flugkosten**, die in jedem Fall die Gesamtsumme um rund €2.000 (ggf. auch etwas weniger – Charter – oder mehr – spät gebuchter Linienflug) erhöhen, und Eintrittsgelder und sonstige Nebenkosten, ➪ vorhergehende Seite.

Kommentar

Interpretation der Tabellenwerte

Die **Kostenunterschiede** zwischen Urlaub im Pkw und den Campervarianten sind hier **enorm bis spürbar**. Wegen der von Haupt- und Nebensaison kaum beeinflussten Miettarife für Nicht-Campingfahrzeuge und saisonal ebenfalls kaum schwankender Campgebühren entsprechen die Kosten fürs Camping per Pkw/Zelt auch in der Vor- und Nachsaison der Realität.

Beim finanziell aufwendigeren **Hotelurlaub** dagegen ist die »Gefahr«, dass das oben errechnete Budget in der Hauptsaison nicht ausreicht, relativ hoch. Das gilt insbesondere dann, wenn viele Tage Aufenthalt in touristisch populären (und teuren) Gebieten wie etwa in Banff und Jasper oder im hohen Norden geplant sind. Die **Kostendifferenz zur Zeltalternative** kann dann noch höher ausfallen. Anders ist es vor Juli und ab September. Bei den Übernachtungen lassen sich insbesondere bis Mitte Juni bzw. ab Mitte September im Beispiel rund €400 sparen; mehr wird man aber wohl nur mit Mühe und/oder erheblichen Komfortabstrichen erreichen können.

Die extrem hohen Kosten für die **Campermiete** in der Hauptsaison **verzerren** diesen Vergleich insgesamt sehr. In der Vor- bzw. Nebensaison kosten *Truck Camper* bzw. *Motorhomes* beim selben Vermieter €800-€1.100 weniger. Dann sind für ***Truck Camper*** Kosten realisierbar, die um ca. €750 über der Hotel-/Motel-Alternative in der Hauptsaison liegen.

Das **Motorhome** ist per Saldo auch **im Juni** und **September** noch die teuerste Reiseform, obwohl dann bei sonst gleichen Annahmen die Gesamtkosten (ohne Flüge und Nebenkosten!) die Kosten einer Hauptsaisonreise mit ***Truck Camper*** bereits etwas unterschreiten.

Fazit

Zu bedenken: Zeltcamping

Wie nicht anders zu erwarten, ergeben sich bei **Canada-Ferien im Zelt** die geringsten Kosten. Wer Spaß am Zeltcamping hat, noch dazu unter den in Nordamerika gegenüber Europa ungleich viel besseren Bedingungen (➪ Seite 142ff), braucht nicht lange zu überlegen. Zelten wird auch vielen jungen Leuten und Junggebliebenen in Canada Spaß machen, die Campingurlaub hierzulande weniger abgewinnen können. Zu bedenken ist jedoch, daß **es trotz angenehmer Tagestemperaturen wegen der Höhenlage selbst im Hochsommer in manchen Regionen (z.B. *Icefields Parkway*!) nachts ziemlich kalt werden kann**. Und auch im Juli/August sind in Pazifiknähe mehrere aufeinanderfolgende **Schlechtwettertage** samt kräftigen Niederschlägen möglich, erst recht in Frühsommer und Herbst. Man sollte sich also über die voraussichtlichen **Witterungsbedingungen** der ins Auge gefaßten Ziele informieren, bevor die Entscheidung fürs Zelten fällt.

PKW/Motel

Die erheblichen Mehrkosten für **Hotel-/Motelübernachter** sind gegenüber dem Campingurlauber nicht unbedingt mit höherer **Urlaubsfreude** verbunden. Im Sommer bedeutet die Suche nach einer geeigneten Unterkunft gelegentlich Streß und Frust. Zwar können auch Campingplätze bei später Ankunft voll besetzt sein, aber die Ausweichmöglichkeiten sind meist besser. Die Alternative, alle Quartiere im voraus zu buchen, besitzt den Nachteil, unterwegs völlig unflexibel zu sein und weder auf neue Eingebungen noch widriges Wetter angemessen reagieren zu können.

Bedacht werden sollte, daß mit Ausnahme der Großstädte und einer Handvoll touristischer Hochburgen (Banff, Jasper, Okanagan Valley, Whitehorse, Dawson City) der Urlaubstag mit dem Einchecken ins Hotelzimmer weitgehend »gelaufen« ist. Zum abendlichen Bummel etwa fehlen in kleinen Orten gemeinhin alle Voraussetzungen. Die Gelegenheiten zum Ausgehen sind dort dünn gesät, **gemütliche Kneipen Mangelware**. Nach dem Abendessen bleibt oft nur der Fernseher als einzige Zerstreuung, während der Campingreisende vielleicht gerade dann »sein« Canada am Lagerfeuer genießt.

Vorzüge Campmobil

Genau das rechtfertigt letztlich die hohen Kosten des Campmobils. Es bietet mit **Unabhängigkeit, Mobilität** und **Bequemlichkeit** Vorzüge, die sich in Canada ideal kombinieren lassen mit Landschafts- und Naturerlebnis. Einen langweiligen Abend gibt's im Campmobil kaum. Die **Gestaltungsmöglichkeiten** sind schon tagsüber vielfältiger. Der Kontakt zu anderen Reisenden fällt leichter. **Geselligkeit**, so man sie sucht, ergibt sich zwanglos.

Und nichts hindert den Campmobilisten, seinen *Afternoon Tea* auf der Terrasse des *Banff Springs Hotel* genauso zu genießen, wie der Hotelgast. Ob man dabei mit *Van Camper* oder *Motorhome* vorfährt, spielt keine Rolle, ist vielmehr eine Frage persönlicher Präferenzen, ⇨ auch Seite 81.

Wer mit dem Gedanken spielt, ein Campmobil zu mieten, aber vor den hohen Kosten zurückschreckt, kann bei Ausweichen auf Zeiträume der **Nebensaison** und konsequenten **Preisvergleich** die umseitig beispielhaft errechneten Zahlen im übrigen noch um einiges unterschreiten.

Fahrten in den hohen Norden

Soll die Reise überwiegend **nach Norden** gehen, auf Routen jenseits des *Yellowhead Highway*, **gibt es zum Camping** – sei es im Zelt oder im Campmobil – **kaum noch eine Alternative**. Übernachtungen selbst in einfachsten Quartieren sind dort teuer und Motels gerade entlang der besten Strecken rar gesät – ganz im Gegensatz zu den vielen herrlich gelegenen Campingplätzen. **Mehrkosten** fallen allerdings auch im Camper über Sonderzuschläge für Fahrten in den Norden und höhere durchschnittliche Fahrtstrecken an.

2.3.2 Canada im eigenen Auto?

Langzeitreisen

Wer eine längere Reise durch Canada plant, fragt sich, ob nicht unter Umständen der Kauf eines Autos der Miete vorzuziehen ist. Denn während zwei oder mehr Monaten kommen selbst bei einem Fahrzeug der kleinsten Kategorie ansehnliche Mietkosten zusammen. Von größeren Fahrzeugen und Campern gar nicht zu reden.

Autokauf in Canada

Allerdings sind in **Canada Autos generell teurer als in den USA** und obendrein mit höheren Umsatzsteuern (bis auf Alberta) belegt, die der Käufer auf jeden Fall verliert und nicht an den nächsten Besitzer weiterreichen kann. Da die meisten Canada-Langzeitreisenden klimatisch bedingt im Frühsommer starten und im Herbst vor dem Verkaufsproblem stehen, erleiden sie beim Kauf in Canada auch noch eine **saisonal bedingte Zusatzabschreibung** unabhängig von Typ, Zustand und Tachostand des Wagens. Ein Kauf in Canada und Wiederverkauf in den USA (sehr schwierig, aber immerhin möglich) macht ökonomisch keinen Sinn. **Die Zulassung und der Verkauf eines aus den USA »exportierten« Autos ist in Canada privat nicht möglich.**

Autokauf in den USA

Wer mit dem Gedanken spielt, ein Fahrzeug zu kaufen, sollte also von vornherein einen passenden Startpunkt in den USA ins Auge fassen und die Reise auch in den USA beenden. **Ausnahme:** dank der voraussichtlich vorhandenen Hilfestellung von Freunden oder Verwandten bei Kauf, Zulassung und späterem Verkauf erscheint eine kanadische Stadt geeigneter.

Info im Internet

Die Suche nach Gebrauchtfahrzeugen im **Internet** ist recht mühsam. Einen guten Überblick (auf Englisch) liefern:

www.carsmart.com

www.autotrader.com

www.us-used-cars.com

Minimale Reisezeit für Kauf

Vor der Entscheidung für die Beschaffung eines eigenen Fahrzeugs sollte insbesondere bei Reisezeiten bis zu 3 Monaten eine realistische **Kostenvergleichsrechnung zwischen den Alternativen Kauf und Miete** stehen. Bei Reisezeiten über 3 Monaten (nur mit US-Visum!) errechnen sich schon eher Vorteile für den Kauf, wenn der Wertverlust sich in Grenzen hält. Dafür muss man am Ende der Reise in angemessener Frist nicht nur einen Käufer finden, sondern auch noch einen akzeptablen Preis erzielen.

Folgende Gesichtspunkte – erläutert anhand eines »billigen« Beispiels: **Kauf eines 10 Jahre alten Pkw in den USA für US$ 3.500, 3 Monate Reisezeit und 20.000 km unterwegs** – müssen bei einem Vergleich bedacht werden:

Nebenkosten der Zulassung

- Zum Kaufpreis addieren sich die ***Sales Tax,*** die Kosten für Zulassung ***(Registration)*** und Nummernschilder, ggf. für eine **Inspektion** mit Abgasuntersuchung und Formalitäten. Zusammen kommen leicht US$ 300 oder mehr zusammen.

Versicherung

- Während bei Kauf und Anmeldung auftauchende **Probleme** (bedingt durch den Ausländerstatus des Käufers) sich in den vielen US-Staaten noch klären lassen, ist eine **Haftpflichtversicherung vor Ort** oft nur schwer und/oder mit hohen Kosten zu finden. Im Zweifel ist der Automobilclub AAA behilflich. Die über **AAA** angebotenen Prämien entsprechen in etwa denen, die über die **Versicherungsvermittlung *Tour Insure*** in Hamburg, ✆ 040/25172150; www.tourinsure.de, erhältlich sind. Versicherungsverträge inkl. Vollkasko, Haftpflicht, Unfall u.a bietet auch ***Seabridge***; www.sea-bridge.de, ➪ Seite 99 (ca. $700).

Zeitbedarf

- Für die Suche nach einem Gebrauchtwagen und Erledigung aller **Formalitäten** benötigt man kaum unter 1 Woche einen **Leihwagen**. Bucht man ihn schon hier, sind ab **€160** zu kalkulieren. Vor Ort ist es nicht billiger.

Wartung

- An **Unterhaltskosten** entstehen mindestens **US$300** für drei **Ölwechsel** plus ein bisschen Verschleißmaterial (Kerzen, Luftfilter etc) und **Reifenersatz.**

Reparaturen

- bei älteren Wagen treten immer – hoffentlich kleinere – Reparaturen auf, ob nun die Scheinwerfer ausfallen, der Vergaser streikt oder die Wasserpumpe ihren Geist aufgibt. Wer eine Werkstatt aufsucht, muss Stundensätze ab US$50 zahlen. Mit Glück bleiben die **Kosten** unter **US$500.**

Verkauf

- Da sich ein Auto meist nicht unmittelbar vor dem Rückflug eben »auf die Schnelle« verkaufen lässt, muss wenigstens eine Reservewoche für diese Aktivität eingeplant werden. Neben dem **Zeitaufwand** kostet das Geld für zusätzliche Lebenshaltung, für Telefonate und ggf. Anzeigen. **US$300** sind dabei die Untergrenze der zusätzlich entstehenden Kosten.

Abschreibung

- Ein besonders günstiger Verkaufspreis wird unter Zeitdruck selten zustandekommen. Wenn der Wagen kein Schnäppchen war, ist ein VK-Preis von US$2500 (das entspricht **US$1.000**

Internet-Service: Fahrzeugvermittlung von Leser zu Leser

Wer ein Fahrzeug in Amerika kauft, muß es am Ende der Reise wieder verkaufen. Das ist in vielen Fällen leichter gesagt als getan.

Vermutlich gibt es für gute Tourenfahrzeuge und deren spezifische Ausrüstung mehr interessierte Neu-Amerikafahrer als Amerikaner. Nur – wie kommt der Verkäufer an den potentiellen Touristen-Käufer?

Und woher weiß ein Fahrzeug-Interessierter vor seiner Reise, wer vielleicht demnächst einen geeigneten Wagen vor Ort verkaufen möchte?

Ganz einfach: Inserieren Sie – als Kauf- oder/und Verkaufsinteressent – gratis im **Fahrzeugmarkt USA/Canada** unserer Verlags-Homepage.

Da steht drin, wie`s geht: reisebuch.de

Abschreibung) für drei Monate und 13.000 Meilen mehr auf dem Tacho sicher nicht zu niedrig, eher ziemlich optimistisch angesetzt. Besser geht`s nur mit Zeit und Glück.

Gesamtkosten Kauf bei »Billigwagen«

Rechnet man alle vorstehend aufgeführten Positionen zusammen, ergibt sich (**bei komplikationsloser Fahrt ohne bedeutende Reparaturen!**) im günstigsten Fall ein Betrag von etwas über **US$ 2.300** für **Spesen, Fixkosten, Wartung und Reparaturen** plus ca. **US$1.000 Wertverlust, umgerechnet (unter der Annahme 1US$ = €0,70) alles zusammen um die €2.200**.

Mietkosten 3 Monate

Bei **drei** Monaten (=13 Wochen) Aufenthalt kostet ein (**neuer!**) Leihwagen der Kompaktklasse **ohne Reparaturkostenrisiko** – zur Hauptsaison um die **€2.500**, weniger ist speziell bei Start in den USA möglich. Das sind bei dieser Kalkulation rechnerisch €300 mehr als ein eigenes (altes) Fahrzeug. Dafür genießen Mieter nicht nur den Vorteil, für Unfallschäden und Reparaturen nicht aufkommen zu müssen, sondern steigen in das bereitstehende Fahrzeug, wo es ihnen passt, und geben es am Ende der Reise einfach wieder ab. Der ganze organisatorische Aufwand für den Kauf und der Stress des Verkaufs entfallen.

Kosten bei Kauf eines neueren Auto

Das Risiko größerer Reparaturen lässt sich mit dem Kauf eines neueren Autos zwar mindern, aber nie ganz ausschließen. Investiert man mehr für einen Gebrauchtwagen, werden auch höhere Umsatzsteuern fällig. Und die Abschreibung dürfte rasch auf deutlich über US$1.000 steigen.

Fazit

Ein eigener Pkw ist bei den zur Zeit geltenden Mietwagentarifen und Wechselkursen erst bei sehr langen Reisezeiten erwägenswert. Günstiger fällt die Kalkulation nur für den aus, der auf die Hilfe von Verwandten oder Freunden zählen kann.

Vorteile der Miete

Auch wenn der Vergleich etwa zwischen einem größeren Gebrauchtwagen und den Kosten für ein entsprechendes Mietfahrzeug zu einer kürzeren »kritischen« Reisezeit zugunsten des

Kaufs führt, bleibt die Aussage gültig. Denn die allgemeinen, hier gar nicht in Dollar bewerteten **Vorteile der Miete** spielen eine nicht zu unterschätzende positive Rolle. Ärger mit dem (eigenen) Fahrzeug kann dagegen die Reisefreude erganz schön beeinträchtigen und die Tour belasten.

Campmobil

Generell gilt: erst wenn alle Nebenkosten und Risiken berücksichtigt sind, lassen sich Autokauf und -miete einigermaßen miteinander vergleichen. Dabei kann je nach Reisesaison, -dauer und Wagentyp der Vergleich auch anders ausfallen als im Beispiel. Die **Miete** etwa **für Campmobile** ist **im Sommer für längere Zeiträume nahezu unbezahlbar.** Aber auch der Kauf eines Campmobils – begnügt man sich nicht mit einem reparaturanfälligen Uraltmodell – erfordert zunächst einen relativ hohen finanziellen Einsatz und verursacht eine nur schwer abschätzbare Abschreibung. Ein großer ***Station Wagon*** (Kombi) oder besser noch **Van** (Kastenwagen/Kleinbus) in Eigenbesitz lässt sich ohne viel Aufwand zum Schlafen herrichten, und **Platz für *Coolbox*, Kocher und Wassertank** ist auch genug. Die dafür anfallenden Kosten bewegen sich eher im Pkw-Rahmen.

Vorteil des eigenen Wagens

Wichtig für die Entscheidung »Kauf oder Miete?« kann auch sein, daß eine Fahrt im eigenen Wagen nicht etwq durch **Gebietsausschlüsse** reglementiert wird. In Canada betrifft dieser Aspekt teilweise reizvolle Schotterstrecken wie z.B. Abschnitte der ***Forestry Trunk Road*** (Alberta) oder des ***Cassiar Highway*** (British Columbia), den gesamten Norden und ggf. Grenzübertritte nach **Alaska**, in den USA Fahrten durchs ***Death Valley*** und/oder nach **Mexico.**

Wer einen Autokauf erwägt, findet viele wichtige Einzelheiten zum organisatorisch-technischen Vorgehen, aber auch für den temporären Import eines bereits vorhandenen Wagens nach Nordamerika im bewährten **Reise Know-How Handbuch »USA/ CANADA«**, ➪ Seite 619, das 2009 in Neuauflage erscheinen wird.

Kauf mit Rücknahmezusage des Verkäufers

Was tun, wenn man zwar gerne per Auto, eher noch per Camper für mehr als 3-4 Monate Nordamerika entdecken möchte, aber die Mietkosten für den langen Zeitraum zu hoch erscheinen, andererseits der mit einem Kauf bei selbständigem Vorgehen verbundene Umstand und das spätere Verkaufsrisiko abschrecken? Die Lösung für bieten u.a. die Firmen ***Wildwest Campers*** in Vancouver (➪ Seite 80) und ***Adventures on Wheels*** (Middletown/ New Jersey bei New York City und Flilialen im US-Westen und Florida, ✆ 1-800-943-3579, www.wheels9.com). Sie verkaufen Fahrzeuge (inklusive Zulassungs- und Versicherungsservice) an Langzeitreisende und nehmen sie ggf. nach Ende der Tour entsprechend den Konditionen wieder zurück.

Abwicklung Kauf mit Rückgabe

Der **Verkauf mit Rücknahmegarantie** des Wagens durch den Verkäufer funktioniert wie folgt:

- Der Kunde kontaktiert die deutsche bzw. Schweizer Vertretung und erläutert seine Reisepläne und Vorstellungen. Sind passende Fahrzeuge vorhanden, erhält er konkrete Angebote. Bei Einigung regelt ein Vertrag Zahlungsmodalitäten, Garantie, Abschreibung etc. im Detail.

- Bei Ankunft des Kunden steht der Wagen »abmarschfertig« bereit, vollgetankt, gewartet und gereinigt – wie bei einer Miete. Statt Mietvertrag gibt`s jedoch Eigentumspapiere.
- Nach Rückkehr nimmt der Verkäufer das Fahrzeug zurück, sofern der Käufer es nicht selbst verkaufen möchte (und dies vertraglich zulässig ist), und zahlt die von Meilenzahl und/oder Zeit abhängige Rückkaufsumme aus.

Die **Gesamtkosten** liegen bei Inanspruchnahme der Rücknahmegarantie irgendwo zwischen dem Mietaufwand für einen gleichartigen Wagen und der (vielleicht) erzielbaren geringeren) Abschreibung bei selbständigem Vorgehen. **Je länger der vereinbarte Zeitraum, umso günstiger ist das Geschäft im Vergleich zur Miete**. Auch die Vorteile gegenüber dem Kauf auf eigene Faust liegen auf der Hand: nicht nur **Kauf-, Zulassungs- und Versicherungsproblematik entfallen,** sondern vor allem das Verkaufsrisiko. Die Gesamtkosten sind (bis auf eventuelle Reparaturen) kalkulierbar. Gelingt am Ende u.U. sogar ein anderweitiger Verkauf für einen höheren Betrag als den Rücknahmepreis, umso besser.

North Saskatchewan River vor der Kulisse der Rocky Mountains östlich der Banff-Jasper National Parks. Im Hintergrund der Abraham Lake, *⇨ Seite 305.*

2.4 Canada per Bus, Bahn oder Autotransport

2.4.1 Greyhound-Busse

Nicht nur in den USA, sondern auch in Canada ist Busfahren eng mit dem Namen ***Greyhound*** verbunden. Die »Windhundlinie« verfügt einschließlich ihrer assoziierten Dienste als einzige Busgesellschaft über ein überregionales Streckennetz im ganzen Land Canada.

Kennzeichnung

Bis Ende der 1960er-Jahre galt *Greyhound* als Synonym für bequemes, preiswertes und schnelles Reisen. Seither hat *Greyhound* viele Passagiere verloren, denn die **Kosten** sind im Zeitalter der *Super-Saver*-Flugtickets nicht mehr so konkurrenzlos wie vor Jahren. Und Geschwindigkeit und Bequemlichkeit, Faktoren, die sich bei *Greyhound* kaum veränderten, beurteilt man heute anders als damals. Dennoch bieten die **Buspässe** von *Greyhound* zumindest **für Alleinreisende** nach wie vor **die billigste Möglichkeit, durch Nordamerika zu reisen**, und die Busse sind auf den Hauptrouten immer noch relativ schnell. Beispielsweise benötigt *Greyhound* für die 4.484 km lange Strecke Toronto–Vancouver ohne Umsteigen 66 Stunden; das entspricht einer Durchschnittsgeschwindigkeit von 68 km/h.

Routennetz

Während die USA nahezu flächendeckend mit Busverbindungen bedient werden, beschränkt sich das ***Greyhound*-Angebot in Canada** überwiegend auf **Routen über Hauptstraßen im Süden** des Landes. Dort werden die wichtigsten Fernstraßen u.a. in Kooperation mit den Partnerlinien ***Grey Goose*** (Manitoba), ***Saskatchewan Transportation*** und ***BC Ferries*** (Fähre nach Vancouver Island nur bei Überfahrt mit Greyhoundbussen) bedient. Interessante Ausnahmen sind die Strecken nach Prince Rupert, nach Whitehorse im

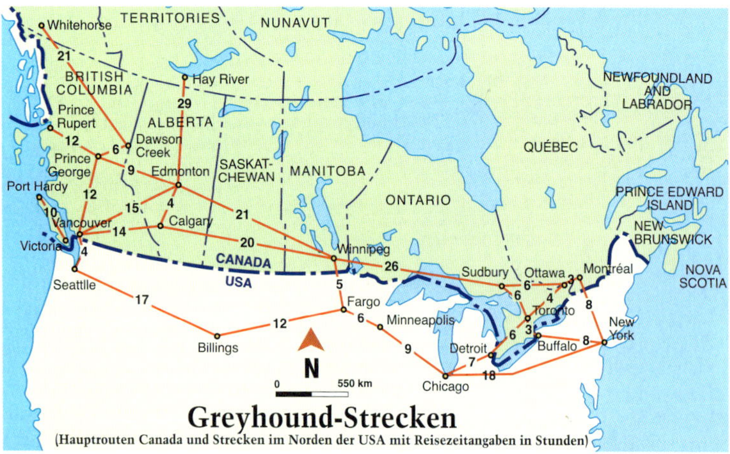

Greyhound-Strecken

(Hauptrouten Canada und Strecken im Norden der USA mit Reisezeitangaben in Stunden)

Yukon Territory und nach Hay River/Northwest Territories (*Makkenzie Highway*). Eine ***Greyhound*-Verbindung von Canada nach Alaska gibt es nicht**. Für grenzüberschreitende Anschlüsse müssen *Greyhound*-Passagiere in Whitehorse umsteigen und ein teures Extra-Ticket lösen, ➪ Seite 432.

Fahrplaninfo für beide Länder Nordamerikas
unter ✆ 1-800-231-2222; www.greyhound.com

Greyhound Disvovery Pass

Der ***Discovery Pass*** (www.discoverypass.com) erlaubt unbegrenzt viele Fahrten für jeweils eine bestimmte Anzahl zusammenhängender Tage. Eine Verlängerung ist nicht möglich. Dabei kann man das ganze *Greyhound*-Streckennetz in den USA und Canada sowie die Routen einiger Partnerlinien nutzen. Der Pass gilt ohne jegliche Saison- oder Altersermäßigungen. Die Rückgabe unbenutzter Pässe kostet 20% Gebühren.

Kauf in Europa

U.a. die Vekaufsagenturen ***STA Travel*** (www.statravel.de, ✆ 069/430191; www.statravel.ch, ✆ 058/4504000) und ***SK-Touristik*** (www.sktouristik.de, ✆ 02536/345910) versenden einen Voucher, den man nach Ankunft in den USA oder in Canada an einer ***Greyhound Gateway Station*** gegen den Pass eintauschen muss.

Den ***Discovery Pass*** kann man auch **per Internet** und **Kreditkarte** bestellen. Der Versand erfolgt ausschließlich an die Anschrift des Kreditkarteninhabers. Dabei addieren sich $4 Versandkosten.

Kauf in Nordamerika

Preise bei Reiseantritt in den USA:

7 Tage	US$329
15 Tage	US$483
30 Tage	US$607
60 Tage	US$750

Preise bei Reiseantritt in Canada im kanadischen Dollar bei Redaktionsschluss dieser Auflage identisch.

Zu denselben Preisen (aber zzgl. örtlicher *Sales Tax*) kann man den Pass auch direkt an bestimmten Greyhound-Busbahnhöfen oder -agenturen in den USA und Canada kaufen, und zwar bis kurz vor Reiseantritt bei Start in den USA bzw. mindestens 21 Tage vorher bei Start in Canada. In den USA werden am Schalter pro Fahrt Einzeltickets ausgestellt, in Canada reicht das Vorzeigen des Passes.

Laufzeit

Ein Datum für den ersten Geltungstag braucht man nicht anzugeben. Jeder Pass »läuft« ab dem Tag der ersten Fahrt.

Kosten-vergleich Buspass versus Automiete

Wer mit dem Gedanken spielt, per ***Greyhound* durch Canada** zu fahren, wird die dafür anfallenden Kosten mit denen einer **Automiete** vergleichen.

Da sich der Bus in Canada weniger für eine reine Rundreise – etwa durch British Columbia und Alberta – als für eine **Transkontinentalfahrt** mit Abstechern eignet, werden im folgenden beispielhaft die Reisekosten für **2 Personen von Toronto nach Vancouver bei 6 Wochen Reisezeit** miteinander verglichen:

2

Fahrtkosten Pkw-Miete Kategorie Economy (in etwa deutscher Veranstalterkosten 2008; Kursannahme: 1 can$ = €0,65)	
Mietkosten Super Inklusiv ab Toronto (unbegrenzte Kilometer Hochsaison) inklusive Vollkasko, Haftpflicht €1 Mio. und Steuern	
Miete inkl. Zusatzgebühr 2 Fahrer in 6 Wochen	ca. €1.260
plus Einweggebühr ($199) + Steuern	ca. € 170
plus Benzin für rund 9000 km (Verbrauch ca. 8 l/100 km; Benzinpreis €0,87/l; ⇨ Seite 130)	ca. € 627
Gesamte Fahrtkosten Mietwagen	**€ 2.057**

Fahrtkosten mit dem Greyhound	
Canadapass für 2 Personen 60 Tage sind billiger als 30+15 Tage : 2x can$750 x 0,65	€ 975
plus Zusatzfahrtkosten (Fußnote unten*)	ca. € 312
Gesamtkosten Greyhound	**€ 1.287**

Kostenvorteil Greyhound?

Der **Preisvorteil** von €770 zugunsten von *Greyhound* muss relativiert werden. Die **mit dem Mietwagen verbundenen** indirekten **Kostenvorteile** bei Übernachtung und Verpflegung überkompensieren in 40 Tagen diese rechnerische Differenz sicher, denn:

Versorgungskosten im Auto

Autofahrer können sich durch **Einkauf im Supermarkt** leicht selbst versorgen; Greyhoundpassagiere sind dagegen überwiegend auf **Cafeterias, *Fast-Food*-Lokale und Restaurants** angewiesen, günstigstenfalls auf Läden in der Nähe von Bushaltestellen, die aber meistens nur ein begrenztes Sortiment mit relativ hohen Preisen führen. Per Auto lassen sich jederzeit **Zeltplätze** (einfache Plätze im Schnitt $15 für 2 Personen; ⇨ Seite 143) und preiswerte **Quartiere** an Ausfallstraßen oder in kleinen Orten erreichen, die weitab jeder Bushaltestelle liegen. Busreisende müssen in vielen Fällen (bei Ankunft spät am Abend und/oder großer Entfernung vom nächsten preiswerten Quartier) mit **Motels und Hotels im Umfeld der *Terminals*** vorlieb nehmen, wo miese Unterbringung

*) Die Inhaber eines Buspasses bezahlen ihr erstes Zusatzticket beim Transfer vom Flughafen zum *Greyhound Terminal* und müssen in den Städten Bus- und U-Bahn-Tickets kaufen. Eine Taxifahrt wird gelegentlich nicht zu vermeiden sein (z.B. nächtliche Ankunft, Unterkunft weit entfernt vom Busbahnhof). Legt man eine eher knapp bemessene Summe von can$60 für innerörtlichen Transport und (nur!) 6 Abstecher zu jeweils can$30 abseits der Greyhoundrouten zugrunde, kommen **pro Person can$240**, also hier insgesamt $480, das sind ca. €312). Mietwagenfahrer werden am Flughafen umsonst zur Vermietstation transferiert und erreichen später fast alle Zielpunkte per Auto. Es fallen dabei dann und wann (hier vernachlässigte) Parkgebühren an.

Moderner Greyhound-bus für Langstrecken

auch noch mit happigen Kosten verbunden sein kann. Preiswerte Hostels (➪ Seite140, im Schnitt $20 pro Person) *und Campgrounds* befinden sich zwar nicht immer außer Reichweite (➪ Seite 28), aber im Durchschnitt dürften die **Übernachtungskosten der Busbenutzer deutlich über denen der Autofahrer** liegen. Wobei unterstellt ist, daß beide gleichermaßen bemüht sind, diesen Ausgabenposten niedrig zu halten.

Vorteil in can$/€

Ein **täglicher Vorteil** der Automieter von **can$20 pro Person** bei den Positionen Verpflegung und Übernachtung ist insbesondere bei Campern eher zu niedrig als zu hoch angesetzt. Dies allein macht bei 2 Personen in 6 Wochen über €1.000, also weit mehr als den Kostenunterschied zwischen beiden Alternativen.

Nur allein kann man per Bus deutlich billiger reisen. Ab zwei Personen liegen die Gesamtkosten des *Greyhound*, wie erläutert, wohl in den meisten Fällen über den Gesamtreisekosten per Auto, so daß die Busreise ökonomisch keinen Sinn macht.

Fazit

Der **größte Vorteil eines Mietwagens** ist dabei durch den Kostenvergleich gar nicht erfaßt! Nur mit dem Auto erreicht man in Canada a l l e touristisch erwähnenswerten Ziele – und das bei freier Zeiteinteilung in selbstgewählter Reihenfolge. **Busreisende** dagegen besitzen **kaum Flexibilität**; sie sind an Routen und Fahrpläne gebunden und müssen viele Ziele von vornherein ausklammern. Einmal am Ziel benötigen Busreisende überproportional viel Zeit für Unterkunftssuche, Einkauf und Wege, die Autofahrer rasch hinter sich bringen. Von der damit verbundenen **Unbequemlichkeit** nicht zu reden.

Eine Reise per ***Greyhound*** bietet aber **nicht nur Nachteile**. Im Bus lernt man leichter Mitreisende kennen; der **Kontakt zu Land und Leuten** ist anders und oft intensiver. Wer per Leihwagen unterwegs ist, bleibt eher für sich. Kontakte zu Kanadiern, die über den Austausch üblicher Floskeln in Hotels, auf Campingplätzen, in Läden und Restaurants hinausgehen, sind seltener.

2.4.2 VIA Rail

Situation der Schiene

Von 1886 bis zur Fertigstellung des *Trans Canada Highway* bildete die Schiene für fast 80 Jahre die einzige durchgehende transkontinentale Ost-West-Verbindung, ➪ Seite 209. In den Folgejahren geriet die Eisenbahn gegen die Konkurrenz des Straßenverkehrs aber rasch ins Hintertreffen. Als sich in den Dekaden seit 1960 auch noch das Flugzeug zum Massentransportmittel entwickelte, verlor die Eisenbahn endgültig ihre früher dominierende Position beim Personentransport. Beim Güterverkehr spielt sie nach wie vor eine starke Rolle: Während die jährliche Transportleistung der kanadischen Bahnen die der Deutschen Bahn um 40% übertrifft, befördert die DB jeden Tag mehr Personen als **VIA Rail** im ganzen Jahr.

Netz

Das Streckennetz, auf dem kanadische Eisenbahnen unter der Verbundbezeichnung **VIA Rail** Personen befördern, beträgt heute nur noch **14.000 km** (hinzu kommen einige überwiegend touristisch genutzte *Sightseeing*-Routen, ➪ unten).

Trans Canada

Bei den **VIA Rail Strecken** bezieht sich etwa die Häfte der Gesamtdistanz auf die Transkontinentalverbindung **Halifax–Montréal–Toronto–Vancouver**. Auf den rund 6.300 km braucht man nur zweimal umzusteigen!

Haupt-strecken

Ab Toronto fährt Canadas berühmtester Zug, der ***Canadian*, dreimal wöchentlich** über Winnipeg, Saskatoon, Edmonton und Jasper nach Vancouver. Für die 4.466 km benötigt der ***Canadian*** genau 73 Stunden. Im Westen bieten einige Streckenabschnitte dafür viel fürs Auge, speziell gilt das auf der langen Fahrt durch die Rocky Mountains und weitere Bergketten in British Columbia.

Wer die Zugreise allerdings für einen Zwischenstop unterbricht, wartet mindestens zwei Tage auf den nächsten Zug.

Neben-strecken

Neben der beschriebenen Hauptroute betreibt **VIA Rail** im Westen Canadas nur **vier weitere Strecken**:

- in Ontario von **Sudbury nach White River**; 3 x wöchentlich
- in Manitoba von **Winnipeg nach Churchill** an der Hudson Bay 3 x pro Woche
- in BC von **Jasper nach Prince Rupert**; 3 x wöchentlich
- auf Vancouver Island von **Victoria über Nanaimo nach Courtenay**; täglich

Insgesamt erfordern Bahnreisen in Canada sehr viel Zeit und eine genaue Vorausplanung, wenn nichts schiefgehen soll.

Neben VIA Rail gibt es noch zwei weitere Eisenbahnen mit Personenbeförderung:

Weitere Eisenbahngesellschaften

- ***Ontario Northland*** (**Internet**: www.northlander.ca, ✆ 1-800-461-8558) fährt 6x wöchentlich von Toronto nach Cochrane mit Anschluß an den ***Polar Bear Express*** nach Moosonee (www.polarbearexpress.ca, ✆ 1-800-265-2356).
- ***Algoma Central Railway*** (**Internet**: www.algomacentralrailway.com) verkehrt 3 x pro Woche von Sault Ste. Marie nach Hearst (➪ Seite 513), ✆ 1-800-242-9287.

Luxuszüge

Eine Sonderstellung nehmen die folgenden Luxuszüge ein:

- ***Whistler Mountaineer***, ✆ 1-888-687-7245; www.whistlermountaineer.com.

Die Route **Vancouver–Whistler** ermöglicht einen Kurztrip in die kanadische Bergwelt (3 Std, $110 einfach, $199 retour).

- ***Rocky Mountaineer***, ✆ 1-877-460-3200; www.rockymountaineer.com.

Der ***Rocky Mountaineer*** fährt in zwei Tagen von Vancouver über die Nationalparks *Glacier*, *Yoho* und *Banff* nach Calgary. Der Preis für diese 3x wöchentlich stattfindenden Tour schließt Verpflegung und Übernachtung in Kamloops ein (in der Hochsaison für 2 Personen im Doppelzimmer $1.820). Die Streckenführung durch die ***Canadian Rockies*** ist noch attraktiver als die **VIA Rail**-Route von Kamloops nach Edmonton über Jasper.

Steuern

Auf alle in Dollar ausgewiesenen Rechnungsbeträge ist die Umsatzsteuer *Goods & Services Tax* fällig. Bei Bahnfahrten wird die *Provincial Sales Tax* nicht erhoben.

Im Zug

Generell bieten Eisenbahnen in Canada wesentlich mehr Komfort als bei uns gewohnt. Die ***Skyline Dome Car*** etwa, ein verglaster Aussichtswagen in den Transkontinentalzügen, ist für jeden Fahrgast unabhängig von der Ticketklasse zugänglich. Einzel- und Doppelabteile mit Naßzelle, die nachts zu privaten Schlafzimmern umgebaut werden können, sind buchbar (***Bedroom***), ebenso Liegeabteile (*Berth*). Grundsätzlich muss auch die ***Coach*-Klasse** (abteillose Großraumwagen) reserviert werden, da Fahrgäste ohne Sitzplatzbuchung nicht zugelassen sind.

VIA Rail Auskünfte und Buchungen in Deutschland bei:

2

North America Travelhouse
Canada Reise Dienst International
Stadthausbrücke 1-3
20355 Hamburg
✆ (040) 3006160
Internet: www.crd.de, www.viarail.ca

Kosten

Wer vor allem die kanadischen Großstädte (außer Regina und Calgary) besuchen möchte, ist mit dem ***CANRAILPASS*** gut bedient. Für die einfache Fahrt Toronto–Vancouver und eine Rückfahrt nach Churchill kostet das preiswerteste **Einzelticket** schon mehr als für den **30 Tage auf dem gesamten Streckennetz in der *Coach Class*** gültigen *CANRAILPASS*. Plätze in Liege- oder Schlafabteilen sind in den CANRAIL-Tarifen nicht enthalten:

Der ***CANRAILPASS*** kostete **2008**:

	Erwachsene	ermäßigter Tarif
Hauptsaison (01.06.-15.10.)	can$837	can$753
Nebensaison	can$523	can$471

Konditionen

Der Pass darf nur an 12 Tagen genutzt werden (gegen Aufpreis von $71 bzw. $45/Tag in der Haupt-/Nebensaison um maximal weitere 3 Fahrtage innerhalb der 30 Tage Gültigkeit).

Der **ermäßigte Tarif** bezieht sich auf Jugendliche, Studenten und Senioren über 60 Jahren, die auch auf alle Einzeltarife bis zu 35% Rabatt erhalten. Erstattungsanträge kosten $50.

Einzeltickets

Zum Vergleich unten einige **Beispiele** für Einzeltickets. Die Preise beziehen sich auf eine Person (jeweils plus 5% GST):

Tarife Tickets für einfache Fahrt in kanadischen Dollars (Hauptsaison, Buchung mindestens 3 Tage im voraus, $10-$50 für Umbuchung; bei *Comfort Super Saver* keine Rückerstattung):

Strecke und Fahrtzeit in	Std	*Comfort Super Saver*	*Upper Berth*	*Bedroom (Single)*
Toronto–Vancouver	73	$497	$1.324	$1.997
Toronto–Winnipeg	31	$244	$ 733	$1.109
Winnipeg–Churchill	45	$157	$ 284	$ 429
Jasper–Prince Rupert	33	$105		
Vancouver–Jasper	17	$151	$ 593	$ 894

Die Reservierung von Plätzen ist kostenlos. Sofern *CANRAIL-PASS*-Besitzer nicht bereits mit dem Ticketkauf in der Heimat reserviert haben, ist dafür vor Ort folgende Telefonnummer (auch für Umbuchungen) anzurufen:

© **1-888-VIA-RAIL**

Ganz Nordamerika

Mit dem kombinierten ***North America Rail Pass*** kann das gesamte Streckennetz von **VIA Rail** und **AMTRAK USA** genutzt werden. Der 30-Tage-Pass kostet can$950 in der Hauptsaison vom 23.5. bis 15.10. und can$675 in der Nebensaison.

Nostalgiezüge auf kurzen Touristenstrecken gibt es in Westkanada eine ganze Reihe, hier in Kamloops/BC beim Heritage Train Depot

2.4.3 Auto-Drive-Away

Kennzeichnung

Hinter dem Begriff ***Auto-Drive-Away*** verbergen sich Überführungsfahrten, die von speziellen ***Drive-Away*** **Agenturen** vermittelt werden. Ihre Adressen stehen in den Telefonbüchern (*Yellow Pages*) aller größeren Städte unter *(Auto)* ***Drive-Away*** oder ***Auto Transport***. Per Anruf lässt sich klären, ob eine der Firmen gerade einen Fahrer braucht. Wer ein ganz bestimmtes Ziel im Auge hat, wird oft lange warten müssen. Mit größerer **Flexibilität** – also z.B. in Toronto nicht nur »Calgary«, sondern bereits »Winnipeg« akzeptieren – steigen die Chancen, angeheuert zu werden.

Die Fahrzeuge gehören meistens **Privatleuten**, die umziehen oder längerfristig Urlaub in einem anderen Landesteil machen und ihr Auto dabei haben möchten, aber selbst fliegen. Auch Firmen lassen Fahrzeuge in andere Städte überführen, u.a. die **Autoverleiher**. Das Vermittlungsbüro übernimmt gegen entsprechende Provision die Suche nach geeigneten Fahrern und kümmert sich um die Versicherung.

Voraussetzungen

Um für einen **Überführungs-Job** in Frage zu kommen, muss man kein Kanadier/Amerikaner sein. Auch eine **Arbeitserlaubnis** ist dazu **nicht notwendig**, denn es erfolgt keine Bezahlung. Voraussetzung sind ein Mindestalter von 21 Jahren und ein gültiger Führerschein (zur nationalen möglichst auch die internationale Version). Vorzulegen ist außerdem der **Reisepass**. Üblicherweise wird eine **Kaution** von mindestens $100 gefordert, die man nach Abschluß der Fahrt und ordnungsgemäßer Übergabe des Autos am Bestimmungsort vom Empfänger zurückerhält. Oft bestehen die Agenturen darauf, daß man eine feste Adresse im Land angibt oder Empfehlungsschreiben (***References***) vorweist. Es genügt in solchen Fällen die Anschrift von Bekannten und ein kurzer Brief, in dem ein beliebiger Kanadier/Amerikaner sich positiv zur Vertrauenswürdigkeit des Bewerbers äußert. Da mit Deutschen, Österreichern und Schweizern offenbar gute Erfahrungen gemacht wurden, hat ein **Tourist** aus diesen Ländern auch ohne die letztgenannten Punkte Chancen. Im übrigen ist wichtig, daß man sich gut »verkauft« und z.B. die eigene **Fahrpraxis** ins rechte Licht setzt. Erfahrungen etwa als Taxifahrer können hilfreich sein, um Mitbewerber für eine attraktive Tour »aus dem Feld« zu schlagen.

Konditionen

Die Wagen werden im allgemeinen leer, aber vollgetankt bereitgestellt. Die weiteren **Benzinkosten** zahlt der Fahrer. Eine **Vollkaskoversicherung** sollte automatisch für die Überführung abgeschlossen und im Vertrag ausdrücklich erwähnt sein. Gelegentlich gehen die Kosten dafür zu Lasten des Fahrers. Meist hat er ausreichend **Zeit**, um zum verabredeten Zielort zu gelangen; zurückzulegen sind **500 km bis 800 km pro Tag**.

Je nach Entfernung erhält man einen Kilometer-Spielraum, der etwa 10% über der Distanz der direkten Route liegt.

Vor Fahrtantritt füllen Fahrer und Eigentümer bzw. die Agentur gemeinsam den ***Condition Report*** aus, in dem bereits vorhandene Beschädigungen am Wagen festgehalten werden. Versorgt mit den Telefonnummern aller Beteiligten kann es losgehen. Einen Tag vor Ankunft meldet man sich per ***Collect Call*** beim Empfänger und vereinbart den Übergabetermin.

Problematik

Tatsächlich kann man per *Drive-Away* **billiger als im eigenen Auto** fahren; nämlich zu Sprit- und vielleicht noch ein bißchen Versicherungskosten. Allerdings nicht nach Gutdünken, sondern im Rahmen von Verfügbarkeit, Ziel- und Zeitvorgaben. Der schwerwiegendste **Nachteil** ist, daß Autoüberführungen sich nicht planen lassen. Ob es gelingt, passende Überführungsjobs zu finden, unterliegt totaler Ungewißheit. Das *Drive-Away* macht daher im allgemeinen nur Sinn als **ergänzende Transportmöglichkeit**, wenn Termin, Start und Ziel zufällig »hinkommen«.

Kosten

Speziell **scharfe Rechner** kommen nicht immer auf ihre Kosten. Eine Fahrt im mittelgroßen Pkw etwa von Toronto nach Vancouver (ca. 4.400 km) kostet bei 10 l/100 km Benzinverbrauch und einem Literpreis von ca. can$1,34 (➪ Seite 130) knapp can$590. Das ist immerhin schon fast der Preis eines *Greyhound-Discovery-Pass* für 30 Tage. **Erst bei zwei und mehr Personen wird's im Auto billiger** – allein von den Transportkosten her gesehen. Aber das nicht unbedingt immer, denn die effektiven Benzinkosten ergeben sich erst während der Fahrt.
Wer Pech hat, erwischt einen ***Gas Guzzler***, einen Spritschlucker.

Luxusblockhütten am Lake O'Hara im Yoho Nat'l Park/BC, ➪ Seite 322

2.5 Vorbuchung und Reservierung von Hotels

Mietwagen/ Hotel reserviert

In den Katalogen der großen Reiseveranstalter werden Mietwagenfahrern **ausgearbeitete Routen durch Canada** mit reservierten Hotels (überwiegend der gehobenen Mittelklasse) angeboten. Wenn die »Strecke« mit den eigenen Vorstellungen übereinstimmt, erspart man sich mit der Buchung derartiger Touren eigenen organisatorischen Aufwand und/oder die (tägliche) Suche nach einem passenden Quartier. Nachteilig ist dabei aber die Vorab-Festlegung der Tagesetappen, die einen Großteil der an sich mit dem Auto verbundenen Flexibilität wieder zunichte macht. Abgesehen davon, suggerieren derartige Angebote indirekt, es gäbe unterwegs leicht Schwierigkeiten, ohne Reservierung unterzukommen.

Knappe Hotelbetten

Grundsätzlich ist aber gerade das in Canada (und auch in den USA) relativ selten der Fall, siehe die nachstehende Auflistung. Vielmehr kann man insbesondere in den Touristengebieten und in vielen Städten eher von **Überkapazitäten im Beherbergungsgewerbe** sprechen.

Vorbuchung

Nicht zuletzt dieser Umstand ermöglicht wohl die vergleichsweise **günstigen Übernachtungstarife** heimischer Veranstalter auch bei Einzelbuchung, also unabhängig von pauschalen Mietwagen+Hotel-Reisen. Die **Preise** für die überwiegend angebotenen Häuser der gehobenen Mittel- bis Luxusklasse lassen sich vor Ort nur selten realisieren. Wer also feste Daten (Ankunft/Abflug) kennt bzw. im Rahmen eines sonst flexiblen Reiseplans im voraus festlegt, kann in vielen Hotels und Motels **bei Vorbuchung oft billiger** übernachten als bei Reservierung und Zahlung in Canada oder in den USA. Wie gesagt, gilt dies erst ab einem relativ hohen Niveau, bezogen auf Canada etwa bei Quartieren ab can$120 für eine Nacht.

Buchungen sind vor allem in folgenden Fällen vor Reisebeginn zu empfehlen:

Erste Nächte nach Ankunft

- für die erste Nacht oder auch mehrere in der Ankunftscity. Mieter von Campmobilen müssen ohnehin in aller Regel (Ausnahme ⇨ Seite 91 oben) mindestens eine Übernachtung zwischen der Ankunft nach dem Transatlantikflug und Übernahme des Fahrzeugs legen.

National-parks

- in den oder im unmittelbaren Umfeld der Nationalparks im Hochsommer, allen voran in den Orten Banff, Jasper und Lake Louise. Wer Wert auf Übernachtungen in besonders beliebten Hotels wie dem *Fairmont Banff Springs*, dem *Fairmont Chateau Lake Louise* oder dem *Prince of Wales* (Waterton Lakes NP) legt, sollte – nicht nur für die Hochsaison – bereits Monate im voraus reservieren.

Veran-staltungen

- bei speziellen Großveranstaltungen, in Canada in erster Linie also während der *Stampede* in Calgary oder Edmontons *Capital EX* im Anschluß daran.

Verlängerte Wochenenden

- an mit Feiertagen verbundenen Wochenenden (***Labor Day, Canada Day***, ➪ Seite 159) und **Juli-/August *Weekends*** im Einzugsbereich aller populären touristischen Ziele. Neben den National- und Provinzparks sind das ganz Vancouver Island, das **Okanagan Valley** und weitere Gebiete im Süden von British Columbia. In den großen Städten sind mit Ausnahme von Vancouver und Victoria die Hotels am Wochenende eher weniger belegt als an den Werktagen.

Spezielles

- für spezielle Vorhaben im Sommer wie Übernachtung auf einer Ranch oder Blockhauseinsamkeit mit *Fly-in-Fishing.*

Letzte Nacht in Canada

- für die letzte Nacht, denn es beruhigt, wenn von vornherein die **Nacht vor dem Abflug** gebucht ist. Selten geht es von Flughäfen im Westen Canadas bereits am Vormittag nach Europa. Man benötigt also kein Hotel in unmittelbarer Airportnähe. Sollte der Rückflugtermin auf Samstag oder Sonntag fallen, übernachtet man andererseits gerade dort – bei Buchung vor Ort – relativ preiswert.

Hotel-Coupons

Einige **Hotelketten** sind mit ihren Häusern auf dem gesamten nordamerikanischen Kontinent vertreten. Für sie bieten Reiseveranstalter Übernachtungsgutscheine an, deren Kosten zunächst günstig erscheinen. Derartige Coupons sind aber oft mit Restriktionen verbunden und selbst, wenn sie unter den effektiven Tarifen verkauft werden, nicht immer vorteilhaft, denn:

- in einigen Fällen akzeptieren nicht alle Hotels der Kette die Gutscheine oder berechnen zeitweise **Aufschläge**.
- in Canada ist die **Bindung von Hotels und Motels** an Ketten nicht so ausgeprägt wie in den USA. Die **Anzahl** der in Frage kommenden Häuser kann relativ gering und die **Dichte** ziemlich unterschiedlich sein.
- gelegentlich wird man vor Ort auf ***Special Weekend Rates*** oder andere Reduzierungen stoßen, die günstiger als die Gutscheinpreise sind.

Hotel »Three Valley Gap« am gleichnamigen See westlich von Revelstoke (TCH)

Weltbekanntes Hotel Chateau Lake Louise mit Tarifen zum Staunen: das gilt vor allem für Zimmer mit Seeblick

Hotel/ Motelketten

Zur Kenntnis der Verteilung (Standorte) und offizieller Vor-Ort-Tarife, aber auch vieler Häuser im Einzelnen macht es Sinn, sich bereits vor der Reise schon mal auf den Internet Portalen der zahlreichen Hotel- und Motelketten Nordamerikas umzusehen. Dabei tippt man ganz einfach nach dem »www« die Bezeichnung der Kette ein und fügt das übliche ».com« dahinter ein, also z.B.; ein Teil der Adressen funktioniert auch mit ».de«, ➪ Seite 137f.

Best Western: www.bestwestern.com
Hilton: www.hilton.com
Sandman: www.sandman.com

Die wichtigsten Ketten sind auf Seite 137 gelistet. Zwei wesentliche Ausnahmen bilden die Häuser des sog. *Choice*-Verbundes; man erreicht 9 Ketten über das *Choice*-Portal:

Choice Hotels: www.choicehotels.com
(Comfort Inn/Suites, Quality Inn, Sleep Inn, Clarion, Rodeway, Econolodges, Suburban, Main Stay und Cambria Suites)

Eine weitere Besonderheit bei der Internetadresse betrifft die

Holiday Inn-Gruppe: www.ichotelsgroup.com
(Holiday Inn und Holiday Inn Express, Intercontinental und die Crown Plaza Hotels, Candlewood Suites u.a)

Voraus-buchung im Internet

Alle diese Hotels können u.a. auch über die Hotelbuchungsplattformen www.hrs.de oder www.hotels.de reserviert werden, teilweise sogar zu Tarifen, die günstiger als bei Direktkontakt sind. Besonders übersichtlich mit Alternativen in allen Kategorien öffnet sich nach Angabe beliebiger Reservierungsdaten und des Ortes eine Liste mit Details unter www.orbitz.com.

Alle weiteren Informationen zu Preisen, Buchung und Reservierung etc. von Hotels und Motels während der Reise liefert Kapitel 3.2 im Unterwegs-Teil (ab Seite 133).

2.6 Was sonst noch zu bedenken ist

Vor jeder Reise fragt sich, was unbedingt eingepackt werden muss, was ggf. noch zu Hause beschafft werden sollte und was günstiger im Urlaubslandland zu erstehen wäre. Zunächst zum wichtigen Thema

2.6.1 Fotografieren

Fotografieren mit Digitalkameras

Speicherchips für Digitalkameras sind nicht preiswerter, eher teurer als bei uns, u.a. zu finden in den Fotoabteilungen der Kaufhäuser und bei *Canadian Tire*. Wer digital fotografiert, sollte daher besser genug Chips für die Reise mitnehmen oder einen externen Speicher bzw. den Laptop, um darauf das »Tagespensum« abzuladen und den Chip wieder frei zu haben.

Auch wer keinen Laptop mit herumschleppt, kann sich unterwegs Daten vom Speicherchip auf eine CD brennen lassen und derart den Speicher für mehr Fotos wieder frei machen.

Benutzer konventioneller Kameras sollten Folgendes wissen:

Diafilme

Diafilme sind in Nordamerika immer schwerer aufzutreiben (insbesondere andere als Standardempfindlichkeiten von 64/100 ASA), seitdem mehr und mehr digital fotografiert wird. Sie sind obendrein teurer als bei uns. Wer noch Dias macht, sollte daher ausreichend Filmmaterial mitnehmen. Das gilt speziell für andere Marken als Kodak. Sie sind drüben kaum noch zu finden, gelegentlich in Fotoshops noch Dia-Filme von *Fuji*.

Negativfilme

Negativfilme sind im Gegensatz zu Diafilmen wie bei uns billiger geworden, aber selten so preiswert wie hierzulande. Dank Schnellservice lassen sich Filme in manchen Supermärkten und Fotoshops schon unterwegs entwickeln.

Akkus

Akkus aufladen kann man im Hotel/Motel und auch auf Campingplätzen der Komfortklasse, natürlich ebenfalls im Mietauto, sollte aber möglichst den Adapter für die 12-V-Steckdose bzw. den Zigarettenanzünder nicht vergessen haben.

2.6.2 Alles Weitere

Die folgende kurze Aufstellung soll Anregungen geben bzw. wichtige Posten in Erinnerung rufen:

- **Adapter**: Häufig gehören mehrere Elektrogeräte (Fön, Rasierer, Radio o.ä.) zum Urlaubsgepäck. Adapter für die nordamerikanische Steckdose kauft man am besten bei uns; es gibt sie in Kaufhäusern und Elektrogeschäften. In Canada muss man danach mühsam suchen.
- **Lampe** für den Zigarettenanzünder: Bei Fahrten während der Dunkelheit ist eine (Kabel- oder Gelenkarm-) Lampe hilfreich, die direkt auf den Sitz des Beifahrers strahlt und den Fahrer im Gegensatz zu den meisten Innenbeleuchtungen nicht blendet.

- **Erste-Hilfe-Kasten**: Einen Verbandskasten wird man in den Leihwagen oder Wohnmobilen meistens vergeblich suchen. Erste-Hilfe-Päckchen, wie man sie im *Drugstore* für $10-$20 findet, sind im allgemeinen dürftig ausgestattet und mit unserer vorgeschriebenen Ausrüstung nicht vergleichbar. Wer seinen Verbandskasten bzw. das darin enthaltene Material im Fluggepäck unterbringen kann, sollte darauf nicht verzichten.

  In diesen Zusammenhang paßt auch der Hinweis auf die kleine **Reiseapotheke**: Rezeptpflichtige **Medikamente** sind in Canada im allgemeinen teurer als bei uns, abgesehen davon, daß man – außer in Notfällen – als durchreisender Tourist nur schwer kurzfristig einen Arzttermin zur Rezeptbeschaffung erhält. Große Supermärkte und *Drugstores* halten ein umfangreiches und preiswertes Sortiment an rezeptfreien Arzneimitteln, darunter auch manches Präparat, das es bei uns nur auf Rezept gibt. Brillenträger sollten **Reservebrille** und Brillenpass nicht vergessen.

- Fast alle Campmobile und Leihwagen verfügenheute über ein **Radio mit CD-Player**. Da in vielen Regionen der Radioempfang schlecht oder gar nicht vorhanden ist, sorgen ein paar CDs für Abwechslung.

- **Taschenlampe**: Ebenfalls mitgebracht oder drüben preiswert erstanden ist eine Taschenlampe für Autofahrer bei einer Panne oder sonstigem Notfall in Dunkelheit **unverzichtbar**. Ebenso beim **Camping**.

Canadian Tire entstand zwar als Ladenkette für Autozubehör und Reifen, ist aber heute das größte und dazu überall zu findende Warenhaus Canadas auch für Werkzeuge, Outdoor- und Haushaltsartikel sowie jede Art unterwegs benötigter »Hardware«

- **Werkzeug**: In der Regel findet sich in Mietfahrzeugen kein Werkzeug. Automieter, besonders wenn sie campen, sind daher gut beraten, ein wenig »Notwerkzeug« mitzubringen. **Vielzwecktaschenmesser** (mit Dosenöffner) erweisen sich in mancher Situation schon als außerordentlich hilfreich. Arbeitshandschuhe können auch nicht schaden.

  Ein aus der heimischen Werkzeugkiste zusammengestellter **Schraubenzieher- und Schlüsselset** plus einer **Zange** für eventuelle kleine Reparaturen ersparen vielleicht lange Stunden Wartezeit auf den Notdienst am Straßenrand.

- **Reserveschlüssel**: Viele Vermieter geben ihren Kunden nur einen Fahrzeugschlüssel. Besonders bei längeren Mietzeiten sollte man sich bei erster Gelegenheit versuchen, sich **Ersatzschlüssel** zu besorgen. Es gibt sie bei speziellen Schlüsseldiensten (oft in *Shopping Centres*), in Eisenwarengeschäften (*Hardware Stores*) oder bei *Canadian Tire*. Allerdings ist das Kopieren bei neuen Pkw schwieriger geworden.

- **Sicherheitskopien**: Kopien der wichtigsten Papiere (Führerschein, Reisepass, Flugscheine, Kreditkarte) sind bei Verlust der Originale mehr als nur hilfreich.

- **Schlafsäcke**: Vor allem in der Vor- und Nachsaison ist mit kalten Nächten zu rechnen, in Höhenlagen mit Nachtfrösten. Je nach Region (*Rocky Mountains*) und Wetterlage auch im Sommer. Camper sollten das einkalkulieren und frostsichere Schlafsäcke mitbringen. Sie sind preiswert auch noch in Canada zu beschaffen. Mieter von mit Decken ausgestatteten und heizbaren Campmobilen plagt dieses Problem weniger.

- Ein **Laptop** ermöglicht nicht nur die Nutzung von mehr und mehr verbreiteten *Hotspots* mit ***Wifi*** (***Wi****relees* ***f****ree* ***I****nternet* = WLAN) zum Abrufen und Schreiben von Emails und für Internetabfragen wie -reservierungen, sondern ist naturgemäß auch wunderbar geeignet zum Speichern, Sortieren und Bearbeiten der digitalen Reisefotos bereits unterwegs. Nebenbei hat man seinen DVD-Player dabei zur abendlichen Zerstreuung, wenn das kanadisch-amerikanische Fernsehprogramm wieder nervt. Wer vorsorgt, schaut sich unterwegs die aufgenommenen Sendungen an, für die man zu Hause keine Zeit hatte.

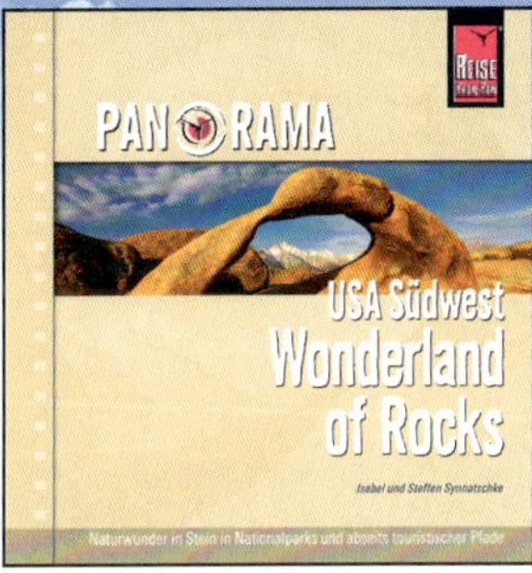

Isabel und Steffen Synnatschke

Wonderland of Rocks
USA Südwesten

Naturwunder in Stein in Nationalparks und abseits touristischer Pfade

144 Farbseiten, 18 x 18 cm, Hardcover mit Fadenheftung, mehr als 150 erstklassige Fotografien auf Kunstdruckpapier.

ISBN 978-3-89662-242-6 €14,90 (D)
Neuerscheinung Juni 2008

»Wonderland of Rocks« entführt den Leser auf einer fotografischen Reise in einige der spektakulärsten Nationalparks, vor allem aber in wilde, einsame Gegenden weit abseits ausgetretener Pfade des Tourismus.

Es geht mitten hinein in faszinierende Felslandschaften im Bereich des Colorado Plateau, einem der schönsten Naturräume unserer Erde.

Wind, Wasser und Eis schufen dort eine skurrile, farbenprächtige Welt aus Sandstein, die ihresgleichen sucht: pittoreske Slot Canyons und tiefe dunkle Schluchten, zu Stein erstarrte Meereswellen, bunt gestreifte Badlands, steinerne Pilze, lustige Gnomen, schlanke Felsnadeln und immer wieder imposante Steinbögen. Diese Meisterwerke der Natur – großenteils kaum bekannt – wurden von den Autoren nicht weniger meisterhaft fotografisch festgehalten, außerdem indianische Felsmalereien und Relikte aus der Zeit der Dinosaurier. Kleine Exkurse erläutern den geologischen Hintergrund der Felsformationen, -skulpturen und -bögen.

Im Anhang befindet sich eine kompakte Beschreibung der hier gewählten Route durchs »Wunderland der Felsen« mit Karte und Tipps für die eigene Reiseplanung.

Dieser Bildband ist sowohl ein »Appetitanreger« für den nächsten USA-Urlaub als auch ein Erinnerungsstück oder Geschenk für alle, die bereits den US-Südwesten bereist haben und das eine oder andere Motiv aus eigenem Erleben kennen.

ANADIAN ACIFIC

Unterwegs in Canadas Westen

3. UNTERWEGS IN CANADAS WESTEN

3.1 Autofahren

Europäer kommen im Straßenverkehr Nordamerikas gut zurecht. Man gewöhnt sich schnell an die ruhige und gelassene kanadische Fahrweise und die Tempolimits.

3.1.1 Verkehrsregeln und Polizei

Abweichende Regeln

Verkehrsregeln und -zeichen entsprechen weitgehend den europäischen. Folgende **Unterschiede** zu kennen, ist wichtig:

- Das kanadische **Stoppschild** hat zwar dieselbe Bedeutung wie in Europa. Aber es gibt viele Kreuzungen, an denen alle Straßen ein Stopschild aufweisen (*3-* oder *4-Way-Stop*); dort muss jeder Verkehrsteilnehmer anhalten. Die Kreuzung wird in Reihenfolge der Ankunft überquert.
- **Ampeln** befinden sich in Nordamerika meist **hinter** oder über der Kreuzung; natürlich muss an der (nicht immer klar erkennbaren) Stopplinie **vor** der Kreuzung gewartet werden. Bei Freigabe wechselt **Rot direkt auf Grün**; Gelb wird nur in der Übergangsphase von Grün nach Rot angezeigt.
- **Rechtsabbiegen** an Ampelkreuzungen ist – nach kurzem Stop – auch bei **Rot grundsätzlich erlaubt**. Ausnahmen werden durch ein Schild ***No Turn on Red*** angezeigt. Beim Wechsel von einer Einbahnstraße in eine andere ist auch das Linksabbiegen bei Rot gestattet.
- Eine der wichtigsten bei uns nicht bekannten Regelungen betrifft **die gelben Schulbusse**: Wenn Kinder ein- und aussteigen, dürfen Schulbusse weder überholt noch in Gegenrichtung passiert werden. Man darf – in beiden Richtungen! – erst weiterfahren, wenn das blinkende rote Stopplicht des Busses erloschen ist. Das Verbot besitzt die Schärfe der Stoppregel bei roten Ampeln. Die Nichtbeachtung ist ein schwerwiegendes Verkehrsdelikt.

Für Begegnungen mit den knallgelben Schulbussen gelten Sonderregeln mit der Schärfe des Verhaltens bei Ampelrot und Stoppschild

- Die **Blutalkoholgrenzwert** beträgt in Canada und Alaska 0,8 Promille. »*Open Container*« (nicht originalverpackte alkoholische Getränke, selbst ungeöffnete Einzelflaschen) müssen im Kofferraum transportiert werden.
- Die zulässige **Höchstgeschwindigkeit** liegt auf kanadischen Autobahnen meist bei 110 km/h, teilweise bei 100 km/h. Auf anderen Straßen sind 80 km/h, gelegentlich bis zu 100 km/h, und innerorts 50 km/h das Limit. Die Einhaltung des Tempos wird selten durch stationäre Radargeräte, sondern überwiegend durch in den Polizeifahrzeugen befindliche »Radarpistolen« kontrolliert. Das Gegenmittel des kanadischen Autofahrers sind Radardetektoren. Ihre Benutzung ist in Alberta, BC, Saskatchewan und Alaska legal.
- Auf vierspurigen Straßen wird gerne **rechts überholt**. Theoretisch ist das nur erlaubt bei höherem Tempo des gesamten Verkehrs auf der rechten Spur, wird aber nicht so eng ausgelegt. Im Stadtbereich zweigen überdies Autobahnausfahrten manchmal von der linken Spur ab. **Die rechte Fahrbahn verdient daher generell mehr Beachtung als bei uns**.
- Innerstädtische **Parkverbote** sind durch farbig (meist gelb) markierte Bordsteine und/oder ein Schild *No parking any time* gekennzeichnet. Vor **Hydranten** darf niemals geparkt werden. Als ***Tow Away Zone*** (Abschleppzone) sind Straßenabschnitte markiert, auf denen abgestellte Fahrzeuge ohne »Vorwarnung« abgeschleppt werden.

Polizei

Polizeiliche Verfolgungen – z.B. wegen einer **Geschwindigkeitsübertretung** – laufen in Canada und in den USA so ab, wie wir es aus Fernsehserien und Filmen kennen. Der Streifenwagen schaltet seine ***Bubblegum Lights*** ein, rotierende rot-blaue Leuchten, und setzt sich hinter den Übeltäter. Ein kurzes Aufheulen der Sirene macht unmißverständlich klar, wer gemeint ist. Nach dem Anhalten bleibt die Polizei weiter hinter dem gestoppten Fahrzeug. Der Autofahrer steigt nicht aus, sondern wartet mit den **Händen am Steuer** (!), bis der ***Officer*** kommt. Auf keinen Fall darf man bereits vor dessen Eintreffen hektisch nach Papieren suchen; es könnte als Griff zur Schußwaffe mißdeutet werden!

Gewöhnlich ist die Polizei bei Kontrollen zuvorkommend und höflich. Von einem Strafmandat (***Ticket***) für geringfügige Übertretungen wird bei ausländischen Touristen schon mal abgesehen. Aber zu arg darf man es nicht getrieben haben. Polizisten in Touristengebieten kennen »ihre« deutschen Raser und verpassen gelegentlich knallharte Denkzettel.

Führerschein

Die alten deutschen Führerscheine (graue »Lappen«), irritieren nordamerikanische ***Officer***, die an eine scheckkartengroße ***Driving Licenses*** gewöhnt sind. Ein zusätzlicher **Internationaler Führerschein** mit aktuellem Foto ist immer hilfreich.

3.1.2 Straßen in Canada und Alaska

Kennzeichnung

Eine Autostraße, welcher Qualität auch immer, ist in Canada wie auch in den USA grundsätzlich ein ***Highway***. Ein begriff-licher Unterschied zum Wort ***Road*** existiert nicht. Lediglich Autobahnen bezeichnet man nicht als *Road*. Für autobahnartig ausgebaute Straßen wird der englische Sammelbegriff *Motorway* verstanden, aber selten benutzt. **Autobahnen** oder Teilstücke davon tragen in der Regel einen Namen, an den meistens die Bezeichnung ***Expressway*** oder ***Freeway*** (*Free* im Sinne von Freie Fahrt/ keine Kreuzungen) angehängt wird.

Rest Areas

An allen wichtigen Verkehrsachsen, aber auch an anderen Stra-ßen gibt es **Rastplätze** (***Picnic/Rest Areas***). Viele davon sind liebevoll angelegt und ähnlich wie Campingplätze mit **Picknicktischen** und **Grillrosten** ausgestattet. An Gelegenheit, unterwegs Mahlzeiten bequem im Freien zu bereiten, fehlt es damit nicht.

Straßenqualität

Das im Süden Canadas insgesamt dichte Netz asphaltierter Straßen (***Paved Roads***) befindet sich in guter Verfassung. Man kann davon ausgehen, dass auch kleinste, in den Karten als befestigt ausgewiesene Nebenstrecken ohne Vorbehalt befahrbar sind.

Erstaunlich **weitmaschig** ist das **Straßennetz** in **British Columbia**. Bedingt durch Topographie und extrem dünne Besiedelung großer Gebiete selbst im Süden verfügt die Provinz über weit weniger befestigte Straßenkilometer als die weiter östlichen Nachbarprovinzen.

Autobahnen

In BC gibt es auch nur **nur wenige Autobahnen;** vor allem sind dies einige Teilabschnitte des ***Trans Canada Highway*** sowie Umgehungsstraßen und Zubringer in das *Okanagan Valley*. Nur der ***Coquihalla Highway***, eine Autobahn zur Entlastung des *Trans Canada Highway* durchs *Fraser River Valley* in British Columbia, ist **gebührenpflichtig**.

Schotterstraßen

Der **Norden Canadas** ist dank der mittlerweile voll asphaltierten *Alaska* und *Klondike Highways* heute auch mit Wohnmobilen gut erreichbar. Zahlreiche für den öffentlichen Verkehr zugelassenen Straßen in den nördlichen Gebieten der Provinzen und in den Yukon und Northwest Territories sind allerdings nur geschottert. Aber selbst in den südlichen Landesteilen gibt es in verkehrsarmen Gebieten viele ***Gravel Roads.*** Von ihnen sind für Touristen vor allem Zufahrten zu Campingplätzen und sonstige Straßen in Provinz- und Nationalparks bedeutsam. Eine ganz besondere, überwiegend geschotterte Straße (teilweise Asphalt, teilweise *Dirt Road*, siehe unten) ist die ***Forestry Trunk Road*** durch die Ostausläufer der Rocky Mountains in Alberta, ➪ Seite 302.

Schotter tritt auch schon mal ganz unerwartet auf, nämlich an **Baustellen**. Dort geht es mangels alternativer Strecken bisweilen kilometerlang auf notdürftig planierten Pisten durch Dreck und Staub. Das gilt insbesondere für die heute an sich ebenfalls durch gehend befestigten ***Alaska*** und ***Klondike Highways***, an denen immer irgendwo gearbeitet wird.

Da wir das **Fahren auf Schotterstraßen** über längere Strecken nicht kennen, erscheinen **einige Hinweise** dazu angebracht:

Befahrbarkeit

Hinsichtlich ihrer Befahrbarkeit stellen ***Gravel Roads*** im Prinzip kein Problem dar. Frequentiertere Strecken werden in der Regel durch ***Grading*** »gepflegt«, d.h., von Zeit zu Zeit mit schneeschieberartigen Fahrzeugen geglättet, wenn Querrillen (»Wellblech«) und Schlaglöcher das Fahren allzusehr erschwert haben. *Gravel Roads* in gutem Zustand erlauben **Geschwindigkeiten von 80-90 km/h**. Sie sind sogar geringeren Tempi vorzuziehen, da das Fahrzeug dann über Unebenheiten sozusagen »hinwegfliegt«. **Am besten** lassen sich Schotterstraßen einige Tage **nach Regenfällen** befahren, wenn der Staub noch gebunden, aber Matsch schon abgetrocknet ist.

Probleme der Gravel Roads

Auf trockener *Gravel Road* entwickeln Fahrzeuge kolossale **Staubwolken**. Der Staub dringt durch alle Ritzen auch in den Innenraum. Unangenehm und gefährlich sind die dichten Staubschleier, die entgegenkommende *Trucks* hinter sich herziehen. Bisweilen versucht man, den Staub durch Versprühen von Calciumchlorid unter Kontrolle zu halten (***Dust Control***).

Bei starkem **Regen** sammelt sich Wasser in den Spurrillen, die Straße weicht auf und wird **extrem rutschig**. Die dann ohne Gefahr mögliche Geschwindigkeit ist sehr niedrig. Der Wagen »schlammt« in kurzer Zeit völlig zu.

Weitere Hinweise zu *Gravel Roads* auf Seiten 374 und 378f.

Typische Beschilderung an Straßenabzweigungen in British Columbia (B.C.)

Gefährdung durch Schotter

Aufgewirbelter Schotter kann insbesondere für Scheinwerfer und Windschutzscheiben gefährlich sein. Denn bei schnell fahrendem Gegenverkehr vermindern seitlicher Abstand und geringeres eigenes Tempo das Risiko, ungünstig »getroffen« zu werden. Vorsicht ist bei voranfahrenden Wagen geboten, die gerade von einer *Gravel Road* auf eine asphaltierte Straße gewechselt sind und daher auf den ersten paar hundert Metern Steinchen aus ihren Reifenprofilen nach hinten herausschleudern. Treffer auf der Windschutzscheibe zerstören sie selten irreparabel. In Canada sind **Auto-Glaser** darauf spezialisiert, kleine Schäden so zu behandeln, dass sich die Reparaturstellen kaum erkennen lassen.

Dirt Roads

Der niedrigsten Stufe in der Straßenqualität entspricht die ***Dirt Road***, auch – etwas feiner – ***Unimproved Road*** genannt. Die »Dreckstraße« ist in der Regel ein besserer Feldweg, der sich bei Trockenheit häufig angenehmer befahren läßt als eine *Gravel Road*, jedoch bei längerem Regen ohne Vierradantrieb **unpassierbar** wird.

Zustand einer Dirt Road nach einem Tag »Landregen«.

Die Benutzung von *Dirt Roads* muss nicht sein, läßt sich aber mitunter nicht ganz vermeiden, etwa im Falle von **Zufahrten zu *Campgrounds* in National oder Provincial Parks oder zu *Trailheads***. Die bereits erwähnte *Forestry Trunk Road* ist streckenweise eine *Unimproved Road*. Darüberhinaus gibt es zahlreiche weitere Forststraßen (*Logging* oder *Forestry Roads*), die nur den Namen *Dirt Road* verdienen.

Logging Roads

Logging Roads sind im Regelfall Privatstraßen der Holzindustrie, man benutzt sie auf eigenes Risiko; d.h., der Betreiber ist nicht haftbar zu machen, wenn etwa am Hang die Straße abrutscht. ***Logging Trucks*** haben übrigens immer Vorfahrt. Größere *Logging Roads* sind gut befahrbare Schotterstraßen, kleinere oft nur mit Vierradantrieb zu bewältigen.

Restriktionen

Das Befahren von *Gravel* und *Dirt Roads* wird von den meisten Verleihfirmen untersagt bzw. mit Zuschlägen belegt. Wer mit einem Mietfahrzeug trotz eventueller Restriktionen Schotterstraßen (außer unvermeidlichen Umleitungen) fährt, braucht ein bisschen Glück. Passiert ausgerechnet dort etwas (Unfall/technische Probleme), hat man »schlechte Karten«.

3.1.3 Orientierung

Staßen-nummern

In Nordamerika orientiert sich der Autofahrer in erster Linie an **Straßennummern** und **Himmelsrichtungen**. Bei einer Fahrt etwa auf dem *Trans Canada Highway* von Vancouver in Rich-tung Osten nach Calgary folgt man der Ausschilderung ***#1 East***, in diesem Fall noch mit einem **Ahornblatt** unterlegt, und braucht auf die Ortsnamen im Prinzip nicht mehr zu achten.

Im Fall des *Trans Canada*, wie auch des *Yellowhead* und *Crowsnest Highway* (➪ Reiseteil), läuft die Straße unter identischer Nummer durch mehrere Provinzen. An sich jedoch besitzt **jede Provinz ihr eigenes Straßennummer-System**. Grenzüberschreitende Straßen wechseln deshalb normalerweise von Provinz zu Provinz die Numerierung.

Straßen-system in Städten

Innerstädtisch erleichtert das meistens dem Straßenplan zugrundeliegende **Schachbrettmuster** die Orientierung. In **Calgary** etwa heißen die Straßen in Nord-Süd-Richtung ***Street***, in Ost-West-Richtung ***Avenue***. ***Centre Street*** und ***Memorial Drive*** als Längs- und Querachse durch die City unterteilen die Stadt in vier **Quadranten**. Alle Adressen, die z.B. südlich des *Memorial Drive* und östlich der *Centre Street* liegen, erhalten den Zusatz Südost bzw. *Southeast* (**SE**). Die Straßennumerierung beginnt an den beiden Achsen. Dabei ist die ***1st Street SE*** die erste Straße östlich der Centre Street, die ***1st Street SW*** die erste Straße westlich der Centre Street. Beide liegen südlich des Memorial Drive, der die Querachse darstellt. Die Numerierung aller weiteren *Streets* und *Avenues* erfolgt mit aufsteigenden Ziffern bis zu den Stadtgrenzen.

Dieses Grundschema wird in den meisten Städten angewandt, aber mitunter geringfügig variiert. In Edmonton z.B. läuft die Numerierung durchgehend von Stadtrand zu Stadtrand und fängt nicht – wie in Calgary – in *Downtown* an.

Adressen

Die **Hausnummern** sind analog zum Straßensystem aufgebaut. An erster Stelle steht die Nummer der vorangegangenen Querstraße, dann erst folgt die eigentliche zweistellige Hausnummer. Die Adresse »**2566, 7th Street SW**« kennzeichnet die Adresse das Haus mit der Nummer 66 auf der 7. Straße, südlich der 25. Avenue bzw. zwischen 25. und 26. Avenue. Man kann mit Hilfe dieser Logik ohne Stadtplan und ohne zu fragen jede Adresse finden.

Zum System

Vor allem wichtig ist dabei, dem **Buchstaben hinter den Straßennamen** Beachtung zu schenken. **N, S, E** und **W** kennzeichnen hierbei die Grobrichtungen, **NE, NW, SE** und **SW** sind genauere Unterteilungen nach der erläuterten **»Quadrantenmethode«**. Wer von West nach Ost etwa entlang der 9th Ave **SW** fährt, findet bis zur Längsachse kleiner werdende Hausnummern. Jenseits der Centre Street, dann also auf der 9th Ave **SE**, steigen die Nummern wieder an. Daher gibt es bei diesem System auf derselben Avenue bzw. Street zwei Gebäude mit der gleichen Hausnummer, die sich nur am Zusatz der Himmelsrichtung unterscheiden.

3.1.4 Tankstellen und Wartung

Benzinarten

Tankstellen führen nur noch ***Unleaded*** (unverbleites Benzin) meist in drei von der Oktanzahl abhängigen Qualitätsstufen: ***Regular***, ***Super*** und ***Premium Unleaded***. Leihwagen kommen meist mit *Regular* aus. **Diesel** (der auch in Nordamerika so heißt) gibt es – außer im hohen Norden – flächendeckend.

Benzinpreis

Benzin wird nach Litern berechnet, nicht in Gallonen, wie in den USA üblich. Der Benzinpreis ist in Canada unabhängig von der **Zahlungsweise**. In den USA samt **Alaska** hingegen unterscheiden Tankstellen ggf. zwischen *Cash* und *Credit*: Bezahlt man bar (auch Reiseschecks), ist das Benzin manchmal einige *Cents* billiger als bei Zahlung mit Kreditkarte.

Preise für *Regular Unleaded* im Süden Canadas

Herbst **2008** in can$ und €/Liter (Kurs: 1 can$ = €0,65)
➪ auch Tabelle Seite 380:

Victoria/BC:	$1,46	entspricht €0,95/l
Vancouver/BC:	$1,40	entspricht €0,91/l
Calgary/AB:	$1,26	entspricht €0,82/l
Edmonton/AB:	$1,29	entspricht €0,84/l
Regina/SK:	$1,37	entspricht €0,89/l
Winnipeg/MB:	$1,29	entspricht €0,84/l
Toronto/ON:	$1,29	entspricht €0,84/l

Bei can$1,34 Durchschnitt südliches Westkanada: €0,87

Nachts tanken

Tankstellen nehmen nachts oft keine größeren Scheine an als $20 oder maximal $50, da – aus Furcht vor Überfällen – nur kleine Mengen Wechselgeld gehalten werden. Das kassierte Geld verschwindet sofort in einem unzugänglichenTresor.

Reifendruck

Wo ein **Druckluftservice** vorhanden ist, findet man entweder einen Schlauch, dessen Ventil unter Druckbelastung die Messskala freigibt oder einen Münzkompressor, der für einen Quarter ein paar Minuten anspringt.

Messung

Besonders zuverlässig sind beide Methoden nicht. Wer sichergehen möchte, kauft sich einen eigenen Miniprüfer im Kugelschreiberformat ($2-$5). Die Reifendruckempfehlung des Herstellers findet man bei amerikanischen Fahrzeugen meistens an Türrahmen oder Tür der Fahrerseite, gelegentlich auch im Deckel des Handschuhfachs.

Ölwechsel

Mit einem langfristig gemieteten Pkw der großen Vermieter sind zu den **Wartungsintervallen** Filialen der Firmen anzulaufen. Die eigenständige Wartung (insbesondere Ölwechsel) wird vom Kunden nur beim Camper verlangt. Ist die entsprechende Kilometerzahl erreicht, kann oft eine beliebige **Tankstelle** in Anspruch genommen werden. Perfekter und schneller arbeiten spezialisierte **Service-Stationen** mit Bezeichnungen wie ***Quick Lube*** o.ä. (*to lube* = abschmieren/ölen), die neben Öl- und Filterwechsel auch gleich alle anderen wichtigen Checkpunkte abprüfen und ggf. erledigen (Bremsflüssigkeit, Getriebeöl etc. auffüllen). Die dafür anfallenden Kosten werden von den Vermietern bei Rückgabe verrechnet.

Panne

Alle Auto- und Campervermieter geben ihren Kunden eine Telefonnummer mit auf den Weg, die bei Pannen oder Unfall angerufen werden muss. Bei den großen Firmen ist das Telefon in der Regel Tag und Nacht besetzt, ➪ Seite 92.

3.1.5 Die Automobilclubs

Status

Die nordamerikanischen Automobilklubs **CAA** (***Canadian Automobile Association***) www.caa.ca und **AAA** (***American Automobile Association***) www.aaa.com, kurz ***Triple A***, akzeptieren Mitgliedskarten europäischer Clubs auf Gegenrechtsbasis.

Broschüren

Für alle Provinzen Canadas und die Bundesstaaten der USA gibt es in deren Geschäftsstellen gratis Straßenkarten (***Road Maps***), Campingplatzverzeichnisse (***Camp Books***) und Reisehandbücher (***Tour Books***). Der ADAC hat die beliebtesten *Tour-* und *Campbooks* ebenfalls auf Lager und versendet sie gegen Gebühr: ✆ **089/78765085** oder im Internet: www.adac.de/ReiseService/tourset_reisefuehrer/Tourbooks.

Bargeld wird beim AAA und CAA ohne die übliche 1%ige Provision **in *American Express Travelers Cheques*** umgetauscht. In den klubeigenen Shops (Großstädte) sind **Reiseliteratur und Landkarten** preiswerter als in Buchläden. Geschäftsstellen von CAA bzw. AAA findet man in allen Orten ab mittlerer Größe.

Der Club unterhält außerdem einen **Notfall-Service**:

✆ **1-800-CAA-HELP (= 222-4357)**

Dort kann man Tag und Nacht gebührenfrei die Telefonnummer des lokal zuständigen Straßendienstes erfahren.

Notfall-✆ des AAA/ADAC deutschsprachig 1-888-222-1373

Straßen-atlanten

Der **2009 *Rand McNally Road Atlas*** (US$15, www.randmcnally.com), Marktführer in der 85. Auflage, wie auch der ***AAA North American Road Atlas*** (US$14, www.aaa.com, jeweils 144 Seiten im DIN-A3-Format) sind als Straßenatlanten für die **USA** unschlagbar. Beide enthalten – gegliedert nach Provinzen – auch das südliche kanadische Straßennetz, aber keine wirklich brauchbaren Karten für **Canada**. Für die **Grobplanung** der eigenen Reise genügen die Karten in diesem Buch.

Wer es ganz genau wissen will, besorgt sich den ausgezeichneten **Road Atlas** im Maßstab 1:500.000 von ***Map Art*** (www.mapart.com) für ***British Columbia*** bzw. ***Alberta*** mit je 128 Seiten und Plänen für alle halbwegs nennenswerte Orte sowie Downtown-Karten für die großen Städte (can$20).

Wie bei *MapArt* sind auch im ***British Columbia Road & Recreational Atlas*** (www.recreationalatlas.com, 184 Seiten, $25) über 1.000 *Forestry Campgrounds* und alle anderen staatlichen Plätze eingezeichnet. Die Karten im Maßstab 1:600.000 reichen bis Whitehorse (Yukon) und Calgary (Alberta). Noch detaillierter zeigt der ***Southwestern BC Road & Recreational Atlas***" (112 Seiten, $23) vom selben Verlag Vancouver Island, Großraum Vancouver bis Lillooet und den *Manning Park* im Maßstab 1:200.000.

Straßen-karten

Für unterwegs sehr gut geeignet sind die in der Vergangenheit stets gratis verteilten Provinz- bzw. Territorial-Karten (***Official Highway Maps***) der jeweiligen Tourismusbehörde, die aber seit einigen Jahren z.B. für BC mit ca. $3 bezahlt werden muss. In ähnlicher Qualität gibt es ***Provincial Maps*** beim AAA/ CAA (kostenlos für Automobilclub-Mitglieder) oder von *Rand McNally* für wenige Dollar. Wer sich etwas abseits der touristischen Hauptpfade begibt, benötigt – etwa im Süden von British Columbia – genauere **Regionalkarten** als die oben erwähnten. Sich bereits in der Heimat weitergehendes, in der Regel teures Kartenmaterial zu beschaffen, ist nicht nötig. Das lohnt eigentlich nur, wenn man Wert auf eine deutschsprachige Legende legt.

Warten auf den Gegenverkehr, bevor es an der Baustelle weitergeht. Oft fährt ein »Pilot Car« der Schlange voran und bestimmt Tempo und Spur über den provisorischen Schotter

3.2 Hotels, Motels und andere Unterkünfte

3.2.1 Hotels und Motels

Situation

Canadas Touristen wird die Suche nach einer geeigneten Unterkunft leichtgemacht. Hotels und Motels konzentrieren sich unübersehbar an den Ausfallstraßen von Städten und Ortschaften, an typischen Ferienrouten, in der Nähe der Flughäfen und in bestimmten Bereichen der großen Cities. Vor allem die *Motels* und *Motor Inns* zeigen mit

Vacancy/**No Vacancy** oder

Welcome/**Sorry** oder ganz einfach **Yes**/**No**

meist unmißverständlich an, ob die Nachfrage nach einem freien Zimmer lohnt.

Suche

Während man in Europa im Sommer besser schon zur Mittagszeit mit der Quartiersuche beginnt, genügt es in Canada in der Regel, **ab dem späten Nachmittag** Ausschau zu halten (**Ausnahmen** sind besonders populäre Regionen/Orte, Veranstaltungstage, typische Wochenendziele). Nur in bestimmten Fällen ist es nötig, Unterkünfte bereits langfristig vor der Reise zu buchen (➪ Seite 118f). Wer sichergehen möchte, ruft einige Tage vorher bis spätestens vormittags des Übernachtungstages das Motel/Hotel seiner Wahl an bzw. reserviert per Internet, ➪ weiter unten.

Abgrenzung der Begriffe

Die Begriffe **Hotel, Motel** und **Motor Inn** werden in Canada genau wie in den USA ohne klare Abgrenzung verwendet. Für die Qualitätseinstufung spielen sie eine nachrangige Rolle:

Motel

- Man darf davon ausgehen, dass im **Motel** der Wagen nahe am gemieteten Zimmer oder Appartement abgestellt werden kann, und damit die Be- und Entladung des Autos auf kürzestem Wege möglich ist. Ein Motel verfügt typischerweise über ebenerdige und häufig auch doppelstöckige Zimmertrakte (ohne weiteres von außen unkontrolliert zugänglich!) und eine Rezeption, **nicht aber über eine eigene Gastronomie**. Der Gästeservice beschränkt sich auf Cola- und Snacktütenautomaten sowie Eiswürfelmaschinen.

  Bei Ankunft erhält der Gast an der Rezeption gegen **Vorauszahlung** bzw. Kreditkartenunterschrift den Zimmerschlüssel. Den hinterläßt er ganz einfach im Zimmer. Bei allen Kreditkartenzahlungen sollte man morgens die Schlußabrechnung auf ggf. unkorrekt abgerechnete Nebenkosten (Telefon- und/oder Gebühren für *Pay-TV)* überprüfen.

Cabins

- Auf dem Lande besteht manches Motel aus einer Ansammlung sogenannter ***Cabins*** oder ***Cottages***, zimmergroßer Holzhäuschen, oft in Blockhausbauweise. *Cottages* können aber auch komplett ausgestattete Ferienhäuser sein. Man findet sie u.a. auf *Guest Ranches* oder *Lodges* in der Wildnis,

3

wo die Gäste nicht nur wenige Tage, sondern auch schon mal mehrere Urlaubswochen verbringen.

Motor Inn

- ***Motor Inns*** unterscheiden sich in vielen Fällen durch nichts außer ihrer Bezeichnung vom Motel, sind aber vom **Standard** her im Schnitt **höher** angesiedelt. In etwas besseren *Inns* erfolgt der Zutritt zu den Zimmern wie im Hotel über die Rezeption oder Nicht-Gästen verschlossene Eingänge und Korridore, d.h., nicht über ungeschützt außenliegende Türen. Das ist zwar unpraktischer, kommt aber dem Sicherheitsbedürfnis vieler Gäste entgegen. Parkraum steht grundsätzlich reichlich zur Verfügung. *Motor Inns* der gehobenen Klasse haben oft auch Restaurant und Bar.

Hotel

- Eine allgemein zutreffende Kennzeichnung wie im Fall der *Inns* und Motels läßt sich für die **Hotels** nicht formulieren. Zwischen »Absteigen« in Randbezirken der Stadtzentren und den oft nur wenige Blocks entfernten Luxusherbergen aus Glas und Beton liegen Welten.

  Gemeinsames Merkmal fast aller Hotels ist die zum Haus gehörende **Gastronomie** und die Erhältlichkeit von **Alkoholika** (nie in Motels, bedingt in *Motor Inns*). Bei innerstädtischen Hotels fehlt oft Parkraum. Gehören bewachte Parkgaragen zum Haus (ab obere Mittelklasse), werden dafür meist auch den Gästen Gebühren abverlangt.

Lodge

- Vor allem in landschaftlich reizvollen Gebieten und Nationalparks nennen sich Hotels gerne ***Lodges*** und signalisieren damit, dass neben dem Hotelkomfort **Aktivitäten** wie Reiten, Fischen, Kanufahren, *Whitewater Rafting* etc. geboten werden oder im Umfeld möglich sind. *Lodges* gibt es in Preisklassen von $80-$200 und mehr pro Nacht und Zimmer.

Komfort und Ausstattung

Die **Innenausstattung** kanadischer wie amerikanischer Hotel- und Motelzimmer zeichnet sich durch **weitgehende Uniformität** aus: Je nach Größe des Raums ein großes Bett oder auch zwei davon, gegenüber ein Schränkchen mit Fernseheraufsatz, ggf. in der Verlängerung eine Schreibplatte, in einer Ecke Sessel/Stühle plus Tischchen. Man schläft zwischen zwei Laken unter einer Wolldecke, deren Zustand in billigen Unterkünften schon mal zu wünschen übrig läßt.

Im Gegensatz zu Europa gehören ein **eigenes Bad** und **Farbfernseher** noch zum preiswertesten Raum, in sommerheißen Gebieten überall und in besseren Hotels immer auch eine **Klimaanlage**.

Unterschiede im Preis drücken sich weniger in Mobiliar und Zimmergröße als durch Qualität der Ausstattung, Grad der Abnutzung und Größe der Betten aus (*Double:* 1,35 x 1,91 m, *Queen Size:* 1,52 x 2,03 m, *King Size:* 1,93 x 2,03 m; Einzelbetten kleiner als *Double* gibt es so gut wie nicht). Neuere Häuser der Mittelklasse bieten für $100-$150 einen Raumkomfort, der denen in viel teureren Hotels kaum nachsteht.

Kosten

Die Preise für die Übernachtung unterliegen erheblichen regionalen und saisonalen **Schwankungen.** Sieht man ab von den Zentren der großen Cities (vor allem Vancouver, Calgary und Victoria), bestimmten Brennpunkten des Tourismus zur jeweiligen Saison (Banff und Jasper Nationalparks, *Okanagan Valley*) und dem hohen Norden (Yukon/Northwest Territories und Alaska) kommt man **im allgemeinen preiswerter als bei uns** unter. Es gibt immer noch eine relativ große Zahl einfacher Motels, die bei Belegung mit zwei Personen auch in der Hochsaison nur bis zu $70 pro Nacht und Zimmer fordern – vor allem an Wochentagen auf dem Land und in kleinen Ortschaften. Die Mehrheit der Unterkünfte in der (durchaus akzeptablen) Mittelklasse liegt im Preisbereich um $70-120. Nur selten berechnen Motels/Motor Inns der Mittelklasse ohne Sonderfaktoren wie Airportnähe, Wochenende, Großveranstaltung etc. über $120 fürs Zimmer.

Belegung

In nordamerikanischen Hotels/Motels gibt es keine Einzelzimmer, mindestens steht ein Doppelbett im Raum. Der Preis für Einzelbelegung (*single occupancy*) liegt deshalb nur um wenige Dollar unter dem Doppelzimmerpreis oder ist meist sogar identisch. In ***Twin Bedrooms*** (mit 2 Doppelbetten) können bis zu 4 Personen übernachten, ohne dass dafür immer ein Aufgeld verlangt wird. **Kinder** – oft bis zum Alter von 16/18 Jahren – sind in einem Zimmer mit ihren Eltern normalerweise »frei«.

Sales Tax

Alle Preisangaben sind netto. Neben der General Sales Tax GST von 5% wird noch eine regional unterschiedliche Übernachtungssteuer erhoben, z.B. in Alberta die ***Tourism Levy Tax*** von 4%, in BC die ***Hotel Room Tax*** von 8% bis 10%.

Frühstück

Ein **Frühstück** ist grundsätzlich **nicht im Zimmerpreis enthalten**, wird aber in Form eines einfachen sog. ***Continental Breakfast*** mehr und mehr als kostenlose »Sonderleistung« gewährt. Sogar ein richtiges ***Canadian/American Breakfast*** gibt's neuerdings bei einigen Kettenhotels als Zugabe.

Falls kein ***Restaurant*** zum Quartier gehört, geht der Motelgast zum Frühstück in den nächsten ***Coffee Shop,*** ➪ Seite 155.

»Zugaben«

Mit Extras wird kräftig geworben: Außer ***Free Coffee*** oder ***Free Breakfast*** vor allem mit ***Free Movies***. Gratisfilme am laufenden Band (fast) ohne werbliche Unterbrechung gibt es auf Spielfilmsendern wie HBO, die viele Motels zur Beglückung ihrer Gäste abonniert haben. Bessere Unterkünfte bieten eine Exklusivauswahl neuester Produktionen als ***Pay-TV***. Nach ein paar Freiminuten zum »Reinschauen« wird eine kräftige Gebühr fällig, die der Abrechnungscomputer automatisch dem Zimmer belastet.

Kaffee

Gratiskaffee bezieht sich meistens auf eine in Gang gehaltene Haushaltskaffeemaschine in der Rezeption oder ein kleines Heißwassergerät im Zimmer plus einige Tütchen Pulverkaffee. Beim »kontinentalen« **Frühstück** handelt es sich überwiegend um Kaffee oder Tee aus dem Automaten, Toast und ein Tablett voll süßen Gebäcks zur Selbstbedienung. Bisweilen gibt's auch noch *Cereals* mit Milch, Obst und *Cheese*.

Hotel-verzeichnisse

Wie gesagt, enthalten die **gratis** ausgegebenen ***Tourbooks*** des Automobilklubs CAA ein umfangreiches Verzeichnis mit aktuellen Preisen und Daten für Hotels und Motels ab unterer Mittelklasse. Sie nennen darüberhinaus **Sondertarife für Mitglieder**. Die Gewährung des Discounts hängt von seiner Erwähnung ab; man muss nach der ***Special CAA/AAA-Rate*** fragen. Discounts gibt's auch gegen Vorlage von **Werbecoupons**, auszuschneiden z.B. aus den letzten Seiten im *Rand McNally Road Atlas* und Tourismusbroschüren oder einfach mitzunehmen aus einem der ***Visitor Information*** Büros.

Ebenfalls **gratis** erhält man in Canada für sämtliche Provinzen einen *up-to-date* ***Accommodation Guide***, der viele Hotels und Motels auflistet – gelegentlich inklusive Jugendherbergen und Campingplätzen. Darin findet man neben genauen Beschreibungen und Preisen auch die **Reservierungs-Telefonnummern**. Die Unterkunftsführer gibt es allerorten in den Informationsbüros; siehe dazu im Detail den Vorspann zu den einzelnen Provinzen im Reiseteil dieses Buches.

Reservierung

Um Zimmer telefonisch zu reservieren, bedarf es nicht immer einer Kreditkarte, solange man vor 18 Uhr ankommt (manchmal früher) und das Haus nicht ausgebucht ist. Wenn ein Zimmer auch bei späterem Eintreffen festgehalten werden soll, muss man seine **Kreditkartennummer** samt Verfallsdatum (*Expiration Date*) angeben. Man erhält dann eine ***Confirmation Number*** (Buchungsbestätigung). Die Kreditkarte wird dann auf jeden Fall mit dem Übernachtungspreis belastet. Wer rechtzeitig weiß, dass er ein vorbestelltes Zimmer nicht benötigt, kann die Lastschrift nur vermeiden, wenn er vor der *Deadline* des Übernachtungstages storniert. Die dabei übliche (ggf. nachhaken) *Cancellation Number* (Stornierungsbestätigung) sollte man sorgfältig notieren und aufbewahren.

Telefon-nummern

Bei Hotel-/Motelreservierungen entstehen dank der gebührenfreien (*toll-free*) **800-Nummern** oft keine Telefonkosten. Über diese Nummern verfügen nicht nur Hotelketten, sondern auch viele Einzelquartiere. Mit den folgenden Telefonnummern erreicht man die Reservierungszentralen der bekanntesten Ketten. (Reservierungstelefone ab Deutschland ➪ Seite 120).

»Wifi« (**wi**reless **f**ree **i**nternet)

Reservieren kann man **auch im Internet** entweder bei den Hotels selbst (nebenstehend) bzw. bei oft günstigeren Service-Agenturen. Wer seinen Laptop dabei hat, kann das heute in vielen Hotels dank »**wifi**« für die nächste Nacht gebührenfrei erledigen.

www.all-hotels.com

www.travelnow.com/hotels

www.budgethotels.com

In Canadas Westen und in Alaska sind folgende Hotel-/Motelketten vertreten:

	Kettenbezeichnung	*toll-free Number*
Obere Preisklasse	Crown Plaza	1-800-2-CROWNE
	Delta	1-888-890-3222
	Fairmont	1-800-257-7544
	Hilton	1-800-HILTONS
	Hyatt	1-800-233-1234
	Marriott	1-888-236-2427
	Radisson	1-800-333-3333
	Sheraton/Four Points	1-800-325-3535
	Westin	1-800-WESTIN-1
	Westmark	1-800-544-0970
Mittlere Preisklasse	Best Western	1-800-WESTERN
	Clarion	1-800-4-CHOICE
	Coast Hotels	1-716-6199
	Comfort Inn	1-800-4-CHOICE
	Country Inns	1-888-201-1746
	Courtyard	1-888-236-2427
	Days Inn	1-800-DAYS-INN
	EconoLodge	1-800-4-CHOICE
	Fairfield Inn	1-888-236-2427
	Hampton	1-800-HAMPTON
	Holiday Inn/Express	1-800-HOLIDAY
	Howard Johnson	1-800-I-GO-HOJO
	Knights Inn	1-800-THE-KNIG
	Mainstay	1-800-4-CHOICE
	Quality Inn	1-800-4-CHOICE
	Ramada Inn	1-800-2RAMADA
	Rodeway Inn	1-800-4-CHOICE
	Sandman Inn	1-800-SANDMAN
	Sleep Inn	1-800-4-CHOICE
	Travelodge	1-800-578-7878
	Wyndham	1-800-WYNDHAM
Untere Preisklasse	Budget Host	1-800-BUD HOST
	Motel 6	1-800-4MOTEL6
	Super 8	1-800-800-8000

Neue 800-✆ Sollte eine Motelkette unter der aufgeführten Nummer nicht mehr erreichbar sein, ruft man – ebenfalls gebührenfrei – die ***Toll-free Information*** an: **1-800-555-1212**.

Internet **Im Internet findet man diese Ketten auch wie folgt:**

Best Western	www.bestwestern.de
Budget Host	www.budgethost.com
Choice Hotels	www.choicehotels.de
(siehe oben alle Häuser mit 1-800-4-CHOICE)	
Coast Hotels	www.coasthotels.com
Country Inns	www.countryinns.de
Crowne Plaza	www.crowneplaza.de

3

Internet (Fortsetzung)	**Days Inn**	www.daysinn.com
	Delta	www.deltahotels.com
	Fairmont Hotels	www.fairmont.de
	Hampton Inn	www.hamptoninn.com
	Hilton Hotels	www.hilton.de
	Holiday Inn	www.holidayinn.de
	Howard Johnson	www.hojo.com
	Hyatt	www.hyatt.de
	Knights Inn	www.knightsinn.com
	Marriott	www.marriott.de
	(mit Courtyard, Fairfield, Residence)	
	Motel 6	www.motel6.com
	Radisson	www.radisson.com
	Ramada	www.ramada.de
	Sandman	www.sandman.ca
	Sheraton/Four Points	www.sheraton.de
	Super 8	www.super8.com
	TraveLodge	www.travelodge.com
	Westin	www.westin.de
	Westmark	www.westmarkhotels.com
	Wyndham	www.wyndham.com

Vorgehen Reservierung

Damit bei einer **Reservierung per Telefon** alles klappt, sollte man systematisch vorgehen:

- Bei einem **Direktanruf** im Hotel/Motel Art des Zimmers (*Single /Double Bedroom, Non-Smoker, 1 or 2 Beds etc.)* und die Daten nennen. Im Fall einer Kette nennt man natürlich auch noch Provinz und Stadt. Sind Zimmer frei, wird der Preis genannt, dem man zustimmen muss.
- Nächster Punkt ist die Frage der **Ankunft**. Wer nicht vor 18 Uhr (6 pm, oder auch früher), eintrifft, muss die Reservierung mit einer Kreditkarte »garantieren«, ➪ oben.

Absage

Bei Absagen kann man es mit guten Chancen auf Buchung am Tag selber **kurz nach 12 Uhr** (!) noch einmal probieren. Spätestens bis *Noon* müssen abreisende Gäste ihre Zimmer geräumt haben. Oft werden dann unerwartet Zimmer frei, die ursprünglich länger gebucht waren.

Trinkgeld

Ein kleines Problem ist für europäische Touristen die Frage der »richtigen« **Trinkgeldbemessung**. Da nordamerikanische Hotel- und Restaurantangestellte in höherem Maße vom Trinkgeld (*tip*) abhängig sind als ihre europäischen Kollegen (➪ Seite 157), wird bei allen Dienstleistungen im Hotel ein Trinkgeld erwartet. Überläßt man es in großen Hotels einem ***Attendant***, den Wagen auf dem Hotelparkplatz abzustellen (***Valet Parking***, üblich in der »Oberklasse«), bekommt dieser dafür nicht unter $2. Der ***Bellhop*** (Hotelpage) erhält fürs Koffertragen nicht unter $1 pro Gepäckstück, der ***Doorman*** (Portier) $2 fürs Taxiholen und die ***Room Maid*** (Zimmermädchen) $2 täglich, im Zimmer zu hinterlassen.

Waschsalons

Wer hat schon Lust, seine Kleidung unterwegs mit der Hand zu waschen? Münzwaschsalon heißen in Nordamerika ***Coin Laundromats*** oder kurz Laundries. Man findet sie noch in kleinsten Ortschaften und zwar meistens an der Hauptdurchgangsstraße. Münzwaschmaschinen gibt es außerdem auf kommerziell betriebenen Campingplätzen, in Nationalparks, in Hostels und auch in vielen Motels und Hotels.

Legt man die große Zahl öffentlicher Waschsalons und ihrer Benutzer zugrunde, muss es erstaunlich viele Kanadier und Amerikaner ohne eigene Waschmaschine geben. Aber vielleicht ist auch nur die häusliche Ausfallquote der – aus europäischer Sicht – ungewöhnlich schlechten amerikanischen Waschmaschinen hoch.

In der Laundry benötigt man außer Waschpulver (***Detergent***), das mitzubringen ist oder in kleinen Packungen aus einem Automaten gezogen werden kann, vor allem ausreichend Münzgeld. Denn Waschmaschinen und Trockner verschlingen bereits bei mittleren Wäschemengen eine Menge ***Loonies***, ***Twonies*** und ***Quarters*** (in den USA nur letztere). Zwar gibt es hier und dort Wechselautomaten, sie sind aber meist gerade dann außer Betrieb (*out-of-order*), wenn das eigene Kleingeld knapp wird. Vor der großen Wäsche muss also ein ausreichender Münzvorrat gesammelt oder in der Bank gleich eine ganze Rolle geholt worden sein.

Obwohl es auch (meist teurere) Trommelwaschmaschinen gibt, überwiegt in Nordamerikas Waschsalons ein aufrecht stehender, einer Rührschüssel ähnlicher Waschbottich, in dem ein »Quirl« die Wäsche bewegt.

Die Wassertemperatur läßt sich auf hot, warm und cold einstellen. Die höchste Stufe steht nicht etwa für Kochwäsche, sondern entspricht der Einstellung des Wasserboilers, also etwa maximal 60°C. Ein Auf- oder Nachheizen in der Maschine erfolgt nicht. Je nach Betrieb fällt »heiß« gelegentlich auch nur lauwarm aus. Gleich, ob nun der Waschgang auf normal, *heavy duty* oder *permanent press* (bügelfrei) eingestellt wird, das meist schon nach 20 min. erreichte Ergebnis ist selten befriedigend. Bei »normaler« oder »starker« Einstellung liegt die Wäsche leicht geschleudert bereit, bei »bügelfrei« klitschenaß.

Den Inhalt der Trommel bugsiert man in einen **Trockner**, der meist Quarters schluckt. Mit einem Trockengang ist es oft nicht getan. Dadurch zieht sich jede Waschaktion meist länger hin als erwartet, zumal in vielen *Laundries* die Trockner einen Engpass darstellen.

Auch wenn sich beim Warten Langeweile einstellt, eine *Laundry* sollte man nicht für längere Zeit verlassen. Sonst findet man unter Umständen fremde Wäsche in der Maschine und die eigene fertig gewaschen irgendwo in einer Ecke, womöglich vermischt mit gänzlich unbekannten Socken, Handtüchern und T-Shirts. Die Zeit vor der Waschmaschine eignet sich im übrigen gut dazu, Postkarten zu schreiben, Reiseführer zu lesen, Kaffee zu trinken und – bisweilen auch – Leute kennenzulernen.

3.2.2 Bed & Breakfast

Verbreitung

Eine attraktive Übernachtungsmöglichkeit ist **Bed & Breakfast** in Pensionen und Privathäusern. In ländlichen Regionen wird man **B&B-Schilder** häufiger entdecken, obwohl bei weitem nicht alle B&B-Häuser ihre Funktion öffentlich machen – speziell nicht in größeren Städten. Daher sollte vor Ort einen *Bed & Breakfast Guide* kaufen, wer statt anonymer Motels und Hotels auch mal Zimmer mit Frühstück buchen möchte. Oft sind auch regionale **Listen mit allen Bed & Breakfast Places** einer Gegend oder Stadt in den Büros der **Visitor bzw. Tourist Information** erhältlich.

Kosten

Bed & Breakfast liegt in Canada und in den USA preislich eher im Bereich der Mittelklasse, wobei allerdings ein englisches bzw. kanadischer Frühstück mit dazugehört. Man findet auch preiswerte Privatquartiere. Durchaus **reizvoll** an B & B kann der »Familienanschluß« sein.

Internet

Informationen und Buchungsmöglichkeit zu B&B in Canada findet man u.a. auf den überregionalen Internet-Seiten:

www.bbexpo.com und

www.bbcanada.com (über 11.200 Adressen in Canada)

3.2.3 Nachtquartiere für junge Leute

Jugendherbergen/ Hostelling International (HI-Hostels)

Das Jugendherbergswesen ist in Nordamerika im Vergleich zu Europa zwar unterentwickelt. Immerhin befinden sich in BC und Alberta 13 bzw. 16 HI-Hostels in Brennpunkten der Cities und in oder in der Nähe von *National-* und *Provincial Parks.*

Die Kosten in Häusern von ***Hostelling International Canada*** (*HI-Hostels*) variieren zwischen $13 und $29 pro Nacht, in der Regel inkl. Küchenbenutzung. Das Heft **Hostels in Canada** enthält Infos zu den 57 kanadischen HI-Herbergen. Bereits ab 5-6 Übernachtungen lohnt sich eine Mitgliedschaft im DJH. Wer in *Hostels* übernachtet, kennt deren Vor- und Nachteile: www.djh.de.

Internet

Zu den HI-Hostels findet man alle Informationen im Internet unter www.hiusa.org für die USA (in Alaska in Anchorage gibt es ein HI-Hostel) und unter www.hostels.ca für Canada. Dort kann auch zentral reserviert werden.

Die einzelnen Hostels sind natürlich auch **telefonisch** zu erreichen. Für alle in diesem Buch genannten Häuser finden sich die Telefonnummern im Reiseteil. Alle weiteren Details im Internet oder im *Hostel Handbook* (nächste Seite), ebenso zu weiteren nicht dem HI-Verband angehörigen Häusern.

YM/WCA

Der Christliche Verein Junger Männer/Frauen – in Amerika **YMCA** beziehungsweise **YWCA** – bietet nur noch vereinzelt Wohnmöglichkeiten für Touristen, z. B. in Vancouver.

YMCA, 42 Charles St East, Toronto/Ontario ; © (416) 967-9622; www.ymca.ca oder www.ywca.ca

Reservierung

Hostels wie ***Ys*** **müssen** insbesondere in den Cities und in der Nähe touristisch bedeutsamer Ziele (Nationalparks/Küstenorte) Wochen **im voraus reserviert werden**.

Alternative Hostels

Eine **Alternative** zu den Hostels von Hostelling International, den traditionellen Jugendherbergen also, bieten viele unabhängige Unterkünfte, ebenfalls Hostels, jedoch unter freier Trägerschaft. Auch im Westen Canadas befinden sich eine ganze Reihe. Sie verfügen durchweg über Schlafsaalbetten ab $14 bis $32 pro Bett und oft auch private Zimmer ab ca. $35. Bei ihnen geht es tendenziell legerer, manchmal aber auch schlampiger zu als in den Hostels der Herbergsorganisation. Mehr noch als in *HI-Hostels* ist dort mittlerweile der **freie Internetzugang** inklusiv.

Im Internet findet man solche Hostels mit allen Details fast ausnahmslos unter den Reservierungsportalen

www.hostels.com und www.hostelsclub.com

Weitere **Informationen und Links** zu diesen Häusern findet man auch auf der **Website** des *Hostel Handbook*:

www.hostelhandbook.com

Hostel Verzeichnis

Außerordentlich hilfreich und immer *up-to-date* ist das ***Hostel Handbook*** für die USA und Canada, das über **500 Hostels** und Billighotels *for the International Traveler* listet und **jedes Jahr im März** neu erscheint. Es enthält Adressen, Telefonnummern und Tarife sowohl der ***Hostelling International*** (HI Hostels) **und aller Häuser in freier Trägerschaft.** Dieses unverzichtbare Büchlein für alle jungen und junggebliebenen Leute, die ihre Übernachtungskosten niedrig halten wollen, gibt es – in jeweils neuester hier verfügbarer Auflage – exklusiv für Reise-Know-How-Leser direkt beim Verlag gegen **Voreinsendung von €5** in Briefmarken (inkl. Versandkosten):

Reise-Know-How
Verlagsservice
Am Hamjebusch 29

D-26655 Westerstede

Information dazu im Internet:

www.reisebuch.de/nordamerika/buecher/hostel_handbook

Studentenwohnheime

Eine Übernachtungsalternative sind in den Sommermonaten (Mai bis einschließlich August) die dann teilweise leerstehenden Studentenwohnheime, die ***University Residences*** oder ***College Dormitories***. Fast jede Mittelstadt verfügt über mindestens ein *College*. Die Bedingungen variieren etwas. Während in manchen Fällen Einzelübernachtungen bis zu $50 kosten, liegen die Preise auch schon mal um $30 pro Nacht.

Abgesehen vom preiswerten Unterkommen bieten Dormitories **Kontakte und Mitbenutzung** von Einrichtungen wie Sportanlagen und Cafeterias.

3

3.3 Camping in Canada

In National- und Provinzparks und der unendlichen Weite ihres Landes genießen Kanadier »Natur pur«. Campen bildet dort eine der besten Erfahrungen jeder Canada-Reise und kann gar nicht genug empfohlen werden. Bei uns gibt es nichts Vergleichbares.

3.3.1 Übersicht

Kennzeichnung

Canada bietet dem Camper alles, was sein Herz begehrt, sei es komfortabel im Wohnmobil oder im Zelt weitab jeder Zivilisation. Platz ist genug, und so sind auch die meisten Campingplätze angelegt. Ein **Stellplatz** für Campmobil oder Zelt beschränkt sich nicht auf wenige Quadratmeter Wiese oder Heidelandschaft, sondern umfaßt durchweg ein eigenes **Areal mit Picknicktisch, Feuerstelle und separatem Grillrost**. Auf staatlichen ***Campgrounds*** ist so ein Platz bisweilen mehrere hundert Quadratmeter groß, und die Nachbarcamper geraten schon mal aus dem Blickfeld. Dann künden nur noch abendlicher Feuerschein und appetitanregende Grilldüfte von der Anwesenheit anderer. Zwar sind nicht alle Plätze großzügig angelegt, aber **Lagerfeuer und *Barbecue*** gehören zur kanadischen Campingtradition. Gelegentlich liegt sogar schon grobes **Feuerholz** geschlagen und gratis bereit, in Nationalparks ggf. gegen ***Fire Permit*** (bis $9 Zusatzgebühr), in Banff, Jasper obligatorisch auf allen Plätzen mit Feuerstellen.

Campingplatzverzeichnisse

Für eine Camping-Tour in Canada muss man sich nicht einmal einen **Campingführer** kaufen. Man erhält in den Besucherinformationen der Provinzen gratis die **Verzeichnisse** zahlreicher auf öffentlichen Straßen erreichbaren Campingplätze (sieht man ab von staatlichen *Forest Campgrounds*, auf die unten noch eingegangen wird). Ebenfalls gratis, jedoch lückenhaft sind die ***Campbooks*** des Automobilklubs CAA, ➪ Seite 131, die es für Canadas Westen (mit Alaska) und Osten getrennt gibt. Einige Campervermieter stecken ihren Kunden den ***KOA-Atlas*** zu, der die Plätze der größten Campingkette Nordamerikas listet, ➪ weiter unten.

Gebühren

Auf staatlichen Plätzen gilt eine **pauschale Einheitsgebühr (*Fee*) pro Stellplatz** unabhängig von der Personenzahl (in der Regel bis zu 6 Personen mit 2 Zelten und einem Fahrzeug). Die Gebühren werden auf ***Public Campgrounds*** überwiegend im ***Self-Registration***-Verfahren erhoben. Die Camper schieben das Geld in einen bereitliegenden (auszufüllenden) Umschlag und werfen ihn in eine Metallbox. Ehrlichkeit wird groß geschrieben. **Auf privaten Plätzen** überwiegt die **Basisgebühr für 2 Personen** plus Aufschlag für jeden zusätzlichen Gast.

Komfort Camping

Viele Besitzer von Campfahrzeugen glauben, ihren eingebauten Komfort nur dann voll nutzen zu können, wenn auf dem Campingplatz Wasseranschluß, Abflussrohr und Steckdose vorhanden sind. Die meisten Privatplätze und einige Plätze in National- und

Provinzparks verfügen über den sogenannten ***Full Hook-Up***, den Dreifach-Anschluss. Häufig trifft man auch auf ***Semi-serviced Campsites*** (nicht mit allen Anschlüssen versehene Stellplätze) meist mit Elektrizität und/oder Wasser, aber ohne Abfluss. Bei einiger Aufmerksamkeit kommen Campmobilfahrer aber ganz gut ohne *Full Hook-up* aus. Denn auf vielen *Campgrounds* ohne Anschlüsse an den Stellplätzen befinden sich ***Dump-, Sani-* oder *Sewage-Stations***, wo gegen eine moderate Gebühr oder manchmal auch gratis Schmutzwasser abgelassen und Trinkwasser aufgefüllt werden kann.

Hier wird der Abwasserschlauch mit Frischwasser gereinigt.

3.3.2 Zu den Campingplätzen

Public Campgrounds

Die Campingplätze in National- und Provinzparks liegen überwiegend in reizvoller Umgebung und zeichnen sich durch großzügige Aufteilung aus, wie oben beschrieben.

Nationalparks

Die Mehrheit der *National Park Campgrounds* verfügt nur über **einfache sanitäre Einrichtungen**. Teilweise sind Duschen bzw. Wasser- und Stromanschlüsse an den Stellplätzen vorhanden. Lediglich ausgesprochene Großanlagen (etwa in Jasper und Banff) bieten mehr Komfort, der aber bezahlt werden muss. Die Kosten liegen zwischen **$10** und **$38** je Nacht.

Parks Canada besitzt eine Campground-Reservierungsagentur. Stellplätze können unter © **1-877-RESERVE** bzw. im Internet unter www.pccamping.ca in den Nationalparks *Banff, Elk Island, Jasper, Waterton* (jeweils Alberta), *Kootenay, Pacific Rim* (jeweils BC), *Riding Mountain* (Manitoba) sowie *Bruce Peninsula* (Ontario) vorausgebucht werden (Extragebühr $11!, Stornierung und Umbuchung kosten jeweils $9).

Gratis oder mit minimalen Gebühren belegt sind ***Walk-in*** oder ***Wilderness Campgrounds*** abseits der Straßen. Für sie benötigt man ein *Camping-Permit*, ➪ Seite 32, das in den Besucherzentren und *Ranger Stations* ausgestellt wird.

Provinzparks

Alle Provinzen unterhalten ***Provincial***, die Northwest Territories und das Yukon Territory ***Territorial Parks.*** In den USA/Alaska entsprechen ihnen die ***State Parks*** (➪ Seite 604). Zwar gibt es auch Provinzparks mit reinem *Day-use* Charakter (Spielplatz, Badestrand, Naturlehr- und Joggingpfade etc.), aber zu den meisten gehören Campingplätze.

Die ***Campgrounds*** weisen unterschiedlichste Komfortmerkmale auf. Manche verfügen über Duschen, einige über Wasser- und Stromanschluß an den Stellplätzen, die meisten sind sanitär einfach ausgestattet. Die Übernachtungskosten variieren und liegen in derselben Größenordnung wie in den Nationalparks.

Diese Kennzeichnung gilt auch für die ***State Parks* in Alaska**.

Alberta

Informationen über die **75 Provinzparks und 230 *Recreation Areas*** *Albertas* findet man im **Internet** unter www.albertaparks.ca; Tarife \$10-\$30. Für 38 Parks kann man Stellplätze auf den *Campgrounds* reservieren (Gebühr \$10). Dazu ruft man den Park direkt an; die Telefonnummern gibt's im ***Alberta Campground Guide***, der in allen Touristeninformationen ausliegt.

BC

British Columbia verfügt über 176 ***Provincial Parks*** mit *Campgrounds*; Tarife \$10-\$24/Stellplatz (www.bcparks.com). Für 69 Plätze gibt es eine Stellplatzreservierung 2 Tage bis 3 Monate im voraus (Gebühr \$6,Storno ebenfalls \$6):

www.discovercamping.ca bzw. © 1-800 (oder 604)-689-9025.

Aufs Camping in den Parks weiterer Provinzen und dort geltender Besonderheiten wird an entsprechender Stelle in den Reisekapiteln und im Anhang ab Seite 572 eingegangen; Information zu weiteren *Provincial*, *Territorial* und *State Parks*:

Weitere Provinzen und Alaska

Manitoba:	Seite 582+	www.manitobaparks.com
Ontario:	Seite 585+	www.ontarioparks.com
Saskatchewan:	Seite 589+	www.saskparks.net
NWT:	Seite 593+	www.iti.gov.nt.ca/tourismparks
Yukon:	Seite 391+	www.environmentyukon.gov.yk.ca
Alaska:	Seite 604+	www.alaskastateparks.org

Sog. Walk-in Campground nur für Zeltcamper im Yoho National Park

Bärensicherer Abfall-container auf einem Provincial Park Camp-ground in BC

Forest Service

In den riesigen Wäldern insbesondere in BC haben der *Forest Service* und teils auch die *Logging Companies* (Holzkonzerne) unzählige Campingplätze der Einfachkategorie angelegt. Unter ihnen befinden sich **traumhafte Anlagen** inmitten sonst unberührter Natur. Kartenmaterial mit den eingezeichneten Plätzen gibt es in den lokalen Büros des Forest Service.

Viele dieser Plätze sind nicht in den Verzeichnissen der Provinzen oder des CAA, schon gar nicht in kommerziellen Campingplatz-Führern zu finden. Genaue Karten erhält man in den regionalen Büros des *Forest Service*. Die **Übernachtungskosten** richten sich weniger nach der Ausstattung, die über Wasserpumpe und Plumpsklos/Chemietoiletten (Pit/Chemical Toilets) selten hinausgeht, als nach der Lage. Am teuersten sind leicht die erreichbaren Plätze.

Städtische Plätze

Manche Städte und Landkreise unterhalten auch in eigener Regie Plätze (*Municipal/County Campgrounds*) recht unterschiedlicher Güte. Auch Organisationen wie der *Lions Club* gehören gelegentlich zu den Trägern.

Vergaberegeln

Für die Plätze unter staatlicher oder städtischer Trägerschaft gilt im allgemeinen die Regel ***first-come-first-served*** (wer zuerst kommt, mahlt zuerst!), d.h., jeder offensichtlich noch nicht besetzte Stellplatz auf *Campgrounds* von National- und Provinzparks, *National Forests* etc. kann als frei betrachtet und vom Ankömmling belegt werden. Einige populäre Plätze lassen sich auch reservieren. Sie sind in den Campverzeichnissen markiert und speziell an Wochenenden oft ausgebucht.

Overflow Areas

Bei Andrang öffnet die Parkverwaltung z.B. in den *Alberta Rocky Mountain Parks* Reserveplätze, sogenannte ***Overflow Areas.*** Sind auch sie voll, bleibt nur, den Park zu verlassen.

Ein Campen/Übernacht-Parken außerhalb offizieller Plätze ist in National- und Provinzparks streng untersagt.

Privat betriebene Plätze

Ausstattung und Preise

Bei den kommerziell betriebenen Campingplätzen überwiegen solche mit ***Full Hook-up*** (➪ oben) und knapperem Zuschnitt der Stellplätze als bei den *Public Campgrounds*. Die Preisgestaltung orientiert sich an der sanitären Ausstattung und der Nähe zu touristischen Reiserouten und -zielen. Die **preisliche Untergrenze** für simple und/oder abgelegene Privatplätze liegt bei etwa **$12** (ohne *Hook-ups*). Im Umfeld touristischer Attraktionen und im Einzugsbereich der Cities kostet die Nacht **bis zu $50** und darüber. Grundsätzlich darf der Camper dafür aber mit Duschen, Waschautomaten, Pool, Minishop, Fernsehraum etc. rechnen.

Lage

Zur Sicherstellung hoher Auslastung liegen viele Privatplätze in verkehrstechnisch günstiger Position, also **an vielbefahrenen Straßen.** Ist der Lärmpegel auf solchen Plätzen selbst im Camper noch hoch, überschreitet er im Zelt oft das erträgliche Maß. Die Kunden der Privaten sind auch deshalb mehrheitlich Wohnwagen- und Wohnmobilbesitzer, für die es in erster Linie auf den Vollanschluß ankommt. Von den großartigen Möglichkeiten des Camping in Canada lassen derartige Anlagen, speziell einige RV-Parks, nichts ahnen.

KOA

Ähnlich wie in der Hotel- und Restaurantbranche existieren **Campingplatz-Ketten** (KOA, Good Sam). Während etwa Good Sam Campgrounds nur als loser Verbund privater Betreiber zusammenarbeiten und die Einhaltung bestimmter Richtlinien garantieren, sind die rund 500 Plätze von ***K**ampgrounds **o**f **A**merica* eine Franchise-Kette. Sie bieten ihren Kunden auf dem ganzen Kontinent einen relativ hohen Komfort und Sanitär-Standard. In **Canada** gibt es über **30 KOA-Plätze** entlang der touristischen Hauptpfade. KOA lockt in Kooperation mit Campmobilvermietern deren Kunden mit der gratis ***KOA-Value Card,*** die einen **10%igen Discount** verspricht. Tatsächlich sind KOA-Plätze nicht die billigsten, der *Discount* ist einkalkuliert.

Internet: www.koa.com, © (406) 248-7444.

Reservierung generell

Fast alle kommerziell organisierten Plätze können per Anruf bzw. Internet (➪ Reisekapitel und Camping-/Unterkunftsbeileger) unter Angabe der Kreditkartennummer reserviert werden. Bei Nichterscheinen wird diese belastet, sofern man nicht storniert hat.

Salmon Point Camping Resort bei Comox/Vancouver Island mit Stellplätzen und Feuerringen am Ufer der Strait of Georgia

Feuermachen auf einem Campground des Forest Service. Frisch zersägte Baumstämme stehen hier als Sitzgelegenheit am Grillrost bereit

3.3.3 Camping ohne Campground

In der Einsamkeit

Wer auf *Schotterstraßen* (*Gravel Roads*) in die Einsamkeit von ***National Forests*** vordringt, findet dort mit ein bisschen Glück ein geeignetes Fleckchen Erde am Gebirgsbach oder an einem einsamen See, wo man wunderbar die Nacht oder sogar einige Tage verbringen kann. Auf öffentlichem Land (*National Forest*) ist das grundsätzlich erlaubt.

Privateigentum

Wichtig ist die Respektierung von Privatbesitz, denn in ganz Nordamerika besitzt das ***Private Property*** einen hohen Stellenwert. Scheinbar kaum benutzte Wege führen bisweilen wohl an den erhofften See, aber dort entpuppt sich der angepeilte Übernachtungsplatz als private Wochenendparzelle.

Rastplatz

»Wildes« Camping ist (mit Campmobilen) oft auf ***Rest Areas*** möglich. In einigen Regionen ist das ***Overnight Parking*** auf Rastplätzen sogar gestattet, in anderen verboten. Parken zu später Stunde noch Autos, speziell Campmobile auf *Rest Areas*, spricht einiges dafür, dass sie als »inoffizieller« Übernachtungsplatz genutzt/geduldet werden.

Städte

In Großstädten sollte man **nicht auf die Idee kommen, außerhalb offizieller Plätze** zu campen, auch wenn stadtnahe *Campgrounds* voll oder arg teuer sind. In städtischen **Parks** oder auf **Parkplätzen** gratis zu übernachten ist nicht nur gefährlich, sondern illegal. Sollte es gar nicht anders gehen, steht man auf belebten *Truck Stops*, in vollgeparkten Wohnstraßen besserer Viertel oder auf einigermaßen besetzten Parkplätzen (von Yachthäfen, Hotels etc.) sicherer, wo aber besser niemandem die nächtliche Nutzung des Fahrzeugs auffallen sollte.

Sicherheit

Zwar ist Gefährdung durch Kriminalität in Canada (und auch in den USA) außerhalb von Ballungsgebieten gering, aber dennoch bleibt ein Restrisiko für alle, die – wo auch immer – isoliert von anderen übernachten. Wer Bedenken hat, sollte diesen nachgeben und auf »wildes« Campen verzichten.

3

3.4 Essen und Trinken

3.4.1 Selbstverpflegung

Lebensmittel

Supermärkte

Die Selbstversorgung unterwegs bereitet in Canada keinerlei Schwierigkeiten. Supermärkte *(Food Marts)* von oft kolossalen Ausmaßen findet man bis hinunter in kleine Ortschaften. Gesetzlich geregelte Ladenschlußzeiten gibt es weder in den USA noch in Canada. Supermärkte sind werktags meist **bis 22 Uhr geöffnet,** sonntags bis 20 Uhr. Manche Supermärkte – speziell in Großstädten – bleiben 24 Stunden geöffnet.

Westcanadas (und Alaskas) **größte Supermarktkette** ist ***Safeway*** (www.safeway.ca), deren Filialen fast durchgehend *Deli* und *Bakery,* in der Regel auch eine *Pharmacy* (Apotheke) besitzen. Ebenfalls in der Region bestens präsent sind die beiden größten kanadischen Supermarktketten ***Loblaw*** (www.loblaw.ca) u.a. mit ***Real Canadian Superstore*** (riesige Auswahl) und ***Extra Foods*** sowie ***Sobeys*** (www.sobeys.com) u.a. mit ***IGA Supermarket***. Die regionale ***Overwaitea Food Group*** (www.owfg.ca) mit *Save-on-Foods* besitzt über 100 Filialen in British Columbia und Alberta.

Sonstige Läden

Lebensmittel, aber kaum Obst, Gemüse und Frischfleisch gibt es in – nicht selten rund um die Uhr betriebenen – ***Mini-Marts***, die oft mit **Tankstellen** kombiniert sind. In manchen Dörfern stößt man auch noch auf den ***General Store***, den klassischen ländlichen Gemischtwarenladen, der von der Milch bis zum Angelhaken alles führt, was die Kunden im Einzugsbereich so brauchen.

Preisniveau

Lebensmittel sind in Canada (bei einem Kursniveau von hier angenommenen 1can$ = €0,63) durchweg teurer als **in Deutschland**. Viel höher sind die Preise insbesondere für **Gemüse** und **Obst**, sieht man von Erntezeiten im Anbaugebiet ab. Auf Vancouver Island und generell mit wachsender Entfernung von den Bevölkerungszentren steigen die Kosten für Frischprodukte.

Eine im Westen Canadas und in Alaska weit verbreitete Supermarktkette ist »Safeway«

Anmerkungen zu Lebensmitteln im einzelnen

Fleisch

Das Angebot an Fleisch (***Meat***) ist in den Supermärkten groß. Spezielle **Schlachterläden gibt es aber nicht**. Die vielfältigen Bezeichnungen für Rindfleisch sind uns nur teilweise geläufig. Fürs **Grillen** eignen sich besonders *Prime Rib, Sirloin* (Rumpsteak), *New York Strip* und *Porterhouse Steaks. Tenderloin* (Filetsteak) ist noch besser, aber teuer. Die **Qualität** des Fleisches läßt selten zu wünschen übrig.

Fisch

Die Kühlregale für Fisch stehen üblicherweise gleich neben den Fleischtheken. Die Auswahl variiert regional, ➪ Seite 156. Besonders im Bereich der Pazifikküste ist das Angebot groß und fangfrisch. Lachs und Forellen gibt es überall zu günstigen Preisen.

Milch und Käse

Die Kühlregale für Milcherzeugnisse werden von vielfältigen Joghurt- und Milchsorten beherrscht. **Milch** gibt es von ***Skim*** oder ***Non Fat*** (fettfrei) über 1% oder 2% ***Low Fat*** bis zu 3,5%iger ***Homo (-genized) Milk*** (=Vollmilch). Milch ist fast immer mit Vitamin A und D angereichert.

Der kanadische ***Cheddar Cheese*** in verschiedenen Abstufungen von *mild* bis *extra sharp* schmeckt ausgezeichnet. In »*Deli*(katessen)«-Abteilungen gibt es auch importierte Käsesorten. Bemerkenswert sind ***Cheese Substitute*** (Käseersatz aus Getreide und Öl) bzw. ***Imitation Cheese*** (nährstoffarmes Käseimitat). Man findet letzteren statt *Real Cheese* oft als Pizzabelag.

Obst und Gemüse

Das Angebot an Obst und Gemüse variiert mit der Region und Saison. Normalerweise ist die Auswahl sehr reichhaltig. Preiswertes ***Produce*** gibt's an Straßenverkaufsständen in den Obstanbaugebieten (z.B. im Okanagan Valley).

Brot

In Canada ist pappiges **Weißbrot** weit verbreitet, aber oft gibt es deutschen Brotsorten nahekommende Produkte. Wer nichts findet, was schmeckt, sollte mal das ***Bannock*-Rezept** ausprobieren, es steht auf Seite 414.

Salattheken

Eine vielfach im Supermarkt zu findende Spezialität sind ***Salad Bars*** mit oft verlockender Salatauswahl zur Selbstbedienung. An der Kasse wird nach Gewicht abgerechnet. Auch **Suppentöpfe** und anderes mehr stehen häufig bereit.

Bulk Food

Ebenfalls lose gibt es **Müsliprodukte** als ***Bulk Food***. In offenen Behältern werden nicht nur Haferflocken, Nüsse etc. lose angeboten, sondern oft auch Süßigkeiten, Gewürze, Teigwaren und sogar Hundefutter. Man füllt die benötigte Menge ab und notiert die Kennziffer der Ware auf der Tüte; gewogen und abgerechnet wird an der Kasse.

Tiefkühlkost

Besonders gut gefüllt sind Tiefkühltruhen und -schränke. Wer im Wohnmobil über Backherd oder Mikrowelle verfügt, kann seine Speisekarte recht preiswert durch tiefgefrorene **Fertigmahlzeiten** »bereichern«.

Kuchen

Kekse (***Cookies***) erfreuen sich großer Beliebtheit. Gut schmecken ***Donuts*** (➪ Seite 154), vor allem dann, wenn sie frisch aus der supermarkteigenen ***Bakery*** kommen.

Getränke

Beeindruckend ist die **Getränkevielfalt**. Es gibt jede Menge preiswerter Limonadengetränke, Cola-Marken, Nektare mit geringem Fruchtgehalt, teuer dagegen 100%-Fruchtsäfte.

Alkoholika

Liquor Store

In kanadischen Supermärkten werden mit der Ausnahme von Québec **keine Alkoholika** verkauft. Lediglich alkoholfreie Bier- und Weinsorten sind erhältlich. Für »richtiges« Bier, Wein und Hochprozentiges muss man ***Liquor Stores*** aufsuchen, staatliche Monopolläden. Aus der einstigen Alkoholkontrolle ist für den Staat ein großes Geschäft geworden. Nicht nur schöpft er enorme Summen über die Umsatzsteuer und exzessive Alkoholsteuern ab, er verdient auch noch kräftig am Handel.

Unter www.bcliquorstores.com und www.ylc.yk.ca kann man das komplette Sortiment (inkl. der Preise) der **staatlichen Alkoholläden** abrufen.

Liquor Stores gibt es bis hinunter ins kleinste Dorf.*) Sie sind bestens sortiert und führen alles, was auf dem Weltmarkt alkoholisch Rang und Namen hat, wiewohl zu extrem hohen Preisen.

Kosten

Ein ***Sixpack*** mit 0,33l Flaschen *Becks* kostete 2008 in BC $11, im Yukon sogar $15 (umgerechnet auf deutsche Verhältnisse ca. €28 bzw. €38 für eine Kiste mit 24 Flaschen). Für kanadische Marken zahlt man ein paar Dollar per *Sixpack* weniger.

Lage

Die **Öffnungszeiten** variieren mit den lokalen Gegebenheiten. Besonders in kleinen Ortschaften mus man davon ausgehen, dass ***Liquor Stores*** **nach 18 Uhr geschlossen** sind, an **Sonn- und Feiertagen ohnehin**.

Eine Ausnahme machen lediglich die seit 1993 privatisierten ***Liquor Stores*** in **Alberta**. Ihre Anzahl ist seither nicht nur sprunghaft gestiegen, sondern die Läden liegen zudem oft verkehrsgünstig direkt neben Supermärkten und haben weitgehend identische Öffnungszeiten, während in der gesamten Provinz British Columbia nur knapp zehn Alkoholläden auch sonntags ihre Pforten öffnen.

Wer Alkoholika kauft, muss im übrigen **19, in Alberta und Manitoba 18 Jahre alt** sein. Jünger aussehende Kunden werden nach dem Ausweis gefragt.

---

*) Nicht indessen im hohen Norden. Im Yukon Territory etwa gibt es *Government Liquor Stores* nur in Dawson City, Faro, Haines Junction, Mayo, Watson Lake und Whitehorse. In anderen Orten dürfen lizensierte Restaurants Bier und Wein verkaufen.

Konsum von Alkohol

Alkoholgenuß ist in ganz Canada offiziell nur in geschlossenen Räumen oder auf Privatgrundstücken erlaubt. Zum Privatbereich zählt auch der Stellplatz auf dem *Campground*. Man darf also ungestraft sein Bier am Lagerfeuer trinken. Außerhalb von Veranstaltungen mit offiziellem Ausschank ist **Alkoholkonsum unter freiem Himmel** – in der Öffentlichkeit also – **gesetzwidrig**. Vorbeugend wird gelegentlich darauf hingewiesen: ***No Alcoholic Beverages in the Park, on the Beach*** etc. Angebrochene Spirituosen dürfen sich auch nicht im Innenraum eines Fahrzeugs befinden. Strenggenommen gilt das sogar für Wohnmobile.

Alkoholische Getränke im einzelnen

Bier Canadas Biermarkt wird von zwei Konzernen dominiert. Knapper Primus mit 44% Marktanteil ist die von *John Molson* 1786 in Montréal gegründete ***Molson-Gruppe*** (www.molson.com). Seit dem Zusammenschluß mit dem US-Konkurrenten ***Coors*** (www.coors.com) 2005 gehört sie zum fünftgrößten Brauereikonzern der Welt (www.molsoncoors.com).

Ganz dicht auf folgt der 1847 von *John Kinder Labatt* in London (Ontario) gegründete *Labatt*-Konzern (www.labatt.ca), der bereits 1995 von der belgischen ***InBev-Gruppe*** (www.inbev.com), dem volumenstärksten Brauereikonzern der Welt, übernommen wurde. *Labatts* Premiummarke in West-Canada ist ***Kokanee*** aus der *Columbia Brewery* in Creston/BC.

Der große Biergigant ***Anheuser-Busch*** (www.anheuser-busch.com) hingegen (US-Marktanteil bei ca. 50%) kann sich im Nachbarland Canada nur schwer behaupten. Kein Wunder, werden doch deren *Budweiser* Mixturen teils auf Reisbasis gebraut.

Kanadische Marken weisen mehr Würze auf als geschmacklich indifferentere US-Sorten. Bier darf künstliche und natürliche Zusatzstoffe enthalten. Es gibt aber durchaus entsprechend des deutschen Reinheitsgebots gebrautes Bier. Unter den teuren Importbieren besitzen ***Heineken*** und ***Beck's Bier*** hohe Anteile.

Pfand In Canada ist die Einwegverpackung für Bier – im Gegensatz zum Nachbarn USA – »eigentlich« seit langem abgeschafft. Man zahlt grundsätzlich **Pfand** (*Deposit*) auf Flaschen wie Dosen. Die Rückgabe erfolgt in der Regel in gesonderten, oft schwer zu findenden Sammelstellen.

Wein Wie oben bemerkt, ist das Weinangebot überwältigend. Neben Weinsorten aus aller Herren Länder gibt es durchaus auch gute **kanadische Weine**. Sie stammen vorwiegend aus den Weinanbaugebieten des südlichen Okanagan Valley und der Niagara Halbinsel im klimatisch begünstigten Süd-Ontario. Die geschmacklich akzeptablen Sorten sind ebenso wie die besseren **kalifornischen Weine** ziemlich teuer.

Spirituosen

Die Angabe der Prozente (***proof***) in Nordamerika bei den Spirituosen entspricht dem doppelten der in Deutschland üblichen Kennzeichnung; *84 proof* sind also 42 Volumenprozente. Den nordamerikanischen ***Whiskey*** (US-Schreibweise, in Canada ohne »e«) gibt es in drei Spezifikationen. Aus Canada stammt der ***Canadian Rye***, der aus Roggen, Mais und Gerste unterschiedlicher Zusammensetzung gebrannt wird.

Aus den USA kommen der aus mindestens 50% Mais gebrannte ***Bourbon*** (stammt fast immer aus den Bundesstaaten Kentucky und Tennessee) sowie der aus wenigstens 51% Roggen gebrannte ***American Rye***.

Die Konkurrenz um die Familienkundschaft ließ die hauseigenen Spielplätze teilweise erstaunliche Dimensionen annehmen

3.4.2 Fast Food Lokale

Situation

Nicht nur im letzten Winkel der USA, sondern auch noch im abgelegenen kanadischen Dorf findet man die Filialen der amerikanischen *Fast-Food-Industrie.*

Getränke

Grundsätzlich erfolgt kein **Alkoholausschank,** getrunken wird ***Soda Pop,*** also Cola, Fanta etc. aus großen Bechern mit Unmengen von Eis. Mineralwasser ist fast nie erhältlich.

McDonald`s

Allerorten präsent und mit 77.000 Angestellten sechstgrößter kanadischer Arbeitgeber ist ***McDonald's*** (www.mcdonalds.ca). ***Wendy's*** (www.wendys.ca), ***Burger King*** (www.burgerking.ca), ***A&W*** (www.aw.ca) sind (mit Abstand) die nächstgrößten unter den kanadischen Hamburger-Ketten.

Hamburger-Ketten

Die größte Konkurrenz liefern sich die Marktführer bei den hauseigenen **Spielplätzen.** Kinder und Eltern lieben die sauberen, oft überdachten oder sogar als *Indoor Playground* konzipierten Anlagen der Hamburger-Konkurrenten mit Styroporballbecken, Kletternetzen und Rutschen.

Hamburger und Eis bei der Dairy Queen

Auf ***Dairy Queen***-Lokale (www.dairyqueen.com), stößt man in Canada allerorten. Ursprünglich spezialisiert auf Milch-Mixgetränke, Softeis und Joghurt, bietet die »Königin der Milchprodukte« obendrein die üblichen Hamburger-Varianten. Dairy Queen ist weniger einheitlich aufgemacht als die Ketten-Konkurrenz. Es gibt sowohl die simple Dorf-Cafeteria wie den modern gestylten Plastikschuppen. Immer schmeckt ***Banana Split*** und das mit Früchten gemixte Softeis unter der Bezeichnung ***Blizzard*** oder ***Brownie Earthquake,*** Softeis mit heißer Schokoladen-Karamel- und Erdbeersoße auf einem Brownie (typischer amerikanischer Schokoladenkuchen).

Eisdielen

Oft in Shopping Malls vertretene reine **Eisdielen** sind die Ableger der Franchise Kette ***Baskin Robbins*** (www.baskinrobbins.ca) mit hervorragendem, aber sehr teurem Eis.

Mexikanische Spezialitäten

Ausgehend vom Südwesten der USA haben sich die Lokale mit mexikanischen Spezialitäten wie ***Taco Bell*** (www.tacobell.ca) auch nach Canada ausgedehnt. Basis ihrer Gerichte sind *Tortillas,* Mais- oder Weizenfladen, die mit Hackfleisch, Püree aus roten Bohnen, Salat, Sauerrahm und Käse gefüllt werden. Man rollt die weichen *Tortillas* zu ***Burritos, Enchiladas*** oder ***Soft Tacos***. Kross fritierte *Tortillas* belegt man mit den oben genannten Zutaten zu ***Tostadas*** oder klappt sie zu Tacos zusammen. Die *Tortilla*-Variationen sind ausgesprochen preiswert. Kaum irgendwo sonst läßt sich für so wenig Geld der Magen füllen.

KFC

Zum Konzernverbund ***Taco Bell/Pizza Hut*** zählt die auch bei uns bekannte Kette ***Kentucky Fried Chicken*** (www.kfc.ca). Dort werden als Spezialität Hähnchenteile frittiert.

Subway

Wo der Kundenzuspruch für einen großen Burger-Schuppen nicht ausreicht, finden Sandwiches in allen Varianten noch Abnehmer. Mit diesem einfachen Rezept und (weltweit identischen) 15 cm oder 30 cm langen, frisch zubereiteten Sandwiches erfreut ***Subway*** (www.subway.ca) auch in über 2.300 kanadischen Filialen seine Kunden.

Tim Horton

1964 gründete der zehn Jahre später bei einem Autounfall verstorbene Eishockeystar ***Tim Horton*** in Hamilton (Ontario) sein erstes *Donut-Café* und startete damit eine kanadische Erfolgsgeschichte. An den ersten Spezialitäten von damals – stets frisch gebrühter Kaffee, *Apple Fritters* (Hefeteilchen mit Apfelstückchen/Zimt) und *Dutchies* (Hefeteilchen mit Rosinen) – hat sich bis heute nichts verändert. Im Café der *Fast-Food-Kultur* werden außerdem rund um die Uhr frisch gebackene *Donuts, Muffins, Bagels, Timbits* (Donutstückchen), dazu als eine ungesüßte Alternative Chili, Suppe und Sandwiches serviert.

Donuts gibt es in weit über 20 Variationen und im Dutzend billiger. Die gefüllten oder ungefüllten, mit Schokolade oder Karamel glasierten Teigkringel sind zumindest für den Nachmittagskaffee eine gute Wahl.

Mit 2.750 kanadischen Filialen und über 55.000 Angestellten ist ***Tim Horton*** (www.timhortons.ca) landesweit vertreten. 1995 wurde auch der Expansionskurs in die USA vorangetrieben.

Pizza

Zu den einfachen Gaststättenketten zählt die ***Pizza Hut*** (www.pizzahut.ca). Die Häuser bieten ***Pizza***, ***Pasta*** und ***Salads*** zu moderaten Preisen. An der Qualität gibt es selten etwas auszusetzen, und die Größe der Pizzen steht in einem vernünftigen Verhältnis zum Preis.

Combi(nation) Platters

Alle Ketten werben nahezu kontinuierlich mit **Sonderpreisen** für bestimmte Gerichte wie ***Tacos $0,79*** oder Kombinationen von *Items*, etwa ***»Large Coke + Cheeseburger + French Fries«*** (*Pommes Frites*) für **$3,79**. Wer auf derartige Angebote achtet und es darauf anlegt, kann in *Fast Food Places* unter Umständen preiswerter essen als bei Selbstverpflegung.

Spartipps

- *Lunch* statt *Dinner:*
  Mittags ist dasselbe Menü oft preiswerter als abends.
- *Early Bird Special:* Man zahlt weniger fürs frühe Dinner
- *Happy Hour Drinks:* Drinks zum halben Normalpreis am späten Nachmittag (meist 17-19 Uhr) für Frühstarter
- *Rabattcoupons:* oft **2 : 1** (zwei Mahlzeiten zum Preis von einer), 20% Rabatt oder $5 off ($5 Preisnachlass). Die Coupons gibt's bei *Visitor Infos* oder in Werbebroschüren.
- *All you can Eat:* Büfett mit beliebig häufigem Nachschlag für den ganz großen Appetit
- *Truck Stops:* Zahlreiche parkende Laster deuten oft auf herzhafte Portionen zu günstigen Preisen hin.
- *Pitcher:* Die Karaffe mit mehreren Gläsern zum Selbsteinschenken ist preiswerter als Einzelbestellung.

Tim Horton ist immer gut für einen Stopp, zum Beispiel für »Quick Lunch Specials«

Bemalte Filiale des Sandwich Spezialisten Subway in Chemainus, der Mural- bzw. Wandbild-kapitale Canadas auf Vancouver Island, *➪ Seite 210.*

3.4.3 Restaurants und Kneipen

Übersicht

In den großen Citys ist die **Vielfalt der Restaurants** enorm, während sich in Kleinstädten und auf dem Lande das Angebot nicht selten auf die typischen Hamburger- (auch im Restaurant!) und Steakgerichte beschränkt, eventuell noch erweitert um Pizza, Spaghetti, Mexican Food und die verbreitete chinesische Küche. An den Küsten und auf *Vancouver Island* gibt es zahlreiche ***Seafood-Restaurants.*** Der *Catch of the Day* bezeichnet das jeweilige fangfrische, wechselnde Tagesangebot und ist oft eine gute Option. Da der Pazifische Lachs mit fünf Gattungen an Canadas Westküste vertreten ist, werden ***Chinook (King) Salmon, Chum (Dog) Salmon, Coho Salmon, Pink (Humpback) Salmon, Sockeye Salmon,*** dazu der ***Kokanee Salmon*** (kleinerer, nicht wandernder Süßwasservertreter des ***Sockeye***) in vielen Restaurants relativ preiswert serviert.

Ebenfalls eine Spezialität West-Canadas sind – frisch von den Weiden auf den Tisch – saftige **Rindersteaks.** Sie stehen meist in guter Qualität und zu akzeptablen Preisen auf der Speisekarte und werden rare (blutig), medium oder well done (durchgebraten) serviert. Die Ende des 19. Jahrhunderts fast ausgerotteten Bisons grasen nun wieder zahlreich auf Zuchtfarmen. Bisonfleisch schmeckt ähnlich wie Rindfleisch und man sollte es durchaus einmal probieren.

Restaurantketten

Wie bei Fast Food gibt es für »richtige« Restaurants Ketten; die meisten sind amerikanisch, kanadische Ketten sind:

The Old Spaghetti Factory (www.oldspaghettifactory.ca) serviert Pasta im nostalgischem Ambiente früherer Lagerhäuser. Die erste »Spaghettifabrik« steht in Vancovers *Gastown.*

Gute Menüs zu – für kanadische Verhältnisse – moderaten Preisen bieten die ***White Spot Restaurants*** (www.whitespot.ca). Diese Kette der gastronomischen Mittelklasse hat ihren Schwerpunkt im Großraum Vancouver.

3

Lage und Qualität

In kleineren Orten findet man Restaurants ebenso wie die Fast Food Filialen an den Hauptausfallstraßen.

In Restaurants gelten einige uns nicht vertraute Regelungen, an die man sich gewöhnen muss:

Platzierung

- Üblicherweise werden in ganz Nordamerika Restaurantbesucher »plaziert«. Ein Schild ***Wait to be seated*** weist meist explizit darauf hin. Wenn er nicht ausdrücklich zum ***Seat yourself*** aufgefordert wird, wartet der Gast, bis sich ein ***Waiter/Host*** oder eine ***Waitress/Hostess*** seiner »*Party*« annimmt und einen Tisch zuweist. Einzelne freie Plätze an besetzten Tischen werden nicht vergeben. Ist im Moment kein Tisch frei, werden die **Namen** der ankommenden Gäste **notiert** und der Reihe nach aufgerufen: »*Meyer, party of three*!« soll heißen, für den Gast Meyer und 3 Personen steht ein Tisch bereit. Wartezeiten überbrückt man an der Bar, so vorhanden.

Seafood Restaurant »Canadian Princess« in Ucluelet auf Vancouver Island – attraktiv, wiewohl dann und wann flaues Leser-Feed-back

Salat-Theke

- Vor allem Steak-Restaurants verfügen oft über eine ***Salad Bar,*** an der unbegrenzt nachgefaßt werden darf: ***All you can eat***! Meistens sogar **ohne ein Hauptgericht** zu bestellen, wiewohl das selten so ausdrücklich auf der Karte steht. Das kostet nur wenige Dollar und ersetzt eine ganze Mahlzeit.

Nachtisch

- Nach dem Hauptgericht fragt man den Gast, ob er ***Sweets*** oder ***Dessert*** wünscht. In Canada und in den USA sind Kuchen und Kaffee nach dem Essen üblich.

Kaffee

- Der Kaffee ist eher ziemlich schwach gebrüht, dafür wird meist **beliebig nachgeschenkt** (*free refill*), aber nur einmal berechnet. Kännchen gibt es nicht.

Steuern und Trinkgeld

- Die Preise in Canada sind netto ausgezeichnet. Erst die Rechnung (amerikanisch: ***Check***, britisch: ***Bill***) weist neben Nettopreisen zusätzlich die ***Provincial Sales Tax*** und die ***Goods & Services Tax***. Da auch der Service nie im Preis enthalten ist und das Personal auch nur ein niedriges Fixum erhält, wird ein für europäische Verhältnisse **üppiges Trinkgeld** erwartet. Üblich sind 10%, bei guter Bedienung sind auch 12-15% nicht ungewöhnlich. In British Columbia etwa muss man also zu den Preisen der Karte 7% PST, 5% GST und mindestens 10% Trinkgeld **addieren,** möchte man die **Effektivkosten des Essengehens** richtig abschätzen. Restaurants sind daher ein teures Vergnügen in Canada.

Zahlen

Gezahlt wird nicht selten an einer Kasse. Auch dann hinterlässt man den **Tip** besser bar am Tisch. Bei Zahlung per Kreditkarte vermerkt man das Trinkgeld auf dem Beleg.

Truck Stops

Empfehlenswert sind im allgemeinen auch die *Restaurants* der ***Truck Stops*** an großen *Highways,* die oft rund um die Uhr *Hamburger, Steaks* und andere Standardgrichte servieren. Für moderate Preise gibt es ordentliche Portionen bei gutem Service. Ein ***Canadian Breakfast*** schmeckt dort meistens besser und ist reichlicher als in *Fast-Food-Lokalen,* aber kaum teurer. Dasselbe gilt auch für die kleinen *Delis, Bistros* und *Coffee Shops:*

Das *Canadian Breakfast* besteht aus zwei Eiern (nach Wunsch: *scrambled* = Rührei, *fried, sunny side up* = Spiegelei einseitig gebraten, over = beidseitig gebraten), gebratenen Schinkenspeckstreifen *(Bacon), ham* (warmer dicker Kochschinken) und/ oder Bratwürstchen *(Sausage)* und den *Hash Browns* (kleine Kartoffelrösties). Dazu gibt's Toast und Marmelade oder ***Pancakes*** mit süßem Sirup, selten mit dem teuren Ahornsirup *(Maple Syrup),* sowie Kaffee oder Tee.

WLAN Cafés

Vancouver hat eine lebhafte **Café-Szene**, zu der auch die Filialen bekannter Ketten im weltweiten Einheitsdesign zählen. Reizvoller schlürfen sich frischgebrühter Kaffee und ein Espresso in den kettenunabhängigen Cafés, die ihre Kunden häufig mit kostenlosen **WLAN *Hot Spots*** locken. **WLAN-Cafés** im Großraum Vancouver unter www.wifimug.org.

Alkohol-ausschank

In Canada dürfen lediglich ***Licensed Restaurants*** alkoholische Getränke ausschenken, und das auch nur in Verbindung mit einer Mahlzeit. Dazu reicht zwar oft die Bestellung eines preiswerten Appetizer oder die intention of order, die Absicht, eine Mahlzeit zu ordern. Wer aber den Abend längere Zeit in gemütlicher Runde verbringen möchte, sucht ***Pubs*** auf, wo Drinks auch ohne Mahlzeit serviert werden dürfen. Bessere Restaurants und Hotels haben ***Cocktail Lounges*** genannte Hausbars.

Pubs und Microbreweries

Auf dem Lande findet man nur selten gemütliche Lokale für den Abend, aber in kleinen Städten gibt es hier und dort prima *Pubs.* Die vielfältige Bar- und Clubszene **in Großstädten** läßt kaum Wünsche offen. Insbesondere in **British Columbia** haben sich ***Microbreweries*** mit eigenem Bier, Restaurant und Live Music zu Anziehungspunkten entwickelt.

Leider sind Hausbrauereien im übrigen Westcanada nur in Calgary, Canmore, Edmonton, Jasper und Regina vertreten.

3.5 Alles Weitere von A bis Z

Apotheken

Apotheken sind in Canada keine selbständigen Geschäfte. Man findet ***Pharmacies*** als Abteilungen in ***Drugstores,*** Kaufhäusern und großen Supermärkten. Nicht verschreibungspflichtige Medikamente gibt es dort in Selbstbedienung, rezeptpflichtige an einer Sondertheke für ***Prescriptions.***

Ärzte und Zahnärzte

Trotz einer insgesamt hohen Dichte bei der ärztlichen und zahnärztlichen Versorgung ist es in Canada nicht einfach, einen kurzfristigen Termin bei einem Arzt (***Physician***) oder Zahnarzt (***Dentist***) zu finden. Das gilt nicht für **Ambulatorien**, die man in großen und auch kleineren Städten als Gemeinschaftspraxis verschiedener Spezialisten findet. Mit **akuten Beschwerden** und Verletzungen kann man sich direkt zum ***Emergency Room*** (der Notfallaufnahme) im nächsten Hospital begeben. Bei Problemen helfen die örtliche ***Visitor Information***, das Hotel- oder Campingplatzpersonal ggf. weiter. In National- und Provinzparks sind die ***Ranger*** natürliche Ansprechpartner. Vor (!) Behandlungsbeginn wird immer die Vorlage einer Kreditkarte verlangt (➪ Seite 46).

Die in Canada und den USA einheitliche Telefonnummer für Notfälle aller Art (*Emergencies*) ist 911; in abgelegenen Regionen wählt man die »0« der Telefonvermittlung.

Notfall-✆ in deutscher Sprache: 1-888-222-1373 (ADAC)

Banken

Eine Bankfiliale gibt's in Canada noch im kleinsten Ort. Die Schalter sind überwiegend Mo-Fr ab 9 Uhr durchgehend geöffnet. Geschlossen wird manchmal bereits um 14 Uhr, selten später als 16 Uhr. Zur Bargeldbeschaffung braucht man keine Bankfilialen betreten (➪ Seite 47ff. und 53).

Botschaften und Konsulate

➪ Adressenanhang Seite 607

Datum

Daten werden in der Reihenfolge Monat/Tag/Jahr mit Schrägstrich geschrieben. Der Termin **09/30/2009** entspricht also dem **30.09.2009** unserer Schreibweise.

DVDs

DVDs aus Nordamerika (Regionalcode 1) lassen sich auf DVD-Playern in Europa (Regionalcode 2) nur abspielen, wenn zuvor der Regionalcode angepasst worden ist.

Elektrizität

Spannung

Canada und die USA mit Alaska verfügen über ein **110 Volt-Wechselstromnetz** von 60 Hertz. Geräte, die sich auf 110 Volt umschalten lassen, kann man problemlos verwenden.

Adapter

Europäische Stecker passen nicht in nordamerikanische Steckdosen (die auch in Wohnmobilen eingebaut sind). Es empfielt sich, für jedes Gerät einen eigenen Adapter mitzunehmen. Die »Amerikastecker« gibt es bei uns für wenig Geld in größeren Elektroläden und in Elektroabteilungen der Kaufhäuser. Adapter in Canada oder den USA aufzutreiben, ist schwierig.

Feiertage

An Feiertagen sind Postämter, Banken und die öffentliche Verwaltung geschlossen. Supermärkte und Einkaufszentren bleiben bei kaum reduzierten Öffnungszeiten geöffnet.

- **Nationale kanadische Feiertage**

New Year's Day	1. Januar
Good Friday	Karfreitag
Easter Monday	Ostermontag
Victoria Day	vorletzter Montag im Mai
Canada Day	1. Juli (Nationalfeiertag)
Labour Day	1. Montag im September
Thanksgiving	2. Montag im Oktober
Remembrance Day	11. November
Christmas/Boxing Day	25./26. Dezember

- **Zusätzliche Feiertage der einzelnen Provinzen**

Alberta:	*Heritage Day*, 1. Mo im August
British Columbia:	*BC Day*, 1. Mo im August
Manitoba, Ontario, Northwest Territories:	*Civic Holiday*, 1. Mo im August
Saskatchewan:	*Saskatchewan Day*, 1. Mo im August
Yukon:	*Discovery Day*, 3. Mo im August

- **Feiertage in Alaska** (auf Sonntag fallende Feiertage werden am folgenden Montag »nachgeholt«)

New Year's Day	1. Januar
Martin Luther King Jr. Day	dritter Montag im Januar
President's Day	3. Montag im Februar
Seward's Day	letzter Montag im März
Memorial Day	letzter Montag im Mai
Independence Day	4. Juli
Labor Day	1. Montag im September
Alaska Day	18. Oktober
Veterans Day	11. November
Thanksgiving	4. Donnerstag im November
Christmas Day	25. Dezember

3

Maße & Gewichte

Metrisches System

Bereits in den 1970er-Jahren führte Canada offiziell das metrische System ein. Nach einer eher halbherzig erfolgten viele Jahre dauernden Umstellung zeigen Wegweiser und Karten sämtliche Entfernungen in Kilometern an, ebenso werden Geschwindigkeiten in km/Stunde gemessen. Benzinuhren sind auf Liter geeicht, und auch Getränkebehälter definiert man in Litern. Getränkedosen indessen beinhalten nach wie vor 12 Unzen (*Fluid Ounces* = 355 ml), und die Preise bei Fleisch, Obst und Gemüse beziehen sich im Supermarkt noch immer auf das Pound (1 lb = 454 g). An der Kasse wird dann in Kilogramm ausgewogen und umgerechnet; dazu multipliziert man den *Pound*-Preis mit dem Faktor 2,2.

Pounds

Werkzeuge

Auch bei Werkzeugen oder Ersatzteilen hat sich das metrische System nicht durchgesetzt, denn US-Fahrzeuge dominieren den kanadischen Markt. Deren »Innenleben« wird in *Inches* (Zoll) gemessen. Die passenden Schraubenschlüssel sind mit Bruchteilen eines Zolls abgestuft, z.B. 5/16 inch (entspricht 10/32 inch), 11/32 inch etc., die selten mit glatten Millimetern übereinstimmen. Mit metrischem Werkzeug reißt man Muttern und Schraubenköpfe leicht kaputt.

In Alaska gilt natürlich das amerikanische Maßsystem. Der Vollständigkeit halber hier die Maßeinheiten der USA:

1 inch		2,54 cm
1 foot	12 inches	30,48 cm
1 yard	3 feet	91,44 cm
1 mile	1760 yards	1,61 km
1 acre	4840 square yards	0,40 ha
1 square mile	640 acres	2,59 km^2
1 fluid ounce		29,57 ml
1 pint	16 fluid ounces	0,47 l
1 quart	2 pints	0,95 l
1 gallon	4 quarts	3,79 l
1 barrel	42 gallons	158,97 l
1 ounce		28,35 g
1 pound (lb)	16 ounces	453,59 g
1 ton	2000 pounds	907,18 kg

Notfälle

- **Krankheit/Unfall**

  In dringenden Notfällen, gleich ob man in erster Linie einen Arzt, den Unfallwagen oder die Polizei benötigt, ruft man die **Nummer 911** an. Sollte die ***Emergency Number*** ausgefallen sein, wählt man die »Amtsleitung« Null. Der *Operator* verbindet weiter.

Notfall

Vor jedem Notfall-Anruf sollte man sich über den eigenen **Standort** vergewissern und für Rückrufe die Nummer des Apparates, von dem aus man telefoniert, parat haben. In Canada und den USA besitzen auch Münzfernsprecher eine Nummer und können angerufen werden.

An den Autobahnen stehen kaum **Notrufsäulen** *(Motorist Aid Call Boxes)*. Fahrer liegengebliebener Fahrzeuge signalisieren durch die **geöffnete Motorhaube**, dass sie Hilfe benötigen.

- **Pass-/Geldverlust**

Pass

Bei Passverlust helfen die nächstgelegenen diplomatischen Vertretungen (Kopien aller Dokumente sind hilfreich) und die Notfallzentralen der Kreditkartenunternehmen.

Reiseschecks

Falls Reiseschecks verlorengehen oder gestohlen werden, ruft man die ausgebende Institution *(Toll Free Number)* an und erhält dann vom Aufenthaltsort abhängige Direktiven für die Ausstellung von Ersatzschecks. Voraussetzung für den Ersatz ist das Vorhandensein des Kaufnachweises und eine »Buchführung« über ausgegebene Schecks.

Geldtransfer

Bargeldüberweisungen laufen am schnellsten mit ***Western Union*** (Büros in vielen Städten Canadas und der USA). WU kooperiert in Deutschland mit der **Reise Bank** (Filialen in den Bahnhöfen der wichtigsten deutschen Großstädte, in Flughäfen und an einigen Grenzübergängen) und der **Deutschen Postbank**.

Wer sich von zu Hause Geld schicken läßt, kann wenige Minuten nach Einzahlung in einer Reise Bank-Filiale oder bei der Post in einem *Western Union Office* seiner Wahl über das Geld verfügen. Details samt Kosten erfährt man unter ✆ 01801/ 818123. Die gebührenfreie Nummer von *Western Union* in Nordamerika ist ✆ 1-800-325-6000, www.westernunion.com.

Post

Tarife

Postkarten und Briefe von Canada nach Übersee kosten can$1,60 (von den USA aus US$0,94). Für kürzere Mitteilungen empfehlen sich **Aerogramme**, die am Postschalter gekauft werden können. Porto ist im Preis enthalten. Für Briefmarken aus **Automaten** muss ein Aufpreis gezahlt werden, d.h. der bezahlte Betrag ist höher als der Nennwert der Marken. Postämter gibt es auch noch im kleinsten Dorf.

Laufzeit

Postkarten und Briefe aus dem Westteil Canadas sind **nach Europa 6-10 Tage** *(airmail)* unterwegs. Ein Paket braucht auf dem Land- und Seeweg *(surface mail)* mindestens 6 Wochen. Wer ein Paket schicken möchte, muss beachten, dass die Zollfreigrenzen (➪ Seite 167) dafür nicht gelten.

Internet Post

USA	www.usps.com	✆ 1-800-ASK-USPS
Canada	www.canadapost.ca	✆ 1-800-267-1177

Postlagernd

Briefe von zu Hause kann man sich postlagernd schicken lassen. Sie müssen dann wie folgt adressiert werden:

Name des Empfängers
c/o General Delivery
Name der Stadt und der Provinz sowie *Zip Code*
Canada

US-Post Office in Alaska

Der Zusatz ***General Delivery*** nach dem Adressaten bewirkt, dass der Brief im Hauptpostamt (***Main/General Post Office***, sofern mehrere Postämter vorhanden sind) einer Stadt aufbewahrt wird. Der ***Zip Code*** (Postleitzahl), der in Canada hinter die Provinz geschrieben wird, besteht wie in Großbritannien aus einer sechsstelligen Buchstaben- und Ziffernkombination.

Aber Achtung: nach 15 Tagen Aufbewahrung erfolgt prompt die Rücksendung

Sommerzeit

In Canada (außer Saskatchewan) beginnt die Sommerzeit (*Daylight Saving Time*, kurz DST) jeweils am **zweiten Sonntag im März**. Die Uhren werden dann um eine Stunde vorgestellt. Sie endet am **ersten Sonntag im November**.

Saskatchewan hält sich nicht an die DST. Deshalb haben Manitoba und Saskatchewan im Sommer trotz identischer Zeitzone verschiedene Uhrzeiten, aber Alberta und Saskatchewan die gleiche Uhrzeit, obwohl sie in verschiedenen Zeitzonen liegen.

Ebenso stellen in BC die nördlichen *Mountain-Time*-Regionen um **Dawson Creek** und **Fort St. John** sowie das Gebiet um **Creston am *Crowsnest Highway* nicht auf Sommerzeit um**.

Mobiles Postamt in Canada

Telefon

System

Canada und die USA bilden telefonisch eine Einheit. Jede Provinz bzw. jeder US-Staat besitzt eine ***dreistellige Vorwahl***, den ***Area Code***, einige dicht besiedelte Staaten der USA und die Provinzen Alberta, British Columbia, Ontario mehrere davon. Dieser Vorwahl folgt die siebenstellige Rufnummer.

Auf der Telefontastatur sind bekanntlich den Ziffern von 2-9 jeweils drei Buchstaben zugeordnet. Damit prägen sich geschickt ausgesuchte Zahlenkombinationen besser ein, wie etwa die Nummer 1-800-CAR-RENT (entspricht 227-7368) des Autovermieters *National*.

Ferngespräche

Bei Ferngesprächen muss eine »1« vorweggewählt werden. Statt des Ortsgesprächtaktes gilt für die Gebühren dann der **Minutentakt** (die Kosten ergeben sich aus angebrochenen Minuten multipliziert mit einem entfernungsabhängigen Satz).

Internationale Gespräche

Über die Vorwahl **011** öffnet man den **Zugang zum internationalen Netz.** Mit

49 für Deutschland,
41 für die Schweiz und
43 für Österreich

und die reduzierte Ortsvorwahl (ohne 0) sind Verbindungen in die Heimat von Privatanschlüssen aus leicht hergestellt.

Münztelefone

In nordamerikanischen Münzfernsprechern ***(Pay-Phones)*** ist die direkte internationale Durchwahl nicht ohne weiteres möglich. Internationale **Ferngespräche** lassen sich **nur mit Hilfe eines *Operator*** führen, so keine *Calling Card* zur Hand ist.

Für Ferngespräche in Pay Phones muss man jede Menge Kleingeld dabei haben. Für Anrufe in Europa benötigt(e) man **rollenweise *Quarters*** zumal mindestens für 3 min (!) zu bezahlen ist, auch wenn man sich kürzer fasst. Die kosten ab $5. Mit dem *Operator* gibt es zudem leicht Verständigungsprobleme.

Calling oder Phone Cards

Solche **Komplikationen** sind aber im Grunde **Schnee von gestern** dank überall (Supermärkte, Tankstellen, Hotels, Mini Marts etc.) zu kaufender ***Prepaid Calling Cards.*** Diese praktischen Telefonkarten gibt es von zahlreichen Anbietern mit genausovielen Tarifen und oft kostentreibenden Zuschlägen wie Verbindungs- und Minimumgebühren pro Gespräch, Aufpreis von öffentlichen Telefonzellen, monat-/wöchentliche Grundgebühr, *Peak Time*-Gebühren, kostenpflichtigen Wahlversuchen, hohe Takteinheiten, Verfallsdatum u.a.m.

The Source by Circuit City (www.thesourcecc.ca, kanadaweit 950 Filialen) verkauft Telefonkarten von ***VoxDirect*** (www.voxdirect.ca) mit nebenkostenfreien Minutenpreisen von $0,04 (innerhalb Canadas), $0,05 (nach Deutschland, Schweiz) bzw. $0,06 (nach Österreich).

Karten aus dem Internet

Beim Kauf von ***Calling Cards*** (auch mit Aufladefunktion) aus dem Internet (z.B. von ***ZapTel,*** www.zaptel.com) erhält man keine Karte mehr. Vielmehr werden Pin Code und Einwahlnummer (toll-free) per E-Mail übermittelt, leider bei Erstkunden oft nur nach Rückruf innerhalb USA/Canada.

So geht`s

Telefonkarten funktionieren in Apparaten ohne Einsteckschlitz (das sind immer noch viele) wie folgt: 800-Nummer für die gewünschte Sprache (selten deutsch) wählen, dann die Codenummer der Karte eintasten, die Rufnummer wählen und fertig. Eine Ansage nennt meist die Restminuten. Außer niedrigen Kosten ist ein Vorzug des Systems die Sicherheit: mehr als der Restwert der Karte kann nicht verlorengehen.

Kreditkarte

Dort, wo Karten eingeschoben werden können (auch in mehr und mehr öffentlichen Telefonen), läßt sich direkt ohne die lästige Zahlentipperei **per normaler Kreditkarte** telefonieren. Die dafür erhobenen Gebühren sind aber in aller Regel **mehrfach höher als bei Anrufen mit einer *Prepaid Phone Card.***

Im Hotel

Wie bei uns ist das Telefonieren in Hotels und Motels mit hauseigenen Aufschlägen belegt. Sie sind aber durchweg niedriger als in Europa, bisweilen werben Motels sogar mit Netto-Telefongebühren. **Ferngespräche** lassen sich daher vielfach **bequemer vom Hotelzimmer aus** führen als von *Pay Phones* aus. Ebenso Anrufe zum Nulltarif bei einer der **800-Nummern,** etwa zur Reservierung eines Mietwagens oder Hotelzimmers für die nächsten' Nächte oder in die Heimat per *Calling Card.*

Für **gebührenfreie** und **Kreditkartengespräche** vom Zimmertelefon aus berechnen Hotels und Motels manchmal nichts oder einen Fixbetrag von $0,50-$1 pro Anruf.

1-800, 1-866 1-877, 1-888

Bei den **Vorwahlen 1-800, 1-866, 1-877** oder **1-888** schaltet sich auch von ***Pay Phones*** aus kein *Operator* ein; die Kosten gehen zu Lasten des Angerufenen. **Auch von Europa aus sind diese Nummern zu erreichen – über die ganz normale Durchwahl 001.** Sie kosten jedoch den Tarif für Überseegespräche. Bevor die Verbindung hergestellt wird, macht eine Ansage auf Englisch auf die Gebühren aufmerksam.

1-900

Das Gegenteil der 800-Nummern sind **900-Nummern**, für die neben den üblichen Kosten eine **Honorierung für den Angerufenen** fällig wird; z.B. für kommerzielle Ratgeber, Partnervermittlung etc. wie bei unseren 0900-Nummern.

Handy

Auf dem amerikanischen 1900-MHz Netz funktionieren die europäischen 900/1800-MHz *Dual Band Handys* nicht, sondern **nur *Triple Band Handys***. Mit diesen kommen allerdings zu den Gebühren des heimischen Providers (für alle! ankommenden und ausgehenden Gespräche sowie Mailboxabfragen) noch die des nordamerikanischen *Roaming*-Partners des eigenen Mobilfunknetzbetreibers hinzu. ***Roaming*** bedeutet Übernahme der heimischen Telefonnummer.

Im übrigen kosten Mobilfunkgespräche in Nordamerika sehr viel mehr als bei uns; in vielen Regionen ist zudem die Netzabdeckung selbst für die weitverbreiteten analogen AMPS-Handys ziemlich schlecht.

Mobilfunk Canada

Rogers Wireless (www.rogers.com), der **größte Mobilfunkanbieter Canadas,** betreibt das einzige nationale GSM-Digitalnetz. Es soll zwar 94% der kanadischen Bevölkerung erreichen, die Netzabdeckung weist aber außerhalb der Orte im Süden des Landes erhebliche Funklöcher auf. Die nächstgrößeren Mobilfunker, ***Bell Mobility*** (www.bellmobilty.ca) und ***Telus Mobility*** (www.telusmobility.com), sind derzeit nicht landesweit vertreten.

Wer wegen der hohen *Roaming*-Gebühren sein eigenes Handy in Canada nur für wichtige Telefonate nutzt, kann alle anderen Gespräche preiswert mit Festnetztelefonkarten (➪ Seite 163) führen. Ohne die *Roaming*-Option sind Handy-Telefonate deutlich preiswerter. Die dafür notwendigen **Mobilfunk-Prepaid-Karten** von kanadischen GSM-Netzbetreibern kann man bereits in Europa kaufen, z. B. bei ***Globilo Mobile World*** (www.globilo.de) für €69 mit can$30 Startguthaben. Eine gute Netzabdeckung gibt es aber nur in größere Städten.

VoIP

Zu unschlagbaren Tarifen telefoniert man mit Laptop, Headset und *Voice-over-IP*. Dank mittlerweile Breitband-Internet-Zugänge verfügen **VoIP-Telefonate** heute über eine gute Sprachqualität. In Canada gibt es viele kostenlose *Hot Spots* zur Einwahl über WLAN, z. B. in Hotels & Cafés (➪ Seite 157).

Temperaturen

In Canada werden Temperaturen in °Celsius gemessen, in den USA in °Fahrenheit. Die Formel für die Umrechnung von Celsius in Fahrenheit und umgekehrt lautet:

°Fahrenheit = 32° + 1,8 mal °Celsius

Celsius	–15°	–10°	–5°	0°	5°	10°	15°	20°	25°	30°	35°	40°
Fahrenheit	5°	14°	23°	32°	41°	50°	59°	68°	77°	86°	95°	104°

Uhrzeit

In Canada steht **»am«** (*ante meridiem*, vormittags) oder **»pm«** (*post meridiem*, nachmittags) hinter einer Zeitangabe:

9 Uhr = 9 am 21 Uhr = 9 pm

Besonders zu beachten ist:

12.00 Uhr = 12:00 pm oder ***noon***
12.20 Uhr = 12:20 pm
24.00 Uhr = 12:00 am oder ***midnight***
0.20 Uhr = 12:20 am

In **Fahrplänen** stehen »am-Zeiten« häufig in Normalschrift, »pm-Zeiten« in Fettschrift.

3

Umsatzsteuer/Sales Tax

Bis auf wenige Ausnahmen (z.B. Benzin) sind alle in Canada ausgezeichneten Preise Nettopreise. Erst an der Kasse wird im ganzen Lande einheitlich die nationale Mehrwertsteuer in Höhe (**GST:** ***Goods & Services Tax***) von zur Zeit 5% hinzugerechnet. Weiter addiert man die Umsatzsteuer der einzelnen Provinzen (**PST:** ***Provincial Sales Tax***), die zwischen 0% und 10% beträgt, ➪ die Steckbriefe zu den einzelnen Provinzen auf den Seiten 569ff. Lebensmittel sind meist *tax exempted*, umsatzsteuerbefreit.

Auf Übernachtungskosten fallen gesonderte Zusatzsteuern in Höhe von 4%-10 % an, ➪ Seite 135, und an Flughäfen werden auf Leihwagenkosten bis zu 29% Steuern erhoben, ➪ Seite 70.

Videos

Wer unterwegs noch Videos kaufen möchte (➪ auch Stichwort DVD, Seite 158), muss folgendes wissen: **VHS-Videofilme** werden in zwei unterschiedlichen Systemen geliefert. Die in der nordamerikanischen NTSC-Norm bespielten Kassetten sind auf unseren Fernsehern mit dem PAL-System nicht abspielbar und können auch nicht angepasst werden.

Zeitzonen

In **Canada** gelten **6 Zeitzonen**:

- *Newfoundland Standard Time* (nur auf Newfoundland) — MEZ minus 4,5 Stunden;
- *Atlantic Standard Time* (New Brunswick, Nova Scotia und Prince Edward Island) — MEZ minus 5 Stunden;
- *Eastern Standard Time* (Québec, fast ganz Ontario und östliches Nunavut) — MEZ minus 6 Stunden;
- *Central Standard Time* (Manitoba, Saskatchewan und zentrales Nunavat) — MEZ minus 7 Stunden;
- *Mountain Standard Time* (Alberta, NWT und westl. Nunavut) — MEZ minus 8 Stunden;
- *Pacific Standard Time*: (Yukon Territory und BC) — MEZ minus 9 Stunden;

Für **Alaska** gilt die

- *Alaska Standard Time* — MEZ minus 10 Stunden

Beim Übergang von einer Zeitzone zur anderen gibt es nicht immer Hinweisschilder. Auch wenn aus der Karte ein Zeitzonenwechsel klar hervorgeht, muss das nicht heißen, dass die Uhrzeit sich wirklich ändert, ➪ unter »Sommerzeit«.

Zeitzonen

Zoll

Zum Zoll bei der **Einreise nach Canada** ➪ Seite 44.

Wer aus Nordamerika **nach Deutschland** zurückkehrt, braucht bis zu folgenden Grenzwerten weder Zoll noch Umsatzsteuer zu bezahlen:

Mitbringsel im Wert bis zu **€175**, darin enthalten sind maximal

500 Gramm Kaffee und
50 Gramm Parfüm und
200 Zigaretten und
1 l Spirituosen oder **2 l Wein**

Bei **Warenwerten bis €350** zahlt man eine **Pauschalabgabe** von 13,5% (USA und Canada). Erst darüber kommen die vollen Sätze Zoll (überwiegend gering) zum Tragen, die mit der Warenart etwas variieren, immer aber sind dann 19% Einfuhrumsatzsteuern auf Warenwert plus Zoll fällig.

Wer mitgebrachte Waren im Wert über **€175** nicht deklariert und erwischt wird, zahlt neben Zoll und Umsatzsteuern auf den ggf. sogar geschätzten Wert (sofern keine Belege vorliegen) eine deftige Geldbuße, die als Vorstrafe aktenkundig wird. Also Vorsicht!

Reisen in Canadas Westen und Alaska

1. INHALT REISETEIL – BEDEUTUNG DER PIKTOS

Kernbereich

British Columbia und die **Nationalparks der Rocky Mountains** in **Alberta** bilden den **touristischen Zentralbereich** des kanadischen Westens. Die meisten Reisenden starten aus diesem Grund in **Vancouver** oder **Calgary.**

Routen BC und Alberta

Da diese beiden Städte, die **Nationalparks *Banff*** und ***Jasper*** und einige weitere populäre Ziele auf der »Besucher-Wunschliste« ganz oben stehen, konzentriert sich die Mehrheit der Urlauber auf wenige verbindende »Rennstrecken«. Zwar ist das Netz asphaltierter Allwetterstraßen im Westen Canadas und selbst im Süden von British Columbia noch erstaunlich weitmaschig und begrenzt damit die Anzahl reizvoller Alternativen, aber dennoch gibt es sie.

Im folgenden werden für den Bereich zwischen Alberta und Vancouver einschließlich Vancouver Island a l l e touristisch ergiebigen Routen ausführlich beschrieben, darunter auch und besonders Strecken abseits der touristischen Hauptpfade.

Canadas Norden und Alaska

Weitere **Schwerpunkte** setzt dieses Buch auf den **Norden von British Columbia,** das **Yukon Territory** und **Alaska,** ergänzt um einen kurzen Blick auf die **Northwest Territories**. Da Reisen im »Hohen Norden« sich auch heute noch ein wenig von Fahrten durch die Zivilisation südlich des 60. Breitengrades unterscheiden, wurde den allgemeinen Informationen in den entsprechenden Kapiteln viel Raum eingeräumt.

Ost-West-Route

Für Leser, die ihre Reise durch den Westen Canadas weiter östlich beginnen möchten, wird **eine optimale Ost-West-Route ab Toronto** durch Westontario, Manitoba, Saskatchewan und Alberta bis Calgary vorgeschlagen, die nur teilweise identisch mit dem Verlauf des berühmten *Trans Canada Highway* ist.

Bewertung von Zielen und Routen

In Anbetracht der vielen reizvollen Ziele und Strecken sowie der – speziell im Norden – großen Entfernungen fällt die Bestimmung der individuell optimalen Reiseroute oft nicht leicht. **Bewertende Aussagen** erleichtern Ziel- und Routenwahl. Daher beschränkt sich dieser Reiseführer nicht auf die reine Beschreibung, sondern liefert, wo nötig und sinnvoll, auch Beurteilungen. Obwohl Leser nicht in allen Fällen mit der Einschätzung der Autoren ganz übereinstimmen werden, kennen sie nach kurzer Benutzung des Buches deren Position und besitzen damit ein brauchbares Entscheidungskriterium.

Piktogramme

Auf durchaus subjektiver persönlicher Beurteilung beruhen auch die **Camping- und Wanderempfehlungen:**

Camping & Wandern

- Die **3 Campingsymbole** im Buchtext weisen auf Campmöglichkeiten hin, welche die Autoren positiv bewerten. Ihre Bedeutung ist klar. Die meisten der durch ein Piktogramm hervorgehobenen Plätze eignen sich sowohl für Campmobile als auch für Zelte.

- Die positive Einschätzung bezieht sich überwiegend auf **landschaftliche Einbettung** und **Großzügigkeit der Anlage,** berücksichtigt aber auch die **Übernachtungskosten**. Die Piktogramme besagen daher, dass ein Platz die Gebühren unbedingt wert ist oder – bei niedrigen Kosten bzw. Nulltarif – zumindest als akzeptabel eingestuft werden kann. Häufig trifft beides zu: Nicht wenige der schönsten Plätze kosten unter/bis $12 pro Nacht und Fahrzeug.

  Davon abweichende Einschränkungen – etwa in Städten – ergeben sich aus dem entsprechenden Text. **Nicht** oder nur von nachgeordneter Bedeutung für eine Empfehlung waren Qualität der sanitären Anlagen und sonstiger zivilisatorischer Einrichtungen.

- Das Wanderpiktogramm findet sich in erster Linie bei empfehlenswerten **Tageswanderungen** von kurzer bis mehrstündiger Dauer. Für weitergehende Empfehlungen ⇨ Seite 31.

Unterkunft

Übernachtungsempfehlungen beziehen sich auf außergewöhnliche Unterkünfte, solche mit gutem Preis-Leistungsverhältnis und auf preiswerte Einfachquartiere.

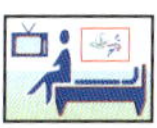

Ein Piktogramm findet sich in einigen Fällen auch dort, wo die Unterkunftssituation nur allgemein beschrieben ist. Ab Seite 133 wurde bereits erläutert, was von nordamerikanischen ***Hotels, Motels, Motor Inns*** und ***Bed & Breakfast Places*** zu halten und worauf bei der Reservierung bzw. Buchung zu achten ist.

Fast Food/ Restaurants

Die Piktogramme neben diesem Absatz sind leicht zu deuten. Das obere kennzeichnet die Aussicht auf einen guten Snack oder ***Fast Food,*** das untere ein empfehlenswertes Restaurant im üblichen Sinn. Da die **Versorgung auf Reisen** in Canada das geringste Problem darstellt, wenn man erst einmal die grundsätzlichen Gegebenheiten kennt (⇨ ab Seite 148), bilden konkrete Hinweise in diesem Buch keinen Schwerpunkt. Die Piktogramme unterstreichen einzelne gute Erfahrungen.

Karten

Alle Karten wurden **eigens für dieses Buch** angefertigt. Sie sind geographisch so korrekt wie möglich, erheben jedoch keinen Anspruch auf Vollständigkeit. Sie enthalten aber mindestens alle wichtigen Straßen, Orte, ***National- & Provincial Parks,*** Gewässer, Sehenswürdigkeiten und Wanderwege, wie sie auch im Text erwähnt werden

Die **Straßenkarten** sind in erster Linie gedacht zur Orientierung bei der Lektüre dieses Buches. Darüber hinaus leisten sie in **Ergänzung zur separaten Gesamtübersicht** gute Dienste bei der Reiseplanung. Rot gekennzeichnete Straßen entsprechen weitgehend den beschriebenen Routen und möglichen Alternativen. **Die Stadt- und Nationalparkpläne** vermitteln ein ausreichend klares Bild von den Gegebenheiten vor Ort; dort bezieht sich die rote Kennzeichnung auf Hauptstraßen. Genaue Ortskarten ersetzen sie nicht. Die gibt es überall gratis in der *Tourist Information.*

Durch British Columbia und Alberta

2. VANCOUVER

Vancouver ist die attraktivste Großstadt Canadas, ihre Lage zwischen Küstengebirge, Fraser River und Meer unübertroffen. Strände und zahlreiche grüne Parks prägen das Stadtbild.

2.1 Klima und Geschichte

Klima

Da ein Großteil der vom Pazifik kommenden Wolken schon an den vorgelagerten Bergen von Vancouver Island abregnet, bleibt Vancouver von den ärgsten Niederschlägen verschont – zumindest im Sommer. Im Juli/August hält sich die Anzahl der Regentage (7) in Grenzen. Eine durchschnittliche Tageshöchsttemperatur von 22°C sorgt dann für ein recht warmes Klima. Auch Juni und September sind im allgemeinen angenehme Monate, wenn auch mit ein wenig mehr Regen und kühleren Abenden. Dabei differieren die Witterungsbedingungen innerhalb des Stadtgebietes oft erheblich: während etwa an der Wreck Beach im Südwesten Sonnenschein und Wärme vorherrschen, kann North Vancouver am Fuße der Küstenberge wolkenverhangen und ungemütlich kühl sein. Jeweils bis zu 21 Tage mit Niederschlägen zählt man in den Monaten November bis Januar. Aber im ganzen Winter gibt's nur rund 25 Tage Schneefall. Deshalb werden die Ski- und Rodeldisziplinen der Olympischen Winterspiele 2010 nicht etwa im Skigebiet oberhalb Vancouver stattfinden, sondern im schneesicheren Whistler, gut 100 km nördlich der Stadt.

Geschichte

Bereits **1792** steuerte der britische Kapitän **George Vancouver** auf der Suche nach der legendären Nordwestpassage sein Schiff in das Burrard Inlet, eine tief ins Land reichende Bucht zwischen dem heutigen Downtown und North Vancouver. 1808 erforschte der Pelzhändler **Simon Fraser** den Fluss, der heute seinen Namen trägt, und gelangte dabei auch an sein Mündungsdelta im Süden der Metropole.

Stadtgründung

Die erste Siedlung gründeten erfolglose Goldsucher 1858 am Ufer des ***Burrard Inlet***. Offiziell als Gründer gilt *John Deighton*, ***Gassy Jack*** (*gassy* = geschwätzig), der bei seinem Eintreffen 1867 ein Faß Whisky im Reisegepäck hatte und sogleich einen *Saloon* eröffnete. Als Folge davon wurde die Siedlung zunächst als *Gastown* bekannt. Sie erhielt aber schon 3 Jahre später die offizielle Bezeichnung **Granville**. An *Gassy Jack* erinnert heute ein Denkmal in *Gastown*, das den »Stadtgründer« auf einem Whiskyfaß darstellt.

Brand 1886

Im Jahre 1886 wurden dem mittlerweile 1.000 Einwohner zählenden Granville die Stadtrechte und der ehrenvollere Name des ***Captain Vancouver*** verliehen. Nur wenige Wochen später zerstörte ein Feuer die Kleinstadt, ein zur damaligen Zeit, als noch alle Gebäude überwiegend aus Holz bestanden, keineswegs seltenes Unglück. Die Siedlung erholte sich jedoch rasch und besaß bald mehr Einwohner als vor der Brandkatastrophe.

Entwicklung

Als im folgenden Jahr der erste Zug aus den Ostprovinzen in Vancouver einlief, waren wortwörtlich die Weichen für den wirtschaftlichen Aufschwung der jungen Stadt gestellt. Viele Chinesen, die beim **Bau der Eisenbahn** mitgewirkt hatten, wurden in Vancouver seßhaft und begannen, Handelsbeziehungen mit Asien aufzubauen. Ebenfalls bereits 1887 segelten Schiffe der *Canadian Pacific Line* regelmäßig von Vancouver zu fernöstlichen Märkten. Gleichzeitig entwickelte sich die rasch wachsende Stadt zum wichtigsten Verkehrsknotenpunkt im westlichen Canada. Für Tausende von Goldsuchern war Vancouver in den Jahren 1897/98 neben Seattle Ausgangspunkt und Hauptversorgungsbasis für die Schiffsreise zu den Goldfeldern am Klondike River. Zur Jahrhundertwende besaß Vancouver bereits knapp 40.000 Einwohner.

Altstadt

Gastown, der ursprüngliche ***Ortskern***, verkam im Laufe der ersten Hälfte des 20. Jahrhunderts allmählich zu einem slumartigen Stadtteil am Rande des Geschäftszentrums. Nur knapp entging er Ende der 1960er-Jahre einer »Totalsanierung«, und man erklärte ihn zur ***denkmalgeschützten Heritage Site.*** Nach seiner – mittlerweile abgeschlossenen – Restaurierung gehört er zu den touristischen Hauptanziehungspunkten.

2

Expo 1986 und Stadtentwicklung

Vancouver war 1986 Schauplatz einer Weltausstellung/*EXPO*. Sie bescherte der Stadt eine Reihe architektonischer Glanzstücke wie das Kongresszentrum ***Canada Place*** und den ***Sky Train,*** ein modernes U- und S-Bahn-System.

Nach der Expo kaufte *Li Ka-Shing*, einer der reichsten Männer Asiens, für wenig Geld ein 83 ha großes Expogelände am *False Creek* und startete dessen immense **Umgestaltung.** Heute bilden dort 65 türkisfarbene gläserne Hochhäuser im ***Concord Pacific Place*** eine eigene Attraktion. Diese komplett neu erbaute Viertel (15.000 Einwohner) ist ein Glanzpunkt der Stadtsilhouette.

Metropolitan Vancouver

Das Wachstum der Stadt hält unvermindert an. Die Hälfte der Provinzbevölkerung konzentriert sich im Großraum von *Metropolitan Vancouver* (2,3 Mio. Einwohner), der die *City of Vancouver* und über 20 Vorstädte umfaßt. Davon lebt gut ein Viertel (ca. 580.000) im eigentlichen Citybereich.

Diese Entwicklung ging einher mit einer völligen **Umstrukturierung der Bevölkerung.** Während der letzten 20 Jahre, besonders nach der Wiedereingliederung Hongkongs in China, wuchs die Zahl der chinesischen Einwohner massiv. Ein gutes Drittel der Bewohner ist heute asiatischer Herkunft. Wohlhabende Chinesen zogen in die Vororte. Es gibt daher diverse **moderne *Chinatowns*** im Metrobereich; die ***alte Chinatown*** hat nur noch nostalgischen Charakter. Auch die Zahl der Einwanderer aus anderen asiatischen Ländern ist enorm gestiegen. Auf den Straßen der Innenstadt gibt es daher keine erkennbare Minderheit (***visible minority***) mehr.

2.2 Information, Orientierung und öffentliche Verkehrsmittel

Information

Kartenmaterial und Broschüren zu den Sehenswürdigkeiten der Stadt und der Provinz BC gibt es beim

Vancouver Touristinfo Centre
Plaza Level, 200 Burrard Street schräg gegenüber *Canada Place*, ✆ (604) 683-2000; www.tourismvancouver.com

North Vancouver Visitor Centre
102-104 West 1st St., North Vancouver,
✆ (604) 987-4488,.www.nvchamber.ca

Verkehr und Straßen

Von Südosten und von Norden her ist Vancouver bequem über den **TCH** zu erreichen, der allerdings den Innenstadtbereich selbst nicht berührt. Er läuft über die ***Second Narrows Bridge***, eine der beiden Brücken, die nach North Vancouver hinüberführen. Mit den südwestlichen Vororten ist Downtown durch die ***Burrard Bridge*** und die ***Granville Bridge*** verbunden. Zur Rush Hour ist in den Brückenbereichen oft alles »dicht«. Man sollte Autofahrten in die City von 7 Uhr bis 9 Uhr sowie zwischen15 Uhr und 18 Uhr daher möglichst vermeiden. Die wichtigste ***Nord-Süd-Achse*** ist die Straße #99, eine Fortsetzung der US-amerikanischen Interstate #5, die von der mexikanischen bis zur kanadischen Grenze läuft. Der Autobahnausbau endet im Vorort Richmond. Danach führt die #99 als Granville Street in die Innenstadt und weiter über die ***Lions Gate Bridge, North Vancouver*** und West Vancouver (verlaufsidentisch mit dem TCH) bis Horseshoe Bay und dann weiter nach Nordosten.

Orientierung

Die im Schachbrettmuster angeordneten Straßen von ***Downtown*** tragen Namen. Sie heiße alle *Street*. Die meisten sind Einbahnstraßen. **Außerhalb der Innenstadt** sind Straßen im Ost-West-verlauf *Avenues*, Straßen im Nord-Süd-Verlauf *Streets*. Letztere führen wiederum Namen; die *Avenues* dagegen sind numeriert; die Numerierung beginnt mit der *1st Avenue* südlich der City.

Flughafen

Der ***Vancouver International Airport*** (YVR), www.yvr.ca, ✆ (604) 207-7077, liegt im Vorort Richmond, ca. 12 km südwestlich der Innenstadt, Flughafenzufahrt von Downtown (30 min) mit der **Buslinie #098** (Burrard Station/Richmond Centre *B-Line*). Mit dem ***Airporter***, ✆ 1-800-668-3141, ✆ (604)-946-8866, www.yvrairporter. com, kostet die Fahrt $14. Abfliegende Passagiere entrichten eine »*Airport Improvement Fee*« von $15!

Öffentlicher Nahverkehr

Das öffentliche Nahverkehrssystem (*TransLink*, www.translink.bc.ca, ✆ (604) 953-3333), ist gut ausgebaut. Innerhalb des Stadtgebiets gilt ein **Einheitstarif** von $2,50, 10 Tickets $19, unabhängig davon, ob nun Bus, Bahn oder Schiff benutzt werden. Das Fahrgeld muss immer abgezählt zur Hand sein!

TransLink bedient neben *Downtown* diverse Vororte, darunter North Vancouver, Horseshoe Bay und Burnaby ($3,75-$5,00).

DayPass

Ein ***DayPass* für $9** berechtigt zu beliebig vielen Fahrten mit allen Verkehrsmitteln (Bus, *SkyTrain,* SeaBus). Man bekommt den Pass u.a. in den Filialen der Supermarktkette ***Safeway,*** in den Mini-Märkten ***7-Eleven*** (blaues Schild ***FareDealer*** im Fenster!) und an den ***SeaBus*** bzw. ***SkyTrain Ticket Machines.***

SkyTrain

Die **Expo Line** des *SkyTrain*-Systems verkehrt im 6-Minuten-Takt (zu den *Rush Hours* morgens und nachmittags alle 2-4 min) zwischen ***Waterfront Station*** in der Nähe des *Canada Place* und der **Endstation King George** in Surrey südlich des Fraser River (über Burnaby und New Westminster). Zwischen den ersten vier Haltestellen in *Downtown* läuft der *SkyTrain* – Name hin, Name her – unterirdisch; die anderen Streckenabschnitte legt er oberirdisch *(elevated)* zurück. Ebenfalls ab Waterfront Station verkehrt die ***Millennium Line***. Bis 2009 wird zusätzlich die ***Canada Line*** zwischen *Airport* und *Downtown* in Betrieb gehen.

Der ***SkyTrain*** lohnt sich **auch für Touristen,** weniger um irgendwo hinzukommen, sondern wegen der oft atemberaubenden Aussicht auf Meer, Berge und die Skyline während der Fahrt, z. B. von der *Suspension Bridge* über den Fraser River (östlich der *Columbia Station*), westlich der *Namaimo Station* oder östlich der *Stadium Station*. **Unbedingt einplanen!**

Parken in der City

Auto- und besonders Wohnmobilfahrer können ihr Fahrzeug gut außerhalb von *Downtown* im Umfeld einer ***SkyTrain Station*** parken und mit der Bahn ins Zentrum fahren. Dabei spart man nicht nur Zeit, sondern auch Geld, denn die in der Innenstadt zu entrichtenden Parkgebühren für einen ganzen Tag übersteigen leicht den Fahrpreis oder sogar die Kosten des bereits erwähnten *DayPass* selbst für mehrere Personen.

Per Boot nach Downtown

Relativ citynah liegt u.a. der **Parkplatz des *Vancouver Museum*** an der English Bay. Von dort gelangt man per Bus oder Boot (vom Anleger am ***Maritime Museum False Creek Ferries,*** ⇨ Granville Island Seite 185) rasch hinüber in die Innenstadt.

Preiswerte Mini-Kreuzfahrt

Auch **North Vancouver** kommt als Ausgangspunkt für eine Besichtigung des zentralen Vancouver in Frage: Der ***SeaBus*** pendelt tagsüber alle 15 min vom ***Lonsdale Quay*** (dort ein Restaurant-/Markt-/Shoppingkomplex und günstige Parkplätze, www.lonsdalequay.com) über das Burrard Inlet nach *Downtown* zur ***SeaBus Station*** (Cordova/Ecke Granville). Bei gutem Wetter gehört dieser 12-min-Trip mit Blick auf die *Skyline* der City zu den Höhepunkten eines Besuchs. Der Tarif für die Einfachfahrt mit dem Katamaran entspricht dem Stadtgebiet-Einheitstarif.

Sunset Beach mitten in Vancouvers City

2.3 Unterkunft und Camping

Situation

In Vancouver ist es wie in vielen Großstädten: vor allem in der Touristensaison im Sommer sind freie Zimmer zu halbwegs erschwinglichen Preisen häufig ausgebucht. Wer im Juli/ August reist, muss langfristig reservieren, aber auch vorher/ nachher ist das ratsam. Camping in Citynähe ist ziemlich teuer. Die besseren Plätze liegen relativ weit außerhalb.

Preiswerte Unterkünfte

Das toll gelegene **Hostel** am Jericho Beach Park, geöffnet Mai-September, bietet ein gutes Preis-/Leistungsverhältnis, wenngleich Massenbetrieb. Mit Bus #4 sind es von Downtown (Granville Mall) nur gute 15 min Fahrt bis zur Ecke 4th Ave/ Northwest Marine Drive:

- **International Hostel (HI) Vancouver Jericho Beach**
  1515 Discovery St, ✆ 1-888-203-4303, ✆ (604) 224-3208; EZ $24, DZ $72, 252 Betten, www.hostels.ca

In der City gibt es u.a. folgende **Hostel-Unterkünfte:**

- **International Hostel (HI) Vancouver Downtown**
  1114 Burnaby St, ✆ 1-888-203-4302, ✆ (604) 684-4565; EZ $30, DZ $80, 223 Betten (auch abends gut, da die Kneipengegend Davie Street ganz in der Nähe liegt!), www.hostels.ca
- **International Hostel (HI) Vancouver Central**
  1025 Granville St, ✆ (604) 685-5335, ✆ 1-888-203-8333. Moderne Herberge mit Pub im Herzen von Downtown, EZ $30, DZ $80, 214 Betten, www.hostels.ca
- **Cambie International Hostel Gastown,**
  300 Cambie St, ✆ 1-877-395-5335, ✆ (604) 684-6466; www.thecambie.com/gastown; Bett ab EZ $23, DZ $56 Herberge in einem 100 Jahre alten Bau in Gastown mit Saloon

YWCA Vancouver

Eine **Sonderrolle** spielt das renovierte und zum fast normalen Hotel umgestaltete **YWCA,** das in Vancouver – im Gegensatz zu anderen Städten – nicht nur Frauen offensteht und Tarife unter dem sonst üblichen Niveau berechnet:

- **YWCA Hotel/Residence** (gute City-Randlage)
  733 Beatty St, ✆ (604) 895-5830, ✆ 1-800-663-1424; www.ywcahotel.com; EZ $65, DZ ab $79, 155 Zimmer.

Universities

Ebenfalls preiswert sind die Quartiere in der (weit von Downtown entfernten) ***University of British Columbia*** mit dem ***Pacific Spirit Hostel*** (nur EZ/DZ). Während der Sommermonate kann man die Zimmer in den Wohnheimen (*Dormitories*) mieten:

- **UBC Housing & Conference Centre**, 5961 Student Union Blvd, ✆ (604) 822-1000, ✆ 1-888-822-1030; www.ubcconferences.com, EZ $33, DZ ab $66.
- Dasselbe gibt es auch in **Burnaby** bei der ***Simon Fraser University***, ✆ (778) 782-4503, www.sfuaccommodations.ca, EZ ab $40 und DZ/Bad $95

Hotels/ Motels

Im zentralen Bereich der City findet man hauptsächlich Hotels der gehobenen Preisklasse. Die **Übernachtungspreise** beginnen in der Hauptsaison bei etwa $120 (Days Inn, Quality Hotel):

- ***Days Inn Downtown***, 921 W Pender St, © (604) 681-4335 und © 1-877-681-4335, DZ $159, 85 Zimmer in der Nähe des Fährterminals; www.daysinnvancouver.com;
- ***Quality Hotel Downtown***, 1335 Howe St, © (604) 682-0229 und © 1-800-663-8474; DZ ab $119, 157 Zimmer am Nordende der Granville Bridge; www.innatfalsecreek.com

Vororte

Zahlreiche Hotels und Motels der Mittelklasse liegen entlang der **südlichen Einfallstraßen**

- Straße #99/Granville St und
- Straße #1A/99A/Kingsway (im Bereich Victoria Dr befinden sich eher preiswerte Motels); gutes Preis-/Leistungsverhältnis: ***2400 Motel,*** 2400 Kingsway, © 1-888-833-2400 bzw. © (604) 434-2464, Hochsaison DZ $85; www.2400motel.com, sowie entlang der
- Straße #7A/Hastings Street, die von Osten in die City führt.

Relativ citynah, aber ein wenig preiswerter als in Downtown kommt man in **North Vancouver** (Marine Dr) unter. Zu den »besseren« Möglichkeiten zählen das ***North Vancouver Hotel*** , Vancouver Northshore, 1800 Capilano Rd, © 1-800-663-4055, © (604) 987-4461, DZ $129, www.northvancouverhotel.ca; und das ***Lonsdale Quay Hotel,*** 123 Carrie Cates Court,© 1-800-836-6111,© (604) 986-6111, DZ $125, www.lonsdalequayhotel.com.

Eine Alternative zu Hotels, Motels sind auch in Vancouver ***Bed & Breakfast***-Quartiere. Zu empfehlen ist u.a. das

- ***Windsor Guest House,*** 325 W 11th Avenue, © (604) 872-3060, © 1-888-872-3060, DZ ab $75 viktorianisches B&B in einer ruhigen Nachbarschaft, rund 2 km südlich von Downtown, 11 Zimmer; www.dougwin.com

Camping

Nur für den Notfall sollte man den teuren ($30-$60), oft sehr vollen und wegen der Brücke recht lauten ***Capilano RV Park*** unterhalb der ***Lions Gate Bridge*** (am Nordende) ansteuern; © (604) 987-4722; www.capilanorvpark.com.

In Surrey, rund 30 km südöstlich der Innenstadt, gibt es mehrere private Campingplätze zu erträglichen Tarifen:

Ein guter, immer wieder gelobter Platz ist der kleine ***Plaza RV Park,*** 8266 King George Highway 99A in Surrey, © (604) 594-4440, auch für Zeltcamper geeignet, akzeptable Entfernung bis Downtown; Tarife $23-$35.

Ebenfalls in Surrey, aber noch etwas weiter von Vancouver entfernt, 10 km vor der Grenze zu den USA, liegt der ***Peace Arch RV Park,*** 14601 40th Ave, Abfahrt #10 von der Autobahn #99; © (604) 594-7009, auch Zeltcamper; $29-$34.

Ein komfortabler Platz in relativer Citynähe ist der ***Burnaby Cariboo RV Park*** am 8765 Cariboo Place in Burnaby (Ausfahrt #37 vom TCH); ✆ (604) 420-1722. Allerdings sind viele Stellplätze recht eng; $34-$51; www.bcrv.com. Aber starke Störung durch nächtlichen Verkehr auf der benachbarten Eisenbahnlinie.

Über 40 km von Vancouver entfernt ist der sehr schön am Howe Sound nördlich Horseshoe Bay (Straße #99) gelegene **Provinzpark *Porteau Cove***, $24, (Duschen). Die Stellplätze (überwiegend am Wasser) sind im Sommer meist früh belegt. Nur wer am Vormittag zeitig anreist bzw. reserviert (➪ Seite 144), hat Aussicht unterzukommen. Nachteil: Güterzüge fahren auch dort bisweilen nachts gleich hinter dem Platz.

2.4 Stadtbesichtigung

2.4.1 Citybereich

Stanley Park

In Vancouver kann man großstädtischer Hektik rasch entfliehen. Nur wenige Gehminuten westlich von Downtown liegt der über 4 km^2 große ***Stanley Park***. Die von dichter Regenwaldvegetation bedeckte Landzunge zwischen English Bay und Burrard Inlet wurde bereits im Jahre 1889, wenige Jahre nach Stadtgründung, als Erholungsraum reserviert und nach dem damaligen Gouverneur, ***Lord Stanley***, benannt.

Wegesystem

Im östlichen Teil wirkt der Park heute wie ein gepflegter Stadtwald, im Westteil dagegen blieb der Urwald weitgehend erhalten. Das Wegesystem des Parks besitzt eine Länge von 81 km und wird von Joggern, Skatern und Bikern stark genutzt. **Skate- und Bike-Verleih** bei ***Bayshore Rentals,*** 745 Denman St, ✆ (604) 688-BIKE, Fahrrad ab $27/Tag ($17 für 4 Std); www.bayshorebikerentals.ca – auch gut zur Stadterkundung. Auf der ***Seawall Promenade***, einem ausgebauten Rad- und Wanderweg von 9 km Länge am Wasser entlang, genießt man wunderbare Ausblicke auf City und Hafen, auf die Coast Mountains und über die English Bay. Schöne **Strände** befinden sich an der Westseite des Parks; besonders beliebt ist die ***Third Beach*** an der English Bay.

Auto-Rundkurs

Der Stanley Park lässt sich auch per Auto befahren: ein Einbahn-Rundkurs (Anfahrt auf der Georgia St/Straße #99, am *Vancouver Rowing Club* rechts ab; Fahrtrichtung gegen den Uhrzeiger; ebenso für Biker und Skater auf der *Seawall Promenade*) verläuft überwiegend als Uferstraße. Derselben Route folgt auch der ***Stanley Park Shuttle Bus*** (gratis, Mitte Juni-Mitte September täglich 10-18.30 Uhr; 15 Stopps). Dabei passiert sie neben vielen Aussichtspunkten – besonders schön ***Brockton Point*** – gleich eingangs eine Gruppe hoher **Totempfähle**; die meisten davon Replicas alter Totems der *Haida*-Indianer aus dem Nordwesten von British Columbia. Sie gehören zu den unverzichtbaren Fotostopps sämtlicher Stadtrundfahrt-Busse.

Aquarium

Im Park befindet sich auch das ***Vancouver Public Aquarium*** (Juli-August täglich 9.30-19 Uhr, sonst täglich 9.30-17 Uhr, Eintritt $20, www.vanaqua.org). Stars unter den Tieren sind Seelöwen, Seeottern, Belugawale und Delphine; ein Haifischbecken fehlt ebenfalls nicht. Als weiterer Höhepunkt prasselt im üpppigen Amazon-Regenwald stündlich ein Gewitter auf Fische, Pflanzen und Schmetterlinge herab. Unter © (604) 659-3474 erfährt man u.a. Fütterungszeiten und Vorführtermine.

City of Vancouver

Downtown Vancouver ist begrenzt durch den ***Stanley Park***, das Burrard Inlet, die English Bay und – östlich – den False Creek. In den letzten Jahren wurde die City völlig umstrukturiert. Nicht so sehr Museen oder einzelne herausragende Bauten (w.z.B. *Canada Place*, ➪ unten) machen den Reiz der Stadt aus, als vielmehr das **Arrangement neuerer Glashochhäuser** (vornehmlich für Wohnzwecke), die mit dem Tageslicht ihre Farbe wechseln. Die Investoren mussten sich verpflichten, Grünanlagen, breite Gehwege und **Spazier-/Skate-/Rad-Wege in den Uferzonen** am False Creek und am Burrard Inlet zu schaffen.Die 9 km rund um den Stanley Park eingeschlossen sind jetzt auf 28 km die gesamte *Downton* verkehrsfrei zu Fuß oder per Bike zu umrunden. Am Wege liegen zahlreiche Cafés und Restaurants mit *Open-air*-Terrassen.

Canada Place

Am Nordrand der City fällt vor allem der an ein riesiges Segelschiff erinnernde Komplex ***Canada Place*** (www.canadaplace.ca) an der *Waterfront* auf (Nordende Howe Street). Dieses Wahrzeichen der Stadt – als kanadischer Pavillon zur Expo 1986 eingeweiht – beherbergt das ***Convention & Exhibition Centre*** mit dem luxuriösen ***Pan Pacific Hotel***, © 604-662-8111; www.panpacific.com/vancouver (unbedingt hineingehen!). Längsseits machen die Kreuzfahrtschiffe fest. Im Nordteil des Baus ist ein **IMAX-Kino** mit überdimensionaler Projektionstechnik untergebracht. Auf die Besucher wartet dort ein eindrucksvolles Filmerlebnis.

Seaside Bicycle Route: 28 km rund um die City

Vom *Canada Place* läuft die Uferpromenade – vorbei an *Coal Harbour* und großen Marinas – bis zum *Stanley Park*. Gegen den Uhrzeigersinn wird der Park auf der *Seawall* umrundet. Weiter geht es an der *English Bay* und *Sunset Beach* entlang zunächst bis Yaletown. Dort sind ehemalige Lagerhallen integriert in Wohnbereiche mit Kneipen/Restaurants und schicken Boutiquen, eine Art kleineres Soho. Weiter geht es am *False Creek* entlang über die *Plaza of Nations* zur *Science World* und – auf dem südlichen Ufer des False Creek – bis nach *Granville Island*. Dort schließen sich die schon älteren Wege am südlichen Ufer der English Bay bis zu ihrem Endpunkt an der *Spanish Banks Beach* an. Westlich der *Burrard Bridge* (➪ Karte Seite 182) passiert man den *Vanier Park* mit seinen Museen, *Kitsilano Beach* und weitere populäre Strände (➪ ab Seite 187). **Radfahrer** und ***Skater*** schaffen die Runde hne weiteres an einem Tag. Dabei hat man von vielen Punkten die – wie es oft in Architekturartikeln heißt – **schönste *Skyline* Nordamerikas** im Blick.

Das aktuelle Programm und Anfangszeiten unter © (604) 682-IMAX; www.imac.com/vancouver. Eintritt ab $12; Vorstellungen täglich 12-22 Uhr.

Shopping/ Nightlife

Die City of Vancouver gilt als Einkaufsparadies. Läden und Shoppingzentren konzentrieren sich vor allem auf die Robson Street und den Bereich zwischen Burrard und Seymour Street von der *Waterfront* bis hinauf zur Nelson Street. Die Granville Street ist in dieser Zone für Pkw gesperrt und nennt sich dort ***Granville Mall.*** Im südlichen Abschnitt bis zur Brücke über den False Creek rühmt sich der ***Granville Street Entertainment District*** zu Recht als **Vancouvers bester Nightspot.**

Robson Square

Ein populärer Treffpunkt ist der großenteils unter Straßenniveau angelegte Robson Square zwischen Hornby und Howe Street. Blumenbeete, Kaskaden und Springbrunnen schmücken diesen Platz, der sich über zwei City-Blocks erstreckt.

Kunst-museum

An seinem nördlichen Ende steht die ***Vancouver Art Gallery*** (750 Hornby Street; täglich 10-17.30 Uhr, Di, Do bis 21 Uhr, $20; www.vanartgallery.bc.ca). Die permanente Gemälde-Kollektion konzentriert sich auf Kunst aus BC, insbesondere auf die aus Victoria stammende ***Emily Carr***, und nordamerikanische Maler der Gegenwart. Wechselnde Programme ergänzen die Ausstellung. Auf der anderen Seite des Platzes haben die *Law Courts* (Gerichte) ihren Sitz in einer Konstruktion aus Stahl und Glas.

Robson Street

Die Robson Street westlich des Robson Square etwa bis hinunter zum ***Empire Landmark Hotel*** ist mit ihren Boutiquen und Restaurants – ginge es nach der örtlichen Werbung – das kanadische Gegenstück zum ***Rodeo Drive*** in Beverly Hills/ Los Angeles. Davon kann zwar keine Rede sein, aber eine Art **»Flaniermeile«** für einen Schaufensterbummel, den Nachmittagskaffee und einen Drink zur Abendstunde in einem der zahlreichen Straßencafés ist die ***Robsonstrasse*** schon.

Tatsächlich wurde so früher der Straßenabschnitt zwischen Jervis und Thurlow Street genannt, da dort viele deutschstämmige Geschäfte ansässig waren. Heute bestimmt junges asiatisches Publikum die Szene. Auch das Presseangebot ist auf den asiatischen Markt konzentriert. Wer eine **deutsche Tageszeitung** topaktuell haben möchte, kann sie sich bei der riesigen **Buchhandlung *Chapters*** (780 Robson, östlich des Robson Sq) für **\$5-\$8 ausdrucken** lassen. Ebenfalls östlich des Robson Square im *Theater District* steht die architektonisch interessante, dem *Kolosseum* von Rom nachempfunden Bibliothek von ***Moshe Safdie,*** einem der bedeutendsten Architekten Canadas (350 W Georgia St).

Unterirdische Einkaufszentren

Mehrere ***Underground Shopping Malls*** bieten Einkaufsvergnügen bei jedem Wetter. Die größte ist die ***Pacific Centre Mall***, www.pacificcentre.ca, zwischen Granville, Howe, Robson und Pender Streets mit dem Kaufhaus ***Sears***. Als Gegenpart steht auf der gegenüberliegenden Seite der Kreuzung Granville/Georgia Street das Kaufhaus ***The Bay***. Unter dem ***Hyatt Hotel*** in der Burrard/ Ecke Georgia St befindet sich das ***Royal Centre*** mit zahlreichen Modeboutiquen und einem ausgedehnten Kinokomplex.

»Weitblick«

Die vierte große *Mall* in Downtown Vancouver, das ***Harbour Centre*** (555 West Hastings/Ecke Seymour Street), befindet sich gegenüber dem *SeaBus*-Anleger Zum Gebäudekomplex gehört der 167 m hohe ***Harbour Tower*** mit Aussichtsplattform (***Vancouver Lookout***) im 40. Stockwerk (Mai-Mitte Oktober täglich 8.30-22.30 Uhr, sonst 9-21 Uhr; \$13 inkl. Multimedia-Show; www. vancouverlookout.com.

Den Eintritt spart, wer die Aussicht vom Restauranttisch des ***Top of Vancouver***, © (604) 669-2220; www.topofvancouver.com, aus genießt (eine Runde pro Stunde). **Tipp:** An Wochentagen nach der üblichen Lunchtime so ab ca. 13.30 Uhr ist es nicht mehr voll. Die Küche dort oben ist ausgezeichnet; dafür nicht zu teuer!

Hoch hinauf geht's auch im Hotel ***Empire Landmark***. Oben dreht sich das **Restaurant *Cloud 9*** (www.cloud9restaurant.ca) um die eigene Achse (1400 Robson Street, © (604) 687-0511), schlägt aber Blick, Küche und Ambiente des ***Top of Vancouver*** nicht.

West End

Die Robson Street endet in ***West End***. Das Herz dieses Wohnviertels schlägt in der **Denman Street**, einer Flaniermeile mit vielen Restaurants auf acht Straßenblocks zwischen English Bay und Burrard Inlet. Ebenfalls ein **West-End-Szenetreff** sind die Kneipen und Restaurants an der Davie Street, Bereich der Thurlow Street.

2

Bootsfahrten

Von der *Harbour Cruises Marina* am Nordende der Straße starten **Hafenrundfahrtboote** (75 min) durch das Burrard Inlet, © 1-800-663-1500, © (604)-688-7246, $25, Mitte April bis Mitte Okt. täglich 14.30 Uhr, Mai bis Sept. tägl. 4-5 x; www.boatcruises.com.

Steam Clock in der Gastown

Im ältesten Bezirk Vancouvers, der ***Gastown*** (Bereich **Water St östlich des *Harbour Centre*** etwa bis Columbia St; www.gastown.org), gelang die Restaurierung eines einst heruntergekommenen Stadtteils. Heute besitzt *Gastown* hinter den auf nostalgisch getrimmten neuen Fassaden jede Menge Shops für Krimskrams und Souvenirs und eine attraktive gastronomische wie Nachtclub-Szene.

Gastown besitzt gleich zwei **»Wahrzeichen«:** die Statue des berühmt-berüchtigten Stadtgründers ***Gassy Jack*** auf einem Whiskyfass (Maple Tree Square) und seit 1977 auch die ***Steam Clock*** (Water & Cambie Streets), die viertelstündlich pfeift und stündlich Dampf ablässt. Sie wird von einem zentralen Dampfheizungssystem der *Gastown* angetrieben.

Indian Art

Ein paar Schritte neben der *Steam Clock* befindet sich der Laden ***Hill's Native Art*** (152 Water Street.; www.hillsnativeart.com), mit einer Ausstellung indianischen Kunsthandwerks der Spitzenklasse. Leider gilt das auch für die Preise. Aber gucken ist frei.

Chinatown

An Gastown grenzt südöstlich die ***Chinatown*** (Hauptbereich: Pender Street zwischen Carrall und Gore; www.vancouverchinatown.ca). Sie ist nicht mehr das Zentrum der Chinesen, die heute überall in der Stadt (hauptsächlich in Richmond) ihre Einkaufszentren und Supermärkte besitzen, ➪ Seite 175. Die **Atmosphäre** des Viertels ist dennoch (und trotz des Tourismus) relativ **authentisch**. Tagsüber kann man dort in verwinkelten chinesischen Läden stöbern und in vielen **Restaurants** unverfälschte fernöstliche Küche probieren. Der Handel spielt sich großenteils auf der Straße ab; die Auslagen vieler Lebensmittelshops sind ein Fest für die Augen. Nach Ladenschluss ist *Chinatown* reizlos. Denn die Restaurants schließen früh.

Chinese Garden

Der kleine ***Dr. Sun Yat-Sen Classical Chinese Garden***, 578 Carrall Street (Mitte Juni-August täglich 9.30-19 Uhr, sonst 10-18 Uhr, Eintritt $10; www.vancouverchinesegarden.com) ist eine Idylle inmitten von Geschäftigkeit und bildet einen Kontrast zu den Beton- und Glasstrukturen der City, ist aber eigentlich zu teuer.

Nebenan befindet sich das ***Chinese Cultural Centre Museum***, www.cccvan.com, (555 Columbia Street), in dem oft Kunstausstellungen laufen, und ein freier ***Chinese Garden***, der es auch tut.

Granville Island

Südlich der City mitten in der Bucht ***False Creek*** unter der Granville Bridge, liegt Granville Island. Die 1913 aufgeschüttete künstliche (Halb-)Insel diente bis in die 1970er-Jahre hinein als Industriestandort. Auf diesem Areal eröffnete 1979 in alten Lagerhallen der ***Granville Island Public Market*** (täglich 9-19 Uhr) zunächst für landwirtschaftliche BC-Produkte. Später erweiterte sich *Granville Island* langsam zu einem Komplex mit Restaurants, Kunstgalerien und dem *Emily Carr Institute*, www.eciad.ca, einer Kunsthochschule. Mit Yachthafen, Park samt Abenteuerspielplatz, Wohnquartieren an und auf dem Wasser sowie dem ***Granville Island Hotel*** mit eigener Hausbrauerei (*Dockside Brewery*, © (604) 685-7070; www.granvilleislandhotel.com) bietet die Insel heute ein facettenreiches Ambiente. Auf den **Restaurantterrassen** und an ***Food Stands*** gibt's Genüsse aus aller Welt mit Blick auf die *Vancouver Skyline*.

Im ***Granville Island Information Centre*** (www.granvilleisland.com) beim *Waterfront Theatre* erhält man Lageplan und viel Werbung zu Shopping, Restaurants, Kneipen und Aktivitäten.

2

Aquabus nach Granville Island

Von einer Anfahrt mit dem eigenen Auto (unterhalb der Granville Bridge über die W 2nd Ave auf die Anderson Street) ist abzuraten, da die Parkplätze auf Granville Island und in der Umgebung immer überfüllt sind. Von der City nimmt man am besten den ***Aquabus*** (Anleger Hornby Street am Nordende Burrard Bridge oder Davie Street in Yaletown; www.theaquabus.com) oder die ***Falls Creek Ferries*** (ab *Aquatic Centre*; www.granvilleislandferries.bc.ca) hinüber zur Anlegestelle am *Public Market* (jeweile Pendelverkehr alle 5 min Mitte Mai bis *Labour Day* tägl. 7-22.30 Uhr, sonst kürzer, ab $2,50 *one-way*; $12 Tagespass.

Tipp: *Aquabus* von Yaletown bis English Bay kurz vor Sonnenuntergang, wenn die ***»City of Glass«*** diamanten funkelt.

Anleger für die diversen Aquabusse auf Granville Island vor der Kulisse von Downtown Vancouver

Vanier Park

Ebenfalls am Ufer des False Creek eingangs der English Bay liegt der *Vanier Park*, der den Gebäudekomplex ***Vancouver Museum*** mit ***Space Centre*** (1100 Chestnut St) und ***Maritime Museum*** beherbergt. Zu Fuß sind es vom *Aquatic Centre* über die Burrard Bridge dorthin 15 min. Großer **Parkplatz** vor dem Museum frei.

Geschichtsmuseum

Mit sehenswerten Ausstellungen informiert das ***Vancouver Museum*** (Juli-August täglich 10-17, sonst Di-So 10-17 Uhr, Do bis 21 Uhr, $11; www.vanmuseum.bc.ca) lebendig über die Geschichte British Columbias mit Schwerpunkt Vancouver. Das ***Space Centre*** im gleichen Gebäude bietet Reisen durchs Weltall mit Bewegungssimulatoren ***Space- und Laser-Shows*** sowie interaktive Ausstellungen zur Raumfahrt (Juli + August täglich 10-17 Uhr, sonst Di-So 10-17 Uhr, $15; www.spacecentre.ca).

Maritimes Museum

Mittelpunkt des benachbarten ***Vancouver Maritime Museum*** (1905 Ogden Ave), ist das originalgetreu restaurierte RCMP-Patrouillenboot ***St.Roch*** steht (Ende Mai bis Anfang September täglich 10-17, sonst Di-Sa 10-17 Uhr, So ab 12 Uhr, $10; www.vancouvermaritimemuseum.com). Das kleine Holzschiff schrieb Seefahrtsgeschichte. Mit ihm wurde Anfang der 1940er-Jahre erstmalig die Nordwestpassage in beiden Richtungen bezwungen. Als das Boot nach Halifax/Nova Scotia verlegt wurde, führte die Reise durch den Panamakanal. Die *St.Roch* hatte damit als erstes Schiff ganz Nordamerika voll umrundet. Ansonsten bietet das betagte Museum indessen wenig.

False Creek/ Science World

Am südöstlichen Rand von Downtown Vancouver liegt das ehemalige Expo-Gelände (1986) am ***False Creek*** zwischen Granville Bridge und Main Street, heute ein Gebiet massiver **Stadterneuerung.** Insbesondere im **Trendviertel Yaletown** am Nordende der *Cambie Bridge* findet man in den früheren Lagerhäusern gute Restaurants, Geschäfte und Kneipen.

Neben *Sky Train*, *BC Place Stadium* und der *Plaza of Nations* blieb nur das *Expo Center* von der 1986er-Weltausstellung übrig (1455 Quebec St an der Sky Train Station Main Street). Es beherbergt das naturwissenschaftliche Museum ***Telus World of Science***; www.telusworldofscience.com. Sehr anschaulich; täglich 10-17 Uhr, Sa/So bis 18 Uhr; $20 mit Besuch des ***Omnimaxkinos*** $25; nur Omnimax $10.

Omnimax

Zum Gebäudekomplex gehört der auffällige Geodesic Dome, eine kreisrunde Konstruktion nach Art des Brüsseler Atomiums. Drinnen gibt es ebenfalls ein Omnimax-Kino ($10). Das Innere der Kugel dient als riesige Projektionsfläche. Programminformation/Zeiten der Vorstellungen unter © (604) 443-7440.

BC Place Stadion

Das *BC Place Stadium*, www.bcplacestadium.com, ein über 60.000 Zuschauer fassendes geschlossenes Stadion mit einer **Zeltkonstruktion als Dach**, liegt beim ehemaligen Weltausstellungsgelände zwischen Pacific Blvd und Robson Street. Dazu gehört die ***BC Sports Hall of Fame and Museum*** (Eingang Gate A); täglich 10-17 Uhr, Eintritt $10; www.bcsportshalloffame.com.

Replicas originaler Totem Poles der Haida Indianer im Museum of Anthropology, ➪ *unten*

2.4.2 Südwestliche Vororte

Kitsilano Beach

Vom *Vanier Park* und seinen Museen an der English Bay war bereits die Rede. Nur wenige hundert Meter weiter westlich erstreckt sich im Anschluss an den kleinen ***Hadden Park*** die ***Kitsilano Beach,*** der populärste Strand der Stadt. Dort findet man alle erdenklichen Einrichtungen für aktive Freizeitgestaltung: geheiztes Salzwasser-Schwimmbad (***Kits Pool,*** 2305 Cornwall St.) für alle, denen es im Meer zu kalt ist (Mitte Mai bis Mitte September, $5), eine Surfschule, Tenniscourts, Basket- und Volleyballplätze, Duschen und Picknicktische.

Die Umgebung der ***Kits Beach*** gehört zu den besseren Vierteln der Stadt. Shops, Restaurants und Kneipen, sog. in Wohngebieten anderswo selten vorhandene *Neighbourhood Pubs,* sind zahlreich. Man findet sie vor allem in der 4th Ave, der Hauptstraße der *Kits Region,* zwischen Burrard und Highbury.

West Marine Drive

Folgt man der 4th Ave nach Westen oder fährt an der ***English Bay*** entlang (Cornwall/Point Grey Road), stößt man auf den ***Jericho Beach Park,*** an dessen Ufern sich Yachthäfen und eine der drei offiziellen HI-Hostels (➪ Seite 178) befindet.

Ab der Locarno Beach rund um die ***University Peninsula*** läuft der Marine Drive (von der West 4th Ave dorthin über Discovery oder Trimple Street). Auf ihm passiert man zunächst die langgestreckte ***Spanish Banks Beach,*** bevor die Straße zum höhergelegenen Campus der ***University of British Columbia*** (UBC; www.ubc.ca) hinaufführt. Oben versperrt dichter Regenwald den Blick über die Strait of Georgia, die Meeresstraße zwischen Festland und Vancouver Island.

Museum of Anthropology

An der Spitze der Halbinsel liegt das ***Museum of Anthropology*** (6393 NW Marine Drive), eine Konstruktion aus Glas und Beton über den Klippen des Point Grey. Glanzstücke des Museums sind einige der ältesten und schönsten **Totempfähle** Canadas, sie allein lohnen schon den Besuch.

Museum

Besonderes Gewicht liegt auf den Arbeiten von *Bill Reid*, einem bekannten *Haida*-Künstler. Ein ganzer Raum (Rotunda) ist der Arbeit *The Raven and the First Men* gewidmet. Den Schwerpunkt der Ausstellung bildet die umfangreiche Kollektion von Kunst- und Gebrauchsgegenständen der Nordwestküsten-Indianer. Mit begrenzteren Sammlungen sind auch Zivilisationen anderer Kontinente vertreten. Geöffnet täglich 10-17 Uhr, Dienstag bis 21 Uhr, Mitte Mai bis Anfang September; wegen Umbau Sept. 08 bis März/April 09 geschlossen, Eintritt $9; www.moa.ubc.ca.

Gärten

Ebenfalls direkt am Marine Drive liegt in unmittelbarer Nähe des anthropologischen Museums der hübsche japanische ***Nitobe Memorial Garden***, www.nitobe.org. Mitte März-Oktober täglich 9-17 Uhr; Eintritt $6.

Wreck Beach

Vom steilen Südwestufer der *University Peninsula* führen Pfade vom Marine Drive durch die üppige Vegetation hinunter zur *Wreck Beach*, dem inoffiziellen **Nacktbadestrand** von Vancouver, wo sich zwischen angeschwemmten Holzstämmen Badeleben, Grillparties und sogar allerhand Kommerz abspielen (www. wreck beach.org). Der ***Beach Trail No.6*** (Start schräg gegenüber der Einmündung des University Bouievard in den Marine Drive) führt hinunter in den belebteren Strandbereich; die *Trails* No.3 und No.4 beiderseits des *Museum of Anthropology* enden in ruhigeren Bereichen.

Universitäts-parks

Die *University of British Columbia*, der diese Halbinsel ihren Namen verdankt, ist nicht nur Eigentümer von Grund und Boden des Campus`, der mitsamt ausgedehnten Wohnanlagen für Studenten und Einfamilienhaus-Siedlungen für den Lehrkörper über 400 ha bedeckt. Ihr gehören darüberhinaus ausgedehnte unbebaute ***University Endowment Lands*** weiter südlich und östlich der genutzten Fläche.

Ein Teil davon ist durch ***Trails*** und (wenige) Straßen erschlossenes **Parkgelände** größer als der citynahe Stanley Park (➪ Seite 181), der Rest bildet eine Art »ökologische Nische«. Am südwestlichen Rand der *Endowments Lands* passiert man beidseitig des Marine Drive den **Botanischen Garten** – ***UBC Botanical Garden***, 6804 SW Marine Drive, www.ubcbotanicalgar den.org. Beide Areale sind durch eine Unterführung (nur für Fußgänger) miteinander verbunden. Speziell der ***Asian Garden*** lohnt einen Spaziergang; er ist weit mehr als die Bezeichnung vermuten lässt: nämlich eher ein **Arboretum** voller im Regenwald heimischer Bäume und Sträucher; geöffnet Mitte März-Mitte Oktober täglich 9-17 Uhr, Eintritt $8.

Van Dusen Garden

Größer und insgesamt noch attraktiver ist der ***Van Dusen Botanical Garden,*** einige Kilometer östlich der UBC (Ecke 5251 Oak St./37th Ave, Juni-August täglich 10-21 Uhr, sonst bis zur Dämmerung. Der Eintritt ist indessen mit $9 nicht niedrig; www.van dusengarden.org.

Auf dem Weg von der UBC zum unverzichtbaren ***Queen Elizabeth Park*** kann man im *Van Dusen Garden* leicht einen Stopp einlegen; das schöne ***Shaughnessy Restaurant*** in einem grünen Ambiente lädt überdies zur Pause ein, ✆ (604) 261-0011; www.shaughnessyrestaurant.com.

Queen Elizabeth Park

Etwas feiner und mit herrlichem Weitblick über Vancouver (dafür gar nicht mal besonders teuer), speist man im exzellenten ***Seasons in the Park*** des *Queen Elizabeth Park,* 33rd Ave/Cambie Street, ✆ 1-800-632-9422, ✆ (604) 874-8008; www.vancouverdine.com; kreative Westküstenküche drinnen oder draußen auf der Terrasse. Der (kostenlose) Besuch des Parks ist obligatorischer Programmpunkt aller geführten Stadtrundfahrten.

Oben auf dem ***Little Mountain***, der mit 150 m höchsten Erhebung der Stadt, steht mit dem ***Bloedel Conservatory***, ein architektonisch reizvolles Gewächshaus mit vielen tropischen Pflanzen; täglich 10-17 Uhr, Eintritt $5.

2.4.3 Sehenswertes östlich der City

Burnaby

Von der ***Burnaby Mountain Conservation Area,*** rund 15 km östlich von *Downtown* (erreichbar auf der Hastings St/Straße #7A in Richtung Coquitlam), fällt der Blick aus größerer Entfernung über ganz Vancouver und die *Strait of Georgia* nach Westen. An schönen Tagen belohnt ein herrlicher Sonnenuntergang die weite Anfahrt. Mitten im Park liegt das Gelände der ***Simon Fraser University.*** Von Lage und Großzügigkeit auch dieses Campus' können deutsche Studenten und Professoren nur träumen.

Village Museum

Vom Mountain Park ist es nicht sehr weit zum ***Burnaby Village Museum***; www.city.burnaby.bc.ca/visitors. Es liegt unweit des TCH durch Burnaby (Exit 33/ Kensington Ave South) an der 6501 Deer Lake Ave. Das regionaltypische Dorf im Stil der Jahrhundertwende ist im Vergleich zu anderen »lebenden Museen« zwar recht klein, vermittelt aber ein besonders stimmiges Bild. Geöffnet Mai bis Anfang September täglich 11-16.30 Uhr, Eintritt $12.

Deer Lake Park

Ebenfalls im Stadtpark am Deer Lake präsentiert die ***Burnaby Art Gallery at Ceperley House***, www.burnabyartgallery.ca (6344 Deer Lake Ave unweit des *Village* am See) Werke des 20. Jahrhunderts unter Berücksichtigung der lokalen Kunstszene; Di-Fr 10-16.30 Uhr, Sa+So 12-17 Uhr, Spende. Gleich nebenan lohnt sich im ***Century Garden*** ein Spaziergang durch Rhododendron.

Metrotown

Und wenn man ohnehin schon mal in Burnaby weilt, oder vielleicht nur deshalb dorthin fährt: ***BC's größter Shopping und Entertainment Komplex*** mit über 470 Läden liegt Downtown am Kingsway 1A/99A. Die ***Metrotown*** besteht aus drei mehrstöckigen, durch Fußgängerbrücken verbundene Malls und bietet neben dem totalen Konsumtrip auch noch Vorstellungen in über 20 Kinosälen. Zahlreiche Restaurants und automatisiertes *Entertainment.* Jede Menge Parkraum und eine eigene *SkyTrain Station* erleichtern die Anfahrt; http://metropolis.shopping.ca.

Rodeo in Surrey

Ende Mai *(Victoria Day Weekend)* findet das viertägige ***Cloverdale Rodeo*** (www.cloverdalerodeo.com) in **Surrey** statt, einem südöstlichen Vorort. Es handelt sich um das größte Rodeo in BC. Wer zu dieser Zeit gerade in Vancouver weilt, sollte es nicht verpassen. Zu Ablauf und typischen Rodeo-Ereignissen in Stadt und Stadion ⇨ Beschreibung *Calgary Stampede,* Seite 283.

2.4.4 North Vancouver und Umgebung

Lions Gate Bridge

In die nördlichen Vororte Vancouvers jenseits der tief ins Land reichenden Bucht, die je nach Standort *Burrard Inlet, Second Narrows Inlet* oder *Indian Arm* heißt, geht es von *Downtown* durch den *Stanley Park* über die ***Lions Gate Bridge*** und weiter östlich auf dem TCH (Autobahn #1, ***Second Narrows Bridge***). Die von der *Guinness*-Familie einst als »Privatunternehmung« errichtete, heute gebührenfreie *Lions Gate Bridge* sorgt erst seit

1938 für die verkehrstechnische Anbindung des nunmehr dicht besiedelten Stadtnordens an die City. Bis dahin war er nur per Boot erreichbar. Die Brücke führt direkt auf den *Marine Drive* in Nord-Vancouver, den ***North Shore Scenic Drive***, die in ihrem nordwestlichen Abschnitt schönste Küstenstraße der Stadt.

North Marine Drive

Rund 10 km sind es zum urwüchsigen ***Lighthouse Park*** auf einer Landzunge in der südwestlichsten Ecke des Nordufers (Rundwanderung durch unberührten Regenwald zum alten, malerisch gelegenen Leuchtturm ca. 3 km). Durch traumhafte Wohngebiete mit vielen kleinen und großen Yachthäfen kann man von dort die Fahrt nach **Horseshoe Bay** fortsetzen. Einmal auf dieser Straße sollte man kurz vor deren Ende am Fährhafen aber den Abstecher zum ***Whytecliff Park*** nicht auslassen. Unter den vielen schönen Parks in *Metropolitan Vancouver* ist diese gepflegte Anlage hoch über dem Meer eine der reizvollsten. Bereits die (ausgeschilderte) Anfahrt lohnt den kleinen Umweg.

Cypress Park

Der Hauptverkehr zum ***Ferry Terminal*** nach Vancouver Island (Departure Bay/Nanaimo) und zu den nördlichen Küstenorten läuft über den TCH, dessen Trasse hier weiter landeinwärts hoch über der Küste angelegt wurde. Über ihn (Ausfahrt #8) und die ***Cypress Bowl Road***, eine serpentinenreiche Zufahrt, erreicht man den obersten Parkplatz im ***Cypress Provincial Park*** (www.bcparks.ca) in rund 1.000 m Höhe über dem Meer. In diesem Wintersportgebiet (www.cypressmountain.com) wurde der ***Cypress Mountain Bike Park*** ausgebaut. Ein Besuch lohnt bei klarem Wetter auch im Sommer wegen des atemberaubenden Blicks über Vancouver und die Strait of Georgia bis nach Vancouver Island. Im Südosten erkennt man die immer schneebedeckte Spitze des Vulkans ***Mount Baker*** im US-Bundesstaat Washington. Die Sicht auf die City wird leider oft durch eine Smogglocke getrübt.

Die Lions Gate Bridge verbindet Downtown/ Stanley Park mit North Vancouver

Das Straßenende ist Ausgangspunkt diverser **Wanderwege**. Durch den *Cypress Park* läuft auch der schöne ***Baden-Powell Trail*** (42 km) durch die *North Shore Mountains.* Er beginnt an der Horseshoe Bay und führt weiter durch den ***Capilano River Regional Park*** und den ***Mt. Seymour Provincial Park*** nach Deep Cove am *Indian Arm.* Beide Parks können natürlich auch – wie im folgenden erläutert – per Auto angesteuert werden.

Capilano Bridge

Vom Marine Drive östlich der *Lions Gate Bridge* bzw. vom TCH (Ausfahrt #14) gelangt man rasch auf die **Capilano Road** und zum gleichnamigen ***Canyon.*** Eine 137 m lange **Hängebrücke** (3735 Capilano Rd.; www.capbridge.com) spannt sich über die 70 m tiefe *Capilano*-Schlucht. Spannender ist eine neuere Attraktion ***Treetop Adventure***: ein »schwebender« Pfad von ca. 200 m verbindet die Baumkronen großer Zedern. Das Vergnügen, den *Canyon* auf schwankenden Planken zu queren, durch die Wipfel zu balancieren, indianische Holzschnitzer bei der Arbeit und 25 Totempfähle bewundern zu dürfen, kostet beachtliche $28. (Dabei gibt's eine ähnliche Hängebrücke anderswo auch umsonst, ➪ *Lynn Canyon* nebenstehend). Täglich Mitte Mai-Anfang September 8.30-20 Uhr, Juli bis 21 Uhr; sonst 9-19 Uhr.

Hängebrücke über den Capilano Canyon, Zwischenziel aller Stadtrundfahrten. Statt dort stolze $26 Eintritt zu bezahlen, kann man ebensogut zum Lynn Canyon fahren und eine ganz ähnliche Brücke zum Nulltarif ausprobieren.

Capilano River Regional Park

Im weiteren Verlauf der Capilano Road am Nordende des ***Capilano River Regional Park*** (Eintritt frei, Zufahrt über Stichstraße) staut der *Duncan Dam* den Capilano River zum Trinkwasserreservoir für Vancouver. Ein schöner **Rundwanderweg** (ab 2 km) überquert zunächst die Dammkrone und folgt der pittoresken Schlucht flussabwärts. Brücken führen zurück zum Ostufer, wo in der ***Capilano Salmon Hatchery*** jährlich mehr als 2 Mio. Lachse aufgezogen und in die Wildnis ausgesetzt werden. Die erst nach Jahren ausgewachsenen Exemplare kann man hinter Glasfenstern im Fluss beobachten, täglich ab 8 Uhr, im Sommer bis 20 Uhr, Eintritt frei.

Grouse Mountain

Am Ende der Capilano Road/6400 Nancy Greene Way liegt die Talstation des ***Grouse Mountain Skyride*** (täglich 9-22 Uhr, alle 15 min; www.grousemountain.com). Wer den Blick über die Umgebung aus 1.100 m Höhe genießen möchte, muss tief ins Portemonnaie fassen: $35/Person. Neben der Aussicht warten dort oben das Restaurant ***The Observatory*** und eine **Holzfäller-Show**.

Im übrigen geht es gebührenfrei in die ***Cypress*** und ***Mt. Seymour Provincial Parks*** immerhin auch auf über 1.000 m Höhe (⇨ Seite 191 und unten), wiewohl nur per Auto.

Lynn Canyon Park

Und auch zur Capilano Bridge gibt es eine **kostenlose Alternative**, nämlich die 50 m hohe **Hängebrücke im *Lynn Canyon Park*** an der **Lynn Valley Road** (Ausfahrt #19 vom TCH). Das ***Ecology Centre*** informiert dort über den Stand des Umweltschutzes in Canada, täglich 10-17 Uhr, frei; www.dnv.org/ecology.

Demonstration Forest

Ganz aufschlussreich ist der ***Seymour Demonstration Forest*** östlich des *Lynn Canyon Park*, zu erreichen über die Lillooet Road, die unmittelbar nördlich der *Second Narrows Bridge* vom TCH abzweigt (man kann vom ***Ecology Centre*** auch zu Fuß gehen: ca. 1 km). Der Park wird von der in British Columbia einflussreichen Holz- und Forstindustrie verwaltet. Auf dem Waldlehrpfad mit der pompösen Bezeichnung ***Integrated Resource Management Trail*** erläutern Schautafeln und ein Faltblatt Abholztechniken, Aufforstungsmaßnahmen und die Zusammenhänge zwischen Ökologie und Forstwirtschaft. Der Unterschied zwischen ursprünglichem und (zu zwei Dritteln) bewirtschaftetem Wald wird »in natura« demonstriert. Daß sich dabei Aufklärung und objektive Information mit Propaganda für die Anliegen der Holzindustrie verbinden, bleibt nicht aus. Wer einmal die naturbelassenen ***Rain Forests*** etwa im *Pacific Rim* oder ***Mount Revelstoke National Park*** gesehen hat, wird den Ausführungen zur sinnvollen Waldnutzung kaum in allen Punkten folgen mögen.

Neben dem – auf jeden Fall lohnenden – Lehrpfad existiert ein hübscher **Rundweg** um den kleinen Rice Lake herum. Vom Rice Lake kann man auch zum oben beschriebenen ***Lynn Canyon Park*** hinüber wandern.

Vancouver Island
N
0
30 km
Prince Rupert, Bella Coola
Cape Scott PP
Alaska State Ferry
Mt. Waddington 4016 m
Port Hardy
Port Alice
Port McNeill
Alert Bay
Telegraph Cove
Johnsone Strait
Sayward
19
Zeballos
Coast Mountains
Qauadra Island
Campbell River
Gold River
28
Elk Falls PP
Buttle Lake
Miracle Beach PP
Hesquiat Peninsula PP
Golden Hinde 2200 m
Mt. Washington
Little River
Lund
Powell River
Estevan Point
Hot Springs Cove
Strathcona PP
Comox
Courtenay
Saltery Bay
Whistler
Della Falls
Denman Island
Clayoquot Sound
Buckley Bay
Earls Cove
99
Taylor River
Stamp River PP
Tofino
Kennedy Lake
4
Cathedral Grove
Qualicum Beach
Long Beach
Sproat Lake
Parksville
Ucluelet
3
2
Port Alberni
Strait of Georgia
Langdale
1
Rathtrevor Beach PP
Broken Group Islands
Alberni Inlet
Nanaimo
Horseshoe Bay
PACIFIC RIM NATIONAL PARK
Barkley Sound
Bamfield
Vancouver
Lake Cochiwan
Nitinat Lake
Ladysmith
West Coast Trail
Gordan Bay PP
Tsawwassen
Mesachie Lake
Chemainus
S.189
PAZIFIK
Cowichan River PP
Duncan
Port Renfrew
Swartz Bay
Juan de Fuca PP
French Beach PP
Sidney
Jordan River
Sooke
5
Bellingham
14
Juan de Fuca Strait
Victoria
CANADA
USA
S.206
Anacortes
1 Englishman River Falls PP
2 Little Qualicum Falls PP
3 Sproat Lake PP
Port Angeles
Seattle

3. ROUTEN DURCH BRITISH COLUMBIA UND ALBERTA

Das Kapitel 3 umfaßt alle in diesem Buch beschriebenen Routen durch die touristisch wichtigste Region in Canadas Westen. Da die Top-Sehenswürdigkeiten ***Banff*** und ***Jasper National Park*** mit dem ***Icefields Parkway*** zu Alberta gehören und gleichzeitig unmittelbar an British Columbia grenzen, unternehmen die meisten Canada-Besucher Fahrten durch beide Provinzen. Dem wird hier Rechnung getragen, ➪ Routenübersicht im Umschlag vorne.

Alle Strecken schließen aneinander an und können auch anders kombiniert werden, oft durch Überspringen weniger Seiten.

3.1 Vancouver Island

Lage und Klima

Mit einer **Fläche von 31.285 km²** ist Vancouver Island die größte Pazifikinsel Nordamerikas. Der vor der Küste nordwestwärts fließende Alaskastrom sorgt für ein gemäßigteres Klima, als es auf gleicher Höhe auf dem Festland herrscht. Im Winter gibt es in den Hafenstädten nur selten Dauerfrost, aber die sommerlichen Höchsttemperaturen liegen im Schnitt bei nicht einmal 20°C. Lediglich die Region um Nanaimo verzeichnet angenehme 24°C. Während an dieser südöstlichen Trockenseite der Insel lange Sandstrände Sommerurlauber anlocken, versperrt an der Westküste dichter Regenwald jeglichen Zugang. Dort ist – 60 km nördlich von Tofino – ***Estevan Point im Hesquiat Peninsula Provincial Park*** der regenreichste Punkt Canadas.

Zeitbedarf für einen Besuch

Ein Besuch von Vancouver Island lohnt sich eigentlich erst dann, wenn er sich nicht nur auf eine Stippvisite – etwa in Victoria – beschränkt. Zumindest für eine kleine Rundfahrt sollte die Zeit reichen. ***Wenigstens fünf volle Tage*** sind notwendig für eine 610 km lange Tour von Vancouver nach Victoria und zum ***Pacific Rim National Park*** – Anreise über das **Tsawwassen Fährterminal** und Rückfahrt von **Departure Bay** (Nanaimo) nach **Horseshoe Bay** oder umgekehrt.

Bedeutung der Fähren

Wer nicht nur Vancouver Island sehen möchte, sondern weitergehende Reisepläne für den Norden von British Columbia hat, kann ggf. mit der Fähre Port Hardy–Prince Rupert beides gut miteinander verbinden. Überhaupt kommt man nicht an den Fähren vorbei. Die wichtigsten Verbindungen vom Festland nach Vancouver Island, aber auch zu anderen Inseln in der **Strait of Georgia** zwischen Vancouver und Island sind auf der folgenden Doppelseite gelistet und näher erläutert. Die schönsten Fährstrecken führen über die Routen Tsawwassen–Swartz Bay durch die *Gulf Islands* sowie Anacortes–Sidney durch die *San Juan Islands*.

Internet

Zur raschen und aktuellen Information eignet sich:

www.islands.bc.ca (offizielle Website von *Tourism BC*)
www.vancouverisland.com (gute kommerzielle Website)

3

Autofährverbindungen rund um Vancouver Island

Die Angaben in der Übersicht beziehen sich mit nur einer Ausnahme auf **Autofähren und auf die Hauptsaison** von etwa Juni bis Mitte September. Die Tarife gelten für die einfache Fahrt. Außerhalb dieser Zeiten sinken die Schiffsfrequenzen und zuweilen auch die Preise.

Fähren vom US-Staat Washington nach Vancouver Island

(Preise in **US$**) einfache Fahrt	Tarif pro Wagen mit Fahrer	Tarif pro Person	Anzahl der Abfahrten pro Tag	Dauer Über fahrt/Std
1. Anacortes–Sidney	54	16	2x	2-3
2. Port Angeles–Victoria	47	13	4x	1:30
3. Seattle–Victoria (nur Pers.)		79	3x	2:45

Die wichtigsten Küstenfähren in British Columbia

(Preise in **can$**) einfache Fahrt #9 bis #11 retour	Tarif pro Wagen mit Fahrer	Tarif pro Person	Anzahl der Abfahrten pro Tag	Dauer Über-fahrt
4. Tsawwassen–Swartz Bay	56	13	17x	1:35
5. Tsawwassen–Nanaimo	56	13	8x	2:00
6. Horseshoe Bay–Nanaimo	56	13	11	1:35
7. Horseshoe Bay–Langdale	52	12	10x	0:40
Earls Cove–Saltery Bay			8x	0:50
8. Powell River–Comox	50	12	4x	1:20
9. Buckley Bay–Denman Island	26	8	17x	0:10
10. Campbell River–Quadra Island	27	8	18x	0:10
11. Port McNeill–Alert Bay	31	9	6x	0:45
12. Port Hardy–Prince Rupert	476	142	jeden 2.Tag	15 Std.
13. Port Hardy–Bella Coola (Stopps in Ocean Falls und weiteren Siedlungen)	432	144	3x/Woche	13-34

Erläuterungen zu den Fähren

1. Reederei sind die ***Washington State Ferries***, Reservierung ist empfehlenswert.
© 1-888-808-7977; © (206) 464-6400
www.wsdot.wa.gov/ferries
Wohnmobile ab 20 Fuß Länge kosten $43 bzw., ab 7'6 Fuß Höhe, $54 Aufpreis. Die Route dieser Fähre durch die *San Juan Islands* ist »unschlagbar«.

2. Die private Reederei ***Black Ball Transport*** nimmt Reservierungen über Telefon und Internet an. Ohne sind die Wartezeiten im Sommer manchmal sehr lang. Informationen unter © (360) 457-4491 (Port Angeles) oder (250) 386-2202 (Victoria); www.cohoferry.com

3. Nur Personen-Katamaran-Schnellfähre *Victoria Clipper* ab Seattle Pier 69 Ende Mai – Anfang September tägl. 7.30, 8.30 und 15.15 Uhr, ab Victoria 11.30, 17.30 und 19 Uhr. Sonst 1-2 Abfahrten täglich. $85 einfach, $142 retour Hochsaison. © (206) 448-5000, © (250) 382-8100, © 1-800-888-2535; www.clippervacations.com

4-13. Alle Überfahrten mit der kanadischen Staatsfähre ***BC Ferries***. Aufpreise für Fahrzeuge über 7 Fuß Höhe bzw. über 20 Fuß Länge.

Tarife bei #7 beziehen sich auf beide Fahrten.

Für die Fähren **#12 und #13 ist stets eine Reservierung erforderlich.** Für die **Hauptsaison sollten Autofahrer** bereits mehrere Monate vor der Reise über ein Reisebüro oder direkt reservieren bei

BC Ferry Corporation, 1112 Fort Street, Victoria, BC; © (250) 386-3431 und © 1-888-BCFERRY; www.bcferries.com

Die Fähren #4 bis #7 lassen sich per Internet oder unter der Telefonnummer oben reservieren (Gebühr $15 bis 7 Tage vor Abfahrt, sonst $17,50, Umbuchungsgebühr $9).

Die schönste Fährstrecke vom Festland nach Vancouver Island ist die **#4**; sie führt mitten durch die Gulf Islands; #5 und #6 umgehen die Inseln.

Der **Anleger der Fähre #5** auf Vancouver Island ist ***Duke Point*** südlich von Nanaimo, der **#6 *Departure Bay*** nördlich von Nanaimo.

Eine interessante **Kombination** sind die Strecken unter **#7** und **#8**. Sie bilden die 4. Alternative zwischen Vancouver und Vancouver Island (neben #4-#6). Der Sondertarif ***Circle Pac*** gilt für die Routen #7 und #8 hin und eine beliebige Route aus #4, #5 oder #6 retour (oder umgekehrt). Mit $30 (Person), $134 (Wagen + Fahrer) bietet er 15 % Rabatt auf die Einzeltickets. Die Circle-Pac-Route ist zwar ab Parksville (Abzweig Pacific Rim NP) 130 km länger als die Direktfahrt über Nanaimo mit der Fähre #6 nach Vancouver, ermöglicht aber mit zwei zusätzlichen Fährpassagen eine attraktive Rundtour.

Die **Fähre #12** verkehrt Ende Mai bis Ende September im 2-Tage-Rhythmus und legt in beiden Häfen um dieselbe Zeit ab (morgens um 7.30 Uhr, Ankunft abends 22.30 Uhr). Nachts liegt die Fähre am Kai. Die nördlichen zwei Drittel der ***Inside Passage*** ab Bella Coola durch das enge Fahrwasser von Princess Royal Channel and Grenville Channel sind am schönsten: **Steilküsten** beiderseits, zahlreiche **Fjorde**, Inseln und Wasserfälle vor dem Hintergrund **gletscherbedeckter Berge.** Bei einer Fahrt in Nord-Süd-Richtung sieht man diesen Teil definitiv bei Tageslicht. Wer ein **Wohnmobil** (höher als 2,03 m bis 20 Fuß lang) transportieren möchte, zahlt für den einfachen Weg **inklusive Fahrer $715,** jeder zusätzliche Fuß Länge $24.

Das 507 km lange Teilstück **Port-Hardy–Prince Rupert** der *Inside Passage* ist weniger spektakulär als ihr nördlicher Abschnitt von Prince Rupert nach Skagway, ermöglicht aber die Routenkombination Vancouver Island–*Yellowhead Highway*. Die Strecke Vancouver–Victoria–Abstecher *Pacific Rim NP*–Prince Rupert–Kitwanga spart 250 km Straße gegenüber dem kürzesten Landweg über Prince George inkl. Abstecher nach Barkerville. Den extrem hohen Fährkosten stehen gesparte Benzinkosten, bei Campermiete und dabei begrenzten Freikilometern auch geringere Zusatzkilometer gegenüber.

Fähre #13 verbindet Bella Coola am Ende des ***Chilcotin Highway*** (➪ Seite 246) mit Port Hardy. Sie verkehrt von Mitte Juni bis Anfang September entlang der ***Discovery Coast***; Abfahrt Di, Do 9.30 Uhr, Sa 21.30 Uhr ab Port Hardy bzw. Mo, Mi, Fr 7.30 Uhr ab Bella Coola.

3.1.1 Victoria

Kennzeichnung

Charakter der Stadt

Am südlichen Zipfel von Vancouver Island liegt Victoria, die attraktive Hauptstadt der Provinz. Ihre **britische Tradition** hat sich bis in unsere Zeit »gerettet«. Sie ist präsent in der Architektur zahlreicher Gebäude und den roten Doppeldeckerbussen für Stadtrundfahrten. Der ***Afternoon Tea*** wird heute nicht einmal mehr in England so pedantisch zelebriert wie in Victoria.

Geschichte (➪ Seite 574)

Die Eroberung der von Indianern besiedelten Insel durch Weiße begann erst Mitte des 19. Jahrhunderts: Ein *James Douglas* erkundete 1842 ihre Südspitze für die Pelzhandelsgesellschaft *Hudson's Bay Company*. Im Folgejahr entstand ***Fort Victoria***, und 1849 ernannte die britische Krone Vancouver Island zur Kolonie. Ein florierender Pelzhandel, Holzfällerei, Kohleabbau, Fischerei und Landwirtschaft sorgten für hohe Erträge. Als einzige damals existierende »richtige« Stadt übernahm Victoria 1868 Hauptstadtfunktion für die zusammengelegten Kolonien Vancouver Island und British Columbia. Dabei blieb es auch nach dem Anschluss von BC als Provinz an das *Dominion of Canada* 1871, wiewohl Vancouver – nach Fertigstellung der transkanadischen Eisenbahn – Victoria wirtschaftlich schnell den Rang ablief.

Einwohner

Der Großraum Victoria, zu dem die 30 km lange *Saanich Peninsula* bis Swartz Bay und Sidney gehört, zählt heute rund 336.000 Einwohner; im Stadtgebiet leben rund 80.000 Menschen.

Klima

Kein Landstrich in Canada, so heißt es, wird vom Wetter so verwöhnt wie Victoria. Während es an der Westküste der Insel oft in Strömen gießt, bleibt die »unter« den Inselgebirgen liegende Stadt von Regenfällen weitgehend verschont. Strenge Winter sind unbekannt, denn die Kaltluft des kanadischen Festlands wird dank pazifischer Einflüsse abgehalten. Mit jährlich ganzen 29 cm verzeichnet Victoria den geringsten Schneefall Canadas. Wenn weite Bereiche des Landes im Frühjahr noch unter Schnee liegen, sprießen in Vancouver Islands Süden bereits Blüten und Blumen.

Transport und Information

Verkehrsanbindung

Der ***Victoria International Airport*** (YYJ, www.victoriaairport.com), ✆ (250)-953-7500, liegt 30 km nördlich der Innenstadt. Flughafenzufahrt von *Downtown* (35 min) mit der Buslinie #70 des *Victoria Regional Transit System* (unten: Swartz Bay/Downtown/Airport). Mit dem *Airporter Shuttle Bus*, ✆ (250)-386-2525 ✆ 1-877-386-2525, www.victoriaairportshuttle.com; kostet die Fahrt nach Downtown $16.

Im ***Inner Harbour*** herrscht reger Fährbetrieb, ➪ oben. **VIA *Rail*** unterhält eine tägliche Verbindung nach Courtenay. **Wasserflugzeuge** fliegen vom *Inner Harbour* nach Vancouver und Seattle.

Außerdem befindet sich in Victoria der **westliche Endpunkt** des ***Trans Canada Highway***, ➪ Seite 209.

Orientierung

Die Orientierung in Victoria ist einfach. *Trans Canada Highway* und die Straße #17 von Swartz Bay/Sidney leiten Besucher automatisch bis zur Innenstadt. Die meisten Sehenswürdigkeiten befinden sich in einem überschaubaren Bereich zwischen Douglas Street *(Trans Canada Highway)* und dem Hafen (*Inner Harbour*) und lassen sich an einem Tag leicht zu Fuß »abklappern«. Victoria

Nahverkehr

hat mit dem ***Regional Transit System*** (✆ (250) 382-6161, www.bctransit.com/regions/vic) ein dichtes öffentliches Nahverkehrsnetz; die Einzelfahrt kostet $2,25, 10 Tickets $20, Tagespaß $7.

Besucherzentrum

Ein großes ***Info Centre*** liegt direkt am Hafen oberhalb der Promenade. Es verfügt über jede Menge Material zu Victoria und Vancouver Island und unterhält Buchungsschalter für Hotels, Mietwagen und touristische Unternehmungen:

Tourism Victoria Information Centre:
812 Wharf Street, ✆ (250) 953-2033, ✆ 1-800-663-3883
Internet: www.tourismvictoria.com

Unterkunft und Camping

Hotels/ Motels

Für die Übernachtung in einem passablen Motel in Downtown Victoria müssen mindestens $70 plus Tax gezahlt werden; Hotels der gehobenen Kategorie kosten ab $120.

- Wer im noblen ***Fairmont The Empress*** (✆ (250) 384-8111 und ✆ 1-800-257-7544) am *Inner Harbour* unterkommen möchte, muss fürs Zimmer im Sommer ab $249 anlegen, ➪ Foto unten.

Zahlreiche **Motels** der mittleren Kategorie findet man nördlich des Innenhafens an der Gorge Rd (#1A). Noch erschwinglich in Fußgängerdistanz zum Zentrum und *Inner Harbour* sind das

- ***Surf Motel***, www.surfmotel.net, ✆ (250) 386-3305, ✆ 1-888-738-3399, 290 Dallas Road (Seeseite), DZ $135, und das
- ***Embassy Inn***, www.embassyinn.ca, ✆ (250) 382-8161, ✆ 1-800-268-8161, 520 Menzies Street, DZ ab $139.

***B & B*-Quartiere** kosten ab $100 für zwei Personen.

Fairmont The Empress, Nobelhotel wie aus Merry Old England, direkt am Hafenbecken; www.fairmont.com/empress.

Preiswerte Unterkünfte

- Im *Downtown*-Bereich, 516 Yates Street, liegt das ***HI-Hostel***, © (250) 385-4511, © 1-888-883-0099, www.hostels.ca; $25/Bett.
- Von Lesern warm empfohlen wird das ***Ocean Island Backpackers Inn***, 791 Pandora Ave, © 1-888-888-4180, © (250) 385-1789; 190 Betten, $25/Bett, DZ $54; www.oceanisland.com.
- Das ***Selkirk Guest House*** am Wasser in der 934 Selkirk Ave einige Kilometer nördlich *Downtown* (© (250) 389-1213, © 1-800-974-6638) hat 6 Zimmer; DZ $100. Per **Hauskanu** sind es nur 30 min bis *Inner Harbour*; www.selkirkguesthouse.com.
- Etwa 6 km sind es vom Hotel der ***University of Victoria*** per Bus bis *Downtown*; © (250) 721-8395; www.housing.uvic.ca, Übernachtung Mai-August $32/$58 (EZ/DZ+F).

Camping

- Der ruhigste Campingplatz (167 Stellplätze, Duschen) weit und breit befindet sich im ***Goldstream Provincial Park***, © 1-800-689-9025, am *TCH* (ca. 20 km bis *Downtown*); **$24**. Nur frühzeitige Ankunft am Vormittag sichert im Sommer einen der schattigen Plätze hoch über dem Goldstream River.
- Ist *Goldstream* besetzt, kann man es im weniger frequentierten ***Bamberton Provincial Park*** ($15, © wie oben, 12 km weiter nördlich zwischen TCH und *Saanich Inlet)* versuchen.
- Erheblich stadtnäher als die Provinzparks liegt der (dafür enge und ziemlich laute) ***Thetis Lake Campground*** ca. 11 km westlich von *Downtown*, © (250) 478-3845. Die Stellplätze ($20-$24) befinden sich in einem Waldstück direkt am TCH. Ein Fußweg führt zum Badestrand im benachbarten ***Regional Park***.
- Einen sehr guten *Komfortplatz* für Wohnmobile bietet die ***West Bay Marina*** gegenüber von *Downtown*, wohin die *Harbour Ferries* verkehren. Mit Glück erwischt man einen der (teuren) Stellplätze am Ufer, 453 Head Street, $30-$45, © (250) 385-1831, © 1-866-937-8229; www.westbay.bc.ca.
- 25 km südwestlich liegt ***Weir`s Beach RV-Resort*** am Ozean, William Head Road, © 1-866-478-6888, © (250) 478-3323; $45-$60; www.weirsbeachrvresort.bc.ca.

Stadtbesichtigung

Rundgang in der City

Zur Erkundung der Innenstadt von Victoria ist das ***Information Centre*** ein guter Ausgangspunkt. Auf einem 4 km langen Rundgang lassen sich alle interessanten Ziele miteinander verbinden.

The Fairmont Empress

Dem Hafen gegenüber erhebt sich das efeuumrankte Gebäude des 1908 errichteten Nobelhotels ***The Fairmont Empress***, 721 Government Street (Foto Seite 201), © 1-800-257-7544, DZ $249, www.fairmont.com/empress. Das Interieur ist sehenswert. Beim ***Afternoon Tea*** – täglich 12-17 Uhr – geht es »*very british*« zu. Wer es *Winston Churchill* oder *King George VI.* gleichtun und sich *Biscuits* oder *Cucumber Sandwiches* bis zum Abwinken reichen lassen möchte (mit $49-$60 im Sommer fast »unbezahlbar«), muss »seinen« Tisch trotz dieser Preise reservieren, © (250) 389-2727.

Parliament Building Das Parlamentsgebäude, www.leg.bc.ca, an der Südseite des *Inner Harbour* ist mit einer vergoldeten ***George Vancouver* Statue** auf der Kuppel schon tagsüber ein Blickfang. Abends werden die Umrisse seiner Fassaden durch zahllose Glühbirnen markiert. Mit/ohne Führung, Mo-Fr 8.30-17 Uhr, im Sommer auch Sa/So.

Parken Große **RVs** parken am besten auf dem **Parkplatz Menzies Street**.

Museum Das ***Royal British Columbia Museum***, 675 Belleville Street, sollten sich auch Museumsmuffel ansehen. Natur- und Kulturhistorie der Provinz wurden dort vorbildlich aufbereitet. Glanzpunkte sind ein **kompletter Straßenzug aus dem frühen 20. Jahrhundert** sowie die beste Totempfahlpräsentation in BC. Dioramen wie lebensecht wirkender Tiere der nordischen Fauna im dazugehörigen Habitat sowie Szenen aus dem Leben der Westküstenindianer sind beeindruckend. Auch ein IMAX-Kino ist vorhanden.

Minimaler Zeitbedarf: 3 Stunden. Museum täglich 9-17 Uhr, Juni-Sept. Eintritt $14; IMAX-Kino 10-20 Uhr, $11, Kombiticket $23; Juni-Sept. Fr+Sa bis 22 Uhr; www.royalbcmuseum.bc.ca.

Totempfähle

Gleich neben dem Museum liegt der ***Thunderbird Park*** mit Totempfählen der Nordwestküste. Im Sommer arbeiten oft indianische Schnitzer an neuen Pfählen. Auch das 1852 erbaute ***Helmcken House*** (10 Elliot Square), das älteste, am Originalstandort verbliebene Gebäude der Provinz steht als ein Teil des *Royal BC Museum* im Park. Zu besichtigen ist darin u.a. eine Sammlung furchteinflößender chirurgischer Instrumente aus der Zeit, als *Dr. Helmcken* hier noch praktizierte.

»Touristenfallen«

Rund um Hafen werben diverse kommerzielle *Tourist Attractions* um Aufmerksamkeit: die ***Pacific Undersea Gardens*** ($10), eine Art Aquarium mit Show-Elementen, das **Royal London Wax Museum** ($12) und die ***Miniature World*** ($12) im *Empress Hotel* (zeigt Schlachtszenen und Eisenbahnen in Miniaturen).

Hafenfähre

Anders dagegen die **Victoria Harbour Ferries***:* Sie schaukeln zwischen *West Bay Marina* und *Empress Hotel* unentwegt durch den *Inner* und *Outer Harbour* und eignen sich nicht nur für den Transport zwischen 7 Anlegestellen (Einzelfahrt ab $4), sondern auch für eine Rundfahrt (45 min, $20, beliebige Fahrtunterbrechungen möglich); © (250) 708-0201, Juni-September täglich 9-21 Uhr, Rest des Jahres 10-17 Uhr; www.harbourferry.com.

Whale Watching

Im ***Inner Harbour*** starten heute die meisten der *Whale Watching Trips* auf Vancouver Island. Ziel sind vor allem die rund 80 **Orcas** (Schwertwale), die sich von Ende Mai bis Mitte Oktober permanent am Südzipfel der Insel aufhalten, etwa im Bereich der *Haro Strait* (kurze 15 km-Anfahrt ab Victoria), z.B. mit ***Cuda Marine*** im Sommer täglich 8 Abfahrten © (250)-383-8411, © 1-888-672-6722 (3 Stunden ab $89; www.whalewatchingadventure.com).

Shopping

Das Geschäftsviertel von Victoria ist heute überwiegend **Fußgängerzone** und/oder verkehrsberuhigt. Es befindet sich östlich des *Inner Harbour* (Government Steet und Nebenstraßen). Viele bunte Läden und das große *Bay Centre*, www.thebaycentre.ca, animieren zum Einkauf.

Das von Lichterketten abendlich beleuchtete BC-Parliament Building

Rund um den ***Bastion Square*** gibt es hübsche kleine **Restaurants und Kneipen** mit abendlicher Live-Unterhaltung.

Schiffahrtsmuseum

Am Rande der Shopping Zone – ebenfalls am *Bastion Square* – befindet sich das etwas altbackene ***Maritime Museum of British Columbia*** (Hausnummer #28) mit einer nur für Schiffsfans interessanten Ausstellung. Tägl. 9.30-17 Uhr, $10; www.mmbc.bc.ca.

Chinatown

Victorias kleines Chinesenviertel besaß 1911 an die 3.500 Einwohner, die für Eisenbahnbau und die Arbeit in Kohlenminen(➪ Seite 211) und Goldbergwerken in die seinerzeit größte Chinatown Canadas emigriert waren. Hinter dem bombastischen, anlässlich der Altstadtsanierung 1981 errichteten ***Gate of Harmonious Interest*** (Ecke Government/Fisgard St) erinnert aber nicht ganz viel an eine »echte« *Chinatown,* wie etwa die in Vancouver.

Scenic Marine Drive

Bei schönem Wetter sollte man unbedingt den ausgeschilderten *Scenic Marine Drive* bis zur Cadboro Bay abfahren. Am besten beginnt man am *Inner Harbor* auf der Belleville St. Zunächst passiert man den *Laurel Point* und den *Fisherman's Wharf Park.* Anschließend führt die *Dallas Rd* über den ***Ogden Point Breakwater*** (bester Aussichtspunkt an der Spitze einer 1 km langen Mole) am Hafenausgang zum *Beacon Hill Park.*

Im Beacon Hill Park beginnt und endet der Trans Canada Highway

TCH-Beginn

In der Südwestecke dieses Parks steht der **Kilometerstein »0«** des *Trans Canada Highway.* **Ein Foto von diesem Punkt gehört zur touristischen Pflichtübung**.

Verlauf des Scenic Marine Drive

Der Rundkurs führt an alten Herrenhäusern und herrlichen Gärten vorbei und verläuft dann durch Victorias ältesten Golfplatz, von dem man einen fantastischen Blick auf die Olympic Mountains jenseits der *Juan de Fuca Strait* hat.

Cadboro Bay

Im ***Uplands Park*** zwischen Oak und Cadboro Bay lässt sich gut ein Zwischenstopp für einen Spaziergang am felsigen Ufer einlegen. Der eindrucksvolle Campus der ***University of Victoria*** liegt oberhalb dieser Bucht. Als Alternativstrecke für den Rückweg nach *Downtown* eignet sich die *Cadboro Bay Road,* die im Stadtgebiet in die Fort Street übergeht.

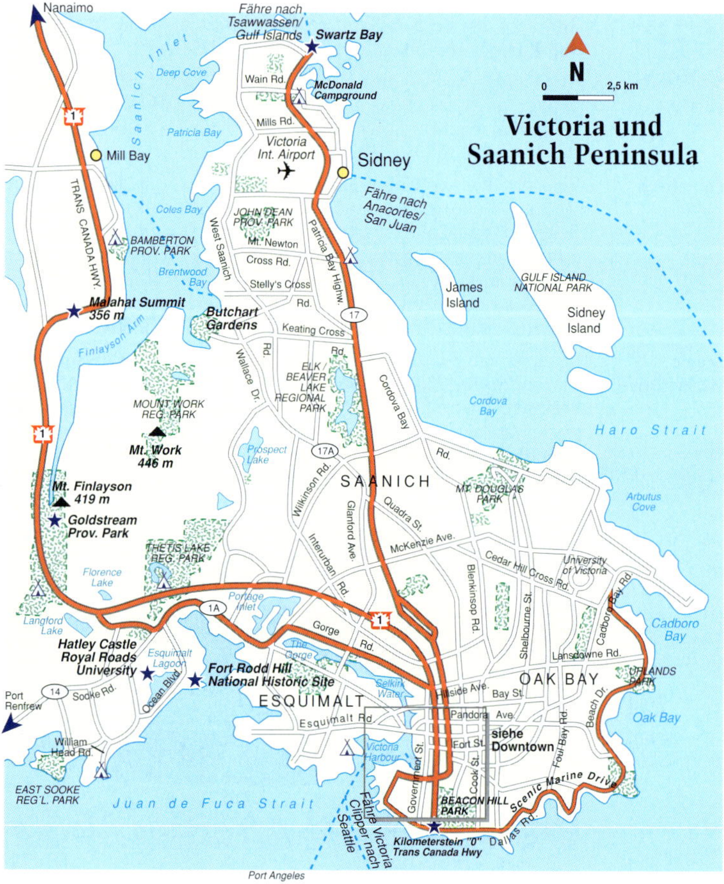

Fort Rodd Hill

Ein schönes Ziel im Westen Victorias ist *Fort Rodd Hill*, Zufahrt über den Highway #1A und Ocean Blvd, geöffnet tägl. 10-17.30 Uhr, Eintritt $4. Diese Sperrfestung am Meer wurde von 1878 bis 1956 militärisch genutzt. Nach Abzug der britischenTruppen 1906 kam ***Fort Rodd Hill National Historic Site*** unter das Kommando der kanadischen Streitkräfte; www.pc.gc.ca/rodd.

Wer für Festungsanlagen und alte Kriegsgerätschaften kein Interesse hat, läuft besser direkt zum malerischen weißen Leuchtturm auf dem vorgelagerten Felsen, ➪ Foto rechts. Das ***Fisgard Lighthouse*** von 1860 war das erste ununterbrochen betriebene Leuchtfeuer an Canadas Westküste und ist bis heute in Betrieb; www.pc.gc.ca/fisgard.

Royal Roads Garden

Folgt man vom *Fort Rodd Hill* dem **Ocean Blvd** auf einer 2 km langen Landzunge zwischen *Esquimalt Lagoon* und Meer (dort **Picknicktische** am treibholzübersäten Strand, Baden im Meer), erkennt man jenseits der Lagune die Anlagen der ***Royal Roads University*** mit dem ***Hatley Castle***. Die Besichtigung des *Castle* und Botanischen Gartens kostet $18, der Aufenthalt im gepflegten ***Hatley Park*** am *Hwy* #14 (= Sooke Road #2005; $10) kann mit einem Besuch des *Fort Rodd Hill* und des *Fisgard Lighthouse* kombiniert werden; www.hatleypark.ca.

Butchart Gardens

Auf der ***Saanich Peninsula*** nördlich von Victoria liegen die vielgerühmten *Butchart Gardens*. Man erreicht sie über die Straßen #17/#17A Richtung Brentwood Bay. Im milden Klima blüht und gedeiht dort alles prächtig. Im Sommer ist leider die Zahl der Besucher oft größer als der Anlage gut tut. *Gift Shop*, Cafeterias und Restaurant setzen starke Akzente. Wer bunte Illumination und *Entertainment* mag, kommt erst am Nachmittag und bleibt bis zur Dunkelheit. Samstagabend ist Ende Juni-Anfang Sept. ein großes Feuerwerk im **Eintritt** ($27) inbegriffen. Täglich ab 9 Uhr, Mitte Juni-August bis 22 Uhr; www.butchartgardens.com.

Goldstream Park

Auch ohne Campabsicht könnte man dem ***Goldstream Provincial Park*** (am TCH, 20 km nordwestlich *Downtown*; www.bcparks.ca; Camping $24) einen Besuch abstatten. Die Bezeichnung verdankt er Goldspuren im Fluss. Schautafeln informieren über das Wanderverhalten der Lachse zur Laichzeit im Spätherbst.

Trails

Schön ist der 1 km lange Wanderweg am Fluss entlang (unterhalb des *Campground*) zwischen alten Douglasien und Zedern zu den ***Goldstream Falls***. Auch der einstündige **Aufstieg** auf den ***Mount Finlayson*** lohnt sich. 419 m über dem Meer bietet sich ein großartiger Blick über Victoria, den Südteil von Vancouver Island und die vorgelagerten Inseln. Bei klarer Sicht erkennt man Vancouver und in den USA den schneebedeckten Kaskaden-Vulkan *Mount Baker*.

Sehr schön ist auch der Weg zum höchsten Berg (446 m) der Halbinsel im ***Mount Work Regional Park*** (2,5 km Aufstieg), mit den Klippen unterhalb des bewaldeten Gipfels als bestem Aussichtspunkt; www. crd.bc.ca/parks.

Fisgard Lighthouse vor der alten Festung Fort Rodd Hill

3

Der Port Renfrew Loop

Wer nach dem Besuch von Victoria keine Gelegenheit für einen längeren Trip über Vanvouver Island hat, gewinnt auf einer Fahrt nach Port Renfrew – ggf. mit Fortsetzung über Lake Cowichan und Duncan – zumindest einen Eindruck vom Charakter der Westküste und vom Inneren der Insel. Die Entfernung von Victoria nach Port Renfrew beträgt 112 km.

Die kurvenreiche ***West Coast Road* #14** (zwar voll asphaltiert, aber auf den letzten 20 km sehr schlecht) in die Ausläufer des Regenwaldes ist nicht durchgehend reizvoll, aber sie besitzt schöne Abschnitte und zwei populäre **Campingplätze**: im ***French Beach Provincial Park***, $15, und den ***China Beach Campground***, $15, im *Juan de Fuca PP*, beide © 1-800-689-9025. An die Küste gelangt man meist nur über ***Beach Trails***, ➪ Kasten Seite 216.

Hinter Sooke (www.sookeregionmuseum.com, © (250)-642-6351, © 1-866-888-4748, 9.700 Einw.) wird der Verlauf sehr einsam; einziger Ort vor Port Renfrew ist das Nest **Jordan River** (dort direkter Zugang an den Strand). Die ***China Beach***, wenige Kilometer westlich davon, liegt bereits im dichten Regenwald, ➪ ***Juan de Fuca PP*** im Kasten Seite 216.

Port Renfrew (www.portrenfrewcommunity.com) galt zu Hippie-Zeiten als **Aussteigerparadies**. Heute wirkt der Ort stellenweise heruntergekommen, wenngleich seine geschützte Lage an der tief ins Land reichenden Bucht *Port San Juan* eigentlich exquisit ist. Zwischen Küste und Port Renfrew befindet sich die ***Botanical Beach***, erreichbar auf oft miserabler Zufahrt. Speziell bei Ebbe lohnt sich aber die Mühe. Unterhalb der Küstenklippen kann man herrlich herumwaten und in *Tidal Pools* (Gezeitentümpeln) die Meeresflora und -fauna untersuchen.

Der breite Strand der *Port San Juan* Bucht liegt voller Holzstämme. Wer möchte, kann dort unorganisiert campen. Das Westufer gehört schon zum ***Pacific Rim National Park***. Dort beginnt bzw. endet der berühmte ***West Coast Trail***, ➪ Seite 215.

Die Schotterstraße in passabler Qualität von **Port Renfrew bis Mesachie Lake** am Lake Cowichan (ca. 50 km) wird oft von *Logging Trucks* befahren. Am besten macht man Platz und lässt die rasenden Holzlaster überholen. Die *Travel Infocentres* auf Vancouver Island sollten eine Karte der dortigen *Forestry Roads* mit *Campgrounds* zur Hand haben.

Einige Kilometer westlich von Honeymoon Bay bietet der populäre ***Gordon Bay Provincial Park***, $24, © 1-800-689-9025, einen komfortablen, aber im Sommer häufig ausgebuchten Campingplatz am warmen See. Der 32 km lange **Lake Cowichan** lässt sich (überwiegend auf Schotterstraße) ganz umrunden. Am Wege passiert man einfache *Forest Campgrounds* und auch Plätzchen fürs »private« Übernachten.

Gutes Camping bietet der schöne Platz am *Stoltz Pool* mit Badestrand im ***Cowichan River Provincial Park***, $15, Straße #18, 10 km westlich von Duncan, dann Zufahrt weitere 7 km, © 1-800-689-9025.

In **Duncan**, einem Städtchen voller Totempfähle (➪ nächste Seite oben), erreicht man den TCH; zurück nach Victoria sind es von dort 60 km.

3.1.2 Von Victoria nach Port Hardy

Trans Canada Highway: Victoria bis Nanaimo

Verlauf

Der Trans Canada Highway von Victoria nach Nanaimo (110 km) ist vierspurig ausgebaut. Bereits seit 1862 gab es hier einen Cattle Trail, auf dem das Vieh von den Ranches an der Küste nach Victoria getrieben wurde. Höchster Punkt der Strecke ist der ***Malahat Summit*** (356 m). Von dort überblickt man Saanich Inlet und Peninsula und die vorgelagerte Inselwelt. Anschließend verliert die Strecke schnell an Höhe und gleichzeitig an Reiz.

Totempfähle

Duncan (www.duncancc.bc.ca, ✆ (250)-746-4636, ✆ 1-888-303-3337, 5.000 Einw.) macht viel Werbung für seine 80 ***Totempoles***; die meisten davon stehen im Ortskern westlich des TCH. Eine Markierungslinie in Form gelber Fußabdrücke führt auf einem »Rundkurs« zu den – nur teilweise kunstvoll – geschnitzten Pfählen im ***Quw'utsun' Cultural and Conference Centre*** mit Multi-

Trans Canada Highway - TCH

In Canada kam eine durchgehende Ost-West-Verbindung recht spät zustande. Erst 1885 wurde der Gleisbau für die ***Canadian Pacific Railway*** beendet. Die Schiene blieb über Jahrzehnte der einzige transkontinentale Verkehrsweg.

Ein weiträumiger Ausbau des Straßennetzes begann praktisch nicht vor Mitte der 1920er-Jahre und beschränkte sich zunächst auf dichter bevölkerte Gebiete. Bis in die 60er-Jahre hinein konnte man Canada nicht auf einer durchgehenden asphaltierten Straße durchqueren. Die großen Barrieren des Lake Superior und der Rocky Mountains verhinderten eine Vernetzung der Straßensysteme im kanadischen Osten und Westen mit dem der Prärieprovinzen. Der Autoverkehr zwischen den Regionen war über die USA dennoch möglich. Ein Blick auf die Karte zeigt, daß dabei – je nach Start- und Zielpunkt – nicht einmal unbedingt große Umwege anfallen. Wohl auch dieser Umstand verzögerte den Bau einer lückenlosen Ost-West-Trasse.

Der ***Trans-Canada Highway Act***, der 1949 schließlich offiziell den Plan zur Schaffung einer Transkontinentalstraße verkündete, war zugleich eine Demonstration der Einheit Canadas und der wirtschaftlichen Unabhängigkeit des Landes (von den damals noch übermächtigen USA). Ein kompletter Neubau war nicht erforderlich. Bereits vorhandene Strecken mußten nur um einzelne Abschnitte (zwischen Sault Ste. Marie und Winnipeg sowie durch die Rocky Mountains) ergänzt werden. Die **Einweihung** des *Trans Canada Highway*, der von St. John's auf Newfoundland bis Victoria auf Vancouver Island reicht, erfolgte **1962**. Aber erst drei Jahre später war auch der letzte Kilometer asphaltiert und die Strecke damit ganzjährig witterungsunabhängig befahrbar.

Heute besitzt der TCH in New Brunswick, Nova Scotia, Prince Edward Island und Ontario sogar mehrere parallel verlaufende Äste, die alle die Bezeichnung TCH tragen. Die **kürzeste TCH-Route** durch alle zehn kanadischen Provinzen ist knapp **7.400 km** lang und schließt drei Fährstrecken ein (Newfoundland–Nova Scotia, Nova Scotia–Prince Edward Island und Vancouver–Nanaimo).

Media *Kino* (200 Cowichan Way, täglich Mitte April–Ende Sept. Mo-Fr 10-17, Sa, So 10-16 Uhr; $10; www.quwutsun.ca) am Cowichan River kann man indianischen Schnitzern und Tänzern zusehen; indianisches Restaurant.

Forest Museum

Bedingt sehenswert ist das ***British Columbia Forest Discovery Centre,*** 2892 Drinkwater Rd, am TCH, ca. 2 km nördlich der Ortsdurchfahrt. Es ist dem Thema »Mensch und Waldnutzung« gewidmet und schlägt einen Bogen von den Indianern bis zur Gegenwart. Eine alte Dampfeisenbahn transportiert die Besucher durch die »Zeit« zu den verschiedenen Ausstellungsbereichen. Juni bis Sept. täglich 10-17 Uhr, sonst Sa, So 10-17 Uhr; Eintritt $14; www.discoveryforest.com.

Chemainus/ Murals

Im – etwas abseits des TCH-Hauptverkehrs gelegenen – recht hübschen Städtchen **Chemainus** (13 km nördlich von Duncan) begann man schon vor Jahren, freie Fassadenflächen mit großflächigen Wandbildern zu bemalen. Der erhoffte Effekt trat ein: der Ort ist seit langem eine Touristenattraktion. Im ***Infocentre*** am Hauptparkplatz gibt es Stadtplan und eine Liste der **36 *Murals*** (www.muraltown.com). Wer den Fußabdrücken auf Straßen und Gehwegen des Ortes folgt, verpasst keines der Gemälde. Eine ganze Reihe von Open-air Terrassen von Cafés und Restaurants laden ein. Im ***Chemainus Theatre*** (9737 Chemainus Road, © 1-800-565-7738, www.chemainustheatre.ca) gibt's Musicals und Theateraufführungen, Eintritt $30 bzw $49 inkl. Dinner.

In Chemainus sind die Wandbilder sogar Thema einer Revue im eigens dafür erbauten Chemainus Theatre

Der 49. Breitengrad

Ladysmith liegt exakt auf dem **49. Breitengrad,** der auf dem Festland die Grenze zwischen den USA und Canada bildet. Aber im »Oregon Treaty« 1846 wurde die Insel nicht zweigeteilt, sondern ganz Canada zugeschlagen, ➪ Seite 574.

Nanaimo

Nanaimo ist mit rund 79.000 Einwohnern zweitgrößte Stadt auf Vancouver Island. Arbeit in den ab 1852 fördernden Kohlengruben hatte schon bald nach Erschließung der Insel zahlreiche Immigranten nach Nanaimo angezogen. Bereits 1874 erhielt die Siedlung Stadtrechte. Die letzten Zechen wurden Anfang der

Nanaimo Geschichte

1950er-Jahre geschlossen. Heute erinnert fast nichts mehr an diese Vergangenheit bis auf das ***Nanaimo District Museum***, das die Stadtgeschichte und die rauhen Umstände des Kohleabbaus beschreibt; www.nanaimomuseum.ca. Es residiert seit 2008 im *Port of Nanaimo Centre*. 100 Museum Way; Ende Mai bis Anfang September täglich 10-17 Uhr, sonst Di-Sa. Eintritt $2.

Downtown/ Newcastle Island

Der TCH berührt *Downtown* Nanaimo. Die zentrale Shopping- und Restaurant-/Kneipenzone an der parkähnlichen ***Waterfront*** ist nicht umwerfend, ein ***Highlight*** hingegen der Abstecher nach **Newcastle Island**, einer ganz zum *Provincial Park* erklärten Insel mit Wanderwegen und Badestrand an der **pittoresken Kanaka Bay** (2 km ab Bootsanleger). **Zeltcamper** finden dort einen citynahen Übernachtungsplatz. Die Überfahrt dauert 10 min; $8 retour, Mitte Mai-Anf. Sept. täglich 9-21 Uhr, sonst ab 10 Uhr; www.newcastleisland.ca. Am besten parkt man im Bereich des Anlegers *(Maffeo-Sutton Park)* der Inselfähre (keine Autos).

Vom *Newcastle Island Terminal* geht man sehr schön am Wasser entlang über die *Swy-A-Lana Lagoon* und den *Georgia Park* zum ***Seaplane Terminal*** (Wasserflugzeuge nach Vancouver) am Rande der kleinen Innenstadt.

Fort The Bastion

Nebenan am ***Boat Basin,*** dem Yachthafen, steht das 1853 zum Schutz der Neusiedler gegen Indianerüberfälle errichtete ***Fort The Bastion*** (98 Front Street, Juni–Anfang September täglich 10-16 Uhr, $1). In zeitgenössischer Bekleidung treten Ende Mai-Anfang September täglich die Bastion Guards an und geben um 12 Uhr unter Dudelsackklängen einen Kanonenschuß ab.

Badewannen-rennen

Ein großes Spektakel ist das seit 1967 alljährlich am 4. Sonntag im Juli zum Abschluss des 4-tägigen ***Nanaimo Marine Festival*** stattfindende ***International World Championship Bathtub Race***, bei dem Hunderte motorisierter Badewannen im *Inner Harbour* starten. Ein überrraschend hoher Anteil kommt nach 58 km Seefahrt tatsächlich bis zur Departure Bay; www.bathtubbing.com.

Tourist Info Centre: im Beban House, 2290 Bowen Road, © 1-800-663-7337, © (250)-756-0106, www.tourismnanaimo.com.

Unterkunft

Zahlreiche Hotels und Motels säumen vor allem den durch die Stadt laufenden TCH. In der Nähe der Fährterminals liegt das

- ***Buccaneer Inn***, 1577 Stewart Ave, © 1-877-282-6337, © (250) 753-1246, DZ ab $77; www.buccaneerinn.com
- Eine gute B&B-Adresse ist das ***Pepper Muffin Inn,*** 3718 Jingle Pot Road, © 1-866-956-0473, www.peppermuffin.com, ab **$90**

Preiswert

- ***The Painted Turtle Guesthouse (HI-Hostel),*** 121 Bastion St, © (250) 753-4432, © 1-866-309-4432, Herberge von 1875 in Waterfrontnähe, 45 Betten, $23/Bett, DZ $63; www.hostels.ca.
- ***Cambie Int'l Hostel Nanaimo,*** 63 Victoria Crescent, © (250) 754-5323 oder © 1-877-754-5323. Herberge in zentraler Downtownlage mit Bar und Grill. $20/Person, DZ $44; www.thecambie.com/nanaimo.

Täglicher Kanonenschuss von Nanaimo am Fort Bastion

- ***Nanaimo International Nicol Street Hostel,*** 65 Nicol St knapp südlich von *Downtown, toll-free* ✆ 1-800-861-1366, ✆ (250) 753-1188, $20, DZ $50; 35 Betten, www.nanaimohostel.com.

Erste Wahl fürs **Campen** sind der ***Living Forest Oceanside Campground***, $23-$36, www.livingforest.com, an der Maki Road, 4 km südlich des Zentrums unweit des TCH am Wasser, ✆ (250) 755-1755, und ***Westwood Lake RV-Camping***, $22-$29, 6 km westlich von Nanaimo. Der klare warme See verfügt über Badestrand und Picknickplatz; Anfahrt über Nanaimo Parkway und Jingle Pot Road; ✆ (250) 753-3922; www.westwoodlakecampgrounds.com.

Fähren zum Festland

Nur wenig nördlich von Nanaimo endet der Verlauf des TCH auf Vancouver Island. Im 2-Stunden-Takt legen von ***Duke Point*** bzw. ***Departure Bay*** Fähren nach Horseshoe Bay und Tsawwassen ab, ➪ Übersicht eingangs dieses Kapitels.

Von Nanaimo zum Pacific Rim National Park

Kennzeichnung Straße #19

In Nanaimo beginnt die fast 400 km lange Küstenstraße #19 nach Port Hardy. Ab Parksville ist sie eine Schnellstraße, zu der – bis Campbell River – die alte Küstenstraße noch als #19A parallel läuft. Im Gegensatz zur Westküste existiert dort bis Campbell River eine (streckenweise extrem) **ausgebaute touristische Infrastruktur** mit zahllosen Hotels/Motels, Restaurants und Campingplätzen. Viele Kanadier, vor allem Familien mit Kindern, verbringen daher an den langen Stränden (insbesondere in Qualicum Beach und Parksville) Urlaub und Wochenenden.

Beach Park

Mit 2 km langen Sandstränden und seichtem warmen Wasser erfreut sich der ***Rathtrevor Beach Provincial Park***, $24, ✆ 1-800-689-9025, östlich Parksville besonderer Beliebtheit. Enorme Campingareale, große *Day-use*-Anlagen und Joggingpfade entlang teils sandiger, teils felsiger Küste bieten warten dort.

Straße #4

Der **Highway #4/4A** nach Port Alberni und weiter zum ***Pacific Rim National Park*** zweigt 3 km südlich von Parksville von der Straße #19 ab. In seinem auf der Insel von keiner anderen Route übertroffenen Verlauf durchquert er zunächst dichten Nadelwald, passiert glasklare Seen und Flüsse und windet sich dann durch die *Mackenzie Range* hinunter zur Küste.

Englishman River Falls

Eine ca. 8 km lange Stichstraße zweigt bei Errington von der #4A ab zum ***Englishman River Falls Provincial Park***, $19, ✆ 1-800-689-9025. Wer die Zeit für den Abstecher erübrigen kann, sollte die Fälle des Englishman River in wildromantischer Umgebung unbedingt besuchen. Ein herrlicher ***Trail*** führt vom Parkplatz zu zwei Fallstufen und zurück. Unterhalb der Lower Falls gibt es Badestellen. Etwas zurückgesetzt liegt der ***Campground*** des Parks, an der Zufahrt ein privater Platz.

Little Qualicum Park

Auf halbem Weg nach Port Alberni liegt der Cameron Lake mit Badestrand an seiner Südseite, östlich davon der ***Little Qualicum Falls PP***, dessen Hauptmerkmal der *Canyon* des Little Qualicum River mit Stromschnellen und kleinen Fällen ähnlich wie am Englishman River ist. Ein Zwischenstop hier muss sein! Der ***Campground*** des Parks, ✆ 1-800-689-9025, $19, ist allerdings nur Provinzparkdurchschnitt.

Im Rain Forest bei Regen (im Canyon des Little Qualicum River)

Mac Millan Park

Ein erneuter Zwischenstop liegt im ***MacMillan Provincial Park*** an, am Westende des Cameron Lake. Der Spaziergang durch den ***Cathedral Grove*** des Parks zwischen – in einem Neujahrssturm 1997 – umgestürzten Baumriesen ist ein weiteres »muss«:

Ein kleines Waldgebiet mit bis zu 800 Jahre alten und 75 m hohen Douglastannen wurde dort in seinem ursprünglichen Zustand belassen. Früher einmal dominierten solche Bestände die Insel, fielen und fallen immer noch woanders Axt und Säge zum Opfer (➪ Kasten Seite 222).

Port Alberni

Port Alberni (17.000 Einwohner), umrahmt von Bergen am Ende eines 50 km langen Meeresarms, lebt überwiegend von **Holzverarbeitung** und **Fischfang.** Am Geruch der Paper Mills über der Stadt lässt sich das Hauptgewerbe identifizieren. Zudem ist der Tourismus eine wichtige Einnahmequelle.

Unterkunft und Camping

Das ***Alberni Valley Visitor Centre*** liegt am Nordosteingang der Stadt (2533 Redford St,© (250) 724-6535, www.albernivalleytou rism.com. Port Alberni dient vielen als relativ preiswerter Ausgangspunkt für Besuche im nahen ***Pacific Rim National Park***. An **Motels** und ***Bed & Breakfast Places*** herrscht kein Mangel.

Eine gute Wahl ist das ***A1 Alberni Inn,*** 3805 Redford St, © (250) 723-9405, © 1-800-815-8007; $75.

Einige Kilometer westlich Port Alberni quert die Straße #4 den ***Sproat Lake Provincial Park***, $19, (*Campground* im Sommer meist vollbesetzt, enge Stellplätze am See, großzügig oben). Exzellent dagegen liegen die Plätzchen im weitläufigen ***Stamp River Provincial Park***, $15, (beide © 1-800-689-9025) zur Hälfte am Flussufer. Ein großer Campingplatz (Duschen und *Hook-up*) mit vielen Stellplätzen unmittelbar am Wasser befindet sich am ***Alberni Inlet***, ca. 15 km südlich der Stadt (breite, aber z.T. schlechte Schotterstraße Richtung Bamfield) in Verbindung mit der ***China Creek Marina***, © (250) 723-9812; $22-$33.

Harbour Quay

Port Alberni bietet als **Treffpunkt** den *Harbour Quay*, ein kleines Shopping- und Restaurant-Center am Wasser (Argyle St).

Lady Rose & Frances Bartley

Neben dem *Harbour Quay* hat das ***MV Lady Rose***, ein bereits 1937 erbautes kombiniertes **Fracht- und Passagierschiff**, ihren Anlegeplatz (5425 Argyle Street). Die nostalgische Lady startet morgens um 8 Uhr in täglichem Wechsel nach Ucluelet (Mo, Mi, Fr) bzw. Bamfield (Di, Do, Sa, im Sommer auch So). Im Sommer bilden überwiegend Touristen die Ladung. Ein Retourticket – bei Fahrt nach Ucluelet durch die *Broken Islands Group* im *Pacific Rim National Park* – kostet $66, einfach $33, nach Bamfield $60, einfach $30 (Startpunkt für den ***West Coast Trail***); Abfahrt Bamfield 13.30 Uhr (So 15 Uhr), Abfahrt Ucluelet 14 Uhr; Reservierung unter © (250) 723-8313, © 1-800-663-7192; www. ladyrose marine.com. Im Sommer wird zusätzlich zur *Lady Rose* auch noch das MV *Frances Barkley* eingesetzt.

Treibholz am Strand der Long Beach

West Coast Trail und Juan de Fuca Marine Trail

Der ***West Coast Trail*** gehört zu Canadas populärsten Fernwanderrouten. Anfang des 20. Jahrhunderts diente er als **Rettungspfad** für schiffbrüchige Seeleute. Mit Einführung moderner Navigationshilfen verlor er diese Funktion weitgehend und galt lange als **Geheimtip für Wildnisenthusiasten**. Heute ist der Küstenstreifen zwischen der Pachena Bay bei Bamfield und dem Gordon River bei Port Renfrew Teil des *Pacific Rim National Park*.

Mit Hilfe eines ***Permit*-Systems** ($128!) hat man die Anzahl der täglichen Abmärsche quotiert. Wer den *Trail* in der Hochsaison laufen möchte, kann sich seine Daten bis zu 2 Tage im voraus unter ✆ (250) 387-1642 und ✆ 1-800-HELLO-BC reservieren lassen (**+$25**). Für ein ***Standby-Permit*** muß man in der Hochsaison 1-3 Tage warten.

Info: Pacific Rim NP, ✆ (250) 726-7721; www.pc.gc.ca/pacrim.

Rund **8.000 *Backpacker*** dürfen sich nun jedes Jahr zwischen 1. Mai und 30. September auf den Weg machen. Bis auf einige Hilfen zu **Flußüberquerungen** ist der 75 km lange Küstenpfad durch eine urtümliche, von Menschen kaum angetastete Landschaft nicht ausgebaut, sondern lediglich gekennzeichnet. Am Ende/Anfang bei Port Renfrew (Gordon River) und über die Nitinat Narrows gibt es **Fährboote** (**zusätzlich 2 x $15**).

Die Strecke läßt sich je nach Kondition und Wetter in **5 bis 7 Tagen** bewältigen. Ein **Schlechtwettereinbruch** kann strömenden Regen mehrere Tage hintereinander mit unpassierbaren Bachläufen bedeuten. Da es außer an den Nitinat Narrows keine weitere Ausweichmöglichkeit gibt, läßt sich die Wanderung nicht einfach abbrechen.

Die **topographische Karte** zum *Trail* gibt es bei den kleinen ***Information Stations*** an den Startpunkten, den ***Trailheads***. Eine nützliche Lektüre ist das Buch ***The West Coast Trail Hiking*** von *Tim Leadem*, can$11, *Greystone Books*, www.greystonebooks.ca, 88 Seiten, auch bei www.amazon.de zum aktuellen Dollarkurs.

In Bamfield besteht die Möglichkeit, mit der ***Lady Rose*** nach Port Alberni in die Zivilisation zurückzukehren, Fahrplan ⇨ nebenstehend. Von dort nach Victoria/Nanaimo verkehren *Greyhound Busse*.

Wer die Wanderung in **Port Renfrew** beendet oder den ***Juan de Fuca Marine Trail*** wählt, ruft für den Weitertransport den ***West Coast Trail Express*** an, der Nanaimo, Port Alberni, Bamfield/Pachena Bay, Port Renfrew/Gordon River und Victoria miteinander verbindet, Bamfield–Victoria $80: ✆ (250) 477-8700, ✆ 1-888-999-2288; www.trailbus.com.

Der ***Juan de Fuca Provincial Park*** ist eine Verlängerung des *Pacific Rim National Park* in Richtung Victoria. Er reicht von der *Botanical* bis zur *China Beach*. Der ***Juan de Fuca Marine Trail*** (47 km) verbindet beide. Dieser anspruchsvolle Küstenpfad führt oft durch dichten Regenwald ohne Strandzugang; bei Flut können die Strandpassagen unpassierbar sein. Nur die ersten ca. 2 km (*China Beach* bis *Mystic Beach*) sind ausgebaut.

En Route gibt es **4 *Wilderness Camps***; die Teilstrecken zwischen ihnen können separat als Tagesetappen gewandert werden.

Eisenbahnausflug

Ab Kingsway Ave/Argyle St. (neben der Lady Rose) startet die ***Alberni Pacific Railway*** (Ende Juni-Anfang Sept., Do-Mo 10 und 14 Uhr, Rundfahrt $29, ✆ (250) 723-1376; www.alberniheritage.com) zu einem schönen Trip. Die Dampflokomotive von 1929 schnauft zum ***McLean Mill National Historic Site*** mit 2 Std. Aufenthalt bei der einzigen dampfbetriebenen Sägemühle Canadas; im Sommer täglich 10.30-17 Uhr. Kombiticket *Mill & Train* $29.

Straße nach Bamfield

Bamfield ist auch auf einer breiten, aber streckenweise rauhen Schotterstraße zu erreichen. Im Sommer existiert dorthin ein spärlicher **Busservice** *(West Coast Trail Express).*

Della Falls

Von der #4 zweigt westlich von Port Alberni am ***Sproat Lake Provincial Park*** eine Stichstraße zum Great Central Lake ab. Wer sein Kanu/Kajak dorthin transportiert (Miete in Port Alberni ab $45/Tag, *Alberni Outpost*, ✆ 1-800-325-3921, ✆ (250)-723-2212; www.albernioutpost.com), kann zum westlichen Ende des Sees paddeln und von dort den ***Della Falls Trail*** in Angriff nehmen – 16 km auf einer ehemaligen Eisenbahntrasse im *Strathcona Prov. Park* zu den höchsten Wasserfällen Canadas (440 m) ➪ Seite 221.

Zum Pacific Rim National Park

Die Straße über die Berge der Mackenzie Range bildet den Höhepunkt der Anfahrt zum ***Long Beach*** Bereich des ***Pacific Rim National Park***. Zunächst geht es an Sproat Lake und Taylor River entlang zur Passhöhe und dann auf kurvenreicher Strecke parallel zu Kennedy River und Lake an die Küste. Die Fahrt ist schön, aber zeitraubend. Für rund 100 km bis *Long Beach* benötigt man ohne Pausen leicht 2 Stunden und mehr.

Ucluelet

Kurz vor der Küste teilt sich die Straße, dort auch das ***Pacific Rim Visitors Centre*** (✆ (250) 726-4600, www.pacificrimvisitor.ca). Ein kurzer südlicher Arm (ca. 8 km) führt nach **Ucluelet** (sprich: Ju-clú-let; 1.500 Einwohner) ein früher reines Fischerdorf, das heute überwiegend vom Tourismus lebt und ruhiger als Tofino ist. Besonders in Herbst und Frühjahr zieht die Möglichkeit zur Walbeobachtung Besucher an, aber auch im Sommer kann man im *Barkley Sound* **Wale** sehen (➪ auch Tofino).

Einsamkeitsfanatiker lassen sich auf einer der 100 Inseln der ***Broken Islands Group*** im Nationalpark absetzen – acht von ihnen haben einen Campground mit Plumpsklo ohne Trinkwasser. Roundtrip mit der Lady Rose ab Ucluelet kostet $60.

Schöne Wanderziele sind der 3 km lange ***Wild Pacific Trail*** um den Leuchtturm im Südosten und die **Klippen** südlich des Ortes.

Für Nationalparkbesucher bietet Ucluelet vor allem **Quartiere und Campingplätze**.

- Der gute ***Ucluelet Campground*** (vor dem Ort links; ✆ (250) 726-4355) liegt beim *Small Boat Harbour*, $31-$38; www.uclueletcampground.com.
- Die Inhaber der Restaurants wissen, was die Touristen erwarten, nämlich in erster Linie *Seafood*. Zwar stilvoll, aber nicht

überragend z.B. im nostalgischen Restaurantschiff ***Canadian Princess*** (mit Hotel DZ ab $79; © (250) 726-7771, © 1-800-663-7090, www.canadianprincess.com).

Hervorragende Menüs serviert das familiäre ***Matterson House*** am Ortseingang, © (250) 726-2200, 1682 Peninsula Road.

Long Beach

Bleibt man nach dem Straßendreieck auf der #4, erreicht man hinter der Park-Info bald *Long Beach,* das »Kernstück« des ***Pacific Rim National Park.*** Dieser von Felsen unterbrochene und eingerahmte Strand voller Treibholz gehört zum Schönsten, was British Columbias Küsten zu bieten haben. Bei gutem Wetter lassen sich herrliche **Wanderungen** unternehmen. Abseits der Parkplätze, *Picnic Areas* und des *Campground* verlieren sich die Menschen selbst in der Hochsaison rasch. Wandern kann man auf **neun gut ausgebauten kurzen *Trails*** durch Regenwald und hinunter zum Strand. Das ***Visitor Centre*** hat dazu einen ausführlichen ***Trail Guide.***

Der schönste Wanderweg beginnt am Nordrand der Long Beach: Der ***Schooner Trail*** führt durch üppige Vegetation zum Strand.

Wunderbar sitzt man auf der Restaurantterrasse des ***Wickaninnish Centre*** (© (250)-726-7706) mit Blick über die *Long Beach.*

Neben dem populären ***Beachcombing*** (etwa: Strandwandern und durchkämmen) ist – dank der langen Wellen aus der Weite des Pazifik – **Surfen** (im Neoprenanzug) eine beliebte Aktivität. Dort weiht frau in der ***Surf Sister Surf School*** (www.surfsister.com, © 1-877-724-7873, © (250)-725-4456), Canadas einzige rein weibliche **Surfschule**, zur Not auch Männer in die Kunst des Wellenreitens ein; 2 Stunden $75.

Zum **Schwimmen** laden Wasser und Wogen nicht eben ein, obwohl Unentwegte trotz des kalten Wassers baden.

Leider liegt *Long Beach* oft selbst dann unter **Seenebel**, wenn jenseits der Berge die Sonne scheint. Auch urplötzliche Wetterumschwünge sind nicht selten, in denen sich binnen kürzester Zeit ein blauer Himmel zuzieht und Regen einsetzt.

Kajakstation in Tofino

Schneller Transport zu den Hot Springs oder zwecks Whale Watching findet ab Tofino mit solchen sog. Zodiacs statt.

Camping

Das einzige Quartier im Nationalpark ist der gute ***Green Point Campground***, $24, der in der Hauptsaison meist schon früh am Tage belegt ist. Aber wer nur mit Zelt kommt, darf auf den ***Walk-in Campground***, $18,und hat bessere Chancen unterzukommen als Campmobileigner. **Reservierungen** (außer *Walk-in*): ✆ 1-877-RESERVE; www.pccamping.ca.

Tofino

Am Ende der Straße liegt – außerhalb des Nationalparks am *Clayoquot Sound* – das nicht sonderlich attraktive, oft dennoch überlaufene **Touristenstädtchen Tofino** (1.700 Einwohner).

Unterkunft

Tofino verfügt über zahlreiche Touristenquartiere, Restaurants und Campingplätze. Von den Unterkünften empfehlenswert ist

- ***Best Western Tin Wis Resort Lodge***, 1119 Pacific Rim Hwy, ✆ 1-800-661-9995, ✆ (250) 725-4445, www.tinwis. com, ca. 3 km südlich des Ortes; DZ ab $240
- Sogar ein *HI-Hostel* ist vorhanden: ***Whalers on the Point Guesthouse***, 81 West St, ✆ (250) 725-3443, 56 Betten, $28, DZ $80; www.tofinohostel.com.

Im ***Visitor Centre*** – 1426 Pacific Rim Hwy, ✆ (250) 725-3414, www.tourismtofino.com – hat man eine komplette Liste.

Camping

- Das ***Crystal Cove Beach Resort,*** ✆ (250) 725-4213, ist ein Komfortplatz für Zelte und RVs ca. 3 km südlich von Tofino am Pacific Rim Hwy; $55, www.crystalcovebeachresort.com.
- Akzeptabel ist auch ***Bella Pacifica Campground***, ✆ (250) 725-3400, $37-$48, www.bellapacifica.com, ebenfalls am Strand.

Regionale Küche, dabei viele Fischgerichte, serviert das ***Rain Coast Café,*** 120 Fourth St, ✆ (250) 725-2215.

Wale

In Tofino gehören Hochsee Fishing Trips und Whale Watching mehr noch als in Ucluelet zum touristischen Standardangebot. Grauwale, die von März bis Mai von Mexico nach Alaska ziehen und ab September den Weg zurück nehmen, legen in den verzweigten Buchten dieser Küste eine Rast ein; einige bleiben den ganzen Sommer, ***Orca-Whale-Watching***, ➪ Telegraph Cove.

Whale Watching

Whale Watching Trips kosten $79-$99 bei 2-3 Stunden. Bei ***Jamie's*** (606 Campbell St am Ortseingang, © 1-800-667-9913 und © (250) 725-3919, auch Abfahrten ab Ucluelet; www.jamies.com) betreut ein *Guide* maximal 12 Personen im wendigen Zodiac (Schlauchboot mit *Outborder;* alternativ geht es auch auf bequemen Schiffen aufs Meer). Nach der Tour wird gratis Kaffee serviert. ***Jamie's*** organisiert auch Kajaktouren ab $55.

Hot Springs

Eine besondere Spezialität ist die Fahrt zu heißen Badepools in der Einsamkeit des ***Maquinna Marine Provincial Park:*** per Boot 75 min oder einen kurzen Sprung per Wasserflugzeug entfernt liegt nördlich von Tofino ***Hot Springs Cove***. Vom Anlegeplatz geht es auf einem Plankenweg 2 km durch Regenwald zu einer schönen Schlucht mit natürlichen übereinanderliegenden Felspools, die durch einen Wasserfall gefüllt werden. Der obere Pool hat 50°C, die unteren bei Flut teilweise überspülten sind sukzessive kühler; tolle Sache!

Transport $109 (*Jamie's,* ➪ oben) oder *Water Taxi* $86 retour zur kleinen von Hesquiaht-Indianern bewirtschafteten ***Hot Springs Lodge***, © 1-888-781-9977, © (250)-870-1106, DZ $115, Campground $20, www.hotspringcove.com; in derselben Bucht.

Von Parksville/Qualicum Beach nach Port Hardy

An der Straße #19/ Parksville

Bei einer Fahrt an der Ostküste auf der #19 (ohne Abstecher in Richtung Westküste auf der #4) verdichtet sich bald die touristische Infrastruktur. **Parksville** (11.000 Einw.) bildet nach dem erwähnten ***Rathtrevor Park*** (➪ Seite 212) den ersten nahezu städtischen Ferienschwerpunkt mit hohem Verkehrsaufkommen entlang seiner Hotel-, *Fast Food-* und Beachmeile. Die Strände in diesem Bereich sind zwar lang, und das Meerwasser ist dort einigermaßen warm, aber besonders schön sind sie nicht. Zudem befindet sich der Küstenstreifen überwiegend in Privatbesitz. Immerhin gibt es in ***Downtown Parksville*** den ausgedehnten *Community Park* mit wassernahem Park-/Picknickplatz, Badestränden und einem tollen »nassen« **Kinderspielplatz** (frei).

Von Port Alberni an die Ostküste

Wer von Port Alberni die Reise in Richtung Norden fortsetzen möchte, nimmt die Abkürzung #4 und stößt westlich von Qualicum Beach auf die **Küstenautobahn (#19)** von Parksville über Courtenay-Comox nach Campbell River.

Denman Island

Auf der parallelen Küstenstraße #19A passiert man südlich Courtenay den Anleger der Fähre nach Denman Island, einem ruhigen, wenig erschlossenen **Sommerferienziel**. Die Überfahrt von Buckley Bay dauert nur 10 min.

Courtenay & Comox Valley

Das Comox Valley um die Doppelstadt Courtenay-Comox (zusammen 34.000 Einwohner) geht auf Kohlebergwerke zurück, von denen erst 1966 das letzte die Förderung einstellte. Heute ist das Gebiet um den *Comox Harbour* eine weitere Hochburg des Fremdenverkehrs. Wegen der Skigebiete im *Mount Washington*

Alpine Resort am Rande des ***Strathcona Provincial Park*** lebt diese nicht nur vom Sommertourismus. Das ***Comox Valley Infocentre*** – 2040 Cliffe Ave, © 1-888-357-4471, © (250) 334-3234, www.discovercomoxvalley.com – liegt an der Hauptstraße #19A noch vor Erreichen des kompakten Zentrums südlich von Courtenay. Wer nicht nur rasch die Stadt durchquert, sollte sich dort unbedingt eine genauere Karte der Region besorgen. Abseits der Hauptstraße reichen die gängigen Straßenkarten nicht aus.

Comox Valley

So ausgerüstet könnte man das ***Comox Valley*** erkunden: ***Stotan*** und ***Nymph Falls*** am Puntledge River etwa sind nur wenige Kilometer westlich von Courtenay entfernt. Und das Skigebiet um den ***Mount Washington***, 25 km nordwestlich der Stadt, bietet im Sommer ***Mountain-Bike-Trails*** ($34 Tageskarte, $25/Std. Fahrradverleih; www.mtwashington.ca); Seilbahn ($15) oder 2 km Wanderweg auf dem ***Linton's Trail*** zum Gipfel: Fernsicht wie nirgendwo sonst auf der Insel! Neben der Talstation ***Tailhead*** für Wege durch das schönste Wandergebiet (relativ ebenes Plateau) der Insel (***Paradise Meadows*** im ***Strathcona Provincial Park***).

Boardwalk über die Paradise Meadow

Unterkunft

Zahlreiche Motels säumen die Hauptstraße vor allem südlich von und durch Courtenay. Eine gute Wahl und für das Gebotene nicht zu teuer ($170 DZ) ist das

- ***Kingfisher Oceanside Resort & Spa*** am Strand in Royston, eine Art Kurhotel unter deutscher Leitung: © (250) 338-1323 oder © 1-800-663-7929, www.king fisherspa.com.
- Das ***Comox Lake Int'l Hostel***, 4787 Lake Trail Road in Courtenay (bei den *Nymph Falls*), ist die preiswerte Alternative: © (250) 338-1914, $25/Bett; www3.telus.net/hostel.

Fähre nach Powell River

Die nördlichste Fähre hinüber zur ***Sunshine Coast*** des Festlands legt in Little River ab, ein paar Kilometer nordwestlich Comox.

Über die ***Comox-Powell River Ferry*** kann eine mehrtägige Rundfahrt über Vancouver Island abgeschlossen werden, ⇨ Seite 199.

Lohnt eine Fahrt bis Port Hardy?

Ohne die Absicht, in Port Hardy die Fähre nach Prince Rupert zu besteigen, lohnt eine Weiterfahrt in die Einsamkeit des Inselnordens kaum. Aber bereits die Strecke von Nanaimo etwa bis Courtenay/Comox ist mit Fragezeichen zu versehen. Bei begrenzter Zeit, die Abstecher ins Hinterland und/oder an die Küsten nicht erlauben, hat man mehr von sonst vielleicht nicht mehr »machbaren« Festlandszielen, ⇨ ab Seite 225.

Campbell River

Campbell River mit 29.500 Einw. drittgrößte Stadt auf der Insel (✆ 1-877-286-5705 und ✆ 1-250-287-4636; www.campbellriverchamber.ca) nennt sich **Welthauptstadt des Lachsfangs**. Das Gros der Touristen in Campbell River ist denn auch am Fisch-, speziell am Lachsfang interessiert. Von morgens früh bis abends spät stehen Angler am ***Discovery Pier***, der 200 m in die *Discovery Passage* hineinragt (Zufahrt von der Hauptstraße Hwy 19A südlich des Zentrums).

Eine luxuriös-rustikale Unterkunft und zugleich ein prima **Restaurant** unmittelbar am Wasser bietet die ***Painter's Lodge***, 1625 MacDonald Rd, ✆ (250) 286-1102, ✆ 1-800-663-7090, DZ $159; www.painterslodge.com.

Quadra Island

Ein populärer Ausflug führt nach Quadra Island (Fähre stündlich neben der *Tyee Plaza* im Zentrum), auf der sich eine hübsche Rundfahrt zu einer Landspitze im ***Rebecca Spit Marine Provincial Park*** machen lässt. Die Insel sperrt mit anderen die *Strait of Georgia*. Enge Meeresarme gewähren den Durchlaß nach Norden.

Strathcona Provincial Park

Nur von Campbell River aus erreicht man den *Strathcona Provincial Park*, eine über 2500 km² große Gebirgswildnis, auf befestigter Straße (#28): Knapp 50 km westlich der Stadt geht es auf einer Parkstraße herrlich am Buttle Lake entlang bis zu den ***Myra Falls*** am Südende des Sees (ca. 35 km). An der Strecke starten mehrere ***Trails*** in die Einsamkeit. Die höchsten Wasserfälle Nordamerikas, die ***Della Falls*** (440 m) im Süden des Parks, sind allerdings nur über die oben bereits beschriebene Route zu erreichen, ⇨ Seite 216. Der höchste Berg auf Vancouver Island, der ***Golden Hinde*** (2.200 m), liegt im unerschlossen Hinterland.

Wunderschön zwischen alten Baumriesen liegt ca. 30 km südlich des Parkeingangs der

- ***Ralph River Campground***, $15, auf einer Landzunge zwischen Ralph River und Buttle Lake. Ebenfalls eine Landzunge belegt der ***Buttle Lake Campground***, $15, (✆ 1-800-689-9025) am östlichen Parkeingang.
- 45 km westlich von Campbell River steht vor dem Parkeingang die ***Strathcona Park Lodge***, ✆ (250) 286-3122, DZ $136; www.strathcona.bc.ca, am Ufer des Upper Campbell Lake. Dort werden u.a. **Kanu- und Kajakausflüge**, **Bootsverleih**, **Kletter- und Wandertouren** angeboten.

Regenwald und Logging

Von der Bedrohung der tropischen Regenwälder ist weltweit die Rede, daß es aber auch auf Vancouver Island, an den Küsten und im Inneren von British Columbia (noch) ausgedehnte temperierte (außertropische) Regenwälder gibt, die in ihrer Existenz gefährdet sind, ist nur wenigen bekannt. Mächtige Holzkonzerne, die bereits über 50 % des kanadischen Regenwalds abgeholzt haben, rücken den jahrhundertealten Baumbeständen der Westküste immer intensiver zu Leibe.

Die wichtigsten Unternehmen der Forstindustrie (*Logging Companies*) in BC sind *West Fraser Timber* (www.westfraser.com), *Catalyst Paper* (www.catalystpaper.com), *Canfor Corporation* (www.canfor.com) und vor allem der Gigant *Weyerhaeuser* (www.weyerhaeuser.com), drittgrößte *Logging Company* Nordamerikas mit allein in Canada Holzeinschlagrechten auf 131.000 km^2 Wald.

Am einfachsten und billigsten für die Unternehmen ist das *Clear Cutting*, der Kahlschlag ganzer Landstriche mit verheerender ökologischer Auswirkung: Durch Erosion wird der Boden seiner Nährstoffe beraubt, und nicht selten sind Erdrutsche die Folge der radikalen Eingriffe in die Natur.

Die Verantwortlichen räumen durchaus ein, daß *Clear Cuts* die Umwelt verändern, betreiben aber gleichzeitig eine Verschleierungs- und Verharmlosungspolitik. Damit die kahlen Hänge nicht so »auffallen«, wurden von Hubschraubern Grassamen zur Begrünung der Berge abgeworfen. Stolz weist die Forstindustrie auf die Hirsche hin, die sich aufgrund besserer Bewegungsfreiheit (!) nun stark vermehren. Tatsächlich breitet sich dieses Wild, das im Nadelwald der Westküste und auf Vancouver Island zuvor kaum vertreten war, in den lichten »Baumplantagen« der aufgeforsteten Gebiete rasch aus. Tiere, die sicheren Unterschlupf im dichten und feuchten Unterholz der Naturwälder fanden – zumeist seltene oder gefährdete Arten – bleiben dagegen auf der Strecke.

Daß die Provinzregierung die Holzindustrie nahezu ungestört schalten und walten läßt und den Firmen mit einer *Tree Farm License* großzügig Landnutzungsrechte für 25 Jahre erteilte, erklärt sich aus der enormen Bedeutung der Holzwirtschaft auch für die Staatseinnahmen. 42% aller Provinz-Exporte beziehen sich auf Holzprodukte und 15% aller Arbeitnehmer in British Columbia sind direkt oder indirekt in der Branche beschäftigt und erwirtschaften 19% des Bruttosozialprodukts.

Umwelt- und Naturschützer haben es in einer solchen Situation schwer. Aber obwohl ihnen Geld und Personal fehlen und massive Imagewerbung der Holzgiganten ihre Argumente zu konterkarieren versucht, haben Öffentlichkeit und Provinzregierung das Problem in den letzten Jahren stärker zur Kenntnis genommen. Und so zeigten weltweite Aktionen von Umweltschutzgruppen und Boykottaufrufe gegen kanadische Produkte Wirkung. Der boomenden Tourismusindustrie drohten mit dem Imageschaden Geschäftseinbußen. Angesichts einer gleichzeitig rückläufigen Beschäftigung in der Holz- und Papierwirtschaft lenkte die Politik ein. Im *Great Bear Rainforest Agreement* wurde 2001 mit Indianern, Umweltschützern (www.sierraclub.ca; www.greenpeace.ca) und Holzindustrie der vollständige Erhalt von 20 Regenwaldtälern im gleichnamigen Waldgebiet vereinbart (www.savethegreatbear.org).

Weitere Strecke

Auch der Rest der Straße **nach Port Hardy** (240 km) ist gut ausgebaut und rasch zu durchfahren. Die #19 verlässt bald hinter Campbell River den Küstenbereich und läuft durch eine überwiegend gleichförmige Waldlandschaft. Viele Kahlschläge nehmen ihr außerdem immer wieder über weite Strecken jeden Reiz.

Sayward/ Orcas

Gute 70 km nördlich von Campbell River, 12 km abseits der Hauptstraße, liegt **Sayward** an der Johnstone Strait. An der Ortszufahrt (1741 Sayward Road, ca. 1 km von der #19 entfernt) ist das aus aufeinandergeschweißten Stahltrossen errichtete ***Cable House Cafe*** für große Portionen gut, © (250) 282-3433.

Port McNeill

Erst bei **Port McNeill** (© (250)-956-3131, www.portmcneill.net; 2.600 Einwohner) stößt die #19 wieder kurz an die Küste. Der Ort beherbergt die Regionalbüros mehrerer *Logging Companies*.

Telegraph Cove

Orcas

Das Nest Telegraph Cove am Ende einer geteerten Stichstraße (11 km) besitzt höchstens ein Dutzend ständige Bewohner, füllt sich aber im Sommer mächtig. Vor allem die rund 200 ***Orcas***, die sich von Ende Juni bis Mitte Oktober permanent an in der *Johnstone Strait* aufhalten, locken Besucher hierher.

Die Boote ***Lukwa*** und ***Gikumi*** schippern von Ende Mai bis Anfang Oktober täglich (9+13 Uhr, Mitte Juli-Mitte August auch 17.30 Uhr) Touristen zur Beobachtung der Killerwale. Die Touren kosten $79-$89 für 3,5 Std. und sind populär. Reservierung bei ***Whole Watch Telegraph Cove***, die schon 1980 die ersten Walbeobachtungstouren in BC organisierten; © (250) 928-3185, © 1-800-665-3066; www.stubbs-island.com.

Orca Watching vor Vancouver Island in der Johnstone Strait

Einen pittoresken Eindruck vermitteln die auf Stelzen ins Wasser gebauten Häuser mit den verbindenden Holzstegen (*Boardwalks*). Einige davon sind zu vermieten: *Telegraph Cove Resorts*, © (250) 928-3131, © 1-800-200-4665, $100; www.telegraphcoveresort.com. Sehr schön angelegt ist ein **Campingplatz** zwischen zwei Bächen mitten im Wald nur 500 m vom Ort entfernt; $23-$28.

Informationen zu Touren und Unterkommen findet man auch im ***Killer Whale Cafe***, dem Treffpunkt des Ortes.

Während des Sommers gibt es zwei kommerzielle ***Campgrounds***.

Alert Bay

Von Port McNeill setzt eine Fähre nach **Alert Bay** (***Home of the Killer Whale***, (250) 974-5024, 116 Fir Street; www.alertbay.ca; 560 Einwohner) auf Cormorant Island über. Zwischen Mitte Juni und Mitte Oktober halten sich in den umgebenden Meeresstraßen viele Killerwale (Schwertwale) auf. Unter den 1.800 Einwohnern überwiegen Indianer vom Stamm der *Kwakwaka'wakw*. Die Kultur manifestiert sich u.a. in Totempfählen auf den ***Namgis Burial Grounds*** im Dorf und ***World's Tallest Totempole*** (53 m), ca. 1,5 km vom Anleger entfernt. Im ***U'mista Cultural Centre*** (www.umista.org) sind lokale Tradition und Geschichte aufbereitet.

Port Hardy

Kurz vor Port Hardy (3.800 Einw.; © (250) 949-7622, www.ph-chamber.bc.ca) zweigt eine 5 km lange Stichstraße zum ***Terminal Bear Cove*** der Fähre nach Prince Rupert bzw. Bella Coola ab. Zum Ort sind es auf der **Straße #19** rund um die Bucht noch einmal 5 km. Zu sehen gibt es dort außer einer hübschen Lage am Wasser nicht viel. Port Hardy erfüllt Versorgungsfunktion für den Inselnorden und profitiert vom Tourismus, den die Fähren mit sich bringen.

Fähren

Die Fähre nach Prince Rupert legt im Wechsel jeden zweiten Tag in Prince Rupert bzw. Port Hardy ab und trifft jeweils 15 Stunden später am Zielort ein. Die Fähre nach Bella Coola fährt durch die sog. *Discovery Coast Passage*; leider sind beide Fähren mit Fahrzeug extrem teuer. Weitere Details ➪ Seite 198f.

Fähre in der Abenddämmerung vor Horseshoe Bay

Unterkunft

Der Fahrplan der Prince Rupert-Fähre bedingt im allgemeinen eine Ankunft am Vorabend und eine **Übernachtung in Port Hardy**. Das gilt auch nach Ankunft per Fähre aus Prince Rupert.

- Relativ preiswert ist das ***Pioneer Inn*** (mit einem kleinen *RV Campground*; www.vancouverisland.com/pioneerinn), © (250) 949-7271, © 1-800-663-8744, $85; etwas teurer ist das
- ***Glen Lyon Inn***, Zimmer mit Blick auf die Bucht, © (250) 949-7115, © 1-877-949-7115; www.glenlyoninn.com $95.

Camping

- Von mehreren Plätzen ist der ***Quatse River Campground*** (mit *Hook-up*, © 1-866-949-2395, $13-$20; www.quatsecampground.com) 5 km südlich der Stadt bei der *Fish Hatchery* erste Wahl.
- Alternativ bietet sich flussaufwärts der komfortable ***Sunny Sanctuary Campground*** an, © (250) 949-8111, © 1-866-251-4556, $15-$35; www.island.net/~sunnycam.

3.2 Von Vancouver nach Prince George und Jasper

3.2.1 Die Nordroute über Lillooet nach Cache Creek

Schönste Strecke

Die schönste Route ab Vancouver in Richtung Rocky Mountains oder in den Norden entspricht zunächst dem Verlauf der **Straße #99**. Bis Whistler/Pemberton trägt sie die Bezeichnung ***Sea to Sky Highway*** und im Anschluss daran bis Lillooet ***Duffey Lake Road***.

Routenbeginn

Die #99 läuft bis zum **Fährhafen Horseshoe Bay** identisch mit dem *Trans Canada Highway* als Autobahn hoch über Stadt und Meer. Erst unmittelbar vor den Wartespuren für die Fährschiffe trennt sie sich vom TCH und schlängelt sich pittoresk zwischen *Howe Sound* und steilen, bewaldeten Felshängen nach Norden. Sie passiert den oben bereits fürs Camping empfohlenen **Provinzpark *Porteau Cove*** (➪ Seite 180) und **Britannia Beach** mit dem *BC Museum of Mining* (➪ Seite 194).

Shannon Falls/ Stawamus Chief

Das Wasser der ***Shannon Falls*** stürzt über mehrere Stufen beeindruckende 335 m in die Tiefe, ➪ Foto Seite 195. Diese Fälle befinden sich ganz in Straßennähe im ***Shannon Falls Park*** neben dem ***Stawamus Chief Provincial Park***. An den Wänden des **Granitmonolithen *Stawamus Chief*** (702 m), ca. 2 km südlich von Squamish sind oft **Kletterer** in atemberaubender Position zu beobachten. Leichter erreichen **Wanderer** auf steilen Wegen (2 km), über Treppen und Leitern den **Bergrücken mit 3 Spitzen** und genießen dort ein fantastisches Panorama, bei Morgennebel über den Wolken.

Squamish

44 km nördlich von Horseshoe Bay erreicht man **Squamish** (www.squamishdays.org). Der Ort (15.000 Einw.) macht seinem Namen alle Ehre: in der Sprache der *Coast Salish*-Indianer bedeutet *Squamish* »Mutter des Windes«. Er hat eines der besten kanadischen Windsurfing-Reviere. Ende Juli finden dort während der *Squamish Days* die ***Loggers Sports*** statt. Die Teilnehmer sägen dann um die Wette, balancieren auf schwimmenden Baumstämmen,

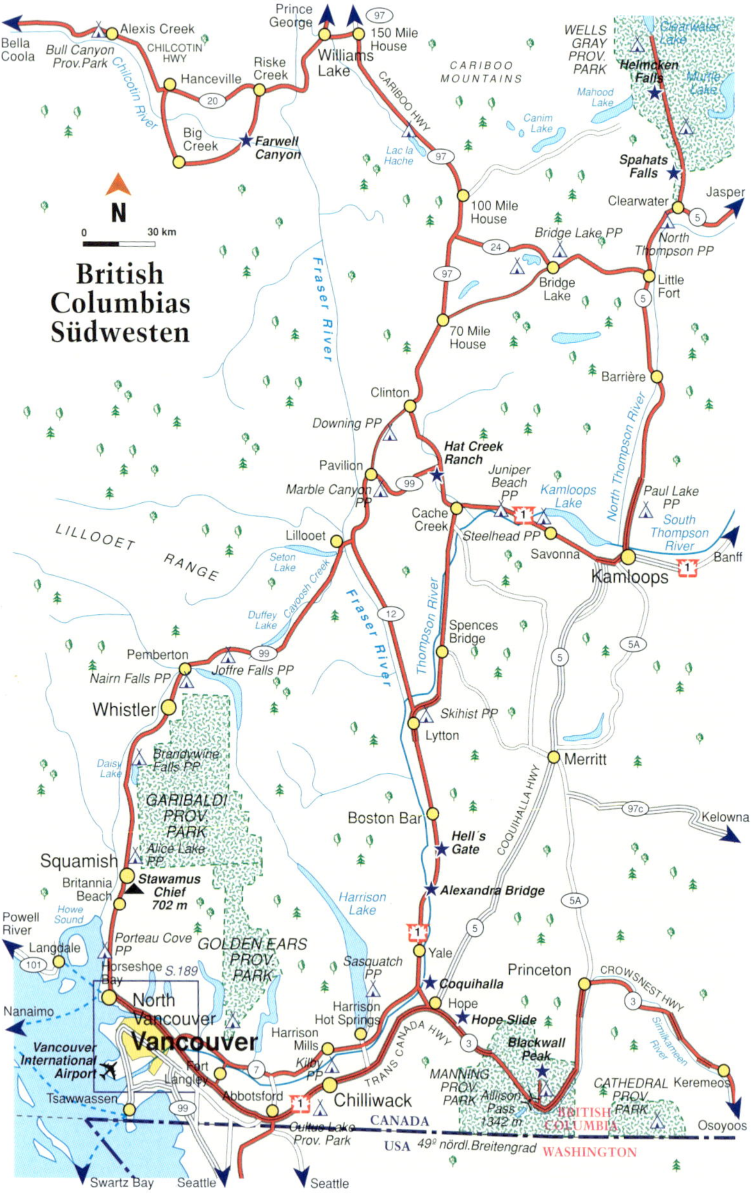
British
Columbias
Südwesten
N
0 30 km
Bella Coola
Alexis Creek
Bull Canyon Prov.Park
CHILCOTIN HWY
Chilcotin River
Hanceville
Riske Creek
Big Creek
Farwell Canyon
Prince George
Williams Lake
150 Mile House
CARIBOO HWY
CARIBOO MOUNTAINS
WELLS GRAY PROV. PARK
Clearwater Lake
Helmcken Falls
Murtle Lake
Mahood Lake
Canim Lake
Lac la Hache
Spahats Falls
Clearwater
Jasper
100 Mile House
Bridge Lake PP
North Thompson PP
Bridge Lake
Little Fort
70 Mile House
Fraser River
Barrière
North Thompson River
Clinton
Downing PP
Hat Creek Ranch
Pavilion
Juniper Beach PP
Kamloops Lake
Paul Lake PP
Marble Canyon PP
Cache Creek
Steelhead PP
South Thompson River
Savonna
Kamloops
Banff
LILLOOET RANGE
Lillooet
Seton Lake
Cayoosh Creek
Duffey Lake
Fraser River
Thompson River
Spences Bridge
Pemberton
Nairn Falls PP
Joffre Falls PP
Whistler
Skihist PP
Lytton
Brandywine Falls PP
Daisy Lake
Merritt
GARIBALDI PROV. PARK
COQUIHALLA HWY
Kelowna
Boston Bar
Hell´s Gate
Alice Lake PP
Squamish
Britannia Beach
Stawamus Chief 702 m
Alexandra Bridge
Harrison Lake
Powell River
Howe Sound
Langdale
Porteau Cove PP
GOLDEN EARS PROV. PARK
Yale
Sasquatch PP
Horseshoe Bay
S. 189
Coquihalla
Princeton
CROWSNEST HWY
North Vancouver
Harrison Hot Springs
Hope
Hope Slide
Nanaimo
Vancouver
Harrison Mills
Blackwall Peak
Similkameen River
Vancouver International Airport
Kilby PP
TRANS CANADA HWY
Fort Langley
MANNING PROV. PARK
CATHEDRAL PROV. PARK
Keremeos
Tsawwassen
Abbotsford
Chilliwack
Allison Pass 1342 m
BRITISH COLUMBIA
Osoyoos
Cultus Lake Prov. Park
CANADA
USA
49º nördl.Breitengrad
WASHINGTON
Swartz Bay
Seattle
Seattle

werfen mit Äxten und klettern auf Bäume. Details beim ***Squamish Info Centre***, © 1-866-333-2010; www.squamishchamber.com.

Quartier im Ort für $29, DZ $70 bietet das moderne ***Squamish Int'l Hostel Inn on the Water*** , © (604) 892-9240, 1-800-449-8614, 70 Betten; www.squamishhostel.com.

Alice Lake Park

Etwa 13 km nördlich von Squamish passiert man die Zufahrt zum ***Alice Lake Provincial Park***, $24, © 1-800-689-9025, einer perfekten Anlage rund um einen schönen warmen Badesee mit Sandstränden, Spielplätzen und großem Campingareal. Der Park liegt ca. 1,5 Fahrstunden von Vancouver entfernt und wäre bei Reisestart/-ende ein geeigneter erster/letzter Übernachtungsort. Aber die Plätze sind oft früh belegt. Hier gibt`s auch den schönen ***Four Lakes Trail*** vorbei an 4 Seen durch »Märchenwald« (ca. 6 km).

Garibaldi Park

Auf etwa gleicher Höhe beginnt der ausgedehnte ***Garibaldi Provincial Park*** (knapp 2000 km^2) in hochalpiner Gebirgslandschaft. Lediglich drei Ausgangspunkte für Wanderungen am Rand des Parks sind per Auto zu erreichen.

Trails

Ebenso an der Westseite des *Garibaldi PP* liegt der ***Brandywine Falls Provincial Park***. Dort stürzt – am Nordende des Daisy Lake – der *Brandywine Creek* 70 m in die Tiefe. Im Sommer erfreut sich der kurze Weg zum *View Point* großer Beliebtheit.

Whistler

Die **Whistler Region**, touristisches Boomgebiet mit knapp 10.000 Einwohnern, ist das bekannteste Skigebiet Canadas und wurde zum Austragungsort der **Olympischen Ski- und Rodelwettbewerbe 2010** auserkoren.

Auf dem *Blackcomb-Mountain*-Gletscher (2.284 m; www.whistlerblackcomb.com) kann man im einzigen **Sommerskigebiet** Nordamerikas Skilaufen und *Snowboarden* ($52 für *Snowboarder*, Juni-Juli täglich 10-15 Uhr).

Der ***Whistler Mountain*** (2.182 m, $32) ist auch für Nicht-Skiläufer interessant. Die Gondelfahrt zum ***Roundhouse Lodge Restaurant*** dauert ca. 25 min, weiter geht's per Sessellift zum Gipfel; Ende Juni-September täglich 10-17 Uhr. Ab der Mittelstation ***»Olympic Station«*** tummeln sich *Mountain Biker* im ***»Whistler Blackcomb Mountain Bike Park«*** (MTB-Tageskarte $49; Mountain Bike $65/halber Tag); www.whistlerbike.com.

Der schönste **Wanderweg** im Gipfelbereich ist ***High Note Trail*** (ca. 5 km) durch den unerschlossenen ***Garibaldi Provincial Park***.

Biking und mehr

Im **autofreien *Whistler Village*** gibt es mehrere Firmen, die Bikes vermieten und organisierte Ausritte, Wildwassertrips, Drachenflüge und *Backcountry*-Expeditionen anbieten.

Whistlers Umgebung lässt sich sehr gut per Fahrrad erkunden, da im Tal ein gutes Radwegenetz über 30 km auf dem *Valley Trail* existiert. Bei der ***Bike Company Whistler*** kann man Fahrräder leihen: © (604) 938-9511 ($35/Tag); www.bikecowhistler.com.

Restaurants und Kneipen sind für Canada sehr zahlreich.

Große Portionen und maßkrugweise Bier serviert man – wie vielenorts – zu noch einigermaßen moderaten Preisen in der ***Old Spaghetti Factory*** am 4145 Village Green in der Crystal Lodge, © (604) 938-1081, www.oldspaghettifactory.ca.

Unterkunft

Quartiere gibt es sommers wie winters en masse, einschließlich des idyllisch am *Alta Lake* gelegenen

- ***Int'l Hostel (HI)***, 5678 Alta Lake Road, © (604) 932-5492, $28/Person, DZ $79, 32 Betten; www.hostels.ca

Halbwegs preiswerte Motels hingegen mit DZ-Preisen unter $100 sind praktisch nicht vorhanden, ***Bed & Breakfast Inns*** wie das

- ***Chalet Luise***, DZ ab $109, © 1-800-665-1998, © (604) 932-4187; www.chaletluise.com, sind dagegen zahlreich.
- Erstes Hotel am Platz ist das ***Fairmont Chateau Whistler***, © 1-800-606-8244, DZ ab $199; www.fairmont.com/whistler

Camping

Der einzige Campingplatz des Ortes ist der komfortable ***Riverside RV-Resort&Campground*** am Fluss nördlich des Ortes, © (604) 905-5533, $45-$50; www.whistler camping.com.

Information

© 1-877-991-9988, © (604)-935-3357; www.tourismwhistler.com.

Duffey Lake Road

Östlich von Pemberton beginnt die heute durchgehend asphaltierte ***Duffey Lake Road***. Obwohl ihr Ausbau der Straße den einstigen Charme nahm, ist sie immer noch die »Glanznummer« der Route. Der beste Abschnitt beginnt am ***Joffre Lakes PP*** am *Cayoosh Pass* (1275 m). Dort startet auch ein toller 3 km langer **Wanderweg** (plus 400 Höhenmeter Steigung) über den Lower zu Middle und Upper Joffre Lake. Die türkisblauen Seen liegen vor der Kulisse steiler, gletscherbedeckter Berge.

Weiter folgt die Straße dem ***Cayoosh Creek*** und windet sich später durch die Berge der Lillooet Range. Fünf kleine ***Forest Campgrounds*** *(»Recreation Areas«)* am Wildbach laden (auf kurzer Distanz hintereinander etwa auf halber Strecke zwischen Duffey Lake und Lillooet) zum Campen ein.
Info beim *Squamish Forest District* oder *Cascades Forest District* in Lillooet.

Upper Joffre Lake

Trailbeginn am Cayoosh Creek

Ein besonderer Reiz der *Duffey Lake Road* ist der dramatische Klimawechsel auf kurzer Distanz. Aus dem Grün der mit Niederschlägen reich bedachten Berge geht es hinab in die karge Salbeibuschprärie im trockenen Tal des Fraser River. Im Sommer überwiegen dort heiße Tage mit Spitzenwerten über 30° C. Kurz vor Lillooet passiert man den **Seton Lake** mit Badestrand und *Picnic Area* (am Südende). Auf der seeabgewandten Seite der Straße betreibt der Stromerzeuger *BC Hydro* einen recht guten **Gratis-Campplatz** am Wildbach.

Lillooet

Lillooet, ✆ (250) 256-4308; www.lillooetbc.com, ist heute nur noch ein kleines Städtchen über dem Fraser River, an dem vor allem die imposante Gebirgskulisse beeindruckt. Eine Fahrt einmal die ***Main Street*** hinauf kann nicht schaden. Beim unübersehbaren deutschen **Bäcker** (➪ Foto Seite 230) in der Hauptstraße gibt es »richtiges« Brot und Kuchen von sonst in BC kaum bekannter Qualität. Wenn weitere **Einkäufe** anliegen: ein größerer Supermarkt liegt

Die Cariboo Wagon Road

Lillooet kam als ***Mile 0*** der ***Cariboo Wagon Route*** während des ***Fraser Goldrush*** (1858) und des ***Cariboo Goldrush*** (1862) zu Berühmtheit und war damals eine der größten Städte nördlich von San Francisco. Von dort ging es ab 1859 über Pavilion nach *47 Mile House* (heute Clinton), in eben dieser Entfernung von Lillooet. Die neuen Ansiedlungen bestanden nur aus Mautstation und *Roadhouse* (Raststätte), in denen die Goldsucher auf dem Weg nach Barkerville (➪ Seite 249) Schlafplatz und Verpflegung fanden.

Viele Orte entstanden aus den ***Roadhouses*** entlang der ***Cariboo Wagon Road.*** Einige davon – von 70 Mile House über 100 Mile House bis 150 Mile House (➪ Seite 245 f) – haben ihre ursprüngliche Bezeichnung als Entfernungsangabe ab Lillooet bis heute behalten.

Lillooet erging es wie vielen *Boomtowns* aus der Goldrauschzeit. Dem Aufstieg folgte – nach Erschöpfung der Erzlagerstätten – ein rascher Niedergang. Zudem verlor die Stadt ihre Rolle als Verkehrsknotenpunkt an Yale (➪ Seite 236). Fortan mußte sich die ***Cariboo Wagon Road*** nicht mehr über den *Pavilion Mountain* von Lillooet nach Clinton quälen, sondern eine Neuroute umging Lillooet durch das Thompson-River-Tal und lief ab 1863 über Cache Creek. Von Clinton bis Soda Creek, rund 30 km nördlich von Williams Lake, verkehrten Postkutschen. Bis Quesnel, von wo es auf dem Landweg nach Barkerville weiterging, übernahmen ***Paddlewheeler*** auf dem Fraser River den Transport. 1865 wurde auch die *Wagon Road* zwischen Quesnel und Barkerville fertiggestellt.

hinter dem nördlichen Ortsende; er kommt aber erst ins Blickfeld, wenn der Ort scheinbar schon »durch« ist. Sollte das winzige **Museum** (samt ***Tourist Information,*** 790 Main Street) in einer ehemaligen Kirche mit allerlei Sammelsurium aus alten Tagen geöffnet sein, kann man sich dort gut ein wenig umschauen, Juli/August täglich 9-19 Uhr, sonst Di-Sa 10-16 Uhr; frei.

Eine Handvoll **Hotels/Motels** befinden sich an der Ortsdurchfahrt; der ***Cayoosh Creek Campground*** liegt zwischen Bachmündung in den Fraser River und Brücke über den Fluss, ✆ 1-877-748-2628, ✆ (250) 256-4180; $19-$27, www.cayooshcampground.ca.

Pavilion Mountain Road

Wer der alten ***Cariboo Wagon Road*** folgen und 40 km Fahrt sparen möchte, verlässt in Pavilion die Straße #99 und nimmt die ***Pavilion Mountain Road*** direkt nach Clinton. Die auf den ersten (knapp 20) Kilometern holprige Schotterstraße ist trotz einiger steilerer Teilabschnitte bei trockenem Wetter unproblematisch, wenngleich nicht unbedingt Wohnmobilen über 21 Fuß zu empfehlen. Wegen der Anfahrt bis zur Passhöhe mit Panoramablicken ist dise Route eine attraktive Alternative zur #99.

Im Tal nördlich des Passes passiert sie den ***Downing Provincial Park*** am Kelly Lake mit Badewiese und einem **Campingplatz** ohne besonderen Reiz ($15).

Marble Canyon

Von ***Pavilion*** weiter östlich passiert die Straße #99 einige kleine, idyllisch gelegene **türkisfarbene Seen;** meist ziemlich kühles Wasser, aber bei Hitze zum Baden gut geeignet. Dort liegt zwischen ***Crown*** und ***Turquoise Lake*** in der Kalksteinschlucht des ***Marble Canyon Provincial Park*** ein enger, recht einfacher ***Campground***, $15. Ungünstige Zufahrt für Wohnmobile.

Hat Creek Ranch

Am östlichen Ende der #99 – an deren Einmündung in die Hauptstraße #97 – liegt die museal ausgebaute ***Historic Hat Creek Ranch,*** ✆ 1-800-782-0922 und (250) 457-9722, www.hatcreekranch.com. Sie diente ab 1863 als Roadhouse auf der neuen Route der ***Cariboo Wagon Road,*** die Lillooet (⇨ Seite 229) entlang des Thompson River umging, und war Postkutschenstation der *British Columbia Express Company*.

Man kann dort das historische Gelände besichtigen und einen Blick in Küche, Salon, Haus und Schmiede werfen, wo zeitgenössisch gewerkelt wird, sowie Postkutschenfahrten unternehmen oder auf dem *Campground* übernachten ($10-$15). Täglich Mai bis Mitte Oktober, 9-17, Juli+August 9-18 Uhr; Eintritt $8.

Für die Weiterfahrt nach Norden, ⇨ Cache Creek, Seite 238.

3.2.2 Trans Canada Highway von Vancouver nach Cache Creek

Trans Canada Highway

Während die Straße #99 abwechslungsreich, aber zeitraubend durch Hochgebirge führt, geht es auf dem **Trans Canada Highway #1** rasch voran. Der TCH läuft zunächst bis Hope als Autobahn im breiten Tal des Fraser River durch weitläufiges Farmland. Nördlich von Hope folgt die Straße dem enger werdenden, streckenweise schluchtartigen Flusstal, bleibt aber gut ausgebaut. Bei Lytton wechselt sie den Fluss und begleitet nun den Thompson River bis Cache Creek.

Straße #7

Statt der Autobahn könnte man auch die Straße #7 nördlich des Fraser River nehmen. Das kostet kaum Extrazeit, bietet aber mehr »fürs Auge«. Im Juli/August gibt es an dieser Route Verkaufsstände mit frisch geerntetem Obst und Gemüse (***Fresh Produce***).

Eine gute Tagesetappe könnte schon in **Harrison Hot Springs** (➪ Seite 234), aber auch in Hope enden, wenn man vielleicht erst spät in Vancouver startet oder sich ganz einfach Zeit nimmt. Sinnvoll wäre es in jedem Fall, zunächst auf dem TCH zu bleiben und frühestens in Fort Langley (mit der kostenlosen ***Albion Ferry***) in 10 Minuten über den Fraser River zu setzen.

Fort Langley

Etwa 45 km östlich von Vancouver passiert man die Abfahrt zur ***Fort Langley National Historic Site***, www.pc.gc.ca/langley. 1827 als Handelsposten der ***Hudson's Bay Company*** (➪ Kasten nächste Seite) gegründet, entwickelte sich das Fort bald zu einem wichtigen Stützpunkt. Als 1858 der Goldrausch am oberen Fraser River ausbrach, war es Ausgangspunkt und Versorgungsetappe für das Gros der 30.000 nach Norden ziehenden Goldsucher.

Im selben Jahr wurde dort der zum Festland gehörende Teil der heutigen Provinz BC offiziell zur britischen Kronkolonie erklärt. Im rekonstruierten **Palisadenfort** steht heute nur noch eine Handvoll mäßig interessanter Gebäude (täglich Juli und August 9-20 Uhr, sonst 10-17; $7). Ein Abstecher lohnt sich am ehesten, wenn man nach dem Besuch ohnehin die **Fähre** hinüber aufs Nordufer des Fraser River nimmt und/oder auf der Flussinsel campt:

- ***Fort Camping***, ✆ (604) 888-3678 und ✆ 1-866-267-3678, $32-$45; www.fortcamping.com, guter Privatplatz mit Pool in Ortsnähe (zu Fuß zu Restaurants).

Flugschau

In **Abbotsford** findet am 2. Wochenende im August eine der größten Flugschauen ganz Nordamerikas statt, die dreitägige *Abbotsford Int'l Airshow*. Alljährlich pilgern über 100.000 Zuschauer dorthin, um die Vorführungen der Kunstflugstaffeln zu sehen; www.abbotsfordairshow.com.

Minter Gardens

Östlich von **Chilliwack,** mit 63.000 Einwohnern eine der größeren Städte der Provinz und bedeutendes Agrarzentrum, liegen die ***Minter Gardens*** (Mai-Sept. täglich 9-17.30 Uhr, Juli + August bis 19 Uhr, $15, www.mintergardens.com), ein kleineres Pendant zu den bekannteren *Butchart Gardens* bei Victoria (➪ Seite 207).

Die Hudson's Bay Company - HBC

Die Geschicke des kanadischen Pelzhandels lagen über einen langen Zeitraum allein in den Händen der 1670 in London gegründeten ***Hudson's Bay Company*** (**HBC**). Von *König Charles II* mit den exklusiven Handelsrechten für den gesamten Zuflussbereich der Hudson Bay ausgestattet, kontrollierte sie ein Gebiet, das Teile der heutigen Provinzen Québec, Ontario, Manitoba, Saskatchewan, Alberta, Nunavut und der Northwest Territories umfaßte. Damals ahnte freilich noch niemand, welch riesige Ausmaße das Territorium hatte (über 40 % des jetzigen Canada), das seinerzeit – zu Ehren des Firmengründers Prince Rupert – *Rupert's Land* genannt wurde.

York Factory (www.pc.gc.ca/yorkfactory) nannte sich die erste Handelsstation an der Hudson Bay. Weitere Stützpunkte entstanden in rascher Folge entlang der Küste unweit der ertragreichsten Pelzjagdgebiete. Das Leben der Besatzungen in diesen Handelsposten in unwirtlicher und abgeschiedener Gegend bot wenig Annehmlichkeiten und Abwechslung. Exkursionen in die Umgebung galten als gefährlich; und so wartete man lieber in den geschützten Forts die Ankunft der Indianer ab, die mit pelzbeladenen Kanus aus den unendlichen Weiten des Hinterlandes anreisten. Obwohl der Tauschhandel oft von langen Zeremonien begleitet wurde, ergaben sich kaum tiefergehende Kontakte zwischen den Weißen und Einheimischen. Zur Ehre der HBC sei angemerkt, dass beim Geschäft mit den Indianern – zumindest in den ersten Jahrzehnten – Alkohol noch kaum eine Rolle spielte.

Knapp ein Jahrhundert arbeitete *The Bay* mit erheblichem Erfolg und ohne ernstliche Konkurrenz, bis Pelzhändler aus Montréal allmählich auf monatelangen Kanutouren tief ins HBC-Territorium vordrangen und 1783 zusammen mit Exporteuren in der Stadt mit der ***North West Company*** (***NWC***) eine neue Gesellschaft ins Leben riefen. Die genossenschaftlich organisierte NWC machte mit einer flexiblen Handelsstrategie der mächtigen, aber in traditionellen Bahnen operierenden HBC rasch deutlich, dass neue Zeiten angebrochen waren.

Die NWC schickte Voyageure (auch *Coureurs de Bois* genannt) mit großen Transportkanus zu monatelangen Trips direkt in die Indianerdörfer und schnappte der in den Forts wartenden Konkurrenz die besten Felle weg. Außerdem besaßen sie keine Skrupel, den Tauschhandel auf Alkohol und Waffen auszudehnen, wodurch sich die NWC ein großes Potential an Handelspartnern sicherte. Von Bedeutung war ferner, dass die in Montréal ansässige Gesellschaft mit Land und Indianern weitaus besser vertraut wurde als die vom fernen London aus geleitete HBC. Zügig dehnte die NWC ihr Handelsgebiet aus und initiierte damit sogar neue Entdeckungen. Forscher wie ***Alexander Mackenzie, David Thompson*** und ***Simon Fraser***, deren Namen heute die Landkarten des kanadischen Westens zieren, wurden von der NWC entsandt, um das Gebiet jenseits der Rockies zu erkunden.

Die Reaktion der um Einfluss und Gewinn besorgten HBC ließ nach den Erfolgen der NWC nicht lange auf sich warten. Sie begann nun ebenfalls, Transportkanus zu bauen und Inlandsposten an strategisch wichtigen Orten zu errichten. Die Bedenken, Indianern **Alkohol** als Tauschobjekt anzubieten, fielen dem Geschäftsinteresse zum Opfer. Zudem konnte sich die HBC auf das noch immer gültige königliche Privileg von 1670 berufen, das ihr allein das Recht eingeräumt hatte, in *Rupert's Land* Handel zu treiben. Da die »*Nor'Westers*« auf ihrem Rückweg von ergiebigen Pelzgebieten am Mackenzie und Yukon River nach Montréal stets das Land der HBC durchqueren mussten, blieben Konfrontationen nicht aus.

Der Kampf um die Vorherrschaft im Pelzhandel spitzte sich zu Beginn des 19. Jahrhunderts dramatisch zu und drohte, in einen regelrechten Krieg auszuarten. Die Auseinandersetzungen führten letztlich aber nur zu einer Schwächung beider Gesellschaften, die ohnehin schon wegen einer zurückgehenden Nachfrage aus dem krisengeschüttelten Europa in finanzielle Schwierigkeiten geraten waren. Auf Druck aus London wurde die Konkurrenz schließlich 1821 durch eine Fusion beendet, die *North West* ging in der *Hudson's Bay Company* auf.

Das Handelsgebiet der neuorganisierten HBC erstreckte sich von da ab vom heutigen nördlichen Québec und Ontario bis zum Pazifik. Eine staatliche Lizenz verlieh der neuen Gesellschaft das Pelzhandelsmonopol. Für *Rupert's Land* behielt die HBC weiterhin unbegrenzte Exklusivrechte.

Auch nach der Auflösung der NWC hatte die HBC mit erheblichen Problemen zu kämpfen. Westlich der Rockies traten neue Konkurrenten auf den Plan: russische Pelzhändler, die Ansprüche auf das Gebiet der einstigen NWC anmeldeten.

Hinzu kamen die Spätfolgen der jahrzehntelangen Fehde zwischen den beiden alten Gesellschaften: Manche Reviere waren völlig überjagt worden und warfen keinen Gewinn mehr ab. Viele Stützpunkte mussten deshalb aufgegeben werden. Gleichzeitig wurde weit weniger Personal benötigt als in den Konfliktzeiten.

Im Jahr 1869 forderte das junge, auf Erweiterung und Sicherung seines Territoriums bedachte *Dominion of Canada* die HBC auf, *Rupert's Land* an den Staat abzutreten. Der Gesellschaft blieb nichts anderes übrig, als dem für 300.000 britische Pfund zuzustimmen.

Ihre Handelsposten blieben allerdings auch nach dem Verkauf des alten Stammlandes bestehen. Sie versorgten nun die stetig steigende Zahl von Siedlern mit Gütern.

In der Folgezeit wandelte sich die HBC (www.hbc.com) zu einem in vielen Sparten tätigen Handelsunternehmen, das mit 70.000 Angestellten einer der wichtigsten kanadischen Arbeitgeber ist. U.a. führen die in allen größeren Städten zu findenden Filialen der kanadischen Kaufhausketten *The Bay* (www.thebay.com) und *Zellers* (www.zellers.com) die alte Tradition fort.

3

Provincial Parks

Die Campingplätze der meisten *Provincial Parks* im Großraum Vancouver sind an allen Wochenenden und im Sommer auch an Wochentagen spätestens ab Nachmittag voll besetzt. Besonderer Beliebtheit erfreuen sich die vier Plätze im ***Cultus Lake Provincial Park***, © 1-800-689-9025, $24, mit seinem warmen Badesee (11 km südlich des TCH, Ausfahrt #119). Der kleine Kilby Provincial Park (bei Harrison Mills ca. 2 km vom *Hwy* #7 entfernt, vom TCH #135 Ausfahrt über die #9; sanitäre Einfachstkategorie) hat schmale Stellplätze direkt am Strand des Harrison River. Neben dem Campingplatz befindet sich ***Kilby Store & Farm***, mit Haustieren, Postamt und Restaurant (serviert Hausmannskost); www.kilby.ca. Das **Museum** präsentiert ein Sammelsurium von Objekten aus der »guten alten Zeit« – das sind in Canada die 1920er- und 1930er-Jahre (Mitte Mai-Anfang September, täglich 11-17 Uhr geöffnet, sonst Do-Mo $9).

Harrison Hot Springs

16 km vom TCH entfernt liegt am Ende der Straße #9 Harrison Hot Springs. Der kleine Ferienort am Südufer des Harrison Lake wird wegen seiner 39°C warmen, schwefelhaltigen Quellen gern besucht. Sie speisen am Strand die Pools (nur für Hotelgäste) des edlen ***Harrison Hot Springs Resort***, © (604) 796-2244, © 1-800-663-2266, $159; www.harrisonresort.com. Frei zugänglich ist das benachbarte Hallenbad ***Public Pool*** (täglich 9-21 Uhr; $9). Vom breiten Sandstrand hat man einen tollen Blick über See und Berge.

Alljährlich kämpfen in Harrison Hot Springs Anfang September in der Woche nach *Labour Day* wahre Künstler im Sandburgenbau-Wettbewerb um den Sieg. Die mit Preisgeld gekrönten Ergebnisse der sechstägigen ***World Championship Sand Sculpture Competition*** bleiben stehen und können noch bis zum zweiten Montag im Oktober besichtigt werden, www.harrisand.org.

Gutes Tagesziel

Harrison Hot Springs eignet sich gut als Übernachtungsplatz am Ende des ersten Tages nach Übernahme eines Campers, die oft erst am frühen Nachmittag erledigt ist. Mehrere privat betriebene

Wahre Kunstwerke entstehen beim Burgenbauwettbewerb, am Strand des Harrison Lake

Campingplätze befinden sich in Fußgängerdistanz zu Schwimmhalle und Strand an der Hauptstraße, darunter erfreuliche Anlagen, siehe separates Campingverzeichnis.

Sasquatch Provincial Park

Zu den ***Sasquatch Provincial Park Campgrounds,*** ✆ 1-800-689-9025, $15, geht es von Harrison Hot Springs 6 km am Ostufer des Harrison Lake entlang. Belohnt wird die Anfahrt vor allem durch die Lage des besten der drei – sanitär einfachen – Plätze, des ***Hicks Lake Campground*** an und über dem glasklaren See: Canada, wie es im Buche steht. Ein 4 km langer ***Loop Trail*** umrundet den See, sehr empfehlenswert! Kurz vor dem *Campground* beginnt der ***Beaver Pond Interpretive Trail*** um einen Teich mit Biberdämmen und -burgen (500 m).

Weiterfahrt

Für die Weiterfahrt in Richtung Hope bleibt man auf der verkehrsarmen und sehr schön geführten **Straße #7** diesseits des Fraser River. Sie mündet nördlich von Hope auf den TCH. Durch die Vermeidung des TCH auf dem Teilstück bis Hope verpasst man zwar die ***Bridal Veil Falls*** (3 km östlich der Abfahrt Straße #9), doch die im Sommer eher dünnen »Brautschleier-Fälle« (immerhin aber 122 m Höhe), muss man nicht gesehen haben. Im weiteren Verlauf der Reise liegen auf nahezu allen Routen spektakulärere Wasserfälle am Wege

Hope

Im 6.200 Einwohner zählenden Hope endet der als Autobahn ausgebaute Abschnitt des TCH #1. In der Südostecke der von hohen Bergen umgebenen Kleinstadt zwischen Fraser und Coquihalla River mündet der ***Crowsnest Highway #3,*** hier auch gerne *Hope-Princeton Highway* genannt, in den TCH. Ab Hope läuft auch der mautpflichtige ***Coquihalla Highway #5*** ($10) über Merritt nach Kamloops als Entlastungsstrecke und Abkürzung des TCH. Abgesehen von den ersten Kilometern durch den *Coquihalla Canyon* (dort noch keine Gebührenerhebung) ist die Fahrt auf dieser Autobahn touristisch eher unergiebig.

Othello Tunnel

In der Schlucht verlief einst die Trasse der *Kettle Valley Railway* von Hope über Penticton nach Midway. Wegen ständiger Probleme mit Gesteins- und Schneelawinen wurde dieser Abschnitt der Strecke 1961 stillgelegt und die Schienen samt Brücken entfernt. Verblieben ist als größte Attraktion Hopes der ***Coquihalla Canyon Provincial Park*** mit den ***Othello Quintette Tunnels***, fünf in kurzen Abständen hintereinander angelegte Tunnel durch nackten Granit direkt am tosenden Fluss. Heute führt vom Park- und Picknickplatz am Ende der Zufahrt ein Fußweg über neue Brücken durch die Tunnel. Dank der pittoresken Umgebung ist der Abstecher dorthin lohnenswert – Umweg und Spaziergang kosten nicht mehr als eine Stunde. Man erreicht die Tunnel durch Hope auf der *Kawkawa Lake Road* (Stadtpark und hübscherBadesee mit **Campingplatz**, ➪ umseitig), dann Othello Road.

Schneller fährt man über den gebührenfreien Teil des *Coquihalla Highway* an, Ausfahrt #183 (Kawkawa Lake).

Information

Den Ortsplan gibt es beim ***Hope Visitor Information Centre***, 919 Water Ave, © 1-866-467-3842, www.hopechamber.bc.ca.

Auch Hope eignet sich für eine erste oder letzte **Übernachtung** nach/vor Vancouver. Die meisten **Hotels und Motels** findet man an TCH und *Old Hope-Princeton Way*. Mehrere gute **Campingplätze** (***Coquihalla Campground***, © 1-888-869-7118, © (604) 869-7119, $20-$30, und ***Kawkawa Lake Resort***, © (604) 869-9930, $21-$33; www.kawkawalake.net) befinden sich in der Umgebung, u.a. an der *Kawkawa Lake Road* in der Nähe der Tunnel.

Zusammenfluß von Fraser (sedimentbeladen) und Thompson River (klares Wasser) bei Lytton

Fraser River Canyon

Der TCH verlässt in Hope die Ebene und folgt dem Lauf des Fraser River, der sich in diesem Bereich tief ins Gebirge eingegraben hat, stromaufwärts bis Lytton. Eindrucksvollster Abschnitt sind die 40 km zwischen Yale und Boston Bar. Ab dem Ort Yale (kleines historisches Museum; täglich 10-17 Uhr; Mai-Mitte September $5 Eintritt), zu Fraser- und Cariboo-Goldrauschzeiten (siehe Lillooet ⇨ Seite 229) eine der größten Städte Westcanadas und Ausgangspunkt der *Cariboo Wagon Road*, »klebt« der TCH förmlich an den Berghängen hoch über dem Fluss, während die Schienen der *Canadian Pacific Railway* und der *Canadian Nat'l Railway* unten an den Ufern entlangführen. Auf der ***Alexandra Bridge*** (1962) überquert der TCH den *Fraser River Canyon*. Nur wenig nördlich der Brücke befindet sich ein Parkplatz, von dem aus man auf der alten Straße (gesperrt für Fahrzeuge) über die *Alexandra Bridge* von 1926 gelangt. Die noch intakte nostalgische Brücke ist ein gutes Fotomotiv.

Hell's Gate

Zwischen Alexandra Bridge und Boston Bar passiert man das ***Hell's Gate***, eine Verengung des Fraser Canyon. Im Frühjahr donnern dort bis zu 15 Mio. Liter Wasser pro Sekunde durch den 34 m breiten Engpass. Eine **Seilbahn** transportiert Besucher zum 153 m tiefer gelegenen jenseitigen Flussufer; täglich April-Mitte Oktober 10-16 Uhr, Mitte Mai bis Anfang September 10-17 Uhr, mit $16 recht teuer und kein »muss«; www.hellsgateairtram.com.

Die **Stromschnellen** des *Hell's Gate* lassen sich hautnah auf **Wildwasserfahrten** mit Schlauchbooten bezwingen; ➪ unten.

Über das – im Sommer nicht mehr ganz so – wilde Wasser spannt sich zum Blick in die Tiefe eine Hängebrücke. Vom südlichen Parkplatzende führt ein Wanderweg hinunter (ca. 1,5 km, kein Eintritt). Heute passieren bis zu 350.000 Lachse täglich die an beiden Ufern angelegten Fischleitern, nachdem sich die Flussrinne wegen Sprengungen für den Bau der zweiten Eisenbahnlinie 1914 so sehr verengt hatte, dass viele Lachse nicht gegen die starke Strömung zu ihren Laichgründen ziehen konnten.

Straße #12

Bei Lytton, ✆ (250) 455-2523; www.lytton.ca, mündet der Thompson in den Fraser River. Auch wer nicht vorhat, die Straße #12 über Lillooet zum *Cariboo Highway* nördlich von Cache Creek zu nehmen (➪ Seite 245), sollte zumindest den ersten Kilometer bis zur Brücke über den Thompson River fahren. Dort lässt sich der **Zusammenfluss** der grün-blauen (Thompson River) und meist sedimentbeladen braunen (Fraser River) Wasserströme sehr gut beobachten.

Wildwasser-Kurztrips

Neben dem Fraser ist der Thompson River zwischen Spences Bridge und dem 40 km entfernten Lytton ein beliebtes Revier fürs ***Whitewater Rafting***. Dort starten auch die meisten Mehrtages-, Tages- und Halbtagestrips.

Oft gibt es kurzfristig noch Platz in einem der Schlauchboote.

Tagestrips ab $130; zum Beispiel mit ***Fraser River Raft Expeditions*** (✆ 1-800-363-RAFT, ✆ (604)-863-2336; www.fraserraft.com); ***Kumsheen Raft Adventures*** (✆ 1-800-663-6667, ✆ (250) 455-2296; www.kumsheen.com).

Rafting auf dem Thompson River

3

3.2.3 Von Cache Creek zum Wells Gray Park und weiter in Richtung Jasper National Park

Alternative Routen

Da hier – im Rahmen einer Rundtour durch BC und die Alberta Rocky Mountains – zunächst die Fahrt in nördliche Richtung auf *Yellowhead Highway* #5/#16 bzw. *Cariboo Highway* #97 beschrieben wird, ergeben sich für die Weiterfahrt ab Cache Creek drei Varianten (zur Wahl alternativer Ost-West-Strecken siehe Einleitung der Kapitel 3.7.1 und 3.7.4.):

- Die Streckenführung **Cache Creek/*Trans Canada Highway* #1 bis Kamloops und dann die #5 bis Tête Jaune Cache** besitzt nur mit dem 70 km langen Abstecher in den ***Wells Gray Provincial Park*** ein attraktives Zwischenziel. Leider lässt man auf dieser Route (560 km inkl. *Wells Gray Park*), Barkerville und den Bowron Lake aus.
- Die Strecke **Cache Creek/*Cariboo Highway* #97 nach Prince George mit 80 km langen Abstecher nach Barkerville und weiter auf dem Yellowhead Highway #16 nach Tête Jaune Cache** (insgesamt 880 km) kostet gegenüber der Route über den *Wells Gray Park* einen zusätzlichen Tag, wobei weder der *Cariboo Highway* noch Prince George noch die #16 am Oberlauf des Fraser River nach Tête Jaune Cache sonderlich aufregend sind. Nur **Barkerville** ist den Extra-Reisetag wert, ⇨ Seite 249.
- Mit insgesamt 1.260 km von Cache Creek bis Tête Jaune Cache lassen sich die beiden Abstecher ***Wells Gray*** und **Barkerville** sogar miteinander verbinden. Nach dem Besuch im *Wells Gray Park* geht es zunächst auf identischer Route zurück bis Little Fort am *Yellowhead Highway #5*. Von dort fährt man auf der Straße #24 durch ein Seengebiet (⇨ Seite 245) hinüber nach 100 Mile House am *Cariboo Hwy #97* und dann weiter über das Zwischenziel Barkerville.

Zunächst zur Route über Kamloops und den *Wells Gray Park*; die Beschreibung *Cariboo Highway* etc. findet sich ab Seite 245:

Cache Creek

Von Cache Creek, dem einst bedeutenden, aber seit Eröffnung des ***Coquihalla Highway*** heruntergekommenen Kreuzungspunkt von TCH und ***Cariboo Highway*** sind es noch ca. 80 km bis Kamloops durch eine im Sommer von Trockenheit und Hitze gekennzeichnete Landschaft. Zum Picknick bieten sich der erstaunlich grüne ***Juniper Beach Provincial Park***, $19, (zwischen zwei Eisenbahnlinien) oder östlich von Savona ein Aussichtspunkt oberhalb des *Kamloops Lake* mit wunderbarem Blick über den See an.

Kamloops

Mit 81.000 Einwohnern ist Kamloops wichtiger Industriestandort und **Verkehrsknoten**. Hier stoßen TCH, *Yellowhead Hwy #5* und *Coquihalla Hwy* aufeinander. Die beiden großen Eisenbahnlinien trennen sich: der Schienenweg von *Canadian Pacific* läuft über den *Kicking Horse Pass* nach *Calgary*, *Canadian National* nimmt die Route über den *Yellowhead Pass* nach Edmonton.

Information

Kamloops Visitor Information Centre
1290 Trans Canada Highway West
✆ (250) 374-3377, ✆ 1-800-662-1994;
www.tourismkamloops.com

Kennzeichnung und Lage

Der Name der Stadt ist indianischen Ursprungs – *Cumcloups* bedeutet »Zusammentreffen der Wasser«. Er bezieht sich auf die schöne Lage am Flussdreieck aus *North Thompson River*, der östlich des ***Wells Gray Provincial Park*** entspringt, mit dem aus dem *Shuswap Lake* fließenden *South Thompson River*. Die Einfahrt auf der hochgelegenen TCH-Trasse bietet einen schönen Panoramablick über Stadt und Flusstal. Die im Sommer mit durchschnittlichen Höchsttemperaturen von 28°C wärmste Stadt Canadas selbst ist indessen ohne großen Reiz.

Einkauf

Von Westen kommend empfiehlt sich eine Zufahrt über die Columbia Street, an der diverse ***Shopping Center*** und eine Reihe von **Hotels und Motels** liegen. Viele Motels findet man auch östlich der Stadt am TCH. Generell sind die Übernachtungstarife in Kamloops moderat.

Camping

Wem an heißen Sommertagen nach Abkühlung zumute ist, der findet einen besseren Badestrand im gepflegten ***Paul Lake Provincial Park*** nordöstlich der Stadt (erst 5 km Yellowhead #5, dann Pinantan Road 19 km). Der ***Campground*** ($15), des Provinzparks liegt etwa 500 m abseits des Sees.

Downtown

Einmal in der Stadt, könnte man in das ***Kamloops Museum and Archives*** hineinschauen (207 Seymour Street, Ende Mai-Anfang September Mo-Sa 9.30-16.30 Uhr, sonst Di-Sa, Eintritt $3; www.kamloops.ca/museum). Die Geschichte der Stadt wurde dort recht interessant aufbereitet.

Der ***Riverside Park*** am **Thompson River** am Rande der überschaubaren Innenstadt wurde mit **Badestellen,** einem Kinderspielplatz, Picknick- und Sportplätzen gut angelegt, ist aber für die meisten Canada-Touristen eher zweite Wahl.

Kamloops Lake, der aufgestaute ThompsonRiver westlich der Stadt in unerwartet trockener Landschaft. Hier ein Aussichtspunkt über den See am Trans Canada Highway

Historische Eisenbahn

In der Nähe (Old CN Station, 510 Lorne St.) qualmt die Lokomotive von 1912 der ***Kamloops Heritage Railway*** (70 min, Juli-Anfang September, 11 km Rundfahrt, Stop auf der Brücke über den *South Thompson River,* Mo, Fr, Sa 19 Uhr, Sa+So 11 Uhr, $16, © (250) 374-2141; www.kamrail.com).

Wildlife Park

Am TCH, 20 km östlich der Stadt beherbergt der ***BC Wildlife Park***, www.bczoo.org, die einheimische Flora. Täglich Juli, Aug. 9.30-20 Uhr, sonst bis 17 Uhr (Juni-Anf. Sept.), $12; Fütterungen und Raubvögelshows.

Alternativer Yellowhead Highway

Von Kamloops in Richtung Jasper geht es auf dem Yellowhead ***Highway #5,*** der Verbindung zwischen TCH und dem »originalen« *Yellowhead Highway #16* (➪ Seite 243), auf den die #5 in Tête Jaune Cache stößt. Auf fast ganzer Länge (rund 340 km) folgt diese Straße dem Tal des North Thompson River. Zunächst führt sie durch sommertrockene Gebiete vorbei an kargen, oft nur mit Salbeibüschen *(Sagebrush)* bewachsenen Berghängen, bevor die Vegetation weiter nördlich grüner wird.

Verbindung zur #97

In Little Fort zweigt die **Straße #24** nach Westen ab. Sie ist eine ideale Verbindungstrecke durch ein Seengebiet zwischen der #5 und dem *Cariboo Highway #97,* ➪ Seite 245.

Clearwater

Der einzig nennenswerte Ort auf der Strecke, **Clearwater**, liegt mit separaten Ortsteilen im wesentlichen abseits der Hauptstraße. Am Nordende von Clearwater zweigt die Zufahrt zum ***Wells Gray Provincial Park*** ab. Das ***Clearwater Visitor Information Centre*** verteilt die üblichen Werbebroschüren zur Clearwater Region und informiert detailliert über den Park, 425 E Yellowhead Hwy, © (250) 674-2646, www.clearwaterbcchamber.com.

Wer dem *Wells Gray Park* nicht nur einen Kurzbesuch abstatten möchte, kann dort für Kanutouren und längere Wanderungen geeignete Karten kaufen und ggf. gleich von dort aus die Bootsmiete organisieren. Auch auf dem Clearwater River, der seinen Namen zu Recht trägt, gibt es ***Rafting Trips.***

Zum Wells Gray Park

Der ***Wells Gray Provincial Park*** ist 5400 km² groß und weitgehend unerschlossene Wildnis. Er ist für seine Wasserfälle und miteinander verbundene Seen zwischen den **Hochgebirgsgipfeln** der *Cariboo Mountains* bekannt. Nur die Straße ab Clearwater führt tiefer in den Park hinein. (Aus Richtung Osten gibt es ab Blue River eine Schotterstraße zum Murtle Lake, ab 100 Mile House eine Stichstraße bis zum Mahood Lake am südwestlichen Zipfel des Parks).

Spahats Creek PP

Kurz hinter dem Parkeingang passiert die ***Clearwater Valley Road*** (10 km ab *Visitor Centre*) den Spahats Creek. Zu den ***Spahats Falls*** sind es nur wenige hundert Meter Fußweg. Das Wasser des Baches stürzt dort in einen tiefen *Canyon.* Von der Aussichtsplattform am Ende eines Kurztrails fällt der Blick in schwindelerregende Tiefe und über die unendliche Waldlandschaft dieses Gebietes.

Aussichtsturm

Weitere 28 km nördlich führt die erste Schotterstraße links in Serpentinen (etwas eng für Wohnmobile!) hinauf zum ***Green Mountain Viewing Tower:*** eine tolle Rundumsicht.

Dawson Falls

Nur wenig weiter passiert die Straße die ***Dawson Falls,*** Stromschnellen des *Murtle River* mit einem ansehnlichen Wasserfall, der sich weniger durch seine Höhe (ca. 18 m) als eine erhebliche Breite (91 m) auszeichnet. Auf der gegenüberliegenden Flussseite befindet sich der ***Pyramid Campground,*** $15, oberhalb der Fälle. Ein Pfad führt von dort zu den Katarakten.

Helmcken Falls

Spektakulärer Anziehungspunkt des *Wells Gray Park* sind die ***Helmcken Falls,*** die aus einem schmalen Durchlass über 137 m in die Tiefe donnern. Ein **Weg führt nordseitig** am Wasserfall vorbei an den Rand der steilen Schlucht. Vor allem nachmittags, wenn die Sonne im Westen steht, gelingen von dort die besten Fotos mit Regenbogen. Wer sich die Zeit nehmen möchte, erreicht die fünfthöchsten Wasserfälle Canadas auch zu Fuß auf einem schönen ***Trail***: ab *Dawson Falls* läuft man ca. 4 km am Südufer entlang bis zu einem herrlichen Aussichtspunkt direkt am oberen Rand der Falls. Leider führt kein Weg zur Nordseite.

Lachsauftrieb

Bald hinter der *Murtle River Bridge* geht es auf Schotter weiter. Bis zum Straßenende am Clearwater Lake sind es von der Brücke 29 km. Außer den *Helmcken Falls* allerdings gibt es keine weiteren echten Höhepunkte außer im Spätsommer (ca. Ende August/Anfang September). Dann wandern riesige Lachse zum Laichen in den Oberlauf des Clearwater River.

Die starken Stromschnellen ***Bailey's Chute*** können sie nur mit Hilfe weiter Sprünge überwinden.

Dieses Schauspiel sollte sich nicht entgehen lassen, wer zur richtigen Zeit den Park besucht. Der Parkplatz vor den *Chute* (17 km nördlich der *Helmcken Falls*) ist nicht zu übersehen. Ein kurzer Weg führt zur ***Salmon Viewing Platform.***

Wanderwege

Der 1 km lange ***Ray's Mineral Spring Trail*** endet an einer Mineralquelle mitten im dichten, stechmückenreichen Wald. Ein noch kürzerer Weg (ca. 10 min) führt zu einer ***Norman's Eddy*** genannten Flusserweiterung

Von dort ist es nicht mehr weit zum sehr schönen ***Falls Creek Campground*** mit Stellplätzen am Fluss und zum benachbarten ebenfalls erfreulich angelegten ***Clearwater Lake Campground***, (beide $15). Dort beginnt ein ***Trai***l, der mehrere attraktive Zielpunkte kombiniert: den ***Osprey Falls Lookout***, einen Aussichtspunkt über dem See, die ***Dragon's Tongue***, ein Feld mit Lavagestein, und die ***Sticta Falls***, Dauer ca. 2 Stunden, insgesamt 4 km.

Am hügeligen Ufer des **Clearwater Lake** existiert für die ersten ca. 5 km ein ***Trail.*** In die Einsamkeit des Hinterlandes geht es nur per Boot. Besonders reizvoll ist die **Kanutour** über die volle Länge von Clearwater und Azur Lake. Die beiden, jeweils 25 km langen Seen verbindet der Clearwater River (2 km, flussaufwärts mit 500 m Kanu-Portage). Dahinter säumen den Azur Lake Steilufer mit Wasserfällen wie den *Rainbow Falls,* Ziel einer Motorboottour (täglich 10.30 Uhr, inkl. Lunch $120; Mietkanu $50/Tag; Wassertaxi $100; ✆ 250/674-2121; www.clearwaterlaketours.com).

Helmcken Falls Lodge

Camper finden auf dem Platz der ***Helmcken Falls Lodge*** zwar sanitären Komfort, aber enge Stellflächen und wenig Naturnähe, $10-$15. Der Standard der *Lodge* ist »rustikal«, und die Zimmer sind relativ klein. In Anbetracht der Lage der *Lodge* nur 10 km vor den Wasserfällen kostet das ein bißchen mehr: DZ ab $142. Reservierung unter ✆ (250) 674-3657; www.helmckenfalls.com.

Wells Gray Inn

Eine preiswerte Alternative ist das ***Wells Gray Inn***, 228 E Yellowhead Hwy in Clearwater, 1 km südwestlich der Parkzufahrt; DZ $79; ✆ (250) 674-2214, ✆ 1-800-567-4088; www.wellsgrayinn.ca.

Murtle Lake

Als Weiterfahrt in Richtung Tête Jaune Cache bleibt landschaftlich reizvoll. Wer Zeit hat, könnte von Blue River auf einer holprigen Stichstraße am gleichnamigen Fluss entlang noch einmal in den *Wells Gray Park* zum hochgelobten **Murtle Lake** fahren. Der für Motorboote gesperrte See erfreut sich großer Beliebtheit als Ausgangspunkt für Ein- oder Mehrtages-Kanutouren in die Einsamkeit.

Valemount

Die letzte Ortschaft vor Erreichen des *Yellowhead Highway #16* ist Valemount. Eine ganze Reihe von **Motels, Hotels** und **Restaurants** sind dort bereits auf den Nationalparktourismus eingestellt. Die Übernachtung ist dort klar preiswerter als im 120 km entfernten Jasper.

Yellowhead Highway

Die Bezeichnung *Yellowhead Highway* für die Straße #16 geht auf ***Pierre Bostonais*** zurück. Der Méti irokesischer Abstammung (➪ Seite 580) wurde wegen seiner Haarfarbe von den französischen Trappern *Tête Jaune* (= *Yellowhead* bzw. Gelbkopf) genannt. Als Scout für die *Hudson's Bay Company* erkundete *Bostonais* 1820 den *Robson Pass* und 1825 den *Yellowhead Pass* über die Rocky Mountains.

Auf solchen Touren pflegte er unterwegs zur Zwischenlagerung von Pelzen Verstecke (französisch: *Caches*) anzulegen. Der Ort **Tête Jaune Cache** (»Versteck des Gelbkopfes«) in der Nähe eines derartigen Lagers. 1827 ermordeten Indianer *Bostonais* und seine Familie in den Bergen in der Nähe dieses Ortes.

Mit einer Gesamtlänge von 2.853 km ist der ***Yellowhead Highway*** nach dem ***Trans Canada Highway*** die **zweitwichtigste kanadische Ost-West-Route**, wiewohl keine Transkontinentalverbindung. Er beginnt offiziell am *Explore Manitoba Centre* in Winnipeg und führt über Saskatoon (dabei auf den ersten 100 km identisch mit dem TCH), Edmonton, den *Jasper National Park*, Prince George nach Prince Rupert und über das Festland hinaus – auf Graham Island – weiter von Skidgate nach Masset.

Der ***BC-Highway #5*** zwischen Kamloops und Tête Jaune Cache wurde als wichtiger Zubringer ebenfalls mit dem Gelbkopfsymbol versehen.

Nur etwa rund 1 km südlich des Ortes befindet sich ein künstlich angelegtes Sumpfareal. Wer Glück hat, sieht von den umgebenden Deichen im ***R.W. Starratt Wildlife Sanctuary*** Biber und kann viele Vogelarten beobachten.

Yellowhead #16

Von **Tête Jaune Cache,** dem namensgebenden Ort des *Yellowhead Highway* am Straßendreieck #5/#16, geht es über den *Mount Robson Provincial* zum ***Jasper National Park.*** In Tête Jaune Cache kann man bei ***Mount Robson Whitewater Rafting*** Trips auf dem *Fraser River* knapp außerhalb des Provinzparks buchen, ✆ 1-888-566-RAFT, ✆ (250) 566-4879, 3 Stunden $89, täglich 9.30, 13, 16.30 Uhr; www.mountrobsonwhitewater.com.

Mount Robson Provincial Park

Der ***Mount Robson*** (3.954 m) ist der höchste Berg in den kanadischen Rocky Mountains. Sein schneebedeckter Gipfel bietet ein imposantes Bild. Den ***Mount Robson Viewpoint*** fürs optimale Foto passiert man am westlichen Parkeingang, ➪ nächste Seite.

Ebensogut ist der Blick vom ***Visitor Centre*** und von der Terrasse des benachbarten *Café Mount Robson.*

In der Nähe besitzen die großen Stellplätze des ***Robson River*** am Fluss bzw. des straßenferneren ***Robson Meadows Campground*** (beide $19) guten Provinzparkstandard, wobei die Umgebung des Platzes am Fluss erheblich attraktiver ist.

Alternativ campt man 5 km südwestlich des Parks im – offenbar sanitär vernachlässigten, wie Leser immer wieder berichteten – ***Robson Shadows Campground***, © 1-888-566-4821, © (250) 566-4821; www.mountrobsonlodge.com, mit 30 Stellplätzen am Fraser River; \$18-\$23. Von der Lage her ist dieser Platz kaum zu schlagen.

Blick vom Yellowhead Highway auf den Mount Robson

Einer der schönsten Wege in den kanadischen Rockies ist der ***Berg Lake Trail*** (21 km, fast 800 Höhenmeter), der entlang des Robson River durch das »Tal der 1.000 Wasserfälle« meist sachte ansteigt. Vom Berg Lake genießt man einen brillanten Panoramablick auf die bis in den See hinunterreichenden, nachmittags von der Sonne illuminierten Gletscher.

Tageswanderer benötigen zwar kein Permit, können aber die ganze Strecke an einem Tag retour kaum schaffen. Doch bereits die ersten 5 km bis zum Kinney Lake lohnen.

Reservierung ***Robson Meadows CG*** und ***Berg Lake Trail*** unter © 1-800-689-9025. Die kontingentierten, wegen des Camping im *Backcountry* nötigen *Permits* (\$5) sind schnell vergriffen.

Zum Jasper Park

Yellowhead Highway und die Schienen der *Canadian National Railway* passieren den langestreckten *Moose Lake* und folgen weiter dem Lauf des *Fraser*, jenseits des ***Yellowhead Pass*** dem des *Miette River*. Mit der Passhöhe (1.131 m) erreicht man die **Provinz Alberta** und nach weiteren 24 km Jasper Town, touristisches Zentrum des ***Jasper National Park***. Zum bereits an der Einfahrt zu entrichtenden Eintritt ➪ Seite 29.

Fortsetzung im Kapitel 3.3 »Durch die Alberta Rocky Mountains«, ➪ Seite 257.

Gatter auf zum Cowboy-Abwurf auf der Williams Lake Stampede, ➪ Seite 246

3.2.4 Der Cariboo Highway von Cache Creek/100 Mile House bis Prince George (mit Barkerville und Bowron Lake Park)

Zur Route

Wie auf Seite 238 erläutert, ist der ***Cariboo Highway #97*** die Alternative zum *Yellowhead #5,* wenn Abstecher nach Barkerville bzw. zum Kanuparadies *Bowron Lake Park* geplant sind. Wer von Vancouver ohne Fährenbenutzung auf schnellstem Weg in den hohen Norden möchte, kommt ebenfalls am *Cariboo Highway* nach Prince George nicht vorbei.

Der Verlauf dieser Strecke ist von Cache Creek bis Williams Lake nicht sonderlich attraktiv. Erst im ***Fraser River Valley*** gewinnt die Straße abschnittsweise an Reiz.

Seengebiet zwischen Cariboo und Yellowhead-Highways

Ab 70 Mile House könnte man bei Zielsetzung ***Wells Gray Park*** und Jasper zur Straße #24 hinüberfahren. Wen die Schotterstraße nicht stört, verkürzt die Strecke und fährt direkt nach Bridge Lake. An dieser Route passiert man 5 km südwestlich von Bridge Lake den Crystal Lake und die von Lesern gelobte ***Crystal Waters Guest Ranch*** (***Cabins*** am Wasser; ✆ 1-888-593-2252 oder ✆ 250-593-4252, $130; www.crystalwatersranch.com).

Das Gebiet zwischen den Straßen #97 und #5 ist mit seiner **Seenplatte** beliebtes Revier für Angler und Wassersportler, die es ursprünglicher lieben als es weiter südlich aussieht. Auf mehreren ***Campgrounds*** finden sich Plätzchen unmittelbar am Wasser, wie z.B. am Sheridan Lake im ***Loon Bay Resort,*** ✆ (250) 593-4431, Straße #24, 32 km östlich der #97, $20-$28, DZ $70; www.loonbayresort.com. Über die # 24 erreicht man den *Yellowhead Highway* #5 in Little Fort, ca. 90 km nördlich Kamloops.

100 Mile House

100 Mile House (✆ 1-877-511-5353 und ✆ (250) 395-5353; www.southcaribootourism.com) ist die Versorgungszentrale für das gesamte Gebiet östlich des *Cariboo Highway.* Der preiswerte städtische **Campingplatz** am östlichen Ortsrand eignet sich für eine Übernachtung zwischendurch; ***Municipal RV Park & Campground,*** 385 Birch Ave, ✆ (250) 395-2434, $12.

Canim/ Mahood Lakes

Auch auf dieser Route ist eine Stippvisite im *Wells Gray Park* möglich: ab 100 Mile House führt eine Stichstraße (ohne Verbindung zum erschlossenen Hauptbereich des Parks) zum **Canim Lake** (knapp außerhalb des Parks) und in dessen Südwestecke zum **Mahood Lake,** dem einzigen nicht gletschergespeisten See des *Wells Gray* (Badestrand). Zwei ***Kurztrails*** verlaufen zwischen den Seen zu den ***Canim Falls*** (1,5 km) bzw. ab Mahood Lake zu den ***Deception Falls*** (1 km). Am Canim Lake wartet das ***Canim Lake Resort***, ✆ (250) 397-2355, ✆ 1-877-512-6660 (deutsche Leitung) mit großem Abenteuer-Angebot auf Gäste; Top-Anlage direkt am See, $20-$30, DZ $130; www.canim.com.

Lac la Hache

Ca. 30 km nördlich von 100 Mile House liegt am **Lac la Hache** das schöne, ruhig gelegene ***Fir Crest Resort*** direkt am Seeufer (***Campground*** für Zelte und RVs, preiswerte Cabins ab $95, Sandstrand,

Fahrrad- und Bootsverleih, deutsche Leitung; © (250) 396-7337, $20-$27; www.fircrestresort.com, sehr empfehlenswert.

150 Mile House

In 150 Mile House, der nächsten Etappe des *Cariboo Highway*, könnte man einen Abstecher nach Likely einplanen. Dort erinnert am Ortseingang ein 3 km langer, 300 m breiter und 100 m tiefer von Maschinen gegrabener Canyon an die Aktivitäten der ***Bullion Pit Mine.*** 1938 wurde in der Goldwaschanlage dieser riesigen Grube mehr Wasser verbraucht als in ganz Vancouver. Leider ist die Direktverbindung von Likely nach Barkerville eine kaum gepflegte Schotterpiste, so dass man besser zurück auf den *Cariboo Highway* fährt.

Williams Lake

Im Herzen des ***Cattle Country,*** der größten Viehzuchtregion der Provinz liegt Williams Lake (10.800 Einwohner, © 1-877-967-5253 und © (250) 392-5025; www.williamslakechamber.com). Die ansonsten wenig interessante Stadt ist bekannt für eine 4-Tage-***Stampede***, nach dem *Cloverdale Rodeo* (in Surrey bei Vancouver, ⇨ Seite 191) die bedeutendste Rodeoveranstaltung in BC.

Rodeo

Sie findet in der Woche des Monatswechsels Juni/Juli statt. Weitere Infos unter www.williamslakestampede.com; © 1-800-71-RODEO, © (250) 398-8388.

Der Chilcotin Highway

Zum ***Tweedsmuir Provincial Park*** und nach **Bella Coola** am *North Bentinck Arm,* einem tief ins Land eingeschnittenen Fjord, geht es von *Williams Lake* auf dem *Chilcotin Highway #20.* Diese Straße (456 km) ist mittlerweile bis auf ein letztes Teilstück zwischen *Anahim Lake* und *Bella Coola River* asphaltiert und ohne Einschränkung befahrbar. Abgesehen von Anahim Lake gibt es in den winzigen Ortschaften selten mehr als Tankstelle, Postamt und kleinen *General Store.* Am Wege oder am Ende von Stichstraßen liegen zahlreiche ***Guest Ranches*** und ***Lodges,*** die ihren Gästen Abenteuerurlaub in allen Varianten und Komfortklassen bieten. Angeln, Kanutrips und Ausritte sind die wichtigsten Aktivitäten.

Die Frage ist, ob sich ein Abfahren des gesamten *Chilcotin Highway* überhaupt lohnt. Die karge Einsamkeit des *Interior Plateau* hat durchaus erheblichen Reiz, insbesondere beim Kurztrip von Williams Lake zum *Farwell Canyon.* **Bella Coola** ist dagegen überhaupt **kein attraktives Ziel**. Der ***Tweedsmuir Park*** schon, aber auch er bietet europäischen Urlaubern mit begrenzter Zeit kaum etwas, was nicht im Prinzip auch weniger abgelegen zu finden wäre. Diesen landschaftlich zweifellos reizvollen Abstecher sollten daher nur Reisende ins Auge fassen, die einige Extratage erübrigen können und möglichst kein großes **Campmobil** fahren. Traumhafte **Gratiscampanlagen** winken u.a. als Lohn.

Immerhin ist der *Chilcotin Highway* nicht unbedingt eine Sackgasse. Ab Bella Coola geht eine – wiewohl nicht ganz billige – Fähre nach Port Hardy auf Vancouver Island, die ggf. auch als Alternative zur Fährstrecke Prince Rupert–Port Hardy bzw. umgekehrt in Frage kommt (⇨ Seite 198f.).

Ein Abweichen von der Hauptstraße empfiehlt sich bei **Riske Creek.** Die qualitativ gute Schotterstraße ist bei nur 50 km Zusatzstrecke (zur Direktroute über den Hwy #20) wesentlich interessanter. Sie kreuzt nach knapp 20 km den *Farwell Canyon* des Chilcotin River. In der Schlucht erinnern Sandsteinformationen und Vegetation an die Halbwüsten des amerikanischen Südwestens. Über Big Creek geht es bei Hanceville zurück zum Hwy #20, wo 6 km westlich von **Alexis Creek** der kleine ***Bull Canyon Provincial Park*** mit ***Campground*** ($15) malerisch am Chilcotin River liegt. Danach läuft die Straße überwiegend durch Weideland. Auf halber Strecke sieht man östlich von *Tetla Lake* schon die *Coast Mountains.*

Verläßt man das *Interior Plateau,* wird mit Überquerung des *Heckman Pass* (1.524 m) der ***Tweedsmuir Park*** erreicht. »The Hill«, der leitplankenlose, einspurige Straßenabschnitt mit bis 18% Gefälle hat Ausweichstellen und bereitet selbst Wohnmobilen mittlerer Größe keine Probleme.

Der größte (zweigeteilte) Park der Provinz bedeckt eine Fläche von fast 10.000 km^2, die nur durch die Straße im südlichen Abschnitt und Bootszugang im Norden erschlossen sind. Zwei Campingplätze (beide $15) und mehrere *Picnic Areas* liegen an der Durchfahrt. Er gilt als Angel- und Wildnisparadies.

Wanderer könnten einen Marsch (12 km, 800 Höhenmeter durch Einsamkeit) zu den ***Hunlen Falls*** (253 m) in Erwägung ziehen. Die dritthöchsten kanadischen Wasserfälle werden nur von wenigen Enthusiasten besucht.

Westlich des Parks führt die Straße bald hinunter in den Regenwald der Küstenregion.

Etwa 65 km nordwestlich von **Bella Coola** (1.100 Einw.) befindet sich der ***Mackenzie Rock***, in den der berühmte Entdecker 1793 Namen und das Datum gemeißelt hat. Zum Felsen am *Dean Channel* fahren Charterboote, © (250) 799-5202 oder © 1-866-799-5202; www.bellacoola.ca

Der Chilcotin River fließt im Farwell Canyon durch bizarre Sandsteinformationen im niederschlagsarmen Windschatten der Coast Mountains

3

In vielen kleineren Orten gibt es von Mai bis September auch lokale Rodeos. Dort kann man das Geschehen noch hautnäher erleben als bei einer Großveranstaltung (➪ Seite 282).

Quesnel

Das Städtchen **Quesnel** (sprich: Kwanéll, 9.400 Einw.), am Zusammenfluss von Fraser und Quesnel River entstand während des Cariboo Goldrush 1862. An diesem bedeutenden Etappenpunkt auf der *Cariboo Wagon Road* (➪ Seite 229) mussten die Prospektoren den Raddampfer verlassen und weitere 80 km bis Barkerville auf dem Landweg zurücklegen. Aus der alten Boomperiode existiert nur noch der ***Hudson's Bay Store*** von **1881** (102 Carson Ave), der heute einen Andenkenladen beherbergt.

Bei Einfahrt in die Stadt von Süden passiert man unverfehlbar rechterhand das ***Quesnel Visitor Info Centre*** mit dem **Quesnel Museum**, 703 Carson Ave, ✆ (250) 992-8716 und ✆ 1-800-992-4922, www.northcariboo.com. Es liegt am Rande des Le Bourdais Park, der u.a. einen nassen **Kinderspielplatz** für heiße Tage beherbergt.

Nach Barkerville

Auf der Straße #26 geht es zu ***Bowron Lake Park*** und Goldgräberstadt **Barkerville.** Benannt ist der Ort nach *Billy Barker*, der dort 1862 auf eine ergiebige Goldader stieß. Im daraufhin einsetzenden ***Cariboo Goldrush*** wurde aus Barkerville für kurze Zeit die größte Stadt im Westen Canadas. Als die Vorkommen erschöpft waren, verwandelte sich der kleine Ort in eine *Versorgungsbasis für umliegende Minen.* 1958 übernahm die Provinz British Columbia Barkerville und machte daraus eine ***Historic Western Town***, heute eines der besten lebenden Museen Canadas.

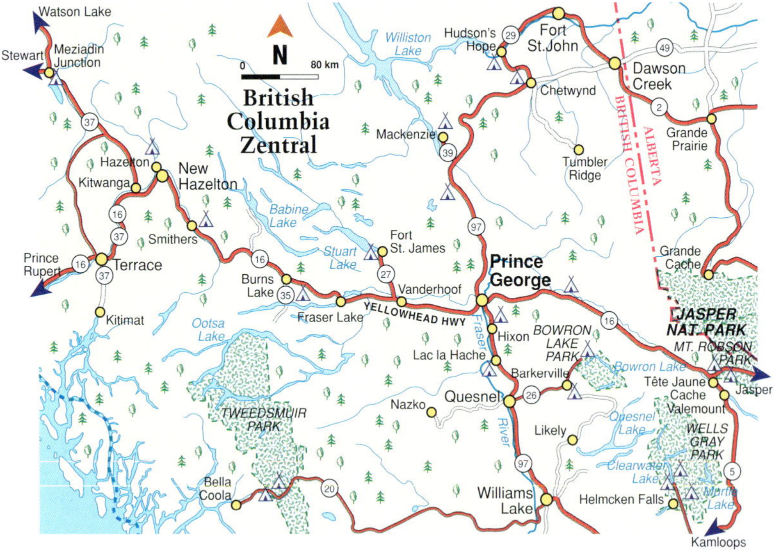

Im Goldgräber-Museumsdorf Barkerville

Living Museum Barkerville

Nirgendwo sonst in Canada findet man einen besser erhaltenen Ort aus der Goldrauschzeit, noch dazu an der originalen Stelle. Barkerville, dessen Bevölkerung zur Hälfte aus Ostasien stammte, besitzt am Ortsausgang eines der schönsten historischen Chinesenviertel Nordamerikas. Rund 130 Gebäude, darunter 40 aus dem 19. Jahrhundert, wurden im engen Tal des Williams Creek authentisch restauriert und teils mit zeitgenössisch gekleideten »Bewohnern« besetzt. Die haben im Gegensatz zu ihren Vorbildern geregelte Arbeitszeiten, und so finden Programme und Vorführungen täglich 10-18 Uhr nur Mitte Juni bis Ende September statt. Das Dorf kann von Mai bis September einschließlich **täglich** 8-20 Uhr besucht werden; $14 Eintritt; Auskunft unter ✆ 1-888-994-3332, ✆ (250) 994-3332 oder www.barkerville.ca.

Durch Barkerville zu bummeln, ist interessant: im ***Visitor Centre*** gibt es viele Fotos aus den wilden Jahren und Filme zum Thema »Goldrausch«. Das fürs Goldwaschen konstruierte Wasserrad funktioniert wie eh und je, und im ***Theatre Royal*** (www.theatreroyal.ca) lebt die alte Zeit wieder auf ($13, Mitte-Ende Juni täglich 13 Uhr, Fr-So 19 Uhr, Ende Juni-Anfang Sept. täglich 13, 16, 19 Uhr, im September Mi-Mo 13 Uhr).

Wer Lust hat, kann selbst Gold waschen, $7 mit Erfolgsgarantie, oder mit der Postkutsche fahren für $ 6

Von der Detailliebe ausgespart blieb bedauerlicherweise die Getränkekarte im *Saloon:* wer sich stilecht einen Whisky genehmigen möchte, wird enttäuscht. Lediglich alkoholfreie Getränke kommen zum Ausschank. Auch beim Nachtleben ist es nichts mit der Authentizität. Ab 20 Uhr bleiben die Tore dicht außer für Hotelgäste und Theaterbesucher.

Unterkunft/ Camping

Quartiere im *Historic Park* bieten nur das

- ***St. George Hotel***, ein historisches Haus von 1898, ✆ 1-888-246-7690, ✆ (250) 994-0008, DZ ab $120; www.stgeorgehotel.bc.ca
- ***King*** und ***Kelly House B & B***, ✆ 1-866-994-0004 und (250) 994-3328, DZ ab $89; www.kellyhouse.ca

3

Drei **Motels** mit begrenzter Kapazität befinden sich im nahen **Wells**, außerdem ***Beckers*** und ***Bowron Lake Lodge*** am 28 km entfernten gleichnamigen See (➪ separates Hotelverzeichnis).

Campen ist kein Problem. Von 3 ***Barkerville Campgrounds*** liegt

- ***Forest Rose*** jenseits der Brücke in Richtung Bowron Lake am besten; $17.
- Schöner campt man aber auf dem ***Bowron Lake Lodge Campground*** mit vielen Stellplätzen am Seeufer; $22-$27.
- Auch nebenan bei ***Beckers*** campt es sich gut, $20-$35.
- Der hübsch angelegte, aber seeferne Platz des ***Bowron Lake Provincial Park*** am ***Registration Centre*** ist in Anbetracht der Möglichkeiten direkt am Ufer 2. Wahl ($15). Die Anfahrt zum Bowron Lake (28 km) erfolgt über eine gute Schotterstraße.

Kanuparadies Bowron Lake Park

Die direkt oder über Wasserläufe weitgehend miteinander verbundenen 10 Seen des ***Bowron Lake Provincial Park*** sind ein Paradies für Kanufahrer. Wer 6-10 Tage Zeit und obendrein Glück mit dem Wetter hat, kann einen traumhaften Kanutrip unternehmen. Der Rundkurs auf der fast strömungslosen Seenplatte ist auch für Anfänger geeignet. Doch muss man eine gute Kondition mitbringen – es wollen schließlich 105 km gepaddelt und 11 km auf ***7 Portages*** (Tragen des Kanus zwischen zwei Gewässern oder Umgehung von Stromschnellen und Wasserfällen) geschafft sein! Der Trip beginnt auch gleich mit der längsten Portage (2,4 km). Davon erholt man sich am besten an den Sandstränden der wärmeren nicht von Schmelzwasser gespeisten Seen im Westen. Übernachtet wird auf ***Wilderness Campgrounds.***

Gebühren

Für alle Mehrtagestrips ist eine Anmeldung im ***Registration Centre*** erforderlich. Die Gebühr für die volle Runde beträgt für zwei Personen $120, für die *West Side Route* $60/Kanu. Letztere führt 24 km vom Bowron Lake (einziger See mit Motorbootverkehr) zu

Gelegentlich müssen Kanus über seichte Stellen gezogen werden. Für den Transport über Land (Portage) gibt es eine Radachse

Miettarife

den Spectacle Lakes und besitzt den Vorzug, ohne *Portage* auszukommen. Reservierung der Route: © 1-800-435-5622 ($18 Gebühr). Kanus können ab ca. $35/Tag oder $160 pro »*Lake Circuit*« gemietet werden (Ausrüstung extra) bei ***Beckers Lodge***: © (250) 992-8864, © 1-800-808-4761, DZ ab $80; www.beckerslodge.com, oder bei der ***Bowron Lake Lodge,*** © 1-800-519-3399 bzw. © (250) 992-2733, DZ ab $65; www.bowronlakelodge.com.

Hixon Canyon Creek

Nördlich Quesnel läuft die Straße #97 recht ereignislos durch Wald- und Hügellandschaft und stößt nach 118 km in Prince George auf den *Yellowhead Highway.* Wer in diesem Bereich einen Campingplatz sucht, könnte den ***Canyon Creek Campground in Hixon*** (etwa auf halber Strecke nach Prince George) ansteuern, © (250) 998-4384, $18-$25; www.canyoncreekcampground.com. Er hat besonders schöne Plätzchen für Zelte und *Van Camper* auf einer Waldwiese in Bachnähe.

Moderne Architektur des Campus der University of Northern British Columbia bei Prince George

Prince George

Prince George, 71.000 Einwohner, spielt als *Knotenpunkt* der Ost-West- und Nord-Süd-Achse von Schiene und Straße und als Versorgungszentrum ***(Hub of the North)*** eines weiten Umlandes eine wichtige wirtschaftliche Rolle. Sägemühlen und Papierfabriken *(Pulp Mills)* unterstreichen die Bedeutung der Holzindustrie. Die 1994 gegründete ***University of Northern British Columbia*** residiert auf einer Anhöhe über der Stadt *(Cranbrook Hill).* Sie verfügt über einen Campus, von dem viele deutsche Studenten nur träumen können. Zufahrt über *Yellowhead* #16 Richtung Prince Rupert, von dort Tyner Blvd folgen.

Für Fahrten in den hohen Norden ist Prince George ein bedenkenswerter, meist übersehener Ausgangspunkt. Der regionale Airport wird nonstop ab Vancouver 5x täglich von *Air Canada* bedient (1 Stunde Flugzeit); www.pgairport.ca.

Kennzeichnung

Da die letzte größere Stadt auf dem Weg nach Norden keine besonderen Sehenswürdigkeiten besitzt, ist sie für die meisten Touristen im wesentlichen Durchgangsstation. An **Hotels/Motels** und ***Shopping Centers*** entlang der Ausfallstraßen (speziell der #97, aber auch #16 West) fehlt es nicht. Beste Adresse fürs Campen bei Prince George ist der ***Hartway RV Park,*** 7729 South Kelly Road, 10 km nördlich über Hwy # 97, © 1-866-962-8848, $18-$28.

Information

Ein sehr gut sortiertes ***BC Visitor InfoCentre*** befindet sich an der Kreuzung der beiden Hauptstraßen #97/#16 südwestlich der Innenstadt. Downtown befindet sich das

Prince George Visitor Information Centre
1300 1st Ave, ✆ (250) 562-3700,
✆ 1-800-668-7646; www.tourismpg.com

Parks und Museen

Prince George rühmt sich seiner vielen ***City Parks,*** von denen im Zentrum der ***Connaught Hill Park*** einen Panoramablick über die Stadt bietet. Im ***Cottonwood Island Nature Park*** an der River Rd (»jenseits« der Gleisanlagen nördlich von *Downtown*) liegt das eher bescheidene ***Railway & Forestry Museum***; Mitte Mai-Anf. Sept. täglich 10-17, sonst Di-Sa 11-16 Uhr; $6; www.pgrfm.bc.ca.

Der ***Exploration Place*** im ***Fort George Park*** erhellt die Historie von Stadt und Region. Effektvoll ist dort die »hautnahe« Filmreise im ***SimEx Motion Theatre*** (Museum $9, ***SimEx Ride*** $7, Kombiticket $11, geöffnet Ende Mai-Oktober, täglich 10-17 Uhr, sonst Mi-So 10-17 Uhr; www.theexplorationplace. com). Die letzten beiden Parks sind durch den ***Heritage River Trail*** an Nechako und Fraser River entlang miteinander verbunden.

3.2.5 Routen ab Prince George

In British Columbia führen alle Routen in den Norden zwangsläufig über Prince George.

Rundfahrt durch den Norden von BC

Dank des ***Cassiar Highway*** zwischen Watson Lake und Kitwanga/Stewart durch die Einsamkeit des Nordwestens von BC kann man in Prince George eine attraktive Nord-Rundfahrt starten: Prince George–Fort St. John–Watson Lake (beide *Alaska Highway*) –Stewart–Prince Rupert (2.500 km, Fähre nach Port Hardy) oder zurück nach Prince George (2.700 km). Egal, welche der beiden Varianten man wählt, in mindestens 8 Tagen ist diese Strecke zu machen – indessen bei relativ hoher täglicher Fahrleistung.

Von Prince George nach Prince Rupert?

Das letzte Stück des ***Yellowhead Highway*** **zwischen Prince George und Prince Rupert** wird als Fortsetzung einer Fährpassage von Port Hardy nach Prince Rupert **im Anschluss an das Kapitel Vancouver Island in West-Ost-Richtung** behandelt. Eine Fahrt in umgekehrter Richtung von Ost nach West macht nur Sinn, wenn man entweder in Prince Rupert die Fähre nehmen möchte oder eine Fahrt über Stewart nach Watson Lake plant, ⇨ ***Cassiar Highway*** ab Seite 366.

nach Stewart/ Hyder?

Für eine Fahrt von Prince George nach Prince Rupert mit Abstecher nach Stewart/Hyder und Rückfahrt auf identischer Route wären 1.900 km zu bewältigen. Das lohnt sich kaum, ein kürzeres »Hineinfahren« in den *Yellowhead Highway* noch weniger, da die Straße erst westlich von Houston, strenggenommen sogar nicht vor New Hazelton, den besten Abschnitt ihres gesamten Verlaufs erreicht. Die Strecke bis Houston bietet dagegen nichts, was den – schon bis Prince George gelangten – Canada-Urlauber noch »vom Hocker reißt« (➪ dazu im einzelnen ab Seite 364).

Weiter nach Jasper

Der ***Yellowhead Highway*** besitzt **zwischen Prince George** und **Tête Jaune Cache** trotz des an sich schönen Verlaufs im *Fraser River Valley* zwischen Rocky Mountains und *Cariboo Mountains* keine nennenswerten Höhepunkte. Zur Übernachtung bietet sich der ***Purden Lake Provincial Park*** an (Camping $15, Badestrand). Alternativ zum *Yellowhead Hwy* könnte man Tête Jaune Cache auch via die schönen Ziele **Barkerville** und den ***Wells Gray Provincial Park*** anfahren. Der Umweg zu den beiden Topattraktionen erfordert 700 km Zusatzfahrt im Vergleich zur direkten Yellowheadroute (➪ Seite 238).

John Hart Highway

In Prince George beginnt als **nördliche Fortsetzung des *Cariboo Highway*** der ***John Hart Peace River Highway***. Außer Mackenzie (30 km abseits der Hauptstraße) und Chetwynd gibt es bis Dawson Creek auf 400 km Gesamtdistanz keine wesentlichen Ortschaften mehr.

In größeren Abständen passiert man **Tankstellen,** meist verbunden mit einer kleinen *Lodge* und einem *General Store.* Auf langen Abschnitten erinnern nur die Schienen der parallel verlaufenden *BC Railway* an die Zivilisation.

Wasserscheide

Knapp 50 km nördlich von Prince George passiert man die ***Continental Divide***, die Wasserscheide zwischen Pazifik und Atlantik. Nördlich fließen aus dem *Summit Lake* alle Gewässer über den *Peace River* und *Mackenzie River* ins Nordpolarmeer, südlich über den *Fraser River* in den Pazifik.

Über einen sehr schönen **Campingplatz** mit Sandstrand verfügt der ***Whiskers Point Provincial Park*** am McLeod Lake ($15).

Peace River Valley nördlich von Hudsons Hope, ➪ *Seite 255*

Mackenzie

Das erst 1966 im Zusammenhang mit dem Staudammprojekt am Peace River (➪ Seite 255) gegründete Mackenzie (4.600 Einwohner) liegt am Williston Lake. Der bei den Arbeiten eingesetzte ***World´s Largest Tree Crusher,*** die weltgrößte Rodungsmaschine, steht unübersehbar im Ortszentrum (Hwy #39/Skeena Drive). Mackenzie verfügt über ein ***Recreation Centre*** (400 Skeena Drive, $4) mit Hallenbad, Kraftraum und Sauna sowie einen komfortablen kommunalen ***Campground***.

Viel schöner mit Sandstrand am Williston Lake liegt ***Alexander Mackenzies´s Landing***. Die Zufahrt zu diesem einfachen, kostenlosen ***BC Hydro Campground*** erfolgt 3 km südlich von Mackenzie ab Straße #39, www.bchydro.com/recreation.

Pine Pass

Das ***Mackenzie Visitor Info Centre*** liegt am Hwy #97 direkt am Abzweig der Stichstraße (29 km) nach Mackenzie, Info: www.mackenziechamber.bc.ca, ✆ 1-877-622-5360, ✆ (250)-997-5459. Im weiteren Verlauf beginnt ein reizvoller Abschnitt des *John Hart Highway*. Aus dem Tal des *Misinchinka River* führt die Straße über den ***Pine Pass*** (933 m), den einzigen Übergang über die Rocky Mountains auf rund 750 km Luftlinie zwischen ***Jasper Park*** (*Yellowhead Pass*) und *Alaska Highway* (*Summit Pass*).

Kettensäge-skulptur in Chetwynd, am John Hart Highway, Abzweigung nach Hudson`s Hope

Skulpturen

Das einstige Bergbaustädtchen **Chetwynd** (2.600 Einwohner) an der Kreuzung #29/#97 macht mit Kettensägen geschnitzten Holzskulpturen auf sich aufmerksam. Den Lageplan mit einigen der ***64 Chainsaw Sculptures*** gibt es bei der *Visitor Info* (#5217 North Access Road, ✆ 250/788-1943, www.gochetwynd. com) am westlichen Ortseingang.

Anfahrt Alaska Highway

Ab Chetwynd gibt es **zwei Routen** zum *Alaska Highway*. Die reizvollere Alternative von beiden ist der ***Highway #29*** nach Fort St. John (ca. 140 km). Wer sich dafür entscheidet, verpasst weder in Dawson Creek noch auf den ersten Kilometern des *Alaska Highway* bis Fort St. John Wesentliches. Die #97 bis Dawson Creek sollte nur fahren, wer unbedingt ***Milepost 0*** des *Alaska Highway* sehen und fotografieren möchte.

Auf der ersten Hälfte der ***#29*** passiert man eine Reihe schöner Campingplätze. Der ***Moberly Lake Provincial Park*** ✆ 1-800-689-9025, verfügt über Stellplätze am Sandstrand des Sees; $15.

Hudson`s Hope

Der Ort **Hudson's Hope** (✆ (250)-783-9154; www.hudsonshope.ca; 1.000 Einwohner) ist eine der ältesten »weißen« Siedlungen in British Columbia und – als Fort der *Northwest Company* gegründet – seit 1805 ununterbrochen bewohnt. Ein neues Kapitel in der Geschichte von Hudson`s Hope begann in den 1960er-Jahren mit dem Bau von Staudämmen und Kraftwerken eingangs und ausgangs des ***Peace River Canyon***. Beide zusammen produzieren fast 30% des von BC Hydro in der Provinz erzeugten Stroms.

Energie aus Wasserkraft

6 km südwestlich des Ortes liegt an der Brücke über den Peace River unweit der Straße der kleinere ***Peace Canyon Dam*** (50 m hoch und 534 m lang). Ein ***Visitor Centre*** (www.bchydro.com/recreation) am Ende einer kurzen Zufahrt informiert über Dammbau und Energieerzeugung, aber auch über die Geschichte der Region; geöffnet Ende Mai bis Anfang September täglich 8-16 Uhr, sonst nur Mo-Fr; frei.

Williston Lake

Flussaufwärts (24 km lange Stichstraße ab Hudson´s Hope) staut der 186 m hohe und 2.068 m lange ***W.A.C. Bennett Dam*** den Peace River zum Williston Lake. Am Ende der Fahrstraße über den gewaltigen Damm wartet ein prächtiger **Aussichtspunkt** mit Blick in den Canyon und über den mit 1.733 km^2 Fläche größten Stausee in BC. Das ***Visitor Centre*** (Ende Mai-Anf. Sept. täglich 10-18 Uhr, Eintritt frei; www.bchydro.com/recreation) hat ähnliche Präsentationen wie das VC beim *Peace Canyon Dam*. Ab 10.30 Uhr beginnen einstündige **Führungen** (✆ 1-888-333-6667, $5) durch das rund 150 m tiefer gelegene **unterirdische Kraftwerk**, mit 2.730 MW das leistungsstärkste im Westen Canadas.

Alaska Highway

Hinter Hudson`s Hope läuft die Straße bei schöner Routenführung zunächst am ***Peace River*** entlang. Nach 60 km verlässt die #29 das Tal, führt steil in Serpentinen bergauf und stößt 13 km nördlich Fort St. John auf den *Alaska Highway*.

Fortsetzung der Strecke auf dem ***Alaska Highway***, ➪ Seite 384f.

Am Alaska Highway nördlich von Fort St. John

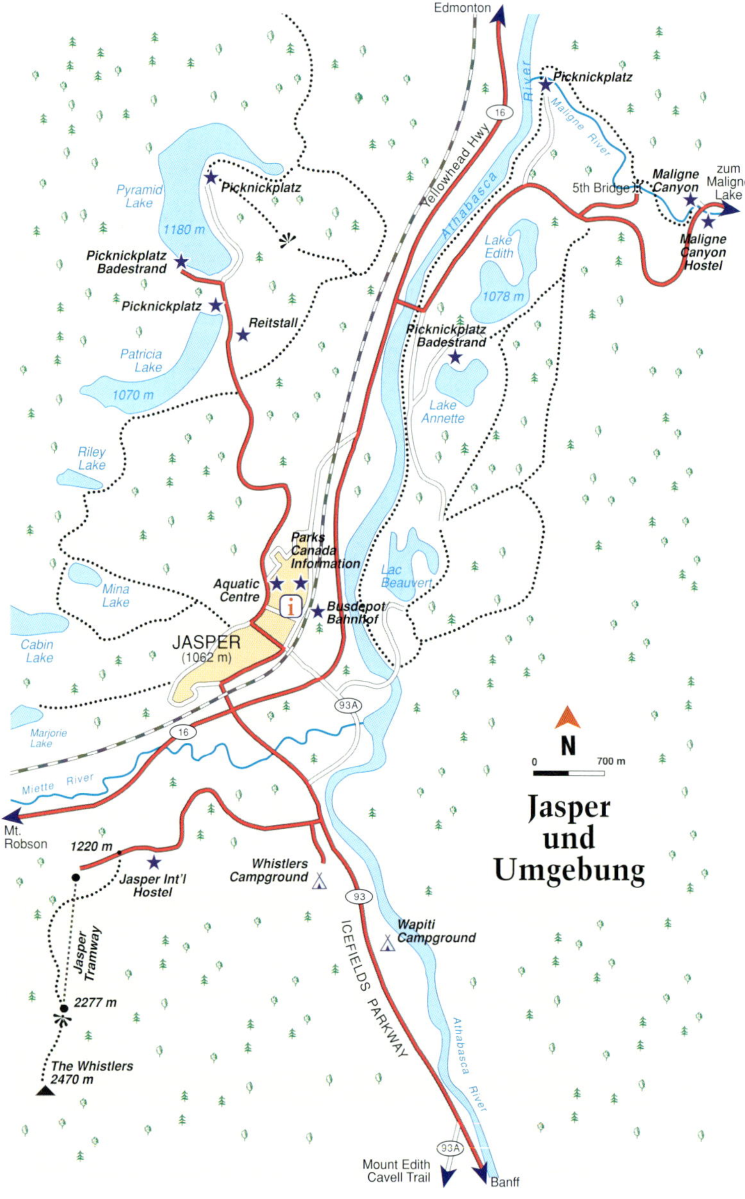
Jasper
und
Umgebung
Edmonton
16
Yellowhead Hwy
Athabasca
River
Maligne River
Picknickplatz
5th Bridge
Maligne Canyon
zum Maligne Lake
Maligne Canyon Hostel
Pyramid Lake
1180 m
Picknickplatz
Picknickplatz Badestrand
Picknickplatz
Reitstall
Patricia Lake
1070 m
Lake Edith
1078 m
Picknickplatz Badestrand
Lake Annette
Riley Lake
Parks Canada Information
Lac Beauvert
Aquatic Centre
Busdepot Bahnhof
Mina Lake
Cabin Lake
JASPER
(1062 m)
93A
Marjorie Lake
16
Miette River
N
0
700 m
Mt. Robson
1220 m
Jasper Int'l Hostel
Whistlers Campground
93
Jasper Tramway
Wapiti Campground
ICEFIELDS PARKWAY
2277 m
The Whistlers
2470 m
Athabasca River
93A
Mount Edith Cavell Trail
Banff

3.3 Durch die Alberta Rocky Mountains

3.3.1 Jasper National Park

Jasper Stadt

Der *Yellowhead Hwy* #16 führt als breit ausgebaute Umgehungsstraße um Jasper herum.

Erster Anlaufpunkt sollte das unverfehlbar in einem kleinen Park an der Hauptstraße (500 Connaught Drive) liegende ***Nat'l Park Jasper Townsite Info Centre*** sein; © (780) 852-6176, www.pc.gc.ca/jasper. Das ***Büro*** der Stadt Jasper, © (780) 852-3858, befindet sich ebenfalls dort; www.jaspercanadianrockies.com.

Schräg gegenüber liegt der Bahnhof. Dort und auf beiden Straßenseiten gibt es genug Parkraum auch für größere Campmobile. Dennoch wird es zur Hauptsaison und an Wochenenden oft eng.

Information Jasper Nationalpark

Neben der ausgezeichneten Zeitung »*Mountain Guide*« mit Details zu vier zusammenhängenden *Rocky Mountain* Nationalparks (*Banff, Jasper, Kootenay* und *Yoho*) und *Waterton Lakes* sowie den Nationalparks *Glacier* und *Mount Revelstoke* in den *Selkirk Mountains* und der Karte »***The Icefields Parkway***« kann man sich dort noch die Trailbeschreibungen »***Summer Trails Guide Jasper National Park***« für Tageswanderungen besorgen. Die Ein- und Durchfahrt kostet $10/Person; $20/Auto bis zu 7 Insassen und Tag. Ggf. lohnenswert ist ein Dauerpass, ➪ Seite 29.

Unterkunft

Jasper ist zwar kleiner (4.300 Einwohner) als das »benachbarte« Banff und weder so überlaufen noch mondän, aber nicht billiger. Speziell die Kosten für Unterkunft und Verpflegung sind hoch.

Neben den ***Miette Hot Springs Bungalows***, ➪ Seite 260, sind die

- ***Patricia Lake Bungalows*** empfehlenswert; www.patricialakebungalows.com, © 1-888-499-6848, DZ ab $85. Motel und Bungalows liegen 5 km nördlich von Jasper am gleichnamigen See.
- Für die Holzbungalows von ***Becker's Chalets***, © (780) 852-3779, www.beckerschalets.com, zahlt man für die gute Ausstattung (Küche, Kamin) und hübsche Lage (Athabasca River 5 km südl. von Jasper am *Parkway*) ab $140/DZ einen fairen Preis.

***Bed & Breakfast* Agentur** in Jasper: www.stayinjasper.com.

Alles voll?

Klappt eine Quartiersuche im Park auch mit Hilfe des Reservierungsbüros nicht, ist die am wenigsten zeitaufwendige Lösung eine Fahrt in Richtung Hinton (ca. 70 km auf breiter, weitgehend ebener Strecke). Westlich des Parks kommen zwar auch noch Tête Jaune Cache und Valemount in Frage, aber beide Orte verfügen nur über eine Handvoll Motels.

Hostels

Bei Jasper gibt es gleich 3 Jugendherbergen: ***Jasper International*** ($24, 84 Betten), ***Mount Edith Cavell*** ($20, 32 Bettten) und das ***Maligne Canyon Hostel*** ($20, 24 Betten) und zwei weitere *Hostels* am *Icefields Parkway:* ***Athabasca Falls***/$20, 40 Betten, und ***Beauty Creek*** (22 Betten, $20). Alle lassen sich reservieren unter © 1-877-852-0781, © (780) 852-3215; www.hostels.ca.

Camping

Zwar sind auch Plätze auf den ortsnahen *Campgrounds* im Sommer knapp, aber bei Ankunft bis zum späten Vormittag kommt man meist unter. Der riesige ***Whistlers Campground*** (781 Plätze, $23-$39), 2 km südlich von Jasper, liegt in lichtem Wald, bietet in günstiger Lage teilweise ***Full Hook-up***, Feuerholz und gute sanitäre Anlagen mit Duschen. Ungewöhnlich sind **Wapiti Hirsche**, die das Gelände ungeachtet der Menschen zum Äsen aufsuchen.

Die Alternativen zu ***Whistlers***, die Plätze ***Wapiti*** und ***Wabasso*** mit ebenfalls hoher Kapazität (362 bzw. 228 Plätze, $28-$33), liegen mit 4 km bzw. 16 km noch ortsferner an der Straße #93 bzw. #93A. Nur *Wapiti* hat auch Duschen. ***Snaring River***, 16 km nördlich von Jasper mit nur 66 Stellplätzen in schöner Lage gehört zur Einfach-Kategorie ($16). Reservierung für ***Whistlers***, ***Wapiti***, ***Wabasso***, ***Pocahontas***: © 1-877-RESERVE, www.pccamping.ca.

Im Ort

Wiewohl ein hübscher Ort, wuchert Jasper ausschließlich mit dem Pfund seiner Umgebung und bietet selbst keine besonderen Attraktionen, sieht man ab vom ***Aquatic Centre*** (© (780) 852-3663; variable Badezeiten, $6). Ein Besuch in dieser Poolanlage (Pyramid Lake Road) mit langer Wasserrutsche und einem heißen *Whirlpool* entspannt nach anstrengenden Wanderungen.

Abends lädt die ***Jasper Brewing Company*** in der 624 Connaught Street zu Bier und mehr ein (Reservierung © (780) 852-4111), eine der wenigen Hausbrauereien Albertas.

Umgebung Jasper

Rings um die Stadt findet man kleine, angenehm temperierte und von Wanderwegen gesäumte Seen mit Badestränden (**Patricia** und **Pyramid Lake** oberhalb des Ortes). An der Zufahrt zum Pyramid Lake kann man auch geführte Ausritte buchen (*Pyramid Stables*, © (780) 852-7433, ab $38 pro Stunde; www.mpljasper.com).

Rafting

Für das – vorsichtige – Kennenlernen des ***River Rafting*** eignen sich zweistündige Schlauchbootfahrten (z.B. ***Whitewater Rafting Jasper***, © 1-800-557-7238, © (780) 852-7238, ca. $59, www.whitewaterraftingjasper.com) auf dem bei Jasper relativ zahmen Athabasca River. Ausreichend Wasserstand vorausgesetzt, geht es auf dem Sunwapta River ein wenig härter zur Sache (2 Stunden $79).

Edith Cavell Gletscher

Eine relativ leichte Wanderung führt zum *Edith Cavell Glacier*. Von Jasper folgt man zunächst dem *Icefields Parkway* und dann der alten Straße #93 A. Auf der (oft in miserablem Zustand befindlichen) ***Mount Edith Cavell Road*** geht es 14 km bergauf am *International Hostel* vorbei zum *Mount Edith Cavell Parking Lot* (Campmobile nur bis 20 Fuß empfohlen). Dort beginnt der ***Path of the Glacier Loop Trail***, einer der besten Kurzwanderwege im Jasper Park. Dieser Rundkurs (2 km) führt zum *Edith Cavell Pond* (oft noch im Sommer voller Eisschollen) unterhalb des Gletschers und weiter (plus 6 km Rundweg) zu den ***Cavell Meadows***.

Seilbahn

Eine Seilbahn führt auf den Jasper überragenden Gipfel ***The Whistlers*** (2.470 m) – Talstation am Ende der gleichnamigen Straße, die vom *Icefields Parkway* abzweigt. Die Fahrt mit der ***Tramway*** kostet $25, Juli+August 9-20 Uhr, Juni 9.30-18.30 Uhr, sonst 10-17 Uhr von Mitte April-Mitte Oktober, www.jaspertramway.com.

Ab **Aussichtsrestaurant** an der Bergstation (2.277 m) ist es noch ca. 1 km über 200 Höhenmeter bis zum Gipfel. Von oben ähnelt das 1.400 m tiefer gelegene Jasper kurioserweise einem riesigen »J«.

Fußmarsch

Sportliche Besucher erklimmen den Berg per pedes: Der Ausgangspunkt des ***Trails*** befindet sich ca. 1,5 km vor der Station. Der Aufstieg (ca. 8 km) ist in 4 Stunden zu schaffen. Wer auf den Rückmarsch auf identischem Weg verzichtet, kann zum halben Preis mit der Seilbahn abfahren, © 1-866-850-TRAM.

Maligne Canyon

Als schönstes Ausflugsziel des Parks gilt der **Maligne Lake** am Ende der *Maligne Road* (42 km), die nördlich Jasper vom *Yellowhead* abzweigt. Gleich am Anfang passiert die Straße den tief eingeschnittenen ***Maligne Canyon***. Der Zwischenstopp dort ist ein »Muss«. Vom Parkplatz (mit Cafeteria und *Gift Shop*) geht es in eine pittoreske Kalksteinschlucht. Mehrfach überquert der holpriger werdende Pfad den engen *Canyon*. Tief unten tost der Maligne River im Engpaß.

Wer bis zur 5. Brücke (2 km) geht, braucht nicht unbedingt wieder nach oben zu kraxeln, sondern kann sich über die ***5th Bridge Road*** mit dem Auto abholen lassen. Noch reizvoller ist die Wanderung von der 5. Brücke nach oben.

Maligne & Medicine Lakes

Ein Phänomen ist der **Maligne River**, der vom Maligne Lake in den scheinbar abflusslosen Medicine Lake fließt. Das Wasser versickert in Karsthöhlen und taucht erst nach Kilometern wieder an der Oberfläche auf.

Spirit Island, das Fotomotiv schlechthin für den Jasper Park ist diese tausendfach publizierte Szenerie mitten im Maligne Lake, 90 Ausflugsbootminuten entfernt vom Anleger am Südende (➪ auch Foto Seiten 172/3)

Maligne Lake Trails

Die Schönheit des glasklaren *Maligne Lake* lässt sich von der Bucht an seinem Nordende nur erahnen. Ein rauer Pfad am Westufer führt nach einigen Kilometern zu Stellen, von wo aus der ganze See im Blickfeld liegt. Bequemer ist der ***Mary Schaeffer Loop Trail*** (3 km) am Ostufer, anstrengender (weil relativ steil bergauf) der 8 km lange ***Opal Hills Loop Trail*** zu schönen Aussichtspunkten ebenfalls auf der Ostseite des Sees (ca. 4 Stunden).

Bootsfahrten

Die meisten Besucher haben bereits im voraus bei ***Maligne Tours***, ✆ 1-866-MALIGNE, ✆ (780) 852-3370, Jasper, 616 Patricia Street; www.malignelake.com) den 90-min-Bootstrip über den von schroffen Gipfeln eingerahmten See reserviert und bezahlt. Stündliche Abfahrten Ende Mai bis September täglich 10-16 Uhr, Juli+ August bis 17 Uhr; $47. Auf dem winzigen Inselchen **Spirit Island** (➪ Foto Seite 259) nahe der engsten Stelle des Sees, den *Samson Narrows*, dürfen sich die Passagiere ein wenig die Füße vertreten, bevor es wieder zurückgeht.

Kanuverleih

Die individuelle Alternative zum schnellen Ausflugsschiff ist das Leihkanu, obwohl man erst einige Kilometer paddeln muss, um aus der Bucht herauszukommen. Wegen des sehr kalten Wassers ist dabei auch bei gutem Wetter warme Kleidung anzuraten. Wer Zeit für Mehrtagestouren hat, findet am Ufer *Wilderness Campsites*. Die Mietkosten für ein Kanu betragen $25/Stunde, $75/Tag (!), ✆ wie oben, zu arrangieren am ***Boat House*** in der Nähe der ***Maligne Lodge***, einem Servicekomplex mit Bootsanleger, ziemlich teurer Cafeteria und Sonnenterrasse am See.

Miette Hot Springs

Ein etwas weiterer Abstecher von Jasper könnte heißen Quellen gelten. Sie befinden sich unweit der Osteinfahrt in den Nationalpark. Von Jasper fährt man 44 km bis Pocahontas, und von dort durch das wunderschöne *Fiddle Valley* noch einmal 17 km bis zu den ***Miette Hot Springs***, www.pc.gc.ca/hotsprings. Das schwefelhaltige Wasser der heißen Quellen kann man dort in ***Open-air Pools*** genießen (Anf. Mai bis Mitte Oktober tägl. 10.30-21 Uhr, Ende Juni-Anf. September 8.30-22.30 Uhr, Eintritt $6). Reservierung von Motelzimmern und *Cabins* mit offenem Kamin: ✆ (780) 866-3750; DZ ab $85. Ein schöner ***Trail*** (4 km) führt auf den *Sulphur Mountain* (2.070 m); bis zum Gipfel sind knapp 700 Höhenmeter zu überwinden – wunderbares Panorama, nicht überlaufen.

3.3.2 Icefields Parkway

Kennzeichnung

Von Jasper geht es auf dem *Icefields Parkway* durch die ganze Länge der **Nationalparks *Jasper*** und ***Banff*** bis Lake Louise am TCH. Diese 230 km werden gern als die **schönste Gebirgsstrecke Canadas** gelobt. Und tatsächlich sind der südliche Abschnitt im *Jasper* und der Großteil im *Banff National Park* grandios. Bedingt durch die breite, perfekt ausgebaute Straße und die große Popularität ging aber die einstige Ursprünglichkeit der Strecke ziemlich verloren. Starker Verkehr, sogar Staus und Parkprobleme an den typischen Haltepunkten sind in den Sommermonaten an der Tagesordnung.

Zeitbedarf

Vom *Parkway* hat am meisten, wer sich drei Tage Zeit lässt und sich – besonders in der Hauptsaison – ein wenig abseits der touristischen Brennpunkte hält.

Klima

Auch mitten im Sommer wird es bei noch angenehmen Temperaturen im Ort Jasper (1.062 m) in der Höhe schnell kühl, wenn die Sonne nicht scheint. Das gilt auch im Schatten der Berge. Nachts muss mit Frost gerechnet werden; im Juni und September herrschen nachts durchweg Minusgrade. Schnee ist weder im Frühsommer noch im Herbst eine Seltenheit.

Camping

Selbst in der Hauptsaison reicht die **Campingkapazität** entlang der Strecke im allgemeinen aus, aber an Wochenenden wird es immer eng. Im Gegensatz zum Umfeld von Jasper, Lake Louise und Banff, wo man oft schon mittags nicht mehr unterkommt, findet sich wochentags auf einem ***Parkway Campground*** oft sogar noch abends ein freies Plätzchen.

Valley of Five Lakes

Auf seinen ersten 50 km folgt der *Parkway* dem Lauf des Athabasca River. 10 km südlich von Jasper zweigt ein schöner Rundweg zu fünf kleinen Seen im *Valley of the Five Lakes* ab. Bei Umrundung des größten (First Lake) lässt sich der relativ ebene *Trail* von 4 km auf 7 km verlängern.

Wasserfälle

Ein Abstecher zu den nur 23 m hohen dennoch sehenswerten ***Athabasca Falls*** am Zusammentreffen des alten *Parkway*-Abschnitts #93A (nur für Camper und als Anfahrt zum *Mount Edith Cavell* interessant) und der neuen Trasse gehört zum Pflichtprogramm. Südlich der Fälle liegen der ***Mount Kerkeslin Campground*** ($16) und – an einer gesonderten Zufahrt – eine weitere Herberge, das ***Athabasca Falls Hostel*** (*HI*)

Den nächsten Haltepunkt bilden wiederum Wasserfälle, die (weniger aufregenden) ***Sunwapta Falls***. Vom Parkplatz kann man aber dem Nordufer des Sunwapta River 2 km flussabwärts folgen und das herrliches Gebirgspanorama genießen (Stromschnellen und Wasserfälle).

Die Straße steigt danach rasch höher und erreicht bald die Baumgrenze. Erst ab hier – nach Passieren des toll gelegenen ***Beauty Creek Hostel*** – lohnt der Stopp an fast jedem ***View Point***.

Aussichtspunkt über dem Peyto Lake am Icefields Parkway

3

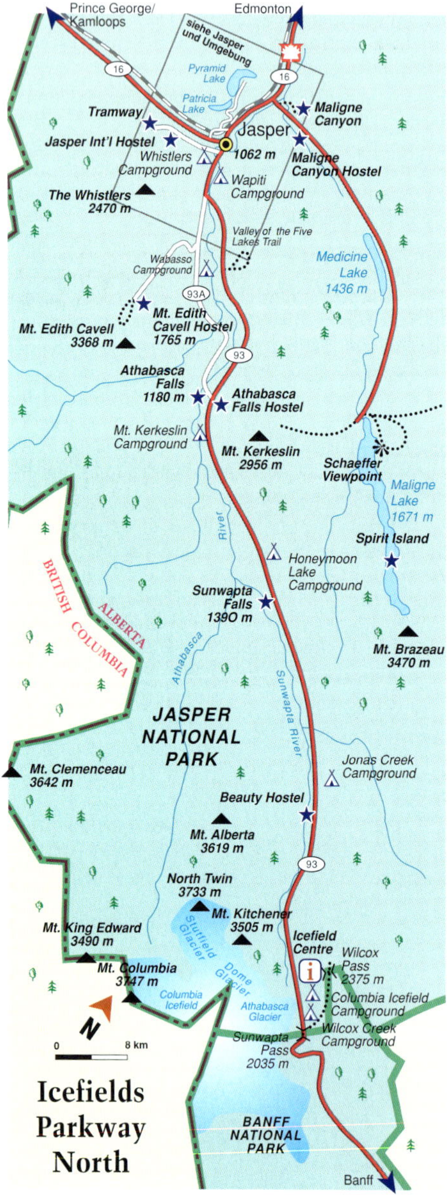

Columbia Icefield

Die bekannteste Attraktion des *Jasper Park*, der *Athabasca Glacier*, gehört zum 325 km² großen *Columbia Icefield*, das gleich 3 bedeutende Flusssysteme speist: Der ***Athabasca River*** ist einer der Quellflüsse des über 4.200 km langen, ins Polarmeer strömenden ***Mackenzie River***. Der ***North Saskatchewan River*** fließt aus dem nördlichen *Banff Park* in den Lake Winnipeg in Manitoba und bahnt sich von dort als ***Nelson River*** nach 2.470 km seinen Weg bis in die Hudson Bay.

An der Westseite des *Icefield* fließen die Gletscherbäche in den ***Columbia River***, der nach 2.000 km bei Portland/USA in den Pazifik mündet.

Die Höhenlage und Kälteausstrahlung der Eismassen wirken sich spürbar auf das lokale Klima aus. Im Juli beträgt die durchschnittliche Höchsttemperatur am *Parkway* in diesem Bereich nur 15°C. Bei schlechtem Wetter kommen mitten im Sommer durchaus Schneeschauer vor.

Athabasca Glacier

Das Eisfeld selbst liegt verborgen in der Höhe. Nur drei seiner Gletscher (*Athabasca, Dome* und *Stutfield*) sind von der Straße aus zu sehen.

Das ziemlich ungemütliche ***Icefield Centre*** mit Aussichtsterrasse und allen Einrichtungen zur Besucherversorgung in erhöhter Lage sowie das Hotel ***Icefield Chalet*** (✆ 780-852-6550, ✆ 1-877-423-7433, DZ ab $245), sind komplett auf den

Athabasca Glacier ausgerichtet. Sog. ***Snow Coaches***, unförmige Spezialfahrzeuge mit mannshohen Reifen (➪ Foto), fahren über die südöstliche Gletschermoräne auf die Gletscherzunge (www.columbiaicefield.com). Erstaunlich viele Besucher lassen sich für stolze $38 auf das wenig plausible »Vergnügen« ein, am Wendepunkt, maximal 3 km von der Straße entfernt, etwas im Eis herumzuspazieren (Juni-August 9-18 Uhr, täglich Mai, Sept 9-17 Uhr, sonst 10-16 Uhr alle 15-30 min).

Per Snowcoach auf den Athabasca Glacier, ein zweifelhaftes und zudem exorbitant teures Vergnügen

Zufahrt

Man gelangt auch **mit dem Auto** zum Parkplatz unterhalb des *Athabasca Glacier* und kann individuell das Eis erreichen. Auf der kurzen Zufahrt verdeutlichen Schilder mit Jahreszahlen den sukzessiven, in den letzten Jahrzehnten rapiden Rückzug des Gletschereises.

Auf jeden Fall sollte man dem ***Icefield Centre*** des *National Park Service* einen Besuch abstatten. Ausstellungen und ein laufend gezeigter Film erläutern Geschichte und Geologie der Region und des *Parkway*. Auch allgemeines Informationsmaterial zu den Nationalparks ist dort erhältlich.

Camping/ Wandern

Unweit des *Icefield Centre* liegt (außer dem *Columbia Icefield Campground* nur für Zelte) der ***Wilcox Creek Campground*** ($16).

Dort beginnt der herrliche ***Wilcox Pass Trail***. Dieser Wanderweg diente Ende des 19. Jahrhunderts der Umgehung des *Athabasca Glacier*, der damals noch über die Trasse des heutigen *Parkway* reichte. Auf den ca. 4 km bis zur Passhöhe (2.375 m) lassen sich ***Athabasca*** und ***Dome Glacier*** besser überblicken als vom Besucher- zentrum aus. Von der Höhe ist die Aussicht auf die weißen Wände des *Mount Athabasca* immer noch beeindruckend.

Passhöhe

Mit dem ***Sunwapta Pass*** (2.035 m) erreicht die Straße ihren (nach dem *Bow Summit*) zweithöchsten Punkt und gleichzeitig den *Banff National Park*.

3.3.3 Banff National Park

Vom Jasper in den Banff Park

Zunächst führt der *Icefields Parkway* vom *Sunwapta Pass* auf einer langen, grandiosen Abfahrt ins Tal des *North Saskatchewan River*. 5 km südlich der Passhöhe passiert man den Ausgangspunkt des großartigen ***Parker Ridge Trail*** (2,5 km zunächst Serpentinen aufwärts, dann eben). Auf diesem Weg hat man zunächst herrliche Ausblicke auf das Tal mit dem *Icefield Parkway*. Auf der Parker-Kammhöhe liegt dann zur anderen Seite der *Saskatchewan Glacier* im Blickfeld.

Panther Falls

Am Aussichtspunkt über die ***Bridal Veil Falls*** passiert der *Icefields Parkway* rund 2 km vor dem North Saskatchewan River die von der Straße kaum einsehbaren ***Panther Falls***. Versteckt vom unteren Parkplatzende führt ein 1 km langer, stellenweise gischtnasser Weg hinab zu dem mit **183 m vierthöchsten kanadischen Wasserfall**.

Weiter unten befindet sich der ***Rampart Creek Campground,*** ($16), nebenan das gleichnamige ***Hostel***, 24 Betten, $23. Reservierung unter *Banff Hostel*, ➪ Seite 271.

Saskatchewan Crossing

Am Straßendreieck *Icefields Parkway/David Thompson Highway* (Straße #11), der *Saskatchewan River Crossing* genannten Abzweigung nach Nordegg/Red Deer, steht das ***Hotel The Crossing***, © (403) 761-7000, DZ ab $149, www.the crossingresort.com, mit der einzigen Tankstelle zwischen Jasper und Lake Louise.

Die 50 km zwischen *Abraham Lake* und dem *Banff Park* können mit dem Panorama des *Parkway* durchaus mithalten. Ein weiterer guter Grund für einen Abstecher nach Osten sind ggf. die ***Campgrounds*** nördlich und südlich des ***Abraham Lake***, aber auch dieser vom Tourismus so gut wie unberührte See selbst, ➪ auch Seite 305.

Trail

Eine Kurzwanderung beginnt 6 km südlich *Saskatchewan River Crossing*. Der ***Mistaya Canyon Trail*** (300 m) führt zu einer Kalksteinschlucht, die fast so reizvoll ist wie der *Maligne Canyon*.

Wanderweg im Banff Nat'l Park vom Moraine Lake über den Sentinel Pass ins Larch Valley

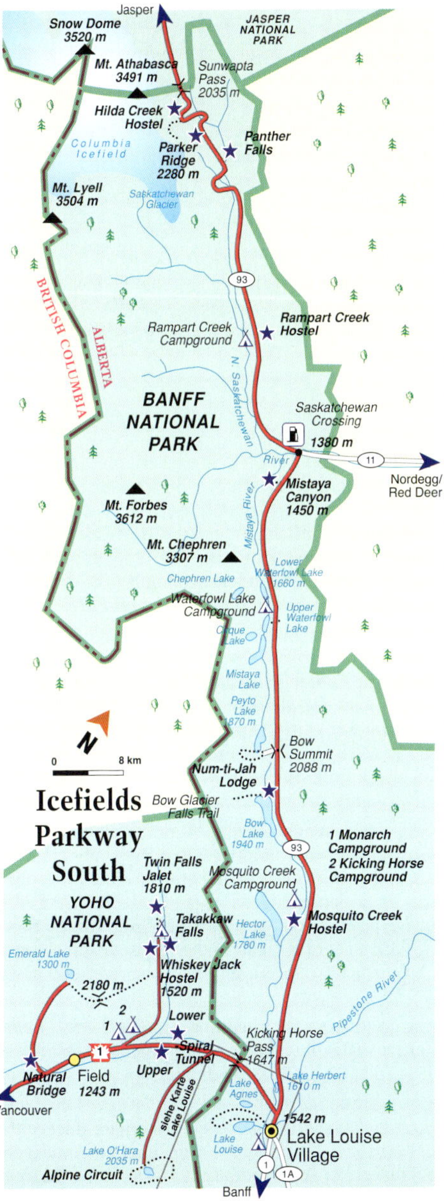

Lower Waterfowl Lake

Hinter dem Westufer des ***Lower Waterfowl Lake*** steigt der ***Mount Chephren*** (3.307 m) majestätisch in die Höhe. Vor dieser eindrucksvollen Kulisse liegt der ***Waterfowl Lake Campground*** (besser als *Rampart Creek*!). Dieser Campingplatz ist gleichzeitig Ausgangspunkt für schöne **Wanderungen** zu den Seen Cirque und Chephren Lake.

Strecke

Die nächsten 60 km sind neben der Auffahrt/Abfahrt zum/vom *Sunwapta Pass* der **attraktivste Abschnitt** des *Icefields Parkway*. Ein ganze Reihe von Seen begleiten vor der **Gebirgs- und Gletscherkulisse** die Straße. Ungemein reizvoll ist die immer wieder andere türkis-blaue Färbung dieser Seen.

Die Farbnuancen werden durch die Art der aus den Gletschern stammenden Sedimente und die wechselnde Sättigung des Wassers mit Mineralien verursacht.

Passhöhe

Am ***Bow Summit***, dem mit 2.088 m höchsten Punkt des *Parkway*, zweigt eine kurze Stichstraße ab – ein »Muss« für Fotografen. Auf Wanderwegen (1 km ab unterem, kurz ab oberen Parkplatz) kann man dort Ende Juli bis Anfang August durch blühende Wiesen zum ***Peyto Lake Viewpoint*** laufen.

Abwärts folgt die Straße dem unterhalb des *Bow Summit* entspringenden *Bow River* und passiert den ***Bow Lake***.

Bow Glacier Falls Trail

Am Nordende des Sees bietet die attraktive ***Simpson`s Num-ti-jah Lodge***, ✆ (403) 522-2167, 25 Zimmer und **Restaurant mit See-blick** mit *Bow Glacier* im Hintergrund, DZ ab $200; www.num-ti-jah.com. Ab Parkplatz folgt ein 4,6 km (155 Höhenmeter) lan-ger **Weg zu den *Bow Glacier Falls*** zunächst dem Seeufer und führt dann über eine Schlucht steil aufwärts. Er endet an den Wasserfällen, die aus dem See vor der – nicht sichtbaren – Zunge des *Bow Glacier* über einen 150 m hohen Abbruch stürzen.

An der Einmündung des *Mosquito Creek* in den *Bow River* liegen ***Mosquito Creek Campground*** ($16), und das gleichnamige ***Hos-tel*** (32 Betten, $23) Reservierung wie ***Banff Hostel***, ➪ Seite 271. 6 km vor Lake Louise liegt der ***Herbert Lake*** mit **Picknickplatz**. Im Gegensatz zu den gletschergespeisten Seen weiter oben könn-te man im nicht eiskalten Wasser dieses abflusslosen Sees baden.

Lake Louise

Lake Louise Village

Nördlich von **Lake Louise**, neben Banff der Touristenmagnet des Parks, endet der *Icefields Parkway* am *Trans Canada Hwy*. Der Ort besteht aus mehreren separaten Villen- und Ferienhausvierteln und einem kleinen **Versorgungsbereich** mit Einkaufszentrum am *Lake Louise Drive/Village Road* unweit der TCH-Autobahn. Gleich neben der ***Samson Mall*** befindet sich das ***Lake Louise Visitor Centre***, ✆ (403) 522-3833. Zur Übersicht über den gesam-ten Bereich Lake Louise und für Wanderungen gibt es nichts bes-seres als das Faltblatt ***»Day Hikes in Banff National Park«***.

Seilbahn

Jenseits des TCH (Whitehorn Road, *Bow Valley Parkway* #1A) liegt unterhalb des *Whitehorn Mountain* das bekannteste Ski-gebiet Albertas, dem eine Gondelbahn als Zubringer dient, www.lakelouisegondola.com. Sie ist auch im Sommer in Betrieb und befördert Urlauber für $25 zum Aussichtsrestaurant (täglich Mitte Mai-September 9-16.30 Uhr). Für **$28 bzw. $31** gibt`s im Restaurant der Talstation **Frühstücks- bzw. Lunchbuffet inkl. Seil-bahn**. Morgens wirkt von dort das Gebirgspanorama am besten.

Camping

Nach Unterquerung der Eisenbahn geht es gleich links auf der ***Fairview Road*** zum schönen, sich am Bow River entlang ziehen-den ***Lake Louise Campground*** direkt neben der Bahnlinie. Ein separates, ruhigeres Areal jenseits des Flusses (*Lake Louise Tent*) mit Bärenschutzzaun besitzt nur wenige Stellplätze für größere Wohnmobile. Der Platz ist sehr beliebt; in der Hauptsaison sichert daher nur frühe Ankunft das Unterkommen, Reservierung: ✆ 1-877-RESERVE, $28-$33, www.pccamping.ca.

Hostel

Eine prima **Herberge und Alpenvereinshütte** ist das ***Hostel Lake Louise Alpine Centre***, 164 Betten; ✆ 1-866-762-4122, ✆ (403) 522-2202; $31-$38, DZ $100-$109, www.hostels.ca.

Vom Ort zum See Lake Louise

Zwei **Wanderwege** verbinden Ort und See *Lake Louise*. Der *Lou-ise Creek Trail* (knapp 3 km) führt am gleichnamigen Bach ent-lang; der längere *Tramline Trail* (5 km) folgt einer ehemaligen Schmalspurbahn-Trasse. Per Auto sind es zum Ziel auch 5 km.

Der meistbesuchte Bergsee der Welt

Die Zufahrt zum *Lake Louise* endet vor dem Nobelhotel ***The Fairmont Chateau Lake Louise*** (✆ 403-522-3511 oder ✆ 1-800-257-7544, DZ ab $499 (!); www.fairmont.com/lakelouise) bzw. auf einem Mammutparkplatz, von dem unerhörte Besuchermassen tagtäglich in die Parkanlage zwischen Hotel und See strömen. Das Gros der Touristen genießt das Panorama und besucht vielleicht noch das architektonisch um 1913-25 eher fantasielos errichtete *Chateau* mit seinen Terrassen, Restaurants und Souvenirshops. Das Hotel ist auch von innen bei weitem nicht so eindrucksvoll wie das *Banff Springs Hotel*, ➪ Seite 274.

Reiten

Ausritte in Lake Louise beginnen neben dem Chateau, z.T. auf eigens ausgewiesenen Reitwegen, teilweise auf belebten Wanderwegen. Immer begleitet ein schönes Panorama die Reiter; der Andrang ist daher groß: ***Brewster Stables***, ✆ 1-800-691-5085 und ✆ (403) 762-5454; 2 Stunden *Lake Louise* $72, 4 Stunden *Lake Agnes* $115, 5 Stunden *Plain of Six Glaciers* $145; www.brewsterlakelouisestables.com.

Lake Agnes Teahouse hoch über dem Lake Louise. Wie der Name sagt: hier gibt es diverse Teesorten, Kaffee und Tütensnacks - aber keinen Alkohol

Abseits der Massen

Wer nicht am frühen Vormittag vor Ankunft der Busse oder erst am späten Nachmittag eintrifft, wird den Lake Louise als zu touristisch empfinden. Eine »Flucht« gelingt aber leicht per **Kanu** ($50/Stunde!) oder noch besser per pedes. Mehrere *Trails* beidseitig des Sees laden zu **Wanderungen** ein:

Trails

- Der gut ausgebaute ***Lake Agnes Trail*** (3,4 km) windet sich in langen, aber nicht allzu steilen Kehren hinauf zum 380 m über dem *Lake Louise* gelegenen *Lake Agnes*. Am See wartet ein kleines ***Tea House*** mit Terrasse (Snacks, Tee und Kaffee, aber kein Alkohol; Anfang Juni-Mitte Oktober täglich 9-18 Uhr), ein herrlicher Rastplatz nach dem Aufstieg. Man kann den Weg auch fortsetzen um den *Agnes Lake* herum zum fantastischen Aussichtspunkt auf dem ***Big Beehive*** (+1,6 km, +150 Höhenmeter) oder entgegengesetzt zum ***Little Beehive*** (+1,0 km, +120 HM) mit einem ebenso guten Weitblick.

- Der ***Plain of Six Glaciers Trail*** zählt zu den besten Wanderwegen im Nationalpark. Er läuft zunächst am Nordwestufer des Sees entlang und endet an einem Aussichtspunkt über der »Ebene der sechs Gletscher«. Bis zum Ziel sind es 6,5 km. Auch an diesem Weg liegt einen guten Kilometer vor dem Ende ein *Tea House* (Öffnungszeiten Anfang Juni-Mitte Oktober täglich 9-18 Uhr). Über ***Highline Trail***, ***Big Beehive*** und Lake Agnes vermeidet man das doppelte Ablaufen der Strecke bei nur geringfügig verlängerter Wegstrecke (insgesamt 17 km) und entgeht unterwegs dem »Volkswandertagsrummel« auf den *Trails* zu den Teehäusern.
- 4,5 km lang ist der schöne, weniger überlaufeneWanderweg auf den ***Fairview Mountain*** (2.745 m). Vom Gipfel blickt man genau 1.000 m hinab zum *Lake Louise* und hinüber zu den Gletschern am *Mount Victoria* mit dem *Plain of Six Glaciers Trail.*
- Der **Lake Annette** liegt direkt unterhalb der steilen, eisbedeckten Nordflanke des *Mount Temple* im *Paradise Valley*. »Paradiesisch« ist im oberen Tal sowohl das Panorama als auch die erstaunliche Einsamkeit, obwohl man – knapp westlich des Lake Annette – die Aussichtskanzel am höchsten Wegpunkt (ca. 2.100 m) von der Moraine Lake Road nach nur 6,5 km und 380 Höhenmetern erreicht.

Idylle am Moraine Lake

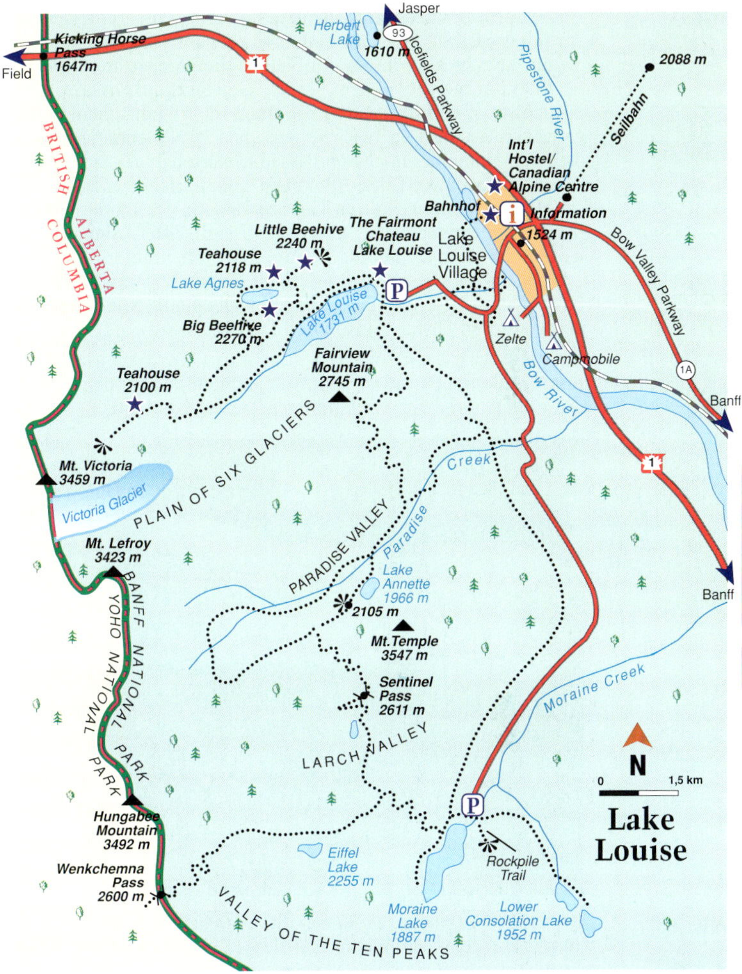

Moraine Lake

Vielleicht noch reizvoller als der *Lake Louise* ist sein südlicher Nachbar, der *Moraine Lake* (14 km entfernt und 150 m höher), vor einer ebenfalls prächtigen Kulisse. Dank der sehr gut ausgebauten Zufahrt und der jüngst erweiterten Infrastruktur am Seeufer wird es dort im Sommer ähnlich voll wie am Lake Louise. Ab 10 Uhr ist der Parkplatz an der noblen ***Moraine Lake Lodge***, © 1-877-522-2777, © (403) 522-3733, DZ ab $310; www.morainelake.com, regelmäßig überfüllt. Kanuverleih wieder $40/Stunde!

Trails

Das Umfeld des Sees blieb nichtsdestoweniger ursprünglicher als im Fall des Lake Louise; per Leihkanu oder auf Schusters Rappen – wegen Grizzly-Aktivitäten zum Teil nur in Gruppen ab 6 Personen – entkommt man etwas dem Betrieb. Den ***Sentinel Pass*** (2.611 m) erreicht man vom Westufer über einen relativ einfachen, vielbegangenen Wanderweg. Nach 5,8 km und 720 Höhenmetern öffnet sich von einem der höchsten Pässe im Nationalpark die perfekte Aussicht über zwei Täler. Auf knapp halber Strecke, noch vor den im Herbst golden gefärbten Lärchenwäldern, zweigt der weniger begangene, dennoch sehr schöne *Trail* zum **Eiffel Lake** oberhalb der Baumgrenze ab (ab Tal 5,6 km, 370 Höhenmeter). Fast eben geht es am Südwestufer des Sees zu einem Wasserfall (1,5 km) bzw. östlich des Moraine Lake zum gleichfalls von Bergriesen eingerahmten **Lower Consolation Lake** (2,9 km).

Ein »Muss« ist auf jeden Fall der nur 500 m kurze Aufstieg (***Rockpile Trail***) vom Parkplatz zum Aussichtspunkt über den See und das *Valley of the Ten Peak* (morgens bestes Fotolicht).

Der Plain of Six Glaciers Trail hoch über der Baumgrenze (➪ Seite 268)

Alter TCH

Für die Weiterfahrt nach Banff sollte man dem ***Bow Valley Parkway*** #1A, dem »alten« Verlauf des TCH, den Vorzug vor der Autobahn geben. Seine 45 km sind landschaftlich reizvoller. Die ***Campgrounds Protection Mountain*** ($22), ***Johnston Canyon*** ($28), ***Castle Mountain*** ($22), und das ***Castle Mountain Hostel*** ($23, 28 Bettten, Reservierung, ➪ rechts *Banff)* liegen am Wege.

Johnston Canyon

25 km nordwestlich von Banff passiert die Straße den Eingang zum ***Johnston Canyon***. Ein kurzer Marsch auf dem gleichnamigen ***Trail*** führt zu den ***Lower Falls***. 2 km weiter erreicht man die oberen Wasserfälle und nach insgesamt 6 km die ***Ink Pots***, sieben, teils türkisfarbene Quellen; eine tolle Wanderung.

Banff

Kennzeichnung

Mit über 4 Millionen Besuchern im Jahr ist *Banff* der beliebteste der kanadischen Nationalparks. Zur **Ferienzeit** und an **Schönwetterwochenenden** herrscht vor allem im Ort Banff und dessen Umgebung und im benachbarten Lake Louise **Hochbetrieb**.

Banff, Lage und Geschichte

Das hübsche Städtchen Banff (6.700 Einw.) ist das attraktive, aber überlaufene Zentrum des Nationalparks. Es liegt 130 km westlich von Calgary abseits der TCH-Autobahn mit Zentrum am ***Bow River*** zwischen ***Tunnel*** und ***Sulphur Mountain***. Banffs Entwicklung begann mit der Entdeckung heißer Quellen im späten 19. Jahrhundert.

Um die ***Cave and Basin Hot Springs*** war schon 1885 der erste Nationalpark Canadas eingerichtet worden; später wurden auch noch die ***Upper Hot Springs*** zum wichtigsten Anziehungspunkt. Im Laufe der Jahre traten die Aspekte »Erholung in freier Natur« und »Skisport« mehr in den Vordergrund. Ausschließlich die Nationalpark-Administration sorgte dabei für den Lauf der Dinge in Banff. Das Unikum einer – 7.700 Einwohner zählenden – Stadt in Alberta, deren Geschicke weitgehend durch Verwaltungsakte der Bundesregierung im fernen Ottawa bestimmt wurden, endete erst 1990 mit der Wahl eines Bürgermeisters und Etablierung einer Selbstverwaltung.

Information

Alle Besucher, gleich aus welcher Richtung sie kommen, landen unweigerlich auf der ***Banff Ave***. Auf der Flaniermeile südlich der Moose Street befindet sich das gemeinsame ***Information Centre*** des *National Park Service* und der Stadt (224 Banff Ave, täglich Ende Juni bis Anfang September 8-20 Uhr, sonst ab 9 Uhr; ✆ 403-762-1550; tagsüber Parkprobleme!).

Neben Stadtplan, Nationalparkzeitung (➪ Jasper) und lokaler Werbung erhält man dort auch das Faltblatt ***»Day Hikes in Banff National Park«***, in dem die wichtigsten Wanderungen in und um Banff erläutert sind. Abends werden im *Information Centre* während der Hochsaison Filme gezeigt.

Internet

www.pc.gc.ca/banff (Nationalpark) und
www.banfflakelouise.com (Website von Banff und Lake Louise).

Unterkunft

Preiswerte Quartiere bieten

- ***Int'l Hostel Banff Alpine Centre*** (HI), 801 Hidden Ridge Way, $34, DZ $98, 216 Betten, ✆ 1-866-762-4122; www. hostels.ca
- ***Banff Mountain Lodge YWCA*** (160 Betten), 102 Spray Ave, ✆ 1-800-813-4138, $32, DZ $85 www.ymountainlodge.com

- ***Alpine Club of Canada***; er besitzt in Canmore, Indian Flats Rd, Abzweig vom *Highway* #1A, 20 km südöstlich Banff, in Kooperation mit *Hostelling International* ein *Clubhouse* mit günstigen Übernachtungstarifen: $22, 46 Betten, ✆ (403) 678-3200 oder ✆ 1-866-762-4122. Der Verein betreut auch unbewirtschaftete Berghütten; www.alpineclubofcanada.ca.

- Zu den komfortableren Unterkünften zählen u.a. im (für Banff) mittleren Preisbereich ***The Banff Voyager Inn***, 555 Banff Ave, ✆ 1-800-879-1991, DZ ab $145; www.banff voyager inn.com.
- Eine (für Banff) preiswerte Unterkunft im Ortskern (DZ ab $99) bietet das Motel ***The Driftwood Inn***, 337 Banff Ave, ✆ 1-800-661-8310, ✆ (403) 762-4496, www.be m/tdi.

Camping

Über eine enorme Kapazität (mehr als 1100 Stellplätze) verfügen die 3 hintereinanderliegenden ***Tunnel Mountain Campgrounds*** ($28-$39) des Nationalparks an der Tunnel Mountain Road 3 km vom Zentrum entfernt: ✆1-877-RESERVE, www.pccamping.ca.

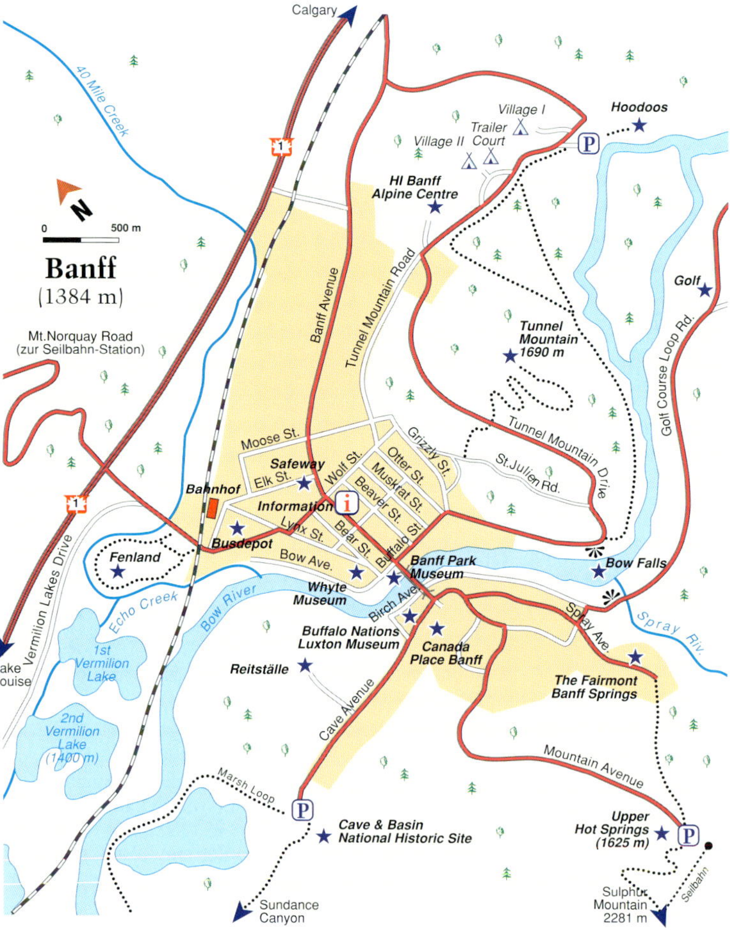

Banff um 1913

Camping außerhalb

Die Anfahrt zum Einchecken zu diesen – trotz ihrer Größe – insgesamt nicht schlechten und sanitär guten Plätzen erfolgt am besten über den östlichen *Banff-Exit* des TCH. Die Alternative

- ***Two Jack Main/Two Jack Lakeside*** mit zwei Plätzen befindet sich jenseits des TCH in 12 km Entfernung zur Stadt. Beide kosten $22-$38 und liegen sehr ruhig in schöner Umgebung. Insbesondere *Lakeside* ist empfehlenswert. *Elks* (Hirsche) gehören dort zu den häufigen Besuchern. Man könnte auch zum
- ***Johnston Canyon Campground*** fahren (ca. 25 km), der sich ebenfalls durch eine schöne Lage auszeichnet. Alle diese Anlagen verfügen über guten sanitären Standard (bis auf *Two Jack Main* jeweils mit Duschen). Privat betriebene Campingplätze mit *Hook-up* gibt es erst in Canmore außerhalb des Parks.

Preise

Hotelbetten sind in Banff während der jeweiligen Hauptsaison sommers wie im winters **extrem teuer**. Das generelle **Preisniveau** dort gehört **zu den höchsten** im ohnehin nicht gerade billigen **Canada**. Selbstversorger halten ihre Ausgaben in Grenzen, wenn sie bei ***Safeway***, 318 Marten St bei der Elk Street, einkaufen (Hinweis: *Safeway*-Preise in Banff sind identisch wie in Calgary).

Übersicht

Auch wer nicht fürs Campen zu den *Tunnel Mountain Campgrounds* fährt, könnte als »Einstieg« noch vor dem Besuch der Stadt Banff die ***Tunnel Mountain Road*** von Osten her (östliche TCH-Ausfahrt für Banff, dann nach 500 m links) abfahren – und dafür ein wenig Zeit mitbringen. Von dieser Straße und vom anschließenden ***Tunnel Mountain Drive*** aus überblickt man Lage und Umgebung der Stadt und passiert die ***Trailheads*** für zwei lohnenswerte Kurzwanderungen:

Kurztrails

Der erste Ausgangspunkt liegt gegenüber der Einfahrt zum Campingplatz ***Tunnel Mountain Village I***, etwa 3 km vom TCH entfernt. Ein kurzer Weg führt zu ***Hoodoos***, Sandskulpturen im *Bow River Valley*. Ein weiterer Pfad läuft ab *Tunnel Mountain Trailer Court* auf der Ostseite um den *Tunnel Mountain* herum zum ***Bow Falls Overlook*** am *Tunnel Mountain Drive* (ca. 4 km).

Nach Passieren der *Campgrounds* und des *Banff Int`l Hostel* (*HI*) geht es entweder geradeaus direkt hinunter in die Stadt oder nach links in den *Tunnel Mountain Drive*. Nach ca. 1 km wird die Straße vom ***Tunnel Mountain Trail***, der an der *St. Julien Road* weiter unten seinen Ausgang nimmt, gekreuzt. Der beste Abschnitt des *Trail* (2 km insgsamt) beginnt aber am Parkplatz des *Tunnel Mountain Drive*. Vom Gipfel, 260 m über der Stadt, hat man einen tollen Rundumblick. Die Bezeichnung *Tunnel Mountain* für einen Berg, an dem kein Tunnel zu entdecken ist, verwundert. Sie geht auf frühere nicht realisierte Pläne für einen Eisenbahntunnel zurück.

The Fairmont Banff Springs

Vom stets überfüllten Parkplatz am ***Bow Falls Overlook*** an der letzten Kehre der Straße überblickt man außer den wenig spektakulären Wasserfällen des *Bow River* vor allem die »Schokoladenseite« des schloßartigen ***The Fairmont Banff Springs*** sowie dessen beneidenswert gelegenen Golfplatz., ➪ Foto unten.

Museen

Über die Buffalo Street steuert man vor der ***Bow River Bridge*** auf die Banff Ave und damit ins Zentrum der Stadt. Am Ufer diesseits des Flusses liegt (gegenüber dem **Postamt**) das ***Banff Park Museum*** (91 Banff Ave; Mitte Mai bis September, täglich 10-18 Uhr, sonst 13-17 Uhr, $4; www.pc.gc.ca/banffparkmuseum) zu Flora und Fauna des Parks, am anderen Ufer das Palisadenfort des ***Buffalo Nations Luxton Museum*** (1 Birch Ave; Mai bis Anfang Oktober, täglich 10-18 Uhr, sonst auch 13-17 Uhr, $8; www.buffalonationsmuseum.ca), das indianische Kunst und Kultur thematisiert. Lebensgroße Szenen demonstrieren das Leben der Indianer vor Ankunft des weißen Mannes.

Jenseits des Bow River

Die *Bow River Bridge* muss auch überqueren, wer zu den Mineralbädern, zum ***The Fairmont Banff Springs***, zu den ***Bow River Falls*** und auf den ***Sulphur Mountain*** möchte:

Direkt jenseits der Brücke skizziert der ***Canada Place-Banff*** in interaktiven Austellungen Kultur und Geschichte Kanadas (*Park Administration Building*, 101 Mountain Ave, frei.

Das Banff Springs Hotel vor einer grandiosen Kulisse mit Golfplatz

Upper Hot Springs Pool beim Sulphur Mountain

Cascade Gardens

Mitte Mai bis September täglich 10-18 Uhr). Das Gebäude umgeben die ***Cascade Gardens***, von denen man einen schönen Blick auf die Banff Avenue und den mächtigen Cascade Mountain hat.

Cave & Basin NHS

Die ***Cave & Basin Hot Springs*** befinden sich am Ende der Cave Ave #311, ca. 2 km von der Brücke entfernt. Der ***Cave & Basin National Historic Site*** (Mitte Mai bis September täglich 9-18 Uhr, sonst täglich 11-16 Uhr; www.pc.gc.ca/cave) besteht aus einem (leider nicht mehr in Betrieb befindlichen) Badepool und heißen Quellen, die in einer Höhle und oberhalb der Anlage auf Holzplankenwegen (***Discovery Trail*** 800 m, kostenlos) zugänglich sind; Eintritt $4.

Marsh Loop

An die alte Anlage grenzt ein Sumpf- und Naturschutzgebiet, das vom ***Marsh Loop Trail*** umrundet wird (2,7 km). Zur Tierbeobachtung (in erster Linie viele Vogelarten) dient eine Plattform unweit des Pools.

Sundance Canyon

Anfangs identisch mit dem *Marsh Loop Trail* folgt der ***Sundance Trail*** zunächst einer für Autos gesperrten Straße und dann einem breiten Weg bis zu einem Picknickplatz (4 km). Er eignet sich daher am besten für eine Radtour – mehrere *Bike-Rentals* befinden sich im Ort. Erst dahinter beginnt der eigentlich reizvolle Teil des Weges: der *Loop Trail* (2 km, keine Fahrräder) durch und um den ***Sundance Canyon***.

Hot Pools

Ganzjährig geöffnet (Mitte Mai-Anf. September täglich 9-23 Uhr, sonst täglich 10-22 Uhr; $8) ist der große *Open-air Pool* der ***Upper Hot Springs*** (39°C): von der *Bow River Bridge* nach links, dann Mountain Ave bis zum abschließenden Parkplatz zwischen Badeanlage und *Sulphur Mountain* Seilbahn; www.pc.gc.ca/hotsprings.

Wer seine Badehose vergessen hat, kann ein nostalgisches Badekostüm leihen. Besonders **am Abend** bei klarem Himmel, wenn der Betrieb nachgelassen hat, sind diese im Stil der 1930er Jahre erhaltenen *Hot Springs* empfehlenswert.

Seilbahn

Die ***Banff Gondola*** (Juni-August täglich 7.30-21 Uhr, sonst 8.30-18 Uhr, $26, www.banffgondola.com) befördert seine Fahrgäste vom Ende der Mountain Ave zur Bergstation in 2.281 m Höhe. Die sagenhafte Rundumsicht sollte man sich nicht entgehen lassen. Leute mit Kondition machen den Aufstieg über 655 m Höhenunterschied zu Fuß (rund 5,5 km).

Vom Gipfel führt ein weitgehned ebener **Panoramaweg** (1 km) zum *Sulphur Mountain Weather Observatory* auf dem benachbarten *Sanson`s Peak*.

Banff Springs Hotel

Die Anfahrt zum ***Fairmont Banff Springs*** läuft ebenfalls hinter der *Bow River Bridge* nach links. Man hält sich aber weiter links auf der Spray Ave. Oft ist der Platz an der Straße vorm Hotel knapp und der hauseigene Parkplatz voll. Speziell mit Campmobilen wird es dann eng, und man parkt besser bei den *Bow River Falls*.

Das nostalgische Luxushotel wirkt von der Straße aus bei weitem nicht so eindrucksvoll wie vom gegenüberliegenden Aussichtspunkt (➪ Foto Seite 274), aber das »Innenleben« muss man gesehen haben. Der Bau wurde 1888 von der *Canadian Pacific Railway Company* errichtet, bis 1928 ausgebaut und war lange Zeit das beste Hotel in Westkanada.

Einen tollen Blick über *Bow River Valley* und Golfplatz genießt die internationale Gästeschar von der Terrasse und auch von der hochgelegenen Bar – in der ***Rundle Lounge*** oder zum Sunday Brunch ($40) im Bow Valley Grill, ✆ 1-800-257-7544.

Die Zimmerpreise beginnen in der Hochsaison bei DZ ab $459/ Nacht; www.fairmont.com/banffsprings.

Rast am Ende des Bankhead Trail

Nordöstlich von Banff (jenseits des TCH) führt der ***Minnewanka Loop Trail*** über Bankhead, den Staudamm des Lake Minnewanka und Two Jack Lake zum ruhigen Johnson Lake.

Bankhead Trail

Ganz interessant ist dabei unterwegs der Aufstieg zur ehemaligen **Kohlenmine *Bankhead***. *Parks Canada* hat zwar die Mine und damit verbundene Gebäude bis 1928 geschleift, aber ein paar Ruinen und verbarrikadierte Gruben sind noch vorhanden. Von der alten Abraumhalde überschaut man die tief unten liegenden Seen.

Wer einigermaßen gut zu Fuß ist, läuft den ***C-Level Cirque Trail*** (3,9 km) bergauf. Bequemer ist der 1,1 km lange ***Bankhead Interpretive Loop Trail*** (vom TCH kommend erster *Trailhead* rechts, *Lower Bankhead*).

Als Haussee von Banff (14 km vom Ort entfernt) gilt der hübsch gelegene, aber nicht sonderlich spektakuläre, 24 km lange Lake Minnewanka. An seinem Staudamm (dort auch Motorbootverleih) starten **Ausflugsboote** (www.minnewankaboattours.com) zu 90-minütigen Touren bis zur Schlucht ***Devil's Gap*** am Übergang der Rocky Mountains ins flache Vorgebirge (Mitte Mai-Anfang Oktober täglich 10, 12, 14, 16, 18 Uhr, $40).

Bike Trails/ Reiten

Banff besitzt ein ausgezeichnetes Netz an markierten ***Mountain Bike Trails*** mit einfachen Wegen für Anfänger entlang der Täler und anspruchsvollen Pfaden in die Berge, Radverleih bei *Banff Adventures Unlimited*, 211 Bear Street, ✆ (403) 762-4554, ✆ 1-800-644-8888; Tarife ab $12/Stunde und ab $38/Tag; www.banffadventures.com.

Ausritte in die Umgebung gibt es u.a. bei den *Warner Stables*, ✆ (403) 762-4551 und ✆ 1-800-661-8352; (www.horseback.com), ab $38 pro Stunde (Anfahrt auf der Cave Ave).

Norquay Road

Von der Autobahnausfahrt gelangt man auf die *Mount Norquay Road*, die in Serpentinen zur Talstation am ***Mount Norquay*** führt. Dickhornschafe am Weg und der Blick auf Banff lohnen die Auffahrt. Die Sessellifte sind nur im Winter im Betrieb.

Sunshine Valley Meadows

Auch die ***Sunshine Village Gondola*** am Ende der *Sunshine Road* (Abzweigung vom TCH 8 km westlich von Banff) ist während der Sommermonate eingestellt. Ein *Shuttle Bus* ($25 pro Person; Kinder $15; ✆ 403-762-7889, www.whitemountainadventures.com) fährt dann täglich 6 km hinauf ins »Sonnenscheindorf« in immerhin 2.160 m Höhe. Täglich Mitte Juni-Mitte September ab 9 Uhr im Stundentakt, Rückfahrt zur halben Stunde, **Reservierung erforderlich**!

Oben warten Wanderwege in einer wunderschönen, von Blumen und wilden Erdbeeren übersäten alpinen Hochebene. Empfehlenswert und in 3-4 Stunden (ohne Pausen) leicht zu bewältigen ist die 9 km lange Kombination aus ***Rock Isle Trail*** und ***Grizzly Lake-Larix Lake Loop***.

Eine Leserin schrieb begeistert: »**Das Paradies auf Erden!**«.

3.4 Calgary

Die Weizen-, Vieh- und Ölmetropole Albertas in den westlichen Ausläufern der kanadischen Prärien ist gleichzeitig **touristische Hauptstadt** der Provinz. Wegen ihrer Nähe zu den Rocky Mountains eignet sich Calgary fast ebensogut wie Vancouver als Ausgangspunkt für Reisen durch Alberta und British Columbia. Für Abstecher in die USA (*Yellowstone Park!*) liegt Calgary sogar noch etwas besser. Automieter sparen bei Start in Calgary gegenüber Vancouver 7% *Provincial Sales Tax*, da Alberta keine Umsatzsteuern erhebt.

3.4.1 Klima und Geschichte

Klima

Die Prärien erfreuen sich eines trockenen, sonnig-warmen Sommerwetters. Im Sommer herrschen Westwinde vor, aber Wolken vom Pazifik regnen überwiegend in den *Coast* und *Rocky Mountains* ab. Regenperioden sind daher von Juli bis September in Calgary nicht häufig. Bisweilen kommt es zu kräftigen Gewitterschauern. Der Juni kann dagegen ziemlich wechselhaft ausfallen. Im übrigen gelten die Ausführungen zum Klima der Provinz Alberta auf Seite 571.

Geschichte

Traditionell siedelten ***Blackfoot*** **Indianer** im Gebiet des südlichen Alberta und des heutigen US-Staates Montana. Erst in der zweiten Hälfte des 19. Jahrhunderts kamen Weiße in nennenswerter Zahl in diesen Teil Canadas (⇨ Geschichte Albertas auf Seite 570). Als Whiskyschmuggler aus den USA die »kanadischen« Indianer mit Alkohol versorgten, schickte die Zentralregierung Einheiten der ***North West Mounted Police***.

1875 errichtete diese Polizeitruppe am Zusammenfluss von Bow und Elbow River ein Fort, was eine Art Signalwirkung für den Zustrom weiterer Siedler hatte.

Viehzucht

Aber erst als die Bautrupps der kanadischen transkontinentalen Eisenbahn 1883 Alberta erreichten, begann der eigentliche Aufstieg. ***Fort Calgary***, inmitten reichen Weidelandes gelegen, entwickelte sich zum Zentrum der wichtigsten Viehzuchtregion Canadas, und aus der einstigen reinen ***Cowboy Town*** rund um das Fort wurde rasch eine Stadt.

Stampede

1912, als die Rinderzucht Hauptwirtschaftsfaktor war und das Cowboyleben noch eine wichtige Rolle spielte, fand erstmalig die ***Calgary Stampede*** statt. Das seither alljährlich im Juli abgehaltene Rodeo entwickelte sich zur gerne so genannten ***Greatest Outdoor Show on Earth*** und begründete den Ruf Calgarys als attraktives touristisches Ziel.

Öl

Das moderne Industriezeitalter hielt 1914 in Turner Valley, gut 50 km südwestlich von Calgary, Einzug: die ***Dingman #1 Oil Well***, heute als Nachbau im *Heritage Park* zu besichtigen, förderte damals – vor noch nicht einmal 100 Jahren – das erste Öl.

Ölmetropole

Der Bau einer ersten Raffinerie ließ noch bis 1923 auf sich warten, danach war kein Halten mehr: Calgarys Ölindustrie sorgte für einen anhaltenden Boom bis zu den Ölkrisen der 70er-Jahre. Seither folgt die Wirtschaftsentwicklung der Stadt dem Auf und Ab des internationalen Ölpreises. Aber selbst in sogenannten »schlechten« Jahren bringt das Öl- und Gasgeschäft Calgary weit mehr ein als Weizen und Steaks. Heute haben die umsatzstärksten Unternehmen Albertas fast alle ihr Hauptquartier in Canadas Ölmetropole.

Calgary heute

Die Prosperität der 1980er-Jahre verhalf Calgary zu einem starken Bevölkerungsanstieg auf **1.020.000 Einwohner**, **im Großraum 1.150.000 Einwohner** und – damit einhergehend – einer von Glas und Beton geprägten Hochhaus-Silhouette. Die **Olympischen Winterspiele von 1988** brachten der Stadt einen weiteren Bauboom. Calgary übertrifft heute die Provinzhauptstadt Albertas, Edmonton, nicht nur wirtschaftlich, sondern strahlt auch durch das von zahlreichen Hochhäusern geprägte Stadtbild größere Bedeutung aus.

3.4.2 Information, Orientierung und öffentliche Verkehrsmittel

Touristen Information

Offizielle Touristeninformationen befinden sich

- in der Ankunftshalle des *Calgary International Airport* © (403) 735-1234
- im *Calgary Tower* © (403)-750-2362
- in der *Southcentre Mall*, 100 Anderson Road, © (403)-271-7670

Calgary Convention and Visitors Bureau
Suite 200, 238 11th Ave SE
© (403) 263-8510 und *toll-free* © 1-800-661-1678
Internet: www.tourismcalgary.com

Airport

Der ***Calgary International Airport*** (YYC), © (403) 735-1200, www.calgaryairport.com, liegt 10 km nordöstlich der Innenstadt. Flughafenzufahrt mit Calgary Transit (s.u.) ab *Downtown* (40 min) mit **C-Train-Linie #202** vom *City Centre* zur *Whitehorn Station*, dort umsteigen auf Buslinie #57 (*Marlborough Airport*).

Downtown Calgary vor den schneebedeckten Rockies

Straßen-system

Die Orientierung in Calgary fällt leicht. Das Straßennetz ist im wesentlichen schachbrettartig angelegt. In Nord-Süd-Richtung verlaufende Straßen heißen *Streets*, Straßen in Ost-West-Richtung *Avenues*. Die Zählung beginnt jeweils im Stadtzentrum mit dem Zusatz des Himmelsrichtungs-Quadranten, durch den der jeweilige Straßenabschnitt läuft, also z.B. SE (für Südost), NW (für Nordwesten) etc. Größere, überwiegend als Autobahn ausgebaute Durchgangsstraßen tragen die Bezeichnung ***Trail***.

Die wichtigste Nord-Süd-Verbindung ist die Straße #2 bzw. der ***Deerfoot Trail***, der von der US-Grenze durch Calgary hindurch bis Edmonton führt. Der TCH durchquert die Stadt als 16th Avenue nördlich des Bow River in Ost-West-Richtung.

Parken

In Calgarys Innenstadt südlich des Bow River herrscht **Parkplatzmangel**. Parkhäuser und die Großparkplätze rund um die innere City sind teuer und nichtsdestoweniger werktags oft schon ab frühmorgens belegt. Die besten Chancen hat man im Bereich südlich des *Calgary Tower* (10th Ave).

Öffentlicher Nahverkehr

Für Fahrten nach *Downtown* Calgary kann man aber gut auf öffentliche Transportmittel ausweichen. Busse und elektrische Straßenbahnen (*Light Rail Rapid Transit*, auch ***C-Train*** genannt) verkehren auf einem relativ dichten Netz und mit einer relativ hohen Frequenz.

Der ***C-Train* auf der 7th Ave**, eine der Haupteinkaufsstraßen der Innenstadt, kann zwischen *City Hall* (2nd St SE) und der 9th St SW **gratis** benutzt werden.

Außerhalb dieses Bereichs kosten **Einzeltickets $2,50**. **Tagespässe** gibt es für $7 und ***10er-Ticket-Books*** für $21. Information unter © (403) 262-1000, www.calgarytransit.com.

Der zu den Olympischen Spielen 1988 entstandene Saddle Dome, eine Mehrzweckarena, mit einem sattelartigen Dach

3.4.3 Unterkunft und Camping

Hotels/Motels

Dank erheblicher Hotel- und Motelkapazitäten findet man in Calgary und Umgebung im allgemeinen – auch in den niedrigeren Preisklassen – immer ein freies Zimmer. Besonders viele **Motels** gibt es am TCH im Bereich der Universität, am ***Macleod Trail***, der Haupteinfahrt in die Stadt von Süden her, und in den Außenbezirken am Flughafen. Speziell während der *Stampede*-Tage sind alle Betten langfristig ausgebucht.

Das **Preisniveau** für Hotelzimmer in Calgary liegt niedriger als in Vancouver, und ***Downtown*** **Hotels** bieten an Wochenenden attraktive Raten, etwa

- das ***Westin Hotel*** (320 4th Ave SW, ✆ (403) 266-1611, ✆ 1-800-WESTIN1), $109; www.westincalgary.com

In Flughafennähe, mit kostenlosen Pendelbussen dorthin, befinden sich vor allem Häuser der großen Ketten wie

- ***Hampton Inn & Suites*** (2420 37th Ave NE, ✆ (403) 250-4667, ✆ 1-877-433-4667), $149; www.hamptoninn.com/hi/calgary
- ***Best Western Airport Inn*** (1947 18th Ave NE, ✆ (403) 250-5015, ✆ 1-877-499-5015), $109; www.bestwesternairportinncalgary.com oder
- ***Quality Hotel Airport*** (4804 Edmonton Trail NE, ✆ (403) 276-3391, ✆ 1-800-661-6858), $119; www.choicehotels.ca/cn226.

Hostels u.ä.

Preiswert kommt man in *Downtown* Calgary wie folgt unter:

- **Calgary City Centre Int`l Hostel (HI);** 520 7th Ave SE; ✆ (403) 269-8239 und ✆ 1-866-762-4122, www.hostels.ca, ab $26/Person; recht eng, z.T. 8-Bett-Zimmer, 96 Betten
- ***University of Calgary; Residence Services – Conference Housing;*** 3456 24th Ave NW, 104 Cascade Hall; ✆ (403) 220-3203; ✆ 1-877-498-3203; www.ucalgary.ca/residence; DZ $48-$58, Sommerunterkunft.

B & B

Die ***Bed & Breakfast Association of Calgary*** (www.bbcalgary.com) listet Frühstückspensionen im städtischen Einzugsgebiet.

Camping

Mehrere private Campingplätze liegen relativ citynah:

- Einen recht großen Komfortplatz nur 3 km östlich der Stadtgrenzen am TCH bietet ***Mountain View Camping***, ✆ (403) 293-6640, www.calgarycamping.com, $27-$36.

Die nächsten ***Provincial Park Campgrounds*** sind über 60 km von Calgarys Innenstadt entfernt:

- Der ***Wyndham-Carseland Park,*** $20, www.albertaparks.ca, liegt südöstlich an der Straße #24 nahe Carseland westlich Calgary.
- Im *Kananaskis Country* gibt es an der Straße #66 gleich **5 *Provincial Campgrounds*** 10 km-50 km entfernt von Bragg Creek. Ebenfalls im *Kananaskis Country* (Zufahrt ab TCH) liegt die schöne ***Sibbald Lake PRA***, $20, www.albertaparks.ca.

- In **Okotoks**, 40 km südlich der Innenstadt, existieren zwei ordentliche, ruhige Plätze am Sheep River: ***Lions Sheep River Campground***, © (403) 938-4282, $18-$35, www.okotokslionscampground.com und ***Okotoks Riverbend***, © (403) 938-2017, $22-$35
- Der ***Foothills Lions Park***, eine großzügige Anlage am Ufer des Sheep River in Black Diamond 20 km westlich von Okotoks, bietet Komfortcamping, © (403) 933-5785, $17-$25.

Pancake Breakfast-gibt`s während der Stampede Days an Ständen in der Innenstadt gratis

3.4.4 Calgary Stampede

Kennzeichnung

Die Top-Attraktion Calgarys ist die ***Stampede***, die alljährlich bis zu 1,2 Millionen Besucher anzieht. Nachdem sie **1912 erstmalig** veranstaltet worden war, sind die **10 Tage der seit 1922 größten *Rodeo Show* Nordamerikas** Pflicht für Fans, Profi- und Freizeit-Cowboys. Eine zeitgleich stattfindende Industrie- und Landwirtschaftsmesse lockt zusätzlich Besucher an.

Ablauf

Traditionell eröffnet die ***Greatest Outdoor Show on Earth*** am Freitagvormittag um 9 Uhr mit einer großen Parade durch *Downtown*. In einem farbenfrohen Spektakel präsentieren sich Musik- und Tanzgruppen, Reiterstaffeln und Indianer, aber auch Bürgermeister und Vereine vor einer enormen Zuschauerkulisse. Täglich steht während der ***Stampede*** die ganze Innenstadt Kopf. Indianertänze, ***Square Dance*** zum Mitmachen und Wettbewerbe wie Barhockerrennen und Tauziehen beleben die Fußgängerzone.

»Freßbuden« servieren allen, die Schlange stehen, gratis ***Flapjacks and Bacon*** (Pfannkuchen mit Speck) und Kaffee. Bier wie andere Alkoholika sind auch bei größter Hitze verpönt, die Stimmung unter den Besuchern ist gleichwohl prächtig.

Ort

Die Rodeo-Veranstaltungen finden im ***Stampede Park*** statt. Anfahrt auf der 2nd St SE/Macleod Trail, besser noch mit dem *C-Train*, denn Parkplätze sind rar und teuer.

Disziplinen

Die klassischen Rodeo-Disziplinen auf der ***Greatest Outdoor Show on Earth*** im Nachmittagsprogramm sind:

- ***Bareback*** und ***Saddle Bronc Riding*** (Pferdezureiten mit und ohne Sattel)
- ***Calf Roping*** (Lassowurf und Fesselung eines Kalbes)
- ***Barrel Racing*** (Frauen reiten um einen von Tonnen markierten Parcours)
- ***Steer Wrestling*** (Umwerfen eines Stiers mit bloßen Händen)
- ***Bull Riding*** (Bullenreiten mit nur einem Arm am Haltestrick)

Neben den altbewährten Übungen gibt es beim Rodeo humorige Einlagen wie etwa das ***Wild Cow Milking***, wobei einer ungezähmten Kuh ein paar Tropfen Milch abzuzapfen sind. Faszinierender Farbtupfer beim Nachmittagsrodeo ist der ***Musical Ride*** mit 36 Pferden der *Royal Canadian Mounted Police*, die dazu in ihren roten Uniformen ein prächtiges Reiterspektakel bieten.

Evening Show und Cuckwagon Race

Höhepunkt der Abendvorstellungen sind die ***Chuckwagon Races***, unter großem Lärm und enormer Staubentwicklung absolvierte Rennen von vierspännigen (Renn-) Planwagen. Danach findet auf einer Open-air-Bühne vor der Tribüne eine grandiose ***Evening Show*** statt, eine Mischung aus Operette, Zirkus und modernem ***Entertainment***. Den Abschluss des Tages bildet jeweils ein großes Feuerwerk.

Eintritt

Der Eintritt ins Ausstellungsgelände kostet $13, dazu kommen ggf. die Tickets für die Haupttribüne (***Grandstand***) für:

Nachmittagsrodeo	**$23-$69**
Chuckwagon Races* mit *Evening Show	**$34-$85**

Standing Room Rush Tickets ($12 bzw. $15) sind Stehplätze beiderseits der Tribüne mit relativ schlechter Sicht. Es gibt sie nur an der Tageskasse.

Chuckwagon Race in vollem Gang

Ermäßigung

Der allgemeine Eintritt ist bei vorbestellten *Rodeo-* und *Chuckwagon-Race-Tickets* schon enthalten. Kinder haben an sogenannten ***Kids' Days*** freien Zutritt zum *Stampede*-Gelände.

Daten

Die zehntägige ***Stampede*** findet vom ersten Freitag im Juli bis einschließlich Sonntag der Folgewoche statt. Falls der Staatsfeiertag ***Canada Day*** (1. Juli) auf Fr-So fällt, beginnt sie am zweiten Freitag im Juli. Die Daten für die nächsten Jahre sind:

03.-12.07.2009 **09.-18.07.2010** **08.-17.07.2011**

Tickets

Calgary Exhibition and Stampede
✆ (403) 261-0101, ✆ 1-800-661-1767

www.calgarystampede.com

Weitere Rodeos

Nachfolgend die kanadischen Top-Veranstaltungen der Rodeo-Profis in Alberta (AB); British Columbia (BC) und Manitoba:

- ***Cloverdale Rodeo***, Surrey, BC, 4 Tage Ende Mai (➪ Seite 191)
- ***Grande Prairie Stompede***, AB, 4 Tage Anfang Juni
- ***Innisfail Professional Rodeo***, AB, 5 Tage Mitte Juni
- ***Wainwright Stampede***, AB, 4 Tage Ende Juni (östlich von Edmonton)
- ***Ponoka Stampede***, AB, 6 Tage Ende Juni-Anfang Juli (südlich von Edmonton)
- ***Williams Lake Stampede***, BC, 4 Tage Ende Juni/Anfang Juli (➪ Seite 246)
- ***Manitoba Stampede***, Morris, 4 Tage 2. Julihälfte (➪ Seite 540)
- ***Medicine Hat Stampede***, AB, 3 Tage Ende Juli
- ..***Strathmore Heritage Days Stanpede***, AB, 5 Tage Anfang August (östlich von Calgary)
- ***Canadian Finals Rodeo***, Edmonton, AB, 5 Tage Anfang Nov.
- ***Interior Provincial Exhibition & Stampede***, Armstrong, BC, 5 Tage Ende August

Auch Indianerumzüge durch Calgary gehören zum Programm der Stampede

3.4.5 Stadtbesichtigung

Downtown

Geographie

Downtown Calgary ist überschaubar und lässt sich problemlos zu Fuß erkunden. Insbesondere in der 6-18 Uhr **autofreien Zone** der zu Geschäftszeiten belebten 8th Ave SW (*Stephen Ave Walk* zwischen 2nd St SE/Olympic Plaza und 3rd St SW/*Calgary Eaton Centre*). Ein Großteil der *City Buildings* ist durch sogenannte ***Elevated Walkways***, Fußgängerwege in 15 Fuß Höhe, miteinander verbunden. Sie führen mitten durch viele Gebäude und über verglaste und offene Straßenbrücken (*Enclosed* und *Open Walkways*). In den *Downtown*-Plänen und Führern für Touristen ist dieses Wegesystem eingezeichnet.

Calgary Tower

Als Ausgangspunkt für eine »Downtown-Runde« eignet sich besonders gut der ***Calgary Tower***, 101 9th Ave SW; www.calgarytower.com. Per Schnellaufzug geht es zur ***Observation Terrace***. Der bereits 1968 fertiggestellte Turm (191 m), einst herausragender Punkt in der ***City Skyline***, ist heute umringt von den höchsten kanadischen Wolkenkratzern außerhalb Torontos. Drei überragen ihn: der ***Petro-Canada Centre West Tower*** (215 m) und die ***East*** und ***West Tower*** der ***Bankers Hall*** (197 m).

Dennoch hat man von dort aus 160 m Höhe eine wunderbare Rundumsicht über die Stadt und kann bei gutem Wetter im Westen die Gipfel der Rocky Mountains erkennen. Auffahrt Mitte Mai-Mitte Okt. täglich 7.30-22 Uhr, sonst 9-21 Uhr; Eintritt $13.

Über der Aussichtsterrasse mit Glasboden befindet sich der ***Panorama Dining Room***, ein Drehrestaurant, das sich pro Stunde einmal um die eigene Achse dreht. Den Drink vor dem Essen, aber auch leichte Mahlzeiten nimmt man in der ***Tops Bar and Grill*** ein. Die Preise entsprechen der Höhenlage.

Glenbow Museum

Der Straßenblock gegenüber beherbergt das ***Convention Centre***, in dem das brillante *Glenbow Museum*, 130 9th Ave SE, www.glenbow.org, untergebracht ist. Täglich 9-17, Do bis 21 Uhr; Eintritt $14. Die Ausstellung über **Indianer- und Inuitkultur** zählt zum Besten, was Canada in dieser Beziehung zu bieten hat.

Auch die **mineralogische Kollektion** des Museums ist einen Besuch wert. Eine weitere Abteilung widmet sich der Wirtschaftsgeschichte des westlichen Canada vom Pelzhandel der Gründerzeit bis zur modernen Ölindustrie.

Fußgängerbereich

Verlässt man das Museum in Richtung 8th Ave, gelangt man automatisch auf das östliche Ende des ***Stephen Avenue Walk***, auf die Olympic Plaza. Den Platz umrahmt ein sehenswerter Architekturmix: auf der östlichen Seite steht als kontrastreiche Einheit das alte Backstein-Rathaus unmittelbar vor der neueren, gläsernen City Hall. Schräg gegenüber hinter den Straßenbahnschienen fällt der Blick auf die 1905 erbaute anglikanische ***Cathedral Church of the Redeemer***.

Devonian Gardens

Zu einem Bummel durch die Fußgängerzone gehört unbedingt auch der Besuch der ***Devonian Gardens*** im 4. Stock des Einkaufs- und Bürokomplexes ***Toronto Dominion Square***, 317 7th Ave. SW, zugleich an der Ecke 8th Ave/3rd Street.

Der über zwei Stockwerke gehende ***Indoor Park*** belegt eine Fläche von rund 1 ha. Inmitten dichter Vegetation aus kanadischen und tropischen Pflanzen scheint das Getriebe der Straße weit entfernt zu sein. Bei Sonnenschein sind Blumenbeete und Wasserbasins, in denen sich die umliegenden Hochhäuser spiegeln, hübsche Fotomotive (geöffnet täglich 9.30-18, Do, Fr bis 20 Uhr, frei, **voraussichtlichaber wegen Umbaus das ganze Jahr 2009 geschlossen**).

Science Calgary

Am Westende der City (701 11th Street) befindet sich das ***Telus World of Science Calgary***. Interaktive Ausstellungen und Demonstrationen erhellen naturwissenschaftliche Phänomene. Zum Komplex gehört der sog. ***Discovery Room***, in dem Multi-Media-Shows stattfinden. Mitte Mai-Mitte Okt. Mo-Fr 8-17, Sa, So 9-17 , sonst 10-16 Uhr; Eintritt $15; www.calgaryscience.ca.

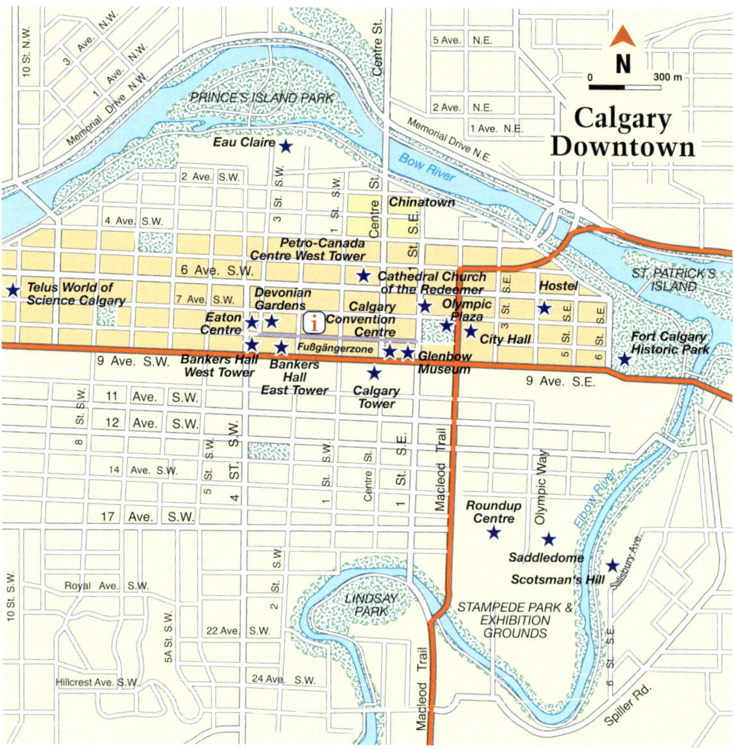

Riverside Biketrails: Fahrradwege rund um die City

An den Ufern von Bow River, Elbow River und Fish Creek stößt man in Calgary auf miteinander verbundene ***Bike- & Joggingtrails***. Auf ihnen lernt man die Stadt aus einer ganz anderen Perspektive kennen.

Ein guter Einstieg in dieses Wegesystem ist der *Eau Claire Market*. Von dort geht es zunächst auf dem *Trans Canada Trail* über *Fort Calgary*, den Zoo und das *Inglewood Bird Sanctuary* am Bow River entlang bis zum ***Fish Creek Provincial Park*** (19 km). Weiter läuft der Weg auf 18 km Länge quer durch den Provinzpark. In der Nähe der Mündung des Fish Creek in den Bow River wartet das nostalgische ***The Ranche Restaurant*** (1896), © 403) 225-3939, mit einem elegant-rustikalen Ambiente auf zahlungskräftige Gäste.

Zwischen Fish Creek und dem *Glenmore Reservoir* läuft der Weg über 7 km abseits von Wasserläufen. Am Stausee erreicht man - vorbei am *Heritage Park* – den Elbow River, an dessen Ufern es über den *Stampede Park* zurück zum Ausgangspunkt Eau *Claire Market* geht (weitere 20 km).

Fahrradverleih: ***Rapid Rent***, Eau Claire Market, www.rapidrent.ca.

Eau Claire Market

Sechs Blocks nördlich von *Eaton Centre* und *Toronto Dominion Square* bietet am Nordende der 3rd Street SW der ***Eau Claire Market*** (täglich ab 10 Uhr, So ab 11 Uhr, www.eauclairemarket. com) das Kontrastprogramm zum *City Shopping*. Die pittoreske *Mall* am Bow River beim ***Prince's Island Park*** (Fußgängerbrücke über den Fluss) hat originelle Läden und Marktstände mit Obst und Gemüse – neben *Fast Food* und Restaurants. Auf der Insel »fern« des Großstadttrubels serviert das exquisite ***River Café***, © (403) 261-7670; www.river-cafe.com, kanadische Gerichte mit regionalen Bioprodukten.

Fort Calgary

In einem Stadtpark östlich der Innenstadt steht an der Einmündung Elbow River / Bow River eine **Rekonstruktion des *Fort Calgary***, dessen Errichtung im Jahre 1875 den Beginn der Stadtgeschichte markierte, www.fortcalgary.com. Großes ***Interpretive Centre*** (750 9th Ave. SE) mit vielen Details. Geöffnet täglich 9-17 Uhr, Eintritt $11 (Zutritt zum Park frei).

Restaurant

Das benachbarte 1905 erbaute ***Deane House Restaurant***, 806 9th Ave SE, © (403) 269-7747, serviert täglich von 11-15 Uhr *Lunch* in einem historischen Ambiente.

Zoo

Der ***Calgary Zoo***, www.calgaryzoo.org, größter Canadas, und der mit ihm verbundene ***Botanical Garden*** befinden sich auf St. George's Island im Bow River. Mit Fahrzeug ist die Insel nur von Norden her erreichbar. Im angrenzenden ***Prehistoric Park*** führt ein Rundweg durch ein Modell des prähistorischen Alberta zur Zeit der Dinosaurier. Zwischen *Hoodoos*, Gebirgen und Sümpfen stehen 20 lebensgroße Plastik- und Zementdinos. Öffnungszeiten täglich 9-18 Uhr; Eintritt für den Gesamtkomplex $18.

Vom *Memorial Drive* (vom Zoo/Westufer des Bow River nach Osten) zeigt sich die ***Calgary Skyline*** von ihrer besten Seite.

Inglewood Bird Sanctuary

Etwas weiter flussabwärts liegt das *Inglewood Bird Sanctuary* (2425 9th Ave. SE), ein **Vogelschutzgebiet** mit Wanderwegen. Hier rasten Teichrohrsänger während ihres Zuges im Herbst. täglich zu Tageslichtstunden geöffnet, das *Nature Centre* Mai-September täglich 10-17 Uhr, sonst Di-So bis 16 Uhr; gratis.

Sehenswürdigkeiten außerhalb des Zentrums

Grain Museum

Das Stampede-Gelände bleibt den Rest des Jahres keineswegs ungenutzt. Im oberen Stockwerk des ***Roundup Centre*** im *Stampede Park* befindet sich, freilich etwas versteckt, das ***Grain Academy Museum***. Im Getreidemuseum erläutern Ausstellungen und Filmvorführungen Anbau und Transportwege des Weizens in Vergangenheit und Gegenwart. Das Modell eines Getreidespeichers (***Grain Elevator***) zeigt die Funktionsweise der für die südlichen kanadischen Prärien typischen Lagerhäuser. Mo-Fr 10-16 Uhr; frei; www.grainacademymuseum.com.

Stampede Park

Die **Rennbahn** im *Stampede Park* (Eintritt frei) ist von Ende März bis Mitte Juni jeweils Mi, Fr, Sa+So Austragungsort von Galopprennen, www.stampede-park.com.

Saddledome

Weltweites Interesse zog Calgary durch die **Olympischen Winterspiele 1988** auf sich. Der damals errichtete, den regionalenTraditionen gemäße ***Pengrowth Saddledome***, www.pengrowthsaddledome.com, eine überdachte Arena in der Form eines Pferdesattels,

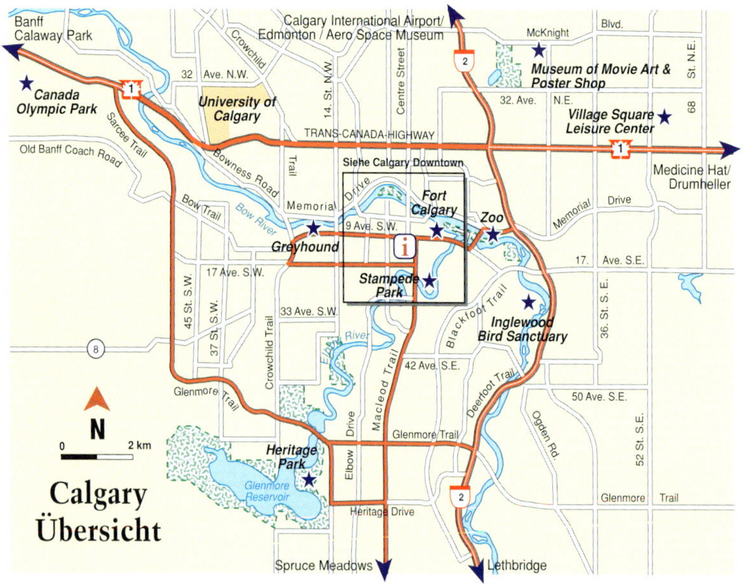

steht unweit der *Stampede Grounds*. Sie faßt 18.000 Zuschauer. Die Eishockey-Mannschaft *Calgary Flames* absolviert dort ihre Heimspiele. **Fotos** mit dem *Saddledome* im Vorder- und der *City-Skyline* im Hintergrund schießt man am besten vom hochgelegenen ***Scotsman's Hill*** (Zufahrt über 6th St SE zur Salisbury Ave).östlich des Elbow River; ➪ Seite 280.

Olympic Park

Ein weiteres Relikt der **Winterspiele 1988** ist der ***Canada Olympic Park*** in Calgarys äußerstem Westen am TCH, www.canadaolympicpark.ca. Unübersehbar sind die vier Sprungschanzen.

In der ***Olympic Hall of Fame and Museum*** werden bekannte Wintersportler vorgestellt. Neben diesem Museum sind im Eintritt eine Tour auf den höchsten Sprungturm Canadas, eine Sesselliftfahrt und die Besichtigung der Bob-/Rodelbahn mit dem tiefgekühlten ***The Ice House*** enthalten; (täglich Juli-Sept. 9-17 Uhr, sonst 10-16 Uhr, $16).

Wagemutige dürfen auf der **Trainingsanlage der kanadischen Schlitten- und Bobfahrer** die Startrampe hinunterrasen, $6. Tageskarte $25, Bikeverleih ab $20 für 2 Stunden, $38/Tag (25 km *Biketrails auf dem Gelände)*. Mitte Mai bis Ende Sept. Sa+So 9-17, Mo-Fr 9 Uhr bis Dämmerung; $20, ✆ 403-247-5452.

University of Calgary

Die ***University of Calgary*** mit einem großen Campus im Nordwesten der Stadt (2500 University Drive NW, 22.000 Studenten) beherbergt u.a. das ***Nickle Arts Museum*** mit Numismatikausstellung (434 Collegiate Blvd, Mo-Fr 10-17, September-April auch Sa 13-17 Uhr, Eintritt $5; www.ucalgary.ca/nickle)

Die Sportanlagen der Universität, darunter Pool, Squash-, Badminton- und Tennisplätze, Kraftraum und mehr, stehen auch Besuchern zur Benutzung offen (täglich, Tagespass $10).

Family Fun

Über ganz ähnliche Sportanlagen samt Wellenbad mit Wasserrutschen und Whirlpool verfügt nordöstlich der Stadt das ***Village Square Leisure Centre*** (2623 56th St. N.E., ✆ (403) 366-3900, Mo-Sa 8-22 Uhr, So 8-18 Uhr, Eintritt $10).

Calaway Park

Ebenfalls am TCH liegt westlich des *Olympic Park* der 28 ha große *Calaway Park*, der größte ***Amusement Park*** im westlichen Canada, www.calawaypark.com. Er bietet 29 Attraktionen, darunter Looping-Achterbahn, Riesenrad und Bootsfahrten. Dazu gibt`s *Entertainment*, Souvenirshops und jede Menge *Fast Food*. Juli bis Anfang September täglich 10-19 Uhr, ab Mitte Mai bzw. bis Mitte Oktober nur an Wochenenden; Eintritt $29.

Shopping

Das ***Chinook Centre*** (6455 Macleod Trail SW, www.chinookcentre.com) ist mit über 200 Geschäften und Restaurants die **größte *Shopping Mall*** der Stadt. Sie liegt an der südlichen Ausfallstraße *McLeod Trail* nahe der Kreuzung mit dem *Glenmore Trail*.

Heritage Park

Ein lohnendes Ausflugsziel ist der ***Heritage Park*** am Glenmore Reservoir südlich der City (1900 Heritage Drive SW). Für ein im Stil des 19. Jahrhunderts errichtetes **Museumsdorf** sind Gebäude

3

aus ganz Canada Stück für Stück demontiert und dort wieder aufgebaut worden. Wohn- und Geschäftshäuser, Schule, Rathaus und Kirche vermitteln ein der Gründerzeit entsprechendes Stadtbild und außerdem – dank Goldmine, Ölbohrturm und Fort der *Hudson's Bay Company* – **Wildwest-Flair**.

Die historische Eisenbahn rund ums Gelände fehlt ebensowenig wie ein **Raddampfer** auf dem Stausee; das Personal sorgt in zeitgenössischen Kostümen für authentische Atmosphäre. Ende Mai bis Anfang Sepember täglich 9-17 Uhr, bis Mitte Oktober nur Sa und So; Eintritt $15 mit Fahrten $25, www.heritagepark.ca.

Spruce Meadows

An der Straße #22X (Spruce Meadows Drive), ca. 3 km westlich des *MacLeod Trail*) liegt südwestlich von Calgary ***Spruce Meadows***, ein international bekanntes **Springreiterzentrum**. Zur Zeit der *Stampede* misst sich beim ***North American*** die Reiterelite Nordamerikas. Zum bedeutendsten Reitturnier der Welt, dem mit $2 Mio dotierten ***Masters***, reisen Anfang September die weltbesten Springreiter an. Den Nationenpreis verfolgen 60.000 Zuschauer, www.sprucemeadows.com. Tickets ab $5, © 403-974-4200.

Außerhalb von Turnieren sind Besichtigungen auf eigene Faust möglich. Ganzjährig geöffnet, tägl. 9-18 Uhr, frei; Picknickplatz.

Luftfahrt-museum

In einer 1940er-Jahre-Halle der *Royal Air Force* ist das ***Aero Space Museum*** beheimatet (4629 McCall Way NE, Südende des Flughafens im Nordosten der Stadt). Es thematisiert den kanadischen Beitrag zur modernen Luft- und Raumfahrt. Geöffnet täglich 10-17 Uhr; Eintritt $7, www.asmac.ab.ca.

Sägewettbewerb während der Calgary Stampede

3.5 Reiserouten durch Alberta

3.5.1 Albertas Badlands

Badlands Regionen in Alberta

(Karte Seite 294)

Im Süden Albertas liegen im Bereich von **Red Deer** und **Milk River** sogenannte ***Badlands***, karge, durch Erosion entstandene Landschaften zerklüfteter Sandsteinformationen. Ihre Zentren im Tal des Red Deer River sind der ***Dinosaur Provincial Park*** in der Nähe von **Brooks** (TCH) sowie ein Gebiet bei **Drumheller**, etwa 140 km nordöstlich von Calgary, sowie der ***Writing-on-Stone Provincial Park*** unweit der US-Grenze östlich der Straße #4 im Tal des Milk River.

Nach Drumheller

Wer auf einer Reise durch Canadas Westen den *Banff National Park* ansteuert, wird meist erwägen, auch das nur 130 km entfernte Calgary zu besuchen. Von dort entspricht ein **Abstecher** zu den nächstgelegenen ***Badlands*** bei Drumheller einem Tagesausflug. **Auf einer Strecke von nur 270 km (von Banff nach Drumheller) durchfährt man bei dieser Gelegenheit alle in Alberta vorkommenden Landschaftsformen**.

Kohle und Dinosaurier

Ausgangs der Kreidezeit vor rund 70 Mio. Jahren herrschte in Albertas Süden subtropisches Klima. In einem großen, sumpfigen Flußdelta vermoderten riesige Wälder und bildeten die Basis für die Entstehung von Kohlelagerstätten. Etwa zur selben Zeit starben die Dinosaurier aus.

Nach der letzten Eiszeit vor rund 14.000 Jahren wuschen Wind- und Wassererosion die Canyons der Badlands aus und legten viele Dinosaurierknochen frei.

Red Deer River Valley

Von mehreren möglichen Fahrtrouten ab Calgary folgt man am besten zunächst der Autobahn #2 Richtung Edmonton und dann der Straße #72 bis Beiseker. Dort zweigt die Straße #806 nach Acme ab. An tiefen Senken vorbei geht es weiter auf der #575 zum ***Dinosaur Trail***, einer gut ausgeschilderten Rundstrecke (48 km) beidseitig des Red Deer River mit offiziellem Ausgangspunkt in Drumheller. Da das erste Teilstück dieser Route über Nacmine kaum interessiert, empfiehlt sich die Fahrt im Uhrzeigersinn von der #575 nach Norden auf die #837. Einen ersten schönen Überblick über den überraschenden Abbruch der Landschaft zum *Red Deer River Valley* und die Sandsteinhügel mit ihren vielfältigen Farbnuancen bietet der Aussichtspunkt ***Orkney Hill***.

Fähre/ Camping

Noch auf der Westseite des Flusses liegt in der ***Bleriot Ferry Provincial Recreation Area*** ein kleiner **Einfach-*Campground*** mit schattigen Plätzen unter Bäumen. Etwa an seinem Umkehrpunkt kreuzt der ***Dinosaur Trail*** als Straße #838 den Red Deer River. Eine der letzten Fähren Albertas, die per Kabel betrieben werden (*Bleriot Ferry*), täglich Mitte Mai-Anf. Sept. 8-22.45 Uhr, sonst bis

20 Uhr, verkehrt kostenlos in kurzen Abständen über den 100 m breiten Fluss. Den reizvollsten Aussichtspunkt über die *Badlands* dieser Region passiert man am ***Horsethief Canyon***.

Dinosaurier Museum

Das ***Royal Tyrrell Museum*** (Mitte Mai-Anfang September täglich 9-21 Uhr, September 10-17 Uhr, sonst Di-So 10-17 Uhr; $10; www.tyrrellmuseum.com), liegt etwa 6 km nordwestlich von Drumheller am ***Dinosaur Trail*** (Straße #838). Dessen thematischer Schwerpunkt »Erd- und Menschheitsgeschichte« wird spannend und leicht verständlich präsentiert. Riesige Dinosaurierskelette, ein Aquarium mit Flora und Fauna aus dem Devon, Computerspiele und Exponate zum Anfassen sind Höhepunkte der Ausstellung. Mit fast 40 ausgestellten Dinosaurierskeletten gehört *Tyrrell* zu den weltweit führenden Museen dieser Art.

Drumheller

In ***Downtown*** Drumheller, 8.000 Einw., steht mit 26 m Höhe der weltgrößte (künstliche) Dinosaurier. Sein »Inneres« wird doppelt genutzt: das Maul dient als Aussichtsplattform (Ende Mai-Anfang September täglich 9-21 Uhr, sonst täglich 10-17.30 Uhr; $3).

Die Füße beherbergen die **Stadtinfo** (60 1st Avenue West, ✆ 1-866-823-8100, www.traveldrumhellar.com).

Hoodoos

In den *Badlands* bei Drumheller gibt es tatsächlich nur eine Handvoll dieser eigenwillig geformten, nun durch eine Steinkappe vor Verwitterung geschützten Sandsteintürmchen nördlich von **East Coulee** (Straße #10, etwa 18 km südöstlich von Drumheller). Diese ***Hoodoos*** sind ganz hübsche Fotomotive

Nach Brooks

Der kürzeste Weg von East Coulee zum ***Dinosaur PP*** (ca. 150 km) führt über die Straßen #570/#36/#544 durch menschenleere Prärie.

Fossilien im Dinosaur Park

In diesem Provinzpark, einem ***UNESCO World Heritage Site***, befindet sich eine der weltweit ergiebigsten Fundstellen. Paläontologen haben bereits über **150 vollständig erhaltene Dinoskelette** ausgegraben und dabei über 35 Dinosaurierarten entdeckt.

Weltgrößter Dinosaurier mit Aussichtsplattform im Maul in Drumheller

Die Ausgrabungen organisiert die sog. ***Field Station*** des *Royal Tyrrell Museum*. Neben den Ausstellungen beherbergt diese auch das ***Park Visitor Centre***, © (403) 378-4342; www.tprc.alberta.ca/parks/dinosaur. Am Parkeingang hat man hervorragende Ausblicke über die verschiedenfarbigen Sandsteinformationen im Tal des Red River; das Panorama ist dort deutlich attraktiver als flussaufwärts am *Dinosaur Trail*.

Trails

Der *Dinosaur Park* ist weitgehend Forschungszwecken vorbehalten. Besucher können zwar auf fünf kurzen *Trails* Entdeckungen auf eigene Faust machen, gelangen aber nicht zu den Ausgrabungsstätten. Jeweils von der *Park Loop Road* führen der ***Badlands Trail*** (1,3 km) durch Sandsteinhügel und Trockenareale mit etwas Kakteenbewuchs und der ***Cottonwood Flats Trail*** (1,4 km) durch überraschend vegetationsreiches Gelände am Fluss. Ein schattiger **Campingplatz** ($20-$23) lädt zum Bleiben ein.

Typische Badlands-Sandsteinformationen

Writing-on-Stone Provincial Park

Zurück nach **Calgary** sind es auf dem TCH #1 rund 210 km, über die Straßen #36, #4 und #501 rund 260 km zum ***Writing-on-Stone Provincial Park***. Er liegt 42 km östlich des Ortes Milk River direkt am gleichnamigen Fluss unweit der Grenze mit den USA. Seine Bezeichnung erhielt er wegen zahlreicher frühindianischer Inschriften und Malereien im weichen Sandstein. ***Petroglyphs*** und ***Pictographs*** bekommen Besucher aber nur auf Führungen in Rangerbegleitung zu Gesicht.

Neben den Felszeichnungen sind – wie auch im *Red Deer River Valley* – ***Badlands*** (mindestens genauso beeindruckend wie im *Dinosaur Park*), eine Reihe von ***Hoodoos*** und sehr schöne Wanderwege die eigentliche Attraktion dieses Parks.

Albertas Süden
N
0
40 km
Dawson Creek
Pembina River PP
Lac Ste. Anne
Edmonton
ELK ISLAND NATIONAL PARK
North Saskatchewan River
Jasper
Stony Plain
S.315
Wabamun Lake PP
Wabamun Lake
Spring Lake
Devon
Ukrainian Cultural Heritage Village
Beaverhill Lake
Vegreville
Lloydminster
Miquelon Lake PP
Leduc
YELLOWHEAD HWY
Vermilion
Saskatoon
Pigeon Lake
Reynolds-Alberta-Museum
Camrose
Wetaskiwin
Killam
110° westl. Länge
Banff National Park
Crimson Lake PP
Rocky Mountain House
Gull Lake
Battle River
Red Deer
Buffalo Lake
Wainwright
Ram Falls
Rocky Mountain House NHS
QUEEN ELISABETH HWY
Sounding Lake
Central Time
Mountain Time
Red Deer River
Sullivan Lake
Consort
Innisfail
FORESTRY TRUNK RD
Bleriot Ferry
Horsethief Canyon
BANFF NATIONAL PARK
Acme
Beiseker
Hoodoos
Banff
Ghost Lake
Cochrane
Drumheller
Little Fish Lake PP
Oyen
East Coulee
Canmore
Bragg Creek
Calgary
Strathmore
SASKATCHEWAN
ALBERTA
Kananaskis Village
S.288
Carseland
Okotoks
Wyndham Carseland PP
Dinosaur PP
Highwood Pass 2206 m
Black Diamond
Bow River
Turner Valley
Peter Lougheed PP
Brooks
FORESTRY TRUNK RD
Kinbrook Island PP
River
McGregor Lake
Chain Lakes PP
Lake Newell
BRITISH COLUMBIA
ALBERTA
Livingstone Falls
Willow Creek PP
Medicine Hat
Regina
Park Lake PP
S. Saskatchewan
Head-Smashed-in-Buffalo Jump
Oldman River
Lethbridge
CROWSNEST HWY
Cranbrook
Coleman
Crowsnest Pass 1396 m
Frank Slide
Fort MacLeod
Coaldale
Elkwater
Cypress Hills PP
Pincher Creek
REDCOAT TRAIL
St. Mary River
Elko
Ft. Walsh
Beauvais Lake PP
Woolford PP
Milk River
Pakowki Lake
WATERTON LAKES NATIONAL PARK
Cardston
Writing-on-Stone PP
BRITISH COLUMBIA
Police Outpost PP
ALBERTA
CANADA
MONTANA
MONTANA
49° nördl. Breitengrad
USA
Waterton Lakes
GLACIER NATIONAL PARK
St. Mary
Milk River
GOING-TO-THE-SUN-ROAD
Great Falls

Der sehr gut angelegte ***Campground*** ($20-$25, mit Sandstrand am Milk River) in der dichten Vegetation des Flusstals macht den Park zu einem Übernachtungsziel, für das sich auch einige Kilometer Umweg lohnen.

Trail

Vom Campingplatz folgt der 2,5 km lange ***Hoodoo Interpretive Trail*** dem Milk River flussaufwärts. Er ist einer der besten Pfade überhaupt durch die *Badlands*.

Coaldale

Das ***Alberta Birds of Prey Centre*** (2124 16th Ave.) in Coaldale (Straße #3, 11 km östlich Lethbridge) versorgt verletzte und kranke Raubvögel und bereitet sie auf die Rückkehr in die Wildnis vor. Auf dem Freigelände kann man Flug- und Trainingsprogramme für die Vögel beobachten. Geöffnet Mitte Mai-Mitte September, täglich 9.30-17 Uhr; $8, www.burrowingowl.com/visit.

Lethbridge

Lethbridge, mit 75.000 Einwohnern die viertgrößte Stadt Albertas, liegt beidseitig des tief in die Umgebung eingeschnittenen ***Oldman River Valley***. Am Ostende der 96 m hohen ***High Level Bridge*** steht das lokale ***Visitor Centre*** (✆ 1-800-661-1222, ✆ (403) 320-1223, www.chinookcountry.com) im *Brewery Garden*.

Im heutigen ***Indian Battle Park*** am Fuß der Brücke errichteten Händler aus Montana 1869 die Palisadenfestung ***Fort Whoop-Up***. Dort tauschten sie mit den Blackfoot-Indianern Whiskey gegen Bisonfelle und Pferde. Aber 1874 besetzten die legendären *Mounties* (➪ Essay Seite 296) den Handelsposten. Im rekonstruierten Fort gibt es u.a. historische Inszenierungen mit *Shoot-outs*, zeitgenössisch arbeitende Handwerker und Kutschfahrten. Juni bis September Di-So 10-17 Uhr; Eintritt $7; www.fortwhoopup.com.

Japanischer Garten

Nur per Führung geht es durch den ***Nikka Yuko Japanese Garden*** im ***Henderson Lake Park*** (Straße #5/9th Ave S) mit originalen Gebäude und Brücken aus Japan. Mai-September, täglich 9-17 Uhr, Juli und August bis 20 Uhr; Eintritt $7; www.nikkayuko.com.

Mennoniten und Hutterer

Wer sich für die Lebensweise der Mennoniten und Hutterer interessiert, findet **südlich von Lethbridge und Fort MacLeod** noch intakte Gemeinden dieser ungewöhnlichen Glaubens- und Lebensgemeinschaften (➪ Seite 527).

Fort MacLeod

Ebenfalls noch 1874 errichtete die ***North West Mounted Police*** auch in Fort Mac-Leod ein Fort, des 1876-78 sogar als Hauptquartier diente. Von dort aus überwachte sie die Einhaltung von »Recht und Ordnung« bei der Erschließung des heutigen Alberta und versuchte, den illegalen Whiskeyverkauf an die Indianer zu unterbinden. U.a. der rund 1.300 km lange Marsch von Manitoba durch die Wildnis südkanadischer Prärien bis Fort McLeod begründete den Ruhm dieser Polizeitruppe.

Das ***Fort Museum*** (219 25th St, Juni-Anf. Sept. täglich 9-17 Uhr, Juli + Aug. bis 18 Uhr, sonst 3 Tage die Woche geschl., Eintritt $8) informiert über ihre Geschichte und die der Besiedelung Albertas. Im Juli und August paradieren die »Rotröcke« Mi-Mo im ***Musical Ride*** (10, 11.30, 14 und 15.30 Uhr; www.nwmpmuseum.com).

Die legendäre Royal Canadian Mounted Police (RCMP)

Die Geschichte der *Royal Canadian Mounted Police* geht auf die Übernahme von *Rupert's Land* durch das *Dominium of Canada* zurück, ➪ Seite 590. Zur Einführung und Aufrechterhaltung kanadischen Rechts in den erweiterten Northwest Territories schuf die Regierung 1873 eine paramilitärische Polizeitruppe, die ***North West Mounted Police***.

Der vorgesehene Umfang ihrer Aufgaben ging weit über die gemeinhin von der Polizei wahrgenommenen Pflichten hinaus. Der NWMP wurden neben der Exekutive auch Verwaltung und Rechtsprechung übertragen. Mit derartigen Machtbefugnissen ausgestattet besaß die Polizeitruppe im Westen mit Ausnahme British Columbias viele Jahre die faktische Regierungsgewalt.

Die Präsenz der NWMP begann mit einer kleinen Truppe von ganzen 150 Mann im *Lower Fort Garry*/Manitoba (➪ Seite 525). Verstärkungen sorgten aber rasch für genügend Kräfte für den 1.300 km langen Marsch der *Redcoats* nach Westen 1874 bis *Fort MacLeod* zwecks Unterbindung amerikanischer Grenzverletzungen, speziell des Whiskeyschmuggels nach Alberta. Nur zwei Jahre nach ihrer Gründung hatte die NWMP mit **Fort MacLeod** ihren ersten Stützpunkt in Westkanada bezogen, den Alkoholschmuggel in *Fort Whoop-up* (➪ Seite 295) sowie in den Cypress Hills (Neubau *Fort Walsh*, ➪ Seite 549) beendet, an bestehenden Standorten der *Hudson Bay Company* Polizeiposten installiert (*Fort Edmonton*) und mit *Fort Calgary* sogar den Grundstein zu einer Metropole gelegt.

Von ihren Forts aus kontrollierte die NWMP die Besiedlung des kanadischen Westens vergleichsweise effektiv. Der Colt als die entscheidende Instanz zur Lösung von Problemen spielte nie eine der Situation in den USA vergleichbare Rolle. Mit den Indianern gab es kaum bewaffnete Zusammenstöße. Man versuchte vielmehr, aufkeimende Konflikte zwischen Einwanderern und Indianern friedlich beizulegen, und achtete auf die Einhaltung geschlossener Verträge. Dass dies – abgesehen von der *North West Rebellion* der *Métis* und *Cree* (➪ Seite 587) – gelang, ist in Anbetracht der blutigen Indianerkriege südlich der Grenze eine bedeutende Leistung der NWMP.

Mit dem Abebben der ersten Einwanderungswelle reduzierten sich die Aufgaben der NWMP auf die originäre Polizeifunktion. Lediglich im Norden konnte sie noch einmal eine ähnliche Rolle als ordnende Kraft übernehmen wie in den Gründerjahren. Kaum war 1895 *Fort Constantine* in der Nähe von Dawson City als erstes *NWMP-Fort* im Yukon Territory errichtet, erscholl 1896 der Ruf des Goldes. Die NWMP regelte den Strom der Prospektoren von den Landeplätzen Skagway und Dyea (in der *Alaska Inside Passage* in den USA) nach Atlin und Dawson City, ➪ dazu im Detail die Seiten 401ff. Während in Skagway/Dyea oft der Colt regierte, symbolisierte die NWMP im Moment der Grenzüberschreitung allseits Sicherheit und Gerechtigkeit. In Canada wurden die Pistolen eingepackt und nicht benutzt.

In Anerkennung militärischer Verdienste einer NWMP Truppe im Burenkrieg 1899-1902 verlieh ihr der britische König Edward 1904 das Recht, sich »königlich« zu nennen. Auch nach Erlangung des Provinzstatus` durch Alberta und Saskatchewan 1905 blieb die nunmehr *Royal North West Mounted Police* (RNWMP) dort offizielle Polizeitruppe. Sie vereinigte sich 1920 mit der in anderen Provinzen tätigen *Dominion Police* zur neuen Bundespolizei ***Royal Canadian Mounted Police*** (RCMP, www.rcmp.ca).

Pferde und Hundegespanne wurden zwar endgültig durch Autos und Motorschlitten ersetzt und auch die roten Jacken zumindest bei der Ausübung der täglichen Pflichten abgeschafft, aber der Begriff *mounted* (= beritten) in der Bezeichnung blieb erhalten. Den rotberockten stolzen *Mountie,* inzwischen Teil des touristischen Image` Canadas wie Kanus und Bären, sieht man immer noch vor dem Parlamentsgebäude in Ottawa, bei Paraden und anderen besonderen Anlässen, z.B. während der *Calgary Stampede* und natürlich beim »Drill« vor den Museen in Fort MacLeod oder Regina.

Red Coat Trail und Crowsnest Highway

Fort MacLeod (3.100 Einwohner, © (403)-553-4955, 2330 7th Ave, www.fortmacleod.com) ist der Endpunkt des in Anlehnung an die Uniformjacke der Polizei und deren legendären Marsch 1874 so bezeichneten ***Red Coat Trail***. Dieser wurde später zu einer touristischen Alternative zum TCH umdefiniert. Leider bietet die Route außer dem hübschen Namen wenig Anlass, ihr durch den äußersten Süden der Prärieprovinzen zu folgen.

Dasselbe gilt nebenbei auch für den Verlauf des ***Crowsnest Highway*** in Alberta (!), während dessen Streckenführung ab Rocky Mountains durch ganz British Columbia gar nicht genug herausgehoben werden kann, ➪ Seiten 347 und 353.

Nach Calgary und weiter

Von Fort MacLeod erreicht man Calgary auf der – wie eine Autobahn ausgebauten – Straße #2 in knappen zwei Stunden. Bei ausreichender Zeit und speziell mit (Zwischen-)Ziel Banff und *Icefields Parkway* etc. könnte man stattdessen der ***Forestry Trunk Road*** den Vorzug geben; diese Route wird im folgenden Abschnitt detailliert beschrieben.

Head-Smashed-in Buffalo Jump

Einmal in der Region ist ein Abstecher zum ***Head-Smashed-in Buffalo Jump*** eigentlich ein »Muss«. Die UNESCO erklärte diesen Ort zum *World Heritage Site* (Weltkulturerbe). Er liegt 18 km nordwestlich von Fort MacLeod an der bis dort asphaltierten Straße #785, die 2 km nördlich des *Crowsnest Highway* von der #2 abzweigt. Das westliche Teilstück der Straße, die zwischen Pincher und Brocket auf die #3 stößt, hat lediglich Schotterbelag.

Mehr noch als der 10 m hohe Steilabbruch selbst beeindruckt die Dokumentation im ***Head-Smashed-in Buffalo Jump Interpretive Centre***. Sie demonstriert das Leben der *Plains Indians* und die Entwicklung der Bisonjagd über viele Jahrtausende. Geöffnet von Mitte Mai bis Mitte Sept. tägl. 9-18 Uhr, sonst 10-17 Uhr; Eintritt $9; www.head-smashed-in.com.

Prärieindianer und Bisons

Prärieindianer lebten von den Bisons. Sie verarbeiteten die größten Landsäugetiere Nordamerikas buchstäblich mit Haut und Haaren, das Fleisch zu *Pemmikan* (Trockenfleisch), das Fell zu Kleidung und *Teepees* (Zelten), die Sehnen zu Seilen und Garnen, Knochen und Hufe zu Werkzeug. Den Dung gebrauchten sie als Brennmaterial.

Vor rund 6.000 Jahren entwickelten sie eine besondere Jagdtechnik: Im großen Stammesverband versetzten sie die Bisonherden in Panik und trieben sie auf Abgründe zu, in die sich die Tiere zu Tode stürzten. In der kargen Trockenvegetation der *Porcupine Hills* folgten Wochen des Überflusses.

Am Hang des ***Head-Smashed-in Buffalo Jump*** und anderer Abhänge entdeckte man meterdicke, mit Knochen gefüllte Erdschichten. Meistens starben dort weit mehr Bisons, als die Jäger verarbeiten konnten. Zumindest beim *Buffalo Jump* lebten also Amerikas Ureinwohner durchaus nicht in resourcenschonendem Einklang mit der Natur.

Den Schlußpunkt unter die Jagdmethode des *Buffalo Jump* setzten die aus Europa importierten Pferde und Gewehre. Ab Mitte des 18. Jahrhunderts jagten die kanadischen Indianer Bisons in kleinen berittenen Gruppen.

Im Head-Smashed-in Buffalo Jump Interpretive Centre

Kutschenmuseum

Wer auch noch den *Waterton Lakes National Park* besuchen will, wendet sich ab Fort MacLeod nach Süden. Dabei begleitet die Silhouette der Rocky Mountains den Reisenden. Nach 60 km erreicht man Cardston, wo im ***Remington Carriage Museum*** (623 Main St) die größte Pferdekutschensammlung Nordamerikas zu sehen ist. Neben 225 Wagen gibt es dort eine eigene Werkstatt und audiovisuelle Präsentationen über die Geschichte der Kutschfahrt. Auf dem Freigelände weiden mächtige *Clydesdale Horses*. Täglich Mitte Mai bis Mitte September, 9-18 Uhr, sonst 10-17 Uhr; Eintritt $9, Kutschfahrt $4. Restaurant mit Terasse.

Gleich hinter dem Kutschenmuseum liegt der ***Lee Creek Campground***; $15-$25, www.remingtoncarriagemuseum.com.

3.5.2 Waterton Lakes National Park und von dort auf der Forestry Trunk Road nach Norden

Waterton Lakes Nat`l Park

Bereits auf der Anfahrt bietet sich dem Reisenden das großartige Panorama der Rocky Mountains mit den Waterton Lakes im Vordergrund. Nirgendwo sonst in Canada sieht man einen derart abrupten Übergang zwischen Prärie und Hochgebirge. Entsprechend verdoppelt sich der Jahresniederschlag vom Parkeingang bis zum 24 km entfernten Cameron Lake auf 1.520 mm (niederschlagsreichster Punkt Albertas).

Information

Direkt an den kanadischen *Waterton Lakes National Park* grenzt der *Glacier National Park* auf US-Seite.

Parkinfos gibt es an der ***Entrance Road*** (✆ (403) 859-5133, www.pc.gc.ca/waterton, nur Mitte Mai-Mitte Oktber) und ganzjährig gemeinsam mit *Waterton Lakes Chamber of Commerce* (www.watertonchamber.com) im ***Park Administration Building***, #215 Mountview Road, beide ✆ (403) 859-2224.

Auf keinen Fall sollte man den kurzen Aufstieg auf den ***Bear's Hump*** oberhalb des ***Visitor Centre*** auslassen (1,4 km). Von oben hat man einen grandiosen Blick auf das *Hotel Prince of Wales*, über den See und die Berge (➪ Foto Seite 167/68).

Infrastruktur

In der **Waterton Townsite** am Upper Waterton Lake auf einer Landzunge zwischen Emerald und Cameron Bay ballt sich die kommerzielle Infrastruktur mit Hotels, Motels, Shops etc.

Der ***Waterton Townsite Campground*** gehört zum Nationalpark und ist zu reservieren: ✆ 1-877-RESERVE, www.pccamping.ca.

Wer es sich leisten kann (DZ ab $265), bucht das nostalgische ***Prince of Wales Hotel***, das malerisch auf einer Anhöhe zwischen Upper und Middle Waterton Lake liegt, ✆ (403) 859-2231; www.princeofwaleswaterton.com.

Grenzüberschreitendes Ausflugsboot auf dem Waterton Lake, dahinter das Nostalgiehotel »Prince of Wales« hoch über dem Ostufer

Upper Waterton Lake

Zu den besonders beliebten Attraktionen des Parks gehört eine grenzüberschreitende **Bootstour** über den mit 148 m tiefsten See in den Rocky Mountains (gute 2 Stunden inkl. 30 min Stopp an der *Goat Haunt Ranger Station* am Südende des Sees im *Glacier National Park/USA*; © 403-859-2362, täglich Mitte Mai-Mitte Sept. 10, 13 und 16 Uhr, Juli+August auch 19 Uhr, sonst 10 Uhr, 14.30 Uhr; $32; www.watertoncruise.com). Die USA sind auch über einen **Uferweg** auf Schusters Rappen zu erreichen (6 km).

Parkstraßen/ Kurzwanderwege

Nur zwei Stichstraßen führen in den Park hinein:

- Der ***Akamina Parkway*** (16 km) durch das Cameron Valley endet am gleichnamigen See; dort Kanu- und Ruderbootverleih, $30/Stunde. Ein hübscher Spazierweg (2 km) läuft direkt am Westufer entlang. Wer den Aufstieg nicht scheut und ein wenig mehr Zeit hat, sollte lieber den **Weg hinauf zum Summit Lake** »machen« (4 km, 300 Höhenmeter).
- Der ***Red Rock Parkway*** (15 km) verläuft parallel zum Blakiston Creek. Ab Parkplatz am Straßenende führt der ***Red Rock Canyon Trail*** (0,7 km) in eine anfangs breite Schlucht mit pittoresk ausgewaschenem Bachbett aus rotem (eisenhaltigem) Gestein. Auf der anderen Parkplatzseite geht es zu den wenig aufregenden ***Blakiston Falls*** (1 km). Der *Parkway* ist zugleich Zufahrt zum besten per Auto zugänglichen Campingplatz des Parks, dem ***Crandell Mountain Campground*** (auf halber Strecke).

Badespaß im Red Rock Canyon des Waterton National Park

Längere Trails

Der ***Crypt Lake Trail*** gilt als einer der »originellsten« Wanderwege der kanadischen Rocky Mountains. Den ***Trailhead*** *Crypt Landing* am Ostufer des Upper Waterton Lake erreicht man nur per Boot (Juli+August täglich 9 und 10 Uhr, sonst nur 10 Uhr; $16/Person retour). Am Hell Roaring Creek entlang geht es hinauf zum *Crypt Lake* (9 km, oft auch im Hochsommer noch voller Eisschollen) unmittelbar an der Grenze und zu seinem unterirdischen Abfluss, der einen **175 m hohen Wasserfall** bildet. Der Clou der Wanderung ist der 25 m lange ***Crypt Tunnel***, durch den man sich z.T. auf Knien zwängen muss, um das Ziel zu erreichen. Einschließlich Bootsfahrt und Marsch über 700 m Höhendifferenz bis auf 1.955 m benötigt man für diesen Trip einen vollen Tag.

Zu den schönsten Bergwegen Albertas zählt der ***Carthew-Alderson Trail*** (19 km, 650 Höhenmeter). Nach dem Aufstieg über den Summit Lake (➪ oben) zum *Carthew Summit* (2.311 m) hat man oberhalb der Baumgrenze einen herrlichen Panoramablick über roten Fels, wie sonst nirgendwo in den kanadischen Rockies. Im Abstieg führt der Weg über Carthew und Alderson Lake nach ***Cameron Falls*/Waterton Townsite**. Vom *Tamarack Village Square* gibt es einen *Shuttle* zum Cameron Lake, $20.

Glacier National Park/USA

Wer seine Reise nach Süden fortsetzt, fährt vom Waterton Townsite knapp 80 km bis St. Mary, dem östlichen Eingangstor zum *Glacier National Park* mit einer der schönsten Hochgebirgsstrecken Nordamerikas, der ***Going-to-the-Sun-Road***.

Crowsnest Pass

Vom Nationalpark nordwärts geht es auf der Straße #6 über Pincher Creek zunächst zum *Crowsnest Highway*. In dieser Region begann 1898, nachdem die Gleise der *Canadian Pacific Railway* verlegt worden waren, die Ausbeutung von Kohlevorkommen. Der Ort **Crowsnest Pass** (✆ 1-888-562-7108; www.crowsnestpass.com) besteht aus dem Zusammenschluss einstiger Bergwerkssiedlungen (Bellevue, Hillcrest, Frank, Blairmore und Coleman).

Frank Slide
(➪ Foto nächste Seite)

Bei der Ortschaft Frank führt die Straße durch ein mehrere Quadratkilometer großes Felsgeröllfeld, das 1903 durch den folgenschwersten Bergsturz Canadas entstand. Das ***Frank Slide Interpretive Centre***, ein großes Besucherzentrum etwas abseits der Durchgangsstraße, erläutert Hintergrund und Folgen des Sturzes vom *Turtle Mountain*, der seinerzeit im Dorf Frank (daher *Frank Slide*) 70 Menschen in den Tod riss. Mitte Mai-Mitte Sept. täglich 9-18 Uhr, sonst 10-17 Uhr; Eintritt $9; www.frankslide.com.

Auch wer sich für die Einzelheiten des *Frank Slide* und die Geschichte des Kohlebergbaus nicht so sehr interessiert, sollte kurz zum Frank-Besucherzentrum hinauffahren. Der Blick von dort oben über die auch nach so langer Zeit immer noch fast vegetationslose Steinwüste ist eindrucksvoll.

Bellevue

In Sichtweite des *Turtle Mountain* kann man in der 1962 stillgelegten ***Bellevue Mine*** (mit Helm und Lampe ausgerüstet) an einer halbstündigen Führung durch einen dunklen Stollen teilnehmen, Zufahrt über 213th Street. Täglich Mitte Mai bis Anfang September 10-18 Uhr; Eintritt $9; www.bellevuemine.ca.

Crowsnest Highway

Mit Erreichen der Rocky Mountains wird der Verlauf des *Crowsnest Highway* #3 nun erheblich attraktiver. Im Norden dominiert der für die Route namensgebende *Crowsnest Mountain* (2.785 m) das Panorama. Der ***Crowsnest Pass*** ist mit 1.396 m die niedrigste Passhöhe über die *Rockies* bis zum *Yellowhead Pass* (➪ Seite 244). Wer dieser Route weiter nach British Columbia folgen möchte, findet den Anschluss ab Seite 347.

Frank Slide, ein Erdrutsch, der vor über 100 Jahren ein ganzes Dorf unter sich begrub; davor das Visitor Center informiert über die Einzelheiten dieses Unglücks

Forestry Trunk Road

Ab Coleman läuft die *Forestry Trunk Road,* die »Hauptforststraße«, entlang der Ostseite der Rocky Mountains. Sie mündet nach knapp über 1.000 km östlich von Grande Prairie in den Hwy #43. An ihr finden sich zahlreiche, oft wunderschön gelegene, wenn auch meist einfache **Campingplätze**.

Südabschnitt

Der südliche Abschnitt der Forststraße besitzt die landschaftlich reizvollsten Teilstrecken und ist die beste Verbindungsroute zwischen *Crowsnest* und *Trans Canada Highway*. Zunächst führt die Straße als gut befahrbare Schotterstraße #940 durch bewaldete Landschaft. Von diversen Plätzen in diesem Bereich ist der ***Campground*** an den ***Livingstone Falls*** empfehlenswert ($12).

Ungefähr dort beginnt der attraktivste Teil der Strecke durch das ***Kananaskis Country***. Nach insgesamt 112 km trifft die #940 auf die Straße #40, den durchgehend asphaltierten ***Kananaskis Trail***, der östlich von Canmore in den TCH mündet.

Nördlich des ***Highwood Pass*** (mit 2.206 m der höchste Straßenpass Canadas, Wintersperre 01 Dez. bis 15. Juni) befindet sich – bereits im *Peter Lougheed Provincial Park* – der Ausgangspunkt für einen schönen ***Nature Trail***. Der ***Ptarmigan Cirque Trail*** (ca. 5 km Rundweg, steil) führt durch einen Kar, oben mit großartigen Ausblicken auf die Gebirgswelt. Weniger Steigung hat etwas weiter südlich der schöne ***Elbow Lake Trail*** hinauf zu einem wunderschönen Bergsee (1,3 km).

Peter Lougheed Park

Nach 55 km auf dem *Kananaskis Trail* zweigt der ***Kananaskis Lakes Trail*** zum Kernbereich des ***Peter Lougheed Provincial Park*** ab. Dass dieser sowohl von der Hochgebirgslage her als auch bezüglich seiner *Campgrounds* zu den schönsten überhaupt gehört, haben die Bewohner von Calgary längst erkannt. An den Wochenenden ist der komfortable ***Boulton Creek Campground*** daher bereits lange im voraus ausgebucht ($20-$30). Unter fünf weiteren *Campingplätzen* ragt der ruhige ***Interlakes Campground*** heraus ($20). Von vielen Stellplätzen hat man dort Seezugang und einen weiten Blick auf das Gebirgspanorama.

Trails

Das ***Visitor Centre*** des ***Peter Lougheed Park*** (✆ (403)-949-4261; www.albertaparks.ca) hat sehenswerte audiovisuelle Programme zu Gebirgswelt, Flora und Fauna. Der ***Canadian Mount Everest Expedition Trail*** (2 km) führt als Rundweg zu einem Aussichtspunkt über den beiden Kananaskis Lakes. Der *Trailhead* befindet sich gegenüber des ***Mount Sarrail Campground***.

Etwas weiter entfernt vom Straßenende am ***Interlakes Campground*** steigt der grandiose ***Mount Indefatigable Trail*** zu einem 500 m höher liegenden Aussichtspunkt (2,5 km). Noch einmal ca. 1,5 km mehr sind es zum Gipfel, einem der besten *View Points* in den kanadischen Rockies mit famoser Rundumsicht.

Smith Dorrien/ Spray Trail

Auch ohne Abfahren der *Forestry Trunk Road* wäre ein Abstecher zu diesem Provinzpark überaus erwägenswert. Er ist über den – landschaftlich selbst vom *Icefields Parkway* kaum zu übertreffenden – ***Smith-Dorrien/Spray Trail*** mit dem TCH in Canmore verbunden (ab Canmore folgt man dem Schild »*Nordic Centre*«).

16 km südlich Canmore passiert man den ***Spray Lakes West Campground*** am ***Spray Lakes Reservoir*** ($20). Dieser Platz ist ein idealer Ausgangspunkt für Besuche in Banff und den Nationalparks etwas abseits touristischer Hauptpfade. Kurz danach führt die Schotterstraße in holprigen Serpentinen abwärts.

Canmore

Unmittelbar am Eingang zum ***Banff National Park*** im breiten Tal des milchig-grün dahinfließenden Bow River liegt **Canmore**. Mit seinem großen Angebot an **Hotels, Motels *Bed & Breakfasts, HI-Hostel*** (➪ Seite 271) und Restaurants eignet sich der Ort gut als **Quartieralternative** zum teuren Banff.

Canmore (ca. 12.000 Einwohner, ✆ 1-866-226-6673, ✆ (403)-678-1295; www.tourismcanmore.com) entstand – ähnlich den Ortschaften von Crowsnest Pass – als Bergwerkssiedlung und Bahnhof der *Canadian Pacific Railway* im späten 19. Jahrhundert. 1988 fanden im ***Nordic Centre*** während der Olympischen Winterspiele die Langlauf- und Biathlonwettbewerbe statt. In der Nähe, ab *Smith-Dorrien/Spray Trail*, beginnt die schöne **Wanderung** unterhalb des *Chinaman's Peak* zu den ***Grassi Lakes***, einer kleinen Seenkette mit steilen Kletterfelsen rundherum (2 km).

Kananaskis Trail

Als Alternativanfahrt zum *Peter Lougheed Provincial Park* bietet sich die asphaltierte Straße #40 an (*Kananaskis Trail*). Sie folgt dem Tal des Kananaskis River, der die Hauptkette der Rocky Mountains vom Vorgebirge trennt. Auf etwa halber Strecke fanden an der *Nakiska Ski Area* am ***Mount Allan*** die Alpinskiwettbewerbe der Olympischen Spiele 1988 statt. Damals entstand in kurzer Distanz das ***Kananaskis Village***. In diesem Komplex aus Hotels, Golfplätzen etc. trafen sich 2002 die Regierungschefs der G-8 zum **Weltwirtschaftsgipfel**.

Das ***International Hostel Kananaskis*** (HI), ➪ Seite 271, Reservierung wie Banff Hostel, 38 Betten; $23; www.hostels.ca, liegt 20 Gehminuten vom Kananaskis Village entfernt.

Forestry Trunk Road, zentraler Abschnitt

Westlich der Linie Calgary/Edmonton endet mit den Prärien auch die Zivilisation. Durch die ausgedehnten Waldgebiete an den Osthängen der Rockies führen **nur wenige Schotterstraßen**, die alle in die *Forestry Trunk Road* einmünden. Auf diesem klassischen Teil der Forststraße (zwischen TCH und *Yellowhead* als Hwy #40/#734 ausgeschildert) mit besonders vielen ***Provincial Recreation Area Campgrounds*** trüben teilweise schlechte Straßenqualität und – bei der langen Fahrt durch dichten Wald – fehlende Aussicht die Freude an der Einsamkeit. Im Gegensatz zum südlichen Arm (➪ oben) verläuft die Straße hier weitab des Hochgebirges.

Zustand

Fürs Befahren der etwas schlechteren Abschnitte im Mittelteil gilt Ähnliches, wie auf Seiten 126f. erläutert. Wohnmobile größer als *Van Camper* 19/21 Fuß eignen sich nur bei Schönwetterperioden für den Mittelabschnitt der Strecke.

Für den südlichen Startpunkt des mittleren Abschnitts der *Forestry Trunk Road* muss man dem alten *Highway* #1A folgen. Zwischen **Ghost Lake** und **Cochrane** (ca. auf halber Strecke zwischen Canmore und Calgary) zweigt der Hwy #40 ab. Alternativ kann man auch den TCH nehmen und über Morley und die Bow River Brücke die #1A ansteuern.

Nordegg

Bis Nordegg am *David Thompson Hwy* #11 sind es 264 km. Das beste Stück sind die letzten 50-60 km. Ein kurzer ***Trail*** führt zu den schäumenden Wasserfällen des **South Ram River** rund 60 km südlich der #11. Kurz vor Erreichen von Nordegg überquert man den malerischen **North Saskatchewan River**. Nördlich des Ortes führt die *Shunda Creek Recreational Area Road* zum ***HI-Hostel Shunda Creek***, © (403) 721-2140, 47 Betten, $21; www.hostels.ca.

David Thompson Highway

Der ***David Thompson Hwy*** gehört auf den 87 km zwischen Nordegg und dem *Banff National Park* zu den schönsten Straßen in Alberta. Auch wer in den Nationalparks (*Icefields Parkway*) unterwegs ist, wird einen kleinen Abstecher nach Osten nicht bereuen – mindestens bis zum Ende des ***Abraham Lake***, noch besser an

Ausläufer des Abraham Lake/Beginn des North Saskatchewan River vor grandioser Kulisse

den North Saskatchewan River auf der *Forestry Trunk Road*. Der türkisfarbene Stausee lädt vor grandioser Kulisse zum Verweilen ein. Aber nur einige holprige Zufahrten führen ans Wasser.

Am Südende des Sees nahe der ***Kootenay Plains PRA*** (Camping $12) beginnt die **Wanderung** zu den 15 m hohen ***Siffleur Falls***. Der leichte 4 km lange *Trail* folgt nach der Hängebrücke über den North Saskatchewan River dem Flusscanyon bis zum Wasserfall.

Im Bereich des Abraham Lake stehen die einzigen **Motels** zwischen Nordegg und dem Nationalpark. Das etwas betagte

- ***David Thompson Resort***, © 1-888-810-2103, © (403) 721-2103, www.davidthompsonresort.com, DZ ab $100, auch ***Camping***,
- sowie die attraktive ***Aurum Lodge***, © (403) 721-2117, www.aurumlodge.com, DZ ab $ 164,

liegen nur 42 km bzw. 45 km vom *Icefields Parkway* entfernt.

Eine ganze Reihe ***Provincial Recreation Areas*** mit hübschen ***Campgrounds*** im Bereich um Nordegg bieten sich als Ausweichmöglichkeit an, wenn in der Hochsaison am *Icefields Parkway* der Nationalparks alles voll besetzt sein sollte.

Rocky Mountain House

Etwa 80 km östlich von Nordegg geht es kurz vor der Ortschaft **Rocky Mountain House** über die Straße #11A zum gleichnamigen ***Nati'l Historic Site***, der sich auf restaurierte Fragmente von fünf Forts aus der Pelzhändlerzeit bezieht, Mitte Mai bis Anf. September Mo-Fr 10-17 Uhr, $3; www.pc.gc.ca/rockymountainhouse.

Forestry Trunk Road, Nordteil

Ab Nordegg bis zum *Fairfax Lake Campground* (80 km) ist die in diesem Bereich weniger reizvolle Forststraße eine passable ***Dirt Road***. Danach folgen 120 km Schotter bzw. Asphalt guter Qualität (#40) bis zum *Yellowhead Highway*.

Von Hinton nach Grande Prairie (Karte Seite 318)

Der nördlichste Ast der *Forestry Trunk Road* entspricht zunächst der hier ganz aspaltierten **Straße #40** (*Big Horn Highway*). Etwa 15 km nördlich des *Yellowhead Hwyy* durchquert die Straße den ***William A. Switzer Provincial Park***, der neben Badestränden und Wanderwegen auch Boots- und Mountain-Bike-Verleih hat. Per Leihkanu (inkl. Rücktransport) kann man über fünf durch den ***Jarvis Creek*** miteinander verbundenen Seen paddeln. Vier einfache *Campgrounds* liegen an Jarvis Creek und Jarvis Lake, aber allein der ***Gregg Lake Campground*** hat Stromanschluss und Duschen, © (403)-865-5152; www.tprc.alberta.ca/parks/switzer, $18-$25.

Gute 100 km nördlich des *Yellowhead Highway* zweigt die hier nur mäßig gepflegte (geschotterte), aber attraktivere ***Forestry Trunk Road #734*** vom ***Big Horn Highway*** ab. Beide Strecken verlaufen parallel durch dichtes Waldgebiet. Die Forststraße mündet östlich von Grande Prairie in die Straße #43, der *Big Horn Highway* läuft direkt in die Stadt (➪ Seite 319/320). Bei Reiseplänen von Banff/Jasper in Richtung Norden und Verzicht auf einen Edmonton-Abstecher ist die Route über den Hwy #40 die kürzeste und fahrtechnisch schnellste Option.

3.6 Edmonton

Lage

Edmonton liegt inmitten einer flachen, leicht hügeligen Prärielandschaft knapp 300 km nördlich von Calgary und ebenso weit östlich der Rocky Mountains. Mit ca. 1.100.000 Einwohnern ist der Großraum Edmonton nach Calgary die zweitbevölkerungsstärkste Region der Provinz Alberta (Stadt 731.000 Einwohner). Überwiegend landwirtschaftlich genutzt, bietet die Umgebung der Stadt keine besonderen Reize.

Von Edmonton nordwärts

Für Fahrten in den hohen Norden ist Albertas Hauptstadt der beste Ausgangspunkt (knapp 600 km bis Dawson Creek, wo der *Alaska Highway* beginnt; knapp 1.000 km bis hinauf zu den Northwest Territories).

3.6.1 Klima und Geschichte

Klima

Wie auf Seite 571 ausgeführt, zeichnet warmes, weitgehend **trockenes Sommerklima** Albertas Prärieregionen aus. Niederschläge sind selten und meist verbunden mit kurzen heftigen Gewittern. Dank seiner Lage relativ hoch im Norden scheint im Bereich Edmonton an schönen Tagen im Juni/Juli bis zu 17 Stunden die Sonne. Wechselhaftes Wetter mit bisweilen recht kühler Witterung zeichnet Frühjahr und Herbst aus.

Geschichte

Wie viele andere Städte des kanadischen Westens ging auch Edmonton aus den Niederlassungen der beiden großen Pelzhandelsgesellschaften hervor. ***Hudson's Bay*** und ***North West Company*** errichteten 1802 Seite an Seite *Fort Edmonton* bzw. *Fort Augustus* am Ufer des Saskatchewan River in Rossdale südlich von *Downtown. Fort Edmonton* wurde an fünf verschiedenenen Orten erbaut, zuletzt 1830 (➪ Seite 314). Aus dem Pelzhandelszentrum entstand bald eine Siedlung.

Blick auf die winterliche Skyline von Edmonton; im Vordergrund die Glaspyramiden des Muttart Conservatory, ➪ Seite 311.

Goldrausch

Der Klondike-Goldrausch 1897/98 verwandelte das entlegene Prärienest in eine ***Boom Town***, als an die 2.000 unerfahrene Prospektoren von dort aus auf dem Landweg (die meisten wählten den Seeweg von San Francisco, Seattle oder Vancouver durch die *Inside Passage* nach Dyea/Skagway - ➪ Seite 403) die Goldfelder am Klondike River erreichen wollten. Keiner von ihnen schaffte es, sich bis zum Frühsommer 1898 durch die unerschlossene Wildnis bis zum fernen Ziel durchzukämpfen.

Auf den *Boom* folgte kein *Bust*, die Talfahrt, den so viele andere Städte nach plötzlichem Wachstum erleben mussten, wenn die Basis der Expansion entfiel. Edmonton behielt Zentralenfunktion für die weitere Entwicklung des Nordwestens und avancierte 1905 zur Hauptstadt der neuen Provinz Alberta. Nach dem Anschluss an das nördliche transkontinentale Eisenbahnnetz im Jahr 1915 wurde Edmonton zu einem der wichtigsten Verkehrsknotenpunkte im westlichen Canada.

Alaska Highway

Als in den 30er-Jahren die Erschließung bislang unzugänglicher Regionen im hohen Norden per Flugzeug begann, spielte Edmonton eine bedeutende Rolle. Beim Bau des *Alaska Highway* (➪ Seite 381f.) im 2. Weltkrieg war die Stadt eine der wichtigsten Etappen für den Nachschub. Aus dieser Zeit stammt die Bezeichnung Edmontons als ***Gateway to the North***.

Öl

1947 stieß man 30 km südwestlich der Stadt bei Leduc auf Öl, was den zweiten *Boom* auslöste. Edmonton verdoppelte seine Einwohnerzahl in nur einem Jahrzehnt. Heute bilden Erdöl- und Erdgasförderung sowie -verarbeitung das wirtschaftliche Rückgrat der Region. Außerdem wird von Edmonton aus die Ausbeutung der ölhaltigen Sände bei Fort McMurray gelenkt.

3.6.2 Information, Orientierung und öffentliche Verkehrsmittel

Tourist Information

Besucherinformationen befinden sich im ***Gateway Park*** (➪ unten), an der westlichen Stadtzufahrt (Hwy 16A westlich von *Spruce Grove*) und mitten in der Innenstadt:

Edmonton Tourism www.edmonton.com
9990 Jasper Ave (Downtown im *World Trade Centre*),
✆ (780) 426-4715, ✆ 1-800-463-4667,

Besondere Erwähnung verdient die *Tourist Information* am #2404 Gateway Boulevard (Autobahn #2 Calgary–Edmonton) am südwestlichen Stadtrand. Nebenan im ***Gateway Park*** informiert ein *Display* über Ölförderung und -industrie in Alberta.

Dort ist außerdem ***Leduc #1 Oil Derrick***, der Nachbau eines Bohrturms von 1947 zu besichtigen. Seinerzeit setzte *Imperial Oil* südwestlich des *Gateway Park* im heutigen Devon (➪ Seite 318) die erste erfolgreiche Ölbohrung im Raum Edmonton.

Airport

Der ***Edmonton International Airport*** (YEG), www.flyeia.com, © (780) 890-8382, liegt ohne Vorort-Busanschluss 30 km südlich *Downtown* bei Leduc. Die Fahrt per ***Sky Shuttle***, © (780) 465-8515, www.edmontonskyshuttle.com, nach Downtown kostet $15.

Straßensystem

Dank der übersichtlichen Straßenführung und -bezeichnung ist es in Edmonton nicht sehr schwer, sich zurechtzufinden. Die ***Avenues*** verlaufen in ost-westlicher Richtung, die ***Streets*** von Norden nach Süden; die fortlaufende Zählung beginnt für die *Avenues* im Süden, für die *Streets* im Osten (Meridian Street).

Orientierung

Der in weiten Bogen quer durch die Stadt fließende **North Saskatchewan River** teilt Edmonton in nördliche und südliche Stadtteile. Die Straßenzählung setzt sich – ungeachtet der Unterbrechung durch den Fluss – auf beiden Seiten fort. Neun Brücken überqueren innerhalb der Stadt den North Saskatchewan River, dessen Ufer auf nahezu ganzer Länge durch die Stadt von Grün- und Sportanlagen gesäumt werden. Das **Zentrum** Edmontons mit der *City Hall* und den Gebäuden der Provinzregierung liegt erhöht über dem Nordufer des Flusses. Hauptgeschäftsstraße ist die **Jasper Ave**. Auf der Südseite befinden sich der eindrucksvolle Campus der ***University of Alberta*** und schöne Wohnviertel.

Öffentlicher Nahverkehr

Edmonton verfügt über ein gut ausgebautes öffentliches Nahverkehrssystem, das Bus und Straßenbahn (*Light Rail Transit*, kurz **LRT**) kombiniert. Einzelfahrten kosten $2,50, 10 Tickets $21. Ein ***Daypass*** ($8) erlaubt die beliebige Nutzung aller Linien; er ist erhältlich in 200 Geschäften und Banken mit dem ***»Edmonton Transit System«-Logo***, www.takeets.com, © (780) 496-1611.

3.6.3 Unterkunft und Camping

Hotels/ Motels

Wer nostalgisch und luxuriös übernachten möchte, findet eine angemessene Unterkunft im 1915 erbauten

- ***Fairmont Hotel Macdonald*** (10065 100th St, © 780-424-5181, © 1-800-257-7544; www.fairmont.com/macdonald); DZ ab $179.
- Dort wie auch im ***Coast Edmonton Plaza Hotel*** (10155 105th Street, © 780-423-4811 und © 1-800-716-6199, DZ ab $169; www.coast hotels.com) gibt es an Wochenenden Sonderangebote unter den üblichen Tarifen.
- Preiswert für ein Hotel im Zentrum ist ***Riverview Inn*** (10209 100th Ave, © 1-800-613-7043; www.riverviewinn.ca); DZ $94.

Außerhalb der Innenstadt findet man viele Hotels und Motels der **Mittelklasse** entlang der südlichen Zufahrtstraße (#2, *Calgary Trail*) im Bereich der Kreuzung mit der Straße #14 (z.B. das

- ***Best Western Cedar Park Inn***, © 1-800-661-9461, 5116 Gateway Blvd.; DZ ab $149; www.cedarparkinn.com)

und entlang der westlichen Zufahrtstraße 101st Ave, speziell an deren Verlängerung Stony Plain Road im Bereich der 170. Straße.

Bed & Breakfast

Bei Vorabuchung von *B&B*-Quartieren (ab $60 fürs DZ) hilft die

- ***Bed & Breakfast Association of Greater Edmonton:***
  www.bbedmonton.com

Auf ihrer Website werden zahlreiche Häuser im Großraum Edmonton im Bild vorgestellt. Buchung durch Direktkontakt.

Preiswerte Unterkünfte

Die **Jugendherberge** liegt hervorragend in *Old Strathcona*:

- ***Edmonton International Hostel (HI)***
  10647, 81st Ave, www.hostels.ca
  © (780) 988-6836 und © 1-877-467-8336,
  $25-$29, DZ $58 pro Nacht; 88 Betten

Vorausreservierung empfiehlt sich ebenso wie beim meistens gut belegten **YMCA** mit *Pool* und *Exercise Room* in der Innenstadt:

- **YMCA**
  10030, 102 A Ave, © (780) 421-9622,
  www.edmonton.ymca.ca,
  $39, DZ $51; 110 Betten

Preiswerte Quartiere bietet (nur Mai bis August) auch die Universität von Alberta:

- **University of Alberta**
  89th Ave & 114th Street, www.ualberta.ca,
  © (780) 492-6057; EZ $39, DZ $49

Camping

Camper finden rund um die City mehrere gute Plätze. Besonders zu empfehlen sind folgende *Campgrounds*:

- Im Südwesten der Stadt liegt der städtische ***Rainbow Valley Campground & RV Park*** (13204 45th Ave) am Whitemud Creek nicht weit entfernt vom gleichnamigen *Freeway, Exit* 119th Street. Im Sommer muss auf diesem beliebten Platz (nur z.T. *Hook-up*) zeitig am Tage eintreffen, wer noch unterkommen möchte; Reservierung möglich unter © (780) 434-5531 oder © 1-888-434-3991; $24-$28; www.rainbow-valley.com.
- Außerhalb der Stadtgrenzen im östlichen Vorort Sherwood Park verfügen das komfortable ***Half Moon Lake Resort***, © 780 922-3045, www.halfmoonlakeresort.com, $30-$40, Bootsverleih, Minigolf), sowie der
- ***Kawtikh Retreat & Campground***, © (780) 922-5168, www.kawtikh.com, $29-$44 (Wald am Hastings Lake), über **Sandstrände**.
- Der nächste ***Provincial Park*** (***Wabamun Lake***, $20-$25) liegt ca. 60 km westlich von *Downtown* am *Yellowhead Hwy* #16.
- Nicht viel weiter zählt der 63 km südöstlich der Stadt gelegene ***Miquelon Lake PP*** zu den populärsten Parks der Region. Denn dieser See ist mit seinem seichten Sandstrand der mit Abstand **beste Badesee** im Großraum Edmonton (Camping $22-$28).
- Knapp 50 km via Straße #16 nach Osten erreicht man den *Campground* des ***Elk Island National Park***, $26.

3.6.4 Capital EX & Theatre Festival

Jahrmarkt/ Eröffnungsparade

Die ***Edmonton's Capital EX,*** mit 800.000 Besuchern größte städtische Veranstaltung, wird am dritten Juli-Donnerstag um 10 Uhr mit einer Eröffnungsparade durch *Downtown* eingeläutet. Ansonsten findet dieses 10-tägige Volksfest im ***Northlands Park*** statt, Zufahrt nordöstlich von Downtown über *Wayne Gretzky Drive.*

Zum Programm gehören ***Chuckwagon Derby*** auf der Pferderennbahn, **Goldschürfen** im ***Bonanza Park,*** Dauer-Entertainment auf vier Bühnen, **zahlreiche Fahrattraktionen**, spektakulärer ***RCMP Musical Ride*** in klassisch roten Reiteruniformen, allabendliches Feuerwerk (23 Uhr) u.v.m.; © 1-888-800-PARK, www.capitalex.ca, Eintritt $10.

Old Strathcona

Bestes Viertel für den Abendbummel ist das ***Old Strathcona Entertainment District*** (www.oldstrathcona.ca) an der Whyte Avenue (= 82nd Ave.) zwischen 99th Street und 109th Street. Dort laden über 100 ***Cafés, Restaurants und Nightclubs*** aller Stilrichtungen zum Verweilen ein. Ganzjährig lockt zudem der *Old Strathcona Farmers' Market* (10310 83rd Ave.) mit 130 Ständen (Sa 8-15 Uhr).

Theaterfestival

Während des ***Edmonton International Fringe Theatre Festival*** (www.fringetheatreadventures.ca, © (780) 448-9000), Edmontons zweitgrößter Veranstaltung, platzt *Old Strathcona* an 11 Tagen Ende August mit über einer halben Million Besuchern aus allen Nähten. Bei diesem **alternativen Theaterfestival** präsentieren Künstler von über 100 Gruppen ihr Repertoire von Komödie über Drama und Musical bis hin zu Straßenshows.

Goldwaschen während Edmontons Capital EX

3.6.5 Stadtbesichtigung

Parks

Edmonton ist mit seinen schönen Parks auf beiden Seiten des North Saskatchewan River alles in allem eine attraktive Stadt.

Am Ufer gibt es zahlreiche Freizeiteinrichtungen, **Wander-** und **Fahrradwege** folgen dem Flusslauf oft beidseitig durch die City.

Zentrum

Das Stadtzentrum von Edmonton lässt sich leicht zu Fuß erkunden. Ein guter Ausgangspunkt ist das terrassenförmig angelegte ***Shaw Conference Centre*** an der **Jasper Ave**. Diese wichtigste innerstädtische Ost-West-Straße (entspricht der 101st Ave) erhielt vor einiger Zeit ein neues Gesicht durch gepflasterte und mit Kunstwerken versehene Bürgersteige.

Neben dem Hotel *Macdonald* führt ein Treppenzug steil hinab zum North Saskatchewan River. Wer den attraktiven Weg über die ***Low Level Bridge*** wählt, kann von der Innenstadt aus zu Fuß das ***Muttart Conservatory*** erreichen (ca. 2 km).

Die Brücke ist eine 8.000 t schwere doppelstöckige Stahlkonstruktion. Von ihr fällt der Blick fällt über den Fluss auf die *Skyline* Edmontons mit den markanten Hochhäusern ***ManuLife Place*** (146 m), ***Telus Plaza South*** (134 m) und ***Bell Tower*** (130 m).

Churchill Square

Über die 100th Street nordwärts gelangt man ins eigentliche Zentrum. Zunächst passiert man den **Rice Howard Way**. Die attraktive Passage mit Geschäften, Restaurants und Straßencafés lädt zum ***Outdoor Dining*** ein.

Kunstmuseum

Ein wenig weiter nördlich liegt der **Sir Winston Churchill Square**, einer der beliebtesten Treffpunkte Edmontons. Die ***Art Gallery of Alberta*** am Nordostende des Platzes (#2) zeigt Exponate verschiedener Kunstrichtungen. Geöffnet Mo-Fr 10.30-17 Uhr, So und Sa 11-17 Uhr; Eintritt $10; www.artgalleryalberta.com.

Einkaufszentren

Trotz der enormen Konkurrenz durch die *West Edmonton Mall* (siehe unten) eröffnete eine neue ***Mall*** in der City, das ***Edmonton City Centre***, www.edmontoncitycentre.com, mit 170 Geschäften auf 4 Stockwerken. ***Pedways***, verglaste Verbindungswege, führen zum ***ManuLife Place*** im höchsten Gebäude Edmontons an der Ecke 101st St/102nd Ave und zum benachbarten ***Commerce Place*** mit zwei edlen, aber deutlich kleineren Malls.

Muttart Conservatory

Drei der vier spitzen **Glaspyramiden** des *Muttart Conservatory* (9626 96 A Street, an der Ecke 98th Ave) stehen für Klimazonen der Erde; in ihnen wachsen Pflanzen aus gemäßigten, trockenen und tropischen Regionen. Im 4. Pavillon wechselt die blütenreiche Bepflanzung mit den Jahreszeiten. Zwar werden Gartenfreunde am Besuch durchaus ihre Freude haben, besonders gilt das für den ***Tropical Garden***.

Ein »Muss« sind die Treibhäuser trotzdem nicht. Für die Kamera jedoch bilden sie aber zusammen mit der *Skyline* Edmontons im Hintergrund ein prima Motiv. (2008 wegen Umbaus geschlossen, Wiedereröffnung 2009; www.muttartconservatory.ca).

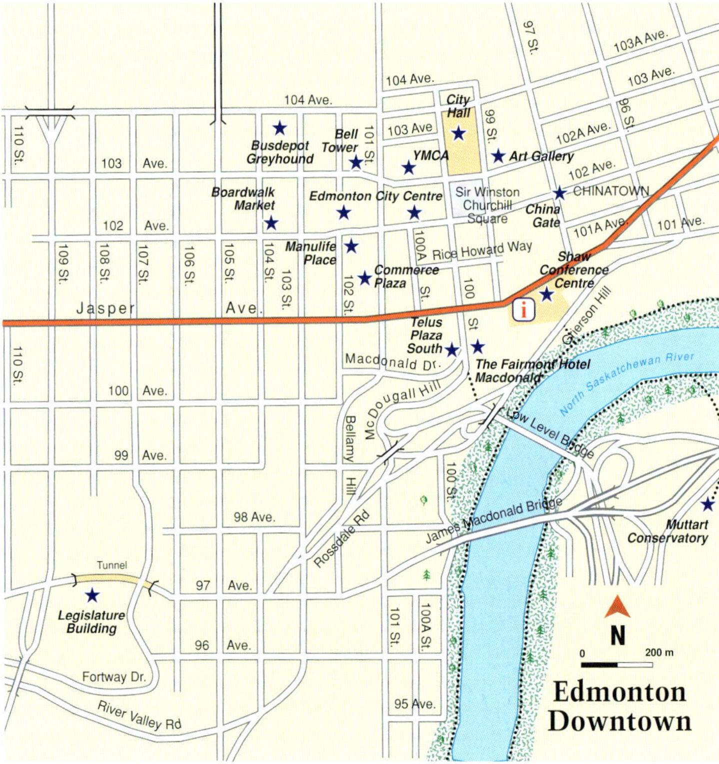

Regierungsgebäude

Das ***Alberta Legislature Building*** (Ecke 10800 97th Ave/107th St) markiert das Westende von *Downtown*. Wo einst das *Fort Edmonton* stand (siehe unten), tagt heute das Parlament von Alberta. Das aus dem Jahre 1912 stammende nostalgische Gebäude besitzt klassizistische, an europäischen Vorbildern orientierte Stilelemente. nur mit Führungen stündlich 9-16 Uhr, frei; www.assembly.ab.ca.

Provinzmuseum

Unbedingt einen Besuch verdient das ***Royal Albert Museum*** (12845 102nd Ave). Dieses naturkundlich-kulturgeschichtliche Museum unterscheidet sich in seinem klaren Aufbau und der Schwerpunktsetzung wohltuend von manch anderen Provinzmuseen. Sehenswert sind ***Wild Alberta*** mit vielen ausgestopften Tieren des kanadischen Westens in ihrer natürlichen Umgebung, die ***Gallery of Aboriginal Culture***, die einen Überblick über die Kultur der Indianer und die Siedlungsgeschichte der Region gibt, sowie die geologische und biologische Abteilung. Öffnungszeiten: täglich 9-17 Uhr, $10; www.royalalbertamuseum.ca.

Gallery Walk

Ganz in der Nähe (124th St. zwischen Jasper Ave und Stony Plain Road) warten sieben private **Kunstgalerien** auf Besucher. Der *Edmonton Gallery Walk* verbindet sie.

Wissenschaftsmuseum

Die moderne ***Telus World of Science Edmonton*** ist in einem futuristisch gestalteten Gebäude im ***Coronation Park*** (11211 142 Street Kreuzung 111th Ave) mehrere Kilometer nordwestlich von *Downtown* untergebracht. Ausstellungen und visuelle und akustische Versuche erhellen naturwissenschaftliche Zusammenhänge. Schwerpunkte sind dabei Astronomie, die Eroberung des Weltraums, der menschliche Körper und die Umwelt. Öffnungszeiten Juli, Aug. täglich von 10-21 Uhr, sonst bis 17 Uhr; www.telusworldofscience edmonton.com.

IMAX

Im angeschlossenen ***Margaret Zeidler Theatre*** finden im Kuppelsaal *Sternen-* und *Lasershow*s statt, im ***IMAX Theatre*** Filmvorführungen, täglich ab 11 Uhr. Museum , IMAX je $13; Kombitickets $20

Kleine, aber durchaus eindrucksvolle Edmonton Skyline

Universität

Südlich des Flusses zwischen dem Saskatchewan Dr und University Ave (bzw. 100th St und 117th St) liegt der parkartige Campus der ***University of Alberta*** für über 30.000 Studenten. Im Universitätsbereich befindet sich das ***Rutherford House*** (11153 Saskatchewan Drive; www.culture.alberta.ca/heritage), ein 1911 errichtetes, aufwendig restauriertes Gebäude, das einst dem ersten Premierminister Albertas gehörte. *Tour Guides* in zeitgenössischer Kostümierung führen die Besucher gruppenweise durch die Räume. Geöffnet Mitte Mai bis Anfang September täglich 9-17 Uhr, sonst Di-So 12-17 Uhr; Eintritt $4.

Fort Edmonton Park

Der ***Fort Edmonton Park*** zwischen dem Südostufer des North Saskatchewan River (Quesnell Bridge/Fox Dr) und der Ringautobahn um die Stadt (dort Whitemud Dr #2) ist Standort eines beachtlichen Blockbohlenforts.

Altes Fort

Das alte ***Fort Edmonton***, ein im Jahr 1830 im Bereich des heutigen Regierungsviertels erbauter befestigter Handelsposten der *Hudson's Bay Company*, wurde nach seinem Abriß 1915 ab 1969 am Ufer des Flusses originalgetreu wiedererrichtet. Sowohl seine imposanten Palisaden als auch der Komplex innerhalb der Befestigung sind ein ausgiebige Besichtigung unbedingt wert.

Neben *Old Fort William* (➪ Seite 519) und *Fort Walsh* in den Cypress Hills (➪ Seite 549) gehört diese Rekonstruktion zu den sehenswertesten in ganz Canada.

Old Edmonton

Das Fort steht im größten historischen **Museumsdorf** Canadas mit typischen Edmonton-Straßenzügen aus den Jahren 1885, 1905 und 1920. Dazu wurden einige Originalgebäude hierher versetzt und restauriert, aber die Mehrheit der Häuser nachgebaut. Fahrten mit Postkutschen, Dampflokomotive und Straßenbahn komplettieren das nostalgische Bild. Täglich 10-18 Uhr Juli-Anfang September, Mitte Mai-Ende Juni Mo-Fr 10-16 Uhr, Sa und So 10-18 Uhr. Eintritt $13; www.fortedmontonpark.ca.

Szenerie wie im 19. Jahrhundert im Fort Edmonton Park

Nature Centre

Das dem Park benachbarte ***John Janzen Nature Centre*** eignet sich von seiner Konzeption her weniger für Einzelbesucher als vielmehr für spezifisch interessierte Gruppen wie Schulklassen, die Flora und Fauna der Region kennenlernen wollen. Empfehlenswert daher nur für besonders naturbegeisterte Touristen.

Mo-Fr 9-16; Sa+So ab 13 Uhr; Eintritt $3; www.edmonton.ca/johnjanzen.

West Edmonton Mall (WEM)

Vom Fort Edmonton Park ist es auf dem Whitemud Dr (Autobahn #2) nicht sonderlich weit zur ***West Edmonton Mall*** (*WEM*) an der 170th St/87th Ave-90th Ave. Von der Innenstadt zum immer noch **weltgrößten überdachten Shopping- und Entertainmentzentrum** geht die 102nd Ave in die Stony Plain Road über, dann links ab auf die 170th St.

Die weiträumige Ausschilderung erleichtert die Orientierung und weist darauf hin, dass sich die ***WEM*** seit ihrer Eröffnung im Jahr 1981 zur Top-Attraktion von Edmonton entwickelt hat.

Eishockey – der kanadische Nationalsport

Die mit Abstand beliebteste Sportart in Canada ist *Hockey* – natürlich Eishockey. Daran ist immerhin so viel richtig, daß die Regeln des Spiels erstmals in Canada schriftlich niedergelegt wurden und man dort auf die Idee kam, den Ball durch die seither übliche Scheibe zu ersetzen.

Dreißig Mannschaften aus Canada und den USA tragen in der *National Hockey League* (NHL) ihre Meisterschaftsspiele aus. Die sechs kanadischen Vertreter sind die ***Calgary Flamers, Edmonton Oilers, Montréal Canadiens, Ottawa Senators, Toronto Maple Leafs*** und ***Vancouver Canucks***. Im Gegensatz zu europäischen Ligen versteht sich die NHL als exklusiver Zirkel, bei dem es weder Auf- noch Abstieg gibt. Die Vereine gehören millionenschweren Besitzern, die mit dem Eishockey Profite erwirtschaften möchten, sonst ziehen die Mannschaften mit Sack und Pack um, wie z.B. 1996 die *Winnipeg Jets* als *Phoenix Coyotes* nach Arizona.

Die **Profiliga-Meisterschaft** um den *Stanley Cup*, 1892 vom damaligen britischen Generalgouverneur in Canada, *Lord Stanley*, gestiftet, gilt den Kanadiern als wichtigstes Sportereignis des Jahres. Es ist in seiner Bedeutung vergleichbar mit dem Endspiel der *Champions League* im Fußball.

Bei einem Gespräch über Eishockey fällt früher oder später der Name ***Wayne Gretzky***. *»The Great One«* mit der Trikotnummer 99 wurde vierfacher *Stanley-Cup*-Gewinner mit den *Edmonton Oilers*. Er gilt als der beste Eishockeyspieler aller Zeiten und ist bis heute unübertroffener Torschützenkönig des NHL. In der ewigen Scorerwertung (Tore und erfolgreiche Torvorlagen) der NHL hat er mit 2.857 Punkten phänomenale 1.000 Punkte Vorsprung vor dem Zweitplazierten *Mark Messier* (1.887).

Die überschäumende Eishockey-Begeisterung hat auch einen politischen Hintergrund. Diese Sportart gehört zu den wenigen Bereichen, in denen Canada den Vergleich mit den USA nicht zu scheuen braucht.

West Edmonton Mall (WEM)

Die Dimensionen der WEM sind überwältigend. Bei 58 Eingängen sollte man sich dessen Nummer merken! Der von außen unansehnlich wirkende, von 20.000 Parkplätzen umgebene Komplex mit 24.000 Beschäftigten besitzt ein »Innenleben« von über 800 Läden, **100 Restaurants**, 6 Kaufhäusern und 21 Kinos samt 3D-IMAX.

Wem Einkaufen und Kinos langweilig werden, kann im ***Galaxyland*** (Tagespass $30) im weltgrößten ***Indoor-Rollercoaster*** mit **3-fach-Looping** oder in **3D-Bewegungssimulatoren** Nervenkitzel suchen. Es warten außerdem Eislaufarena ($8) und Minigolfanlage ($10). Auch Seelöwen ($5) sind zu bewundern, und im ***Fantasyland Hotel*** kann man nach soviel Aktivität die müden Glieder gleich zur Nacht betten; © 1-800-RESERVE, © (780) 444-3000; DZ $249; www.fantasylandhotel.com.

Im ***World Waterpark*** (auch dort Tagespass $30) sorgen ein künstlicher Strand, Brandungsbad und 14 unterschiedlichste Wasserrutschen für Badespaß selbst mitten im Winter, ⇨ Foto Seite 33.

Wagemutige lockt ein überdachter ***Bungee Tower***: $75/Sprung.

Nachbauten von **Columbus' *Santa Maria***, von New Orleans` ***Bourbon Street***, von europäisch aussehenden Straßen und einer chinesischen **Pagode** bemühen sich um internationales Flair.

Die Sonderattraktionen sind nicht billig. Wenn das Geld für den totalen Konsum nicht reicht, hilft vielleicht ein Besuch in der **Bingo-Halle** oder im **Spielkasino**.

Die *WEM* ist täglich geöffnet: Mo-Sa 10-21 Uhr, So 11-17 Uhr. Eine laufend aktualisierte Programmansage läuft unter: ✆ **1-800-661-8890**, ✆ **(780)-444-5304**; www.westedmall.com

Nachbau der Santa Maria in der WEM

3.6.6 Edmontons Umgebung

Die flache Umgebung Edmontons bietet Touristen nicht allzu viel, sieht man vom ***Elk Island National Park*** am *Yellowhead Highway* einmal ab. Er liegt knapp 50 km östlich der Stadt

Elk Island National Park

Dort erheben sich die bewaldeten ***Beaver Hills*** des nur 194 km^2 großen *Elk Island National Park* über die umgebende Prärie. Die Zufahrt erfolgt direkt vom *Yellowhead Hwy* oder über Lamont (Straße #15). Für die Hauptstädter ist der Nationalpark beliebtes Ausflugs- und Wochenendziel.

Insbesondere der Astotin Lake mit seiner *Sandy Beach* samt ***Campground*** ($26, (✆ 1-877-RESERVE, www.pccamping.ca) und die zahlreichen Wanderwege, darunter mehrere Naturlehrpfade u.a. zu **Biberburgen**, ziehen die Besucher an. Von dem im Park vorhandenen Wild bemerkt man mittags zumeist wenig. Hauptattraktion sind die ***Bisons*** (*Buffalos*), die – strikt getrennt nach Waldbison südlich und Präriebison nördlich des *Yellowhead* #16 weiden (➪ Seite 494). Man sieht sie direkt von der Hauptstraße aus oder auch entlang der Parkstraße und der kurzen ***Bison Loop Road***. Tagsüber liegen die mächtigen Tiere oft wiederkäuend im Schatten oder baden im Staub, um Insekten zu verjagen. Aktiv sind sie meistens in den Morgen- und Abendstunden. Insbesondere zur Paarungszeit im Hochsommer zeigen sich Bisonbullen von ihrer temperamentvollen Seite, wenn sie versuchen, mit ihren kurzen, spitzen Hörnern Konkurrenten zu vertreiben. Um das Wild im Park zu halten, aber auch, um größere Raubtiere (Bären, Wölfe) bzw. erkrankte Tiere fernzuhalten, wurde *Elk Island* als einziger Nationalpark Canadas rundum eingezäunt, ✆ (780) 922-5790, www.pc.gc.ca/elk.

Ukrainian Village

Gegenüber der Parkeinfahrt (am *Yellowhead Hwy)* stehen die Zwiebeltürme des ***Ukrainian Cultural Heritage Village***. In den Farmhäusern, in Schmiede, Kirche und Straßen dieses ausgezeichneten Museumsdorfes erzählen »Dorfbewohner« in zeitgenössischen Trachten die Siedlungsgeschichte der Immigranten, die zwischen 1892 und 1930 aus der Ukraine ins östlich zentrale Alberta kamen. Das weitläufige Freilichtmuseum ist Ende Mai bis Anfang September tägl. 10-18 Uhr, bis Mitte Oktober Sa+So 10-18 Uhr geöffnet; Eintritt $8; www.culture.alberta.ca/uchv.

Reynolds-Alberta Museum

In *Wetaskiwin,* rund 40 km südlich von Edmonton, steht das großartige ***Reynolds-Alberta Museum***, Juli, Aug. 10-18 Uhr, Juni 10-17 Uhr, sonst Di-So 10-17 Uhr. Eintritt $9; www.machinemuseum.net. Es thematisiert die Mechanisierung Albertas mit Schwerpunkten Fliegerei, Landwirtschaft und Transport. Oldtimer pendeln zwischen Museum und Hangar, wo in der ***Aviation Hall of Fame*** (www.cahf.ca) 27 Flugzeuge ausgestellt sind. Originell: Man kann im luftigen **Cockpit** eines Doppeldeckers mitfliegen: 10 min kosten $119, 20 min $170, ✆ (780) 352-9689.

Leduc #1

Mit der erfolgreichen Bohrung am 13. Feb. 1947 in Leduc löste *Imperial Oil* den Ölboom im Norden Albertas aus. Im ***Canadian Petroleum Interpretive Centre*** (30 km südwestlich von Edmonton, Straßen #60/#19, tägl 9-17 Uhr, Eintritt $8; www.c-pic.org) steht ein Nachbau des #1-Förderturms. Die Ausstellungen beziehen sich auf Technologie und Geschichte der Erdölförderung.

Exkurs: Von Edmonton nach Dawson Creek (Forts. Seite 320)

Von Südosten zum Ausgangspunkt des Alaska Highway gibt es keine reizvolle Reiseroute. Alle Strecken durchqueren überwiegend langweilige Agrar- und Waldgebiete.

Direkte Route

Der **kürzeste und schnellste Weg nach Dawson Creek** führt über Whitecourt und Grande Prairie. Die knapp 600 km lange, gut ausgebaute Kombination der Straßen #16/#43 in Alberta und #2 in British Columbia läßt sich ohne weiteres als Tagesetappe bewältigen, in Ruhe genügen zwei Tage allemal.

Whitecourt

Erster größerer Ort am Wege ist Whitecourt (9.000 Einw., © (780)-778-5363; www.whitecourtchamber.com). 12 km weiter nordwestlich, an der Straße #32, liegt der ***Huestis Demonstration Forest***, in dem Einflüsse holzwirtschaftlicher Aktivitäten (Abholzung und Wiederaufforstung) auf das Ökosystem – im Sinne der Betreiber – positiv dargestellt werden.

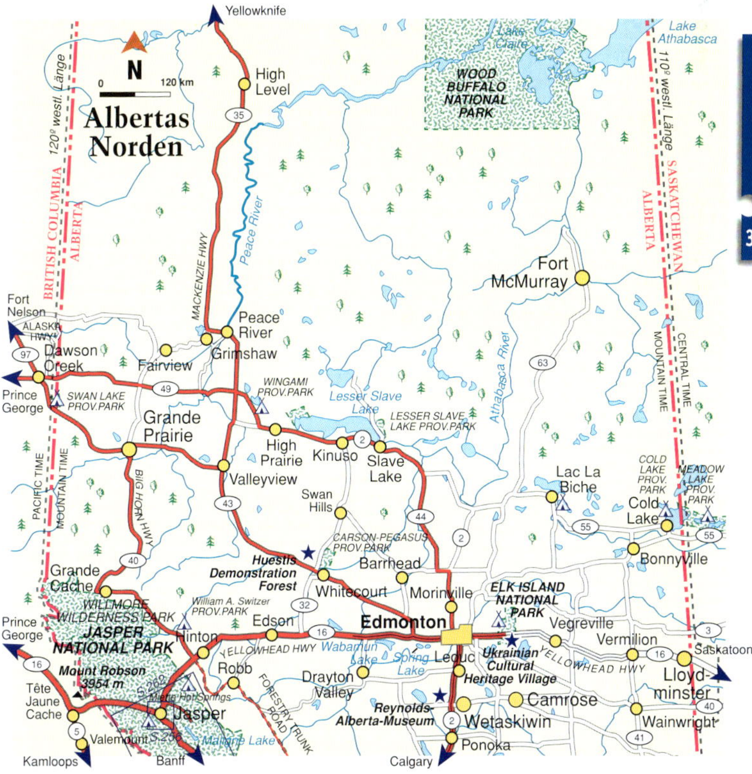

Whitecourt Für die 7 km lange Rundfahrt durch verschiedene Ökosysteme und den Naturlehrpfad ist der Besuch den Abstecher wert.

Camping Zum Campen eignet sich in diesem Bereich der ***Carson- Pegasus Provincial Park*** ($20-$25, © (780)-778-2664; www.carsonpegasus.com) ein wenig nördlich des *Huestis*. Er ist schön angelegt und bietet neben dem *Campground*, einen kleinen Sandstrand und Kanuvermietung, $10/Stunde auf verbundenen Seen.

Grande Prairie **Grande Prairie** ist mit 47.000 Einwohnern größte Stadt der Region. Einen besonderen Grund zum Verweilen gibt es dort indessen nicht; www.cityofgp.com.

Weitere Provinzparks Letzte Station vor Dawson Creek für eine Campingübernachtung könnte der ***Swan Lake Provincial Park*** sein. Der Park mit Badestrand liegt bereits in BC ($15).

Route über den Lesser Slave Lake Die nur 50 km längere Straßenkombination #44/#2/#49 über den ***Lesser Slave Lake*** (250 km nördlich Edmonton) ist nur dann eine erwägenswerte Alternative, wenn genügend Zeit für einen Strandspaziergang am 110 km langen und mit 1.168 km² größten Sees Albertas (außerhalb des ***Wood Buffalo National Park***) bleibt.

Einen Zugang zum See gibt es in den **Provinzparks *Lesser Slave Lake*** im Nordosten und ***Hilliards Bay*** im Nordwesten. Beide besitzen exzellente weiße Sandstrände und hervorragende Campingplätze mit Tarifen $20-$27.

Einer der wenigen guten ***Campgrounds*** am Südufer ist der kommerziell betriebene ***Spruce Point Park*** mit Zufahrt westlich von Kinuso; $20-$27, © (780) 775-2117, www.sprucepointpark.ca.

Kaum einen Umweg (auf den Straßen #749/#679) erfordert der ***Winagami Lake Provincial Park*** mit einem ebenfalls sehr schönen *Campground* am See ($20-$25).

Exkurs: Von Edmonton nach Jasper

Von Edmonton nach Jasper sind es **360 km** auf dem ***Yellowhead Highway***, der zunächst schnurgerade durch flaches Farmland läuft. Eine halbe Fahrstunde westlich der Stadt laden bei **Stony Plain** und **Spring Lake** warme Seen mit Badestrand, Campground und Bootsverleih zur Erholung vom Stadtbesuch ein.

Erst auf ihrer zweiten Hälfte ab **Edson** gewinnt die Strecke landschaftlich ganz allmählich an Reiz. Mit den Rocky Mountains erreicht man gleichzeitig die östliche Einfahrt in den ***Jasper National Park***. Die nun folgenden 50 km bis zur **Stadt Jasper** im breiten urstromartigen Tal des **Athabasca River** verlaufen überaus malerisch.

Wer sich für diese Route entscheidet, findet die Ausführungen zu Jasper ab **Seite 257**. Eine kurze Beschreibung des ***Big Horn Highway*** von **Hinton** nach Norden (Grande Prairie) steht auf **Seite 305** unten.

3.7 Von den Rocky Mountains nach Vancouver

3.7.1 Trans Canada Highway von Lake Louise bis Kamloops

Verlauf des TCH

Westlich Lake Louise läuft der TCH durch den unmittelbar an den *Banff Park* anschließenden ***Yoho National Park***, durchquert im weiteren Verlauf den ***Glacier National Park*** und passiert kurz darauf den ***Mount Revelstoke National Park*** (*Kootenay National Park* ⇨ Seite 343f)..

Diese rund 230 km sind der landschaftlich attraktivste Abschnitt des *Trans Canada Highway*, wenngleich der oft sehr starke Verkehr das Naturerlebnis erheblich beeinträchtigt. Aber schon wenig abseits der Hauptstraße scheinen Lärm und Betrieb des TCH weit weg zu sein. (⇨ Weitere Ausführungen hierzu stehen in der Einleitung zu Kapitel 3.7.4.)

Wasserscheide

Die Grenze zwischen *Banff* und *Yoho National Park* markiert gleichzeitig die Provinzgrenze zwischen Alberta und British Columbia und die Wasserscheide (***Continental Divide***) zwischen Pazifik und Atlantik.

Yoho National Park

Das Gebiet des heutigen ***Yoho National Park*** wurde erst Ende des 19. Jahrhunderts im Zusammenhang mit dem Bau der ersten transkanadischen Eisenbahn erforscht. Die damals für die Schiene gewählte Route über den ***Kicking Horse Pass*** (1.647 m) erwies sich Jahrzehnte später auch für die Trassenführung des *Trans Canada Highway* als geeignet.

Information (Karte Seite 265)

Yoho National Park
✆ (250) 343-6783; www.pc.gc.ca/yoho

Lake O`Hara

Die **schönste Wanderregion** im *Yoho Park* ist die Umgebung des **Lake O`Hara**, südlich des TCH; Abzweigung der Stichstraße dorthin etwa 3 km westlich der *Continental Divide*. Den Parkplatz am *Trailhead* erreicht man nach rund 1 km. Für alle, die den

Yoho Nat'l Park: Alpine Circuit Trail um den Lake O'Hara, ⇨ *Seite 322*

3

11-km-Anmarsch auf der ***Lake O'Hara Fireroad*** (keine Fahrräder) zum einmalig gelegenen See nicht machen wollen, gibt es einen **Shuttle-Bus** (8.30, 10.30, 15.30 und 17.30 Uhr ab Parkplatz; Rückfahrt $15), der im Sommer – bis zu 3 Monaten im voraus möglich – reserviert ($12 Gebühr) werden muss: ✆ (250) 343-6433. Die identische Telefonnummer und dasselbe Verfahren gelten auch für die **Reservierung des Campingplatzes** ($10; 500 m zum See).

Die ***Elizabeth Parker Hut*** (600 m bis zum See) des kanadischen Alpenvereins (➪ Seite 271 unten) ist ebenfalls Monate im voraus ausgebucht. Die extrem teure ***Lake O'Hara Lodge*** ($510!) kann unter ✆ (250) 343-6418 reserviert werden, www.lakeohara.com.

Alpine Circuit Trail

Glanzpunkt dieser Region ist der ***Alpine Circuit***, ein Höhenweg rund um den türkisfarbenen **Lake O`Hara** (ca. 12 km, schneefrei ab Juli). Auf ihm genießt man durchgehend einen Panoramablick auf die umliegenden Berge. Tief unten leuchtet der See. Dieser *Trail* gehört zu den besten der kanadischen Rockies.

Spiral Tunnels

Da sich das 4,5%ige Gefälle der ersten Eisenbahntrasse westlich des ***Kicking Horse Pass*** als zu steil erwies – viele Waggons entgleisten –, wurde es bereits 1909 mit Hilfe zweier spiralförmig angelegter Tunnel auf 2,2 % verringert. Die Tunnel schlagen einen Bogen von 226° bzw. 288°. Weil kanadische Güterzüge oft extrem lang sind, sieht man gelegentlich die Loks am unteren Tunnelausgang herauskommen, wenn die letzten Wagen noch oben hineinrollen.

Den ***Lower Spiral Tunnel*** kann man vom TCH einsehen, zum nicht so interessanten ***Upper Spiral Tunnel Viewpoint*** muss man ein Stück der Straße ins *Yoho Valley* hinein folgen. Die Zugfrequenz ist relativ hoch, so dass die Chance, Züge in die Tunnel ein- und ausfahren zu sehen, groß ist. Das durchdringende Pfeifen der Züge signalisiert ihre Tunnelnähe.

Die beiden Campingplätze auf der *Yoho Valley Road* sind nur 1 km voneinander entfernt. Dabei ist der weitläufige Platz ***Kicking Horse*** erheblich besser als der ***Monarch Campground***.

Abstecher zu den Takakkaw Falls

Der Abstecher zu den *Takakkaw Falls* auf der ***Yoho Valley Road*** (nur Ende Juni-Anfang Oktober), die 4 km östlich vom *Field* am ***Monarch Campground*** vom TCH abzweigt, sollte das Minimalprogramm im *Yoho Park* sein. Bis zum Straßenende sind es 13 km. Auf halber Strecke machen enge Serpentinen Campmobilen über 23 Fuß Länge zu schaffen. Größere Campmobile und Busse überwinden das Hindernis durch abwechselndes Vorwärtsfahren und Zurücksetzen, wenn sie die Kurven sonst nicht meistern können.

Vom Parkplatz geht es auf einem kurzen Pfad an und über den *Yoho River* bis an den Fuß der ***Takakkaw Falls***, deren Wasser enorme 254 m tief hinabstürzt.

Gespeist wird der zweithöchste kanadische Wasserfall vom nur wenig oberhalb gelegenen ***Daly Glacier***. Der sehr schöne ***Walk-in Campground*** (➪ Foto Seite 144) am Straßenende ist im Sommer meist schon vormittags belegt.

Trails ins Hinterland des Yoho Valley

Der Parkplatz an den ***Takakkaw Falls*** bildet eine Art Knotenpunkt im Wegenetz des Parks. Ein 4 km langer, ebener *Trail* führt zu den ***Laughing Falls***. Von dort aus erreicht man die (unbewirtschaftete) ***Stanley Mitchell Hut***, eine Hütte des ***Alpine Club of Canada*** im *Little Yoho Valley* nach 5 km, Reservierung dieser Hütte ➪ Seite 271 unten.

Der Weg (ca. 4 km) von den *Laughing Falls* zum (bewirtschafteten) ***Twin Falls Chalet***, © (403) 228-7079, mit Blick auf die 80 m hohen ***Twin Falls***, **Canadas neunthöchstem Wasserfall**, gehört zu den populärsten Wanderrouten im *Yoho Park*. Zurück folgt man dem kaum längeren ***Marpole Lake Connector*** (am gleichnamigen kleinen See vorbei) oder dem herrlichen ***Whaleback Trail*** (+5 km) mit einem weiteren spektakulären Höhenpanorama.

Ein weiterer schöner Wanderweg überquert, ausgehend vom toll gelegenen ***Whiskey Jack Hostel*** (HI, Reservierung wie *Banff Hostel*, ➪ Seite 271, 27 Betten, $22; www.hostels.ca) auf der westlichen Talseite, den *Yoho Pass* zum Emerald Lake (direkt 11 km, nur lohnend in Verbindung mit ***Burgess Pass Trail***, 18 km).

Auf dem ersten Kilometer identisch mit dem *Yoho Pass Trail* verläuft der ***Iceline Trail***, der zunächst eine 6,5 km entfernte Passhöhe (2.210 m) oberhalb der Baumgrenzen anvisiert. Der Aufstieg in die Höhe lohnt sich selbst für 2 km wegen der fantastischen Ausblicke auf die ***Takkakaw Falls***, Berggipfel und Gletscher. Mit dem *Iceline Trail* beginnt auch die mit Abstand attraktivste **Rundwanderung** (26,5 km) über ***Lake Celeste Connector*** in das ***Little Yoho Valley***, dann ***Whaleback Trail*** zum *Twin Falls Chalet*; zurück auf ***Laughing Falls Trail***.

Takakkaw Falls

Field

In Field, einer 1885 bei der Konstruktion der *Canadian Pacific Railway* entstandenen Eisenbahnersiedlung 4 km westlich des *Yoho Valley Road* Abzweigs, passiert man das ***Yoho Park Visitor Centre***, zugleich offizielles ***Alberta & BC Welcome Centre*** (täglich 9-16 Uhr, im Sommer 9-19 Uhr). Dort gibt es auch den ***Backcountry Guide to Yoho National Park***, eine nützliche Broschüre mit allen *Trails*.

3

Emerald Lake

Die Zufahrt zum wunderschönen *Emerald Lake* zweigt 3 km westlich Field vom TCH ab. Gleich eingangs der Straße passiert sie die ***Natural Bridge***, eine pittoreske Felsenbrücke über den *Kicking Horse River*. Bis zum glasklaren *Emerald Lake*, dessen türkise Färbung dem Namen (»Smaragd«) Ehre macht, sind es 8 km auf guter Straße. Ein guter Weg (5 km) führt rund um den See, ein **Kurztrail** zu den ***Hamilton Falls***.

Die ***Emerald Lake Lodge*** mit Kanuverleih ($28/Stunde; © (250) 343-6000) verfügt über rustikale Luxus-Hütten mit Seeblick (DZ ab $200), © (250) 343-6321 oder © 1-800-663-6336, www.emeraldlakelodge.com.

Camping

Nahe der Westgrenze des Parks (noch vor der Brücke über den *Kicking Horse River*) liegt etwas abseits der Hauptstraße der ***Hoodoo Creek Campground***, dessen rückwärtiger Teil hübsche Plätzchen bietet. Oberhalb des ***Hoodoo Creek*** führt ein steiler Pfad zu ***Hoodoos*** (1,6 km); diese Sandsteintürmchen sind beeindruckender als die in Banff (⇨ Seite 273).

Kicking Horse River

Der Kicking Horse River zählt bis Golden zu den rauesten ***Whitewater-Rafting***-Flüssen in BC. Nur wenig außerhalb der Nationalparkgrenzen kann man eine Tour auf dem *Middle River* (Grad III-IV) mit dem unbändigen *Lower River* (7 km, Grad IV+) zum 22-km-Tagestrip ausdehnen, ***Alpine Rafting***, © 1-888-599-5299, © (250) 344-6778; $115; www.alpinerafting.com.

Golden

Bei **Golden** (4.000 Einwohner, © (250)-344-7125, © 1-800-622-4653, 111 Donald Upper Road; www.tourismgolden.com), einem Städtchen ohne besonderen Reiz, mündet der Kicking Horse in den Columbia River. Am an sich schön gelegenen

- ***Municipal Campground***, $19-$25, © (250) 344-5412; www.goldenmunicipal campground.com, stört der Eisenbahnlärm auf der Flussseite gegenüber.
- Am TCH wartet östlich der Stadt der ***Whispering Spruce Campground***, © (250) 344-6680, $19-$30; www.whisperingspruce.net. Er ist wegen der TCH-Nähe auch laut, verfügt aber über einige gute, straßenabgewandte Stellplätze am Hang.

Forest Service Camping

Zwischen den Parks *Yoho* und *Glacier* führen Forststraßen in das Gebiet am südlichen Ausläufer des ***Kinbasket Lake***. Die Campingplätze des *Columbia Forest District* sind dort selbst im Sommer nur mäßig belegt – Info und Karten in den *Forest Offices* in Golden und Revelstoke.

Glacier National Park

Der *Glacier National Park* (Info ⇨ Seite 327) umfaßt ein Areal von 1.349 km^2 mit über 400 Gletschern in den nördlichen Ausläufern der ***Selkirk Mountains*** und ***Purcell Mountains***, beides Bergketten der ***Columbia Mountains***. Über 10% seiner Fläche liegen auch im Sommer unter Schnee und Eis. Vom quer durch den Park führenden TCH ist von den Gletschern aber fast nichts zu sehen. Man muss dazu schon ins Hinterland wandern.

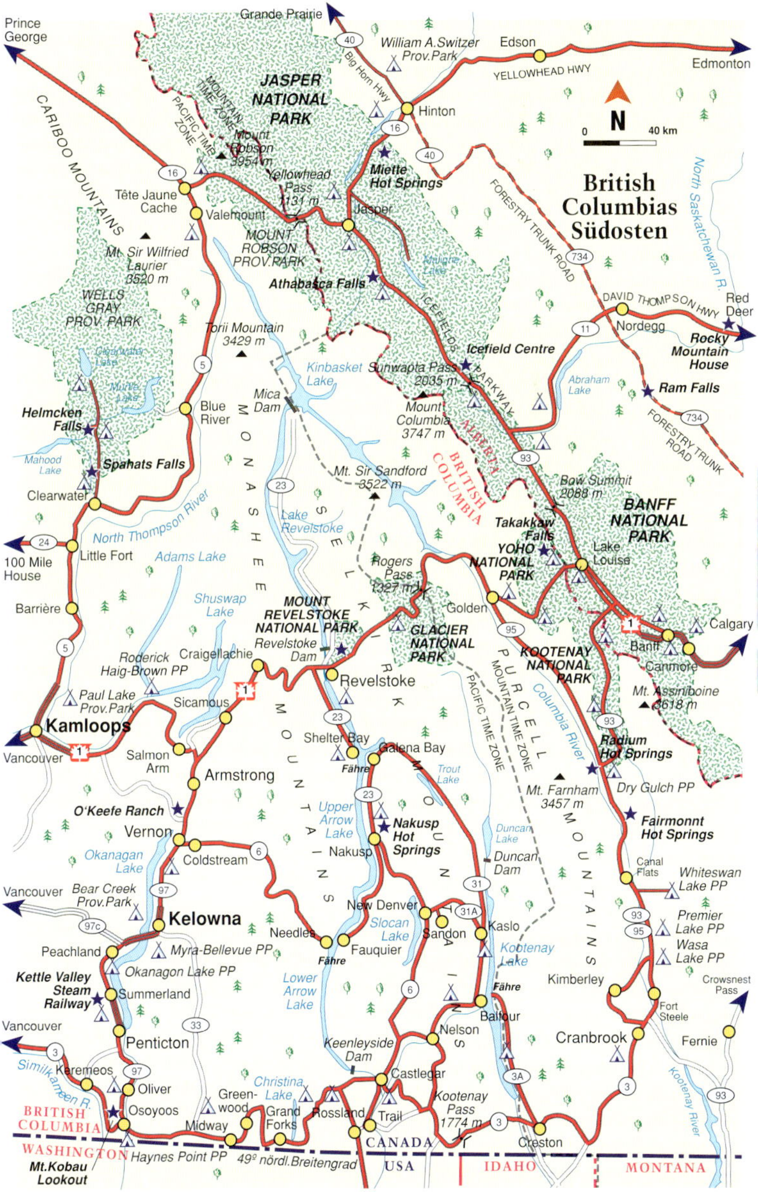
British Columbias Südosten
N
0 40 km
Prince George
Grande Prairie
William A.Switzer Prov.Park
Edson
Edmonton
YELLOWHEAD HWY
Big Horn Hwy
Hinton
JASPER NATIONAL PARK
MOUNTAIN TIME ZONE
PACIFIC TIME ZONE
Mount Robson 3954 m
Yellowhead Pass 1131 m
Miette Hot Springs
Jasper
CARIBOO MOUNTAINS
Tête Jaune Cache
Valemount
MOUNT ROBSON PROV.PARK
Mt. Sir Wilfried Laurier 3520 m
WELLS GRAY PROV. PARK
Clearwater Lake
Murtle Lake
Athabasca Falls
Maligne Lake
FORESTRY TRUNK ROAD
ICEFIELDS PARKWAY
DAVID THOMPSON HWY
Red Deer
Nordegg
Rocky Mountain House
Ram Falls
North Saskatchewan R.
Abraham Lake
Icefield Centre
Sunwapta Pass 2035 m
Torii Mountain 3429 m
Kinbasket Lake
Mica Dam
Blue River
Helmcken Falls
Mahood Lake
Spahats Falls
Clearwater
MONASHEE MOUNTAINS
Mount Columbia 3747 m
ALBERTA
BRITISH COLUMBIA
Mt. Sir Sandford 3522 m
Bow Summit 2088 m
BANFF NATIONAL PARK
Takakkaw Falls
YOHO NATIONAL PARK
Lake Louise
North Thompson River
Lake Revelstoke
SELKIRK MOUNTAINS
Little Fort
100 Mile House
Adams Lake
Rogers Pass 1327 m
Golden
Barrière
Shuswap Lake
MOUNT REVELSTOKE NATIONAL PARK
GLACIER NATIONAL PARK
Calgary
Banff
Canmore
Roderick Haig-Brown PP
Craigellachie
Revelstoke Dam
Revelstoke
KOOTENAY NATIONAL PARK
PURCELL MOUNTAINS
PACIFIC TIME ZONE
MOUNTAIN TIME ZONE
Columbia River
Mt. Assiniboine 3618 m
Paul Lake Prov.Park
Sicamous
Kamloops
Vancouver
Salmon Arm
Shelter Bay
Galena Bay
Fähre
Trout Lake
Radium Hot Springs
Armstrong
Mt. Farnham 3457 m
Dry Gulch PP
O'Keefe Ranch
Upper Arrow Lake
Nakusp Hot Springs
Fairmonnt Hot Springs
Vernon
Duncan Lake
Duncan Dam
Coldstream
Nakusp
Okanagan Lake
Canal Flats
Whiteswan Lake PP
Bear Creek Prov.Park
New Denver
Kelowna
Slocan Lake
Sandon
Kaslo
Premier Lake PP
Needles
Fauquier
Kootenay Lake
Wasa Lake PP
Peachland
Myra-Bellevue PP
Kettle Valley Steam Railway
Okanagon Lake PP
Lower Arrow Lake
Kimberley
Crowsnest Pass
Summerland
Balfour
Fort Steele
Nelson
Cranbrook
Fernie
Penticton
Keenleyside Dam
Similkameen R.
Keremeos
Castlegar
Oliver
Christina Lake
Green-wood
Grand Forks
Rossland
Trail
Kootenay Pass 1774 m
Kootenay River
Osoyoos
Midway
Creston
CANADA
USA
WASHINGTON
IDAHO
MONTANA
Haynes Point PP
49° nördl.Breitengrad
Mt.Kobau Lookout
3

Lawinengefahr

Auch im ***Glacier Park*** wurde mit der Schienentrasse über den ***Rogers Pass*** kanadische Eisenbahngeschichte geschrieben. Die Witterungsverhältnisse am Pass (statistisch gesehen regnet oder schneit es an 3 von 5 Tagen; im Winter fallen durchschnittlich über 9 m Schnee) und extreme Lawinengefahr behinderten den Betrieb jedoch derart, dass man den Pass 1916 mit dem 8 km langen ***Connaught Tunnel*** umging, der 1988 durch den ***Mount MacDonald Tunnel,*** mit 14,7 km längster Eisenbahntunnel Amerikas, ersetzt wurde. Im Prinzip ist der Autoverkehr (erst seit 1962!) über den *Rogers Pass* ebenso lawinengefährdet, wie es einst die Züge waren. Aber dank teilweiser Betonüberdachung der Straße und intensiver Lawinenkontrollmaßnahmen einschließlich gezielter künstlicher Auslösung läuft der Verkehr auch im Winter weitgehend störungsfrei.

Lawinenschutzdemo. Der TCH ist im Verlauf durch die Rockies auf langen Abschnitten in dieser Form »überdacht«

Rogers Pass

Das *Rogers Pass Information Centre* des ***Glacier Park*** liegt zusammen mit einer kleinen Versorgungsinfrastruktur (***Best Western Glacier Park Lodge***, © (250) 837-2126; www.glacierparklodge.ca, DZ ab $145,) direkt am TCH, rund 1 km vor (östlich) der Passhöhe. Eine Ausstellung und Filme erläutern Konstruktion von Straße und Eisenbahn durch die Berge und Methoden der Lawinenbekämpfung gestern und heute. Am Schalter des *National Park Service* gibt's Karte und u.a. den *Trail Guide* ***Footloose in the Columbias***, in dem alle Wanderwege im ***Glacier* und** im ***Mount Revelstoke National Park*** beschrieben sind (er ist auch auf deutsch erhältlich).

Trails

Ein Monument aus zwei sich kreuzenden Bögen markiert die Passhöhe (1.327 m). Wie erläutert, ist der *Rogers Pass* für die Eisenbahn zwar untertunnelt, die alte Trasse existiert aber noch. Ein guter Kurztrail (***Abandoned Rails***) dorthin zum Beinevertreten beginnt neben dem Besucherzentrum.

Am ***Loop Brook Campground*** (hübscher, einfacher Platz), 5 km westlich des *Rogers Pass*, startet ein weiterer Weg auf der ehemaligen in Schleifen aufsteigenden Bahntrasse. Der ***Loop Brook Trail*** (1,6 km Runde) führt durch dichten Regenwald.

Die drei panoramareichsten Höhenwege im *Glacier Park* beginnen am ***Illecillewaet Campground*** (etwas abseits des TCH, Zufahrt etwa 2 km westlich der Passhöhe, auch empfehlenswert):

Perley Rock Trail (5,6 km, 900 Höhenmeter, weglos noch höher), ***Glacier Crest Trail*** (4,8 km, 800 Höhenmeter, schöner Weg mit Rundumsicht auf Berge und Gletscher) und ***Asulkan Valley Trail*** (6,5 km, 930 Höhenmeter) führen bis über die Ausläufer der *Illecillewaet* und *Asulkan Glacier*.

Heiße Quellen

Zwischen ***Glacier*** und ***Mount Revelstoke National Park*** liegen nur wenige Kilometer. Die ***Canyon Hot Springs*** am Ostrand des letzteren besitzen neben Heiß- und Warmwasserpool (40°C bzw. 26°C) auch einen **Campingplatz** ($32-$42), der indessen oft von Lesern kritisiert wurde, und *General Store*, © (250) 837-2420. Mai-September täglich 9-21 Uhr geöffnet, Juli/August 9-22 Uhr; Eintritt *Hot Springs* $9; www.canyonhotsprings.com.

Mount Revelstoke National Park

Am ***Mount Revelstoke National Park*** fahren die meisten Touristen – zu Unrecht – achtlos vorbei, da der TCH dessen Hochgebirgsareal auf relativ uninteressanter Strecke südlich umgeht. Der Park ist mit 260 km^2 der zweitkleinste Nationalpark in Westkanada und verfügt über keinen Campingplatz.

Seine Gipfel gehören zur ***Clachnacudainn Range*** der Selkirk Mountains, einem Gebirge der Columbia Mountains, die auf der Westseite auch im Sommer von starken Regenfällen heimgesucht werden. Jährliche Niederschläge von durchschnittlich 2.000 mm gibt es sonst nur an der Pazifikküste. Auch ein Abstecher zum Gipfelplateau des ***Mount Revelstoke*** lohnt sich, wenngleich die Höhenwege dort weniger spektakulär verlaufen als im benachbarten ***GlacierPark***. Der ***Meadows-in-the-Sky Parkway*** (26 km) zweigt vom TCH ab (= Revelstoke Stadtumgehung).

Information

Mount Revelstoke & ***Glacier National Park***
301B 3rd St W, Revelstoke, © (250) 837-7500
www.pc.gc.ca/revelstoke & www.pc.gc.ca/glacier

Glacier Nat'l Park: Endpunkt des Perley Rock Trail

Trails

Zunächst jedoch passiert der TCH kurz nach Erreichen der Parkgrenzen Picknickplatz und Ausgangspunkt des ***Giant Cedars Trail***. Dieser kurze Weg ist den Zwischenstop wert: Auf einem ***Boardwalk*** (500 m) geht es durch einen – selbst bei Sonnenschein – schummrigen Regenurwald mit bis zu 800 Jahre alten Rotzedern.

Etwa 3 km weiter westlich führt der ***Skunk Cabbage Trail*** (ca. 1,2 km Rundweg) ebenfalls als Holzplankenweg durch ein Sumpfgelände am Illecillewaet River. Die Riesenkohlart, die für den Namen des Pfades sorgte, steht im Juli am höchsten. So unerträglich wie das namensgebende Stinktier riecht der Stinkkohl zum Glück aber nicht!

Parkzufahrt

Der kurvenreiche ***Meadows-in-the-Sky Parkway*** zweigt bei Revelstoke vom TCH ab; er ist 8 bis 9 Monate im Jahr verschneit und nur von Juli bis September voll befahrbar.

Die Straße steigt durch drei **Vegetationszonen:** Regenwald aus Hemlocktannen und Rotzedern bildet den unteren Bereich; in der mittleren Region, ab ca. 1.300 m, dominieren zunächst Engelmannfichten; ab etwa 1.900 m gibt es kaum noch Bäume. Vom letzten Parkplatz vor dem Straßenende am *Balsam Lake* verkehrt ein Gratis-Shuttle-Bus zum wenig profilierten Gipfel-Plateau (oder man läuft den einen Kilometer).

Aussichtsplattform im Mt. Revelstoke Nat'l Park

Dort hat man vom ***Historic Fire Lookout*** (auf 1.938 m), einem früheren Feuerwachtturm, eine großartige Aussicht über das 1.500 m tiefer gelegene *Columbia River Valley*, Revelstoke und hinüber zu den Monashee Mountains auf der jenseitigen Flussseite. Ganz in der Nähe des Turms befindet sich ein **Picknickplatz** in schöner Lage.

Hochalpines Gebiet

Keine besondere Anstrengung erfordert der ***Meadows-in-the-Sky Trail*** über hochalpine Wiesen, die Anfang August voller Blumen stehen. Der 1 km lange Rundweg führt an einer Felsspalte vorbei, aus der selbst mitten im Sommer der Schnee nicht verschwindet. Wanderungen können beliebig ausgedehnt werden; eine Übersichtstafel zeigt das enggeknüpfte Wegenetz.

Trails

Im Nationalpark-Büro in Revelstoke (➪ Seite 327 unten), erhält man einen ***Trail Guide*** bzw. das bereits für den *Glacier Park* empfohlene Büchlein »*Footloose in the Columbias*«.

Stadt Revelstoke

Revelstoke (7.300 Einwohner) am Zusammenfluss von *Illecillewaet* und *Columbia River* ist in weitem Umkreis der einzige größere Ort und hat viele **Motels** besonders im nördlichen Bereich unterhalb des TCH. Positiv bewertet wird die

- ***SameSun Backpacker Lodge***, die auch als ***Hostel*** fungiert, 400 2nd Street, © 1-877-56-CARVE oder © (250) 837-4050, $25/Bett, $62 DZ, www.samesun.com.

Information Revelstoke: 204 Campbell Ave, © (250) 837-5345, © 1-800-487-1493; www.seerevelstoke.com.

Das Zentrum wurde in den letzten Jahren restauriert; die kleine Fußgängerzone lädt zum Bummel ein. Für Eisenbahnfans lohnt sich der Besuch des ***Railway Museum*** (am inneren Stadtring; Mai-Okt. täglich 9-17 Uhr, Juli+August 9-20 Uhr, $8; www.railway museum.com). Fürs Picknick eignen sich die Parks am Fluss.

Wer in Revelstoke einen *Campground* sucht, sollte den schön gelegenen Platz am glasklaren **Williamson Lake** ins Auge fassen (5 km südlich Revelstoke: Zufahrt über 4th Street und Airport Way) mit *Hook-up*, Duschen und Badestrand, aber eng, wenn voll belegt; © (250) 837-5512, © 1-888-676-CAMP, $16-$22; www.william sonlakecampground.com.

Staudämme am Columbia River

Die Straße #23 zweigt zum ***Mica Dam*** ab, der den mächtigen Fluss 140 km weiter nördlich zum riesigen **Kinbasket Lake** staut. Der 175 m hohe ***Revelstoke Dam*** (1984), nur 5 km nördlich des Ortes ist heute eine Besucherattraktion.

Ein ***Visitor Center*** (Juni-Mitte Oktober, täglich 10-17 Uhr, frei) informiert über Details des Staudamms sowie der Stromerzeugung entlang des Columbia River. Bereits 1964 hatten Canada und die USA die mehrfache Aufstauung des Columbia River vereinbart, um nach der Schneeschmelze Überflutungen zu verhindern und die Wassermassen am größten Wasserkraftwerk der USA in Grand Coulee zu regulieren; www.bchydro.com/recreation.

Rund 15 km nördlich des Dammes liegt am Lake Revelstoke der ***Martha Creek Provincial Park*** mit schönem Campplatz, $15.

Big Eddy

Gleich westlich des Columbia River passiert man eine kleine touristische Infrastruktur mit **Campingplätzen**, Tankstellen und **Motels** im Stadtteil Big Eddy. Zufahrt über die Straße #23 Richtung Shelter Bay. Dort befindet sich auch das **Büro des *Columbia Forest District***, 1761 Big Eddy Rd, © (250) 837-7611, mit viel Informationsmaterial zur Wildnis der Umgebung.

TCH-Verlauf

Der TCH läuft bald durch ein dichtes Waldgebiet und überquert beim **Summit Lake** die Wasserscheide zwischen *Fraser* und *Columbia River Basin*. Am ***Three Valley Lake*** liegt der Komplex des ***Three Valley Lake Chateau*** mit auffällig rotem Dach und originellen Felszimmern, ***Wildwest Theatre***, Mini-*Ghosttown*, Restaurant und Kneipe, Sandstrand, ein guter Platz für die Nacht zwischendurch, © 1-888-667-2109, DZ $115; www.3valley.com.

3

Last Spike

Bei **Craigellachie**, ca. 45 km westlich von Revelstoke, wurde am 7.11.1885 der letzte Nagel *(Last Spike)* in die Schwellen der ersten kanadischen transkontinentalen Eisenbahn geschlagen. Heute befinden sich dort eine ***Rest Area*** mit Denkmal, Eisenbahnwaggon und Andenkenladen.

Gut 11 km weiter passiert man den ***Yard Creek Provincial Park*** (durchschnittlicher *Campground*, $15). Besseres Campen verspricht der ***Cedars Campground***, © (250) 836-2265, auf der anderen Straßenseite am ***Eagle River*** und gleichnamigen *Nature Park*, © 1-877-836-3988, $25-$34, www.cedarspark.com.

Canadian Pacific Railway

Fast bis Ende des 19. Jahrhunderts war British Columbia faktisch von den östlichen Provinzen des Landes isoliert. Bezeichnend für die Situation ist die Route einer Parlamentsdelegation, die 1870 nach Ontario reiste: Mit dem Schiff ging es zunächst nach San Francisco und von dort mit *Central* und *Union Pacific Railway* über Omaha und Chicago nach Toronto.

Nach amerikanischem Vorbild entschied man sich für den Bau einer transkontinentalen Eisenbahn, und am 7.11.1885 wurden in Craigellachie, 45 km westlich von Revelstoke am heutigen *Trans Canada Highway*, die letzten Schwellen der *Canadian Pacific Railway* gelegt (eine *Rest Area* mit Denkmal erinnert daran). Der erste Zug aus Montréal traf am 4.7.1886 nach fast 6-tägiger Fahrt in Port Moody ein, einer kleinen Stadt östlich von Vancouver. Ein Jahr später verlängerte die CPR die Schienen und verschaffte damit Vancover einen wichtigen Standortvorteil gegenüber Victoria.

Konkurrenzlos bis zur Ankunft der zweiten Transkontinentallinie (*Canadian Northern Railway*, www.cn.ca) 1915 fuhr die CPR in den ersten Jahrzehnten ihres Bestehens beachtliche Gewinne ein. Sie beeinflußte die Wirtschaftsstruktur ganzer Landstriche. Doch die einst so bedeutende Eisenbahn unterlag im Wettbewerb um die Personenbeförderung der Straße und dem Luftverkehr. Nur auf den Güterstrecken ist das Schienennetz gut ausgelastet. So erfolgt in den Agrarregionen der Getreidetransport überwiegend per Bahn: nach Zwischenlagerung in den *Grain Elevators*, den unübersehbaren Lagertürmen in der Prärie, zu den Häfen am Pazifik (Vancouver und Prince Rupert), am Lake Superior (Thunder Bay) oder an der Hudson Bay (Churchill).

In der *Grain Academy* auf dem *Stampede*-Gelände von Calgary (➪ Seite 288) stehen Modelle der kühnen Konstruktionen, die CPR-Ingenieure damals ersonnen hatten, um die Bahn durch die *Rockies* und weiter zu bringen. In British Columbia sorgten vor allem chinesische Bauarbeiter unter miserablen Bedingungen für die Umsetzung dieser Pläne. Die *Chinatowns* von Vancouver und Victoria gehen auch auf diese asiatischen Einwanderer zurück.

Die 1881 gegründete Muttergesellschaft *Canadian Pacific Limited* wurde 2001 in 5 Unternehmen aufgespalten: *Canadian Pacific Railway*, www.cpr.ca, *CP Ships* (heute Teil von Hapag-Lloyd), *EnCana* (Erdöl- und Erdgas, www.encana.com), *Fording (*Kohle; www.fording.ca) sowie *Fairmont Hotels and Resorts* (www.fairmont.com) mit *Delta Hotels* und Luxusherbergen wie dem *Banff Springs Hotel*, der *Victoria Empress* und dem *Chateau Lake Louise*.

Hausboot-paradies Shuswap Lake

Sicamous

Über 1.000 km einsame, bewaldete Uferlinie mit ungezählten Buchten haben den **Shuswap Lake** (Info ➪ Seite 35) für **Hausbootferien** populär gemacht. Der See zeichnet sich durch eine ungewöhnliche Form aus. Vier lange »Arme« sind über eine einzige Engstelle miteinander verbunden. Der ***Salmon Arm*** gilt als der attraktivste. An seinem östlichen Knie und dem damit verbundenen **Mara Lake** liegt der kleine Ort **Sicamous**, ***Houseboat Capital of Canada***. Verleihstationen findet man an der Engstelle zwischen den Seen an der **Riverside Ave**. Minimumleihe drei Tage, Tarif dafür ab ca. $600. Auskünfte beim ***Sicamous Visitor Information Centre***, 110 Finlayson Street am *Government Dock*, ✆ (250) 836-3313, www.sicamouschamber.bc.ca.

Houseboat Rental

Durchreisende finden neben der TCH-Brücke Richtung Kamloops einen schönen **Badestrand** im ***Sicamous Beach Park***

Salmon Arm

Der TCH folgt der Uferlinie des ***Salmon Arm*** über den gleichnamigen größten Ort **Salmon Arm** (16.000 Einw., ✆ 1-877-725-6667, ✆ (250)-832-2230; www.visitsalmonarm.com) der Region und erreicht in Squilax das Westende des Sees.

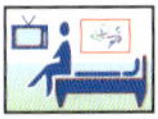

Dort bietet das ***Int'l Hostel Shuswap Lake***, ✆ (250) 675-2977, ✆ 1-888-675-2977, www.hostels.com, im ***Squilax General Store*** (heute ein Bioladen), Quartiere in alten Eisenbahnwaggons Betten zu $17.

Lachs-auftrieb

In Squilax verbindet der ***Adams River*** den *Shuswap* mit dem ***Adams Lake***. Dieser Fluss steht mit seinen Uferbereichen als ***Roderick Haig-Brown Provincial Park*** unter Naturschutz. Alle 4 Jahre (2010, 2014) steigen dort insbesondere Anfang Oktober Millionen von Lachsen (*Sockeye Salmons*) zu ihren Laichgründen flussaufwärts, in anderen Jahren sind es noch Hunderttausende.

Die Zufahrt zum ***Information Centre*** des Parks erfolgt über Squilax. Eine Straße zum ***Adams Lake Provincial Park*** läuft parallel zum Fluss. Von mehreren Punkten aus kann man den **Uferpfad** erreichen, in den Sommermonaten im *Swimming Hole* baden und die herrliche Natur und Landschaft genießen.

Camping gibt es in diesem Park nicht, wohl aber in den nahen ***Shuswap Lake Provincial Park***, ✆ 1-800-689-9025, $24, (attraktiv und daher populär; frühe Ankunft notwendig) bzw. ***Adams Lake Provincial Park,*** $10, (einfach, Stellplätze am See).

Verbindung zur Straße #5

Wer über den alternativen ***Yellowhead Highway* #5** nach Norden fahren möchte, könnte erwägen, von hier aus der ***Squam Bay Road*** nach Barriere zu folgen. Diese Schotterstraße besitzt aber »haarige« Teilstücke hoch über dem Adams Lake. Mit Campmobilen ist sie nicht zu empfehlen.

Nach Vancouver

Wenn die Zeit für eine Fahrt durchs *Okanagan Valley* nicht mehr reicht, ist die verbleibende Strecke **von Salmon Arm zurück nach Vancouver** (ca. 460 km) über Kamloops und den *Coquihalla Highway* innerhalb eines Tages gut zu schaffen.

Wer bei knapper Zeit einen Eindruck vom Okanagan-Gebiet »mitnehmen« möchte, könnte auch über Vernon/Kelowna und den

Über das Okanagan Valley

den ***Okanagan Connector* #97C** fahren. Diese etwas längere Route (ca. 500 km), beansprucht – je nach Verkehrsaufkommen – nur wenig mehr Fahrzeit.

Salmon Arm und **Sicamous** befinden sich am Nordende des »Gutwetter-Tals« ***Okanagan Valley***. Über die Straßen #97A bzw. #97B gelangt man mitten in den Obst- und Gemüsegarten Canadas, erreicht aber die landschaftlich reizvolle Zone erst am Okanagan Lake. Da die Straße bis Kelowna weit abseits des Sees verläuft und extrem ausgebaut und befahren ist, läge es nahe, die Westuferstraße zu wählen. Sie stößt südwestlich von Kelowna wieder auf die Straße #97 und den besten Abschnitt bis Okanagan Falls. Ohne Absicht, dort im *Fintry PP* (➪ Seite 337) zu übernachten, lohnt sich das aber nicht.

3.7.2 Alternativroute ab Revelstoke an den Arrow Lakes entlang nach Vernon

Alternative zum TCH ab Revelstoke

Statt dem TCH zu folgen, könnte man ab Revelstoke eine in mancher Beziehung noch **attraktivere Route nach Westen** wählen. Bis **Vernon** eingangs des *Okanagan Valley* benötigt man auf den **Straßen #23 und #6** einschließlich zweier Fähren mindestens einen vollen Tag. Verglichen mit dem stark befahrenen TCH und der Straße #97 ist der Weg über Nakusp reine Idylle und bietet mit *Nakusp Hot Springs* einen idealen Zwischenstop für eine Nacht.

Arrow Lake

Upper und **Lower Arrow Lake** im Tal zwischen Selkirk und Monashee Mountains sind keine natürlichen Seen, sondern nichts weiter als der durch den *Keenleyside Dam* bei *Castlegar* bis *Revelstoke* über 232 km (!) gestaute Columbia River.

Auf der Strecke liegt mit Nakusp nur ein kleines Städtchen (sehr schön am See) mit Versorgungsmöglichkeit. Die auf den Karten verzeichneten »Orte« **Shelter Bay** und **Galena Bay**, **Fauquier** und **Needles** sind lediglich Fähranleger.

Nach Shelter Bay

Die Straße #23 von Revelstoke nach Shelter Bay verläuft zunächst hoch über dem sich langsam zum Upper Arrow Lake erweiternden Columbia River.

Der nördliche Stausee ist außer am ***Blanket Creek Provincial Park*** (künstlicher Badepool, kein Strand am See, schöner ***Campground***, $15, ✆ 1-800-689-9025) kaum zugänglich. Über dem Ufer unweit des Anlegers bietet der kleine ***Shelter Bay Campground***, $10, des *Arrow Lakes Provincial Park* einen guten Platz für die Nacht bei später Ankunft (im Sommer oft voll).

Fähre

Von Shelter Bay nach Galena Bay verkehrt die **kostenlose Fähre** *Galena* im Stundentakt (Shelter Bay, 6-23 Uhr, volle Stunde; umgekehrt zur halben Stunde). Trotz der geringen Kapazität von rund 50 Wagen ist sie lediglich Anfang Juli-*Labour Day* voll ausgelastet – was eine Menge über die Verkehrsdichte auf der Straße #23 aussagt. Die Überfahrt dauert ungefähr 20 min, Zeit zum Genießen des Gebirgspanoramas ringsum.

Halcyon Hot Springs

Bis Nakusp folgt die Straße in schönem Verlauf weitgehend dem Ufer des **Upper Arrow Lake**, aber nur selten ist eine Zufahrt vorhanden. Die ersten Thermalbecken liegen 17 km südlich Galena Bay im komfortablen ***Halcyon Hot Springs***-Komplex (drei 32°-41°C warme Pools, täglich 8-22 Uhr, Juli-Anfang September bis 23 Uhr, $9), ***Campground***, **Chalets** und Restaurant: ✆ 1-888-689-4699, DZ ab $109; www.halcyon-hotsprings.com.

Nakusp Hot Springs

2 km nördlich Nakusp sollte man unbedingt auf der ***Hot Springs Road*** (12 km) zu einer weiteren schön gelegenen Poolanlage fahren. Ebenfalls unter freiem Himmel aalt man sich dort im 36°C (großer Pool) bis 40°C (kleiner Pool) warmen Wasser (ganzjährig täglich 9.30-22 Uhr; Eintritt $8).

Unterkunft

Übernachten kann man im Ortszentrum in der

- ***Kuskanax Lodge***, ✆ 1-800-663-0100 oder ✆ (250) 265-3618; DZ $75; www.kuskanax.kootenays.com.
- Auf dem ***Nakusp Hot Springs Campground,*** ✆ (250) 265-4528, $15-$25; www.nakusphotsprings.com, am wilden Wasser des Kuskanax River, sind die Plätze direkt am Ufer oft früh besetzt.
- Der 14 km weiter südliche ***McDonald Creek Provincial Park,*** mit kilometerlangem Strand ist sehr empfehlenswert, ebenso der
- idyllische ***Summit Lake Provincial Park***, ➪ Seite 335; beide $15.

Die weit und breit größte Ortschaft **Nakusp** besitzt einen schönen Badestrand, eine Reihe von **Motels** und Hotels und eine ausreichende Infrastruktur zur Versorgung.

Nach Vernon

Von Nakusp folgt man der Straße #6 am Ufer des Arrow Lake entlang bis zum **Fähranleger Fauquier** (Fähre gratis, 5 min. Überfahrt bis Needles 5-22 Uhr, alle 30 min). Jenseits des Sees geht es auf schön geführter, ruhiger Straße quer durch die **Monashee Mountains** nach Vernon am Nordende des *Okanagan Valley*.

Shelter Bay-Galena Bay Autofähre

Durch die Selkirk Mountains zwischen Kootenay und Arrow Lake

Kootenay Lake und Duncan Lake im Osten, Trout Lake im Norden sowie Upper Arrow Lake im Westen umfassen ein extrem dünn besiedeltes Gebiet. Mittendrin liegen die ***Selkirk Mountains***, eingerahmt von den ***Purcell*** und ***Monashee Mountains*** im Osten bzw. Westen.

Ab Galena Bay gibt es neben der Asphaltstraße #23 in Richtung Nakusp eine alternative – ebenfalls attraktive – Route. Der ***Highway* #31** führt zunächst durch die *Selkirk Mountains* und anschließend über Kaslo bis zur *Balfour Ferry* (➪ Seite 349) eingangs des Westarms des Kootenay Lake. Dabei geht es rund 90 km über Schotter. Mit einem Tag **Extrazeit** könnte man auch ab Kaslo über die Straßen #31A und #6 zurück nach Nakusp fahren (185 Mehrkilometer im Vergleich zur Direktroute auf der #23) und von dort – entsprechend der Beschreibung im fortlaufenden Text – der Straße #6 in das *Okanagan Valley* folgen.

Zur Route: 10 km östlich Galena Bay befindet sich der 3,2 km lange *Hill Creek Spawning Channel*. Schautafeln an der umlaufenden Schotterstraße erläutern den Lebenszyklus der Kokanee-Lachse, die in diesem künstlichen Kanal Ende August bis Ende September laichen.

Wenige Kilometer weiter südlich geht es bergauf, und die Straße führt hoch über dem **Trout Lake** am Hang entlang. Ein grandioses Panorama belohnt auf Teilstrecken den Umweg. Ab dem Südende des Sees folgt sie dem Lauf des eiskalten, aber malerischen **Lardeau River**. Auf diesem – weiterhin geschotterten – Abschnitt begegnet man außer Holzlastern kaum anderen Fahrzeugen.

An der Flußmündung in den Duncan River zweigt eine Stichstraße zum ***Duncan Dam*** ab. Die kurze Anfahrt zum Südende des Duncan Lake lohnt sich allemal. Am Endpunkt befindet sich ein Picknickplatz mit Aussicht auf die 39 m hohe Dammkrone. Südwestlich des Damms dient der 3,3 km lange *Meadow Creek Spawning Channel* (Straße um den Kanal mit Infotafeln, wie Hill Creek) als künstlicher Ersatz für die seit dem Dammbau 1967 weitgehend verloren gegangenen Kokanee-Laichgründe.

Am attraktiven Nordarm des Kootenay Lake besitzt der ***Kootenay Lake Provincial Park*** zwei ***Campgrounds***: ***Davis Creek*** ($10) und ***Lost Ledge*** ($15). Um auf diesen Plätzen einen Stellplatz zu ergattern, muß man insbesondere an Wochenenden früh kommen.

Kaslo, eine Ende des 19. Jahrhunderts blühende Silberminenstadt und heute nur noch 2.100-Seelen-Gemeinde, ist der einzige »echte« Ort im Bereich Oberer Kootenay Lake und *Lardeau Valley*. An der Kaslo Bay steht der ausgemusterte **Raddampfer *SS Moyie***, der einst zwischen Nelson und Siedlungen am Nordarm des Sees verkehrte. Dieser älteste noch erhaltene Passagier-Schaufelraddampfer der Welt beherbergt ein kleines Museum mit Objekten und Fotos aus den aktiven Jahren des Schiffes (1898 bis 1957); geöffnet Mitte Mai-Mitte Oktober täglich 9-17 Uhr; $7, #324 Front Street; dort befindet sich auch das ***Kaslo Visitor Info Centre***, © (250) 353-2525; www.klhs.bc.ca.

Der ***Highway* #31A** nach New Denver (ca. 50 km) führt in fantastischem Verlauf durch die *Selkirk Mountains*. Ein Stop könnte der 1900 zunächst durch einen Großbrand und 1955 von Hochwasser zerstörten **Geisterstadt Sandon** gelten, die nur 5 km abseits der Hauptstraße liegt. Von dort führt eine enge *Logging Road* (für Campmobile ungeeignet) zum ***Idaho Peak Lookout*** (2.273 m): Zum Gipfel geht es über einen schönen, ab Juli schneefreien Fußweg (1,4 km). Dort hat man eine brillante Sicht auf die umliegende Bergwelt und den langen Slocan Lake 1.700 m tiefer.

In New Denver erreicht man die **Straße #6**. Nordwärts auf dem Weg nach Nakusp (50 km) liegt auf der Passhöhe zwischen Slocan Lake und Upper Arrow Lake der ***Summit Lake Provincial Park*** mit einem wunderbaren, idyllisch von Bäumen eingerahmten ***Campground*** ($19).

Dieselbe Straße nach Süden ist kaum zu überbieten: sie verläuft streckenweise bis zu 300 m hoch über dem **Slocan Lake**, berührt aber auch **Badestrände**. In **New Denver** und **Silverton** kann man sie nicht verfehlen, in **Slocan** ist ein Abstecher von der #6 durch den Ort nötig.

Auch **Camping** am glasklaren, aber kalten See ist möglich auf den *Municipal Campgrounds* in New Denver, ✆ (250)-358-2316, $18-$22; www.newdenver.ca, und Silverton, ✆ (250)-358-2372, $15-$18; www.silverton.ca.

Mit Ziel Castlegar (➪ Seite 350) und Weiterfahrt auf dem ***Crowsnest Highway*** ist diese Route (ab Kaslo) insgesamt noch attraktiver und nur 35 km länger als die Streckenführung der Straßen #31 und #3A über Nelson.

Wilde Strecke Idaho Peak Road in den Selkirk Mountains, siehe oben

3.7.3 Das Okanagan Valley von Vernon bis Osoyoos

Okanagan Valley: Klima

In Vernon stößt die #6 auf die Hauptverkehrsachse #97 durch das ***Okanagan Valley***. Das langgestreckte Tal wird als nördlichster Ausläufer des trockenen intramontanen Beckens definiert, das sich von Mexico zwischen Sierra Nevada und Kaskaden im Westen sowie Rocky Mountains im Osten durch den gesamten Westen der USA zieht. Mit sommerlichen Höchsttemperaturen von täglich 30°C an der US-Grenze paßt das trockenheiße Wetter im Okanagan so gar nicht zum sonst vorherrrschenden Canadaklima. Dank der dort geringen Niederschläge und hohen Temperaturen gedeiht eine wüstenähnliche Vegetation (u. a. Salbeibüsche, Feigenkakteen).

Vegetation

Im größten kanadischen Weinanbaugebiet am unteren Arm des langgestreckten Okanagan Lake – auf derselben geographischen Breite wie etwa der Rheinabschnitt zwischen Mainz und Karlsruhe – fühlt man sich wie nach Südeuropa versetzt. **Verkaufsstände** für alle Arten von Obst, Gemüse säumen die Straßen. Zwischen Vernon und Osoyoos laden über **40 *Vineyards***, Weinbauer, zu Weinproben ein.

Ferienhochburg

Obst und Wein würden kaum so gut gedeihen, wäre das Tal nicht auch noch mit unerschöpflichen Wasserreserven gesegnet. Touristische Hauptattraktion des Tales sind daher auch die angenehm warmen Stauseen Kalamalka, Skaha, Vaseux, Osoyoos und besonders der über 110 km lange **Okanagan Lake**. Alle Arten von Wasser- und Angelsport und kommerziell organisierte Aktivitäten sorgen dort für Urlaubsspaß.

Weil das *Okanagan Valley* **Ferienfreuden wie an Italiens Gardasee** bietet, ist es ein sehr populäres Urlaubsziel. Dazu gehören im Sommer früh ausgebuchte Quartiere und volle Campingplätze. Wer nach kühlen, speziell regnerischen Tagen im Gebirge in dieses Tal kommt, wird das Klima genießen.

Picknick auf dem Giant Head Mountain (auf etwa halber Höhe, ➪ Seite 339) mit Blick über den Okanagan Lake

Okanagan Lake bei Vernon

Vernon (36.000 Einwohner), einer der Zentralorte der Region, liegt nicht unmittelbar am *Okanagan Lake*, sondern abseits seines nördlichen Ausläufers und partizipiert daher weniger am Tourismus. Der **Seezugang** ist weit entfernt: 25th Avenue in Richtung *Okanagan Lake*. Auch zum ***Ellison Provincial Park***, © 1-800-689-9025, ca. 16 km südwestlich von Vernon hoch über dem See, folgt man zunächst dieser Straße. Der hier besonders idyllische Campingplatz, $24, liegt mitten im Wald. Über Treppen geht es hinunter zum Strand.

Westufer-Straße

Wie auf Seite 332 erwähnt, könnte man von Vernon statt die #97 nach Süden alternativ die ruhige Westside Road am **Westufer** nehmen (nur bei viel Zeit sinnvoll!), müsste dazu aber erst einige Kilometer in nördliche Richtung fahren:

Silver Star Mountain

- Am nördlichen Ortsausgang zweigt die 22 km lange ***Silver Star Road*** zum gleichnamigen *Mountain* ab, einem beliebten Skigebiet. Auch im Sommer ist dort ein Sessellift in Betrieb (Juni-Anfang September täglich 10-17 Uhr, $12; www.skisilverstar.com). Oben warten tolle Aussicht und *Trails*. Beliebt ist dieser Berg bei ***Mountain Bikers***, die ihr Rad im Lift mit nach oben bringen; Tagespass $38, Mietbike: $50/Tag.

Wasserspaß

- Auf der Weiterfahrt (Hwy #97/Pleasant Valley Road) passiert man 1 km südlich Abzweig #97/97A ***Atlantis Waterslides***, einen Planschpark mit vielen Rutschen; geöffnet Mitte Juni bis August täglich 10-17 Uhr, Juli bis Mitte August 10-19 Uhr; Eintritt $20; www.atlantiswaterslides.ca.

Ranch

- Ebenfalls an der #97 (1 km vor der Westside Road) war die von *Cornelius O'Keefe* 1867 gegründete ***O'Keefe Ranch*** Ausgang des 19. Jahrhunderts eine der größten im Okanagan. Mit 12 zeitgenössischen Gebäuden, Kutschfahrten, Tieren, Sattlerei und Töpferei ist es zwar das beste Museum im Okanagan Valley, besitzt aber nicht die Qualität von *Barkerville* oder *Fort Steele*; geöffnet Mai bis Anfang Oktober täglich 9-18 Uhr; $12; www.okeeferanch.ca.

Camping

Auf etwa halber Strecke am See entlang passiert man den ***Fintry Provincial Park*** mit Sandstrand, Wanderwegen und ***Campground***, © 1-800-689-9025 (mit Duschen), $24, in schöner Lage am See; wenn auch nur wenige Stellplätze am Wasser vorhanden sind (34 km ab Kelowna, 49 km ab Vernon).

Ebenfalls am Seeufer liegt der ***Bear Creek Provincial Park***, 7 km nördlich der Straße #97. Er ist hervorragend angelegt in üppiger Vegetation. Unbedingt reservieren: © 1-800-689-9025, $24.

Information

Vernon Visitor Centre, 701 Hwy 97 South, © (250) 542-1415, © 1-800-665-0795, www.vernontourism.com

Camping

Nach Süden läuft der *Highway* #97 mit nur wenigen Seezufahrten (*Kekuli Bay PP*, © 1-800-689-9025, $24), zunächst noch oberhalb des **Kalamalka Lake**. Mehrere ***Campgrounds*** mit Plätzen am Wasser säumen sein Südufer in Oyama auf der Straße zwischen

Kalamalka und Wood Lake; und auch am Südzipfel des Wood Lake findet man Camping am See.

U-Pick Fruit Zur Erntezeit werben viele Obstplantagen mit ***U-Pick*-Preisen**: Kirschen, Äpfel, Birnen sind selbst gepflückt schön preiswert!

Kelowna Die Touristenhochburg Kelowna (sprich: Kilóhna), ***Heart of the Okanagan***, ist die größte Stadt im Tal (107.000 Einwohner) und beherbergt auch die größte ***Shopping Mall*** in der 2271 Harvey Ave zwischen den Rockies und Vancouver: ***Orchard Park***; www.orchardparkshopping.com. Die ***Tourist Information*** befindet sich am Hwy #97 einige Blocks östlich der langen Brücke über den Engpass des Sees.

Information ***Kelowna Visitor Information Centre***
544 Harvey Ave,
✆ (250) 861-1515 und ✆ 1-800-663-4345
www.tourismkelowna.com

Wer in Kelowna eine **Unterkunft** sucht, findet in der Nähe der Hauptstraße #97 zahlreiche Hotels und Motels. Fürs Campen geht nichts über die Provinzparks ***Bear Creek*** und ***Okanagan Lake***, ➪ vorige Seite und nebenstehend.

Uferparks Der zentrale Bereich Kelownas liegt nördlich der Durchgangsstraße. Im populären ***City Park*** gibt es u.a. eine ***Public Beach***, einen Anleger für den Raddampfer ***Fintry Queen*** von 1948 (4 Mal täglich 11.30-18 Uhr, $15/Std, $25/2Std; www.fintryqueen.com)

Ogopogo Eine nach Augenzeugenberichten angefertigte Skulptur zeigt die **Seeschlange *Ogopogo***. Sie wird in den Tiefen des Sees vermutet, ähnlich wie das Ungeheuer von *Loch Ness*. Lebendsichtungen gibt's unter www.ogopogoquest.com.

Aktivitäten Ein kurzer Abstecher führt (auf der Ellis St einige Kilometer nach Norden) auf den ***Knox Mountain***. Stadt und See sind von mehreren Parkplätzen mit ***Viewpoints*** gut zu überblicken. Wer sportlich zu Fuß hinauf möchte: Auf dem ***Apex Trail*** sind bis zum Gipfel fast 300 Höhenmeter zu überwinden.

Südöstlich von Kelowna gehört die Trasse der stillgelegten ***Kettle Valley Railway*** (215 km von Penticton nach Midway, ➪ Seite 339) mit dem bildschönen ***Myra Canyon*** zu den besten kanadischen Bike-Revieren. Nachdem 2003 einige Holzbrücken Waldbränden zum Opfer gefallen waren, wurden die meisten Radrouten inzwischen wieder hergerichtet, zuletzt im ***Myra-Bellevue Provincial Park***, dem besten Teil der Originalroute. **Bikeverleih** bei ***Sports Rent*** in Kelowna, ✆ (250) 861-5699, ab ca. $26/Tag; www.sportsrentkelowna.com.

Weiterfahrt nach Süden Auch südlich von Kelowna bleibt die #97, nun auf der Westseite des Sees, ausgebaut und stark befahren. Der Verkehr vermindert sich südlich Peachland, da der ***Okanagan Connector*** (Autobahn) in Richtung Merritt/*Coquihalla Hwy*/Vancouver einen Teil seines Volumens aufnimmt. Von Kelowna sind es auf dieser Route noch knapp **400 km bis Vancouver**.

Ogopogo-Skulptur – gefertigt nach Berichten von Augenzeugen – im City Park von Kelowna

Lachswanderung

Ab Mitte September, zur Zeit der Lachswanderung, ist der Stop im ***Hardy Falls Regional Park*** (4 km südlich von Peachland) ein muss. Dann wimmelt es dort von ***Kokanee Salmons***, die bachaufwärts zu einem *Pool* unterhalb eines Wasserfalls schwimmen. Auch sonst lohnt sich der ca. 1 km lange schattige Weg dorthin als **Kurzwanderung**.

Der hier einzige **Provinzpark** mit Campingplatz, ***Okanagan Lake***, ✆ 1-800-689-9025, $24, liegt in mehreren Terrassen über dem See und hat große prima Stellplätze sämtlich mit Weitblick (Nordbereich/ *North Unit*). **Einige besonders schöne Plätzchen am Seeufer** gibt`s in der *South Unit.*

Aussicht

Bei Summerland erhebt sich der ***Giant's Head Mountain*** 500 m über den See, der beste **Aussichtsberg** im *Okanagan Valley*. Die Anfahrt erfolgt über die ***Prairie Valley Road***, dann auf die ***Giant's Head Road*** und eine enge Gipfelstraße (nicht für *Motorhomes*). Das letzte Stück zum Gipfel geht es nur zu Fuß. An der Straße und oben passiert man mehrere **Picknicktische** mit Superblick.

Summerland

Südlich von Summerland (ca. 5 km) befinden sich die ***Ornamental Gardens*** des ***Pacific Agri-Food Research Centre***. Der kleine Abstecher von der Hauptstraße #4200 Hwy 97 lohnt schon fast allein wegen der idyllisch plazierten Picknicktische im grünen Park (täglich 8 Uhr bis Dämmerung, $3 »Spende«; www.summerlandornamentalgardens.org).

Kettle Valley Bike Trail

Hinter dem Gelände erhebt sich die *Trout Creek Bridge*, die höchste Eisenbahnbrücke (73 m) der zur Zeit (wegen Brückenreparaturen) unterbrochenen ***Kettle Valley Railway*** von **Hope** über **Penticton** nach **Midway** am ***Kettle River*** (➪ Hope, Seite 235; ➪ Midway Seite 352). Zum tollen ***Myra Canyon Biketrail*** mehr auf Seite 36.

Penticton

Zwischen dem Südende des *Okanagan Lake* und *Skaha Lake* liegt Penticton (32.000 Einwohner), eine weitere **Tourismushochburg** des *Okanagan Valley*, aber trotzdem kein besonders reizvoller Anlaufpunkt. Zentraler Bereich ist die Uferstraße am Okanagan Lake mit der ***SS Sicamous*** von 1914. Dieser größte Schaufelraddampfer im Okanagan wurde schon 22 Jahre später außer Dienst gestellt (1099 Lakeshore Drive West, Mitte Juni-Mitte September täglich 10-18 Uhr, $5; www.sssicamous.com). Beide Seen verbindet – parallel zur Straße #97 – der 6 km lange ***Okanagan River Channel***. Als Sommervergnügen lässt man sich dort mit Autoschläuchen zwei Stunden lang flussabwärts treiben, $10 für die »***Tube***«-Miete inklusive Schwimmweste und Rücktransport ($5 nur Bustransfer, *Coyote Cruises*, 215 Riverside Dr, © (250) 492-2115, Mitte Juni-Mitte September täglich 10-17 Uhr).

Am Endpunkt des *Channel* trifft man auf die Sandstrände des **Skaha Lake**, einem populären Familienziel mit vielen Hotels an der nahen Skaha Lake Road.

Information

Penticton Visitor Information Centre
553 Railway Street, © (250) 493-4055 und © 1-800-663-5052
www.tourismpenticton.com

Camping

Zwei kleine ***Campgrounds*** mit schmalen Stellplätzen liegen etwas abseits der Straße

- 1 km südlich des Skaha Lake im ***Okanagan Falls PP*** ($19) und – nur 7 km weiter im straßennahen (lauten!)
- ***Vaseux Lake Provincial Park*** ($15, einige Plätze am Wasser)
- Für $25 übernachtet man im ***HI-Hostel Penticton***, 464 Ellis St, 47 Betten; © (250) 492-3992, www.hostels.ca. Das Stuckhaus liegt in kurzer Gehdistanz zur *Okanagan Lake Beach*.

Südliches Okanagan Valley

Das Gebiet zwischen Oliver und der Grenze zu den USA wird als ***Pocket Desert*** bezeichnet. Bei trockener Sommerhitze von fast täglich 30°C findet sich dort eine karge, wüstenähnliche Vegetation aus Feigenkakteen und Salbeibüschen, nur unterbrochen von üppig grünen Inseln künstlich bewässerter Felder und Plantagen. Abends ist es hier spürbar wärmer als im zentralen Okanagan.

Osoyoos

Die letzte kanadische Ortschaft vor der US-Grenze, **Osoyoos**, hat sich eine Art spanisch-mexikanisches Aussehen verpaßt. Die holländische Windmühle setzt einen weiteren Akzent im ungewöhnlichen Ortsbild. Der **Osoyoos Lake**, einer der wärmsten Badeseen Canadas, ist bis in den Spätherbst hinein populär. Das gilt insbesondere für den ***Haynes Point Provincial Park*** und seinen *Campground* an der Spitze einer sehr schmalen Halbinsel, die nur 3 km südlich von Osoyoos 1 km weit in den See ragt. Fast alle Stellplätze liegen am Wasser. Dort ist selbst in Vor- und Nachsaison Ankunft am Vormittag oder Reservierung geboten: © 1-800-689-9025, $24.

Aber auch die privaten Plätze am See liegen nicht schlecht, am besten das – bei voller Belegung indessen enge und sanitär ggf. kritische – ***Nk'mip Resort***, © (250) 495-7279, am Ostufer des Osoyoos Lake: von der #3 bei der Mühle auf die 45th Street und noch 1 km; www.campingosoyoos.com; ($35-$45).

In Osoyoos finden sich diverse ***Beach Motels*** mit Seezugang.

Desert Centre Etwa 4 km nördlich der Stadtinfo zweigt von der #97 die 146th Ave zum ***Desert Centre*** ab. Vom Besucherzentrum führt ein Rundweg 1,5 km durch ein letztes Areal unverbauter Wüste mit Erläuterungen zu Gewächsen und Ökologie der Region. Mitte Mai-August täglich 10-16 Uhr, sonst bis 14 Uhr, $6; www.desert.org. Nur mit Führung interessant.

Information ***Osoyoos Visitor Information Centre***
9912 Hwy #3 (Kreuzung mit Hwy #97),
✆ 1-888-676-9667; www.destinationosoyoos.com

Aussichtspunkte Wer Osoyoos besucht, sollte nicht versäumen, die Straße #3 durch die Weinberge noch 9 km hinaufzufahren (nach Osten). Am Ende der Serpentinenstrecke erreicht man am *Anarchist Mountain Lookout* einen schönen Aussichtspunkt.

Für die Weiterfahrt nach Westen oder Osten ➪ Seite 353.

Superlative

Dem Touristen wird sie kurios vorkommen, aber ernst gemeint ist sie allemal (und vielleicht sogar einen eigenen Superlativ wert): die Neigung der Nordamerikaner für Übertreibungen. Jeder Ort rühmt sich seiner Sehenswürdigkeiten, und seien sie noch so bescheiden, möglichst mit der Bezeichnung ***world famous*** und anderen außerordentlichen Attributen.

Aus einem kleinen, eher mittelmäßigen Museum wird so eine ***Major Tourist Attraction***, und eine Ansammlung von Blockhäusern macht aus einem an sich unscheinbaren Dorf eine ***Log Cabin Capital of BC***. Vielleicht ist eines davon auch das größte, älteste oder schönste Blockhaus komplett aus Kiefer-, Fichten- oder anderem Holz in der Region oder auch das höchste, breiteste oder kleinste einräumige Haus der Provinz, des westlichen oder östlichen Canada oder eben der ganzen Welt. Ist an dem Gebäude selbst absolut nichts erwähnenswert, könnte zumindest der legendäre *Trapper Jim* oder *John* hier seinen *first* oder *last* Wohnsitz gehabt haben. Vielleicht besaß er damit sogar die am längsten ununterbrochen bewohnte Blockhütte diesseits der Rockies.

Einige Superlative aus dem ***Okanagan-Similkameen*** sprechen für sich:

Armstrong ist *Cheese Capitol* von British Columbia.

Kelowna, *the Largest City in the Okanagan-Similkameen*, bietet Touren durch *the Oldest Vinery in BC* und *Shopping in the Okanagans Largest Mall.*

Keremeos preist sich als *The Fruit Stand Capital of Canada.*

Oliver ist *Wine Capital of Canada.*

Osoyoos rühmt sich, den *Warmest Fresh Water Lake* in Canada zu besitzen. Außerdem weist die Stadt das *Best Climate in Canada* auf und ist die *Prettiest Little Town* des Landes.

Penticton nennt sich *One of Canada's best loved Vacation Spots*

Vernon **ist** *oldest* und **war** *largest city* im Tal.

3

3.7.4 Vom Kootenay National Park zum Crowsnest Highway

Kootenay und/oder Yoho National Park?

Von den ***Rocky Mountain National Parks*** ist der *Kootenay National Park* am wenigsten besucht. Er liegt abseits des *Trans Canada Highway*, der mit *Banff, Yoho, Glacier* und *Mount Revelstoke* gleich vier Nationalparks hintereinander durchquert.

Eine Antwort auf die mögliche und berechtigte Frage »**Welcher der beiden Parks lohnt sich eher?**« fällt nicht schwer. Wer die *Takakkaw Falls*, Lake O`Hara und Emerald Lake im ***Yoho Park*** besuchen will, findet nichts Vergleichbares im ***Kootenay Park***, der zwar auch über einige schöne Kurzwanderwege verfügt, aber nur die *Radium Hot Springs* als Top-Attraktion besitzt.

Besuche im ***Yoho* und *Kootenay National Park*** sind nur über eine kleine Rundtour ohne Weiterfahrt nach Westen oder unter Inkaufnahme von doppelt zu fahrenden Strecken möglich. Dabei wäre die zeitlich und kilometermäßig günstigste Variante, von Lake Louise zunächst einen kurzen Abstecher in den ***Yoho Nat'l Park*** zu unternehmen, wo man die entscheidenden *Highlights* auf den ersten 30 km findet (➪ Seite 321ff). Danach ginge es wieder zurück auf dem TCH Richtung Banff und ab Castle Junctionauf der Straße #93 in und durch den ***Kootenay National Park***.

Anschließend folgt man der Straße #95 nordwärts nach Golden mit Anschluss an den TCH (➪ Seite 324) oder der im folgenden beschriebenen Route #93/#95 südwärts zum ***Crowsnest Hwy***.

Alternative zum Yellowhead

Bei **Präferenz für den TCH** wird der Abschnitt Kamloops – *Wells Gray Park* – Jasper der Route in Richtung *Yellowhead Highway* (➪ Kapitel 3.2.3) durch den TCH von Kamloops nach Lake Louise (➪ Kapitel 3.7.1) ersetzt. Dabei spart man nebenbei glatt über 100 km, obwohl man den *Icefields Parkway* – zumindest ab *Lake Louise* bis zum 130 km entfernten *Columbia Icefield* – hin und zurück fahren muss.

Straße #93 durch den Kootenay Nat'l Park

➪ **Karte Seite 325**

Die belebte TCH-Strecke durch das zentrale BC (Kamloops-Revelstoke-Lake Louise, 700 km inkl. Abstecher bis zum *Icefield Centre* im *Jasper NP*) ist abwechslungsreicher als die ruhigere, waldige Nordroute über den *Yellowhead Highway* (Kamloops-Jasper-Lake Louise, 810 km inkl. Abstecher in den *Wells Gray Park*). Außerdem lässt sich der TCH bei Einschluss des *Kootenay NP* besser mit der Südroute über den *Crowsnest Highway* kombinieren.

Kootenay Park: Geschichte

Der ***Kootenay National Park*** verdankt seine Entstehung im wesentlichen der einstigen Finanzschwäche der Provinz British Columbia. Bereits 1911 wurde der Bau des damals sog. ***Banff-Windermere Highway*** in Angriff genommen, auf dem Obst und Gemüse in die Prärieprovinzen transportiert werden sollten. Aber Finanzierungsprobleme behinderten die Fertigstellung. Als die kanadische Regierung einsprang, erhielt sie als Gegenleistung einen Streifen Land von jeweils 8 km beiderseits der Straße, der 1920 noch vor Ende der Bauarbeiten (1922) zum ***Highway National Park*** erklärt wurde.

Seinen endgültigen Namen erhielt der Park nach den ***Ktunaxa-Indianern***, die vor Ankunft der Weißen dort gesiedelt hatten.

Information

Eine Karte des Parks und Informationsmaterial wie den *Kootenay Backcountry Guide* (Verzeichnis aller Wander- und Radwege) erhält man im ***Kootenay National Park Visitor Centre,*** Radium Hot Springs am Westeingang des Parks oder im ***Kootenay Park Lodge Visitor Centre*** in ***Vermilion Crossing***.

Offizielle Parkadresse:

Kootenay National Park Visitor Centre
7556 Main St. East, Radium Hot Springs
✆ (250) 347-9505
www.pc.gc.ca/kootenay

Camping

Der *Highway* #93 ist keine wichtige Hauptstraße wie der TCH und daher verkehrsmäßig viel angenehmer. Campingplätze in Straßennähe muss man nicht meiden. Empfehlenswert ist in erster Linie der großzügig angelegte ***McLeod Meadows Campground***. Ein weiterer, klimatisch nicht so günstiger Platz befindet sich im Osten beim hochgelegenen ***Marble Canyon***. Beide sind selbst in der Hauptsaison selten voll. Auf dem ***Redstreak Campground*** sichert indessen nur frühe Ankunft einen Platz. Alle $22.

Klima

Das Klima im östlichen Bereich des *Kootenay Park* unterscheidet sich stark von dem im Westteil. Die Barriere der Rockies sorgt für hohe Niederschläge in den östlichen Höhenlagen, während die westliche, tiefer gelegene Parkregion – etwa ab *Kootenay Crossing* – relativ trocken und warm bleibt.

Trails

Der ***Vermilion Pass*** (1.651 m), 10 km westlich des TCH, ist der höchstgelegene Straßenpass über die kanadischen Rocky Mountains. Unweit der Passhöhe schlängelt sich der ***Fireweed Nature Trail*** (1 km) durch ein bereits 1968 von einem Waldbrand (*Vermilion Pass Burn*) geschädigtes Areal.

Der Baumbestand erholt sich wegen der in der Höhe nur kurzen jährlichen Wachstumsperiode langsam. Dafür haben sich viele Wildblumen ausgebreitet, vor allem ***Fireweed***, das in prächtigem Rosa blühende Schmalblättrige Weidenröschen.

Gletscher

Der ***Stanley Glacier Trail*** (5,5 km) führt etwas weiter westlich durch dasselbe Waldbrandgebiet und endet unterhalb des Gletschers, eine schöne Wanderung bei Blumenblüte im Frühsommer.

Schlucht

Durch starken Wasserdruck wurde der Kalkstein im Bett des *Tokumm Creek* zu Marmor (*Marble*) gepreßt. Der schöne ***Marble Canyon Trail*** (1 km) verläuft abwechselnd über sieben Brücken zu beiden Seiten einer bis zu 40 m tiefen Schlucht. Tosende Wasserfälle, Engpassstellen und eine natürliche Steinbrücke sind die Hauptattraktionen dieses Weges, für den man einen knapp einstündigen Zwischenstop einkalkulieren muss.

Quellen

Die ***Paint Pots***, runde, rot-gelbe Erdkuhlen, verdanken ihre Entstehung dem ständig zufließenden eisenhaltigen Wasser aus mineralhaltigen Quellen. Bevor weiße Einwanderer die Ockergruben kommerziell ausbeuteten und den Sand als Grundstoff für Färbemittel nach Calgary transportierten, verwendeten bereits die Indianer die Erde für Körperbemalung und Verschönerung ihrer *Tepees*. Noch heute künden verrostete Maschinenteile von den Aktivitäten der Weißen. Ein ebener ***Trail*** führt zu den Ockerfeldern (1 km).

Cabins

In Vermilion Crossing, wo die #93 den *Vermilion River* quert, liegt die ***Kootenay Park Lodge***. Die einzige Unterkunft im Nationalpark, ✆ (403) 762-9196, www.kootenayparklodge.com, verfügt über 12 *Cabins* (ab $109) und ein rustikales Restaurant.

Sinclair Pass und Canyon

Im westlichen Teil des Parks entfernt sich die Straße vom Kootenay River und läuft über den ***Sinclair Pass*** (1.486 m). Schautafeln an den ***Viewpoints*** informieren über die Namen der im Blickfeld liegenden Rocky Mountain Gipfel.

Einige Kilometer vor der westlichen Parkeinfahrt passiert man die roten Klippen der ***Redwall Fault*** und den pittoresken ***Sinclair Canyon***. Dazwischen liegen die *Radium Hot Springs*. Die heißen Quellen werden von Regenwasser gespeist, das bis in 3.000 m tiefe Erdschichten vordringt, dort verdampft und sich auf dem Weg nach oben wieder verflüssigt.

Radium Hot Springs

Bei den ursprünglich *Sinclair Hot Springs* genannten Quellen, die wegen der (geringen) Spuren an radioaktivem Radium ihre jetzige Bezeichnung erhielten, wurde schon zu Beginn des letzten Jahrhunderts eine Badeanlage gebaut. Heute besteht sie aus zwei großen ***Outdoor Pools***, Umkleideräumen und Cafeteria. Ein Becken ist mit 29°C zum Schwimmen geeignet, das andere enthält 39°C heißes Wasser. Mitte Mai bis Mitte Oktober täglich 9-23 Uhr, sonst 12-21 Uhr, Eintritt $7; www.pc.gc.ca/hotsprings.

Unmittelbar an den südlichen Parkausgang grenzt der Touristenort ***Radium Hot Springs*** (1.400 Einwohner, (250)-347-9331, 1-888-347-9331; 7556 Main St. E.; www.radiumhotspings.com).

Mit $22/Bett bietet das ***Radium Int'l Hostel*** in der ***Misty River Lodge*** an der Straße #93 das preiswerteste Quartier. ***B&B*** im DZ kostet dort ab $58; © (250) 347-9912; www.radiumhostel.bc.ca.

Der sehr schöne ***Redstreak Campground*** (Reservierung: © 1-877-RESERVE, www.pccamping.ca) auf einem sonnig-en Plateau am Parkeingang – mit Duschen und teilweise *Hook-up* zugleich der komfortabelste Campingplatz des Parks ($28-$39),– ist über einen Fußweg (2,7 km) mit den *Hot Springs* verbunden.

Straße nach Golden

Der *Highway* #95 verbindet Radium Hot Springs und Golden (105 km). Die Straße läuft durch das breite Tal des *Rocky Mountain Trench* am Columbia River entlang. Östlich wird sie begleitet von den Gipfeln der *Rockies* und westlich von der ***Purcell Range*** der Columbia Mountains. Abseits ihres Verlaufs gibt es im ***Rocky Mountain Forest District*** eine Reihe weiterer ***Campgrounds***, die nicht in Campingführern verzeichnet sind (Auskunft dazu in Cranbrook oder Invermere).

Nach Süden

Auch auf der Weiterfahrt in südliche Richtung verliert man das **Panorama der Rocky Mountains** – bis hinunter nach Fort Steele – nicht aus den Augen. Während die kalten Seen der *Rockies* nicht zum Schwimmen verlocken, findet man in dieser klimatisch begünstigten Region Badeseen.

Der kleine ***Dry Gulch Provincial Park*** ($28-$39, 5 km südlich von Radium Junction), empfiehlt sich nicht nur, wenn der *Redstreak Campground* im Kootenay Park belegt ist. Trotz des Namens ist die »trockene Schlucht« eine Vegetationsinsel. Nur der kleine Bachlauf quer durch den Park führt im Sommer kein Wasser.

Fairmont Hot Springs

Weiter südlich um die heißen Quellen der ***Fairmont Hot Springs*** hat sich ein kleines touristisches Zentrum mit Hotels, darunter das Prunkstück ***Fairmont Hot Springs Resort***, © 1-800-663-4979, © (250) 345-6311, Golf- und Tennisplätzen und einem ***Campground*** etabliert. Das Wasser in den 4 Freibädern ist zwischen 40°C und 43°C warm, die Anlage täglich 8-22 Uhr geöffnet, Eintritt $10, DZ ab $159; www.fairmonthotsprings.com.

Auf demKootenay River

3

Hoodoos

Südlich des Ortes an der Mündung des Dutch Creek in den Columbia Lake ragen die grauen, 100 m hohen ***Dutch Creek Hoodoos*** auf. Nachmittags stehen die Klippen im besten Fotolicht.

Canal Flats

Eine kaum merkliche Anhöhe am Südufer des Columbia Lake (Badestrand) bildet die **Wasserscheide** zwischen Kootenay und Columbia River. Ein Kanal mit Schleuse, die 1888-1902 nur kurz in Betrieb war, gab der Siedlung **Canal Flats** ihren Namen. 5 km weiter südlichgeht es auf einer Schotterstraße zum ***Whiteswan Lake PP*** (mehrere ***Campgrounds***, $15). Am Westeingang (18 km) befinden sich die Pools der ***Lussier Hot Springs***, bis 46°C.

Premier Lake Prov'l Park

Noch etwas südlicher liegt bei **Skookumchuck** der ***Premier Lake Provincial Park***, ✆ 1-800-689-9025. Am Ende der 12 km langen Zufahrt wartet ein **Bilderbuchsee** mit schönem **Campingplatz** an seinem Ausläufer. Kurz vor Wasa gabelt sich die Straße: Die **#93/#95** führt nach Fort Steele, **#95A** zur *Bavarian City* Kimberley:

Kimberley

Für die kleine Fußgängerzone im Alpenlook, dem »**Platzl**«, mit Canadas größter **Kuckucksuhr** lohnt sich der Umweg nach **Kimberley** (6.200 Einwohner, ✆ (250)-427-3666, ✆ 1-866-913-3666; www.kimberleychamber.com) für Besucher aus Mitteleuropa kaum. Dorthin sollte aber fahren, wer einen unbezwingbaren Appetit auf *Sauerkraut* & *Frankfurters* verspürt.

Bis zu ihrer Schließung 2001 war die ***Sullivan Mine*** von *Teck-Cominco* (⇨ Seite 351) bei Kimberley eine der weltgrößten Blei- und Zinkuntertageminen. Heute befördert die Minenbahn Touristen. Vom Ortskern fährt ***Kimberley's Underground Mining Railway*** über die einstige Mine 25 min bergauf, u.a. durch einen 750 m langen Tunnel zum ***Kimberley Alpine Resort*** (8 km), einem Winterskigebiet (Juli-Anfang September täglich 11-15.30 Uhr, Mitte Mai-September nur Sa, So, Rückfahrt $20; www.kumr.ca).

Ein **Zimmer** in Kimberley zu finden ist kein Problem: **Motels** der mittleren/unteren Preisklasse sind zahlreich vorhanden.

Der beste Campingplatz weit und breit ist ***Kimberley Riverside Campground***, ✆ 1-877-999-2929, $20-$31, hoch über dem St. Mary River. Ca. 6 km südlich auf der #95A im Vorort Marysville, dann 3 km Zufahrt; www. kimberleycampground.com.

Wasa und Norbury Lake PP

Die **Straße #93** über Wasa/Fort Steele ist wegen des *Fort Steele Park* vorzuziehen. Camper könnten sich bereits 21 km davor im ***Wasa Lake Provincial Park*** (Badestrand), ✆ 1-800-689-9025, $19, einen Platz sichern. Der ***Fort Steele RV Park*** ($24-$37), ✆ (250) 489-4268; www.fortsteele.com, befindet sich naht beim Fort Steele, ein guter Platz 16 km weiter im ***Norbury Lake Provincial Park***, erreichbar über die am Ostufer des *Kootenay River* entlangführende *Wardner-Fort Steele Road* (parallel zur #93).

Fort Steele

Die weiße Besiedlung der Region begann mit dem ***Kootenay Gold Rush*** im Jahre 1864. Ein erster Posten der *North West Mounted Police* entstand 1887 und daraus das Fort Steele. Den *Mounties* gelang es, bewaffnete Auseinandersetzungen zwischen Einwanderern und Indianern zu verhindern.

Ende des 19. Jahrhunderts war aus **Fort Steele eine Stadt** geworden. Mit dem Bau einer Eisenbahnlinie, die Fort Steele umging und 1898 einen Bahnhof in Cranbrook erhielt, begann ihr Niedergang, und bereits 1910 wurde sie zur Geisterstadt.

Heritage Town

An der ***Fort Steele Heritage Town*** beeindruckt zunächst die Lage am *Kootenay River*. Die über 60 Gebäude des weitläufigen Geländes – Wohnhäuser, Werkstätten, Polizeiwache und Läden – wurden mit viel Liebe zum Detail hergerichtet.

Zeitgenössisch kostümierte Bewohner spielen überall im Dorf Episoden vom Aufstieg und Niedergang der Stadt *open-air* nach. In den Häusern kann man traditionelle Handwerkstechniken bewundern und in der Bäckerei Spezialitäten genießen.

Restaurants und **Souvenirshops** fehlen natürlich auch nicht. Im ***Wild Horse Theatre*** werden nostalgische Stücke oder stürmische *Vaudeville Shows* (täglich 14 Uhr, $8) aufgeführt. Als Kinderspaß eignen sich die Postkutschenrunden ($2) oder die Eisenbahnfahrt im Dampflok-Zuckeltempo ($6), alles nur Juli & August.

Die ***Fort Steele Heritage Town*** ist neben Barkerville das beste ***Living Museum*** in British Columbia; ✆ (250) 426-7352; Mai bis Mitte Oktober 9.30-17 Uhr, Juli & August bis 19 Uhr; $14, Kombiticket für alles $24; www.fortsteele.ca.

Rundfahrten mit Pferdekraft beim Fort Steele

3.7.5 Crowsnest Highway mit Alternativrouten von Cranbrook bis Osoyoos

Straße #3

Kurz vor Cranbrook vereinigt sich für gut 70 km gemeinsamen Verlauf die Straße #95 mit dem ***Crowsnest Highway #3***, der sich nahe der Grenze zu den USA über zahlreiche Gebirgspässe windet: in den Rocky Mountains (Grenze zwischen Alberta und British Columbia) über den ***Crowsnest Pass*** (1.396 m), in den Selkirk Mountains über den ***Kootenay Pass*** (mit 1.774 m höchster Pass im Straßenverlauf), in den Monashee Mountains über den ***Bonanza Pass*** (1.535 m) und schließlich über den ***Allison Pass*** (1.342 m) in den Kaskaden.

Cranbrook

Cranbrook (✆ 1-800-222-6174 und (250) 426-5914; www.cranbrookchamber.com) ist mit 18.300 Einwohnern größte Stadt im südöstlichen British Columbia. Das ***Canadian Museum of Rail Travel*** an der Durchgangsstraße #57/Van Horne Street im Zentrum ist der einzige echte Anziehungspunkt der Stadt. Glanzstücke der Ausstellung sind 7 restaurierte Wagen eines Trans-Canada-Luxuszuges von 1929. April-Mitte Okt. täglich 10-18 Uhr, sonst Di-Sa bis 17 Uhr; nur mit Führung ($4 bis $19); www.trainsdeluxe.com.

Übernachtung

Neben den vielen Hotels/Motels an der Hauptstraße bietet sich im *College of the Rockies* auch das moderne

- ***Cranbrook Purcell House*** (HI) an, 2700 College Way, ✆ (250) 489-8282, ✆ 1-877-489-2687, $21/Person; www.hostels.ca).
- Der ***Mount Baker RV Park***, ✆ 1-877-501-2288, mit *Full Hookup* liegt mitten im Ort im ***Baker Park***, #1501/1st Street South; $20-$31, www.mountbakerrvpark.com.
- Schöner, aber sanitär einfacher campt man im ***Jimsmith Lake Provincial Park*** ($15, Sandstrand). Die Zufahrt zweigt am südlichen Ortsausgang ab (4 km).

Creston

Der nächste größere Ort am *Crowsnest Highway* ist **Creston** (9.600 Einwohner, 1607 Hwy #3, ✆ (250)-428-4342, ✆ 1-866-528-4342; www.crestonbc.com/chamber). Obststände an der Straße verraten, dass hier die Landwirtschaft eine wichtige Rolle spielt.

Brauerei

Im Zentrum (1220 Erickson St) ist die wichtigste Sehenswürdigkeit der Stadt unübersehbar. Nach der Führung durch die ***Columbia Brewery*** gibt`s ***Kokanee***-Bierproben. Mitte Mai-Mitte Oktober, Mo-Fr 9.30-15 Uhr, Juli+August auch Sa+So, sonst Mitte Mai-Mitte Okt., ✆ (250) 428-9344), www.kokaneebeergear.com.

Vogelschutzgebiet

11 km westlich Creston liegt das ***Creston Valley Wildlife Interpretation Centre***, $6, #1760 West Creston Rd (Mitte Mai-Mitte Okt. Di-Sa 9-16 Uhr, Juli-August täglich 9-16 Uhr). Im Sumpf rund um das Center leben viele Vogelarten, darunter Kolibris und Fischadler. Ein Holzplankenweg (frei) führt hindurch; geführte Kanutrips (60 min $7); www.crestonwildlife.ca.

Umweg über Kootenay Lake

Statt ab Creston weiter dem *Crowsnest Highway* durch die **Selkirk Mountains** über den *Kootenay Pass* nach Castlegar zu folgen, wird nun die wesentlich abwechslungsreichere **Route #3A über Nelson** gewählt, die rund 30 km zusätzliche Fahrt und ein Übersetzen per Fähre über den *Kootenay Lake* nach Balfour erfordert.

Creston Wildlife Centre im Sumpfgelände

Straße #3A über Nelson

In schönem Verlauf folgt die Straße #3A weitgehend der Uferlinie des ***Kootenay Lake*** mal in Wassernähe, mal hoch über dem See mit herrlichen Ausblicken. Einige hübsche Orte mit kleinen Yachthäfen und Badestränden liegen am Weg. Ein schöner, aber etwas schwierig zugänglicher (Parken abseits) öffentlicher **Sandstrand** liegt an der ***Twin Bays Beach***.

3 km südlich von Boswell passiert man das ***Glass House***. Die spleenige Idee eines Leichenbestatters, mit einer halben Million Balsamflaschen ein Haus zu bauen, wird dort als Touristenattraktion vermarktet ($8, Juli+Aug. 8-20, sonst 9-16.30 Uhr).

Ein weiterer Sand-/Kieselstrand befindet sich im ***Lockhart Beach PP*** mit ***Campground*** ($15), auf der anderen Straßenseite.

Autofähre Balfour

Eine Unterbrechung der Autofahrt bietet die ***Kootenay Lake Ferry*** (Mitte Juni-Anfang Sept. Abfahrten 10-18 Uhr alle 50 min). Touristische Werbung versichert: »längste (ca. 35 min) kostenlose Fahrt per Fähre in ganz Nordamerika«! Diesseits des Sees liegt am *Terminal* die Mini-Ortschaft Kootenay Bay, u.a. mit dem ***Pilot Bay Resort***, © (250) 227-9441 (Camping); www.pilotbayresort.com.

Ca. 5 km südlich des Terminal endet im ***Pilot Bay Provincial Park*** ein kurzer Spaziergang am ***Pilot Bay Lighthouse*** von 1905 (Aussichtsplattform), dem einzigen Inlandsleuchtturm in BC.

weiter von Balfour nach Norden

Auf der Westseite des Sees könnte man ab Balfour einen sehr schönen Umweg durch die *Selkirk Mountains* zwischen dem Nordarm des *Kootenay Lake* und *Arrow Lake* einplanen. Diese Möglichkeit ist im **Kasten auf Seite 334** beschrieben.

Die Straßenkombination #31, #31A, #6, #3A von Balfour nach Castlegar über Kaslo und New Denver ist über 100 km länger, aber auch weniger befahren als die direkte Route #3A am Westarm des Kootenay Lake und Kootenay River entlang.

Die #31 führt zunächst am – dicht von Privatbesitz und Campingplätzen besetzten – Westufer des Kootenay Lake entlang und vorbei an den ***Ainsworth Hot Springs***, © 1-800-668-1171, © (250) 229-4212, DZ $128 (besser *Nakusp Hot Springs*, ➪ Seite 333). Wassertemperatur im *Inner Pool* (hufeisenförmige Höhle mit von der Decke hängenden Stalaktiten) bis 42°C, im Außenpool bis 38°C; täglich 10-21.30 Uhr, $8; www.hotnaturally.com.

Kurz vor Kaslo empfehlenswert ist der ***Mirror Lake Campground***, © (250) 353-7102, mit vielen Plätzen am eigenen Badesee; gute Sanitäranlagen, $19-$22; www.mirrorlake.kaslobc.com.

Ab Kaslo ➪ Seite 335.

Kokanee Creek PP

Ohne Umweg geht es von Balfour weiter auf der #3A nach Nelson. Am Wege liegt der ***Kokanee Creek Provincial Park***. Er verfügt über zwei gute ***Campgrounds*** (***Redfish*** und ***Sandspit***, jeweils $24, am besten die ***Overflow-Area***/Parkplatz für Spätkommer in Strandnähe), schöne ***Nature Trails***, prima **Kinderspielplatz** und lange Sandstrände.

Der Park ist ein gutes Standquartier für Ruhetage und/oder Ausflüge, etwa zum ***Kokanee Glacier Provincial Park***.

Die Zufahrt (16 km Schotter) endet am Gibson Lake; von dort läuft ein schöner ***Trail*** (7 km, 500 Höhenmeter) über den *Kokanee Pass* zum Kaslo Lake.

Nelson

Nelson (9.300 Einwohner) erreicht man auf dieser Route aus der »richtigen« Richtung. Der Ort beginnt südlich der ***Nelson Bridge***, die den Westarm des Kootenay Lake überspannt. Westlich der Brücke liegt der ***Lakeside Park*** mit Strand und guter ***Picnic Area***.

Ortsbild

Das Ortsbild unterscheidet sich erfreulich von dem anderer vergleichbar großer Städte. Zahlreiche Gebäude aus guter alter Zeit (faktisch vom Ende des 19. und Anfang des 20. Jahrhunderts, als eine Silber-Boomperiode für Reichtum sorgte), darunter manches architektonische Schmuckstück, sind nicht nur noch vorhanden, sondern in bestem Zustand.

Hier sollte man sich nicht aufs *Sightseeing* durchs Autofenster beschränken, sondern einen Spaziergang über die Baker Street in *Downtown* (viele Straßencafés und Läden) machen, am besten nach Besuch des ***Visitor Info Centre*** in der 225 Hall Street, © 1-877-663-5706 oder © (250) 352-3433, www.discovernelson.com.

Von 1899 bis 1949 waren Straßenbahnen in Betrieb. Die alte ***Streetcar #23*** fährt noch von Lakeside Park bis Wharf City, $2.

Mit dem städtischen ***Nelson City Campground***, 40 High St, © (250) 352-7618, $17-$23, besitzt Nelson einen engen ***Campground*** in der Nähe des Stadtkerns. Oberhalb liegt der ***Gyro Park*** mit einem schönen Aussichtspunkt.

In der Altstadt liegt auch das ***HI-Hostel Nelson/Dancing Bear Inn***, 171 Baker Street, © (250) 352-7573, © 1-877-352-7573, 43 Betten, $19/Bett, DZ $44; www.dancingbearinn.com.

Wasserkraft

Der Verlauf der Straße #3A von Nelson nach Castlegar ist nur teilweise attraktiv. Zwischen beiden Orten wird das Gefälle des *Columbia River* durch sieben kurz aufeinanderfolgende Staudämme zur Stromproduktion genutzt. Bereits 1897 errichtete man hier das erste Wasserkraftwerk, u.a. für die Energieversorgung der Goldminen in Rossland.

Castlegar

Castlegar (7.300 Einwohner, © (250) 365-6313, © 1-888-365-6313; www.castlegar.com) 365-6313 und) liegt an der Mündung des Kootenay in den *Columbia River*. Die Stadt hat nur einen kleinen Kern nordwestlich des Zusammenflusses und der Stadtteile auf den anderen Ufern. Der ***Zuckerberg Island Heritage Park*** liegt auf einer kleinen Flussinsel, Zugang über eine Hängebrücke ab Westufer, geöffnet bei Tageslicht, frei. Der schattige Rundweg mit Erläuterungen zur Botanik lässt sich in 20 min ablaufen. Mittendrin steht das *Chapel House* mit russisch-orthodoxem Zwiebelturm. Guter Stop zum Füße vertreten.

Staudamm

Nordwestlich von Castlegar steht die Betonmauer (52 m) des ***Hugh Keenleyside Dam***, der seit 1968 den Columbia River zum

Arrow Lake aufstaut. Die Straße am Nordufer passiert das etwas tiefer gelegene Kraftwerk; ihre Fortsetzung am Arrow Lake führt zum ***Syringa Provincial Park,*** © 1-800-689-9025, dessen *Campground* ($19) wegen seiner brillanten Lage am See oft schon am Vormittag belegt ist.

Nach Trail

In Castlegar erreicht man wieder den *Crowsnest Highway* #3. Die **attraktivste Route** entspricht hier jedoch zunächst der Straße #22 am Columbia River entlang nach **Trail** und auf der #3B weiter nach **Rossland**, von wo man auf den *Crowsnest Highway* zurückkehrt. Dieser Schlenker nach Süden ist zwar nur 35 km länger als der direkte Weg nach Westen auf der #3, kostet aber mit Zwischenstops locker zwei und mehr Stunden Fahrtzeit plus ggf. Minenbesichtigung bei Rossland.

Trail ist eine kleine Industriestadt (7.200 Einwohner) beiderseits des Columbia River mit einer der weltgrößten Blei- und Zinkhütten ohne sonstige Besonderheiten.

Bei Interesse kann man die ***Teck-Cominco* Schmelzerei** besichtigen (Juli+August täglich 10 Uhr, sonst nur Mo-Fr). ***Teck-Cominco Interpretive Centre***, zugleich ***Trail Visitor Info***, 1199 Bay Ave, © 1-877-636-9569, © (250) 368-3144; www.trailchamber.bc.ca.

Gratis campt man auf dem ***Buckley Campground*** *(von BC Hydro)* am Pend d'Oreille Reservoir südöstlich von Trail. Von der #22A auf die Seven-Mile-Dam Road abbiegen. Ein schöner ***Campground*** ($19) liegt zwischen 1. und 2. See im ***Champion Lakes Provincial Park***, © 1-800-689-9025, einem dicht bewaldeten Areal mit drei Seen auf einer Hochfläche und zwei Sandstränden (am ersten See). Zufahrt von der #3 über die #3B nach Westen ca. 8 km, dann Stichstraße 12 km.

Besucher in der Le Roi Gold Mine bei Rossland

Rossland

Rossland (3.300 Einwohner) liegt nur wenige Kilometer südwestlich von Trail und über 600 m höher. Das von Bergen ganz eingeschlossene einstige **Goldrauschstädtchen** besitzt Reste eines alten Ortskerns entlang der #3B.

Nach der Entdeckung von Gold in der ***Le Roi Mine*** 1890 am *Red Mountain* erfolgte später ein Untertagebau in großem Stil.

Goldmine

Die 1929 stillgelegte Mine, www.rosslandmuseum.ca, kann noch besichtigt werden; Touren Mai-August täglich 9.30-15.30 Uhr. Auch ein Museum gehört dazu, separater Eintritt $5, Kombinationsticket Mine und Museum $10. Mine allein geht nicht. Der Besuch des *Historical Museum* und Ausstellungsgeländes allein lohnt nicht so sehr; die Mine ist das »Salz in der Suppe«.

Der ehemalige Goldberg wurde umfunktioniert zum Winterskigebiet. Im Sommer bietet Rossland einige ***Mountain-Bike-Trails*** insbesondere im *Red Mountain Resort*, ✆ 1-800-663-0105, ✆ (250) 362-7384; www. redresort.com.

Information

Die Mine befindet sich an der Einmündung der #22 in die #3B, ebenfalls dort das ***Rossland Visitor Info Centre***, ✆ 1-888-448-7444 oder ✆ (250) 362-7722, www.rossland.com.

Von Rossland zurück auf den *Crowsnest Highway* geht es auf landschaftlich erfreulicher Strecke.

Christina Lake

Der langgestreckte *Christina Lake* unterhalb der Höhe des *Bonanza Pass*, ca. 20 km östlich Grand Forks, zählt zu den wärmsten Badeseen Canadas und ist im Sommer stark besucht. Der öffentliche Zugang ist nur an zwei Stellen möglich: im ***Texas Creek Campground*** ($15, schnell belegt) im ***Gladstone Provincial Park***, ✆ 1-800-689-9025, hoch über dem See (mit schönen Badestellen etwas abseits der Stellplätze des Campingplatzes) und an der ***Picnic Area*** im ***Christina Lake Provincial Park*** am *Crowsnest Hwy*.

Grand Forks

Der historische Ortskern von Grand Forks, einer früheren Minenstadt, besitzt noch einen Hauch von Wild-West-Romantik.

Der ganz ordentliche städtische ***Municipal Campground***, ✆ (250) 442-2833, ✆ 1-866-442-2833, www.grandforkschamber.com, befindet sich im *City Park* am Kettle River auf einer schattigen Wiese mit Sandstrand, $15-$35.

In die USA

Westlich von Grand Forks zweigt die **Straße #21** (Nummer im US-Staat Washington) nach Süden ab. Sie führt über Republic hinunter bis zum *Lake Roosevelt* und gehört zu den schönsten, aber dennoch nur wenig befahrenen grenzüberschreitenden Strecken zwischen BC und den USA.

Midway

Midways Namensgebung beruht angeblich auf dem Umstand, dass der Ort in der Mitte zwischen den Rocky Mountains und dem Pazifik liegt. Der Bahnhof von 1909 beherbergt heute das ***Visitor Centre*** mit *Kettle River Museum*.

Der städtische ***Riverfront Park Campground*** liegt direkt am *Kettle River* ($13 mit Badestrand, ✆ (250) 449-2467).

Einen ausgesprochen guten und großzügig angelegten ***Campingplatz*** am Fluss hat abseits des *Crowsnest Highway* die ***Kettle River Recreation Area*** ($19), © 1-800-689-9025, 5 km nördlich an der #33. Der *Kettle River* ist besonders populär als ***Inner Tubing*** **Revier**, wo sich jung und alt in Autoschläuchen oder auf Luftmatrazen mit der Strömung treiben lassen.

Nach Kelowna

Auf der relativ verkehrsarmen Straße #33 geht es rascher und zügiger in Richtung Kelowna/Okanagan Valley (129 km ab der Straße #3) als bei Fahrt auf der überlasteten #97 ab Osoyoos.

Im Bereich Okanagan Valley kann man zur jeweiligen Reifezeit Obst oft zu Niedrigpreisen selber pflücken. Hier Süßkirschen Ende Juni in Osoyoos.

3.7.6 Crowsnest Highway von Osoyoos nach Hope

Mount Kobau

Ab Osoyoos folgt die Route dem ***Crowsnest Highway*** nach Westen. Nach 11 km bietet sich ein toller Abstecher zum ***Mount Kobau*** in der ***South Okanagan Grasslands Protected Area*** an. Über eine 20 km lange, gut befahrbare Schotterstrecke und einen moderat ansteigenden **Wanderweg** (1,5 km) durch Salbeiwiesen und Wald erreicht man den ***Mt. Kobau Lookout Tower*** (1.860 m). Der Aussichtsturm bietet einen tollen Rundumblick über Osoyoos und das über 1.500 m tiefer gelegene *Okanagan Valley*.

Keremeos

Um Keremeos ballen sich wie nicht einmal im *Okanagan Valley* bunte Obstverkaufsstände an den Straßenrändern, ➪ Seite 336.

Grist Mill

Östlich des Ortes (Upper Bench Road) wird die 1877 erbaute, restaurierte ***Grist Mill*** (Getreidemühle) stilecht betrieben von zeitgenössisch gekleideten »Bewohnern«. Hübscher Garten und ***Grist Mill Tea Room***. Zum Frühstück gibt's dort *Pancakes* und Rührei ab 8 Uhr ; ebenso Lunch (war 2008 geschlossen).

Cathedral Provincial Park

3 km westlich von Keremeos zweigt die ***Ashnola River Road*** (Schotter) zum ***Cathedral Provincial Park*** ab. Die 48 km lange Straße folgt aber nur dem Fluss am nordwestlichen Parkrand.

Weiter in dieses entlegene alpine **Wanderparadies** führen ausschließlich ***Trails*** zu bizarren Gebirgsformationen und tiefblauen Seen. Komfort in der hochalpinen Einsamkeit bietet lediglich die ***Cathedral Lakes Lodge*** am *Quiniscoe Lake*. Das einzige Hotel im Park kostet $205/Person inkl. Vollverpflegung, Kanubenutzung und Jeep-Transport ab/bis Parkzufahrt; © (250) 226-7560 oder © 1-888-255-4453; www.cathedral-lakes-lodge.com.

Verlauf #3

Westlich von Keremeos bis *zum* ***Manning Provincial Park*** folgt der *Crowsnest Highway* auf reizvoller Strecke dem Lauf des Similkameen River. Unterwegs bieten die für Provinzparkverhältnisse kleinen ***Stemwinder*** und ***Bromley Rock Provincial Parks*** einfache Campingplätze, beide $15.

National Forest Camping am Granite Creek unweit Princeton

Princeton

Am Wege liegt **Princeton**, Zentrum eines bis in die 1950er-Jahre bedeutenden Gold-, Kupfer- und Kohlereviers (© (250) 295-3103; www.princeton.ca). Heute ist Princeton (2.600 Einwohner) ein verschlafener Ort ohne Reiz, der nach dem Niedergang des Bergbaus auch noch seine Funktion als Verkehrsknotenpunkt einbüßte. Seit Eröffnung des *Coquihalla Highway* und der Anschlussautobahn *Okanagan Connector* fließt der Hauptverkehr von Vancouver ins *Okanagan Valley* nicht mehr über die Stadt.

Ghost Towns

In der Umgebung Princetons gibt es diverse ***Ghost Towns***, mit denen touristisch geworben wird. Überwiegend handelt es sich aber um wenig sensationelle verfallene Holzhäuser, etwa bei Granite City, aus der Goldrauschzeit von 1885/86.

Similkameen River

Ab Princeton führt der *Crowsnest Highway* nun endgültig hinauf ins Kaskadengebirge und in den *Manning Provincial Park*. Am Wege passiert man die kleinen ***Similkameen Falls*** (Schild an der Straße) des Similkameen River.

Manning Provincial Park

Zwar läuft die Straße mitten durch den ***Manning Park***, aber die Schönheit des Parks erschließt sich im wesentlichen abseits des Durchgangsverkehrs und auf Wanderwegen in das Hinterland (www.bcparks.ca). Mindestens ein Extratag Zeit sollte dafür übrig sein. Das ***Visitor Centre*** liegt im östlichen Parkbereich etwa am südlichsten Punkt des *Crowsnest Highway*. Nur wenig westlich davon zweigt die *Blackwall Road* zum ***Cascade Lookout/ Blackwall Peak*** ab.

Cascade Lookout

Auch wer wenig Zeit mitbringt, sollte die Stichstraße hinauf zum ***Cascade Lookout*** nicht auslassen (8 km). Der Blick fällt hoch über dem Similkameen Tal auf die z.T. zu den USA gehörenden schneebedeckten Gipfel der ***Cascade Range***.Weitere 8 km Schotterstraße enden am ***Subalpine Meadow*** neben dem sanften Hügel des ***Blackwall Peak***; die Wiesen sind Ende Juli bis Anfang August mit blühenden Wildblumen übersät. Am ***Paintbrush Nature Trail*** (1,5 km Rundweg) erfährt man alles Wissenswerte zur Flora dieser Region. Solange aber noch Schnee liegt, bleibt das Straßenstück bis zum *Blackwall Peak* gesperrt, meist bis Mitte Juni.

Lightning Lake Bereich

Am Fuß der *Blackwall Road* befindet sich das ***Manning Park Resort*** (© 250-840-8822, © 1-800-330-3321; DZ $139, www.manningpark.com) inkl. Ferienwohnungen. Vom einzigen Parkhotel führt die ***Gibson Pass Road*** am größten Campingplatz des Parks am ***Lightning Lake*** ($24, Kanu- und Fahrradverleih!) vorbei zum Ausgangspunkt des ***Three Falls Trail***. Nach wenigen Schritten auf diesem Weg durchquert man die ***Strawberry Flats***. Vor allem zur Blüte-/Erntezeit Mitte/Ende Juli lohnt sich der Abstecher.

Weitere Trails

Am *Lightning Lake* beginnen mehrere völlig ebene *Trails*. Besonders der ***Lightning Lake Chain Trail*** ist zu empfehlen (maximal 12 km bis zum Endpunkt am *Thunder Lake*). Dabei braucht man nicht auf demselben Weg hin und zurück zu wandern, sondern kann auch Rundwegen um den *Flash Lake* (4 km), den *Lightning Lake* (9 km) und/oder den nördlichen/südlichen Lightning Lake (4 km/6 km) herum folgen. Populär ist der ***Frosty Mountain Trail*** (11 km) zum höchsten Berg des Parks (2.408 m). Der 1.150 m Höhenanstieg auf der Nordseite bleibt lange schneebedeckt.

Bergsturz

Eine letzte Sehenswürdigkeit vor Erreichen von Hope und dem TCH (17 km östlich) sind die Auswirkungen des ***Hope Slide***. Der Bergrutsch von 1965 verschüttete 3 km Straße. Unter 48 Mio. m^3 bis 80 m hoch aufgeschüttetem Felsgeröll liegen noch Autos samt Insassen. Auf Schautafeln wird das Unglück erläutert.

Nach Vancouver

Von **Hope nach Vancouver** sind es auf dem TCH noch 150 km, auf der viel attraktiveren Straße #7 am Nordufer des breiten Fraser River entlang nur 10 km mehr, ➪ Seite 231ff.

Ein Biber begrüßt die Besucher an der Einfahrt in den Manning Provinzpark

3.8 Yellowhead Highway (➪ auch Kasten Seite 243) von Prince Rupert nach Prince George

Prince Rupert

Prince Rupert (13.000 Einwohner) liegt nur 50 km südlich des äußersten Südzipfels von Alaska und ist neben Vancouver der einzige bedeutende Überseehafen in British Columbia. Neben seinen verkehrstechnischen Vorzügen und der guten Lage zwischen Bergen und Meer bietet vor allem die landschaftlich grandiose Routenführung des *Yellowhead Highway* entlang des Skeena River bis New Hazelton (rund 280 km) das stärkste Motiv für einen Besuch bzw. den Einschluss der Stadt in eine Rundtour durch Canadas Westen.

Geschichte

Das Land an der Mündung des Skeena River ist von *Tsimshian*-Indianern bewohnt. Erste weiße Siedlung war das 1834 von der *Hudson's Bay Company* erbaute ***Fort Simpson*** (heute **Lax Kw'alaams**) an der Nordspitze der Tsimpsean-Halbinsel nördlich von Prince Rupert. Am Südufer des Skeena River östlich der Stadt entstand um 1870 **Port Essington**, das vom Fischereihafen mit Fischfabriken schnell zum kommerziellen Herzen der Region und Heimathafen der Schaufelraddampfer auf dem Fluss aufstieg. Als aber die *Grand Trunk Pacific* (heute *Canadian National Railway*) Schienen am Nordufer des Skeena River entlang verlegte und bis Kaien Island fortführte, übernahm ab 1914 das aufblühende Prince Rupert die Rolle von Port Essington, das danach fast zur Geisterstadt verkam.

Entwicklung

Obwohl die Stadt im 2. Weltkrieg vorübergehend Nachschubbasis der US-Armee war, ergab sich daraus kein Wirtschaftsboom. Der Pazifikhafen blieb weiterhin »nur« Umschlagsplatz vor allem für Getreide-, Holz- und Kohleexporte, zudem Heimat einer großen Fischfangflotte. Erst Jahrzehnte später entwickelte sich Prince Rupert zum wichtigsten **Fährhafen** der ***Inside Passage***. Seit 1963 verkehren die ***Alaska State Ferries*** nordwärts bis Skagway/Haines und seit 1966 ***BC Ferry*** südwärts nach Vancouver Island. Mit dem Anschluss an die *Inside Passage* und der Eröffnung des *Cassiar Highway* (1972) nach Watson Lake rückte die Stadt ins touristische Blickfeld.

Wetter

Wie für die gesamte *Inside Passage* gilt auch für Prince Rupert die Anmerkung: Die Fahrt dorthin und die Fähre nach/von Port Hardy lohnt sich so recht nur, wenn das Wetter einigermaßen mitspielt. Auch im Sommer ist das **Regenrisiko hoch**.

Prince Rupert ist mit 2.552 mm Jahresniederschlag die regenreichste Stadt Canadas – das ist mehr als doppelt soviel wie in Vancouver und gleich das Vierfache des in Victoria gemessenen jährlichen Niederschlags. Auch die durchschnittlich fast 17 Stunden Bewölkung am Tag sind kanadischer Rekord für eine Stadt. Wer Fährstrecke und Stadt bei guter Sicht ohne Regen oder gar bei Sonnenschein erlebt, wird indessen begeistert sein, sich für diese Route entschieden zu haben.

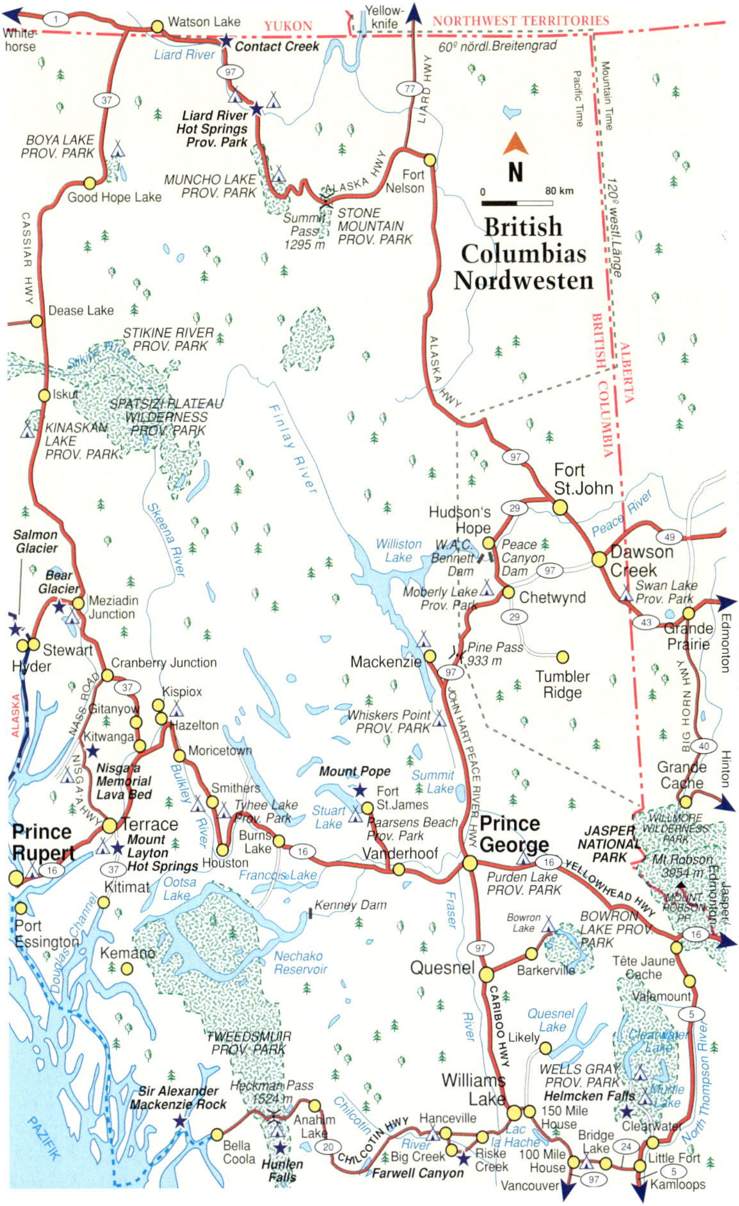
British Columbias Nordwesten
N
0 80 km
YUKON
NORTHWEST TERRITORIES
60º nördl.Breitengrad
Pacific Time
Mountain Time
120º westl.Länge
BRITISH COLUMBIA
ALBERTA
ALASKA
PAZIFIK
Whitehorse
Watson Lake
Contact Creek
Liard River
Yellowknife
Liard River Hot Springs Prov. Park
BOYA LAKE PROV. PARK
MUNCHO LAKE PROV. PARK
Good Hope Lake
LIARD HWY
ALASKA HWY
Fort Nelson
Summit Pass 1295 m
STONE MOUNTAIN PROV. PARK
CASSIAR HWY
Dease Lake
STIKINE RIVER PROV. PARK
Stikine River
Iskut
SPATSIZI PLATEAU WILDERNESS PROV. PARK
KINASKAN LAKE PROV. PARK
Finlay River
Skeena River
Salmon Glacier
Bear Glacier
Meziadin Junction
Stewart
Hyder
Cranberry Junction
NASS ROAD
Kispiox
Gitanyow
Hazelton
Kitwanga
Moricetown
Nisga'a Memorial Lava Bed
NISGA'A HWY
Bulkley River
Smithers
Tyhee Lake Prov. Park
Terrace
Mount Layton Hot Springs
Prince Rupert
Houston
Burns Lake
Kitimat
Ootsa Lake
Francois Lake
Port Essington
Douglas Channel
Kemano
Kenney Dam
Nechako Reservoir
TWEEDSMUIR PROV. PARK
Sir Alexander Mackenzie Rock
Heckman Pass 1524 m
Bella Coola
Hunlen Falls
Anahim Lake
Chilcotin River
CHILCOTIN HWY
Hanceville
Big Creek
Farwell Canyon
Riske Creek
Williston Lake
Hudson's Hope
W.A.C. Bennett Dam
Peace Canyon Dam
Fort St.John
Peace River
Dawson Creek
Swan Lake Prov. Park
Moberly Lake Prov. Park
Chetwynd
Pine Pass 933 m
Tumbler Ridge
Mackenzie
Grande Prairie
Edmonton
BIG HORN HWY
Grande Cache
Hinton
Whiskers Point PROV. PARK
JOHN HART PEACE RIVER HWY
Mount Pope
Summit Lake
Fort St.James
Stuart Lake
Paarsens Beach Prov. Park
Vanderhoof
Prince George
JASPER NATIONAL PARK
WILLMORE WILDERNESS PARK
Mt.Robson 3954 m
MOUNT ROBSON PP
Jasper Edmonton
Purden Lake PROV. PARK
YELLOWHEAD HWY
Fraser River
Bowron Lake
BOWRON LAKE PROV. PARK
Barkerville
Quesnel
Tête Jaune Cache
Valemount
CARIBOO HWY
Quesnel Lake
Likely
Clearwater Lake
WELLS GRAY PROV. PARK
Helmcken Falls
Mahood Lake
North Thompson River
Williams Lake
150 Mile House
Lac la Hache
Clearwater
100 Mile House
Bridge Lake
Little Fort
Vancouver
Kamloops
1
37
97
77
29
49
43
40
16
20
24
5

3

Fähren, Vancouver Island und Alaska

Das ***Ferry Terminal*** in der *Fairview Bay* liegt 2 km südwestlich Prince Rupert. Für Passagiere ohne eigenes Fahrzeug gibt es eine Buslinie #55 in die Stadt. Prince Rupert wird von ***Greyhound*** und von ***VIA-Rail*** bedient. Für Autofahrer ist die rechtzeitige **Reservierung der Fähren ein »Muss«**. Detaillierte Ausführungen hierzu stehen auf den Seiten 198f sowie 485ff.

Queen Charlotte Islands

Neben den Fähren nach Vancouver Island und Alaska legt am *Ferry Terminal* auch die Fähre *BC Ferry* nach Skidegate auf Graham Island der Queen Charlotte Inselgruppe ab. Sie verkehrt ganzjährig 4-6x wöchentlich und benötigt für die Überfahrt bis zu 9 Stunden.

Auf Graham Island läuft das letzte Stück des *Yellowhead* von Skidegate nach Masset, Fischereistadt und Militärstützpunkt. Die Queen Charlotte Islands sind so etwas wie Canadas ***Last Frontier***, eine über Straßen kaum erschlossene Westküstenwildnis mit dem ***Gwaii Haanas Nat'l Park***, www.pc.gc.ca/gwaiihaanas, an ihrer Südspitze.

Übernachten in Prince Rupert

In Anbetracht seiner Größe (ca. 12.800 Einwohner) und des im Sommer starken Tourismus, ist die Zahl der Hotel-/Motelzimmer in Prince Rupert erstaunlich niedrig. Die Preise für einfache Motels starten bei etwa $80 fürs Doppelzimmer, ➪ den aktuellen *BC Accommodation Guide* bzw. das beiliegende Hotelverzeichnis. Das der Fähre nächstgelegene Motel, die ***Totem Lodge***, 1335 Park Ave, ✆ 1-800-550-0178 oder ✆ (250) 624-6761, hat u.a. Zimmer mit Miniküche; ab $89 im Sommer, www. totemlodge.com.

Auch für Camper ist die Auswahl nicht üppig. Der ***A Prince Rupert RV Campground*** auf halbem Weg zwischen Fähre und Stadt ist vor allem wegen seiner Lage für eine Übernachtung vor oder nach einer Fährstrecke eine ggf. geeignete Wahl, wegen der späten Ankunft sollten Fährenfahrgäste reservieren; ✆ (250) 624-5861 und ✆ 1-877-624-5861, $27-$35; www.princerupertrv.com.

Eine ganz gute Wahl ist der ***Campground*** im ***Prudhomme Lake Provincial Park*** mit einfach angelegten, für Provinzparks verhältnis mäßig kleinen Stellplätzen etwa 16 km östlich der Stadt direkt am *Yellowhead Highway*.

Downtown

Trotz seiner schönen Lage bietet der alte Stadtkern von Prince Rupert wenig. Die Küste von Kaien Island wird im westlichen Stadtgebiet ganz von Bahnlinie und Industrie blockiert; das eher unattraktive **Geschäftsviertel** liegt etwas erhöht zwischen 1st und 3rd Ave. Die 2nd Ave entspricht der Durchgangsstraße #19.

Immerhin präsentiert sich jetzt der **Hafenbereich** nordöstlich von *Downtown* frisch renoviert. Im *Cow Bay*-Viertel wurde eine ehemalige Fischfabrik zu einem modernen ***Terminal*** für mittelgroße Kreuzfahrtschiffe umfunktioniert, und das benachbarte ***Northland Cruise Terminal*** (mit vielen **Restaurants** und Geschäften) ist für 300 m lange Mega-Kreuzfahrtschiffe ausgelegt. Dort können 2.000 Passagiere gleichzeitig von Bord stürmen.

Das ***Prince Rupert Visitor Info Centre***, 215 Cow Bay Road, liegt im *Atlin Terminal* und ist eine nützliche Anlaufstelle für einen Stadtplan und weitere Unterlagen;

✆ 1-800-667-1994, ✆ (250) 624-5637, www.tourismprincerupert.com.

Auffällig sind überall die im Zentrum aufgestellten **Totempfähle** der *Tsimshian* und *Haida* Indianer.

Das ganz aufschlussreiche ***Museum of Northern BC*** für indianische Kunst, Kultur und regionale Geschichte (zum Komplex gehört auch der historische Bahnhof) befindet sich an der Zufahrt zu den *Terminals* (100 1st Ave W). Im Sommer kann man dort Holzschnitzern bei der Arbeit zusehen. Geöffnet Juni-August Mo-Sa 9-20 Uhr, So 9-17 Uhr, Rest des Jahres Mo-Sa 9-17 Uhr; Eintritt $5; www.museumof northernbc.com.

Aussichts-punkt/Trails

Die Zufahrt Wantage Road zum 704 m hohen ***Mount Hays*** zweigt auf Höhe des *Performing Arts Centre* vom *Yellowhead* (McBride St) ab. Der 9 km lange Fahrweg nach oben eignet sich nur für 4WD-Fahrzeuge. Ohnedem muss man ihn zu Fuß gehen. Ein fantastischer Blick über Prince Rupert, die Flugplatzinsel *Digby Island* gegenüber der Stadt und die gesamte Insel- und Buchtenumgebung belohnt den Aufstieg.

6 km östlich von *Downtown* führt (ab *Yellowhead Highway*) der reizvolle ***Butze Rapids Interpretive Trail*** (2,2 km weitgehend ebener Weg) durch Regenwald zu kleinen, je nach Gezeitenstand scheinbar aufwärtsfließenden Stromschnellen an der Grassy Bay. Mit dem ***Grassy Bay Trail*** lässt sich der Naturlehrpfad zu einem Rundweg kombinieren.

Bootshafen in Prince Rupert

3

Historic Fishing Village

Südlich der Brücke zwischen Kaien Island und Festland besteht die Möglichkeit zu einem Abstecher nach **Port Edward** (6 km) zum ***North Pacific Historic Fishing Village***, 1889 Skeena Drive, heute *Historic Site*. Mit unterhaltsamen *Live Shows* wird die Historie der ältesten an der Küste von BC erhaltenen ***Cannery*** erzählt, in der 1889-1958 Lachskonserven produziert wurden. Auf Führungen erläutert man außerdem Fischfangmethoden und das Leben der Fischer-, Bootsbauer- und Arbeiterfamilien in dem nur im Sommer bewohnten, teils auf Holzstelzen errichteten Dorf. Juni-Sept. täglich 10-17 Uhr, Mi bis 19 Uhr, $12; www.cannery.ca.

Verlauf des Yellowhead Highway

Der *Yellowhead Highway* stößt 35 km östlich von Prince Rupert auf den dort bereits fjordartig breiten **Skeena River**. Der Straßenverlauf entlang des Flusses ist bis Terrace kaum zu überbieten: das Gebirgspanorama, die Steilhänge mit unzähligen Wasserfällen – eine traumhafte Landschaft am breiten Skeena River; zwar durch Straße und Schiene etwas »gestört«, aber nichtsdestoweniger **eine der schönsten voll ausgebauten Straßen Canadas**.

Nisga'a Highway/ Nass Road

Kurz vor Terrace zweigt der durchgehend asphaltierte ***Nisga'a Highway*** ab, der zum ***Nisga'a Memorial Lava Bed Provincial Park*** und dem ***Nass River Valley*** führt. In Verbindung mit der geschotterten *Nass Road*, die am Cranberry River auf den *Cassiar Highway* (⇨ Seite 366) mündet, bietet sie eine interessante Variante für eine Weiterfahrt nach Stewart/Watson Lake.

Bis dorthin sind es über *Nisga'a Highway* und *Nass Road* zwar ca. 10 km weniger als auf den asphaltierten Straßen #16 und #37, man benötigt jedoch mehr Zeit, denn die *Nass Road* wird nur mäßig instand gehalten.

Lava Beds

Motiv für eine Wahl des *Nisga'a Highway* sind die vor etwa 250 Jahren durch einen Vulkanausbruch entstandenen ***Tseax Lava Beds*** (22 km lang, bis zu 3 km breit) im ***Nisga'a Memorial Lava Bed Provincial Park***, dem ersten von Indianern und Weißen gemeinsam verwalteten BC Provinzpark. Er beginnt ca. 70 km nördlich von Terrace. Leider darf man das Parkinnere nur auf einer 3 km langen geführten Tour zum wenig aufregenden Aussichtspunkt am Kraterrand des Vulkans besuchen (© (250) 798-2466, $25, www.nwescapes.ca). Der ***Vetter Creek Campsite*** neben dem *Visitor Centre* im ***Nisga`a PP*** hat 16 Stellplätze ($15).

Terrace

Die einzige größere Stadt (11.300 Einwohner) zwischen Prince Rupert und Prince George ist Terrace. Der Name geht auf ihre terrassenförmige Anlage über dem Skeena River zurück.

Die Stadt lebt hauptsächlich von der Holzindustrie. Informationsblätter fürs *Sightseeing*, *Fishing Trips* auf dem Fluss und eine ganze Reihe von *Trails* in der Umgebung gibt es im ***Visitor Info Centre*** am *Yellowhead*, 4511 Keith Ave, westlich der Brücke über Ferry Island, © 1-877-635-4944 oder © (250) 635-4944, www.terracetourism.bc.ca.

An der Johnstone Avenue (Zufahrt nördlich des Zentrums über Park Ave) beginnt der ***Terrace Mountain Nature Trail***. Der Weg (ca. 90 min) läuft nur anfangs am Hang entlang etwas steiler bergauf. Herrliche Aussichten belohnen die Mühe.

Camping

Der städtische ***Ferry Island Municipal Campground***, © (250) 635-7391, $14-$16, liegt sehr schön,wird aber wenig gepflegt und ist wegen des Verkehrs über die Skeena River-Brücken ziemlich laut. Solche Probleme gibt es am ***Furlong Bay Campground*** ($22), im ***Lakelse Lake Provincial Park,*** © 1-800-689-9025, an der Straße #37 nicht (20 km südlich von Terrace). Er besitzt breite Sandstrände und einen großen Kinderspielplatz.

Heiße Quellen

Ihren Spaß haben Kinder – und nicht nur die – 3 km weiter südlich im familienorientierten ***Mount Layton Hot Springs Resort***. Das mineralische Wasser dieser Quellen speist eine Anlage mit zwei 30° warmen Pools und Wasserrutschen, im Sommer täglich 14-22 Uhr, $15. Zum Komplex gehört auch ein Hotel: © 1-800-663-3862, © (250) 798-2214, DZ $75; www.mountlayton.com.

Kitimat

Die Straße #37 endet in Kitimat, einer 9.000 Einwohner zählenden Stadt am *Kitimat Arm* des weit ins Land reichenden ***Douglas Channel***. Sie wurde Anfang der 1950er-Jahre als Standort für eine der weltgrößten Aluminiumschmelzereien gegründet (***Alcan Kitimat Works*** von ***Rio Tinto***; www.riotinto.com). Daneben gibt es dort noch einen Komplex zur Papiererzeugung. Typisch für solche Werke ist der hohe Strom- und Wasserverbrauch. Beides ist dank eines Wasserkraftwerks im 75 km entfernten Kemano im Überfluss vorhanden. ***Kitimat Visitor Info Centre***; © 1-800-664-6554, © (250)-632-6294; www.visitkitimat.com.

In Werbebroschüren und Informationsblättern der Touristeninformation wird zu Recht darauf hingewiesen, dass Kitimat (ansonsten) inmitten unberührter Natur liegt.

Auch **östlich von Terrace** folgt der *Yellowhead Highway* weiter dem Skeena River – wenngleich nicht immer in Ufernähe – durch nach wie vor reizvolle Landschaften.

Seven Sisters Mountains; Blick vom Yellowhead Highway im Bereich der Hazeltons

Abstecher Cassiar Hwy

Wer plant, bei Kitwanga auf den ***Cassiar Highway*** abzubiegen, um Stewart/Hyder zu besuchen oder zum *Alaska Highway* zu fahren (Watson Lake), findet die Beschreibung der Strecke in Süd-Nord-Richtung ab Seite 366.

»Die Hazeltons«

Rund 40 km östlich von Kitwanga liegen die drei Ortschaften South, New und Hazelton, ***The Hazeltons***, in einem weiten Tal rund um den Zusammenfluss von Skeena und Bulkley River. Es ist von den *Hazelton Mountains* umgeben, die meist auch im Sommer schneebedeckt sind.

Während **New** und **South Hazelton** erst Anfang des 20. Jahrhunderts mit dem Eisenbahnbau entstanden, war Old Hazelton (wie Hazelton oft genannt wird) bereits 1886 geschäftiger Endpunkt der Schaufelraddampferflotte auf dem Skeena River. Im Kern hat das Dorf sein Ambiente des frühen 20. Jahrhunderts bewahrt.

Indianerdorf

Die kleine Straße dorthin ist ab New Hazelton ausgeschildert. Sie überquert auf einer sehenswerten **Hängebrücke** den *Hagwilget Canyon* des Bulkley River.

Totem Poles

Mit insgesamt nur sieben aneinandergereihten (nachgebauten) Langhäusern besitzt das ***'Ksan Historical Village*** am Rande von Old Hazelton eher eine bescheidene Größe. Die Anlage des Dorfes der ***Gitxsan Indians*** wurde 1970 als Touristenattraktion konzipiert und wirkt wegen der Mal- und Schnitzarbeiten – besonders zu bewundern an den Totempfählen – pittoresk.

Nur Museum, Restaurant und Holzschnitzer-Werkstatt sind frei zugänglich. Weitere drei Häuser können gegen Eintritt (mit Führer $10) von innen besichtigt werden. Der Eintritt aufs Gelände kostet $2; April bis September täglich 9-17 Uhr, sonst nur Museum Mo-Fr 9.30-16.30 Uhr, ✆ 1-877-842-5518; www. ksan.org.

Rekonstruktion des 'Ksan Historical Indian Village

Wer sich für ***Totem Poles*** intensiver interessiert, könnte bis zum *Gitxsan*-Indianerdorf **Kispiox** fahren (von Hazelton 14 km), wo am Totem Drive an der Einmündung des Kispiox River in den Skeena River rund 15 weitere dieser aus Rotzedern geschnitzten Pfähle stehen.

Im ***'Ksan Campground*** der ***Gitxsan Indianer*** im Dorf Gitanmaax gleich hinter dem *'Ksan Village* gibt es Plätze im Grünen in kurzer Distanz zum Fluss, die Hälfte davon verfügt über *Hook-up*; © (250) 842-5940 oder © 1-800-663-4590, $17-$24; www.gitanmaax.com.

Der ***Yellowhead Highway*** folgt von nun an einem Nebenfluss des Skeena River, dem Bulkley River, nach Süden.

Posieren für die Kameras der Touristen in Kispiox

Moricetown Canyon

Rund 35 km südlich von New Hazelton passiert man bei Moricetown den gleichnamigen ***Canyon*** des **Bulkley River**, wo der Fluss sich tosend durch eine wenige Meter breite Verengung seines Bettes zwängen muss. Eine kurze Zufahrt überquert die Schlucht und führt zum ***Moricetown Canyon Campground*** der ***Wet'suwet' en-Indianer***, © (250) 847-1461, $18-$22, in sehr schöner Lage auf einer Anhöhe über dem Fluss.

Die Indianer haben sich das Recht erhalten, nach alter Art in den Stromschnellen vor dem Engpass mit hakenbewehrten Stangen Lachse zu stechen. Im Spätsommer sind die Aussichten besonders gut, Indianer bei dieser Fangmethode zu beobachten.

Beidseitig des Flusses gibt es gleich oberhalb des *Canyon* Park- und Picknickplätze.

Smithers

Zwecks touristischer Profilierung hat man in Smithers (5.200 Einwohner) vielen Fassaden ein alpenländisches Aussehen verpasst. Das ***Visitor Info Centre***, 1411 Court St, © 1-800-542-6673, © (250) 847-5072; www.tourismsmithers.com, an der Ecke Main Street lässt sich nicht verfehlen.

Fossilien

Nordöstlich von Smithers liegt der ***Driftwood Canyon Provincial Park*** (10 km, kein Camping), ein interessantes Ziel. Dort befindet sich ein ***Fossil Bed***, aus dem 50 Mio. Jahre alte Versteinerungen ausgegraben wurden.

Camping

Der städtische ***Riverside Park Municipal Campground,*** © (250) 847-3494 (mit *Hook-up*), $16-$22, liegt sehr schön am *Bulkley River* (vom *Yellowhead Highway* auf die Main *Street*). Als Übernachtungsplatz ebenfalls in Frage kommt der ***Campground*** des ***Tyhee Lake Provincial Park***, © 1-800-689-9025, $22, am Sandstrand des Sees, Zufahrt etwa 10 km südlich der Stadt.

Houston

Haupterwerbszweig in Houston (3.200 Einwohner) ist die Holzindustrie. Einstündige Touren (Mo, Mi, Fr 10 und 14 Uhr) durch Sägemühlen gehören zu den wenigen lokalen Attraktionen (Juli-August, frei), Anmeldung nur im ***Houston Visitor Info Centre***, 3289 Hwy 16, © (250) 845-7640; www.houstonchamber.ca.

Seenplatte

In Houston hat der *Yellowhead Highway* die Gebirgslandschaft endgültig hinter sich gelassen und die **Seenplatte des *Interior Plateau*** erreicht. Gleichzeitig wird die Strecke monotoner und bietet bis zum 310 km entfernten Prince George keine nennenswerten Höhepunkte mehr.

35 km nördlich von Topley überquert die Stichstraße (#118) zum Babine Lake kurz vor dem See den Fulton River, wo sich im angeblich weltgrößten von Menschenhand geschaffenen **Laichkanal** alljährlich im September eine halbe Million *Sockeye Salmons* flussaufwärts quälen. Hinter **Topley** verlässt die Straße das Tal des Bulkley River und passiert unmerklich die Wasserscheide zwischen Fraser und Skeena River.

Burns Lake

Von **Burns Lake** (2.100 EInw., 540 Hwy 16 West, © (250)-692-3773, www.burnslakechamber.ca) führt eine asphaltierte Straße (#35) nach Francois Lake und – jetzt geschottert – weiter zum Ootsa Lake (ca. 65 km). Die **Fähre** über den Francois Lake ist frei.

Zum Tweedsmuir Provincial Park

Der **Ootsa Lake** ist beliebter Ausgangspunkt für Bootstouren durch absolute Wildnis auf verbundenen Stauseen im einsamen Nordteil des ***Tweedsmuir Provincial Park***, ➪ Seite 246. Das durch den 1952 erbauten Kenney Dam aufgestaute ***Nechako Reservoir*** dient zur Stromversorgung der Aluminiumschmelzerei in Kitimat (➪ Seite 361). Aus dem Staubecken wird das Wasser größtenteils westwärts über Kemano in den Pazifik abgeleitet statt in natürlicher Richtung ostwärts zum Fraser River.

Nach Fort St. James

Am Ostende des Fraser Lake wartet ein Sandstrand im ***Beaumont Provincial Park*** auf Besucher. Im weiteren Verlauf des *Yellowhead* zweigt westlich von Vanderhoof die Straße #27 nach Fort St. James ab (53 km).

Fort St. James (1.400 Einwohner) beherbergt den gleichnamigen ***National Historic Site***; www.pc.gc.ca/james. Einige Originalblockhäuser (1884-89) rufen die Zeit der Erschließung des kanadischen Westens durch die Pelzhandelsgesellschaften wach.

Bereits 1806 hatte *Simon Fraser* für die *North West Company* die Handelsniederlassung Fort St. James am Südostende des *Stuart Lake* gegründet. Sie entwickelte sich bald nach der Verschmelzung mit der *Hudson's Bay Company* zum kommerziellen Zentrum und Verwaltungssitz der damaligen Provinz ***New Caledonia***, die den Großteil des heutigen Festlandgebietes von British Columbia umfaßte.

Living Museum

Dort wird das Alltagsleben wie im Jahre 1896 durch zeitgenössisch gekleidete »Bewohner« nachgestellt und erläutert.

Im ***Visitor Reception Centre*** gibt es Ausstellungen und eine *Video-Show*. Geöffnet von Ende Mai bis Ende September täglich 9-17 Uhr, $8.

Lohnt der Abstecher?

Wer die wesentlich größeren ***Historical Parks*** **Barkerville** oder **Fort Steele** gesehen hat oder noch besuchen wird, kann auf den Umweg über Fort St. James verzichten. Aber so es gerade passt, lässt sich der Abstecher vielleicht mit einer Übernachtung verbinden. Der ***Paarens Beach Provincial Park***, ✆ 1-800-689-9025, bietet **Camping,** $10, am Südufer des Stuart Lake. Einige Stellplätze befinden sich unmittelbar am Sandstrand, ebenso wie 5 km weiter westlich im ***Sowchea Bay Provincial Park*** (dort aber mit kleineren Campingarealen, $10).

Der ***Mount Pope Provincial Park*** wäre ein zusätzliches Motiv für den Abstecher. Nordwestlich des Ortes geht es über knapp 800 Höhenmeter und 6,5 km hinauf zum *Mount Pope*, von dessen Gipfel (1.472 m) man eine herrliche Fernsicht hat.

Von **Vanderhoof** sind es noch fast 100 km bis Prince George. Zur Fortsetzung der Reise von dort ➪ Seite 252.

Einfliegen zum Urlaub am »eigenen« See in der Wildnis; hier in Richtung Tweedsmuir Provincial Park

Cassiar Highway: Warten auf die Pilot Car vor einer der kilometerlangen Baustellen bei sonst insgesamt gutem Straßenzustand

3.9 Auf dem Cassiar Highway nach Stewart/Hyder und Watson Lake

Geschichte und Kennzeichnung

Die Straße von Kitwanga am *Yellowhead Highway* nach Watson Lake am *Alaska Highway* wurde als durchgehender ***Cassiar Highway*** erst 1972 für den öffentlichen Verkehr freigegeben. Teilstücke waren aber schon vorher befahrbar, so auch die Stichstraße vom Meziadin Lake nach Stewart/Hyder am südlichen Zipfel Alaskas. Während die Straße zunächst noch lange überwiegend von *Trucks* benutzt wurde, ist sie im Lauf der Jahre zu einer wichtigen **Touristenroute** geworden.

***Stewart* Highway #37A** und ***Cassiar Highway* #37** bilden – touristisch gesehen – eine Einheit. Zur Fahrt auf dem *Cassiar Highway*, gleich aus welcher Richtung, gehört unbedingt auch der **Abstecher nach Stewart. Die Fahrt dorthin und der *Salmon Glacier* bei Hyder in Alaskas Süden zählen zum Besten, was diese Region Besuchern zu bieten hat**.

Straßenzustand

Die Strecke war auch noch Jahre nach Eröffnung eine Prüfung für Fahrzeug und Fahrer und bei schlechtem Wetter ohne Vierradantrieb nur mit Mühe zu bewältigen. Der *Cassiar Highway* (725 km) ist aber mittlerweile bis auf 3 insgesamt rund 50 km lange Teilstücke zwischen Iskut und Dease Lake vollständig asphaltiert. Da aber der Belag auf dieser Straße zum Aufbrechen neigt, gehören in der kurzen Sommersaison 'zig kilometerlange Baustellen auch auf schon befestigten Strecken zum üblichen Bild dieser und anderer Straßen des Nordens (➪ Alaska Hwy Seite 382). Der **Südabschnitt der #37** bis Meziadin Junction und auch die **Stichstraße #37A** nach Stewart sind erstklassig und breit ausgebaut.

Nichtsdestoweniger und unter Hinweis auf die verbliebenen Schotterabschnitte auf Nebenstraßen und Baustellen untersagen viele Campmobilverleiher Fahrten auf dem *Cassiar Highway* oder erheben dafür einen Sonderzuschlag.

Orte am Wege/ Tankstellen

Der größte Abstand zwischen Tankstellen beträgt an zwei Streckenabschnitten jeweils rund 140 km. Die ***Gas Stations*** sind zumeist Teil eines Servicekomplexes mit Werkstatt und *General Store* für Lebensmittel, Camping- und Angelbedarf; gelegentlich besitzen sie auch Cafeteria und Motelzimmer. Von einer »richtigen« Ortschaft samt Infrastruktur kann nur im Fall von **Stewart** die Rede sein (500 Einwohner). Bei **Dease Lake** handelt es sich um ein Versorgungszentrum mit nur wenigen hundert Einwohnern und einer auf den Durchgangsverkehr ausgerichteten Infrastruktur; **Good Hope Lake** und **Iskut** sind auseinandergezogene Indianersiedlungen.

Südlicher Abschnitt

Das erste südliche Teilstück des *Cassiar Highway* zwischen Kitwanga und Meziadin Junction (160 km) bietet, wiewohl nicht unattraktiv, keine besonderen Anlaufpunkte. Zu erwägen wäre – etwa 20 km nördlich von Kitwanga –, auf einer parallel verlaufenden Straße das kleine Indianerdorf ***Gitanyow*** aufzusuchen. Dort steht eine Gruppe schöner ***Totem Poles***, darunter eine Kopie des »*Hole in the Ice*«, der mit 140 Jahren zu den ältesten Totempfählen der Provinz zählt.

Die Abzweigung der ***Nass Road*** in Richtung Terrace auf etwa halber Strecke zum nächsten Straßendreieck *Meziadin Junction* nennt sich ***Cranberry Junction***, ⇨ Seite 360.

Meziadin Lake & Junction

An der Nordostecke des ***Meziadin Lake*** liegt – in herrlicher Umgebung – der gleichnamige ***Provincial Park Campground*** ($15) mit vielen Stellplätzen direkt am Wasser und anderen in erhöhter Position mit Aussicht über Berge und See. Kurz darauf erreicht man ***Meziadin Junction***. Dort beginnt, wie gesagt, die Stichstraße #37A nach Stewart/Hyder. Sollte der Provinzpark voll sein, findet man einen kleinen, privat geführten RV-Platz an der Tankstelle in *Meziadin Junction* (2008 allerdings geschlossen).

Bear Glacier

Die ***Straße #37A*** führt durch eine grandiose Landschaft. Gletscher und Wasserfälle begleiten sie. Nach 24 km kommt der eindrucksvolle ***Bear Glacier*** mit Gletschersee Strohn Lake in Sicht. Zu Beginn des 20. Jahrhunderts erreichten die Eismassen noch den gegenüberliegenden Berghang, wo in der Höhe die alte Straße verlief. Von der *Picnic Area* am Ostende des Sees (etwas abseits) oder vom Aussichtspunkt an dessen Westende hat man den besten Blick auf den – bei sonnigem Wetter – blau schimmernden Gletscher in ein paar hundert Metern Entfernung.

Nach Stewart

Weiter geht es am **Bear River** entlang und durch seinen malerischen ***Canyon***. In der Höhe sieht man häufig Dallschafe und Bergziegen. Nach 65 km ist Stewart erreicht.

Lage

Stewart liegt – umringt von hohen Gipfeln – am Ende des 180 km langen ***Portland Canal***, der natürlichen Grenze zwischen dem Südzipfel Alaskas und Canada. Diese Lage und die offene Grenze bilden die Attraktion des Ortes, in dem es außer dem lokalen Museum sonst nichts Besonderes zu sehen gibt.

In Hyder ist der »Hund begraben«. Nur die Sommertouristen bringen ein bißchen Betrieb.

Museum

Das ***Stewart Historical Museum*** ist in einer ehemaligen Feuerwache in der #603 Columbia Street untergebracht. Zahlreiche Fotos und Ausstellungsstücke dokumentieren die kurze, aber bewegte Geschichte der Region. Da im Eis und Schnee der nahen Gletscher diverse Filme entstanden, schmücken auch Fotos von den Dreharbeiten die Wände. Mitte Juni-Sept. tägl. 13-17 Uhr, $5.

Unterkunft

In Stewart und in Hyder kann man jeweils unter einem ***Motel***, einer ***Lodge*** mit ***Saloon*** und mehreren ***B&Bs*** wählen.

Offizielle **Campingplätze** sind in Stewart ***Bear River RV Park***, © (250) 636-9205; $14-$23, www.stewartbc.com/rvpark und ***Rainey Creek Campground*** © 1-888-366-5999 oder © (250) 636-2537, $12-$20 (im Wald am Ortsrand, bester Platz) und in Hyder das ***Camp Run-A-Muck***, © 1-888-393-1199 oder © (250) 636-9006, (mit *Hook-up*) an der Straße zum *Salmon Glacier*, $12-$24; www.sealaskainn.com.

Hyder

Unmittelbar jenseits von Stewart liegt auf dem Boden Alaskas die Gemeinde Hyder. Die nur durch zwei Schilder und bunte Wimpel kenntlich gemachte internationale Grenze wird heute bei der Einreise nach Canada (im Gegensatz zu früheren Jahren) tatsächlich kontrolliert, in die USA nicht, da jegliche Verbindung zu irgendwelchen anderen Orten in Alaska fehlt. Der weit in den Fjord hineinreichende Anleger für die frühere Autofähre nach Ketchikan liegt verwaist.

Grenze USA/Canada

Auch wenn die Grenze praktisch bedeutungslos ist, teilt sie doch offiziell zwei Nationen. Ob Stewart in Canada oder Hyder/Alaska, in beiden Orten gelten unterschiedliche Regeln und Gesetze, das betrifft sogar die Zeitzonen. In Hyder gilt ***Alaska Time***, theoretisch eine Stunde Zeitgewinn gegenüber ***Pacific Time*** in Stewart. Auch auf Alkoholverkauf und -ausschank wirkt sich die Grenze spürbar aus. Die Bars in Hyder bleiben länger geöffnet und überall im Ort außer im Postamt wird mit kanadischen Dollars bezahlt.

Post aus Alaska

Das Interesse mancher Besucher gilt Hyders **Briefkasten**. Denn die Lieben daheim kann man von dort aus – ohne Reise ins weit entfernte Kernland – mit Post aus Alaska beglücken.

Fish Creek

Sechs Kilometer nördlich des Ortes wartet im ***Tongass National Forest*** an der geschotterten – bis dahin gut befahrbaren – ***Salmon River Road*** ein Naturschauspiel besonderer Art. Zwischen Mitte Juli und Anfang September ziehen im flachen Wasser des **Fish Creek** mächtige Lachse bachaufwärts. Von einer eigenen Aussichtsplattform kann man beobachten, wie nur wenige Meter tiefer sowohl *Grizzlies* als auch Schwarzbären mit fast bewegungslosen Lachsen leichtes Spiel haben und genüßlich ihren Fang vertilgen. Morgens und am späten Nachmittag sind die Chancen dafür am besten. Oft herrscht dort ein ziemlicher Andrang. Aber weder von Menschen noch von den Weißkopfadlern, die bisweilen über dem Geschehen kreisen, lassen die Bären sich sonderlich stören; www.fishcreek.org (Bärenfotos und aktuelle Infos).

Salmon Glacier im äußersten Südzipfel Alaskas, ca. 20 km entfernt vom Grenzort Hyder

Salmon Glacier

Hinter der Brücke über den Fish Creek führt die Straße zunächst weiter am Ufer des **Salmon River** entlang und dann kurvenreich und rumpelig hinauf zur inzwischen stillgelegten ***Granduc Copper Mine*** in knapp 50 km Entfernung. Auskunft und Karte im ***Visitor Info Centre*** in Stewart, 222 5th Ave, © 1-888-366-5999 oder © (250) 636-9224; www.stewart-hyder.com. Die 18 km ab Fish Creek zu den ersten Aussichtspunkten auf den ***Salmon Glacier*** sollte man auch bei schlechtem Zustand der Rumpelpiste durchhalten. Der Blick über diesen Gletscher ist auf den folgenden Kilometern bis zum ***Summit Viewpoint*** atemberaubend.

Ende Juli, in manchen Jahren auch im August, bietet sich ein besonderes Naturschauspiel: Unter dem Druck des Schmelzwassers bricht die Eiskruste des *Summit Lake* oberhalb des Gletschers auf, und eine Flut aus Eisschollen, Baumstümpfen und Geröll geht im *Salmon River* zu Tal.

Nach Watson Lake

Eingerahmt von ***Coast Mountains*** im Westen und ***Skeena Mountains*** im Osten besitzt die Strecke von Meziadin Junction bis Iskut (vor allem im südlichen Bereich) **landschaftlich fantastische Abschnitte**, die vom *Alaska Highway* kaum mehr in ähnlicher Art erreicht, geschweige denn überboten werden. Man sollte sich daher, wenn möglich, etwas mehr Zeit nehmen, als die unbedingt nötigen Tage für das reine Abfahren. Dabei ist anzumerken, dass trotz an sich guter Straße die Durchschnittsgeschwindigkeit stark gebremst werden kann durch vorausfahrende Großcampmobile, voll beladene Trucks und Baustellen mit langen Wartezeiten.

Kinaskan Lake

Auf exakt halber Strecke zwischen *Yellowhead* und *Alaska Highway* liegt der glasklare **Kinaskan Lake**. Der gleichnamige ***Provincial Park Campground*** an seinem Südufer besitzt viele schön angelegte Stellplätze direkt am Wasser ($15).

Lodges & Camping

Wer keinen Uferplatz mehr erwischt und sich nicht mit der zweiten Reihe zufriedengeben möchte, fährt einfach weiter bis zur ***Red Goat Lodge*** (+37 km), die für $15-$25 *Hook-up* Plätzchen am See bietet, außerdem **Mietkanus** zu $25/Tag.

Wer Zimmer oder nur ein Bett sucht, ist dort ebenfalls richtig. Die *Lodge* hat ***B&B-Rooms*** ab $85 für 2 Personen, ✆ (250) 234-3261, ✆ 1-888-RED-GOAT, www.redgoatlodge.com. Bei ***Red Goat*** lassen sich auch **Kanutouren** in die *Spatsizi Plateau Wilderness* und **Wildniswanderungen** zum ***Mount Edziza Park*** buchen.

Eine gute kommerzielle Campadresse ist auch ***Mountain Shadow***, ca. 6 km weiter nördlich. Der Platz liegt zwar nicht direkt an einem See, aber ruhig abseits der Straße und ist gepflegt, ✆ (250) 234-3333, $19-$28; www.mtshadowrvpark.com.

Wildnis-parks

Nördlich von Iskut durchquert die Straße den ***Stikine River Provincial Park***, welcher die ***Mount Edziza*** und ***Spatsizi Plateau Wilderness Provincial Parks*** miteinander verbindet.

Westlich der Flussbrücke beginnt der fast 100 km lange ***Grand Canyon of the Stikine River*** mit Wänden bis zu 300 m Höhe.

Dease Lake

Der Ort *Dease Lake* am Südende des namensgebenden Sees verfügt über Großtankstelle, mehrere Shops, Restaurants und Motels und ist wichtige Etappe für die Versorgung des Durchgangsverkehrs, besitzt aber sonst keinen Reiz.

Nach Telegraph Creek

Von Dease Lake führt die *Telegraph Creek Road* zum Osthang der *Coast Mountains* auf teilweise toller Strecke (speziell bei Nässe Wohnmobile besser nicht) zum namensgebenden Nest am Endpunkt des ***Grand Canyon of the Stikine River***. Telegraph Creek ist Start für Trips in die nur mit Buschflugzeug und über Wander- und Reitpfade zugängliche Wildnis des *Mount Edziza PP*.

Cassiar und Centreville

Westlich von Cassiar Junction liegt am ***McDame Creek*** die seit 1992 verlassene einstige Asbestminenstadt **Cassiar**. Ebenfalls unbewohnt ist bachabwärts das ehemalige Goldrausch gebiet um **Centreville**. Entscheidendes Ereignis war dort 1877 der Fund eines 2,2 kg schweren Goldnugget.

Boya Lake

Ein wunderschöner ***Campground*** ($15) befindet sich im ***Boya Lake Provincial Park*** am glasklaren, türkisfarbenen See. Die Zufahrt (2 km) zweigt 85 km südlich des *Alaska Highway* von der #37 ab. Der Platz ist auch als **Badesee** wegen seiner angenehmen Wassertemperatur sehr beliebt.

Die besten Stellplätze findet separat vom Haupt-*Campground*, wer sich ab der Einfahrt konsequent rechts hält.

Alaska Highway

Nach Erreichen des *Alaska Highway* macht es Sinn, zunächst einmal Watson Lake anzusteuern mit einem großen Besucherzentrum des Yukon Territory und vor allem dem ***Signpost Forest*** ebendort, den man einfach gesehen haben muss. Das eventuell damit verbundene doppelte Abfahren der 20 km bis Watson Lake, lässt sich verschmerzen.

Alles Weitere zu **Watson Lake** etc. ⇨ Seite 390ff.

Der Kraterkegel des Mount Edziza liegt in einer kargen unerschlossenen Lavalandschaft westlich des Cassiar Highway (auf Höhe des Kinaskan Lake)

3

Durch
Canadas
hohen
Norden

4. ALASKA HIGHWAY UND NEBENSTRECKEN IN CANADA

4.1 Zum Reisen im hohen Norden

Eine Reise per Auto in die Nordwestregion Canadas und/oder nach Alaska ist heute im allgemeinen **kein sonderlich riskantes Abenteuer** mehr. Bis Ende der 1970er-Jahre dagegen, als selbst der *Alaska Highway* noch überwiegend aus Schotter bestand, waren solche Touren nicht unproblematisch. Mit dem Ausbau der in den hohen Norden führenden Straßen und des Wegesystems in den Yukon und Northwest Territories hat sich die **Befahrbarkeit in den letzten 10 Jahren erheblich verbessert**.

Trotzdem gibt es noch einige Aspekte, die vor jeder Reise in Gebiete jenseits des 60. Breitengrades bedacht werden sollten. Denn Fahrten in den Norden sind lang, und ab Mitte September kann Schneefall Nebenstrecken unpassierbar machen.

Wer ausreichend Zeit, genügend Dollars und mückenfeste Kleidung mitbringt und nicht gerade Ärger mit dem Fahrzeug hat, kann in den nördlichen Breiten unvergeßliche Urlaubstage verbringen. Grandiose Landschaften in absoluter Einsamkeit, Goldrauschrelikte und lange Sommertage gefolgt von sternklaren Nächten und Nordlicht garantieren außergewöhnliche Eindrücke und Erlebnisse.

4.1.1 Die Hauptrouten

Straßenzustand

Letzteres gilt allerdings eher auf Neben- als Hauptstrecken. Wo früher etwa der ***Alaska Highway*** dem Auf und Ab der Topographie folgte und unzählige Zufahrtsmöglichkeiten zu Wildwassern und idyllischen Seen bot, erlaubt die hochgelegte, begradigte Trasse heute nur noch selten ein Verlassen der Straße. Ein Teil des alten Reizes ging damit verloren. Die im Sommer **zahllosen *Motorhomes*** bezeugen, dass zumindest *Alaska, Cassiar* und *Klondike Highway* keine besonderen Ansprüche mehr an Fahrzeug und Ausrüstung stellen. Diese Straßen sind bis auf kleinere schlechte Teilstücke fast durchgehend befestigt und bieten ein ausreichend dichtes Netz an Servicestationen, Motels und Campingplätzen. Der größte Abstand zwischen 2 Tankstellen beträgt am *Alaska Highway* nur noch 120 km (zwischen Whitehorse und *Otter Falls Cutoff* kurz vor Haines Junction).

Alternative Routen

Zu mehreren Abschnitten des *Alaska Highway* gibt es reizvolle Alternativstrecken. Das Yukon Territory kann man ab Watson Lake auch auf der **Kombination *Campbell Highway*** (bis Carmacks)/***Klondike Highway*** (voll asphaltiert bis Dawson City)/ ***Top of the World Road/Taylor Highway*** (bis nach Tok/Alaska) durchfahren.

Mit 1.240 km ist diese Strecke nur etwa 160 km länger als der *Alaska Highway* von Watson Lake bis Tok. Allerdings sind ca. 570 km auf Schotterstraßen zurückzulegen.

Populärer ist die **Umgehung des *Alaska Highway* ab Whitehorse** über den *Klondike Highway* bis Dawson City und *Top of the World/Taylor Highways* bis Tok (Alaska) mit nur rund 200 Zusatzkilometern, davon knapp 70 km auf Schotter.

In British Columbia bietet der mittlerweile bis auf 50 km voll asphaltierte ***Cassiar Highway*** eine ausgesprochen attraktive Umgehungsmöglichkeit des *Alaska Highway*. Er wurde im vorstehenden Kapitel ausführlich beschrieben.

Routenplaner Norden
(Entfernungen in km)

Reiserouten

Bei Kombination dieser Straßen sind heute im Norden sehr schöne **Rundfahrten** unterschiedlichster Streckenlänge und Dauer möglich, ohne dass längere Abschnitte doppelt gefahren werden müssen. Bei knapper Zeit vermittelt bereits **ein einwöchiger Abstecher** ab Prince George über Fort St. John und Watson Lake (*Alaska Highway*) nach Stewart/Kitwanga und zurück nach Prince George oder Prince Rupert (von dort Fähre nach Vancouver Island) einen guten Eindruck vom Reiz des Nordens. Wer mehr Zeit hat, sollte eine **achtförmige Rundreise** erwägen, die u.a. Dawson City, einen »Schlenker« über Tok/Alaska, Haines und Skagway Fähre (➪ Seite 405) einbezieht. Mehrere Varianten der Streckenführung sind dabei denkbar.

Über die NWT in den Norden

Das Yukon Territory kann statt auf dem *Alaska* oder *Cassiar Highway* auch über den ***Mackenzie Highway*** angesteuert werden, der zunächst zum Great Slave Lake führt. Von Edmonton bis zur Abzweigung des *Yellowknife Highway* ist er durchgehend asphaltiert, danach jedoch – wie auch Abschnitte des Northwest und die Yukon Territories verbindenden ***Liard Highway*** – geschottert. Über diese – gegenüber der Route Edmonton-Dawson Creek-Fort Nelson – um 1.600 km (davon 430 km Schotter) längere Strecke (einschließlich eines Abstechers nach Yellowknife) informiert Kapitel 6, ➪ ab Seite 490.

Zum Polarkreis

Der bis auf die ersten und letzten Kilometer geschotterte ***Dempster Highway*** führt ab *Klondike Highway* östlich von Dawson City zum fast 740 km entfernten Inuvik (NWT), der nördlichsten Stadt, die sich in Canada per Auto erreichen lässt. In seinem Verlauf durchs Yukon Territory gibt es auf einer Distanz von nahezu 500 km lediglich ein Hotel und eine Handvoll einfacher *Campgrounds*. Auf den einsamen Kilometern durch die NWT passiert man nur ein einziges Dorf. **Alaska** verfügt über die nördlichste Straße des Kontinents: Der mehr als zur Hälfte asphaltierte ***Dalton Highway*** entlang der *Trans-Alaska Pipeline* endet nach rund 670 km kurz vor den Erdölfeldern in der Prudhoe Bay.

Gemischte Gravel und Dirt Road: Dempster Highway (auch das Titelbild dieses Kapitels zeigt auf den Seiten 372/73 den Dempster Highway)

4.1.2 Der Zeitfaktor

Zeitbedarf

Gut Ding will Weile! Eine komplette Rundreise durch Canadas Norden **und** das Kernland Alaskas ist einschließlich einiger Nebenstrecken – ohne Fährbenutzung – unter 7.000 km und einer absoluten **Minimalzeit** von **drei Wochen** nur schwer zu machen (gerechnet ab Prince George!). Hinzu kommt ggf. noch die **Anfahrt** (kilometermäßig und zeitlich) von den südlichen Ankunftsflughäfen (**Edmonton, Calgary oder Vancouver**). Eine durchschnittliche Fahrleistung von über 300 km pro Tag ist aber im Grunde nur auf Asphaltstrecken akzeptabel. Bei Einbeziehung von Schotterstraßen in die Reiseroute und dadurch bedingten geringeren Geschwindigkeiten benötigt man für eine lohnende Fahrt, die nicht in endlose Stunden am Steuer ausarten soll, vier und mehr Wochen.

Anfahrt

Oder aber man beschränkt sich bei weniger Zeit auf kürzere Teilstrecken, ggf. unter Einschluss der Alaskafähren. Sonst hat man am Ende weniger gesehen und erlebt, als weiter südlich zwischen den Rocky Mountains und Vancouver Island bei weniger Fahrerei möglich gewesen wäre.

Alaska Inside Passage

Wer unbedingt einmal in Alaska gewesen sein möchte:

Vom *Yellowhead Highway* (Kitwanga) nach Hyder an der *Alaska Inside Passage* (Nachbarort von Stewart/BC) sind es auf einer perfekt ausgebauten Teerstraße nur 230 km, ➪ Seite 369.

Reisezeit

Grundsätzlich können nur **Juni bis Mitte September** als Reisemonate für den Norden wirklich empfohlen werden. Die Aussicht auf sonniges Wetter steigt mit der Entfernung von der Küste. Gleichzeitig sinkt das Regenrisiko.

Im **Hochsommer** ist es – an guten Tagen – tagsüber meist angenehm warm (➪ Seite 597). Selbst 30°C und laue Sommernächte kommen hoch im Norden vor – zur Freude der **Stechmücken**! Auch im **Juni** und **September** gibt es schon/noch schöne Tage und erträgliche Nächte, aber dann gehören Schneefall und Nachtfrost durchaus ins normale Wetterbild. Zahlreiche Campingplätze werden erst Ende Juni bereits im September geschlossen.

4.1.3 Ausrüstung und Vorkehrungen*)

Wer im hohen Norden ausschließlich auf dem *Alaska* oder *Klondike Highway* bleibt, wird in aller Regel mit dem Bordwerkzeug, so vorhanden, und einem tauglichen**) Reservereifen auskommen. Vorausgesetzt, das Auto ist bei Fahrtantritt ansonsten technisch in Ordnung.

*) Manche Verleihfirmen untersagen generell das Befahren von Schotterstraßen bzw. Fahrten in den Norden, andere berechnen hohe Zuschläge.

**) Die bei vielen Pkw zu findenden Notreifen können bei einer Panne weitab vom nächsten Ort problematisch sein und sollten ersetzt oder durch einen weiteren Ersatzreifen ergänzt werden.

Tanken

Ein voller **Reservekanister** kann nie schaden. Darüber hinaus sollte man es sich im Norden zur Gewohnheit machen, ab halbvollem Tank nachzufüllen, wenn sich die Gelegenheit bietet; die nächste Tankstelle könnte geschlossen sein.

Ersatzteile und Werkzeug

Ausgedehnte Trips abseits der Hauptstrecken sollten besser nicht ohne eine gewisse Vorbereitung unternommen werden. Die Mitnahme von Ersatzteilen für typische Fehlerquellen und Verschleiß (Zündkerzen, Öl- und Luftfilter, Keilriemen usw.) sowie von etwas mehr Werkzeug als üblich, ist dann dringend anzuraten. Und zwar weniger wegen einer ernstlich höheren Reparaturanfälligkeit auf schlechten Straßen als vielmehr wegen der eventuell sehr großen Entfernung zur nächsten Werkstatt, sollte tatsächlich eine Panne auftreten.

Steinschlag

Vor allem durch schnell fahrende Trucks werden auf Schotterstraßen häufig Steine hochgeschleudert. Für **Windschutzscheiben** gibt es keinen Schutz, der nicht gleichzeitig mit einer starken Sichtbehinderung einhergeht. Zumindest die **Scheinwerfer** lassen sich durch Gitter oder Folien gut schützen. Man findet sie im Zubehörhandel (z. B. bei *Canadian Tire*) in allen kanadischen Städten. Die beste Vorsichtsmaßnahme ist ein angemessener Abstand zum Vordermann. Bei schnell überholenden und entgegenkommenden Fahrzeugen fährt man so weit rechts wie möglich. **Empfindliche Teile** unter dem Auto (bei einigen Fahrzeugtypen auch der Tank) sollten ggf. auch geschützt werden: Zerschnittene alte Reifen eignen sich dafür. **Stoßdämpferbefestigungen** können sich »losrütteln« und sollten ab und zu kontrolliert werden.

Staub

Auf Staubstrecken – dazu werden alle ***Gravel Roads*** nach einigen Tagen ohne Regen – setzen sich **Luftfilter** schnell zu. Da sie sich nicht unendlich oft reinigen lassen, kann ein Extrafilter nützlich sein. **Bremsen**, speziell Trommelbremsen, bleiben durch gelegentliche Luftdruckreinigung besser in Form. Da starke Verschmutzung der **Scheiben** (an Regentagen auf Schotterstraßen) zu hoher Abnutzung der Wischergummis führen, kann ein Ersatzset nicht schaden.

Gepflegte Gravel Roads (Schotterstraßen) sind bei gutem Wetter kein Problem (hier: Liard Highway zwischen BC und den NWT)

Karten

Was **Kartenmaterial** betrifft, ist man mit den folgenden Wegskizzen und Routenbeschreibungen für die Planung gut gerüstet. Unterwegs benötigt man jedoch genauere Unterlagen. Die wichtigsten gibt es oft gratis (Landkarten und Broschüren) in den Büros der ***Tourist Information*** der Provinzen/Territorien und in den Büros der Automobilclubs **CAA** bzw. **AAA**.

Alaska Highway »Bibel«

Wer sich damit noch nicht ausreichend präpariert fühlt, sollte sich den ***Milepost*** beschaffen, ein jährlich neu aufgelegtes Logbuch für alle Straßen, Versorgungseinrichtungen und *Campgrounds* in Alaska, Yukon, Northwest Territories und British Columbia nördlich des *Yellowhead Highway*. Man findet die »Bibel der Nordlandfahrer« überall in den kanadischen Westprovinzen und den meisten Großstädten der USA. Mit rund 800 Seiten, **61. Auflage 2009**, im DIN-A4-Format ist der *Milepost* dick wie ein Großstadt-Telefonbuch und kostet US$28 (beim Automobilclub CAA/AAA gibt es einen Discount). Direktbestellungen sind möglich bei:

MCC Magazines
✆ 1-800-726-4707; www.milepost.com

Den *Milepost* erhält man zum aktuellen Dollarkurs im Internet auch bei www.amazon.de.

4.1.4 Versorgung unterwegs

Lebensmittel

Das **Preisniveau im Norden** ist zwar insgesamt höher als im südlichen Canada, aber man kann die Kosten durch geschickten Einkauf in Grenzen halten. Das betrifft vor allem Lebensmittel, die in Siedlungen abseits der Hauptstrecken ziemlich ins Geld gehen. In den Supermärkten der größeren Orte blieben zumindest Grundnahrungsmittel erschwinglich. Es ist daher nicht notwendig, das Auto schon in Edmonton oder Prince George bis an die Decke mit Vorräten zu beladen.

Nennenswerte Proviantmengen (Konserven) anzulegen, lohnt sich nur vor längeren Fahrten abseits der »großen« Straßen.

Einkaufen am ***Alaska Highway*** kann man am besten in

Dawson Creek	km 0	11.000 Einwohner
Fort St. John	km 70	18.000 Einw.
Fort Nelson	km 460	4.500 Einw.
Watson Lake	km 980	1.600 Einw.
Whitehorse	km 1.420	24.500 Einw.
Tok/Alaska	km 2.060	1.400 Einw.
Delta Junction	km 2.230	1.050 Einw.

Alaska

Von Tok aus sind es nur noch 510 km bis **Anchorage**. Die Stadt besitzt eine perfekte Infrastruktur. **Alle Waren sind dort preiswerter als irgendwo sonst im hohen Norden**.

Benzinkosten

Benzin ist in **Alaska** relativ billig. In Anchorage und Fairbanks zahlt man weniger als in vielen Bundesstaaten im US-Kernland.

4

Nur in entlegenen Regionen nähern sich in Alaska die Kosten 50% unserer Preise; in **Nordwestkanada** zahlt man etwa 60%-70% der deutschen Benzinpreise; ➪ auch Tabelle Seite 130:

Preise für *Regular Unleaded* (Bleifrei Normal) im Norden
(Umrechnung: 1 US$ = €0,68/1 can$ = €0,65)

Anchorage, AK	4,26 US$/g	entspricht 0,76 €/l
Fairbanks, AK	4,32 US$/g	entspricht 0,77 €/l
Tok, AK	4,53 US$/g	entspricht 0,81 €/l
Dawson Creek, BC	1,42 can$/l	entspricht 0,92 €/l
Fort Nelson, BC	1,49 can$/l	entspricht 0,97 €/l
Fort St. John, BC	1,40 can$/l	entspricht 0,91 €/l
Dawson City, YT	1,56 can$/l	entspricht 1,01 €/l
Watson Lake, YT	1,51 can$/l	entspricht 0,98 €/l
Whitehorse, YT	1,41 can$/l	entspricht 0,92 €/l
Yellowknife, NWT	1,49 can$/l	entspricht 0,97 €/l

Durchschnittspreis nördliches Canada: 0,98 €/l
Durchschnittspreis Alaska: 0,78 €/l

4.1.5 »Liegenbleiben« im Norden

Pannen/ Unfall

Sollte im Fall einer Panne oder eines Unfalls der Wagen nicht mehr fahrbereit sein, findet sich entweder ein hilfsbereiter Autofahrer, oder es muss ein ***Towing Truck*** her. Das kann teuer werden! Auf dem *Dalton Highway* entlang der *Trans-Alaska Pipeline* gilt beispielsweise für ein kleines Wohnmobil ein Tarif von US$ 6/Meile Abschlepp- und Anfahrtstrecke.

Reparaturen

Reparaturen gehen ziemlich ins Geld. Müssen Ersatzteile bestellt werden, wird es nicht nur teuer, sondern dauert. Das gilt besonders für »exotische« Autotypen (alle europäischen und viele japanische Fabrikate). Lieferzeiten von einer Woche und mehr kommen vor! Wichtige ***Spare Parts*** (Ersatzteile) für gängige US-amerikanische Typen sind jedoch meist vorhanden.

Ein ***Check-Up*** des Fahrzeugs vor Reisebeginn und die Beachtung der Hinweise oben können Streß und Geld sparen helfen.

Mile 0 des Alaska Highway in Dawson Creek

4.2 ALASKA HIGHWAY

4.2.1 Geschichte und Situation heute

Der ca. 2.230 km lange ***Alaska Highway*** ist genaugenommen nichts weiter als eine breit ausgebaute Verbindungsstraße zwischen Dawson Creek in British Columbia und Delta Junction in Alaska. Trotz markiger Slogans wie zum Beispiel ***I survived the Alaska Highway*** auf Autoaufklebern und T-Shirts stellt diese Straße – wie gesagt – längst keine Herausforderung mehr dar.

Vorgeschichte

Der Plan, eine durchgehende Straße oder eine Eisenbahn nach Alaska zu bauen, reicht bis in die Zeiten des Goldrausches zurück. Alle Ansätze zur Realisierung scheiterten aber zunächst. Zu stark war die Furcht der Kanadier vor einem unkontrollierten Eindringen des am Landweg nach Alaska interessierten Nachbarn USA. Was in Friedenszeiten unmöglich schien, gelang schließlich während des 2. Weltkriegs. Die japanische Bedrohung nach dem Angriff auf Pearl Harbour im Dezember 1941 lieferte den USA ein Argument, dem sich die Kanadier nicht mehr gut verschließen konnten: Eine **Nachschubstraße** sollte den US-Staat im hohen Norden gegen eine damals tatsächlich befürchtete japanische Invasion sichern helfen. *)

Bau 1942

Die Bauarbeiten kamen trotz schwieriger äußerer Bedingungen rasch voran. Weder Mensch noch Maschine wurden geschont. Bei den knapp 11.000 eingesetzten US-Soldaten waren Unfälle an der Tagesordnung. Eine geschickte Propaganda sorgte dennoch dafür, dass die patriotisch eingestimmte Bevölkerung in den USA wie in Canada die Realisierung des Projekts als »Heldentat« feierte – der alte amerikanische Pioniergeist (*Frontier Spirit*) lebte wieder auf.

Die in Dawson Creek (British Columbia), Whitehorse (Yukon) und Delta Junction (Alaska) gleichzeitig gestarteten Baukolonnen trafen sich nach nur sechs Monaten **am 24. September 1942** am deshalb so benannten ***Contact Creek*** und am 28. Oktober in ***Beaver Creek***. Am **20. November** folgte die offizielle **Einweihung** der neuen Straße am ***Soldier's Summit***.

Als echte Allwetterstraße war der *Alaska-Canada Highway* aber erst ein gutes Jahr später zu benutzen, denn trotz aller Feierlichkeiten konnte der »*Highway*« zunächst nur von Bulldozern befahren werden und bereits 1943 musste die gesamte Trasse saniert und teils sogar verlegt werden.

Effekte

Die wirtschaftlichen und sozialen Auswirkungen waren be-reits während der Bauzeit beträchtlich. Orte wie Fort Nelson, Watson Lake und Tok erlebten dank ihrer Lage am *Alaska Highway*

*) Im Nachhinein stellte sich heraus, daß die Landverbindung nur geringe militärische Bedeutung besaß. Die strategisch wichtigsten Regionen (*Inside Passage*, Golf von Alaska und Aleuten) blieben weiterhin nur auf dem See- bzw. Luftweg erreichbar.

Überwiegender Ausbauzustand des Alaska Highway heute (hier im Tal des Rancheria River nördlich von Watson Lake)

Indianer

einen ungeahnten Aufschwung; die **Ureinwohner** und einstige Fallensteller fanden gut bezahlte Jobs auf Baustellen und in den Militärstationen. Für viele Indianer, die bis dahin nur über Pelzhändler Kontakt zur Welt der Weißen gehabt hatten, brachte das Eindringen der Zivilisation indessen vorher nicht gekannte Probleme. So führten der moderne Arbeitsrhythmus, eingeschleppte Krankheiten und die Verfügbarkeit von Alkohol zu einschneidenden sozialen Veränderungen.

Yukon Hauptstadt

Da der *Alaska Highway* über Whitehorse lief, geriet Dawson City, die alte Hauptstadt des Yukon Territory, am entlegenen Endpunkt des *Klondike Highway* ins Abseits. Whitehorse entwickelte sich zum neuen Zentrum und wurde bald Sitz der Territorialverwaltung. Erst mit Asphaltierung des *Klondike Highway* und der Proklamation von **Dawson City** zum ***National Historic Site*** ging es mit der einstigen Goldrausch-Metropole in den letzten 15 Jahren wieder bergauf.

Verkehr und Zustand

Darüber hinaus hat sich mittlerweile der **Südast des *Klondike Highway*** von Alaskas Hafenstadt Skagway nach Whitehorse (gut 180 km) zum zweiten wichtigen Transportweg in das Yukon Territory hinein entwickelt.

Auf dem vollständig asphaltierten ***Alaska Highway*** sind heute in den Sommermonaten weitaus mehr **Campmobile** unterwegs als *Trucks*. Was im übrigen die wachsende touristische Anziehungskraft des Nordens beweist.

Damit das auch in Zukunft so bleibt, wird die Straße in der kurzen Sommersaison auf vielen Passagen repariert und ausgebaut. Auch in Zukunft dürften **Wartezeiten vor Großbaustellen** eher die Regel als Ausnahme sein. Hinter vorwegfahrenden ***Pilot Cars*** geht es dort langsam und nur einspurig über Stock und Stein. Informationen: ✆ (867) 456-7623 bzw. ✆ 1-877-456-7623, im Internet unter www.511yukon.ca.

Die langen begradigten Neubaustrecken und das Anfangsstück von Dawson Creek bis Fort Nelson entsprechen einer perfekt und breit angelegten Bundesstraße mit Randstreifen, z. T. mit Überholspur.

Nicht begradigt und deshalb kurvenreicher ist das Teilstück über den ***Summit Lake Pass*** im *Stone Mountain Provincial Park*, den mit 1.295 m höchsten Pass der ganzen Strecke.

Schon über den zweithöchsten Punkt, den ***Boutillier Summit*** (1.004 m) geht es – wie auch auf dem ganzen Rest des *Alaska Highway* – ohne nennenswerte Steigungen oder besonders kurvenreiche Abschnitte. Touristische Hochsaison herrscht von Mitte Juni bis Mitte August. In der zweiten Augusthälfte ist selbst der populäre ***Liard River Hot Springs Campground*** nicht mehr ausgebucht.

Endpunkt

Der *Alaska Highway* endet offiziell in Delta Junction. Das Teilstück des ***Richardson Highway*** von Delta Junction bis Fairbanks (160 km) wird gleichwohl als »natürliche« Fortsetzung des *Alaska Highway* betrachtet. Bereits 1902 führte der ***Valdez Trail*** von der Hafenstadt am Golf von Alaska zu den Goldfeldern um Fairbanks. Er wurde bis 1907 zur Postkutschenroute verbreitert, und 1919 folgte sein Ausbau als ***Richardson Road*** zur ersten wetterfesten Straße in das Inland Alaskas.

Entfernungen

Nach Freigabe des ***Alaska Highway*** betrug die Gesamtdistanz von Dawson Creek (*Milepost* 0) bis Delta Junction (*Milepost* 1.422) **2.288 km**. Im Lauf der Jahre verkürzte sich dank der begradigten, zum Teil quer durch die Wildnis geschlagenen Neubautrassen die tatsächliche Entfernung um 60 km. Trotzdem behielten die alten Meilensteine (***Historical Mileposts***) entlang der Strecke, die zu festen Größen in Adressen und auf Reklameschildern geworden waren, ihren Standort, obwohl sie nicht mehr mit den effektiven Entfernungen übereinstimmen.

Liard Hot Springs

4.2.2 Von Dawson Creek bis Watson Lake

Dawson Creek

Dawson Creek, **Ausgangspunkt des *Alaska Highway***, hat vom Bau der Straße besonders profitiert. 1942 lebten dort nur 750 Menschen, heute sind es rund 11.000. Eine dichte **touristische Infrastruktur** – darunter viele **Motels** (o.k. ist das ***George Dawson Inn***, DZ ab $99; www.georgedawsoninn.com, 11705 8th St, © 1-800-663-2745) und eine ganze Reihe von ***Campgrounds*** (am besten ***Mile 0***, © 250-782-2590, $18-$35) – kennzeichnet den Ort.

Einen besonderen Grund, sich in Dawson Creek länger als nötig aufzuhalten, gibt es nicht. Die Hauptattraktion ist der ***Mile Zero Post***, mitten auf der Kreuzung 102nd Ave/10th St, der die **Meile 0** des *Alaska Highway* markiert. Im ***NAR Park*** beherbergt ein stillgelegter Bahnhof das ***Dawson City Visitor Centre*** mit ***Railway Station Museum*** am Kreisverkehr (900 Alaska Ave, Mai+Aug. täglich 8-17.30 Uhr, Juni+Juli tägl. 7-18.30 Uhr, sonst Mo-Sa 9-16 Uhr, $2, © 1-866-645-3022; www.tourismdawsoncreek.com).

Im **Museum** sind neben Ausstellungsstücken Filme über den Bau des *Alaska Highway* zu sehen. Nebenan steht noch ein ***Grain Elevator***, einer der für die Prärieprovinzen typischen Getreidesilos, sowie der Wegweiser zum Alaska Highway. Am nordwestlichen Ortsausgang befindet sich das museale ***Walter Wright Pioneer Village***, eine Zusammenstellung einiger Holzhäuser aus der Gründerzeit (Mitte Mai-Ende Aug. täglich 10-17 Uhr, $2).

Erste Kilometer

Der ***Alaska Highway*** führt zunächst durch Wald und Farmland und entspricht kaum dem Bild, das man sich von seinem Verlauf macht. Wer aus Richtung Prince George anfährt, kann die ersten, eher langweiligen 86 km umgehen. ***Highway #29*** von Chetwynd nach Fort St. John (⇨ Seite 254) ist reizvoller und 40 km kürzer als die Strecke über Dawson Creek.

Fort St. John

Schon 1794 entstand in Fort St. John ein Handelsposten der ***North West Company*** und damit die erste von Weißen gegründete Siedlung auf dem Festland des späteren British Columbia. Der Bau des *Alaska Highway* sorgte bereits für wichtige Impulse, aber erst die Entdeckung von Gas und Erdöl machte aus der einstigen Siedlung in den 1950er-Jahren eine Stadt mit heute 18.000 Einwohnern. Info: 9523 100 St, © 1-877-785-6037, www.fortstjohn.ca.

Deshalb rühmt sich die insgesamt nicht sehenswerte Stadt mit dem Beinamen ***Energetic City***. Neben Öl und Erdgas spielen die früher dominierenden Wirtschaftszweige – Landwirtschaft und Holzfällerei – immer noch eine bedeutende Rolle.

Zum Campen bieten sich knapp nördlich von Fort St. John die Provinzparks ***Beatton*** bzw. ***Charlie Lake*** an, © 1-800-689-9025.

Nach Fort Nelson

Im weiteren Straßenverlauf – weitgehend monotone, aber gut ausgebaute 390 km bis Fort Nelson – sind alle »Orte« außerhalb der kleinen Siedlungen Wonowon und Pink Mountain lediglich einsame Rasthäuser mit Motel und *Campground*.

Fort Nelson (4.500 Einwohner)

Haupteinnahmequelle sind auch in **Fort Nelson**, 5430 50th Ave, ✆ (250) 774-6400; www.fortnelsonchamber.com, einem weiteren ehemaligen Pelzhandelsposten der *North West Company* von 1805, Öl und Erdgas, außerdem spielt noch die Holzwirtschaft eine Rolle.

Westlich der Abzweigung des ***Liard Highway*** nach Fort Simpson, der einzigen Straßenverbindung zwischen Yukon und Northwest Territories (➪ Seite 498), gewinnt der *Alaska Highway* zunehmend an Attraktivität: Es folgen grandiose Streckenabschnitte besonders durch die Bergwelt der *Rocky Mountains* und die Täler entlang der Flüsse *Mac Donald, Toad* und *Trout*. Neben den Mini-Siedlungen wie Toad River, Muncho Lake und Fireside sind die anderen »Orte« am *Highway* nichts weiter als Rasthäuser mit *Campground* und Motel und Café.

Stone Mountain Park

Die nördlichsten Ausläufer der Rockies umschließen hier ein enges Tal und beherrschen den ***Stone Mountain Provincial Park***. Im Straßenverlauf durch den Park erreicht man den mit 1.295 m höchsten Punkt des *Alaska Highway*, den ***Summit Pass***. Ihm gegenüber liegt der ***Summit Peak*** (2.014 m), auf den hinauf ein 2,5 km langer ***Trail*** gleichen Namens führt. Bei klarer Witterung belohnt herrliche Fernsicht den Aufstieg.

Der ***Campground*** des Parks in etwas windiger Lage am östl. Seeufer ist bei schönem Wetter ein guter Übernachtungsplatz.

An den Straßenrändern im *Stone Mountain Provincial Park* grasen regelmäßig Dallschafe. Neben immerwährenden Baustellen bilden sie wahrscheinlich den einzigen Anlass für Verkehrsstaus am *Alaska Highway*. Bevor es in das weite ***Mac Donald River Valley*** hinuntergeht, windet sich die Straße in pittoreskem Verlauf durch eine Kalksteinschlucht.

Muncho Lake Park

Die Konstrukteure des Alaska Highway wählten eine Trassenführung entlang des **Muncho Lake**, weil sie mit dieser Route den unzugänglichen *Grand Canyon* des *Liard River* umgehen konnten. Der See ist ein Höhepunkt der Strecke. Die eindrucksvolle jadegrüne Färbung des Wassers wird von Kupferoxiden verursacht.

Im ***Muncho Lake Provincial Park*** gibt es zwei Übernachtungsmöglichkeiten: den sehr schönen ***Strawberry Flats Campground*** am Südende des Sees und den nicht minder reizvollen ***MacDonald Campground***, 8 km weiter nördlich.

Die ***Northern Rockies Lodge***, Mile 462 am Muncho Lake, ist ein Blockhaus-Komplex mit 25 Zimmern, © 1-800-663-5269 oder © (250) 776-3481. DZ $115; www.northernrockieslodge.com. Dort kann man ***Fly-in Fishing Trips*** und Flüge in den ***Nahanni National Park*** buchen.

Neben der *Lodge* existiert ein **Campingplatz** ($15-$47).

2009 starten wieder **Ausflugsboote** zu Rundfahrten über den Muncho Lake: *Double 6 Services*, © (250)-776-3411.

Liard River und Hot Springs

Nördlich des *Muncho Lake PP* erreicht der *Alaska Highway* den Liard River und begleitet ihn bis Watson Lake. Einen Kilometer, nachdem die Straße den mächtigen Fluss auf der einzigen bereits 1944 fertiggestellten Hängebrücke des Alaska Highway überquert hat, passiert man die ***Liard River Hot Springs***, überaus populäre heiße Quellen in natürlicher Umgebung, wo mineralreiches Wasser aus insgesamt acht Pools sprudelt.

Heiße Badepools

Vom Besucherparkplatz des ***Liard River Hot Springs Provincial Park***, Eintritt $5 pro Person, führt ein Holzplankenweg (*Boardwalk*) über warme Sumpfgewässer zu den beiden zwar ausgebauten, aber weitgehend naturbelassenen und von üppigem, beinahe subtropischem Grün umgebenen Badepools im Wald (***Alpha Pool*** 53°C, 500 m; ***Beta Pool*** 42°C, 800 m). Im ersten Becken gibt es sogar eine »Kinderecke«, die ***Wading Area***; der weiter entfernte Pool ist größer und tiefer. Bei beiden gibt es Umkleidekabinen, denn Badekleidung ist Vorschrift.

In den langen, hellen Sommernächten herrscht bis spät abends Betrieb. Vor allem die Gäste des zum Provinzpark gehörenden **Campingplatzes** nutzen die Gelegenheit zum Bad. Mitte Juni-Anfang August sichert nur die Ankunft am Vormittag einen der begehrten Stellplätze, ✆ 1-800-689-9025. Man kann aber auch auf der gegenüberliegenden Straßenseite bei der ***Liard Hotsprings Lodge*** campen, ✆ (250) 776-7349 oder ✆ 1-866-939-2522, $17-$30, DZ ab $125; www.liardhotspringslodge.com.

Camping

Ca. 8 km südlich des Örtchens ***Fireside***, das 1982 teilweise einem Waldbrand zum Opfer fiel, entwickelt der *Liard River* enorme Stromschnellen. Dort lädt ein kleiner Gratis-*Campground* zum Bleiben. Die Zufahrt ist ausgeschildert mit ***Do-it-yourself Campsite*** und ***Whirlpool Canyon***. Ein Platz fürs Zelt oder ein kleines Fahrzeug befindet sich in toller Position oberhalb der Katarakte.

Contact Creek

Mit der ***Contact Creek Bridge*** erreicht man den Punkt, wo sich im Jahr 1942 die aus Fort Nelson und aus Whitehorse heranrückenden Bautrupps trafen (➪ Seite 381). Informationstafeln erläutern dieses historische Ereignis an der Grenze zwischen British Columbia und dem Yukon Territory. Von dort bis zum *Morley Lake* vor Teslin wechselt der *Alaska Highway* auf 300 km insgesamt neunmal über die »Grenze«.

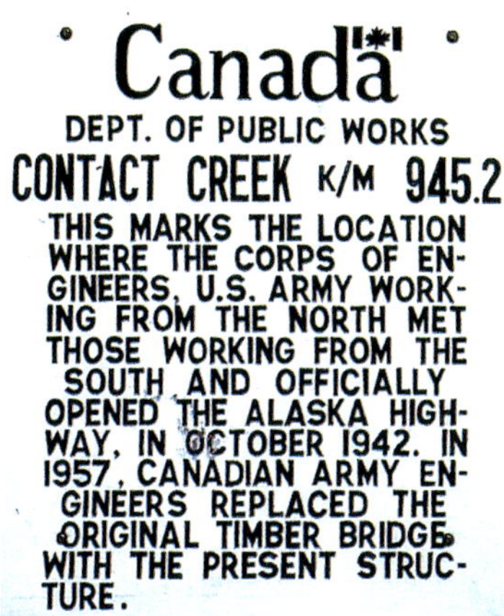

Badestelle Etwa 5 km vor Watson Lake befindet sich südseitig der **Lucky Lake**, ein erstaunlich warmer Badesee mit Sandstrand, Wasserrutsche und Picknickplatz (Parken etwas abseits). Ein guter *Trail* (2 km) führt von dort zum Aussichtspunkt auf den wilden ***Liard River Canyon***.

Rundfahrt Mit **Watson Lake** wird der erste Ort des **Yukon Territory** erreicht. Über den ***Cassiar Highway***, der 22 km weiter westlich vom *Alaska Highway* abzweigt, ist ein «kleiner« Rundkurs durch den Norden von British Columbia möglich, ➪ Seiten 366-371.

Straßen im Yukon Territory

Übersicht Die folgende Übersicht zeigt alle für den öffentlichen Verkehr freigegebenen Strecken im Yukon Territory. Trotz der ebenfalls vorhandenen Numerierung benutzt man im Yukon zur Kennzeichnung der ***Highways*** fast ausschließlich die Straßennamen.

Straßenqualität Nur *Alaska, Klondike, Tagish Road* und *Haines Highway* sind durchgehend asphaltiert. Der *Silver Trail* besitzt auf der westlichen Hälfte **Asphaltbelag**. Alle anderen Straßen weisen **Schotterbelag** wechselnder Qualität auf.

Grading Frisch planierte Schotterstraßen (nach dem sogenannten ***Grading*** mit speziell dafür konstruierten Maschinenfahrzeugen) können ausgezeichnet sein.

»Wellblech«, Staub und Schlamm Mit zunehmendem zeitlichen Abstand zur letzten Pflege wandeln sich *Gravel Roads* aber oft zur Stoßdämpfer mordenden »Wellblechpiste« voller Schlaglöcher. Längere Regenfälle lassen manche Schotterstraße zu einer Schlammstrecke werden, Trockenperioden zur Staubpiste.

No	Bezeichnung	von	nach
1	*Alaska Highway*	Dawson Creek, BC	Delta Junction, Alaska
2	*Klondike Highway*	Dawson City	Skagway, Alaska
3	*Haines Road*	Haines Junction	Haines, Alaska
4	*Campbell Highway*	Watson Lake	Carmacks
5	*Dempster Highway*	Klondike Highway	Inuvik, NWT
6	*South Canol Road*	Johnson's Crossing	Ross River
	North Canol Road	Ross River	Grenze Yukon/NWT
7	*Atlin Road*	Jake`s Corner	Atlin, BC
8	*Tagish Road*	Jake`s Corner	Carcross
9	*Top of the World Hwy*	Dawson City	Taylor Highway, Alas.
10	*Nahanni Range Road*	Campbell Hwy	Tungsten/NWT
11	*Silver Trail*	Stewart Crossing	Keno

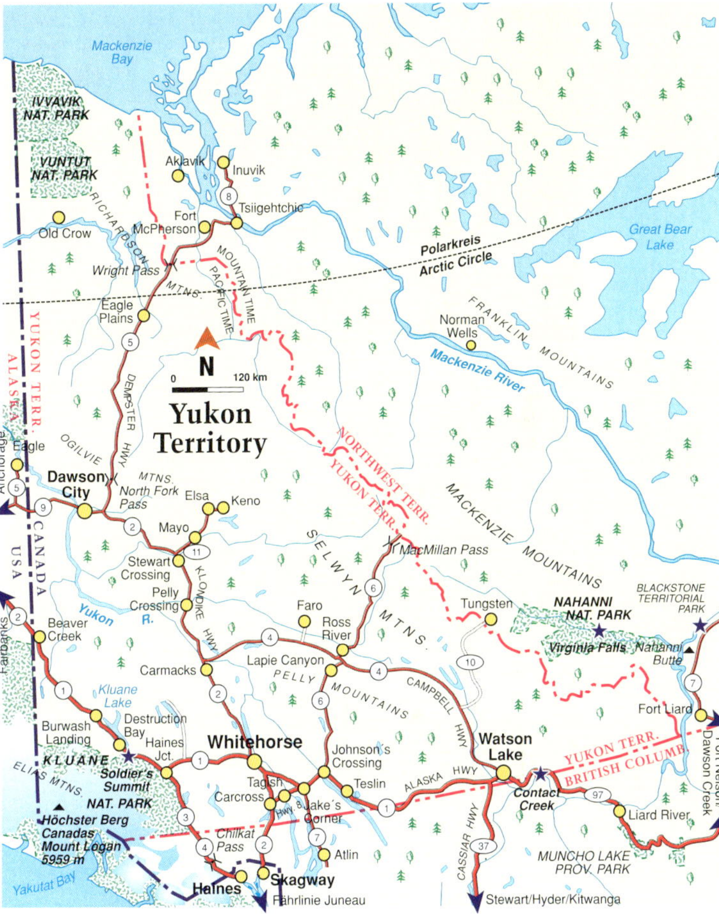

4

Wegweiser am Campbell Highway in Watson Lake

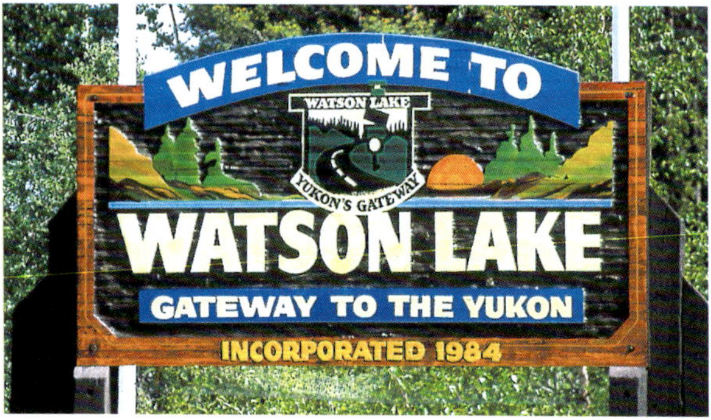

4.2.3 Watson Lake und Alaska Highway bis Whitehorse

Ort Watson Lake

Watson Lake

Watson Lake ist der nach Whitehorse wichtigste Verkehrsknotenpunkt des Yukon Territory. Siedlung und See wurden benannt nach Trapper *Frank Watson*, den es vor einem Jahrhundert mit seiner indianischen Frau in die Abgeschiedenheit dieser Gegend zog. Mit der Ruhe war es vorbei, als 1939 der damals noch als *Fish Lake* bezeichnete See für Starts und Landungen von Wasserflugzeugen erwählt wurde. Bereits zwei Jahre später entstand dort eine »richtige« Landebahn mit Versorgungscamp für die Arbeiter. Beim Bau des *Alaska Highway* wuchs Watson Lake daher eine nachschubtechnische Schlüsselrolle zu, die trotz veränderter Bedingungen bis heute nicht wieder verlorenging: **Außer Whitehorse** (und Dawson City) **ist Watson Lake der einzige Ort im Yukon mit einer vollständigen Versorgungsinfrastruktur inkl. Arzt, Zahnarzt und Apotheke**.

Sign Post Forest

Ihre Bekanntheit verdankt die mit ca. 1.600 Einwohnern bereits drittgrößte Stadt im Yukon Territory in erster Linie den ***Watson Lake Sign Posts***, zahlreichen unübersehbaren Holzmasten am *Alaska Highway*, an die Besucher aus aller Welt Wegweiser, Autokennzeichen, Orts- und andere in irgendeiner Form beschriftete Schilder genagelt haben. Der heimwehkranke Soldat *Carl K. Lindley* aus Danville, Illinois, hat während der Bauarbeiten am *Alaska Highway* mit einem Schild seines Heimatortes den Anstoß zu dieser Sammlung gegeben. Andere Arbeiter, Lastwagenfahrer und später unzählige Touristen folgten seinem Beispiel.

Mittlerweile, laut alljährlicher Zählung, ist die bunte **Schildersammlung** auf nahezu unglaubliche ca. 65.000 angewachsen. Was als ein *Sign Post* begann, wird wegen der erreichten Ausmaße nun mittlerweile durchaus zu Recht als ***Sign Post Forest*** bezeichnet. Die Stadt stellt laufend weitere (3-4 m hohe) Pfosten auf, da der Platz für neue Schilder immer wieder knapp wird. Die erreichten

Ausmaße des Schilderwaldes sind ebenso erstaunlich wie die Vielfalt der dort zusammengekommenen »Trophäen« aus aller Herren Länder. Man kann ohne weiteres eine Stunde oder mehr mit der Besichtigung *en detail* zubringen. Wer ein ausgedientes Nummernschild oder gar einen heimatlichen Wegweiser dabei hat (die Stadtverwaltung besitzt vielleicht ausgediente Exemplare), darf sein Mitbringsel dort an einer geeignet erscheinenden freien Stelle aufhängen.

Information

Vom Schilderwald weitgehend eingeschlossen ist das Gebäude des ***Visitor Reception Centre***, © (867) 536-7469, das außerdem eine interessante Ausstellung mit Video- und Dia-Show und Fotodokumenten zum Bau des *Alaska Highway* enthält (Mitte Mai-Ende September täglich 8-20 Uhr), ➪ Seite 598; www.watsonlake.ca. Dort gibt es alle touristischen Unterlagen.

Camping

Die kommerziell geführten Campingplätze im Ort sind nicht sonderlich attraktiv. O.k. ist allein das hintere Areal von ***Campground Services***, © (867) 536-7448, $11-$28.

Der weitläufige ***Watson Lake Yukon Government Campground***, $12, liegt 4 km westlich, dann 2 km Zufahrt an den See im Wald.

Government Campgrounds

Generell kosten Stellplätze auf den insgesamt **41 *Yukon Government Campgrounds*** $12/Nacht+Fahrzeug. Sie werden vor Ort per ***self registration*** belegt und bezahlt; eine Reservierung im voraus ist nicht möglich (www.environmentyukon.gov.yk.ca).

Campmobil-versorgung

Wohnmobil-Urlauber finden im *Reception Centre* eine Liste aller ***Campgrounds*** und ***Dump Stations*** im Yukon Territory für Frischwasser und Abwässer; die meist schön gelegenen *Government Campgrounds* haben weder *Hook-ups* noch Sani-Tanks.

Quartiere

Fast alle Hotels und Motels liegen unverfehlbar an der Hauptstraße, einige etwas abseits. *B&B* ist auch verfügbar, z.B. ***Cozy Nest Hideaway***, 1175 Campbell Hwy, © (867) 536-2204; DZ $90, www.cozynestbandb.com.

Oldtimer-ausstellung an den Sign Posts

Laser Show

Schräg gegenüber, auf der anderen Seite des Alaska Highway, gibt es im ***Northern Lights Centre*** ganz eindrucksvolle ***Laser Shows*** zum Thema »Nordlicht«; Mitte Mai-Mitte September täglich 13, 14, 15 und 18.30, 19.30 und 20.30 Uhr, ca. 55 min, Eintritt $10 (Rabattcoupon im *Visitor Center*); www.northernlightscentre.ca.

Weiter auf dem Campbell Highway?

Der *Sign Post Forest* steht an der Abzweigung des ***Campbell Hwy*** (Schotter) vom ***Alaska Hwy***. Gegenüber der Kombination *Alaska/ Klondike Highways* ist der Weg über Ross River/Carmacks die kürzere, aber rauhere und zeitlich aufwendigere Alternativroute nach Dawson City, ➪ Seite 425f.

George Johnston Museum am Alaska Highway in Teslin; täglich 9-18 Uhr Mitte Mai-Anfang September, Eintritt $5; www.gjmuseum.yk.net

Nach Whitehorse

Zur Route

Zwischen Watson Lake und Teslin gibt es auf einer Distanz von über 260 km auf breiter, hochgelegter Trasse trotz einiger schöner Teilabschnitte alles in allem nicht viel zu sehen und nur wenige Möglichkeiten für Zwischenstopps. Entsprechend passiert man auf dieser einsamen Passage lediglich einen kleinen Ort (**Upper Liard**), eine Mini-Siedlung (**Swift River**) und eine Handvoll Rasthäuser mit **Motel** inkl. *Campground*.

Rancheria

Etwa 120 km westlich von Watson Lake passiert man die ***Rancheria Lodge*** (✆ (867) 851-6456, DZ $65, auch angenehmer ***Campground***, $10-$20) und erreicht nach weiteren 12 km den Parkplatz an den ***Rancheria Falls***. Ein **kurzer *Trail*** (ca. 500 m) führt zu den Wasserfällen. Sie sind nicht überwältigend, bieten aber eine gute Gelegenheit, sich ein wenig die Beine zu vertreten.

Kurz danach folgt die kontinentale Wasserscheide, der Swift River mündet über den Yukon River im Pazifik, der Rancheria River über den Mackenzie River im Nordpolarmeer.

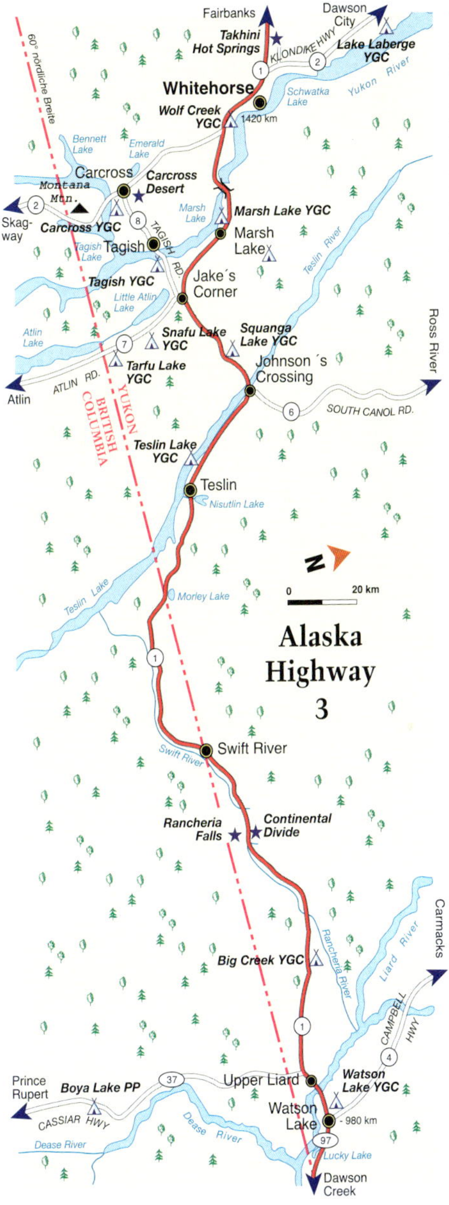

Teslin Lake

Zwischen **Teslin** und **Johnson's Crossing** begleitet der *Alaska Highway* auf 50 km Länge den von Bergen eingerahmten **Teslin Lake**, ohne dass der Blick auf den See den Reisenden vom Hocker reißt. Zugänglich ist er mangels Abfahrten von der hochgelegten Straße nur an wenigen Stellen.

Teslin (400 Einwohner), gleich westlich der ***Nisutlin Bay Bridge***, ist die einzige Ortschaft zwischen Watson Lake und Whitehorse. Die Siedlung der ***Tlingit* Indianer** kann man getrost durchfahren. Lohnenswerter Stop dagegen ist 13 km nordwestlich des Ortes ***Mukluk Annie`s Salmon Bake***, © (867) 390-2600. Wer Annies gegrillte Lachse verzehrt ($19-$24; sehr zu empfehlen!), darf kostenlos an der abendlichen Bootstour auf dem Teslin Lake teilnehmen (mit Vortrag über den Lebenslauf des Gastgebers, was aber offenbar bei Amerikanern/Kanadiern gut ankommt). Der dazugehörige **Campingplatz am See** ist immer umsonst. Nur die komfortableren Plätze mit Hook-up kosten Gebühren ($22).

Nur 1 km weiter westlich passiert man den ***Teslin Lake Yukon Government Campground*** am See, dessen Stellplätze aber auf einer erhöhten Landzunge ohne Ausblick und ohne direkten Zugang zum Seeufer liegen. Dorthin gelangt man vom *Campground* aus nur nach einer Kletterpartie.

Die ***Teslin River Bridge*** in Johnson`s Crossing, wo die Straße den See hinter sich lässt, lohnt einen Fotostop.

Marsh Lake

Der verbleibende Streckenabschnitt an **Marsh Lake** und *Yukon River* entlang bis **Whitehorse** (ca. 80 km) bietet keine Besonderheiten mehr. Ab der Brücke über den sich zum Fluss verengenden See trägt der *Yukon River* seinen Namen. Am Wege liegt der große ***Wolf Creek Government Campground*** ein gutes Standquartier für den Besuch in Whitehorse und Ausgangspunkt für den ***Wolf Creek Nature Trail***. Der 3 km lange Rundweg folgt dem mäandernden *Wolf Creek*, in dem im August *Chinook*-Lachse laichen. Von einem höher gelegenen Aussichtspunkt überblickt man den Lauf des Yukon.

Umweg: Tagish Road und Abstecher nach Atlin

Geschichte

Ab ***Jake's Corner*** führt die asphaltierte ***Tagish Road*** (*Yukon Highway* #8) nach **Carcross** (440 Einwohner) am *Klondike Highway*. Die Straße entstand 1942 parallel zu einer Ölpipeline im ***Canol-Projekt*** (➪ Seite 426). Während des Goldrausches kontrollierten kanadische Zöllner am Ufer des Tagish River noch einmal (➪ Seite 403: *Chilkoot Pass Trail*) die Prospektoren, die – über Lake Bennett und Tagish Lake kommend – auf dem Tagish River den Marsh Lake und damit den Yukon River als direkten Transportweg nach Dawson City erreichen wollten. Allein im Mai 1898 passierten 4.735 Boote mit 28.000 Goldsuchern den Posten.

Alternative Route?

Für ein Abfahren dieser Straße (50 km) über das Nest Tagish (Brücke über die Verbindung *Tagish* und *Marsh Lake*) spricht nichts außer 60 km Wegersparnis bei **Fahrtziel Skagway**. Eine Alternative zum *Alaska Highway* ist die Kombination *Tagish Road/Klondike Hwy* (bei zusätzlichen 50 km) nur,.wenn genügend Zeit für einen Umweg zum Emerald Lake ist.

Atlin Road

Ein attraktiver Abstecher dagegen führt von *Jake's Corner* nach Atlin (ca. 90 km, davon großenteils bereits wieder in British Columbia). Die Fahrt auf der ***Atlin Road*** (*Yukon Highway* #7, zunächst Schotter, nur die letzten 30 km sind asphaltiert) wird belohnt mit wunderbaren Ausblicken über *Little Atlin Lake*, *Mount Minto* und den großen *Atlin Lake*, dem größten natürlichen See in British Columbia.

Atlin Geschichte

Atlins beneidenswerte Lage vor einem grandiosen Gebirgspanorama am See bescherte dem nordwestlichsten Städtchen von BC nach dem turbulenten Goldrausch von 1898/99 eine **frühe touristische Blüte**. Über die Bahnverbindung Skagway-Whitehorse gelangten die Reisenden von Carcross mit einem Raddampfer über den Südarm des *Tagish Lake* nach *Taku Landing*, von wo es per Dampfroß auf einer 4-km-Trasse nach *Scotia Bay* und weiter per Boot nach Atlin ging.

Von 1917 bis 1936 verkehrte auf dem letzten Teilstück dieser Strecke der Raddampfer ***SS Tarahne***, der seither (immer noch erstaunlich gut erhalten) im Ort am Seeufer liegt.

Atlin heute

Zu seinen Goldrauschzeiten zählte Atlin über 10.000 Einwohner. Heute leben nur noch knapp 500 Menschen dort. Mitten im Ort befindet sich ein kleines historisches **Museum** mit Relikten aus der Goldgräberzeit (Ecke Trainor/3rd Street; täglich Ende Mai-Anfang September 10-13, 14-17 Uhr; Eintritt $3). In der ehemaligen Schule aus dem Jahr 1902 ist das ***Visitor Centre*** untergebracht, © (250) 651-7522; www.atlin.net.

Atlin eignet sich gut als Ausgangspunkt für **Exkursionen**. Eine spezielle Attraktion sind, wenn auch zu arg hohen Miettarifen, einige **Motor- und Hausboote** ($1.100/4 Tage, © (250)-651-7844; www.atlinhouseboat.com), mit denen man bis in die Nähe des ***Llewellyn Glacier*** schippern kann. Aus dem Schmelzwasser dieses Gletschers entspringt der längste Quellfluss des Yukon River.

Umgebung von Atlin

Nach ungefähr 10 km auf der ***Discovery Road*** in Richtung Osten erreicht man die ***Ghosttown*** Discovery. Der Boden wurde dort schon zigmal um- und umgewühlt, und trotzdem sind immer noch unentwegte Prospektoren am Werk. Im selben Tal am Spruce Creek versuchen sich **Hobby-Goldwäscher** an einem öffentlich zugänglichen Claim.

Auf der ***Warm Bay Road*** kann man noch weitere 27 km am See entlang nach Süden fahren. Ca. 3 km hinter Atlin liegt der kleine ***Pine Creek Campground***. Am letzten Stück der Straße passiert man in kurzen Abständen die **Picknickplätze** *Palmer Lake, Warm Bay* und *The Grotto*. Zwischen den beiden letzteren sprudeln fast am Straßenende ***Warm Springs***, lauwarme Quellen in einen kleinen Teich.

Der Atlin Lake speist sich aus den Gletschern des Südalaska-Küstengebirges

Letzte Überlebende der Dampfschiffahrt auf dem Yukon River: restaurierte SS Klondike II

4.2.4 Whitehorse

Ortsname

Die Ortsbezeichnung geht auf die hochaufschäumende Gischt der einst gefürchteten *Miles Canyon*-Stromschnellen zurück. Sie erinnerte die Prospektoren an die wehende Mähne eines Schimmels. Heute ist diese Assoziation nicht mehr nachvollziehbar, denn die *Rapids* »ertranken« im *Schwatka Lake*, dem Stausee, der den Wasserstand im Canyon auf Dauer erhöhte.

Geschichte

An diesem größten Hindernis auf dem Weg nach Dawson City entwickelte sich 1898 die wichtigste Etappe der Goldsucher. Von dort bis zur Mündung in das Beringmeer ist der Fluss schiffbar. Die großen Raddampfer (*Sternwheeler*), wie man sie auch vom Mississippi her kennt, kamen auf diesem Weg in den hohen Norden Kanadas. Stromabwärts schafften sie die Strecke von Whitehorse nach Dawson City in 2 Tagen, für den Rückweg benötigten sie aber 4 Tage. Bereits zwei Jahre später erreichten die ersten Züge der ***White Pass & Yukon Route*** Whitehorse.

Entwicklung

Mit dem Bau des *Alaska Highway* begann die Entwicklung der Stadt zum wirtschaftlichen Zentrum des Territoriums. 10 Jahre nach Fertigstellung der Straße verlegte die Regierung – im März 1953 – ihren Sitz von Dawson City nach Whitehorse. Heute leben dort mit rund 24.500 Einwohnern 75% der Yukon-Bevölkerung.

Information

Im ***Visitor Centre*** von ***Tourism Yukon*** in *Downtown* (großer Komplex zwischen Hanson und Lambert Street und 2nd Ave.) gibt es neben den üblichen Prospekten (➪ Seite 598) auch noch Multimedia-Präsentationen zum Thema *Yukon*; ✆ (867) 667-3084, www.visitwhitehorse.com; täglich Mitte Mai bis Ende Sept. 8-20 Uhr, sonst Mo-Fr 8.30-17 Uhr.

Flughafen

Der ***Whitehorse International Airport*** (YXY) liegt 4 km westlich der Innenstadt, Airportzufahrt ab *Downtown* (6 min) mit der Buslinie #2 von Whitehorse Transit (Airport-Hillcrest-Lobird, $2,50), ✆ (867) 667-8440 oder ✆ 1-800-661-0408; www.gov.yk.ca/yxy.

Raddampfer

Die südliche Einfahrt vom *Alaska Highway* nach Whitehorse führt geradewegs an den Yukon River. An seinem Ufer (an der Main Street) liegt der ***Sternwheeler* SS *Klondike II***. Der 1937 erbaute Raddampfer wurde mit den Maschinen des gesunkenen Vorgängers ***Klondike I*** ausgerüstet und tat bis zur Fertigstellung des *Klondike Highway* im Jahr 1955 Dienst. Seit der Restaurierung in den 1970er-Jahren ist der mit 64 m längste Yukon-Schaufelraddampfer ein Schmuckstück der Stadt. Besichtigungen (mit Führung) Mitte Mai bis Mitte September täglich 9-18 Uhr, $6; www.pc.gc.ca/ssklondike.

MacBride Museum

Die Ausstellungen im nicht zu übersehenden Blockhausbau des ***MacBride Museum*** in der #1124 First Ave. thematisieren in erster Linie Goldrausch, Bergbautechniken und nordische Tierwelt. Die präparierten Tiere vom Adler bis zum Grizzly sind sehenswert. Mitte Mai bis August tägl. 9-18, sonst Di-Sa 12-16 Uhr; Eintritt $6; www.macbridemuseum.com.

Old Log Church

Die Geschichte der anglikanischen Kirche im Yukon wird im ***Old Log Church Museum*** #303 Elliott St erzählt, das in einem der ältesten Bauwerke der Stadt, einer Kirche von 1900, untergebracht ist (3rd Ave/Elliott St). Die Ausstellung bezieht sich vornehmlich auf die Christianisierung der Ureinwohner.Mitte Mai-Anfang September täglich 10-18 Uhr; Eintritt $3; www.yukonmuseums.ca.

Frantic Follies

Eine besondere Attraktion sind – schon seit 1970 – die ***Frantic Follies*** im *Westmark Whitehorse Hotel*, eine bunte ***Vaudeville Revue*** im Stil der Jahrhundertwende. Über knapp zwei Stunden geht das rauschende Programm mit Musik, ***Can-Can Girls*** und Zauberkunststücken. Vorstellungen von Ende Mai bis Anfang September täglich um 20.30 Uhr, von Mitte Juni bis Mitte Juli außerdem Mi, Sa+So um 21.15 Uhr. Eintritt $24; Kinder $10. Reservierung unter ✆ (867) 668-2042; www.franticfollies.com.

Mitbringsel

Als Souvenirs aus dem Yukon sind vor allem ***Native Products*** beliebt, von Indianern und Eskimos gefertigte Gebrauchsgegenstände und hübsches Kunsthandwerk. Der bekannteste und bestsortierte Laden ist der ***Indian Craft Shop***; 504 Main Street.

Zum Miles Canyon

Den bereits eingangs erwähnten ***Miles Canyon*** erreicht man auf der gleichnamigen Straße. Am *Alaska Highway* weist etwa 4 km vor der südlichen Zufahrt nach Whitehorse ein Kamera-Piktogramm den Weg. Von Whitehorse aus gesehen zweigt die ***Miles Canyon Road*** links von der South Access Road (= Robert Service Way) ab und führt am Schwatka Lake vorbei zum Parkplatz in unmittelbarer Nähe des Canyon.

Bootstour

Am Wege befindet sich die Anlegestelle des ***MV Schwatka*** und unweit davon der Airport für Wasserflugzeuge. Das kleine Ausflugsboot startet von dort ab Ende Mai bis Anf. September zur 2-stündigen Tour durch den *Miles Canyon*. Abfahrten täglich 14 Uhr; Mitte Juni-Mitte August zusätzlich auch 16 Uhr; $30/Pers; www.yukonrivercruises.com. Ob sich das lohnt?

Miles Canyon

An den Rand des *Miles Canyon* führt ein kurzer *Trail*. Besonders aufregend ist der Blick auf den heute stromschnellenfrei, wenn auch immer noch rasch fließenden Yukon nicht. Eine Hängebrücke (nur Fußgänger) führt aufs andere Ufer. Von dort sind es auf zwei alternativen Wegen 2 km zur ***Chadburn Lake Road***, einer Stichstraße zum gleichnamigen See.

Am *Trail* flussaufwärts werden **Ausgrabungen** vorgenommen. Man hofft, dort Reste von ***Canyon City*** zu finden, der wichtigsten Station der Goldsucher 1898 auf ihrem Weg nach Dawson City.

»Fischleiter«

Ebenfalls am östlichen Flussufer befindet sich der ***Whitehorse Fishway*** an der Verlängerung des Nisutlin Drive im Vorort **Riverdale**: Um den Lachsen den vom Schwatka Lake Damm versperrten Weg zu den Laichgründen weiter zu ermöglichen, wurde eine der längsten Fischleitern der Welt gebaut. An ihrem verglasten Teil kann man – vor allem ab Ende Juli – hervorragend beobachten, wie die Lachse die Stufen der Leiter überwinden. Zugang täglich geöffnet Juni 9-17 Uhr, Juli bis Anfang September 9-21 Uhr, $3; www.yukonenergy.ca/services/facilities.

Museen außerhalb Downtown

Direkt am *Alaska Highway* an der Zufahrt zum Airport bewegt sich eine auf einen Sockel montierte *Douglas DC 3* mit der Windrichtung. Die »weltgrößte Wetterfahne« steht neben dem interessanten ***Yukon Transportation Museum***. Alle Transportmethoden einst und jetzt – Hundeschlitten, Schaufelraddampfer, *Whitepass & Yukon Railway*, erste Flugzeuge und auch die Konstruktion des *Alaska Highway* – werden dort durch viele Exponate demonstriert; täglich Mitte Mai bis Anfang September 10-18 Uhr; Eintritt $6; www.yukontransportationmuseum.ca.

In unmittelbarer Nachbarschaft thematisiert eine Multimediashow im modernen ***Yukon Beringia Interpretive Centre*** Eiszeit, Entwicklungsgeschichte, Flora und Fauna von *Beringia*, einer kontinentübergreifenden Tundra zwischen dem Nordosten Asiens und dem Nordwesten Amerikas. Sie entstand während der letzten großen Eiszeit (Höhepunkt vor rund 20.000 Jahren), als der Wasserspiegel bis zu 125 m niedriger als jetzt lag, und Alaska über eine eisfreie Landbrücke mit Sibirien verbunden war. Täglich Mitte Mai-September 9-18 Uhr; Eintritt $6; www.beringia.com.

Kanutrips

Whitehorse ist ein hervorragender Ausgangspunkt für Kanufahrten. Wer es den Goldsuchern von 1898 nachtun und den Yukon River bezwingen möchte, kann **Boote *one-way* nach Dawson City** mieten; u.a. bei ***Kanoe People*** in der 1st Ave/Strickland Street, © (867) 668-4899, 16 Tage 740 km $350; www.kanoepeople.com. Kürzere Strecken, etwa bis Carmacks, sind ebenfalls möglich: acht Tage und 325 km für $205. Das Personal der Verleihfirmen spricht überwiegend ganz gut deutsch. Hinter dem Lake Laberge kommen auch Anfänger auf dem Yukon zügig voran, vorausgesetzt sie können im schnellen, aber hindernislosen Wasser ihr Kanu auf Kurs halten bzw. anlanden.

Unterkunft

- Unter den Hotels ist auch das ***Best Western Gold Rush Inn*** in der 411 Main Street, ✆ (867) 668-4500 und ✆ 1-800-661-0539, $129, www.goldrushinn.com, besonders empfehlenswert.
- Bei den preiswerten Quartieren ragt das saubere kleine Gästehaus ***Hostel Hide on Jeckell***, 410 Jeckell St. (Nähe *SS Klondike*) heraus; ✆ (867) 633-4933, $25/Bett; www.hide-on-jeckell.com. Kostenloser Internetzugang und Fahrradnutzung.
- Reichlich, gut und nicht zu teuer speist man im ***High Country Inn***, 4051 4th Ave, ✆ (867) 667-4471 oder ✆ 1-800-554-4471, DZ $109; www.highcountryinn.ca, Nähe *SS Klondike*, deutschsprachige Karte vorhanden.

Camping

Die folgenden kommerziell betriebenen ***Campgrounds*** verfügen über *Full Hook-up*, großzügige Stellplätze mit vielen Bäumen und Auto-Waschanlage (praktisch vor der Campmobilrückgabe). Stadtnah liegen in der Nähe der Whitehorse-Südzufahrt

- ***Hi Country RV Park***, 91374 Alaska Hwy, ✆ (867) 667-7445, ✆ 1-877-458-3806, $16-$33, www.highcountryrvyukon.com
- ***Pioneer RV Park & Campground***, 91091 Alaska Highway, ✆ 1-866-626-7383, $12-$28; www.pioneer-rv-park.com
- 22 km südlich der Stadt am Alaska Hwy steht der ***Caribou RV Park***, ✆ (867) 668-2961, $17-$26; www.caribou-rv-park.com unter Schweizer Leitung mit Restaurant.
- Nur für Zelte und zum Picknicken eignet sich der ***Robert Service Campground***, #120 Robert Service Way, ✆ (867) 668-3721, $16; www.robertservicecampground.com, am Ufer des Yukon (South Access).
- Vom ***Wolf Creek Yukon Government Campground*** am *Alaska Highway* südlich Whitehorse war bereits die Rede, ➪ Seite 394.

Sehr schön ist der **Picknickplatz** am ***Chadburn Lake*** am Ende der gleichnamigen Stichstraße (über den Zugang zum *Miles Canyon* hinaus). Nur zu Fuß über eine Hängebrücke erreicht man den ***Picnic Ground*** auf ***Kishwoot Island*** im Yukon River (2nd Avenue jenseits des zweiten Bahnübergangs).

Miles Canyon: Wo sich früher Goldsucher durch die Stromschnellen kämpften, paddeln heute Kanuten.

4

4.2.5 Klondike Highway nach Skagway

Verlauf

Etwa 20 km südlich der Stadt endet der im Bereich Whitehorse gemeinsame Verlauf vom *Alaska* und *Klondike Highway*. Letzterer wendet sich dort nach Süden und führt nach Skagway/ Alaska. Die 160 km zwischen *Alaska Highway* und Skagway gehören zu den schönsten Strecken im kanadischen Norden.

Nach etwa 40 km liegt rechterhand der für sein türkisfarben leuchtendes Wasser berühmte **Emerald Lake**. Hoch über dem See befindet sich ein kleiner Picknickplatz. Bester Standort fürs optimale Foto ist der Hügel auf der anderen Straßenseite. Kurz vor Abzweigung der *Tagish Road* passiert man die kurze Zufahrt zur ***Carcross Desert***, ein 260 ha großes Dünengebiet, die »kleinste Wüste der Welt« (von der es in Nordamerika noch ein paar mehr gibt).

Emerald Lake

Carcross

In der winzigen Siedlung Carcross (430 Einwohner) zwischen Lake Bennett und dem Nares Lake ist neben dem ***Visitor Reception Centre***, ✆ (867) 821-4431, Mitte Mai bis September täglich 8-20 Uhr, im ehemaligen Bahnhof das 1910 erbaute ***Caribou Hotel*** (bis 2010 wegen Renovierung geschlossen) die einzige Sehenswürdig keit. Bei Carcross zweigt die *Tagish Road* in Richtung Jake`s Corner am *Alaska Highway* ab, ➪ Kasten Seite 394.

Am Wege

Auf den nun folgenden Kilometern – bald durch den nordwestlichsten Zipfel von British Columbia – verführen **spektakuläre Landschaftspanoramen** zum Anhalten und Fotografieren an jedem Aussichtspunkt.

Am *Windy Arm* des Tagish Lake passiert man die Ruinen ehemaliger **Gold- und Silberminen** am Montana Mountain. Einige für den Transport der Erze vorgesehenen Seilbahnen sind dort noch relativ gut erhalten.

Bei **Log Cabin** (Parkplatz am Ende des *Chilkoot Pass Trail,* ➪ Seite 404) überquert der *Klondike Highway* die Schienen der ***White Pass & Yukon Route***, die danach am jenseitigen Ufer des Summit Lake und des Skagway River parallel zur Straße verlaufen.

Bis zur Fertigstellung der Straße 1981 bildete die Schiene die einzige Verbindung über den *White Pass* zwischen Skagway/Alaska und Whitehorse. Aber bereits 1982 wurde der Linienbetrieb eingestellt (Details ➪ Seite 404).

Grenze

Vom 130 m höher verlaufenden ***Klondike Highway*** überblickt man die Bahntrasse über den ***White Pass*** (873 m). Er markiert 23 Straßen- bzw. 32 Bahnkilometer von Skagway entfernt die Grenze Canada/USA. Sie ist ganzjährig rund um die Uhr geöffnet. Hinter dem Pass geht es in steilem Verlauf hinunter.

Skagway

Allein die Anfahrt und Skagways einzigartige Lage an ***Taiya Inlet*** des langgestreckten Fjords *Lynn Canal* und Skagway River unter hochaufragenden Bergen rechtfertigen bereits den Abstecher in die nördliche Ecke von Alaskas *Inside Passage.*

Der ***Klondike Gold Rush National Historical Park*** liefert ein weiteres gutes Motiv. Wenn die Fähre von/nach Prince Rupert oder Haines in die Reiseroute »eingebaut« wurde, führt der Weg ohnehin über Skagway; mehr dazu weiter unten.

Geschichte

Skagway und das heute nicht einmal mehr als eine »Geisterstadt« identifizierbare **Dyea** (sprich: Dei-ih) verdanken dem ***Klondike Gold Rush*** einen kurzen Höhenflug. Im Juli 1897 trafen die ersten Boote mit Goldsuchern ein, und im Oktober desselben Jahres hausten an den Ufern des Inlet 20.000 Menschen. Aber schon 1899 war das Goldfieber wieder vorüber. Die provisorische, überwiegend aus Holzverschlägen und Zelten bestehende Stadt Dyea, die zeitweise über 10.000 Einwohner beherbergt hatte, war schon 1903 fast menschenleer und verkam zur ***Ghost Town***. Skagway erging es kaum besser, aber immerhin blieb der Ort erhalten. Erst mit der Straßenanbindung und der Gründung des *Klondike Gold Rush National Historical Park begann* ein kontinuierlicher Aufschwung. Heute zählt Skagway rund 900 Einwohner, und tagsüber – wenn die gigantischen Kreuzfahrtschiffe anlegen – ein Vielfaches davon an Passagieren auf Landgang.

Nostalgische Ausflugsbusse und die White Pass & Yukon Railroad warten auf Passagiere von den Kreuzfahrern

4

National Historic Park

Für die Erhaltung der historischen Stätten wurde in den letzten Jahren viel getan. Die meisten Gebäude an der Hauptstraße ***Broadway***, die mit ihrem New Yorker Namensvorbild nichts gemein hat, stehen heute als Bestandteile des ***Klondike Gold Rush Nat'l Historical Park*** unter Denkmalschutz. Sie wurden restauriert oder erhielten neue Vorderfronten im alten Stil.

Der ehemalige Bahnhof der ***White Pass & Yukon Route*** an der 2nd Ave/ Broadway dient als ***Visitor Centre***. Eine Ausstellung, Dia-Shows und Filme zum Thema Goldrausch vermitteln einen plastischen Eindruck vom Chaos und Entbehrungen an Skagways Gestaden und auf dem beschwerlichen Weg Richtung Dawson City.

Boomtown Skagway

Während in Canada die ***North West Mounted Police*** für Ordnung sorgte, war Alaska damals ein rechtsfreier Raum. So konnte etwa ein *Jefferson Randolph »Soapy« Smith* Skagway ungestraft drangsalieren, z.B. brachte er Neuankömmlinge mit gefälschten Telegrammen dazu, ihren Familien Dollarbeträge zu überweisen, die nie ankamen, sondern in seinen Taschen landeten. *Soapys* »Herrschaft« fand im Sommer 1898 ein jähes Ende, als er in einem Pistolenduell gegen einen *Frank Reid* unterlag. Die Gräber der beiden sind auf dem ***Gold Rush Cemetery*** zu besichtigen.

Tägliche Show

Sie hätten sich kaum träumen lassen, dass ihr zum ***Historical Shootout*** hochstilisierter Schusswechsel eines Tages Höhepunkt einer ***The Days of '98 Show with Soapy Smith*** werden würde, die Mai-September täglich 10.30 Uhr, 12.30, 14.30 und 20 Uhr in der *Eagle's Hall* (6th Ave/Broadway) stattfindet, © (907) 983-2545; http://thedaysof98show.com. Die mit **83 Spielzeiten** am längsten laufende Show im Norden erfreut sich immer noch großer Beliebtheit und ist – im USA-Alaska-Rahmen – ihre US$18-Eintritt wert.

Information

Skagway Convention and Visitors Bureau
© 1-888-762-1898 und © (907) 983-2854; www.skagway.com

Unterkunft

Skagway verfügt über eine Handvoll **Hotels/Motels** und ***Bed & Breakfast Places***, bis auf das große ***Westmark Inn***, © (907)-983-6000; www.westmarkhotels.com, alles kleine und kleinste Häuser. Unter $80-$100 ist im Sommer so gut wie nichts zu machen.

- Stilvoll übernachtet man im ***Skagway Inn***, Broadway Street/ 7th Ave, © 1-888-SKAGWAY, DZ $119; www.skagwayinn.com, in einem viktorianischen Bau von 1897.
- Etwas billiger ist die ***Sgt. Preston's Lodge***, ein Motel an der #370/6th Ave, © (907) 983-2521, © 1-866-983-2521, DZ $80; http://sgt-prestons.eskagway.com.

Camping

Beim Anleger der **Alaska Marine Highway-Fähren** befindet sich – ohne Reiz, aber in günstiger Lage – der ***Pullen Creek/Skagway RV Park*** mit allem üblichen Komfort. Der Platz ist oft ausgebucht; man reserviert besser langfristig: © 1-800-936-3731 und © (907) 983-2768, $16-$32; www.pullencreekrv.com. Die anderen ***RV-Parks*** des Ortes sind (noch) weniger attraktiv und allesamt eng.

Wer abends weder Theater- noch Restaurant- oder Kneipenbesuch im Auge hat, campt schöner auf dem staatlichen ***Dyea Campground*** ($6) des ***National Historical Park***, wiewohl ohne Komfort und ohne Trinkwasser, ➪ unten.

Dyea

Nach Dyea führt die gleichnamige *Road*. Sie zweigt 4 km nördlich von Skagway auf der Westseite der Brücke über den Skagway River vom *Klondike Highway* ab und ist nur anfangs asphaltiert, danach gut gepflegter *Gravel*. Nach etwa 2 km passiert man einen **Aussichtspunkt** mit Blick auf Skagway, übers Inlet und die schneebedeckten Gipfel der Umgebung. Vom Straßenbeginn bis zum sehr schön gelegenen *Dyea Campground* im Wäldchen am Taiya River ganz in der Nähe des Startpunkts des legendären ***Chilkoot Pass Trail*** sind es 11 km.

Vom früheren Ort Dyea (➪ oben) blieben nur noch einige faulige Pfähle der seinerzeit weit in das flache Wasser der Bucht reichenden Landungsbrücken übrig.

Chilkoot Pass Trail

Der steile Pfad über den *Chilkoot Pass* stand 1897/98 für die meisten Ankömmlinge am Beginn ihres Weges zu den Klondike-Goldfeldern, die ab dem *Lake Bennett* auf dem Wasserweg erreicht werden konnten. Wer zum Sommeranfang, wenn der Boden langsam auftaute, am Ziel sein wollte, mußte den schroffen Pass im Winter erklimmen, am Seeufer beim Bootsbau mitmachen (oder sogar in Einzelteile zerlegte Boote über den Pass schleppen, wie geschehen) und nach dem Aufbrechen des Eises in Richtung *Yukon River* ablegen. Ein Unternehmen von gnadenloser Härte.

Ab Februar 1898 kontrollierten die kanadischen Grenzer hinter der Passhöhe, ob jeder den geforderten Einjahres-Vorrat mitbrachte. Die legendäre *Ton of Goods* bestand aus etwa 520 kg Lebensmitteln und 180 kg an Ausrüstungsgegenständen und Kleidung. Packtiere kamen wegen der kolossalen Steigung nicht in Frage; die Prospektoren selbst mußten den Transport übernehmen. Die Bilder der endlosen Menschenkolonne auf dem verschneiten Pfad hinauf zum *Chilkoot Pass* sind berühmt geworden. Wer einmal aus der Schlange ausscherte, mußte oft stundenlang warten, um sich erneut einreihen zu können. Den Rückweg machten sich viele einfacher und rutschten auf dem Hosenboden hinunter.

Wer angesichts der Sisyphus-Arbeit nicht bereits vorher aufgab, benötigte gut und gerne drei Monate, bis er seine Ausrüstung Stück für Stück zum 53 km entfernten *Lake Bennett* verbracht hatte. Insgesamt kamen ohne weiteres 2.000 km Fußmarsch in Eis und Kälte zusammen, die Hälfte davon mit schwerem Gepäck. Dennoch überstanden im Winter und Frühjahr 1897/98 über 30.000 Männer und einige Frauen diese Tortur. Die Wälder rund um den Lake Bennett wurden abgeholzt, um Boote und Flöße zu bauen, die im Mai in Richtung Klondike aufbrachen. Manches Boot kenterte zwar, aber die Mehrheit erreichte letztlich Dawson City.

Heute werden der ***Klondike Gold Rush National Historical Park*** auf US-Seite und der ***Chilkoot Trail National Historic Site*** auf kanadischer Seite von *Parks*

Canada und vom *US National Park Service* gemeinsam verwaltet. Schutzhütten zum Kochen sind vorhanden (keine Übernachtung!). Wer es den *1898er-Stampeders* gleichtun möchte, erhält im *Visitor Center* in Skagway alle Informationen und eine genaue Karte. Für die Trailnutzung ist ein ***Permit*** erforderlich. Es kostet – jeweils in can$ – $16 US-Seite, $34 kanadische Seite und kann unter ✆ 1-800-661-0486 und ✆ 1-867-667-3910 – $12 Extragebühr – reserviert werden. Da maximal nur 50 *Permits* pro Tag ausgestellt werden, sollte man sich um Termine im Hochsommer frühzeitig kümmern. Information gibt es im Internet unter www.nps.gov/klgo und www.pc.gc.ca/chilkoot.

Der **Zeitbedarf** für den *Trail* beträgt mindestens 3 Tage. Zusätzlich müssen zur Distanz Dyea–Lake Bennett noch 15 Straßenkilometer ab Skagway zum *Trailhead* und weitere 11 km vom See bis zum *Klondike Highway* (*Log Cabin*) gerechnet werden. Die Rückfahrt Lake Bennett–Skagway kostet mit der Eisenbahn US$90 (nur Mo, Di, Do, Fr, So). Man muß bei der Vorbereitung bedenken, daß 13 km des *Trails* oberhalb der Baumgrenze verlaufen und die Wetterbedingungen ausgesprochen widrig sein können. Auf der Passhöhe hält sich der Schnee gewöhnlich bis lange in den Hochsommer hinein.

Am *Chilkoot Pass* überquert man die USA/Canada-Grenze, also **Reisepass** mitnehmen (➪ Seite 40ff).

White Pass

Eine **Alternative zum *Chilkoot Trail*** war der längere Weg über den *White Pass*, über den auch Pferde und Maulesel eingesetzt werden konnten. Über 3.000 der Transporttiere sollen dabei verendet sein. Bedeutung gewann die *White Pass* Route erst 1900 mit der Inbetriebnahme der Eisenbahn nach Whitehorse. Aber da war der Goldrausch schon fast wieder vorbei.

Nostalgische Railroad

Gleichwohl kam die ***White Pass & Yukon Route*** dank ihres Transportmonopols zwischen dem Hafen Skagway und dem Yukon Territory auch ohne die ihr ursprünglich zugedachten Aufgaben über die Runden und wurde mit ihrer reizvollen Trassenführung zur Touristenattraktion.

Mit der Eröffnung des *Klondike Highway* 1981 wurde der Betrieb jedoch unwirtschaftlich und im Folgejahr eingestellt. Seit 1988 befördert der nostalgische Zug ausschließlich Touristen, vor allem Kreuzfahrer auf Landgang, und fährt täglich Mai-Sept. 8.15 und 12.45 Uhr sowie Mo-Do 16.30 Uhr von Skagway zum *White Pass* (33 km). **Hin- und Rückfahrt** dauert mit Stopover **3 Stunden** und kostet stolze US$103. Eine Fahrt nach Whitehorse – täglich um 8 Uhr mit der Bahn nach Fraser, von dort weiter mit dem Bus – ist ebenfalls möglich für US$146. Auskünfte unter ✆ 1-800-343-7373, www.whitepassrailroad.com.

Nach Haines

Skagway ist wie Haines Zielhafen der **Fährschiffe** des *Alaska Marine Highway*. Fähranleger und *Terminal* mit Ticketschalter sind nicht zu verfehlen (Verlängerung des Broadway).

Water Taxi/ Fast Ferry

Während man für die Passage nach Prince Rupert mit Auto unbedingt eine Reservierung benötigt, stehen für die Überfahrt nach Haines die Chancen auch mit Fahrzeug ohne Vorausbuchung gut. Die knapp einstündige Überfahrt ist relativ preiswert (➪ Tabelle Seite 486). Die Entfernung nach Haines beträgt auf dem Wasser nur 22 km, auf dem Landweg dagegen 580 km.

Passagiere ohne Auto brauchen nicht auf das Fährschiff zu warten. Die Konkurrenz heißt ***Fast Ferry*** und fährt in 35 min mindestens 2-7 mal täglich beide Richtungen:

US$62 retour, einfach US$31, ✆ (907) 766-2100 und ✆ 1-888-766-2103; www.hainesskagwayfast ferry.com.

4.2.5 Haines und der Dalton Trail (Haines Highway)

Haines

Haines (2.300 Einwohner) wird von weit weniger Kreuzfahrtschiffen angesteuert als Skagway. Der verschlafene Ort liegt auf einer weit in den Lynn Canal hineinreichenden Landzunge zwischen ***Chilkat*** (im Westen) und ***Chilkoot Inlet*** (im Osten). Haines` Lage zwischen schnee- und gletscherbedeckten Gipfeln und Meer und dazu rundherum unberührter Natur ist kaum zu überbieten. Auf keinen Fall auslassen darf man eine Fahrt auf der ***Mud Bay Road*** mit fantastischen Aussichten auf Berge und Gletscher.

Der ***Terminal*** der *Alaska Ferries* liegt etwa 7 km nördlich des Ortes am *Lutak Inlet* (Nordwestzipfel des *Chilkoot Inlet*). Wer zunächst einmal einen Campingplatz sucht, wendet sich weiter stadtauswärts am *Chilkoot Inlet* entlang zum großzügig angelegten ***Chilkoot Lake State Recreation Site*** (Lutak Road, ca. 9 km) am gleichnamigen See ausgangs des *Lutak Inlet*.

Information

Das ***Haines Visitors Bureau*** liegt in der 2nd Ave:

✆ (907) 766-2234, ✆ 1-800-458-3579; www.haines.ak.us

Unterkunft

Haines besitzt eine Reihe **Hotels**, **Motels** und ***Bed & Breakfast Places*** und mehrere kommerzielle ***RV-Parks***. Zu empfehlen:

- ***Hälsingland Hotel*** in den ehemaligen Offiziersquartieren des Fort Seward, ✆ 1-800-542-6363; www.hotelhalsingland.com, und
- das ***Summer Inn Bed & Breakfast***, #117 2nd Ave, ✆ (907) 766-2970, DZ $100; www.summerinnbnb.com, in einem 1912-Bau
- Einzig preiswert ist ***Bear Creek Cabins & Hostel***, ✆ (907) 766-2259, $20/Bett; DZ $48; www.bearcreekcabinsalaska.com.

Der ***Chilkat State Park Campground*** an der Mud Bay Road, 11 km südlich von Haines, liegt in exzellenter Lage. Ein kleiner **Platz nur für Zelte** befindet sich am Wasser 2 km südöstlich vom Ort: ***Portage Cove State Recreation Site*** an der Beach Road.

Haines ist idealer Ausgangspunkt für **Flüge in den *Glacier Bay National Park***, z.B. mit ***Alaska Mountain Flying***, ✆ (907) 766-3007 oder ✆ 1-800-954-8747; ab $159 (60 min.) $75 Aufpreis Gletscherlandung; www.flyglacierbay.com. Das ***Haines Airfield*** liegt westlich am Haines Highway.

4

Sehenswürdigkeiten

Außer einigen mäßig interessanten historischen Gebäuden gibt es in »*Downtown*« Haines nicht allzuviel zu sehen. Als Sehenswürdigkeit gilt in erster Linie das 1904 erbaute ***Fort Seward***, der erste dauerhafte Armeeposten der USA in Alaska, heute u.a. mit Hotel, *B&B* und *Campground*. Das ehemalige Hospital im Fort beherbergt eine Werkstatt indianischer Holzschnitzer. Nebenan im ***Totem Village Tribal House*** hört man im ***Chilkat Dancers Storytelling Theater*** die Legenden der *Tlingit*-Indianer, Ende Juni-Anfang September Mo-Fr 16.30 Uhr eine Show, Eintritt US$12, © (907) 766-2540; www.tresham.co/show.

Sheldon Museum

Das ***Sheldon Museum and Cultural Center*** befindet sich in einem Gebäude am (unteren) Ende der Main Street. Gezeigt werden **Kunsthandwerk** der *Tlingit*-Indianer, Dokumente, Karten und Objekte zur lokalen Siedlungsgeschichte und ein Film über die **Weißkopfseeadler** der *Bald Eagle Preserve*. Mitte Mai bis Mitte September, Mo-Fr 10-17 Uhr, Sa+So 13-16 Uhr; $3; www.sheldonmuseum.org.

Ende Juli findet in Haines der 4-tägige ***Southeast Alaska State Fair*** statt: Jahrmarkt, Ausstellung und Musik; www.seakfair.org.

Mud Bay

Südlich der Stadt schließt sich die 18 km lange schmale Chilkat Peninsula an. Die ***Mud Bay Road*** dorthin (zu Anfang asphaltiert) am langen Fjord ***Chilkat Inlet*** entlang sollte auch abfahren, wer nicht beabsichtigt, im *Chilkat State Park* auf dessen wildromantischen Platz im Wald zu campen (dorthin ca. 11 km). Am Wege passiert man den Startpunkt des empfehlenswerten ***Mount Riley Trail*** (4,5 km bis auf 536 m Höhe), von dem man noch sagenhaftere Blicke genießt als bereits von der Straße aus.

Dalton Trail

Die Straße von Haines nach Nordwesten folgt dem Verlauf des alten ***Dalton Trail***, der während des Goldrausches einen alternativen Weg nach Dawson City bot. Ein *Frank Dalton* hatte schon 1890 das erste Teilstück angelegt, später Handelsposten errichtet und sich damit eine Goldgrube geschaffen. Hohe Wegzölle für die Benutzer seiner Straße produzierten mehr Gewinn als die meisten *Claims* der Goldfelder. Aber bereits 1900 verlor der *Dalton Trail* mit der Fertigstellung der Eisenbahn von Skagway nach Whitehorse seine Bedeutung. Erst im Zweiten Weltkrieg baute die US-Armee den *Trail* als strategisch wichtige Verbindung von der Küste zum *Alaska Highway* aus.

Heute ist die grandios geführte, mittlerweile vollständig asphaltierte Straße rund ums Jahr befahrbar, wenngleich Schneefälle die Fahrt noch bis in den Mai und ab September behindern können. Speziell der 75 km lange Mittelabschnitt in British Columbia um den ***Chilkat Pass*** (1.065 m) fasziniert durch sein herrliches Panorama über eine weite baumlose Hochebene.

Auf dem über 240 km langen *Haines Highway* gibt es nur am *33 Mile Roadhouse*, © (907)-767-5510, in Alaska und am Kathleen Lake im Yukon Territory **Tankstellen**.

Seeadler

Die Weißkopf-Seeadler sind im Gebiet der ***Alaska Chilkat Bald Eagle Preserve*** im Mündungsbereich des Chilkat River kaum zu übersehen. Zwischen km 30 und km 40 des *Haines Highway* am Fluss entlang lassen sich die mächtigen Vögel besonders gut beobachten. Die beste Zeit für **Adlerbeobachtungen** ist zwar die »touristenarme« Zeit von Oktober bis Februar, aber schon Ende August beginnt der Lachsauftrieb in Flüssen und Bächen, ein gefundenes Fressen für die *Bald Eagles*.

Ein kleiner **Einfach-Campingplatz** im Adlergebiet (Westende) liegt am Mosquito Lake (ca. 4 km Zufahrt).

Grenze

Mit der Grenzüberschreitung wechselt die **Zeitzone,** statt *Alaska Time* gilt *Pacific Time* (eine Stunde später). Die Grenzstation ist ganzjährig rund um die Uhr geöffnet.

Haines Road im Yukon Territory

Am Wege gibt es mehrere schön gelegene Campingplätze und einige reizvolle Wanderwege. Nicht auslassen sollte man den kurzen Weg (800 m) zu den ***Million Dollar Falls*** am gleichnamigen *Yukon Government* ***Campground*** (89 km südlich Haines Junction). Empfehlenswert ist auch die Kurzwanderung ***Rock Glacier Trail*** (30 min) 7 km nördlich des *Dezadeash Lake Yukon Government Campground.*

Wenig weiter nördlich passiert die Straße den ***Campground*** am **Kathleen Lake**, dem einzigen mit Auto zugänglichen Campingplatz des ***Kluane National Park*** (sprich Klu-ah-nie). Am Seeufer entlang läuft 500 m der ***Kokanee-Trail***, ein Holzplankenweg.

Camping-idylle am Kathleen Lake

4.2.7 Von Whitehorse nach Dawson City über Haines Junction und Tetlin Junction/Alaska

Zur Strecke

Wer dem Umweg über die »Superroute« Skagway/Haines nicht folgt, erreicht Haines Junction auf dem *Alaska Highway*. Dieses ab Whitehorse etwa 160 km lange Teilstück ist zunächst nicht aufregend und bis auf das Indianerdorf *Champagne* auf halbem Wege unbesiedelt. Nach etwa 15 km zweigt der ***Klondike Highway*** nach Dawson City ab. Ein **Abstecher** vom *Alaska Highway* könnte den ***Takhini Hot Springs*** gelten.

Hot Springs

Vom *Klondike Highway* (ca. 6 km nördlich der Abzweigung) führt eine Stichstraße (10 km) zu einem – relativ kleinen – Pool, dessen Wasserzufluss sommers wie winters eine Temperatur von rund 40°C hat, $9, Mitte Juni-Mitte September täglich 8-22 Uhr, sonst kürzer; www.takhinihotsprings.yk.ca. Auch **Campingplatz**, $17-$35, und ***Coffee Shop*** gehören zur (nicht sehr attraktiven) Anlage, © (867) 633-2706.

St. Elias Mountains

Erst kurz vor Haines Junction wird die Landschaft reizvoller. Die Straße führt schnurgerade auf die ***St. Elias Mountains*** mit den höchsten Bergen Canadas zu. Bei klarem Wetter sieht man die schneebedeckten Gipfel des *Mount Kennedy* (4.235 m) und *Mount Hubbard* (4.577 m). Mit Blick auf diese Bergriesen übernachtet man auf dem ***Pine Lake Yukon Government Campground*** (5 km Wanderweg bis Haines Junction).

Haines Junction

Haines Junction (810 Einwohner; www.hainesjunctionyukon.com) am Straßendreieck *Alaska/ Haines Highway* besteht im wesentlichen aus Motels, *RV-Campgrounds*, Tankstellen und Läden an der Hauptstraße. ***B&B*-Tip**: ***The Raven***, deutsche Leitung, © (867) 634-2500; www.yukonweb.com/tourism/raven. DZ ab $150 inkl. Frühstück, gilt als 4-Sterne-B&B mit Restaurant, eines der besten in Yukon/Alaska. Mahlzeiten aber nur für B&B-Gäste.

Kluane National Park

Ausstellungen und Filme im hervorragenden ***Kluane Visitor Center*** 300 m östlich der Kreuzung *Alaska Highway/Haines Road* sollte man sich nicht entgehen lassen, zugleich ***Yukon Visitor Reception Centre***: Mitte Mai-September täglich 8-20 Uhr, © (867) 634-2345. Sie zeigen völlig unerschlossene Gebiete und die Tierwelt des Riesenparks (21.980 km²), dessen dünnes **Wanderwegenetz** sich im wesentlichen auf dessen Randzonen beschränkt.

Der weitgehend unberührte ***Kluane National Park*** und seine geographische Fortsetzung, der ***Wrangell St. Elias National Park*** auf Alaska-Territorium, bilden als besonders schützenswerte Landschaft einen ***World Heritage Site*** der UNESCO.

Information

Kluane National Park
Haines Junction, © (867) 634-7250; www.pc.gc.ca/kluane

Kluane Lake

Der Streckenabschnitt durch die Nordausläufer der *St. Elias Mountains* von Haines Junction bis hinter den Kluane Lake (Burwash Landing) gehört zu den schönsten des *Alaska Highway*.

Am ***Boutillier Summit*** (Passhöhe, mit 1.004 m höchster Punkt zwischen Whitehorse und Fairbanks), überblickt man erstmalig den mit 400 km² größten See des Yukon Territory. Rund 1 km westlich zweigt eine Schotterstraße (5 km) zur Geisterstadt **Silver City** am Südostufer des Kluane Lake ab (ausgeschildert). Die Handvoll verfallener Blockhäuser der ***Ghost Town*** sind prima *Fotomotive*.

Am Südende des Sees befindet sich das ***Tachal Dhal (Sheep Mountain) Visitor Reception Centre*** des *Kluane National Park*. Von dort aus sind oft ***Dallschafe*** zu sehen. Sie ziehen sich im Hochsommer aber meistens etwas zurück.

Der schönste Wanderweg ist hier passenderweise der ***Sheep Creek Trail*** (5 km).

Nur wenig nördlich passiert der *Alaska Highway* den ***Soldier's Summit***, wo die Straße am 20. November 1942 offiziell eröffnet wurde. Ein kurzer Fußweg führt vom Parkplatz zur alten Trasse hinauf.

Noch 15 km weiter sind es bis zum gut angelegten ***Congdon Creek Yukon Government Campground*** mit Plätzen am Ufer des Kluane Lake oder im Wald.

Der ***Mount Logan*** (5.959 m), höchster Berg Canadas, ist leider von der Straße aus nicht sichtbar. Nur auf teuren ***Flightseeing Trips*** gelangen Touristen in die Nähe des Gipfels. In Haines Junction kann man **Flüge über die St. Elias Mountains** buchen.

Kluane Lake

Wer See und Umgebung länger genießen möchte, findet im ***Talbot Arm Motel*** in **Destruction Bay** eine ordentliche Unterkunft, ✆ (867) 841-4461, DZ $88. In **Burwash Landing** befindet sich neben der **weltgrößten Goldwaschpfanne** das ***Kluane Museum of Natural History*** zur Tierwelt im *Kluane Park*; Mitte Mai bis Mitte September täglich 9-18.30 Uhr, $4; www.yukonmuseums.ca.

Die Fahrt wird nördlich etwas eintönig. Kurz hinter der *Koidern River* Brücke passiert man den schön gelegenen ***Lake Creek Yukon Government Campground***, ca. 90 km nördlich Burwash Landing.

Beaver Creek

Im winzigen **Beaver Creek**, 100 Einw., 34 km vor der Grenze, gibt es ein letztes Mal auf kanadischer Seite Motel, Tankstellen und – im ***Visitor Reception Centre***, ✆ (867) 862-7321 – eine Wildblumen-Ausstellung, täglich 8-20 Uhr Mitte Mai-September.

Das ***Westmark Inn***, Mitte Mai-September; ✆ 1-800-544-0970, www.westmarkhotels.com, hat auch einen ***RV Park***.

Im ***Beaver Creek Rendezvous Dinner Theatre*** gibt`s zum *Barbecue* eine Show zum Thema »*Leben am Alaska Highway*«.

Grenze Canada/ Alaska

1983 wurde die kanadische Grenzstation aus **Beaver Creek** heraus ein Stück nach Norden verlegt. Hinter dem Kontrollpunkt geht es auf kurviger Strecke zum 30 km entfernten, ganzjährig rund um die Uhr geöffneten **Grenzübergang**. Dort fällt eine mächtige, schnurgerade durch den Wald geschlagene **Schneise** ins Auge. Sie verläuft auf über 1.000 km Länge genau auf dem 141. Längengrad und markiert vom ***Demarcation Point*** am Nordpolarmeer südwärts bis zum *Mount St. Elias* im gleichnamigen Gebirge die Grenze zwischen Canada und Alaska. Die erst vor hunderte Jahren (1908) fixierte Grenzlinie wurde ab 1925 mit einem 6 m breiten Korridor markiert.

Tetlin Wildlife Refuge

Jenseits der Grenze liegt das ***Tetlin National Wildlife Refuge***, http://tetlin.fws.gov. Der seenreiche Lebensraum für zahlreiche Wasservogelarten erstreckt sich südwestlich des *Alaska Highway* auf einer Länge von über 100 km. Dort vereinigen sich Nabesna und Chisana River zum Tanana River, die Straße verläuft bis nach Fairbanks parallel dazu. 12 km hinter der Grenze befindet sich das ***Visitor Center*** in einem Blockhaus; danach passiert man die ***Campgrounds Deadman Lake*** und ***Lakeview***.

Alternative zum Alaska Highway

In **Tetlin Junction**, 130 km hinter der Grenze, beginnt (bzw. endet) eine reizvolle **Alternativstrecke zum *Alaska Highway*** über *Taylor Highway, Top of the World Highway, Klondike Highway* nach Whitehorse oder ggf. noch zusätzlich *Campbell Highway* bis Watson Lake. Letztere Route ist nur 160 km länger als die direkte Verbindung Watson Lake–Tetlin Junction auf dem *Alaska Highway*. Sie erfordert aber wesentlich mehr Zeit, da bis auf den *Klondike Highway* alle anderen Straßen zumindest teilweise geschottert sind. Wie oben ausgeführt (➪ Seite 376), bietet die Kombination *Alaska Highway* mit den genannten Straßen die Möglichkeit zu einer weiträumigen **Rundreise durch das gesamte Yukon Territory**

– **vorausgesetzt, man fährt ein für** Schotterstraßen **zugelassenes Fahrzeug**. Die Fahrt könnte außerdem noch über den *Cassiar Highway* in British Columbia fortgesetzt werden (➪ Seite 366).

Auch die Strecke **Whitehorse–Dawson City–Tetlin Junction** erfordert nur 200 zusätzliche Fahrkilometer gegenüber der Direktroute Whitehorse–Tetlin Junction auf dem *Alaska Highway*, wobei insgesamt nur noch ca. 67 km auf Schotterstraßen (Westende *Top of the World Highway* und Nordteil *Taylor Highway*) zurückgelegt werden müssen.

Taylor/ Top of the World Highway

Der auf den ersten 105 km von Tetlin Junction bis Chicken asphaltierte *Taylor Highway* ist nur noch auf dem 45 km langen Teilstück bis Jack Wade Junction (und der Weiterführung bis Eagle, Alaska, ➪ Seite 413) eine rumpelige Schotterpiste. Genauso positiv hat sich auch der Zustand des *Top of the World Highway* ab Jack Wade Junction entwickelt. Nach 22 schlaglochreichen Kilometern bis zur kanadischen Grenze lassen sich die gut ausgebauten 105 Restkilometer im Yukon Territory nach Dawson City problemlos befahren. Daher hat sich die Strecke Tetlin Junction–-Jack Wade Junction–Dawson City zu einer populären **Touristenroute** entwickelt, auf der mehr Campmobile als andere Fahrzeuge unterwegs sind.

Bis Jack Wade Junction sind zwar einzelne Streckenabschnitte attraktiv, aber für Zwischenstopps kommen auf dem Taylor Hwy nur ***Downtown (!)*** **Chicken** (von der Hauptstraße rechts, dann 300 m weiterfahren: dort stehen noch 3 Häuser aus der Goldrauschzeit, heute Shop, Cafeteria und – na klar! – *Saloon*; www.chickenalaska.com) und rund 30 km weiter die ***Jack Wade Dredge*** in Frage. Dieser riesige Eimerketten-Schwimmbagger zum Goldwaschen direkt neben der Straße am ***Wade Creek*** ist wie ähnliche Maschinen in Dawson City oder bei Fairbanks zwar längst stillgelegt und »gammelt« vor sich hin, bildet aber ein gutes Fotomotiv.

Mittlerweile geschlossene Grenztankstelle auf amerikanischer Seite des Top-of-the-World-Highway, einziges Gebäude weit und breit

Top of the World Highway

Jack Wade Junction und Dawson City verbindet der ***Top of the World Highway*** (127 km, davon 20 km rauhe Schotterstraße auf US-, weitgehend asphaltiert auf kanadischer Seite). Ihre Bezeichnung erhielt die Straße wegen der eindrucksvollen Streckenführung entlang einer Kammlinie mit weiten Ausblicken über die Unendlichkeit des menschenleeren Landes. Auf kanadischer Seite steht eine kleine Hütte mit Grassodendach als einziges (längst verlassenes) Gebäude.

Der trostlos einsame **Grenzübergang** ist nur von Ende Mai bis Ende September besetzt (8-20 Uhr Alaskazeit, d.h. 9-21 Uhr *Pacific Time*), davor/danach gesperrt.

Einen besonders schönen **Panoramablick** hat man vom *Top of the World Highway* noch oberhalb der Baumgrenze kurz vor ihrem Abstieg hinunter nach Dawson City. Sehr gut zu überblicken ist auf diesem letzten Teilstück von einigen Punkten der Zusammenfluss von Klondike und Yukon River.

Yukon-Fähre

Dawson City liegt jenseits des Yukon River. Eine kostenlose Fähre überquert den Fluss Mitte Mai-Mitte Oktober Tag und Nacht bedarfsabhängig.

Camping

Diesseits des Flusses liegt der mit 98 Stellplätzen recht große ***Yukon River Government Campground*** mit vielen Stellplätzen in schöner Lage über dem Ufer des Yukon River (Einfahrt in unmittelbarer Nähe der Fähre).

Historische Raddampfer

Hinter dem Campingplatz stromabwärts verrotten fünf einst mächtige *Riverboats* im ***Sternwheeler Graveyard***. Die Wracks sind heute – nicht zuletzt wegen der zahlreichen Besucher, die den morschen Planken zusetzten – im wesentlichen nur noch Trümmerhaufen, aber dennoch ein ganz interessantes Ziel für einen Spaziergang (ca. 300 m) am steinigen Strand des Yukon River entlang.

Abstecher nach Eagle

Abseits der gängigen Touristenpfade liegt das letzte Teilstück des *Taylor Highway* von Jack Wade Junction bis zum pittoresken Eagle. Die attraktive kurvenreiche Fahrt (über 100 km, mindestens zwei Stunden) führt zunächst steil in Haarnadelkurven hinab in das Tal des Fortymile River und danach hinauf in baumlose Höhen, ein lohnenswerter Tagestrip.

Eagle (www.eagleak.org) ist ein verschlafenes, offiziell gerade mal 150 Einwohner zählendes Nest, das seine Blüte zur Goldrauschzeit Ausgang des 19. Jahrhunderts erlebte. Das weiße Gebäude des ***Visitor Center*** der ***Yukon-Charley Rivers National Preserve*** (Naturschutzgebiet; © (907) 547-2233, www.nps.gov/yuch) vor dem 300 m steil aus dem Yukon River aufragenden dunklen *Eagle Bluff* ist ein beliebtes Fotomotiv und der Berg selber ein guter Aussichtspunkt.

Lediglich während der täglichen An- bzw. Abfahrt des Ausflugsbootes aus/nach Dawson City herrscht in Eagle eine gewisse Betriebsamkeit. Tägliche Führungen durch den historischen »Ortskern«, während der viele Geschichten erzählt werden, aber wenig zu sehen ist, starten am *Courthouse*, dem ersten Gerichtsgebäude im Inland Alaskas.

Ein einfacher ***BLM-Campground*** in schöner Lage ca. 1 km westlich vom Ort und 700 m von den fünf restaurierten Gebäuden des ***Fort Egbert*** entfernt ist o.k. für eine Nacht.

4.2.8 Dawson City

Geschichte

Am 17. August 1896 stießen ***George Washington Carmack***, der Bruder seiner indianischen Frau, ***Skookum Jim*** und dessen Neffe ***Tagish Charlie***, am *Rabbit Creek* (später in *Bonanza Creek* umbenannt), einem Zufluss des Klondike River, auf Gold und lösten damit den ***Klondike Goldrush*** aus. **An jedem dritten Montag im August** wird seither im Yukon Territory der ***Discovery Day*** gefeiert. Dawson City legt sich dabei an dem langen Wochenende mit Umzügen und viel Trubel besonders »ins Zeug«.

Der Goldrausch begann, als im Juli 1897 die ersten erfolgreichen Goldsucher auf zwei Dampfschiffen nach Seattle und San Francisco zurückkehrten und mit frisch geschürftem Vermögen Furore machten. Über 100.000 Menschen sollen damals in der Hoffnung auf schnellen Reichtum den Weg nach Norden genommen haben. 30%-40% von ihnen erreichten ihr Ziel.

Die meisten überquerten mitten im Winter 1897/98 den berüchtigten *Chilkoot Pass* (➪ Seite 403), nur um bei Ankunft erkennen zu müssen, dass die besten *Claims* der ***Klondike Goldfields*** lange vergeben waren. Der Mehrheit blieb nichts weiter, als zu miserablen Konditionen für glückliche *Claimholder* zu arbeiten.

Sourdough und Bannock

Oft sind es kleine und – nur scheinbar – nebensächliche Dinge des Alltags, die Abschnitte der Geschichte unverwechselbar machen. Zur Zeit des Pelzhandels und der Entdeckungen in Canada, als Trapper und Goldsucher oft monatelang in der Wildnis unterwegs waren, zählte Sauerteig, auf englisch *Sourdough,* zum unverzichtbaren Bestandteil der Ausrüstung. Und so bezeichnete man die Pioniere des Nordens auch selbst als *Sourdoughs*.

Damals wurde der Sauerteig vor allem fürs *Bannock* gebraucht. Denn die Herstellung dieser Brotart ist denkbar einfach und auch das Backen über dem offenen Feuer kein Problem: Man verrührt 8 Eßlöffel Mehl, ein paar Löffel Wasser, etwas Backpulver und eine Prise Salz zu einem geschmeidigen Teig. Den backt man bei niedriger Hitze in einer leicht gefetteten Pfanne, die möglichst zugedeckt sein sollte. Sobald die untere Kruste braun geworden ist, wendet man das *Bannock*.

Nach etwa einer halben Stunde Backzeit hat man ein frisches Brot. Der Sauerteig kommt als ein besonderes Geschmacksingredienz ins Spiel, wobei dessen Menge nach Gusto variiert werden kann: Pro Eßlöffel Sauerteig nimmt man dieselbe Menge Mehl weniger. Für weitere Varianten kann man dem Teig beispielsweise Blaubeeren, Zimt, Rosinen oder Kümmel hinzufügen oder das *Bannock* nach dem Wenden mit Käse überbacken.

Der erforderliche Sauerteig-Starter ist in Bioläden oder in Naturkostabteilungen von Supermärkten erhältlich. Für längere Transporte gut geeignet sind kleine, in verschweißte Folien abgepackte Portionen. Zur Herstellung des eigentlichen Sauerteigs benutzt man am besten eine hohe, verschließbare Plastikdose. Da hinein legt man die Starterportion, »füttert« sie mit einigen Eßlöffeln Mehl und Wasser und läßt den zähflüssigen Brei an einem warmen Platz »gehen«. Schon am nächsten Tag wirft die Mixtur Blasen. Bei deutlich vergrößertem Volumen hat sie dann den typischen säuerlichen Geruch angenommen. Damit ist der Teig fertig fürs *Bannock*!

Und nicht vergessen: immer genügend Sauerteig für das nächste Brot übrig lassen! Diesem Rest fügt man wieder soviel Mehl und Wasser hinzu, daß die entstehende Masse für die nächste Brotzubereitung ausreicht. Nach ein paar Versuchen hat man das im Griff. Sauerteig ist außerordentlich genügsam und übersteht sowohl Kälte als auch ein paar Tage ohne Mehl und Wasser. Sollte er zu langsam »gehen«, beschleunigt ein wenig Trockenhefe den Prozeß.

Bannock-Zubereitung auf dem Benzinkocher

Dawson City wuchs **1898** auf über **30.000 Einwohner** und war damit vorübergehend größte Stadt nördlich von Vancouver. Alles musste über Tausende von Kilometern herangeschafft werden. Kein Problem waren die hohen Preise für die Erfolgreichen: Denn allein 1900 betrug die Ausbeute an Waschgold aus Bächen im Yukon Territory fast 34.000 kg. Heute sind es jährlich nur – oder immerhin – noch 2.200 kg.

Hauptstadt

Als 1898 das Yukon von den Northwest Territories getrennt wurde und eine eigene Verwaltung erhielt, rückte Dawson City zur Hauptstadt auf. Einen echten Verkehrsanschluss erhielt die Stadt aber erst 1900 mit der Fertigstellung der ***White Pass & Yukon Route***. Von deren Endstation Whitehorse ging es mit Raddampfern, wie man sie vom Mississippi her kennt, weiter nach Dawson City.

Nach dem Rausch

Der *Boom* dauerte nur wenige Jahre. Die Prospektoren verschwanden, und Dawson City schrumpfte zum Dorf. Zu **Anfang der 1950-er Jahre** wurden zwar immer noch 500 Einwohner registriert, aber die Zahl trügt. Viele der einstigen Bewohner bzw. ihre Nachkommen hatten sich längst anderswo niedergelassen, zahlten jedoch weiterhin Steuern für ihre Häuser, um dabeizusein, sollte ein neuer *Boom* ausbrechen. Schließlich verlegte man 1953 den Regierungssitz nach Whitehorse, das nach Fertigstellung des *Alaska Highway* zum neuen Zentrum des Nordens aufgestiegen war.

Dawson City heute

Aber bereits in den 1960er-Jahren kam es zur Wiederbelebung. Unter der Regie von ***Parks Canada*** wurden historische Gebäude im Stadtkern mit großer Sorgfalt restauriert oder – wie im Fall des baufälligen ***Palace Grand Theatre*** – abgerissen und an anderer Stelle originalgetreu neu gebaut. Die Strassen sind mit Absicht nicht gepflastert, die Gehwege Holzplanken.

Dies und der perfekte Ausbau des *Klondike Highway* haben einen bemerkenswerten Aufschwung bewirkt. Dawson City entwickelte sich zum Besuchermagneten und zählt heute (in den Sommermonaten) wieder rund 1.900 Einwohner mit einem erstaunlich hohen Anteil Jugendlicher.

Information

Wer sich für die Geschichte des Goldrausches intensiver interessiert, findet Ausstellung, Diashow und Filme im ***Visitor Reception Centre*** an der Ecke Front Street/King Street:

Das Besucherzentrum von Stadt, © (867) 993-5566, und *Parks Canada*, © (867) 993-7200, ist täglich geöffnet Mitte Mai bis September 8-20 Uhr; www.pc.gc.ca/dawson. Auch mit von der Partie ist in diesen Räumen die ***Klondike Visitors Association***, © (867) 993-5575, www.dawsoncity.ca.

Dort ist man auch behilflich bei der Reservierung von Unterkünften. Außerdem starten dort die **Stadtführungen**.

Gegenüber am Ufer des Yukon (Front Street) befindet sich das ***Visitor Centre* der Northwest Territories**, © (867) 993-6167, Mitte Mai- Mitte Sept.; www.explorenwt.com.

Unterkunft

In der Hochsaison kann es in Dawson City mitunter ausgesprochen schwierig sein, ein Zimmer zu finden. Die **Kapazität** von Hotels, Motels und der Handvoll *Bed & Breakfast Places* ist recht begrenzt. Unter $60-$80 sind dann selbst einfache Quartiere nicht zu haben, sieht man ab vom

- ***Dawson City River Hostel*** (HI) am Fähranleger (Westufer des Yukon); 38 Betten; ✆ (867) 993-6823, ab $18/Bett; www.yukon-hostels.com, und dem nostalgischen
- ***Westminster Hotel*** in der 975 3rd Ave, ✆ (867) 993-5463, mit Bierbar und ***Live Music*** in der *Cabaret Lounge*, DZ ab $55; www.thewestminsterhotel-1898.com.
- Rustikalen Komfort gemixt mit einer gewissen Jahrhundertwendeeleganz bieten das***Downtown Hotel***, Queen Street/2nd Ave, ✆ 1-800-661-0514, DZ $75, www.downtown hotel.ca und
- das ***Eldorado Hotel***, #902 3rd Ave, ✆ 1-800-764-ELDO, DZ $85; www.eldoradohotel.ca

Zum **Frühstück** geht man zu ***Klondike Kate's***, einer »Institution« in der 3rd Ave/King St, ✆ (867) 993-6527. Auch ***Cabins*** sind dort zu mieten, DZ $100; www.klondikekates.ca.

Camping

Die meisten Besucher kommen mit Wohnmobil oder Zelt nach Dawson City. Zwar kann man auch mitten im Ort übernachten (***Gold Rush Campground***, $19-$39, 5th Ave/York Street, ✆ (867) 993-5247, ✆ 1-866-330-5006; www.goldrushcampground.com, enge Plätze), angenehmer sind indessen die

- ***Yukon Government Campgrounds***; der erste (*Klondike River*) befindet sich am *Klondike Hwy*, ca. 20 km außerhalb der Stadt in Airportnähe, der andere und bessere – ⇨ Seite 412 – am jenseitigen Ufer des Yukon, erreichbar per Gratisfähre. Viele Stellplätze liegen dort unmittelbar am hohen Ufer des Flusses. Von dort sind es nur 300 m zum ***Sternwheeler Graveyard***.
- Ein Kompromiss zwischen Komfort und guter Lage am Abzweig der Bonanza Creek Road vom *Klondike Highway* ist ***Guggieville***, $10-$27, ✆ (867) 993-5008, ✆ 1-888-993-6789; www.yukoninfo.com/guggieville.

Sehenswürdigkeiten

Im ***Dawson City Museum*** (5th Ave/Mission St) sind Originaldokumente und -gegenstände und Filme aus dem ersten Viertel unseres Jahrhunderts zu sehen; täglich geöffnet Ende Mai bis Anfang September 10-18 Uhr, $9; www.dewsonmuseums.ca.

Harrington's Store (3rd Ave/Princess Street) zeigt »*Dawson as they saw it*«, eine **Fotodokumentation** über das Dawson City der Boomjahre (Juni-August 9-17 Uhr, Eintritt frei).

Bootstouren

Am Ufer des Yukon liegt der kleine Raddampfer ***SS Keno***. Das 1960 ausrangierte Schiff leistete seit 1922 Fährdienste auf dem Fluss. Juni-Anfang September zu besichtigen, Mitte Mai-Mitte Sept. täglich 9-18 Uhr, $7; www.pc.gc.ca/sskeno.

Dichterlesungen

Nur mit guten Englischkenntnissen sind die Originaltexte von ***Jack London*** ($2) und des Yukon-Poeten ***Robert Service*** (12 und 15 Uhr; $7) reizvoll. Mitte Mai bis Mitte September wird vor den einstigen Häusern der Autoren (jeweils in der 8th Ave.) aus deren Werken authentisch vorgetragen; aktuelle Zeiten werden vor den Häusern angeschlagen und sind auch im *Visitor Centre* bekannt. Besuchenswert!

Spielkasino

Nur noch ***Diamond Tooth Gertie's Gambling Hall*** in der 5th Ave/ Queen Street bietet heute Abendunterhaltung. »Gertie's Spielhalle« wurde 1971 eröffnet. Sie war zu jener Zeit das einzige legale Spielkasino in Canada. Von 19 Uhr bis in den frühen Morgen darf dort bei Roulette, Poker und Black Jack »gezockt« werden.«Einarmige Banditen« fehlen auch nicht. Ein Rahmenprogramm sorgt mit Musik und ***Can-Can Shows*** aus der »guten alten Zeit« 3 x am Abend für Unterbrechung des Spieltriebs; Anfang Mai bis Ende September; Eintritt $6.

Betreiber ist die *Klondike Visitors' Association*. Die Bezeichnung *Diamand Tooth Gertie* (Diamantzahn-Gertie) geht auf die Tänzerin ***Gertie Lovejoy*** zurück, die einen Diamanten zwischen ihren Schneidezähnen eingeklemmt hatte. In der fast frauenlosen Stadt kam *Gertie* während der Goldrauschjahre als »Königin der Ballsäle« zu Wohlstand.

Goldfelder

Ohne die Goldfelder wäre Dawson City nicht, was es ist. Wo schon vor nun über 100 Jahren unendliche Sand- und Schottermengen wieder und wieder durchwühlt wurden, schürfen immer noch Unentwegte nach dem gelben Metall. Auch **Touristen** dürfen

In Diamond Tooth Gertie's Gambling Hall

4

Das Polarlicht – Aurora Borealis

Wer diese Erscheinung noch nie gesehen hat, wird die zarten Lichtspiele am nächtlichen Himmel zunächst vielleicht für vereinzelte Wolken halten. Erst bei genauerem Hinsehen bemerkt man, daß sich die schleierähnlichen Gebilde dafür zu schnell bewegen. Sie zucken lautlos über den Himmel, verschwinden und tauchen unvermittelt in veränderter Form und überraschender Leuchtkraft wieder auf. Je weiter man in den Norden Canadas und Alaskas kommt, desto intensiver gestalten sich die bezaubernden Farbenspiele.

Verantwortlich für die Entstehung das Polarlichtes ist der Solarwind, der als ständig von der Sonne ausgehender Materiestrom in die irdische Magnetosphäre einsickert. Dabei stoßen die eingedrungenen, von erdmagnetischen Feldlinien abgelenkten Elektronen mit Gasteilchen aus der Atmosphäre zusammen und bringen diese in 80-300 km über der Erde zum Leuchten – Stickstoff emittiert blaue und violette, Sauerstoff grüne und rote Farbtöne.

Normalerweise beobachtet man das Polarlicht am häufigsten in einem ringförmigen Gebiet um den magnetischen Nord- bzw. Südpol. Bei starker Sonnenfleckentätigkeit kommt es jedoch zu kräftigen Solarwindstürmen. Die dadurch verursachten erhöhten erdmagnetischen Störungen werden als Kp-Index gemessen und vom *Geophysical Institute* der *University of Alaska in Fairbanks* publiziert. Dabei deuten größere Kp-Werte auf verstärkte, auch weit polentfernt sichtbare Polarlichtaktivitäten.

Internet: www.gedds.alaska.edu/auroraforecast

zur Waschpfanne greifen, aber nicht an beliebiger Stelle. Denn alle ***Claims*** sind »gesteckt«. Ohne die ausdrückliche Genehmigung eines *Claim*-Inhabers gibt es Ärger.

Touristen Claim

Zum Glück existieren am ***Bonanza Creek*** – 4 km östlich Dawson City zweigt die *Bonanza Creek Road* vom *Klondike Hwy* ab – auch ***Claims* für jedermann**. Gebührenfrei offen steht der ***Claim #6*** der ***Klondike Visitors Association***, etwa 15 km von der Hauptstraße kurz hinter dem *Discovery Claim*, wo *George Carmack* erstmals auf ***Pay Dirt*** gestoßen war. Wer sich im Goldwaschen versuchen möchte und vorsorglich in Dawson City eine Waschpfanne gekauft hat, findet am Touri-Claim aber selten mehr als winzige Goldspuren am Pfannenboden.

Kommerzielles Goldwaschen

Unter Anleitung geht es meistens besser, speziell, wenn der Sand vorher mit Goldflöckchen »veredelt« wurde. An mehreren **privat betriebenen *Claims*** weiht man die Touristen – zu festen Preisen pro gefüllter Pfanne (ab $10) – in das Geheimnis des Goldwaschens ein; sehr freundlich am Claim 33 im Goldgräbergebiet am Bonanza Creek unweit der Gold Dredge #4. Will es nicht so recht klappen, helfen bereits gewaschene ***Gold Flakes*** in kleinen Gläschen oder auch ganze ***Nuggets*** im Shop.

Wer sich fit genug fühlt, kann an der alljährlich am *Canada Day* (1. Juli) ausgetragenen ***Yukon Gold Panning Championship*** teilnehmen (Kategorien für »Profis« und Touristen).

Gold Dredge

Ebenfalls an der Bonanza Creek Road, etwa 12 km vom *Klondike Highway* entfernt, ragt die mächtige, 94 m lange und 30 m hohe ***Gold Dredge #4*** empor. Der größte je für die Förderung und Durchspülung goldhaltigen Gesteins gebaute Eimerketten-Schwimmbagger mit Holzrumpf war bis 1966 in Betrieb und wurde später in desolatem Zustand von ***Parks Canada*** übernommen und restauriert. Besichtigung der 2.700 t schweren Maschinerie von innen nur unter *Park Ranger*-Führung (Juni-Mitte September täglich 10-16 Uhr, $7; www.pc.gc.ca/dredge4). Kleine Ausstellung mit alten Fotos und Erläuterungen zur Funktionsweise.

Midnight Dome

Auf keinen Fall auslassen darf man die Auffahrt zum *Midnight Dome* (887 m). Dieser **Aussichtspunkt** knapp 600 m oberhalb der Stadt bietet einen tollen 360°-Rundumblick auf die von Goldschürfern vernarbte Landschaft. Hinauf geht es auf der 9 km langen *Dome Road*, die östlich von Dawson City vom *Klondike Highway* abzweigt, bzw. Zufahrt von der Stadt über die Verlängerung der King Street oder über den steilen *Midnight Dome Trail* (3 km ab Stadt). An jedem 21. Juni erlebt dort halb Dawson die **Mitternachtssonne**, die nur für einen Augenblick hinter den *Ogilvie Mountains* »untergeht«.

Später im Jahr läßt sich in klaren Nächten das **Nordlicht** vom *Midnight Dome* aus besonders gut beobachten. Mitte Juli ist er Ziel des ***International Dome Race***, eines kräftezehrenden Bergauflaufs.

Abstecher: Auf dem Dempster Highway nach Inuvik

Kennzeichnung

(⇨ Karte Seite 389)

Etwa 40 km östlich von Dawson City (*Dempster Corner*) zweigt der *Dempster* vom *Klondike Highway* ab. **Nach Inuvik** sind es **740 km**. Wer dem *Dempster Highway nicht* in voller Länge folgen möchte, sollte sich als Minimalprogramm den 82 km langen Abschnitt bis zum ***North Fork Pass*** (1.289 m, höchster Punkt des Highway) mit Übernachtung auf dem herrlichen ***Tombstone Campground*** im gleichnamigen *Territorial Park* vornehmen – ein sehr schöner Abstecher abseits der üblichen touristischen Pfade.

Auf der Suche nach der ***Last Frontier*** (»letzte Herausforderung«) besitzt der – geschotterte – *Dempster Highway* einen ähnlichen Stellenwert wie einst der *Alaska Highway*. Denn auf keiner anderen Straße ist die Einsamkeit des Nordens noch so spürbar. Außerdem führt in Canada nur der *Dempster Highway* bis über den Polarkreis hinaus. Die Straße in den hohen Norden zeichnet sich durch eine abwechslungsreiche Streckenführung mit mehreren Pässen oberhalb der Baumgrenze aus.

Landschaftlich besonders attraktiv ist die Durchquerung der ***Ogilvie*** und der ***Richardson Mountains***.

Orte

Auf der gesamten Strecke gibt es nur drei Ortschaften: die erste, **Fort McPherson**, erreicht man nach 550 km Fahrt, die folgende, **Tsiigehtchic**, liegt abseits der Straße auf Höhe von Kilometer 608, die dritte ist bereits **Inuvik.** Nicht viel enger ist das Tankstellennetz geknüpft. Bei *Dempster Corner* muß man auf jeden Fall volltanken, da erst nach 369 km am ***Eagle Plains Hotel*** die nächste Tankstelle steht. Die anderen Tankstellen befinden sich jeweils in den Orten.

Wer auf dieser Strecke liegenbleibt, den trifft es hart (⇨ Seite 380). **Werkstätten** gibt es nur an *Dempster Corner* und in Inuvik. Die Tankstellen unterwegs sind bestenfalls bei kleineren Reparaturen kompetent.

Zustand

Der 1959 begonnene Bau des *Dempster Highway* nahm 20 Jahre in Anspruch. Nach Erweiterungsarbeiten ist die einspurige Straße mit breiten Ausweichstellen derzeit alles in allem in einem verhältnismäßig akzeptablen Zustand. Dennoch sollte man auf Überraschungen gefaßt sein, da die klimatischen Bedingungen für eine **ständige Erosion** sorgen und – vor allem – schwere Trucks Spuren hinterlassen. Die Routenführung wurde teils der Topographie angepaßt, teils nicht. Die Straße verläuft dabei erhöht auf einer isolierenden Schotterschicht über dem Permafrostboden.

Vorsicht ist beim (erlaubten) wilden Campen angebracht: Abseits der Fahrbahn kann der Boden leicht nachgeben.

Camping

Am Highway gibt es folgende *Campgrounds*:

- Tombstone Mountain Yukon Government (km 72)
- Engineer Creek Yukon Government (km 194)
- Eagle Plains Hotel, Trailer Park (km 369)
- Rock River Yukon Government (km 447)
- Nitainlaii Territorial Park NWT (km 541)
- Vadzaih Van Tshik NWT (km 714)
- Jak Territorial Park NWT (km 731)
- in Inuvik, Happy Valley Territorial Park (km 736)

Fähren (gratis)

Die Fähren über den *Peel River* und *Mackenzie River* verkehren nur Juni bis Mitte Oktober. Im Winter werden sie durch Eisbrücken ersetzt, bei zu dünner Eisdecke in den Übergangsmonaten kommt der Verkehr auf der Straße **zum Erliegen**. Auch im Sommer verkehren die **Fähren** nicht bei Hochwasser und Unwetter. Aktuelle Infos über **Straßenzustand** und die Betriebszeiten der Fähren unter © 1-800-661-0750 und im ***NWT Visitor Centre*** in Dawson City; ➪ Seite 491.

Verlauf

Die Straße verläuft ab Dempster Corner zunächst durch Waldland, läßt es aber bald hinter sich und steigt entlang des *North Fork Klondike River* hinauf zu den ***Ogilvie Mountains***. Dies ist einer der attraktivsten Abschnitte der gesamten Strecke. Der erste **Campplatz** (*Tombstone*) liegt 11 km südlich der Passhöhe knapp unter der Baumgrenze. Dort beginnt ein schöner ***Trail*** zu den Quellen des Flusses.

Der 1.289 m hohe ***North Fork Pass*** führt durch den *Tombstone-Kamm* der *Ogilvie Mountains* in baumlose Weiten mit grandiosem Weitblick auf die zackigen Berge und auf der nördlichen Passseite entlang des *Blackstone River.*

Der ***Engineer Creek Campground*** liegt kurz vor der Brücke über den Ogilvie River. Auf den dahinter folgenden 50 km schlängelt sich der *Dempster Highway* durch das anfangs enge Tal des Ogilvie River. Die Straße führt danach in eindrucksvollem Verlauf durch die ***Eagle Plains***, eine weite Ebene zwischen *Richardson* und *Ogilvie Mountains.*

Eagle Plains

Erst bei dem ***Eagle Plains Hotel***, DZ $140, $10-$15 Zelt/Hookup; www.eagleplainshotel.com, © (867) 993-2453, auf halber Strecke, stößt man wieder auf einen Vorposten der Zivilisation. Es gibt hier Hotelzimmer, Restaurant, RV Park und Tankstelle; und sogar einen Shop, in dem man das Nötigste kaufen kann.

Nach 405 km Fahrt ist der Polarkreis erreicht. Dort steht inmitten der Tundra eine Tafel fürs Erinnerungsfoto.

Richardson Mountains

Die nun folgenden 100 km durch die *Richardson Mountains* bilden das schönste Teilstück der Strecke. Am ***Wright Pass*** überquert man bei Kilometer 465 endgültig die kontinentale Wasserscheide zwischen Nordpolarmeer und Pazifik.

Mit dem gleichzeitigen Übergang vom Yukon in die Northwest Territories ist ein Zeitzonenwechsel verbunden (von der *Pacific* zur *Mountain Time*).

Mackenzie River

Etwa 11 km vor Fort McPherson setzt man auf einer **Fähre** über den *Peel River*. Nördlich des Flusses liegt der ***Nitainlaii Campground*** mit Informationszentrum der Northwest Territories (Juni bis Mitte September).

Fort McPherson

Der weitere Routenverlauf des *Dempster Highway* auf den letzten knapp 200 km läßt deutlich an Attraktivität nach. Einzig lohnenswerter Stop ist Fort McPherson. Die meisten der ca. 800 Einwohner sind *Gwich'in*-Indianer (*Déné*); www.gwichin.nt.ca. Viele leben von der Segeltuchproduktion oder der Herstellung kunsthandwerklicher Gegenstände. Im Ort gibt es Café, Tankstelle und Supermarkt. Ein weißes Kreuz markiert das Grab der ***Lost Patrol***, der im Winter 1910/11 umgekommenen NWMP Patrouille, auf dem Friedhof der Anglikanischen Kirche.

Per Fähre geht es über den Mackenzie River und weiter durch überwiegend flache, bewaldete Taiga Ein Abstecher nach Tsiigehtchic, einer abgelegenen, nur 200 Einwohner zählenden *Gwich'in*-Siedlung ist möglich, lohnt jedoch kaum. Kurz vor Inuvik liegt der ***Jak Territorial Park Campground***, ein komfortabler Platz mit Dusche, Strom und Aussichtsturm.

Inuvik

Inuvik ist die größte kanadische Siedlung nördlich des Polarkreises und mit 3.500 Einwohnern (***Déné***-Indianer, ***Inuit*** und Weiße, die meisten davon Regierungsangestellte) drittgrößte Stadt in den Northwest Territories. Der Ort hat eine Handvoll **Motels**, darunter das ***Eskimo Inn*** mit 72 Zimmern, DZ $129, © (867) 777-2801, und die für einen Ort dieser Größe übliche kommerzielle Infrastruktur; www.inuvikhotels.com. Die ab 1955 am East Channel des Mackenzie Delta mit permafrostsicheren oberirdischen Versorgungsleitungen neu entstandene Stadt »ersetzte« das langsam im Sumpf versinkende, aber immer noch existente benachbarte Aklavik (noch 600 verbliebene Einwohner).

Sonnenwendtreffen von Dempster Highway-Bezwingern am Polarkreis

»Ewiger« Tag Zwischen dem 25. Mai und dem 18. Juli geht die Sonne in Inuvik nicht unter. Dafür sehen die Bewohner zwischen dem 6. Dezember und 5. Januar gar kein Sonnenlicht.

Iglu Kirche ***Our Lady of Victory Roman Catholic Church***, besser bekannt als schneeweiße ***Igloo Church***, an der Hauptzufahrt ist die einzige nennenswerte Sehenswürdigkeit der Stadt.

Aktivitäten Als Touristenaktivitäten kommen **Bootstouren** zum *Mackenzie Delta* oder Flüge zu abgelegenen Inuitsiedlungen in Frage. Information bei der Stadt, © (867) 777-8618, www.inuvik.ca, oder beim ***Western Arctic Regional Visitor Centre***, © (867) 777-7237.

Die »Lost Patrol«

Sergeant William Dempster (1876-1964), der Namenspate des Highway, stand insgesamt 37 Jahre lang im Dienst der Polizeitruppe im Yukon. Die *North West Mounted Police* (*NWMP*, ➪ Seite 296) erreichte zeitgleich mit den ersten Goldsuchern den Yukon und hielt bereits ab 1904 auch im Winter ihren Patrouillen- und Postdienst zwischen Fort McPherson und Dawson City aufrecht. Dabei bewältigten die Polizisten die ca. 770 km lange Strecke per Hundeschlitten in rund 20-25 Tagen.

Aber die am 21. Dezember 1910 in Fort McPherson aufgebrochene »*Lost Patrol*« von Inspector *Fancis J. Fitzgerald* und drei *Constables* verfehlte die Route und starb ausgehungert auf dem Rückweg. Erst am 28. Februar 1911 wurde in Dawson City eine Suchexpedition losgeschickt. Unter Leitung von *Dempster* fand sie die Leichen drei Wochen später 40 km bzw. 60 km vor Fort McPherson, wo die *Lost Patrol* auch begraben liegt.

Abstecher: Auf dem Silver Trail nach Mayo und Keno

Ausgangspunkt Unmittelbar nördlich der Brücke über den *Stewart River Bridge* zweigt in *Stewart Crossing* der nur wenig befahrene *Silver Trail* (111 km) vom *Klondike Highway* ab.

Situation Eine Tafel informiert über den aktuellen Zustand dieser Straße. Sie läuft über **Mayo** (einzige Tankstelle) bis **Keno City** in eine Region einst reicher Silbervorkommen. Als Abstecher in die heute weitgehend versunkene Welt der Silberbergwerksstädte ist der *Silver Trail* bei ausreichend Zeit für einen Abstecher auf den Keno Hill eine empfehlenswerte Route.

Die ersten 60 km bis über Mayo hinaus zum ***Five Mile Lake Government Campground*** (sehr schön am See) sind geteert.

Mayo Im 400-Seelen-Ort Mayo wurden die silberhaltigen Erze früher auf Boote verladen und über Stewart River und Yukon River verschifft, bis der Transport auf der Straße möglich war. Der Preisverfall in den 1980er-Jahren führte 1989 zur Schließung der **Silberminen** und damit auch zum Ende der Funktion Mayos als Nachschubbasis. Das *Binet House* in Mayo beherbergt ein **Informationszentrum** zum *Silver Trail*. Zimmer mit Kochgelegenheit bietet das ***North Star Motel***, © (867) 996-2231; DZ $95.

Elsa

Nach Aufgabe der ***United Keno Hill Mines*** wurde **Elsa**, ca. 45 km nordöstlich von Mayo und nur wenige Kilometer vor Keno City, die jüngste ***Ghost Town*** des Yukon. Sie beherbergt noch eine Handvoll Einwohner von mehr als 500 in den 1960er-Jahren, als die Silbermine zu den größten in ganz Nordamerika zählte.

Keno

Am Ende des *Silver Trail* liegt **Keno City:** www.kenocity.info. Dem Ort erging es kaum besser als Elsa. In der einst bedeutenden Minenstadt aus den 1920er Jahren leben heute nur noch 15 Menschen. Schachtgerüste und die Aufbereitungsanlage stehen noch. Das ***Keno City Mining Museum*** (täglich Ende Mai-Anf. Sept. 10-18 Uhr; $4; www.yukonmuseums.ca) beschwört mit alten Fotografien und Relikten vergangene, »bessere« Zeiten. Ganze 18 Übernachtungsplätze hat der ***Keno City Campground***, © (867)-995-3103, $10, am Lightning Creek, geöffnet Juni bis Mitte September. Dann gibt es auch noch ***Keno Cabins***, 2 Ferienwohnungen mit deutschem Besitzer: © (867) 995-2892, DZ $89.

Der nahegelegene, windumtoste ***Keno Hill*** (1.849 m) ist der beste **Aussichtspunkt** weit und breit; aber nur eine schmale, für große Campmobile nicht geeignete Schotterstraße führt in genau 10,5 km hinauf. Die Aussicht über schroffe Berge und tiefe Täler ist atemberaubend. Ein Wegweiser zeigt Richtungen und Entfernungen zu Orten in aller Welt.

Duncan Creek Road

Für den Rückweg von Keno kommt auch die ***Duncan Creek Road*** in Frage, eine alternative Strecke bis kurz vor Mayo, die als »originaler« *Silver Trail* bis in die frühen 1930er-Jahre als Transportweg für das Silber diente. Sie ist zwar überwiegend gut erhalten, aber die ersten rund 15 km sind ggf. problematisch (je nach Wetterlage und Gradingzustand)

Wegweiser für »alle Welt« auf dem Keno Hill

4.2.9 Campbell Highway nach Watson Lake

Der ***Campbell Highway*** (*Yukon Highway* #4), eine wenig befahrene Straße von **Carmacks nach Watson Lake** (580 km, davon ca. 80 km asphaltiert, der Rest eine passable *Gravel Road*) existiert erst seit 1968. Für die Bewältigung benötigt man weit mehr Zeit als für die Strecke über *Klondike* und *Alaska Highway* nach Watson Lake (620 km).

Geschichte

Robert Campbell, ein Pelzhändler der *Hudson's Bay Company*, fand bereits Mitte des 19. Jahrhunderts eine Kanuroute, die quer durchs Yukon Territory zum Yukon River führte. Die heutige Straße folgt ihr weitgehend. Viele Kilometer Fahrt durch eine kaum berührte Gegend machen sie zum **Geheimtip** für Leute, die **Einsamkeit** suchen, ohne in entlegenere Regionen reisen zu wollen.

Tanken

Tankstellen sind am *Campbell Highway* dünn gesät: abgesehen von den Endpunkten befindet sich eine in Faro (von Carmacks aus: 170 km) und eine weitere in Ross River nach 220 km.

Camping

An der Strecke liegen 7 ***Yukon Government Campgrounds***

Landschaft

Zwischen Faro und Watson Lake begleiten die Pelly Mountains im Südwesten und Selwyn Mountains im Nordosten den *Campbell Highway*. Dazwischen eingeschlossen liegt der über 700 km lange Senkungsgraben ***Tintina Trench***, dem die Straße im Tal von Pelly River und Finlayson/Frances River folgt. Der Straßenverlauf entlang weitgehend miteinander verbundener langgestreckter Seen und Flüsse ist geprägt durch zahllose zu überquerende Wasserläufe. Ringsum ragen Gebirgsformationen hoch auf und geben dieser Route besonderen Reiz.

Faro

Die erste wichtige Abzweigung – nach 170 km Fahrt auf schöner Strecke – wird durch die Stichstraße nach Faro (9 km) markiert. Faro (400 Einwohner) besitzt alle wesentlichen Service-Einrichtungen. Der Ort wurde 1969 als Basis für neue Blei-, Silber- und Zinkbergwerke gegründet. Nach Einstellung des Betriebes 13 Jahre später verkam Faro fast zur ***Ghost Town***. 1986 aber wurde die Produktion erneut aufgenommen und machte Faro bis zur nächsten Schließung in den 1990er-Jahren kurzfristig wieder zur bedeutendsten Minenstadt im Yukon Territory.

Gegenüber dem weitläufigen ***John Connolly RV Park***, $7-$13 *Full Hook-up*, gibt es aktuelle Informationen beim ***Campbell Region Interpretive Centre*** (sehenswert), © (867) 994-2288, www.faroyukon.ca. Dort beginnt auch ein kurzer **Wanderpfad** durch eine ehemalige Waldbrandschneise zum Aussichtspunkt auf die ***Van Gorder Falls***.

Canol Road

Die im 2. Weltkrieg befürchtete, wengleich ausgebliebene japanische Invasion führte nicht nur zum Bau des *Alaska Highway*. Um die Ölversorgung Alaskas zu gewährleisten, wurde auch eine Pipeline von Norman Wells (NWT) zum 825 km entfernten *Johnson's Crossing* am *Alaska Highway* und weiter nach Whitehorse verlegt. Die *Canol* (***Can****adian* ***Oil***) *Road* war zunächst eine *Service Road* entlang der Pipeline, verfiel aber bald. Erst Jahre später wurde sie instandgesetzt und 1958 für den allgemeinen Verkehr freigegeben.

North Canol Road

Die geschotterte ***North Canol Road*** beginnt bei Ross River (350 Einwohner). Von Ende Mai bis Mitte Oktober verkehrt ab dort täglich 8-12 Uhr und 13-17 Uhr eine **freie Autofähre über den Pelly River**. Zu Fuß kann man den Fluss auf einer kleinen Hängebrücke zu jeder Zeit überqueren.

Vom Nordufer aus geht es auf der verkehrsärmsten Straße im Yukon bis zur Grenze (232 km) mit den Northwest Territories knapp 30 km östlich des *MacMillan Pass* (1.366 m). An der argen Holperpiste gibt es keine Siedlungen, nur namenlose Flüsse, Seen und Berge. Bisweilen trifft man auf Reste von Maschinen, Fahrzeugen und Gebäuden aus den 1940er-Jahren.

Canol Heritage Trail

Wen das Abenteuer lockt, kann – mit der richtigen Ausrüstung – dem ***Canol Heritage Trail*** (372 km!) weiter ins Gebiet der Northwest Territories hinein folgen. Denn einst führte die Straße bis Norman Wells am Mackenzie River. Da die Piste aber seit 1945 nicht mehr gepflegt wird (u.a. sind die meisten Brücken verfallen), eignet sie sich nur noch für Unentwegte auf Gelände-Motorrädern oder ***Mountain Bikes***.

Sehr zu empfehlen ist der schön gelegene ***Lapie Canyon Campground***; er liegt am *Campbell Highway*, 2 km westlich der Stichstraße nach Ross River.

Lapie Canyon

Die ***South Canol Road*** (außer dem *Quiet Lake Campground* ebenfalls ohne Service-Einrichtung) verbindet auf einer kurvenreiche Strecke (220 km) *Campbell* und *Alaska Highway*. Die teilweise enge Schotterstraße ist eine der am wenigsten befahrenen des Yukon Territory und keine Route für schlechtes Wetter. Der reizvollste Abschnitt beginnt etwa 7 km südlich des *Campbell Highway* und führt am tief eingeschnittenen ***Lapie River Canyon*** entlang. Dieses erste 25 km lange Teilstück der *Canol Road* lohnt sich auf jeden Fall.

Nach Watson Lake

Im weiteren Verlauf führt der *Campbell Highway* auf 360 km ohne jegliche Siedlung durch Angel- und Kanu-Paradiese und absolute Einsamkeit. Er stößt in Watson Lake am ***Sign Post Forest*** auf den *Alaska Highway*, ➪ Seite 390.

Nur auf den südlichen 100 km begegnet man einigen Trucks, die in Miner´s Junction auf die ***Nahanni Range Road*** (Yukon Hwy #10) zum 200 km entfernten Straßenende in Tungsten (Northwest Territories) abbiegen.

Die knapp hinter der Yukon-Grenze gelegene **Wolframmine *Cantung*** ist nach zwei Jahrzehnten Produktionsstop erneut in Betrieb gegangen, nachdem sich der Weltmarktpreis für Wolfram in kurzer Zeit vervielfacht hat; www.northamericantungsten.com.

4.2.10 Klondike Highway von Dawson City/Stewart Crossing bis Whitehorse

Verlauf

Entlang der heute gut ausgebauten, aber weitgehend eintönigen Asphaltstraße gibt es wenig zu sehen. Zwischen ***Dempster Corner*** und *Stewart Crossing* (140 km) führt der *Klondike Highway* durch **Sumpfgebiete** und überquert zahlreiche Bach- und Flussläufe. Etwa auf halber Strecke zwischen Dawson City und Whitehorse trifft die Straße wieder auf den *Yukon River*, der einen großen Bogen landeinwärts genommen hat. 50 km weiter passiert man die Zufahrt zum ***Tatchun Lake Government Campground*** (9 km auf der *Frenchman Road* Richtung *Campbell Highway*).

Five Finger Rapids

Etwa 20 km vor Carmacksbefindet sich der **Aussichtspunkt** über die ***Five Finger Rapids***. In diesen Stromschnellen kam mancher Goldsucher auf dem Weg nach Dawson City um. Als sicherste Passage gilt der östliche der 5 Finger, deren Strömung aus der Entfernung gar nicht sonderlich gefährlich wirkt. Ein ***Trail*** führt zum Yukon hinunter (1 km).

Carmacks

Carmacks (ca. 430 Einwohner; www.carmacks.ca) war einst eine bedeutende Zwischenstation der ***Sternwheeler*** auf dem Weg nach Dawson City und überstand die Einstellung des Schiffsbetriebs wegen seiner Lage am *Klondike* Highway besser als andere Orte.

Das ***Carmacks Hotel*** am *Klondike Highway*, ✆ (867) 863-5221, DZ $119; www.hotelcarmacks.com hat preiswerte Zimmer, eine Bar und ein Restaurant am Yukon River in Nachbarschaft zum ***Boardwalk*** (2 km) am Ufer entlang.

Lake Laberge

Der *Klondike Highway* bietet auch auf dem Rest der Strecke bis zum *Alaska Highway* kaum Abwechslung. Erwähnenswert ist der schöne **Lake Laberge**, eine Erweiterung des Yukon River zum See. Der ***Campground*** dort (3 km Zufahrt) besitzt einige tolle Stellplätze am und über dem Wasser in separater Alleinlage. Die rückwärtigen Plätze sind weniger attraktiv.

Kanuwandern auf dem Yukon River, hier im Bereich Lake Laberge

Etwa 6 km vor Erreichen des *Alaska Highway* zweigt die Stichstraße zu den ***Takhini Hot Springs*** ab, ➪ Seite 408.

4

NORTHLAND

Alaska

Bald Headed Eagle und Junges

5. ALASKA

Reiseziel Alaska

Alaska besitzt mit seinen Küsten, Gebirgslandschaften und Naturphänomenen herausragende touristische Attraktionen. Mangelt es nicht an Zeit und Geld für Ausflüge und Abstecher, die einen Alaskabesuch erst richtig abrunden, kann der nördlichste Bundesstaat der USA Eindrücke und Erlebnisse vermitteln, für die sich jede weite Reise lohnt.

Anreise auf dem Landweg

Wer nicht nach Alaska fliegt, sondern von Canada aus auf dem Landweg anreist, sollte aber bedenken, dass selbst die schnellste Straßenroute über den gut ausgebauten *Alaska Highway* etwa bis Tok unweit der Grenze mit dem Yukon Territory ab Vancouver rund 3.250 km, ab Calgary fast 3.000 km und ab Edmonton knapp 2.700 km lang ist.

Bei knapper Zeitvorgabe fragt sich daher, ob nicht eine kilometermäßig kürzere, dafür intensivere Reise durch den Norden von British Columbia und/oder das Yukon Territory – vielleicht mit Abstecher nach Stewart/Hyder – letztlich mehr bringt.

Vorstehendes doppelseitiges Foto: Holgate Glacier im Kenai Fjords Nat'l Park

5.1 Transport nach und in Alaska (Flüge ➪ Seite 65)

5.1.1 Straße und Auto

Zur Anfahrt nach Alaska auf der Straße kommen nur der *Alaska* und der *Klondike Highway* in Frage, siehe dazu ausführlich das vorstehende Kapitel.

Straßennetz

Das Alaska-Straßennetz ist nur teilweise in gutem Zustand. obwohl alle wichtigen *Highways* asphaltiert sind. Lediglich Nebenstrecken w.z.B. *Copper River, Dalton, Denali, Edgerton, Elliott, Steese, Taylor* und *Top of the World* besitzen streckenweise oder durchgehend Schotterbelag.

Alaskas Strassen im Überblick (Karte Seite 443)

Bezeichnung	von	nach	Nummer
Alaska Highway	Delta Junction	Dawson Creek, BC	2
Chena Hot Springs Road	Fairbanks	Chena Hot Springs	-
Copper River Highway	Cordova	Million Dollar Bridge	10
Dalton Highway	Elliott Highway	Prudhoe Bay	11
Denali Highway	Richardson Hwy	Parks Hwy	8
Edgerton Highway	Richardson Hwy	Chitina	10
Elliott Highway	Fairbanks	Manley Hot Springs	2
Glenn Highway	Anchorage	Glennallen	1
Haines Highway	Haines	Haines Junction, Yukon	7
Klondike Highway	Skagway	Whitehorse, Yukon	-
Parks Highway	Anchorage	Fairbanks	3
Richardson Highway	Valdez	Fairbanks	2/4
Seward Highway	Anchorage	Seward	1/9
Steese Highway	Fairbanks	Circle	6
Sterling Highway	Seward Highway	Homer	1
Taylor Highway	Tetlin Junction	Eagle	5
Tok Cutoff	Gakona Junction	Tok	1
Top of the World Hwy	Taylor Highway	Dawson City, Yukon	-

5.1.2 Busverbindungen

Situation

Aus den USA gibt es keine direkte Busverbindung nach Alaska, ebensowenig von den südlichen Provinzen Canadas. Wer im Bus nach Alaska möchte, muss auf jeden Fall **in Whitehorse umsteigen** (➪ Seite 105). Alternativ bietet sich die kombinierte Fähren-Bahn-Bus-Verbinung mit der ***White Pass & Yukon Route*** (➪ Seite 404) von Skagway nach Whitehorse an, wobei das ein bißchen kompliziert ist.

Innerhalb Alaskas sind die Busverbindungen alles in allem eher schlecht. Selbst auf den meisten Hauptrouten verkehren Busse nur 2-3 mal wöchentlich.

Beispielhaft einfache Fahrpreise:

mit ***Alaska Direct Bus Line***, www.alaskadirectbusline.com,
✆ 1-800-770-6652, ✆ (907) 277-6652
Fairbanks–Anchorage $105,
Fairbanks–Whitehorse $180,
Anchorage Whitehorse $210

mit ***Alaska/Yukon Trails***,
✆ 1-800-770-7275, ✆ (907) 456-5134; www.alaskashuttle.com

ab Fairbanks nach: **Anchorage $91,**
Dawson City $162

Einen öffentlichen **Personennahverkehr** gibt es nur in Anchorage, Fairbanks, Juneau und Ketchikan.

5.1.3 Eisenbahn

Seward – Fairbanks

Eine Anreise nach Alaska ist mit der Eisenbahn nicht möglich. Im Landesinneren existiert mit der ***Alaska Railroad*** von Seward über Anchorage nach Fairbanks nur ein einziger Schienenstrang als Städteverbindung. Anschrift/Telefon für Informationen und Reservierungen:

Alaska Railroad
Anchorage Depot
411 W. First Ave, Anchorage
✆ 1-800-544-0552, ✆ (907) 265-2494; www.akrr.com

Ticket-kosten

Die Linie **Fairbanks–Anchorage** wurde 1923 in Betrieb genommen. Sie war bis 1971 einzige Landverbindung zwischen den beiden Städten.

Der einfache **Fahrpreis** für die 573 km lange, zwölfstündige »Expressfahrt« **von Anchorage nach Fairbanks** mit **Zwischenstopp** im ***Denali National Park*** beträgt in der Hauptsaison von Juni bis Anfang September $194.

Von Anchorage bzw. Fairbanks zum *Denali National Park* kostet das *One-way Ticket* $135 bzw. $59. Die Fahrt **von Anchorage nach Seward** (184 km) kostet $69, eine Rückfahrt **von Anchorage nach Whittier** $74 (einfach $60).

5.1.4 Fähren

Zwischen der US-Pazifikküste bzw. Süd-Canada und Alaskas Kernland gibt es keine direkte Fährverbindung, lediglich **im Sommer** eine Fähre **Prince Rupert–Ketchikan–Juneau–Whittier** (⇨ Seite 449). Kreuzfahrtschiffe (ohne Autotransport) laufen im südwestlichen Alaska meist Seward an.

Alaska Marine Highway

Die Staatsfähren des *Alaska Marine Highway* operieren als zwei voneinander unabhängige Systeme im Bereich der *Inside Passage* (⇨ Fähren in den Norden, Seite 485) und zwischen Häfen des Kernlandes von Alaska einschließlich *Kodiak Island* und der Aleuten. Für letztere zeigt die Tabelle auf Seite 449 die touristisch interessantesten Verbindungen.

Permafrost

Ganzjährig gefrorener Boden, Permafrost, bestimmt die Lebensbedingungen in weiten Bereichen von Alaska, dem Yukon und den Northwest Territories. Während Permafrost im Norden von Alberta und British Columbia nur sporadisch auftritt, erreicht er auf den Inseln im Nordpolarmeer über 800 m Tiefe. Auch das angenehm warme, oft trockene Sommerwetter mit langer Sonnenscheindauer (⇨ Seite 21f) kann dem Dauerfrostboden nur oberflächlich etwas anhaben. Unter dem aufgetauten Erdreich verhindert der Permafrost eine Drainage in den Boden. Regen- und Schmelzwasser verbleiben in Teichen und Seen nahe der Oberfläche. Deshalb ist die arktische Tundra im Sommer oftmals unpassierbar, obwohl der Norden die geringsten Niederschlagsmengen Nordamerikas (⇨ Seite 24) verzeichnet.

Permafrost verursacht besondere Schwierigkeiten beim **Straßen- und Häuserbau**, denn getaute Böden verlieren ihre Stabilität und geben unter Druck nach. Wird der Tauprozeß durch Heizungen ausgelöst, erfolgt dies meist sogar noch höchst ungleichmäßig. Nicht nur sinken Bauten allmählich ein, sondern sie verkanten sich gleichzeitig. Die dabei entstehende Spannung führt zu Rissen, im Extremfall zum Bruch des Mauerwerks.

Nur mit (kostspieliger) Technik läßt sich das Auftauen des Bodens verhindern. So wurde der ***Dalton Highway***, die bis zur Prudhoe Bay führende, nördlichste Straße des Kontinents, hoch oberhalb der Vegetation verlegt und teils mit Plastikschaum als Thermalschutz isoliert.

Ebenfalls an der Prudhoe Bay beginnt die ***Trans-Alaska Pipeline***. Die oberirdische Verlegung der Erdölleitung auf hohen Stelzen (Foto Seite 459) verhindert auf dem Weg nach Valdez ein Auftauen des Bodens durch das warme Öl und damit ein unregelmäßiges Absinken der Rohre (mit möglichen Leitungsbrüchen). Aus denselben Gründen verlaufen auch in **Inuvik** am Ende der nördlichsten Straße Canadas die Leitungen der Versorgungseinrichtungen über dem Erdboden. Die erst ab 1955 erbaute Stadt am Ostrand des Mackenzie River trug bis 1958 den Namen »New Aklavik«. Sie sollte die Einwohner von Aklavik am Mackenzie River aufnehmen, wo Erosionsschäden am Flußufer Überschwemmungen und dadurch auftauende Permafrostböden verursacht hatten.

5.2 Anchorage

5.2.1 Kennzeichnung, Information und Unterkunft

Lage und Klima

Anchorage stellt mit 283.000 Einwohnern mehr als 40% der Gesamtbevölkerung Alaskas. Es liegt am Ende der tief ins Land reichenden Bucht ***Cook Inlet*** und wird umschlossen von dessen Ausläufern, dem *Knik* und *Turnagain Arm*. Die ***Kenai Mountains*** im Süden (jenseits des *Turnagain Arm*) halten einen Großteil des vom Pazifik kommenden Regens ab; die Nähe zum Meer sorgt für recht milde Winter mit Tages-/Nachttemperaturen von -6°/-13°C. In Fairbanks, im Einflussbereich des Kontinentalklimas, sind es zur selben Zeit im Durchschnitt -19°/-29°C. Die Sommer sind an der Küste kühler, die Höchsttemperaturen in Anchorage liegen mit ca. 18°C durchschnittlich 4°C unter denen von Fairbanks.

Erstaunlicherweise tut dieses Klima dem Wachstum der bunten Blumenpracht, die in Rabatten, Kübeln und insgesamt 100.000 (!) Hängekörben gedeiht und der Innenstadt ein freundliches Flair verleiht, keinen Abbruch.

Geschichte

Bereits 1778 erforschte der britische Kapitän *James Cook* auf der vergeblichen Suche nach der Nordwestpassage das später nach ihm benannte *Cook Inlet*. 16 Ja hre später traf ***George Vancouver*** während einer Vermessungsfahrt am ***Cook Inlet*** auf russische Pelztierjäger, die die Küsten Alaskas schon seit 1741 erkundeten und für den Zaren in Besitz nahmen. Die Gründung von Anchorage im Jahr 1915 geht ausnahmsweise nicht auf Goldsucher zurück; Pate stand vielmehr die ***Alaska Railroad***. Für die Neubaustrecke nach Fairbanks ließ sie an der Mündung des *Ship Creek* ins *Cook Inlet* zunächst ein Bauarbeitercamp errichten und später ihren Firmensitz von Seward dorthin verlegen. Danach profitierte Anchorage sowohl von der landwirtschaftlichen Erschließung des *Matanuska Valley* als auch von Ölfunden im *Cook Inlet*, zudem in den 1970er-Jahren vom Bau der ***Trans-Alaska Öl-Pipeline*** vom Nordpolarmeer nach Valdez.

Situation heute

Anchorage ist heute das wirtschaftliche Zentrum Alaskas mit einer – für diese Stadtgröße – immens ausgedehnten kommerziellen Infrastruktur südlich und westlich der überschaubaren Innenstadt. Das allgemeine **Preisniveau** ist niedriger als anderswo in Alaska, speziell gilt dies für den Supermarkteinkauf, für *Fast Food* und Benzin.

Unterkunft

Übernachtungen in **Motels und Hotels** sind indessen – mit Ausnahme der ***Hostels***, ➪ nächste Seite – nicht ganz billig. Einfachste Quartiere kosten etwa ab $70 aufwärts. In der unteren Mittelklasse zahlt man ab $90 für die Nacht. In der Mittelklasse beginnen die Tarife meist über $100 – z.B. in Häusern bekannter Ketten wie *Best Western, Comfort Inn, Days Inn, Holiday Inn, Ramada* etc. Vielleicht deshalb verfügt Anchorage über so viele ***Bed & Breakfast Places***. Sie werden von Reservierungsagenturen wie

Anchorage Alaska B&B Association, © 1-888-584-5147, © (907)-272-5909; www.anchorage-bnb.com, vermittelt. Anschriften und Telefonnummern findet man auch im ***Anchorage Visitors Guide***.

Information

Broschüren erhält man u.a. im Blockhaus der **Besucherinformation** an der Ecke 4th Ave/F St im Zentrum, © (907) 274-3531. Ein weiteres ***Information Center*** gibt es am Flughafen:

Anchorage Convention & Visitors Bureau
524 W 4th Ave; www.anchorage.net,
© (907) 276-4118, © 1-800-478-1255

Airport

Der ***Anchorage Int'l Airport*** (ANC), www.anchorageairport.com, liegt etwa 7 km südwestlich der Innenstadt (➪ Seite 65), Zufahrt nur per Taxi.

Hier einige Unterkunftsempfehlungen:

H/Motels, B & B

- ***Big Bear Bed & Breakfast,*** 3401 Richmond Ave, © (907) 277-8189, DZ ab $95; www.alaskabigbearbb.com, 4 Zimmer in einem gemüt-lichen Haus 3 km von *Downtown*.
- ***Camai Bed & Breakfast,*** 3838 Westminster Way, © (907) 333-2219, ©1-800-659-8763, DZ $149; www.camaibnb.com. Ruhig gelegenes *B & B* mit drei Suiten am Wildbach; oft Elchbesuch.
- ***Hampton Inn,*** 4301 Credit Union Drive, © (907) 550-7000, © 1-800-HAMPTON (= 426-7866); www.hamptoninn.com. Komfortmotel mit 101 Zimmern. Höhere Preisklasse.
- ***Inlet Tower Hotel & Suites,*** 1200 L Street, © (907) 276-0110, © 1-800-544-0786; www.inlettower.com. Komfortables Suitenhotel. 179 Zimmer mit Weitblick aus den oberen Stockwerken. Nähe *Downtown*. Flughafenshuttle. Höhere Preiskategorie.
- ***Sourdough Visitors Lodge,*** 801 Erickson Street, © (907) 279-4148, © 1-877-589-5947; www.alaskasourdoughlodge.com. 32 Suiten 1,5 km nördlich von *Downtown*. Obere Preisklasse.
- ***Super 8 Motel,*** 3501 Minnesota Drive, © (907) 276-8884, © 1-800-800-8000; www.super8.com. 84 Zimmer, mittlere Preise.

Hostels

- ***International Hostel Anchorage*** in der 700 H St zentral einen Block vom Busbahnhof entfernt, © (907) 276-3635. Nur $25/Bett, DZ $65; daher ist das *Hostel* häufig ausgebucht, 95 Betten, www.anchorageinternationalhostel.org.
- ***Alaska Backpackers Inn & Hostel*** (HI), 327 Eagle St, ©. (907) 277-2770, wwww.alaskabackpackers.com, 90 Betten, $25, DZ $60. Neue zentral gelegene Herberge in Bahnhofsnähe.
- ***Anchorage Guest House***, 2001 Hillcrest Drive (am *Coastal Trail*), © (907) 274-0408, www.akhouse.com; $35/Bett inkl. Frühstück; DZ $89.

Camping

Etwa 20 km nordöstlich von Anchorage (Abfahrt Hiland Road vom *Glenn Highway*) liegt der wunderbar angelegte ***Eagle River Campground*** des ***Chugach State Park*** (www.lifetimeadventures.net; © 1-800-9-KATMAI, © (907) 746-4644) ein bisschen versteckt über dem Südufer des Flusses. Er ist unter den Campingplätzen im

Umfeld der Stadt mit Abstand erste Wahl. Mit eben asphaltierten Stellplätzen und einer zentralen *Sewage Station* gilt das auch und speziell für Campmobile. Wegen dieser Vorzüge ist er in der Hauptsaison oft ausgebucht und schon früh am Tage besetzt. Wer am Vormittag ankommt, hat aber in aller Regel gute Aussichten, einen Platz zu finden.

Dasselbe gilt auch für den – allerdings weniger attraktiven – ***Bird Creek Campground*** im *Chugach State Park*, etwa 25 km südöstlich der Stadtgrenze am *Seward Highway* (➪ Seite 440).

Chugach State Park

Ebenso zum *Chugach State Park* gehört der **Eklutna Lake Campground**. Die Zufahrt erfolgt 20 km nordöstlich des *Eagle River Campground* vom *Glenn Highway* über die 16 km lange *Eklutna Lake Road*. Der Platz am gleichnamigen See ist eine weniger komfortable Alternative zu *Eagle River*. Aber der blaugrüne, von Bergen umgebene See liefert Motiv genug für einen Abstecher. Der 11 km lange Stausee (Verleih Kajak $25/2 Stunden, Fahrrad $30/Tag, © 1-800-9KATMAI) wird vom *Eklutna Glacier* gespeist.

Vom ***Twin Peaks Trail*** zum *Twin Pass* (5 km) hat man eine grandiose Aussicht.

Stadtnäher (Bus von dort nach *Downtown*) und sanitär komfortabler übernachtet man im ***Golden Nugget Camper Park***, 4100 De Barr Road, © 1-800-449-2012 oder © (907) 333-2012, östlich von *Downtown* zwischen Glenn Highway und Northern Lights Blvd (engere Stellplätze, aber dafür ist ein *Full Hook-up* verfügbar); www.goldennuggetcamperpark.com.

Öffentlicher Nahverkehr

In *Downtown* Anchorage benötigt man kein Auto. Die ***People Mover* Busse** bedienen das ganze Stadtgebiet (Fahrpreis $1,75; Tagespaß $4; Infos unter © (907) 343-6543, www.peoplemover.org) und verkehren in der Innenstadt auf jeder zweiten Straße. Indessen gibt's im Zentrum nicht ganz viel zu sehen.

5.2.2 Stadt und Umgebung

Zentrum

Der zentrale Bereich in Anchorage ist rasch abgehakt. Er entspricht ungefähr den Blocks zwischen 4th und 6th Ave. sowie C- und H-Streets mit vielen **Shops** und **Restaurants**. **Parken** ist normalerweise kein Problem. In einer der Nebenstraßen etwas außerhalb ist immer eine Parkuhr frei, wenn es zentraler nicht klappt.

Erste Anlaufpunkte sollten das ausgezeichnete ***Alaska Public Lands Information Center*** (605 W. 4th Ave), © (907) 271-2737 oder © 1-866-869-6887; www.nps.gov/aplic; ➪ Seite 604, sowie das **Blockhaus** der ***Visitor Information*** an der Ecke F Street/4th Ave sein. Nebenan in der 4th Ave befindet sich ein Riesenladen mit sagenhaften **Alaska-Souvenirs** von kitschig bis originell.

Anchorage Museum

Ebenfalls in der Nähe der *Visitor Info* liegt das architektonisch interessante ***Anchorage Museum of History and Art*** (121 West 7th Ave, Mitte Mai bis Mitte September tägl. 9-18 Uhr, sonst Di-Sa 10-18, So 12-18 Uhr; Eintritt $8; www.anchoragemuseum.org). Die Ausstellungen des **größten Museums Alaskas** rund um ein lichtes Atrium sind umfassend und schließen die *Alaska Gallery* mit 12.000 Jahren **Geschichte Alaskas** sowie Kunstausstellungen aus dem Hohen Norden ab dem 19. Jahrhundert ein.

Tony Knowles Trail/Earthquake Park

Den Nordwestrand der Innenstadt markiert der ***Resolution Park*** (Ecke L Street/3rd Ave.) mit dem großen ***Captain Cook Monument*** und **Panorama** über den *Knik Arm*. Ab Westende der 2nd Ave läuft der ***Tony Knowles Coastal Trail***, ein asphaltierter Rad- und Wanderweg, 18 km am *Knik Arm* entlang bis zum **Kincaid Park** (Fahrradverleih: ***Downtown Bicycle Rental***, $16/3 Std, 333 W 4th Ave; © (907) 279-5293; www.alaska-bike-rentals.com).

Bei gutem Wetter sieht man von ihm aus besonders gut die nahegelegenen Berge der *Chugach Range*.

Am Weg liegt der ***Earthquake Park***. Der Name erinnert an das Karfreitagsbeben von 1964, das hier Teile des Landes und 75 Häuser ins Meer riß.

Luftkreuz Anchorage

Anchorage schmückt sich immer noch mit der Bezeichnung ***Air Crossroads of the World***. Das hatte seine Berechtigung, solange Flugzeuge auf den Asien-Routen dort zum Auftanken zwischenlandeten, aber heute können Langstreckenjets auf Stopps in Alaska verzichten. Der internationale Flugverkehr verminderte sich durch diese technische Entwicklung erheblich. Lediglich *China Airlines* legt auf der Route New York-Taipeh in Anchorage einen Zwischenstopp ein. Beim Umschlag von Luftfracht ist der Airport weiterhin der drittgrößte der Welt.

Wasserflughafen

In unmittelbarer Nachbarschaft zum *International Airport* befindet sich der ***Lake Hood***, der einer Armada von Wasserflugzeugen, die auf dem See und an Land »geparkt« sind, als Start- und Landebahn dient. Im Sommer erfolgen hier über 800 Starts und Landungen täglich. Im ***Alaska Aviation Heritage Museum*** (4721 Aircraft Drive am Südufer des Lake Hood) dokumentieren historische Filmausschnitte, Fotos, Erinnerungsstücke und rund 25 Oldtimer die Luftfahrtgeschichte Alaskas und den Wagemut seiner Piloten, Mitte Mai bis Mitte September, tägl. 9-17, sonst Mi-So 9-17 Uhr; Eintritt $10; www.alaskaairmuseum.org.

Auf dem ***Merrill Field***, einem Airport für (landgebundene) Kleinflugzeuge östlich des Stadtzentrums am *Glenn Highway* herrscht im Sommer mit täglich über 1.200 **Starts und Landungen pro Jahr** noch mehr Betrieb als auf dem Lake Hood.

Flightseeing

Auf beiden Airports gibt es zahlreiche **Charterflieger**, die vom kurzen Rundflug bis zum Tagestrip und Transport zu einsamen Seen mit verabredeter Abholung eine große Bandbreite an Möglichkeiten bieten. Speziell ab Anchorage empfehlenswert ist ***Flightseeing*** über die **Gletscherwelt** der *Chugach Mountains*.

Für Flüge in den ***Denali National Park*** ist Talkeetna bester Ausgangspunkt, ⇨ Seite 474.

Veranstaltungen

Anfang Mai bis Anfang September findet Sa + So 10-18 Uhr der ***Anchorage Market and Festival*** (Ecke 3rd Ave/E St), ein bunter Flohmarkt, statt; www.anchoragemarkets.com. Man findet dort u.a. zahlreiche Verkaufsstände für Alaska Souvenirs, Snacks, Obst- und Gemüse und für private Flohmarktobjekte.

Music in the Park bezeichnet eine Reihe kostenloser Konzerte von lokalen Musikern *Downtown* im Stadtpark (4th Ave/E St), jeweils Mi+Fr 12-13 Uhr, Juni-August.

Ende August findet auf den ***Fairgrounds*** in Palmer (⇨ Seite 475) der ***Alaska State Fair*** statt (für 12 Tage, © (907)-745-4827 www.alaskastatefair.org), eine Riesenangelegenheit bei über 300.000 Besuchern mit viel *Show* und *Entertainment* neben den üblichen Ausstellungen einer (auch) Handwerks- und Industriemesse.

Wandern

Anchorage ist landeinwärts von Bergen umgeben. Im ***Chugach State Park*** (⇨ Seite 437) findet man ein ausgezeichnetes Wanderwegenetz. Einer der besten **Trails** führt auf den ***Flat Top Mountain*** (Zufahrt südöstlich *Downtown* über Upper Huffman und

Toilsome Hill Road zum ***Glen Alps Trailhead***). Nach 3 km und 400 m Höhenunterschied steht man auf Alaskas meistbestiegenem Gipfel (1.082 m) mit prächtiger Sicht auf die Stadt und den *Mount McKinley* in weiter Ferne.

Etwa 10 km nordöstlich von Anchorage, zweigt die ***Arctic Valley Road*** vom *Glenn Highway* nach Osten zum *Alpenglow*-Winterskigebiet ab. Die kurvenreiche Straße (12 km) bietet in ihrem Verlauf einige Ausblicke über Anchorage, das Cook Inlet und auf den *Mt. McKinley*. Vom Straßenende führt ein ***Trail*** (3 km, 450 Höhenmeter) auf den ***Rendezvous Peak***, einen weiteren hervorragenden Aussichtsberg (1.230 m).

Vom Ort Eagle River nördlich des gleichnamigen *Campground* (➪ Seite 436) geht es auf der Nordseite des namensgebenden Flusses vom *Glenn Highway* zum 20 km entfernten *Eagle River Nature Center* im ***Chugach State Park***. Es ist Ausgangspunkt diverser Wanderwege, darunter der ***Rodak Nature Trail*** (1 km) mit Erläuterungen zu Geologie und Fauna, speziell zum **Laichverhalten** der Lachse im *Eagle River Valley*.

Blick aus einer kleinen »Flightseeing«Maschine auf die Gletscher in den Chugach Mountains unweit Anchorage

5.3 Routen in Alaska

5.3.1 Von Anchorage nach Seward und Homer auf der Kenai Peninsula

Turnagain Arm

Von Anchorage zur *Kenai Peninsula*, einer der attraktivsten Regionen im südlichen Alaska, geht es auf dem ***Seward Highway***. Der erste Abschnitt dieser gut ausgebauten Straße läuft am *Turnagain Arm* entlang. Dort ist der **Gezeitenwechsel mit 11 m Tidenhub** der zweithöchste in Nordamerika; bei Ebbe bleibt im breiten Fjord nur noch ein schmaler Streifen Wasser.

Railroad Museum

Ein kurzer Abschnitt der Straße führt wiederum durch den ***Chugach State Park***. Vor dem ***Potter Section House***, ca. 3 km südöstlich der Stadtgrenze von Anchorage, stehen ein paar Relikte aus der Eisenbahnzeit, sowie ein Eisenbahnwaggon. Interessant ist die vor eine alte Lokomotive montierte Schneeräumturbine. Der **Rastplatz** am ***McHugh Creek*** 5 km weiter eignet sich gut für ein Picknick zwischendurch.

Nur 25 km südöstlich der Stadtgrenze passiert man den kleinen ***Bird Creek Campground*** des *State Park* (➪ Seite 436). Er liegt oberhalb der Straße und ist etwas laut, dafür ist der Blick über den *Turnagain Arm* auf die Kenai Peninsula ausgezeichnet.

Alyeska

Über ***Alyeska Highway*** (3 km) und ***Crow Creek Road*** (5 km) geht es zur ***Crow Creek Mine***, einem ***National Historic Place***; www.crowcreekgoldmine.com. In ihrer aktiven Zeit 1898-1940 (!) wurden dort Millionen herausgeholt, heute kann man dort immer noch Gold waschen (eine mit *goldflakes* präparierte Pfanne $15); Mitte Mai-Mitte Sept, täglich 9-18 Uhr.

Ebenfalls am Alyeska Hwy liegt das ***Alyeska Resort*** bei **Girdwood**, Alaskas größtem Skigebiet. Im Sommer bringt eine Seilbahn *Sightseeing*-Touristen auf den Berg ($18, mit Lunch $28). 700 m über dem Meer hat man einen tollen Blick; www.alyeskaresort.com.

Das zugehörige ***Alyeska Prince Hotel*** zählt zu den besten ganz Alaskas; 1000 Arlberg Ave, ✆ 1-800-880-3880, ✆ (907) 754-1111; 307 Zimmer. Zu Alaskas Spitzenklasse gehört ebenfalls das ***Seven Glaciers Restaurant***, an der Bergstation, ✆ (907) 754-2237.

Portage

Der Ort Portage am äußersten Ostende des *Turnagain Arm* wurde beim Erdbeben 1964 vollkommen zerstört.

Portage Glacier

Südlich der Brücke über den Portage Creek zweigt der ***Portage Glacier Highway*** zum Portage Lake und nach Whittier (18 km) ab. Auf dem Gletschersee treiben noch im Sommer Schollen. Am Ufer steht ein eindrucksvolles ***Visitor Center*** des *National Forest Service* (täglich 9-18 Uhr Ende Mai-Ende September, frei). Dort gibt es einen sehenswerten Film zum Thema »Gletscher« und Informationen zu dem (nach starkem Abschmelzen) vom Besucherzentrum aus nicht mehr sichtbaren *Portage Glacier* und zu Flora und Fauna der Region.

Touristische Goldwaschstelle bei der historischen Gold Creek Mine in Girdwood

Byron Glacier

Dem Südufer des Sees kann man weitere 2,5 km folgen. Vom Straßenendpunkt fährt das **Ausflugsschiff *Ptarmigan*** 5 x täglich (10.30-16.30 Uhr) über den See an den *Portage Glacier* heran, $29, Juni-Mitte September; www.graylinealaska.com; 60 min, wenig aufregend. Wer etwas Zeit hat, sollte kurz vor dem Bootsanleger den ***Byron Glacier Trail*** machen (ca. 2 km), der eindrucksvoll an einer der wenigen straßennahen Gletscherzungen Alaskas endet.

Zwei schöne ***Forest Service Campgrounds*** – *Black Bear* und *Williwaw* – liegen am *Portage Glacier Highway* nah beieinander, Reservierung für *Williwaw*: © 1-877-444-NRRS (➪ Seite 604).

Nördlich des Portage Lake führt der 4 km lange *Anton Anderson*-Tunnel (für Eisenbahn+Straße; $12 für Fahrzeuge bis 28ft, hin + zurück, keine Einfachfahrt; www.tunnel.alaska.gov) **nach Whittier** zur **Fähre durch den *Prince William Sound* nach Valdez**.

In Whittier legt aber nicht nur die Fähre ab, man kann auch eine Rundfahrt buchen: ***Phillips' 26 Glacier Cruise***, © 1-800-544-0529 oder © (907) 276-8023, bietet für ca. $139 (inkl.Verpflegung) einen 4 1/2 Std Trip vorbei an 26 Gletschern; www.26glaciers.com.

Zur Fährverbindung Whittier – Valdez im Detail ➪ Seite 449.

Hope

Südwestlich von Portage beginnt die *Kenai* Halbinsel. Nach 37 km geht es hinter der Brücke über den *Canyon Creek* auf dem ***Hope Highway*** zur gleichnamigen Siedlung an der Mündung des *Resurrection Creek* in den *Turnagain Arm*. Hope wurde 1896 von Prospektoren gegründet, die den Bach nach Gold durchwühlten.

Geblieben ist aus jener Zeit der ***Resurrection Pass Trail*** (62 km), der einst der Versorgung der Goldgräbercamps diente und heute der populärste Mehrtagestrail Alaskas ist. Er endet am *Sterling Highway* in der Nähe des *Russian River* am *Campground*, ⇨ Seite 444. Am Wege gibt es mehrere Hütten, die man relativ günstig mieten kann. Frühzeitige Reservierung der *Chugach National Forest* ***Cabins*** ist zu empfehlen: ***National Recreation Reservation Service*** (⇨ Seite 604), ✆ 1-877-444-NRRS, www.recreation.gov.

Gold Panning

Am *Resurrection Trail* gilt Goldwaschen als vergleichsweise aussichtsreich. Dort wie anderswo müssen jedoch ggf. private *Claim*-Rechte beachtet werden – ***No Panning, Private Claim!***

Als **bester Platz bei Hope** besitzt der ***Porcupine Campground*** einige Stellplätze mit Weitblick über den *Turnagain Arm*. Er gehört ebenso zum *Forest Service* wie der am *Seward Hwy* zwischen den Abzweigungen von *Hope* und *Sterling Highways* am Summit Lake gelegene ***Tenderfoot Creek Campground*** mit schönen Stellplätzen am Seeufer.

Sterling Highway, (⇨ übernächste Seite)

Etwa 60 km nördlich von Seward zweigt der ***Sterling Highway*** nach Homer an der Westseite der Kenai Peninsula (220 km) vom *Seward Highway* ab. Die beiden Haupt- und wenige Nebenstraßen erschließen nur Randgebiete und schmale Streifen im Inneren der Halbinsel. Der größte Teil ihrer Fläche steht als weitgehend unzugängliche ***Kenai National Wildlife Refuge*** und ***Kenai Fjords National Park*** unter Naturschutz.

Eisfelder, darunter das 800 km^2 große ***Harding Icefield***, bedecken riesige Gebiete im Osten und Süden.

Beurteilung der Fahrt

Lohnt es sich, den *Sterling Highway* bis nach Homer hinunter zu fahren (und dann auch wieder zurück)?

– nach Homer

Generell gilt: Sehenswürdigkeiten, die den weiten Weg nach Homer absolut unverzichtbar machten, gibt es kaum. Aber das ist auch eine Frage der individuellen Bewertung. Letztlich kommt es auf die zur Verfügung stehende Zeit und die Wetterbedingungen an. Bei insgesamt knapper Reisezeit muss man Kenai und Homer nicht unbedingt gesehen haben.

– nach Seward

Dagegen sollte man eine Fahrt bis Seward immer in Erwägung ziehen. Der Straßenverlauf **durch die *Kenai Mountains*** ist wunderschön. Bäche und Seen laden ein zu Zwischenstopps, weitere schön gelegene ***Forest Campgrounds*** zum Bleiben.

Das Städtchen Seward an der *Resurrection Bay* zwischen hohen Bergen ist Ausgangspunkt für Kreuzfahrten durch den *Blying Sound* und zu den Eisbergen des ***Kenai Fjord National Park***.

Zentrales Alaska
GATES OF THE ARCTIC NATIONAL PARK
Prudhoe Bay
Atigun Pass 1444 m
DALTON HWY
Coldfoot
N
0 70 km
YUKON FLATS NAT. WILDLIFE REFUGE
66°30' nördl.Breitengrad
POLARKREIS (ARCTIC CIRCLE)
CANADA
USA
YUKON TERR.
ALASKA
PACIFIC TIME
ALASKA TIME
Yukon River
Circle
White Mountains Nat. Rec. Area
WHITE MOUNTAINS
Livengood
STEESE HWY
Central
Circle Hot Springs
Eagle Summit 1105 m
ELLIOTT HWY
Manley Hot Springs
Fox
Chena Hot Springs
YUKON-CHARLEY RIVERS NAT. PRESERVE
Fairbanks
Tanana River
Ester
Nenana
North Pole
Salcha
Eagle
Dawson City
Big Delta
Nenana River
RICHARDSON HWY
Chicken
Boundary
Mt. Hayes 4216 m
Delta Jct.
Healy
Tanana River
TAYLOR HWY
141° westl. Länge
Kantishna
ALASKA
ALASKA HWY
DENALI NATIONAL PARK
Highway Pass 1213 m
PARKS HWY
Tangle Lakes
Isabel Pass 999 m
Tok
Tetlin Jct.
Cantwell
DENALI HWY
RANGE
Mt. Foraker 5303 m
Denali 6194 m
DENALI STATE PARK
Maclaren Summit 1245 m
Paxson
Northway Jct.
Tetlin NWR
TOK CUT OFF
Slana
Northway
TALKEETNA
MOUNTAINS
Mt. Sanford 4949 m
Nabesna
Beaver Creek
Talkeetna
Hatcher Pass 1184 m
Independence Mine
Eureka Summit 1013 m
Glennallen
Gakona Jct.
Mt. Wrangell 4317 m
WRANGELL MOUNTAINS
Whitehorse
Mt. Spurr 3374 m
Willow
GLENN HWY
Wasilla
Palmer
Matanuska Glacier
Copper Center
Mt. Blackburn 4996 m
Kennicott
LAKE CLARK NATIONAL PARK
Eagle River
Eklutna
CHUGACH
CHUGACH STATE PARK
Worthington Glacier
Chitina
McCarthy
Mt. Bona 5005 m
Anchorage
Redoubt Volcano 3108 m
Cook Inlet
Hope
Girdwood
Portage
Columbia Glacier
Valdez
RICHARDSON HWY
WRANGELL-SAINT ELIAS NATIONAL PARK & PRESERVE
Kenai
Soldotna
Whittier
MOUNTAINS
Cordova
Million Dollar Bridge
Pr. William Sound
Bagley Icefield
STERLING HWY
Skilak Lake
Kenai NWR
MTNS.
Bering Glacier
Mt. St. Elias 5489 m
Ninilchik
Anchor Point
Seward
Homer
KENAI FJORDS NATIONAL PARK
Kachemak Bay
KENAI
Blying Sound
Golf von Alaska
Fähre nach Juneau
Fähre nach Kodiak
5

Abstecher: Sterling Highway nach Homer und Kodiak

Auf dem ersten Abschnitt durch das »Herz« Kenais passiert der *Sterling Highway* zahlreiche Seen und Flüsse. Vor allem abseits der Hauptstraße auf Schotterstraßen liegen schöne **Campingplätze**, z.B. nach ca. 25 km, dann 3 km Stichstraße, der ***Russian River Campground*** mit traumhaften Stellplätzen zwischen Russian und Kenai River, Reservierung (⇨ Seite 605): ✆ 1-877-444-NRRS. 10 km weiter westlich steht ein ***Visitor Center*** des *Kenai National Wildlife Refuge*; http://kenai.fws.gov. Dort erhält man Faltblätter zu *Trails* und *Campgrounds*.

Skilak Lake

An gleicher Stelle zweigt die ***Skilak Lake Road*** vom *Sterling Highway* ab, eine mit 30 km fast genauso lange parallele Schotterstraße, die sich als gute Alternative zur Hauptstraße anbietet. Zwei **Campingplätze** vor der Kulisse der ***Kenai Mountains*** liegen direkt am *Skilak Lake*.

Kenai

Am nordöstlichen Stadtrand von Soldotna beginnt der ***Kenai Spur Highway*** (62 km). Sie führt zunächst nach Kenai, der bereits 1791 als ***Nikolask Redoubt*** von den Russen gegründeten und heute mit 6.900 Einwohnern größten Stadt der Halbinsel. Die russisch-orthodoxe Kirche erinnert mit drei Zwiebeltürmen an die Ursprünge Kenais. Das ***Kenai Visitors and Cultural Center*** zeigt Ausstellungen, Filme und historische Fotos, ✆ (907) 283-1991; www.visitkenai.com. Von dort ist es nur ein kurzer Weg entlang der Main Street zum ***Beluga Whale Lookout***. Die weißen Belugawale halten sich allerdings in den letzten Jahren immer seltener im Mündungsbereich des Kenai River auf.

Ganz am Ende des *Kenai Spur Highway* liegt die ***Captain Cook State Recreation Area*** mit herrlichem ***Campground*** und einem Picknickplatz auf Felsen hoch über dem *Cook Inlet*. Jenseits des Meeresarms sieht man den zuletzt 1992 ausgebrochenen Vulkan *Mount Spurr* (3.374 m).

Soldotna

In Soldotna (3.800 Einw.) überquert der *Sterling Highway* den Kenai River, der wegen seines Bestandes an Forellen und riesigen **Lachsen** unter Sportfischern einen legendären Ruf besitzt. Am Südende der Brücke befindet sich das ***Visitor Center*** der Stadt, ✆ (907) 262-9814; www.soldotnachamber.com, 3 km südlich (Abzweig auf *Ski Hill Road*) ein weiteres neueres Besucherzentrum der *Kenai National Wildlife Refuge*.

Ninilchik

Auf seiner zweiten Hälfte folgt der *Sterling Highway* der Uferlinie des *Cook Inlet*. Vieles an dieser Küste erinnert an die russische Besiedelung Alaskas, z.B. das malerische Ninilchik Village mit einer orthodoxen Kirche auf einem Hügel. Unter den verschiedenen Campingplätzen in der ***Ninilchik State Recreation Area*** sind der ***Ninilchik View Campground*** und der ***Ninilchik Beach Campground*** die besten.

Auf der gegenüberliegenden (Nord-)Seite des *Cook Inlet*, im ***Lake Clark Nat'l Park*** (www.nps.gov/lacl) stehen die immer schneebedeckten Vulkangipfel ***Iliamna*** und ***Redoubt*** (3.053 m bzw. 3.108 m). Einige Aussichtspunkte wurden dort zu wahren Publikumsmagneten, als letzterer zur Jahreswende 1989/90 mehrfach ausbrach. 2005/06 kündigte der ***Augustine Volcano*** (1.260 m) 110 km südwestlich von Homer auf einer Insel im Cook Inlet mit zahlreichen Rauchschwaden neue Aktivitäten an.

Anchor Point

Wer in Anchor Point der 2 km langen ***Anchor River Road*** bis zum Ende folgt, darf von sich behaupten, am westlichsten, auf durchgehender Straße erreichbaren Punkt Nordamerikas gewesen zu sein, nur 3° östlicher als Hawaii. Die genaue geographische Länge ist: 151° 52'.

Nach Homer

Ab Anchor Point wendet sich die Straße allmählich ostwärts. Kurz vor Homer kann man über ***West Hill Road*** und ***Skyline Drive*** einen 13 km langen Abstecher in die Höhenzüge oberhalb der Stadt machen (Rückweg über *East Hill Road*) und das Panorama der Umgebung genießen.

Homer Spit

Der ***Sterling Highway* endet in Homer** (5.500 Einwohner) auf dem sog. ***Spit***, einer 7 km langen, schmalen Sandzunge. An deren Ende liegt ein ganzjährig eisfreier Hafen, von dem aus die *Alaska State Ferry* Kodiak und Seldovia ansteuert. Am *Spit* herrscht in den Sommerwochen sehr viel Betrieb, nicht zuletzt deshalb, weil dort viele Ferienjobber der Fischfabriken Homers campen. Camping ist nur an markierten Stellen erlaubt. $15/RV bzw. $8/Zelt Bezahlung beim ***Fee Collection Cabin*** direkt am *Spit*. Wer es gerne komfortabler hätte, findet einen privaten *Campground* am Spitende: ***Homer Spit Campground***, © (907) 235-8206, $25-$37; www.homerspitcampground.com.

Homer nennt sich ***Halibut Fishing Capital of the World***, wo Sportfischer beim alljährlichen »*Halibut Derby*« Heilbutte von bis zu 170 kg Gewicht aus dem Meer ziehen; www.homerhalibutderby.com.

Kachemak Bay

Auf der anderen Seite der Bucht, 5 km Luftlinie vom *Homer Spit* entfernt, liegt der ***Kachemak Bay State Park*** inmitten einer urtümlichen Fjordlandschaft. Er ist nur per Boot oder Wasserflugzeug zu erreichen. Detaillierte Informationen über Transportmöglichkeiten (nach Halibut Cove), Camping und Wanderwege im Park erhält man im ***Alaska State Parks South District Office*** knapp 7 km vor Homer.

Homer

Homer als Ort hat nur wenig zu bieten. Das ***Pratt Museum*** (3779 Bartlett Street, Mitte Mai-Mitte September täglich 10-18 Uhr, sonst Di-So 12-17 Uhr, $6, www.prattmuseum.org) erläutert Besiedlungsgeschichte und Meeresfauna der Region. Allgemeine Informationen gibt es beim ***Homer Visitor Center***, 201 Sterling Hwy, © (907) 235-7740, www.homeralaska.org.

Kodiak

Von Homer (10 Stunden) nach Kodiak Island verkehren Fähren des *Alaska Marine Highway*. Bereits 1792 wurde auf Alaskas größter Insel (9.293 km^2) die Siedlung Kodiak als Hauptstadt von Russisch-Alaska gegründet. Die **Zwiebeltürme der orthodoxen Kirchen** stehen im Zentrum des Städtchens (5.900 Einwohner). Das ***Baranof Museum*** (101 Marine Way) wurde von *Alexander Baranof* Anfang des 19. Jahrhunderts als Warenhaus der Russisch-Amerikanischen Handelsgesellschaft erbaut; Mai-August Mo-Sa 10-16 Uhr, So 12-16, sonst Di-Sa 10-15 Uhr; $3, www.baranov.us.

Kodiaks touristische Attraktionen sind seine unberührte Natur und der Fischfang. Nur wenige Straßen – überwiegend Schotter – erschließen die Insel. Eine Fahrt auf der ***Pillar Mountain Road*** erlaubt herrliche Fernblicke aus 400 m Höhe. Auch ein Picknick am Strand der Anton Larsen Bay oder am malerischen ***Miller Point*** nördlich von Kodiak Stadt im ***Fort Abercrombie State Historical Park*** hat seinen Reiz.

Kodiakbären

Weltweit bekannt ist Kodiak wegen der riesigen **Braunbären**, den ***Kodiak Bears***. In der ***Kodiak National Wildlife Refuge***, die zwei Drittel der Inselfläche ausmacht, leben rund 3.000 Exemplare dieser Art. Sie sind am besten ab Ende Juni beim Lachsfang zu beobachten. Allerdings ist die Wildnis dieses Gebietes nur per Boot oder Flugzeug zugänglich. Auskünfte beim ***Kodiak National Wildlife Refuge Visitor Center***, 1390 Buskin River Road, © (907) 487-2600, © 1-888-408-3514; http://kodiak.fws.gov, oder beim ***Kodiak Island Convention & Visitors Bureau***, 100 Marine Way, Kodiak, © 1-800-789-4782, www.kodiak.org.

Bewertung Kodiak

Ein Abstecher nach Kodiak Island will gut überlegt sein. Er kostet Zeit und Geld, nicht nur für die Überfahrt, sondern zusätzlich für den Transport zu den besonders reizvollen, aber abgelegenen Plätzen. Die Witterung zeigt sich auf den Inseln noch unbeständiger als auf Kenai.

Kodiak Bär

Lachse

Ca. 5 km nördlich von Moose Pass, der einzigen Siedlung auf der Strecke, lassen sich im glasklaren Wasser eines Baches von einem ***Observation Deck*** – speziell im August – gut Lachse beobachten. Eine Informationstafel des *Forest Service* erläutert den Lebenszyklus der Fische.

Exit Glacier

Etwa 6 km vor Seward zweigt die ***Exit Glacier Road*** (15 km) von der Hauptstraße ab. Fast am Ende dieser Stichstraße liegt der ***Exit Glacier Campground*** (12 *Walk-in-Plätze,* frei). Dieser einzige **Campingplatz im Nationalpark** ist im Sommer schnell belegt. Ein kurzer ***Trail*** führt vom Parkplatz am Ende der Straße bis an den Fuss des zum ***Harding Icefield*** gehörenden ***Exit Glacier***.

Nirgendwo sonst im *Kenai Fjords National Park* kommt man so leicht an einen Gletscher heran. Den dramatischen Rückgang des Gletschers dokumentieren Markierungen mit Jahreszahlen. Auf dem ***Harding Icefield Trail*** (5 km) kann man bis zum Eisfeld hinaufgehen. Oberhalb der Baumgrenze begleitet den Wanderer auf dem schönsten *Trail* der Region ein prächtiges Panorama.

Ein bequemer Fußweg führt hinauf zum Exit Glacier

Boots-ausflüge

Weitere Ausflüge in den ***Kenai Fjords National Park*** sind nur per Boot möglich. Tagesfahrten zu Gletschern und Eisbergen werden von mehreren Veranstaltern in Seward angeboten. Sie starten im *Small Boat Harbor* und kosten $129 pro Person für 6 Stunden, z.B. ***Kenai Fjords Tours***, © (907) 224-8068 oder © 1-877-777-4051, www.kenaifjords.com, und gehören zum besten, was Alaska zu bieten hat. Trotz der hohen Kosten ist die Fahrt zu dieser einmaligen Küste – bei gutem Wetter – unbedingt zu empfehlen! Siehe auch doppelseitiges Foto auf Seite 428.

Unterwegs sieht man Buckelwale, gelegentlich auch Orcas (Killerwale, Schwertwale), Seeotter, Robben, Seelöwen und Tümmler sowie eine einmalige Vogelwelt, u.a. Weißkopfseeadler. **Höhepunkt** ist aber der Ausflug zum ***Holgate Glacier***, wo sich die Boote nah an den kalbenden Gletscher wagen.

Seward

Schon 1791 diente die *Resurrection Bay* dem Russen *Alexander Baranof* als Schutzhafen vor einem Sturm. Da er dort zu Ostern ankerte (*Resurrection Day*), benannte er die Bucht nach diesem Tag. 1903 wurde sie als geeigneter eisfreier Hafen Ausgangspunkt für eine Eisenbahnlinie – die spätere *Alaska Railroad* – vom Meer nach Fairbanks. Der Ortsname bezieht sich auf den **US-Außenminister *Seward***, der 1867 den Kauf Alaskas veranlaßt hatte.

Camping

Seward, 2.600 Einwohner, ist im Sommer populäres Ziel zahlreicher Wochenendtouristen, die in Zelten und Wohnmobilen rund um die Bay campen (überwiegend Ballaine Boulevard, der **Uferstraße** östlich des Zentrums). Sanitäre Anlagen einschließlich *Dump Station* sind vorhanden, die von Jahr zu Jahr höheren Gebühren werden per Selbstregistrierung erhoben.

Wer es ruhiger mag, fährt bis ans Ende der holprigen ***Lowell Point Road*** (5 km südlich vom Fähranleger). Bei ***Miller's Landing***, \$26-\$36, ✆ (907) 224-5739 oder ✆ 1-866-541-5739, *Hook-up*-Stellplätze am Wasser vor Treibholz, weitere schattig im Wald, campt es sich schöner als in Seward unter bisweilen Hunderten von Wohnmobilen; www.millerslandingak.com.

Bei Ebbe kann man von *Miller's Landing* zu Fuß die ***Caines Head State Recreation Area*** erreichen (ca. 7 km). Die letzten 5 km am Ufer entlang gehören zu den schönsten Wanderrouten der Region. Bei Flut geht es nur per Boot zurück.

Trails

Schöne *Trails* beginnen auch im Ort, so z.B. hinauf zum ***Mount Marathon*** (921 m) ab Lowell Canyon Road (3 km). Das ***Mount Marathon Race*** am 4. Juli jeden Jahres gilt als absoluter Härtetest.

Seward Highway im Herbst

Wichtigste Fährverbindungen im Golf von Alaska (Alaska Marine Highway)

(Preise in US$)	Person	Auto bis 15 feet ohne Fahrer	Camper bis 21 feet ohne Fahrer	Motor-rad	Fahrt-zeit (Std.)	Sommer-abfahrten pro Woche
1. Whittier–Valdez	89	105	157	75	4	4x
2. Whittier–Cordova	89	105	157	75	3	4x
3. Valdez–Cordova	50	94	138	58	3	3x
4. Homer–Kodiak	74	152	229	94	10	2x
5. Pr. Rupert–Whittier	372	843	1.264	498	70	➪ Text

Hinweise zu den einzelnen Passagen:

zu 1) Für 2 Personen und einen maximal 15 Fuß großen Pkw kostet die Überfahrt ab Whittier $283 zuzüglich Maut (➪ siehe Seite 441) für den Straßentunnel. Dafür werden immerhin 560 km Straße von Portage nach Valdez eingespart und eine eindrucksvolle Fahrt durch den vergletscherten *Prince William Sound* geboten.

zu 2) Ab Whittier haben Tickets nach Valdez oder Cordova denselben Preis. Wer sein Ticket auf Cordova statt Valdez ausstellen läßt, erhält faktisch einen Gratisausflug von Valdez nach Cordova.

zu 5) Die Fähre *M/V Kennicott* verkehrt von Mai bis September **jeweils 1x pro Monat** auf der Route Prince Rupert–Ketchikan–Juneau–Whittier und zurück. Die Fahrt dauert insgesamt 70 Sunden.

Die in den Fährplänen als ***Southeast/Southwest Cross Golf Trip*** (Verbindung zwischen der *Inside Passage/Southeast* und dem Golf von Alaska/*Southwest*) bezeichnete Route ist die einzige fahrplanmäßige Fährverbindung zwischen British Columbia und dem Golf von Alaska. Die jeweils aktuellen Termine ➪ Seite 485ff.

Für den Sommer sollten alle Fähren sehr zeitig gebucht werden.

Die Sieger bewältigen den zum Teil sehr steilen Weg zum Gipfel und zurück ins Tal in knapp über 43 Minuten.

Am Ortsausgang befindet sich das originelle ***Alaska SeaLife Center***. Dieser Meereszoo präsentiert im Golf von Alaska heimische Tiere; Anfang Mai-Mitte Sept. täglich 9-19 Uhr, sonst 10-17 Uhr. Der Eintritt ist mit $20 recht teuer; www.alaskasealife.org.

Information Stadtpläne erhält man beim ***Visitor Center***, 2001 Seward Highway, ✆ (907) 224-8051, www.sewardak.org, am Ortseingang.

Informationen zu den ***Trails*** im ***Chugach National Forest*** gibt es im Büro in der 334 4th Ave, ✆ (907) 224-3374, zum ***Kenai Fjords NP*** im Büro in 1212 4th Ave; ✆ (907) 224-7500; www.nps. gov/kefj.

Im Hafen von Valdez

5.3.2 Von Whittier nach Valdez/Cordova per Schiff

Route

Die Passage von Whittier nach Valdez durch den *Prince William Sound* ist ein Erlebnis. Das Schiff passiert Buchten mit kalbenden Gletschern und Eisbergen, wie den über 50 km langen und an der Basis 5 km breiten ***Columbia Glacier*** (45 km westlich von Valdez). Mit 35 m pro Tag bewegt der Gletscher sich extrem schnell. Dabei brechen unentwegt Eismassen ins Wasser. Die Fähren halten daher bei der Vorbeifahrt einige Distanz. **Ausflugsschiffe** fahren bis an den Fuß des *Columbia Glacier*; zu buchen in Valdez ab $97 für den 6,5-Stunden-Trip; z.B. bei ***Stan Stephens Cruises***, ✆ 1-866-867-1297; www.stanstephenscruises.com.

Valdez' Geschichte

Die kleine Stadt Valdez (4.100 Einwohner) entstand 1897/98 als Ausgangspunkt der durch Falschberichte über Goldfunde am Copper River angelockten Prospektoren auf ihrem Marsch in das Landesinnere und wurde später als *Terminal* der ***Trans-Alaska Pipeline*** bekannt. Valdez ist pittoresk von Gletschern und schneebedeckten Bergen umgeben. Weltweit wurde der Ort 1989 bekannt durch die folgenschwerste **Tankerhavarie** der US-Geschichte, die zweite Katastrophe innerhalb weniger Jahre: 1964 hatte ein ***Tsunami*** (Flutwelle), der durch ein Seebeben ausgelöst worden war, Valdez derart zerstört, dass der Ort neu aufgebaut werden musste.

Museum

Mehr über die Ölkatastrophe, den Bau der *Trans-Alaska Pipeline* und das Karfreitagserdbeben erfährt man im ***Valdez Museum*** (217 Egan Drive, täglich 9-18 Uhr Mitte Mai-Ende September sonst Mo-Fr 13-17, Sa 12-16 Uhr, $5; www.valdezmuseum.org).

Ca. 11 km östlich des Ortes zweigt vom *Richardson Highway* die *Dayville Road* (9 km) zum ***Alyeska Marine Terminal*** ab. Er liegt am Endpunkt der *Trans-Alaska Pipeline* und hat eine Verladekapazität von stündlich 60 Mio. Liter Rohöl, und kann vier Supertanker gleichzeitig versorgen.

Unterkunft

Wer nicht campt, muss in Valdez fürs Hotel-/Motelzimmer tief in die Tasche greifen. Unter \$80-\$100 pro Nacht läuft dort im Sommer fast nichts. Etwas günstiger sind die *Bed & Breakfast* Angebote, ➪ nächste Seite oben genannte Broschüre.

Camping

Aber es gibt eine ganze Reihe von Campingplätzen, allein in der Nähe des *Small Boat Harbor* gleich vier ***RV-Parks***. Der öffentliche, vom Militär betriebene ***Valdez Glacier Campground***, \$10, befindet sich am Ende der *Airport Road*, ca. 10 km vom Ort entfernt (zunächst 6 km auf dem *Richardson Highway*).

Mineral Creek Road

Ein schöner Ausflug (mit Wanderung) führt auf dem *Mineral Creek Drive* (Anfahrt über Hazelet Ave und Hanagita Street mit Aussicht über Valdez) an Wasserfällen vorbei zum ***Mineral Creek Canyon*** (9 km). Vom Straßenendpunkt läuft ein alter »Goldgräberweg« (1,5 km) durch die pittoreske Schlucht zu einer verfallenen Mühle.

Trans Alaska Pipeline und Exxon Valdez Oil Spill

Nach Fertigstellung der 1.287 km langen *Pipeline* von Prudhoe Bay zum eisfreien Hafen Valdez verließ der erste Tanker mit Erdöl aus dem Nordpolarmeer Valdez am 1. August 1977. In den Folgejahren flossen nicht nur ungeheure Mengen Öl durch die Rohre – zur Zeit etwa 160 Mio Liter pro Tag bei einer maximalen Kapazität von 340 Mio Liter pro Tag –, sondern auch viel Geld in die öffentlichen und viele private Kassen Alaskas. Nicht nur Valdez, sondern der gesamte Staat erlebte einen kräftigen wirtschaftlichen Aufschwung. Von Anfang an floss nicht nur Öl, sondern jährlich mindestens 25% der von den Förderunternehmen an den Bundesstaat Alaska entrichteten Lizenzgebühren in einen *Permanent Fund*. Im Mai 2008 betrug sein Buchwert über 39 Mrd. US\$. Für das Fondmanagement ist die *Alaska Permanent Fund Corporation* (www.apfc.org) zuständig, für die jährliche Gewinnausschüttung eine staatliche Verwaltungsinstanz (www.pfd.state.ak.us). So erhielt im Jahr 2007 jeder Einwohner Alaskas aus den Fonderträgen eine Dividende von US\$ 1.654.

Mitte März 1989 ereignete sich der ***Exxon Valdez Oil Spill***. Der Supertanker *Exxon Valdez* lief wegen eines Navigationsfehlers südlich von Valdez auf ein Riff und knapp **41 Mio Liter Rohöl ergossen sich in den *Prince William Sound***; über 2.000 km Küstenlinie wurden verseucht, zahllose Tiere verendeten.

Nach dem Schock begann jedoch das große Geschäft. Die jahrelange Ölbekämpfung brachte zusätzliche bestens bezahlte Arbeitsplätze. Die Stadt konnte das Heer der Katastrophenhelfer – zu Spitzenzeiten waren es mehr als 10.000 – kaum beherbergen. Die Fischer lamentierten zwar, wurden aber großzügig entschädigt. Die Tourismusbranche boomte unter dem Motto ***See the Spill***!

In der Zwischenzeit haben die großangelegte Reinigung und die Natur die Spuren der Katastrophe beseitigt. Die Umwelt leidet dafür zunehmend unter Ölverschmutzungen aus Lecks in der mittlerweile ziemlich maroden ***Trans Alaska Pipeline***, deren Eigentümer ein Konsortium aus fünf Öl-Multis ist.

Information Valdez

Das ***Valdez Convention and Visitors Bureau*** (Chenega Street, ✆ (907) 835-4636; www.valdezalaska.org) informiert über alle Aktivitäten, speziell über *Fishing Trips* und Fahrten zum *Columbia Glacier*, ➪ Seite 449.

Cordova

Eine Straßenverbindung nach Cordova existiert nicht. Außer Fähren versorgen Charter- und Linienflüge, u.a. *Alaska Airlines*, die Hafenstadt am ***Orca Inlet***. Ein Ausflug nach Cordova ist für Benutzer der Fähre von Whittier in einer Richtung praktisch gratis, sofern sie ihr Ticket statt nach Valdez auf Cordova ausstellen lassen; ➪ Seite 449. Allerdings ist die Fährpassage Whittier–Valdez attraktiver als die direkte Route Whittier–Cordova.

Geschichte

Cordova entstand dank seiner reichen Fischgründe 1887/88 aus zwei kleinen Fischkonservenfabriken. Bereits Anfang des 20. Jahrhunderts fand man Kupfer in den *Wrangell Mountains* (Kennicott, McCarthy) und konstruierte eine **Eisenbahn** (➪ Seite 454), die bis 1938 – dem Ende des Kupferabbaus – in Betrieb blieb.

Als die Mine schloß, nahm auch die Bevölkerung Cordovas stark ab. Der Ort lebte wieder von Fischfang und -verarbeitung, in den letzten Jahren aber mehr und mehr auch vom Tourismus. Trotz seiner isolierten Lage zählt Cordova heute immerhin rund 2.500 Einwohner.

Copper River Highway

Die Touristen zieht in erster Linie der landschaftlich faszinierende 80 km lange ***Copper River Highway*** an, eine Straße, die Cordova über Chitina mit den *Edgerton/Richardson Highways*, d.h. mit dem Alaska-Straßennetz, verbinden sollte, aber nie vollendet wurde. Sie läuft auf der alten Trasse der früheren Erzbahn von Cordova über die Inseln im ***Copper River Delta*** bis zur ***Million Dollar Bridge***. Kurz vor der Brücke über den *Copper River* endet die fast 100 m hohe Zunge des ***Childs Glacier*** spektakulär am Straßenrand. Der nördliche Brückenbogen brach beim Erdbeben 1964 zusammen und wurde nur notdürftig wieder repariert, der Weiterbau des *Highway* wurde ganz aufgegeben. Nur wenig weiter nordöstlich endet die Straße im Nichts.

Trails

Direkt von Cordova aus, aber auch von den *Trailheads* am *Copper River Highway* führen Wanderwege in die Wildnis. Im Büro des ***Forest Service*** (612 2nd St., ✆ (907) 424-7661) erhält man ***Trail Maps*** und weiteres Informationsmaterial.

Unterkunft

Lediglich eine Handvoll **Hotels** und **Motels** dafür viele ***B & B*-Quartiere** warten auf Gäste. Offiziell campen kann man auf dem unattraktiven städtischen ***Odiak Camper Park*** an der Whitshed Road ($5-$20).

Am *Copper River Highway* finden sich außerdem leicht viele schöne inoffizielle Plätzchen.

Information

Cordova Infos erhält man bei der ***Chamber of Commerce***, 404 1st Street; ✆ (907) 424-7260, www.cordovachamber.com.

5.3.3 Von Valdez nach Tok

Der *Richardson Highway* verbindet Valdez mit dem Alaska-Kernland. Parallel zur Straße läuft die *Trans-Alaska Pipeline* und kreuzt sie mehrfach.

Richardson Highway

Hinter Valdez geht es hinauf in die *Chugach Mountains*. Entlang der Strecke bieten sich zunächst immer wieder schöne Ausblicke über Stadt und Küste. Ein *Highligt* dieses Abschnitts ist der ***Keystone Canyon*** des Lowe River mit seinen Wasserfällen (28 km).

Kurz vor der Paßhöhe passiert man die Zufahrt zur windigen ***Blueberry Lake State Recreation Area*** über der Baumgrenze.

Wenn nicht gerade Nebel und Wolken über der Landschaft liegen, campt man dort vor einem atemberaubenden Panorama. Nach ca. 48 km erreicht man den ***Thompson Pass*** (816 m). Die feuchten pazifischen Westwinde sorgen in diesem Bereich für Schneerekorde. Im Winter 1952/53 wurden dort fast 25 m Schneefall gemessen!

Der grandiose ***Worthington Glacier***, nur wenige Kilometer nördlich des Passes, ist über eine kurze Stichstraße leicht zugänglich. Der gleichnamige ***State Recreation Site*** besitzt neben dem »zum Anfassen nahen« Gletscher eine überdachte Aussichtskanzel, Schautafeln zur Geologie, Picknickplätze und ***Trails***. Ein lohnenswerter Abstecher! Nördlich bieten sich von Parkplätzen beiderseits des *Highway* exzellente Aussichten auf den Gletscher.

Der Worthington Glacier ist nur ein paar Schritte von der Straße entfernt.

Alte Kennicott Copper Mine

Edgerton Highway und McCarthy Road

140 km nördlich von Valdez zweigt der (asphaltierte) ***Edgerton Highway*** ab, der nach 56 km beim Nest Chitina (110 Einwohner) endet. Der Ort besitzt Tankstelle, Laden und Motels. Als Fortsetzung des *Highway* führt die schmale ***McCarthy Road***, eine mäßig instandgehaltene **Schotterstraße**, *auf* der alten Bahntrasse der *Copper River & North Western Railway* (CR&NW) über den Copper River hinweg in den ***Wrangell-St. Elias National Park*** hinein. Für die *Ghost Town* Kennicott lohnt es sich allemal, die 93 km lange Fahrt auf schlechter Strecke in Kauf zu nehmen.

Nach McCarthy

Die Straße endet am Kennicott River; Parkplatz am Fluss $6,

- mit Camping $10: ***Copper Point Tram Station Campground***
- ***Glacier View Campground*** an der Straße 800 m zurück ($20, einfach, aber mit Duschen, *Cabin* $85, © (907) 554-4490, www.glacierviewcampground.com); beide mit Radverleih, $25/Tag
- Die ***Kennicott River Lodge***, © (907) 554-4441, verfügt auch über ***Hostelbetten***, $28, *Cabins* ab $100; www.kennicottriverlodge.com. Eine Brücke – nur Fußgänger – führt über den Fluss.

Am anderen Ufer liegt **McCarthy** (800 m, Hotels, Restaurants)

Kennicott

Die Minenstadt **Kennicott** in 8 km Entfernung, 1911-1938 eine der reichsten Kupferminen der USA, ist heute eine sehenswerte ***Ghost Town*** *und* ***National Historic Landmark***. Dorthin fährt ein *Shuttle Bus* ($10 retour, © (907) 554-4411). Übernachten kann man in der

- ***Kennicott Glacier Lodge***, © 1-800-582-5128 oder © (907) 258-2350, DZ $165, www.kennicottlodge.com. Wegen der zeitraubenden An- und Abfahrt (ca. 4 Std. vom *Richardson Highway* bis McCarthy) benötigt man einschließlich der Busfahrt/Biketour nach Kennicott, einer Wanderung durch die alten Anlagen und dem ***Root Glacier Trail*** (2,5 km), der an der Seitenmoräne von Kennicott und *Root Glacier* mit Blick auf den Mt. Blackburn (4.996 m) langsam aufwärts führt, leicht zwei volle Tage.

Richardson Highway

Zurück auf dem *Richardson Highway* führt dieser bei Copper Center um die als Handelsposten 1896 kurz vor dem Goldrausch gegründete Siedlung herum. Eine schönere Variante bleibt die

Fahrt auf dem parallelen *Old Richardson Highway* durch den Ort, wo es in der ***Copper Center Lodge*** (1932), © 1-866-330-3245, DZ $130; www.coppercenterlodge.com, traditionelle Sauerteig-Pfannkuchen und -Brötchen gibt (dem Schild »***Roadhouse***« folgen).

Wenig nördlich von Copper Center passiert man am *Richardson Highway* das ***Visitor Center*** des ***Wrangell-St. Elias National Park***, der zusammen mit dem ***Kluane National Park*** im Yukon Territory eines der weltweit größten Gebiete unberührter Bergwildnis umschließt. Allerdings gibt es vom Richardson Hwy keinen Zugang in den Park. Lediglich die oben beschriebene *McCarthy Road* und die *Nabesna Road* ab Slana (unten) führen hinein.

Information

Wrangell-St. Elias National Park
Mile 106.8, Richardson Hwy, Copper Center
© (907) 822-5234; www.nps.gov/wrst

Tok Cutoff

Rund 190 km nördlich von Valdez trifft der *Richardson Highway* bei Glennallen auf den *Glenn Highway* von Anchorage. Eine der wenigen in Alaska erhaltenen Rastanlagen aus »alten« Zeiten ist die ***Gakona Lodge & Trading Post*** von 1929 (12 Zimmer) mit ***Carriage House Restaurant*** von 1910 am Tok Cutoff, 3 km östl. *Gakona Junction*, © (907) 822-3482, www.gakonalodge.com.

Ab ***Gakona Junction*** geht es auf dem ***Tok Cutoff*** zum *Alaska Highway*. Die Straße bietet keine überragenden landschaftlichen Höhepunkte. Eindrucksvoll ist das im Süden den *Tok Cutoff* zwischen Christochina und Slana begleitende Panorama der ***Wrangell Mountains*** mit dem ***Mount Sanford*** (4.949 m).

Nabesna Road

Die *Nabesna Road* (71 km) führt zur ehemaligen, heute verlassenen Minenstadt **Nabesna**. Unweit der Hauptstraße befindet sich eine ***Ranger Station*** des *National Park Service*, wo Auskünfte zum Straßenzustand eingeholt werden können.

Am Wege gibt es mehrere Picknickplätze, die von Campmobilen über Nacht genutzt werden dürfen.

Caribous

Die *Caribou*, in Nordamerika wild lebende Verwandte der nordeuropäischen Rentiere, sind im Sommer in der baumlosen Tundra des Hohen Nordens zu Hause, wo sie sich von Gräsern und Moosen ernähren. Die harten Winter zwingen sie zu alljährlichen Wanderungen in die südlich angrenzenden Nadelhölzer der Taiga. Dort bilden Flechten Hauptnahrung der genügsamen Tiere.

Riesige *Caribou*-Herden waren für die Ureinwohner Canadas und Alaskas die wichtigste Lebensgrundlage. Durch deren Jagd mit primitiven Waffen wurde im dünnbesiedelten Norden der Tierbestand nicht gefährdet. Nachdem aber europäische Pelzhändler und *Voyageure* die *Inuit* (Eskimos) und Indianer mit Gewehren versorgt hatten, änderten sich die Jagdgewohnheiten, und die Zahl der *Caribou* nahm mit dem Vordringen der Zivilisation drastisch ab.

Heute behindern *Pipelines* und befestigte Straßen die Herdenwanderung und schränken den Lebensraum der *Caribous* ein.

Immerhin hat sich – dank strengerer Jagdbestimmungen – ihr Bestand in jüngster Zeit ersichtlich stabilisiert, allein in Alaska auf 950.000 Tiere in 32 Herden, deren Population sekundär durch die Jagd (30.000 Tiere jährlich), primär aber durch Krankheiten, Raubtiere, Witterung usw. natürlich reguliert wird.

Relativ gute Chancen, freilebende Tiere zu sehen, bietet die Busfahrt durch den *Denali National Park* (⇨ Seite 471).

Caribou am Richardson Highway

Tok

In Tok mündet der *Tok Cutoff* in den *Alaska Highway*. Von dort sind es nur 20 km nach Tetlin Junction mit **Anschluss an die Yukon-Rundfahrt** (⇨ Seite 410) und 145 km bis zur Grenze mit Canada. **Tok** (rund 1.400 Einwohner, ✆ (907) 883-5775; www.tokalaskainfo.com) entstand 1942 aus einem Straßenbaucamp und besitzt – weit auseinandergezogen – entlang des *Alaska Highway* eine dichte **touristische Infrastruktur**. Bester Anlaufpunkt ist das ausgezeichnete ***Alaska Public Lands Information Center***, ✆ (907) 883-5667, www.nps.gov/aplic.

Camping

Die **Campingplätze** in Tok sind zwar zahlreich, aber wegen der Straßennähe überwiegend laut. Ruhiger schläft man auf dem ***Sourdough RV Park/Campground*** am *Tok Cutoff*, etwa 3 km entfernt vom Alaska Highway, ✆ 1-800-789-5543, ✆ (907) 883-5543; www.sourdoughcampground.com ($20-$34).

Schönere, wenn auch sanitär schlichte Alternative sind der kleine, gut angelegte *Campground* am warmen **Moon Lake** (***State Recreation Site***), Alaska Highway 29 km nordwestlich von Tok sowie die ***Eagle Trail State Recreation Area*** am *Tok Cutoff*, 25 km südwestlich des Ortes. Der Platz der ***Tok River State Recreation Site***, Alaska Highway 8 km südöstlich von Tok, liegt am Fluss unterhalb der – auch nachts lauten – Straßenbrücke.

5.3.4 Von Tok nach Fairbanks

Der weitere Verlauf der Straße bis Fairbanks ist eher reizlos. Er folgt weitgehend dem Flusslauf des Tanana River. Ein wenig Farbe ins eintönige Landschaftsbild bringen nur die schneebedeckten Gipfel der *Alaska Range* in der Ferne.

Delta Junction

In Delta Junction (1.050 Einwohner, ✆ 1-877-895-5068, ✆ (907)-895-5068; www.deltachamber.org) **endet** – wie ein unübersehbares Monument vor dem *Visitor Center* am Straßendreieck ausweist – **der »offizielle«** ***Alaska Highway***. Der Rest der Strecke bis Fairbanks ist Teil des ***Richardson Hwy***, der in Delta Junction auf den *Alaska Hwy* stößt. Dennoch werden die verbleibenden 150 km allgemein auch noch dem *Alaska Highway* zugerechnet.

Delta Junction ist Zentralort einer erst Mitte des 20. Jahrhunderts erschlossenen Landwirtschaftsregion. Für ständigen Konfliktstoff und erhebliche Ernteschäden sorgt dort die größte freilaufende Bisonherde Alaskas. Die 1928 aus Canada umgesiedelten Tiere weiden im Sommer südöstlich des Ortes in der *Delta Junction Bison Range* (am *Alaska Highway*) und suchen im Frühjahr zur Geburt ihrer Jungen das 30 km südwestlich gelegene Tal des *Delta River* (am *Richardson Highway*) auf.

Alaska Pipeline

In **Big Delta**, 15 km nördlich von Delta Junction, überqueren *Highway* und ***Trans-Alaska Pipeline*** den Tanana River. Dort bietet sich eine gute Gelegenheit, die an eine Hängebrücke fixierte Ölleitung aus der Nähe in Augenschein zu nehmen.

Camping

3 km weiter zweigt rechts die Zufahrt zur ***Quartz Lake State Recreation Area*** ab, wo nach 4 km links der Lost Lake mit kleinem ***Campground*** liegt (schöner als der komfortablere Platz am Quartz Lake). Vom Lost Lake führt der ***Lost Lake Trail*** zunächst auf die gegenüberliegende Seeseite; an der Gabelung folgt man dem oberen Weg ***Bluff Point Trail***, der unvermittelt aus dem Wald ins Freie führt und nach 3 km eine herrliche Aussicht auf das Tal des Tanana River mit den schneebedeckten Gipfeln der *Alaska Range* im Hintergrund freigibt.

Baden

An heißen Sommertagen, die in dieser Gegend im Gegensatz zur Küste nicht selten sind, läßt sich die Fahrt gut an einigen Badeseen mit Picknick- und Campingplätzen zwischen Big Delta und Fairbanks unterbrechen. Besonders verkehrsgünstig liegen östlich der Ortschaft Salcha die ***Harding Lake State Recreation Area*** und bei North Pole der mit Stauseen und Dämmen perfekt entwickelte Chena Lake-Komplex.

Dauer-Weihnacht

Der Weihnachtsmann, vermuten amerikanische Kinder, lebt am Nordpol. Und so wurde aus dem Dorf **North Pole**, 22 km vor Fairbanks, das seinen werbewirksamen Namen dem Vorhaben verdankt, Spielzeugwarenfirmen anzulocken, eine wichtige Adresse für Kinderbriefe an *Santa Claus*. Das ***Santa Claus House***, www.santaclaushouse.com, ist ein ***Gift Shop*** voller Weihnachtsartikel ***all year long***. Von dort verschickt der selbst im Sommer stets präsente Weihnachtsmann Briefe seinerseits an Kinder in aller Welt.

Nach 2.380 km (ab Dawson Creek) wird am Zusammenfluss von Tanana und Chena River Fairbanks und damit auch »inoffiziell« das **Ende des *Alaska Highway*** erreicht.

Exkurs: Denali Highway

Kennzeichnung

Für alle, die auf Fairbanks und gut ausgebaute Straßen verzichten mögen, gibt es ab Delta Junction eine **alternative Anfahrt zum *Denali National Park***: Zunächst geht es auf dem (asphaltierten) *Richardson Highway* bis Paxson. Dort beginnt der streckenweise sehr attraktive ***Denali Highway***. Bis 1971 war diese Straße die einzige Zufahrt zum *Denali Park*. Die Gesamtroute ist 40 km länger und deutlich zeitaufwendiger als die bestens ausgebaute Straße über Fairbanks, aber ihr Verlauf durch eine wilde, unberührte Landschaft ähnlich der im Nationalpark entschädigt für Querrillen und Schlaglöcher.

Richardson Highway

Entlang des *Richardson Highway* ab Delta Junction läuft teilweise über-, teilweise unterirdisch die ***Trans-Alaska Pipeline***. Die Röhren kreuzen die Straße mehrfach, ihr Zickzackverlauf ist an vielen Punkten ein interessantes Fotomotiv. Schautafeln erläutern Details zur Technik der Ölleitung vom Nordpolarmeer nach Valdez. Im Westen sieht man die eindrucksvolle Gebirgskulisse der vergletscherten ***Alaska Range***. Aus diesem Panorama heraus sticht als höchster Berg eines Gipfel-Dreigestirns mit *Mount Deborah* und *Hess Mountain* der *Mount Hayes* (4.216 m).

Verlauf Denali Highway

130 km südlich von Delta Junction – kurz hinterm *Isabel Pass* (999m) und dem *Summit Lake* – zweigt bei Paxson der *Denali Highway* ab. Er ist von etwa Mitte Mai bis Anfang Oktober für den Verkehr freigegeben. Sein Zustand ist bei gutem Wetter selbst für Wohnmobile akzeptabel, indessen finden die meisten

Mieter eine Ausschlussklausel in ihren Verträgen. Die Straße verläuft überwiegend oberhalb der Baumgrenze in (bis auf einer Handvoll *Lodges*) absoluter Einsamkeit. Ein schönes Hochgebirgspanorama, davor weite, von Seen, Flüssen und Mooren durchsetzte offenen Hochflächen, begleitet die Fahrt auf dem größten Teil der Strecke. Außerordentlich beliebt sind die zahlreichen Seen und Flüsse bei Anglern.

Straßenverlauf

Nur die ersten 34 km von insgesamt 217 km sind asphaltiert. Es geht in schöner Straßenführung in Serpentinen auf eine Passhöhe mit den bereits erwähnten Gipfeln der *Alaska Range* (im Nordwesten), den Bergriesen *Mount Sanford* (4.949 m) und *Mount Wrangell* (4.317 m) in den *Wrangell Mountains* (im Südosten) und dem *Gulkana Glacier* (Nordosten) im Blickfeld.

Quartier

Wer Schotterstraßen vermeiden möchte, könnte problemlos dieses erste Teilstück abfahren und am Ausbauende den wildromantischen, wiewohl windigen ***Tangle Lakes Campground*** als Übernachtungsquartier wählen. Er ist Ausgangspunkt für Kanu- und Angeltouren auf der Tangle Lakes-Seenplatte. Das nahegelegene ***Tangle River Inn***, © (907) 822-3970, bietet nicht nur Zimmer, sondern auch ein Restaurant mit prachtvollem Panoramablick und Kanu- und Ausrüstungsverleih, DZ $89, Schlafsaal $30/Bett; www.tangleriverinn.com.

Passhöhe

60 km hinter Paxson überquert der *Denali Highway* den ***Maclaren Summit***, den mit 1.245 m zweithöchsten Pass im öffentlichen Alaska-Straßennetz.

In ihrem weiteren Verlauf wird die Straße von Ost nach West enger und kurviger. Rund 20 km vor der Einmündung in den ***Parks Highway*** erkennt man bei guter Sicht erstmals den mächtigen ***Mount Denali*** bzw. ***McKinley*** im Westen.

Demonstrationsteil der Alaska Pipeline, an dem deren Funktionsweise erläutert wird. Führungen wie im Bild finden heute nicht mehr statt

5

5.3.5 Fairbanks und Umgebung

Fairbanks besitzt heute rund 30.600, mit Einzugsbereich sogar 83.000 Einwohner und ist nach Anchorage und Juneau drittgrößte Stadt Alaskas.

Geschichte

Die Geschichte der Stadt begann erst Anfang des 20 Jahrhunderts. 1901 entstand ein erster Handelsposten, und nur ein Jahr später entdeckte ein Italiener namens *Felix Pedro* ***Gold*** in einem später nach ihm benannten Flüßchen in den ***Tanana Hills***, 26 km nördlich der neuen Siedlung. Ein Denkmal steht am ***Steese Highway***. Ein »kleiner« Goldrausch folgte. 1910 zählte die inzwischen Fairbanks getaufte Stadt 3.500 Einwohner und 6.000 Goldschürfer in den Minen nördlich der Stadt, 1920 aber nur noch ganze 1.000.

Doch die günstige Lage »am Wege« ins Landesinnere sorgte bald für eine Neuorientierung. Mit der weiteren Besiedelung Alaskas entwickelte sich Fairbanks zur Versorgungsbasis der zentralen und nördlichen Regionen. Im 2. Weltkrieg gab es dank Straßenbau und Militärpräsenz weitere Impulse. Nach ruhigeren Jahren führte von 1974 bis 1977 die Konstruktion der *Trans-Alaska Pipeline* zu einem starken Bevölkerungsanstieg.

Flug-anbindung

Der ***Fairbanks International Airport*** **(FAI)**, www.dot.alaska.gov/faiiap, liegt 6 km südwestlich der Innenstadt, Anfahrt per Taxi. Von dort aus starten *Alaska* und *Delta Airlines* ins Kernland der USA und *Air North* nach Dawson City. Auch ***Condor* fliegt von Frankfurt nach Fairbanks**. Internationale Flüge starten und landen indessen überwiegend in Anchorage, ➪ Seite 65. Alaskaintern läßt sich von Fairbanks nahezu jeder Ort per Flugzeug erreichen.

Innenstadt

Eine gewachsene Mischung aus Alt und Neu, aus Blockhütten und anderer aus Holz errichteter Gebäude, moderner Bürobauten, Shopping Center und Hotels prägt das insgesamt freundliche, wenngleich langweilige Bild der Innenstadt.

Raddampfer »Discovery« auf dem Chena River *(➪ Seite 462)*

Information

Die ***Visitor Information*** befindet sich in zentraler Lage in einem **Blockhaus** an der ***Golden Heart Plaza***:

550 1st Ave (bei der *Chena River Bridge)*
✆ (907) 456-5774 und ✆ 1-800-327-5774;
www.explorefairbanks.com

Dort wie auch im ***Alaska Public Lands Information Center***, *Courthouse Square* #250 Cushman St; ✆ (907) 456-0527, ✆ 1-866-869-6887, www. nps.gov/aplic, gibt es jedes erdenkliche touristische Informationsmaterial. Letzteres ist zugleich ein **Museum** zu Natur und Kultur Alaskas; im Sommer täglich 9-18 Uhr, sonst Di-Sa 10-18 Uhr.

Unterkunft

In Fairbanks findet man zahlreiche Motels und Hotels, darunter die Häuser vieler großer Ketten, außerdem eine große Zahl von *Bed & Breakfast Places.* Das Preisniveau ist insgesamt niedriger als in Anchorage. Hier einige Empfehlungen:

- ***Aurora-Express,*** 1540 Chena Ridge Road, ✆ 1-800-221-0073 oder ✆ (907) 474-0949. ***Bed & Breakfast***, 10 Zimmer u. a. in alten Waggons der *Alaska Railroad*. Ausblick auf Tanana River. Höhere Preise; www.aurora-express.com.
- ***Golden North Motel***, 4888 Old Airport Way, ✆ 1-800-447-1910, ✆ (907) 479-6201. Einfaches Motel unweit des Stadtzentrums. Mittlere Preisklasse; www.goldennorthmotel.com.
- ***River's Edge Resort Cottages***, 4200 Boat St, ✆ 1-800-770-3343, ✆ (907) 474-0286; www.riversedge.net. Hübsche Häuschen in gepflegter Anlage, z.T. direkt am Flussufer. Mit Restaurant. Obere Preisklasse. Gleichnamiger ***Campground*** nebenan.
- ***7 Gables Inn***, 4312 Birch Lane, ✆ (907) 479-0751; www.7gablesinn.com. ***Bed & Breakfast*** in schönem Haus im Tudorstil; 20 komfortable Zimmer, Suiten, DZ ab $90.
- ***Quality Inn & Suites***, 1521 South Cushman Street, ✆ (907) 456-6602, ✆ 1-800-4-CHOICE; www.choicehotels.com. Besseres Motel im Downtownbereich. Mittlere Preise (ca. $110).

Hostels

- ***Billie`s Backpackers Hostel***, 2895 Mack Blvd, ✆ (907) 479-2034; ab $30, www.alaskahostel.com.
- ***GoNorth Alaska Travel Center***, 3500 Davis Road südwestlich von *Downtown*, ✆ (907) 479-PARA, ✆ 1-866-236-PARA, www.paratours.net. 20 Betten in 5-Personen-Zelten, $25.

Camping

Rund um Fairbanks gibt es eine ganze Reihe von Campingmöglichkeiten von $12 bis über $30/Nacht.

Etwas westlich *Downtown* liegen die ersten beiden Plätze:

- ***Chena River State Recreation Site*** mit Einfahrt an der University Ave gleich südlich des Flusses in einem ausgedehnten Waldgelände. Schöner Platz, Feuerstellen, aber keine Duschen; $17-$25; ✆ (907) 452-7275; www.chenawayside.com.

- Ein komfortabler RV Park mit Stellplätzen für Zelte und kleine Vans am Ufer des Chena River ist der ***River's Edge RV Park & Campground***, Boat Street (ab Airport Way), © wie Resort oben. Hier erste Wahl.
- Ebenfalls eine komfortable Anlage mit allen Extras bietet der ***Riverview RV Park*** (© 907-488-6392 oder © 1-888-488-6392). Er liegt 13 km südlich der Innenstadt am Chena River (1316 Badger Road bei North Pole, Zufahrt über den *Richardson Highway*); www.riverviewrvpark.net.

Creamer`s Field

Zur *University of Alaska*, jenseits des Tanana River am nordwestlichen Stadtrand, gelangt man von *Downtown* über die Illinois Street und dann College Road. An dieser Straße liegt das ***Creamer's Field Migratory Waterfowl Refuge***, täglich geöffnet Eintritt frei.

Im Frühjahr und Herbst rasten dort Tausende von Kanadagänsen, Kraniche und andere Zugvögel auf Ihrem Weg zu/von den Nistplätzen im Norden. Vom Farmhouse Visitor Center in einem ehemaligen Bauernhof laden Lehrpfade zu Vogelwelt und Flora Alaskas zum Spaziergang ein. Im Sommer Führungen.

Museum of the North in der University of Alaska

Das ***Museum of the North*** in der ***University of Alaska Museum*** (#907 Yukon Drive) besitzt Abteilungen zu Flora und Fauna, Ureinwohnern und weißer Besiedlung Alaskas. Glanzstücke sind die 36.000 Jahre alten Knochen eines im Permafrost entdeckten Bisons, eine Goldausstellung, die Konstruktionsgeschichte der *Trans-Alaska Pipeline* und eine Nordlichtshow.

Es sei allerdings angemerkt, dass der gute Ruf als Alaskas bestes kulturhistorisches Museum sich bereits vor 20 Jahren (damals zu Recht) ergeben hat. In der Zwischenzeit tat sich lange nichts.

Aber in einer ersten Erweiterung wurde 2005 die Ausstellungsfläche verdoppelt. Herzstück des neuen Museumsflügels ist die ***Rose Berry Alaska Art Gallery***, in der eine Verknüpfung von Kunst und Anthropologie versucht wird. Täglich geöffnet Mitte Mai-Mitte September 9-19 Uhr, sonst Mo-Sa 9-17 Uhr; Eintritt $10; www.uaf.edu/museum.

Botanischer Garten

$2 kostet die Besichtigung des ***Georgeson Botanical Garden,*** www.uaf.edu/salrm/gbg, der Universität am West Tanana Drive unterhalb des Universitätshügels (Mai-Oktober täglich 9-20 Uhr). Interessant sind dort neben allerhand bunten Blumen erstaunlich große Kohlköpfe, die in diesen Dimensionen nur in Alaska wachsen.

Pioneer Park

Am *Airport Way*, der südlichen Hauptumgehung von *Downtown* Fairbanks liegt *Pioneer Park*, eine Mischung aus ***Amusement Park*** und ***Living Museum, Museen, Gold Rush Town*** Ende Mai-Anfang September täglich 12-20 Uhr. Der **Zutritt zum Gelände ist frei**, man kann sich daher leicht ein Bild machen, ob dieser (eher) kommerzielle Park (einzelne Attraktionen kosten Eintritt) dem eigenen Geschmack entspricht.

Riesenkohlkopf im Gemüsegarten der University of Alaska

Im ***Sternwheeler*** *»Nenana«* befindet sich eine Ausstellung mit Dioramen zur Geschichte des 1933 erbauten Schiffes. Einige Original-Gebäude aus dem frühen 20. Jahrhundert und der Eisenbahnwaggon des ehemaligen US-Präsidenten *Harding* sorgen für Nostalgie, während man im ***Native Village*** das Alltagsleben der *Athabasca*-Indianer und im ***Mining Valley*** Goldsuchtechniken demonstriert. Mitte Mai bis Mitte September werden (täglich 17-21 Uhr) beim ***Alaska Salmon Bake*** Heilbutt, Lachs, Kabeljau und Steaks gegrillt; dazu gibt es eine *All You Can Eat Salad Bar*; alles in sehr rustikaler Umgebung, bei schlechtem Wetter in einer Art Bierzelt. Mit $31 ohne Getränke nicht billig, ✆ (907)-452-7274, ✆ 1-800-354-7274; www.akvisit.com.

Raddampfer

Mit $50 ebenfalls keine ganz billige Angelegenheit, aber überraschend abwechslungsreich ist die dreieinhalbstündige Fahrt mit dem ***Sternwheeler »Discovery III«*** auf Chena und Tanana River; Mitte Mai bis Ende September, täglich 8.45 Uhr und 14 Uhr, Reservierungen unter ✆ (907) 479-6673 oder ✆ 1-866-479-6673. Die Anlegestelle des Raddampfers befindet sich in Flughafennähe am Discovery Drive. Neben Erläuterungen zur Flussumgebung (noble Villen und neuerbaute Blockhäuser, *Cripple Creek*, eines der einmal reichsten goldhaltigen Flüßchen Alaskas, *Fishwheels*/Lachsfangräder der Indianer, wird allerhand Unterhaltung geboten; www.riverboatdiscovery.com.

Flussfahrt

Höhepunkte sind die Flug- und Landedemonstration eines Buschflugzeugs, der Zwischenstopp in einem Dorf der *Athabasca*-Indianer und die Schlittenhunde von *Susan Butcher*, die von der vierfachen *Iditarod*-Siegerin (➪ Seite 476) persönlich vor ihrem Blockhaus am Fluss vorgeführt werden.

5

Veranstaltungen

Mitte Juli jeden Jahres finden in Fairbanks 7 Tage lang die ***Golden Days*** statt, mit Rennen, Wettbewerben, Paraden und Kostümen im Stil der Jahrhundertwende in Gedenken an die Goldfunde 1902.

Im Februar startet das 1.646 km lange ***Yukon Quest International Sled Dog Race*** nach Whitehorse, eines der bedeutendsten Schlittenhunderennen des Nordens, ➪ Seite 475.

Alaska Pipeline

Nur 14 km nördlich von Fairbanks bietet der ***Trans-Alaska Pipeline Viewpoint*** direkt neben dem *Steese Highway* hervorragende Fotomotive. Über Bau und Unterhaltung der Erdölleitung informieren einige **Schautafeln.**

Goldfelder

An der Ausfahrt vom Steese Hwy im Vorort Fox (2 km nördlich des *Pipeline Viewpoint*) ist der ***Howling Dog Saloon*** (2160 Old Steese Hwy, ✆ (907) 456-HOWL, www.howlingdogsaloon.com, Mi-Sa *Live Rock &Roll/Blues*) eine Institution. Ebenfalls am Old Steese Hwy steht der Eimerkettenschwimmbagger ***Gold Dredge #8***. Die 75 m lange Goldschürfmaschine war von 1928-59 in Betrieb. Eine Besichtigung kombiniert mit Goldwäsche kostet heftige $25; täglich Mitte Mai bis Mitte September 9.30-15.30 Uhr; www.golddredgeno8.com.

Die 2-stündige Tour durch die ***El Dorado Gold Mine*** (21 km nördlich Fairbanks über *Steese* und *Elliott Highway)* kostet $35 (Mitte Mai-Mitte Sept., täglich 10 Uhr und 15 Uhr, ✆ 1-866-479-6673; www.eldoradogoldmine.com), bietet aber Einiges. Nach einer Schmalspurbahnfahrt folgt die Demonstration moderner Goldwaschtechnik. Danach geht es unter Anleitung ans Goldwaschen. Dabei bleiben im Gegensatz zu vielen anderen *Gold-Panning*-Anbietern nicht nur winzige *Gold Flakes* am Pfannenboden liegen. Das Gold wird im ***Visitor Center*** gewogen und gegen Aufpreis sogleich zu Schmuckstücken verarbeitet.

Umgebung

Von Fairbanks führen mehrere Stichstraßen in die weitere Umgebung bzw. in den hohen Norden:

Chena Road

- Die ***Chena Hot Springs Road*** (asphaltiert) zweigt 8 km nördlich von Fairbanks vom *Steese Highway* ab. Zum beliebten

Howling Dog Saloon am Old Steese Highway

Chatanika Gold Dredge, Förder- und Verarbeitungsmaschinerie für goldhaltige Sände

Chena Hot Springs Resort mit komfortablem **Campingplatz** und **Hotel**, © (907) 451-8104, samt Heißwasser- und Whirlpool ($10, tägl. 7-24 Uhr), sind es ca. 90 km; www.chenahotsprings.com. Auf den ersten 40 km führt die Straße durch besiedeltes Gebiet, danach wird ihr Verlauf einsamer. Am Ufer des Chena River befinden sich *Picnic-* und *Campgrounds*.

Steese Highway

- Der ***Steese Highway*** (250 km) führt von Fairbanks nach Circle am Yukon River. Lediglich die ersten 70 km sind asphaltiert, der Rest ist eine gut befahrbare Schotterstraße, die **Streckenführung großartig**. Mehrere ***Campgrounds*** liegen am Wege, am schönsten ist der Platz am Flussufer im ***Upper Chatanika River State Recreation Site***. Rustikalen Komfort aus den 1930er-Jahren im Alaska-Stil samt Saloon und Restaurant bietet die ***Chatanika Lodge***, km 45, © (907) 389-2164. Gegenüber liegt die historische ***Gold Dredge #3***, ein monumentaler Eimerketten-Schwimmbagger aus der Goldrauschzeit.

  Auf dem *Steese Highway* geht es über zwei Passhöhen oberhalb der Baumgrenze, zunächst den *Twelvemile Summit* (962 m), dann den *Eagle Summit* (1.105 m). Beide verbindet der ***Pinnell Mountain Trail***, eine 44 km lange Wanderung auf Tundra-Bergrücken vor einem grandiosen Panorama. Wer nicht den gesamten Weg gehen möchte, kann von beiden *Trailheads* auf nur wenigen Kilometern in einsame Höhen gelangen. Insbesondere der kurze Weg (1 km) zum Gipfel des ***Eagle Summit*** führt zum schönsten Aussichtspunkt weit und breit. Der *Eagle Summit* ist ein beliebtes Ziel zur Zeit der Mittsommernacht; dort geht die Sonne eine Woche lang nicht unter.

Circle Hot Springs

- 53 km vor Circle zweigt in Central die 13 km lange ***Circle Hot Springs Road*** ab. Wo einst Goldsucher und Minenarbeiter an heißen Quellen überwinterten, verfügt heute das rustikale

5

Arctic Circle Hot Springs Resort, ✆ (907) 520-5113 neben einem großen Heißwasserbecken über **Hotel**, **Restaurant** und einfachen ***Campground***, blieb aber 2008 geschlossen.

Circle

Der ***Steese Highway*** endet in **Circle**, vor dem *Klondike Gold Rush* größte Goldgräberstadt am breiten Yukon River. Die Bezeichnung geht auf Prospektoren zurück, die glaubten, bereits am Polarkreis zu sein.

Als Etappenpunkt des ***Yukon-Quest*-Schlittenhunderennens** (➪ Seite 476) wird das ruhige 100-Seelen-Dörfchen einmal jährlich von internationalen Medien wahrgenommen.

Elliott Highway
Heiße Quellen

- Der ***Elliott Highway*** zweigt in Fox, 18 km nördlich von Fairbanks, vom *Steese Highway* ab. Die Straße (45 km Asphalt, 190 km Schotter) endet an zwei einfachen ***Campgrounds*** in ***Manley Hot Springs***. In einem Gewächshaus (!), in dem gleichzeitig noch Gemüse gezogen wird, befinden sich große Betonwannen, in denen man im heißen Wasser baden kann.

  Das ***Manley Roadhouse***, eines der ältesten Gasthäuser Alaskas, stammt noch aus Goldrauschzeiten (1906), ✆ (907)-672-3161; www.akpub.com/akbbrv/menrh.html

Dalton Highway

- Der mittlerweile mehr als zur Hälfte asphaltierte ***Dalton Highway*** beginnt 130 km nördlich Fairbanks bei **Livengood** (*Elliott Highway*) und führt parallel zur ***Trans-Alaska Pipeline*** über 670 km zur Prudhoe Bay an der Beaufort Sea.

Mount McKinley oder – auf indianisch – Denali (Blick vom Wonder Lake)

Die nördlichste Straße des Kontinents mit dem höchsten Pass Alaskas (*Atigun Pass* 1.444 m) läuft durch Wälder und Tundragebiete über den 70. Breitengrad hinaus und endet an den Schranken zum Ölfördergebiet in Deadhorse (Tankstelle, Hotels, u.a. südlich des Lake Colleen das ***Arctic Caribou Inn***, ✆ (907) 659-2368, ✆ 1-866-659-2368, www.arcticcaribouinn.com.

Eine Fahrt zum Nordpolarmeer (5 km) und den Ölfeldern ist nur per zweistündiger geführter Bustour möglich.

Am *Dalton Highway* gibt es lediglich 3 Service-Stationen – alle jeweils mit Tankstelle, Restaurant und **Motel**: die erste (fast 220 km nördlich von Fairbanks) ist

- ***Yukon River Camp***, ✆ (907)-474-3557; www.yukonrivercamp.com, an der einzigen Straßenbrücke über den Yukon River in Alaska. Danach folgt 7 km weiter das
- ***Hotspot Café***, ✆ (907) 451-7543, und als letzte
- ***Coldfoot***, ✆ (907) 474-3500, ✆ 1-866-474-3400; www.coldfootcamp.com, im alten Minencamp mit Postamt und ***Visitor Center*** des ***Gates of The Arctic National Park***, www.nps.gov/gaar.

5.3.6 Von Fairbanks nach Anchorage über den Denali National Park

Der ***Parks Highway*** (520 km) wurde erst 1971 in voller Länge für den Verkehr freigegeben. Streckenweise führt er durch eine fantastische Landschaft. Aussichtspunkte lohnen immer wieder eine Unterbrechung der Fahrt.

Nenana Eiswette

Bei **Nenana** schlug am 15. Juli 1923 US-Präsident *Harding* in einem symbolischen Akt den letzten Nagel in eine Eisenbahnschwelle der ***Alaska Railroad***. Der indianische Ortsname »Nenashna« besagt in etwa: »Stelle, um zwischen zwei Flüssen zu lagern«. Das Städtchen am Zusammenfluss von Tanana und Nenana River ist ansonsten für das ***Nenana Ice Classic*** bekannt, eine Art Wette, bei der seit 1917 versucht wird, auf die Minute vorauszusagen, wann um Ende April/Anfang Mai das Eis des Tanana River aufbricht. Das wird mit Hilfe eines großen Dreibeins aus Stahlrohr festgestellt. Das Gebilde steht ab März auf dem Eis und ist über eine Leine mit einem Uhrschalter verbunden. Bricht das Eis, bewegt sich das Dreibein und die Leine stoppt die Uhr.

Ratetickets kann man überall in Alaska für $2,50/Stück erwerben. Wer mit seiner Einschätzung am nächsten »dran« liegt, erhält den gesamten »Topf«. In Anbetracht der mittlerweile erreichten Popularität der Eiswette mit mehreren hunderttausend Teilnahmescheinen waren das 2008 US$ 303.895, das auf eine Hauptgewinnerin fiel. Im ***Visitor Center* Blockhaus** an der Hauptstraße liegt eine Liste der »offiziellen« Eisaufbruchzeiten.

Internet: www.nenanaakiceclassic.com

Denali National Park

Rund 200 km südlich von Fairbanks liegt der populäre ***Denali National Park***; www.nps.gov/dena. ***Denali*** bedeutet ***»Der Hohe«*** und ist die indianische Bezeichnung für den immer schneebedeckten Gipfel (6.194 m). Benannt wurden der **höchste Berg Amerikas und der Park** einst nach dem ehemaligen US-Präsidenten ***William McKinley*** (1897-1901). Abgeordnete aus *McKinley*s Heimatstaat Ohio setzten sich vor einiger Zeit erfolgreich gegen die Umbenennung auch des Berges zur Wehr, der bereits über Jahre in vielen Karten als *Mount Denali* bezeichnet wurde. Der höchste Berg der USA heißt nun wieder offiziell ***Mount McKinley***.

Anfahrt

Im Vorgebirge der *Alaska Range* verengt sich das *Nenana River Valley*, und die Straße steigt hoch über das Flussbett. Auf der anderen (westlichen) Seite des *River Canyon* erkennt man die Schienen der *Alaska Railroad*, die am Fluss entlang innerhalb des Nationalparks verläuft.

Vor allem nördlich der Zufahrt zum Park hat sich ab **Healy** (18 km bis zum Park) eine erhebliche **Infrastruktur** entwickelt mit Campingplätzen, **Hotels**, **Motels**, vielen ***B&B`s***, Shops, Restaurants und den Anbietern von **Touren** zu Lande und zu Wasser. Aber auch auf der Südseite der Einfahrt findet man eine Reihe von Quartieren. Bester Ausgangspunkt für Rundflüge ist Talkeetna (➪ Seite 474).

Service-Bereich

An der Parkstraße auf dem Weg zu den ***Park Headquarters*** befinden sich – etwa 3 km vom *Parks Highway* entfernt – Flugpiste, Bahnhof der *Alaska Railroad*, Postamt und ein modernes Park Museum, das in multimedialer Aufbereitung den Park aus diversen Blickwinkeln beschreibt. Das enorme ***Visitor Center***, ✆ (907)-683-2294; mit ausgedehnten Parkplätzen liegt separat davon auf halbem Weg zum Servicebereich. Dort gibt es alle wichtigen Parkinformationen und vor allem die **meistens dicht umlagerten *Reservation Desks*** für ***Shuttle Bus*** und ***Campgrounds***, ➪ rechts. Der **Parkeintritt** beträgt $10/Person, $20/Auto/Familie für alle, die keinen Jahrespass (***Interagency*** bzw. ***America-the-Beautiful Pass*** – $80 für alle US-Parks) besitzen.

Situation

Leider reißen die Wolken um den **Mt. McKinley** (statistisch) im Hochsommer nur jeden dritten Tag auf. Das scheint der Faszination des *Denali Park* keinen Abbruch zu tun. Er gehört im Juli und August zum festen Programmpunkt unzähliger Alaska-Touristen, *rain or shine*, wie Jahr für Jahr der Besucherandrang zeigt. Immer vollbesetzte *Park-Campgrounds* und ausgebuchte Plätze in den *Shuttle Busses* sind die Folge. Die **Busse** rollen Ende Mai bis Mitte September viertel- bis halbstündlich ab 5.30 Uhr-23.15 Uhr vom ***Visitor Center*** am Eingang zum ***Eielson Visitor Center*** und teilweise über Wonder Lake bis Kantishna (145 km, 6 Stunden eine Strecke) und zurück.

Lediglich **die ersten 24 km in den Park hinein** bis zur *Savage River* Brücke sind asphaltiert und **dürfen von Privatfahrzeugen befahren werden**. Bis dorthin verkehrt auch ein Busservice (frei). Dahinter ist für den privaten Verkehr Schluss.

Zugangs-regelung

Wer – vor allem in der Hoffnung, den Berg aller Berge zu Gesicht zu bekommen – weiter in den Park hinein will und sich nicht mit ein bißchen *Sightseeing* und Kurzwanderungen im Eingangsbereich zufrieden geben möchte, ist auf das reservierungs- und kostenpflichtige ***Shuttle-Bus-System*** angewiesen. **Mit dem eigenen Wagen** dürfen nur Inhaber reservierter Plätze auf dem *Teklanika River Campground* im Parkinneren die Schranke bei Kilometer 24 passieren. Ihnen, Einwohnern des einstigen Minendorfes Kantishna jenseits des Wonder Lake, und Parkangestellten gehören die wenigen Privatautos auf der *Park Road*.

Das Denali Shuttle-Bus System

Trotz der hohen Besucherzahlen wurde die **Frequenz der *Shuttle* Busse** auf dem Stand von 1986 eingefroren und ein – immer wieder modifiziertes – Verteilverfahren für die knappen Plätze eingeführt. Am besten erkundigt man sich bereits vor Ankunft im Park bei den ***Public Lands Information Centers*** von Anchorage, Fairbanks und Tok über die aktuellen **Vergaberegelungen** (ggf. auch für die Campingplätze).

Reservierungen sind bis 2 Tage vor Termin für den *Camper Bus*, den *Shuttlebus*, den *Tourbus* und die *Campgrounds* möglich, und zwar per Fax (907) 264-4684, telefonisch unter © 1-800-622-PARK oder © (907) 272-7275, online unter Adresse unten, persönlich bei der Parkinfo und sogar per Post an Doyon/ARAMARK, 2445 West Dunlap Ave, Phoenix, Arizona 85021. Rund 65% der Shuttlebus-Plätze werden unter den oben angegebenen Rufnummern vergeben.

Internet: www.reservedenali.com. Reservierungsgebühr $5.

Als Faustregel gilt, daß **ohne Langfristreservierung** im Sommer am »Wunschtag« **Platz im Morgenbus** (erste Abfahrt 5.30 Uhr) nur sichert, wer bis zwei Tage vorher **persönlich im *Visitor Center*** seine Tour bucht, so überhaupt noch Plätze vergeben werden können. Für **Plätze am selben Tag** stellen sich Besucher **ohne Reservierung** ab 5 Uhr morgens am *Visitor Center* an und hoffen auf letzte freie bzw. freiwerdende Plätze von Leuten, die ihre Reservierung nicht in Anspruch nehmen. Die Schlangen dafür sind oft sehr lang.

Je nach Streckenlänge kostet die Busfahrt $23-$44 (retour). **Camper** auf den Plätzen im Parkinneren bezahlen einen ermäßigten Preis für den *Shuttle* ($29). Für sie gibt es einen besonderen ***Camper Bus*** mit Gepäckabteil.

Im Shuttle

Für glückliche Ticketinhaber kommt der Tag der Fahrt in den *Denali* hoffentlich an einem Schönwettertag. Unterwegs melden die Busfahrer das Auftauchen von Großwild und geben Auskunft über Flora und Fauna. Auf Wunsch legen sie **Fotostopps** ein. Man darf die Fahrt auch unterbrechen und mit einem nachfolgenden Bus fortsetzen, der auf Handzeichen hält, sofern noch ein freier Platz verfügbar ist. Die Realität an »vollen Tagen« sieht so aus, dass viele Mitfahrer aus Furcht, für eine Weiterfahrt lange warten zu müssen, den Bus vor der Endstation lieber nicht verlassen.

Die Chancen, im Denali Park Bären in freier Wildbahn zu sehen, sind relativ gut.

Camping im Denali Park

Der *Denali Park* verfügt über **6 *Campgrounds*** mit ganzen **273 Stellplätzen**: ***Sanctuary River*** ($9), ***Igloo Creek*** ($9) und ***Wonder Lake*** ($16) sind nur für Zeltcamper zugelassen (Zugang jeweils nur per Shuttle Bus); im Parkinneren ist nur der ***Teklanika River Campground*** ($16) mit Auto bzw. Wohnmobil zu erreichen. Der Wagen muss dann bis zur Rückfahrt dort abgestellt bleiben (3 Nächte Minimum, $29 *Teklanika Pass* für Shuttle Bus während des gesamten Aufenthalts).

Ohne Einschränkungen per Auto zugänglich sind der ***Savage River Campground***, ($20) an der Strassensperre und ***Riley Creek*** ($20) unweit des *Visitor Center*.

Reservierung

Für die *Campgrounds* gilt dasselbe Reservierungssystem wie für die *Shuttle*-Busse. Dabei können **alle Stellplätze per Vorbuchung** vergeben werden. Kurzfristig hat man deshalb in der Hauptsaison kaum Chancen auf einen freien Platz.

Camping im Umfeld

- Nur ***Riley Creek*** bietet mit *Shop, Dump Station,* Duschen und Waschsalon etwas Komfort. Der Platz liegt außerdem zentral im Eingangsbereich des Parks. Das kommerzielle Angebot ist vielfältig, und im Gegensatz zum allem, was im Park läuft, nicht immer ausgebucht. Klimatisch besitzen die Plätze außerhalb neben dem höheren Komfort, so der eine Rolle spielt, durchaus Vorzüge. 18 km nördlich der Parkeinfahrt kurz vor der Zufahrt nach Healy liegt der komfortable ***McKinley RV & Campground***, © 1-800-478-2562;; www.mckinleyrv.com, $24-$32.

- Der nächste private Platz auf der Weiterfahrt am *Parks Highway* ist das ***Denali Grizzly Bear Resort***, 10 km südlich der *Denali*-Einfahrt Richtung Anchorage, © (907) 683-2696 oder 1-866-583-2696, $22; www.denaligrizzlybear.com.
- Aber **der mit Abstand beste Platz** weit und breit ist der ***Carlo Creek Campground***, $20, weitere 12 km südlich. Dort wurden die Stärken staatlicher und privater Plätze kombiniert, kurz: prima Lage am Bach weit weg von der Straße, Regendächer für Zelte, schöne Feuerstellen, viel Platz und sanitär top. Die Stellplätze befinden sich hinter den ***Cabins*** der gleichnamigen ***Lodge***, © ➪ unten für Reservierung.

Unterkunft

Motels und **Hotels** im Umfeld des Nationalparks sind in der Sommersaison sehr teuer, besonders Übernachtungen in den 4 Hotels innerhalb der Nationalparkgrenzen, die allesamt in Kantishna am Westende der Parkstraße liegen.

Greater Healy/Denali Chamber of Commerce, © (907) 683-INFO; www.denalichamber.com.

- Erste Empfehlung hier wie bei den Campingplätzen sind die ***Carlo Creek Lodge Cabins***, 22 km südlich, neuere Blockhäuser abseits der Straße auf einem schönen Gelände am Bach. Feuerstelle auch für Gäste der *Lodge*; © (907) 683-2576; ab $90, mit Küche für 4 Personen $115, www.ccldenaliparkalaska.com.

Hostel

- Das ***Denali Mountain Morning Hostel*** auf der gegenüberliegenden Seite des Carlo Creek sollte im Sommer unbedingt reserviert werden, © (907) 683-7503, www.hostelalaska.com. Die Übernachtung kostet ab $25/Bett, Hütten ab $75. Gäste ohne Auto werden am *Visitor Center* des Nationalparks/am Bahnhof abgeholt und auch dorthin zurückgebracht.

Unterwegs im Park

Hauptaktivitäten der Parkbesucher sind ohne Zweifel zunächst die Fahrt im *Shuttle Bus* und mehr oder weniger ausgedehnte **Wanderungen** in die Wildnis.

Wenn das Wetter halbwegs mitspielt und nicht tiefhängende Wolken die *Denali Range* verbergen, lohnt sich die anstrengende Bustour durchaus (mindestens bis zum *Eielson Visitor Center*). Bei Sonne und klarer Sicht wird sie zu einem großartigen Erlebnis. Direkt an der Straße können Landschafts- und Tierfotos gelingen, wie sie sonst nur im Hinterland möglich sind.

Tierwelt

Mit etwas Glück sieht man ***Caribous*** (➪ Kasten, Seite 455), Elche, Bergziegen, Dallschafe und *Willow Ptarmigans* (eine Schneehuhnart), die Nationalvögel Alaskas. Seit dem Verbot des Privat- und der Limitierung des Busverkehrs haben die Tiere ihre Scheu verloren und selbst ***Grizzlies*** sind leicht zu beobachten.

Straßenverlauf

Die **Parkstraße** verläßt nach wenigen Kilometer die bewaldete Taiga und verläuft oberhalb der Baumgrenze durch die Tundra.

Am ***Sable Pass*** (1.173 m) wurde das Terrain rechts und links der Straße für Wanderer gesperrt.

Kurz danach erfolgt der erste Zwischenstopp an der ***Polychrome Pass Rest Area*** (1.097 m) mit Blick auf die andere Talseite und das namensgebende, mehrfarbige Vulkangestein. Hinter dem nächsten **Stopp** (*Toklat River Rest Area*) erreicht die Straße am ***Highway Pass*** (1.213 m) ihren höchsten Punkt.

Nicht weit davon führt ein ***Trail*** auf den ***Stony Hill*** (1.374 m) mit einer herrlichen Aussicht auf den Berg der Berge und seine Nachbarn – so das Wetter mitspielt.

Auch vom ***Eielson Visitor Center*** hat man an guten Tagen einen umwerfenden Blick auf die zerklüfteten, verschneiten Gipfel des *Mount McKinley* und auf den *Muldrow Glacier*.

Mount McKinley

Zwischen **Wonder Lake**, an dessen Ufer sich ein Einfach-Campingplatz befindet (nur für Zelte) und **Gipfel des *McKinley*** beträgt der **Höhenunterschied 5.500 m**. Selbst im Himalaja gibt es keine so steil aufragenden Bergmassive.

Die erste erfolgreiche Besteigung des *McKinley* gelang 1910, als eine Gruppe von *Sourdoughs* (➪ Essay Seite 414) den niedrigeren Nordgipfel erklomm. Erst drei Jahre später wurde der Hauptgipfel bezwungen. Heute versuchen sich jedes Jahr zwischen April und Juli über 1.200 Bergsteiger am *McKinley*, von denen weit über die Hälfte erfolglos aufgibt. Zur Verkürzung des Anmarschwegs lassen sich die meisten von Talkeetna südlich des Nationalparks zum *Basecamp* auf dem *Kahiltna Glacier* fliegen.

Weitere Aktivitäten

Wer genügend Zeit hat, findet vor den Toren des Parks ein großes Angebot für spannende Aktivitäten und Abenteuer, deren einziger Nachteil die hohen dafür notwendigen Dollarbeträge sind. Namentlich **Saddle Safaris,** Ausflüge auf Pferderücken, ***River Rafting***, Wildwasser-Boottrips auf dem Nenana River, ***Flightseeing*** über das *McKinley*-Massiv und ***Helikopter Hikes*** von oben nach unten mit und ohne Führer können bei mehreren Veranstaltern gebucht werden.

Weder Kosten noch aufwendige Organisation und Planung verursacht die 4 km lange **Wanderung** vom *Park Museum* zum ***Mount Healy Overlook*** (gut 500 m Höhenunterschied) mit prima Aussicht, wenn auch nicht auf den *Mt. McKinley*.

Ebenfalls im Eingangsbereich sollte man in den *Dog Kennels* neben den *Park Headquarters* die »Show« der Schlittenhunde inkl. einer kurzen Rundfahrt nicht verpassen (im Sommer tägl. 10, 14 und 16 Uhr; Zutritt nur bei Fahrt mit dem kostenlosen *Sled Dog Demonstration Shuttle* oder via *Rock Creek Trail* (4 km).

Weiterfahrt

Auf der Weiterfahrt vom *Denali Park* in Richtung Anchorage passiert man bei **Cantwell** den westlichen Endpunkt des *Denali Highway*, ➪ Seite 458. Einer der schönsten Abschnitte der Strecke ist die bald danach folgende Auffahrt zum ***Broad Pass*** (700 m) über die *Alaska Range*.

Denali State Park

Etwa 50 km südlich der Passhöhe beginnt der ***Denali State Park*** (➪ Karte) mit den besten Aussichtspunkten auf den *McKinley* entlang des *Parks Highway*. Nach knapp 10 km im Park passiert man den ***McKinley View North***, einen Parkplatz mit Aussichtsfernrohren, von dem man bei klarem Wetter einen sagenhaften Blick hat. Ein Teil des Parkplatzes ist als ***Campground*** (www.alaskastateparks.org) hergerichtet, eigentlich kein romantisches Plätzchen und dazu ohne Komfort, aber die Handvoll Camper haben dort lange die Abendsonne, während am Byers Lake alles im Schatten liegt. Außerdem: wer hier die vielleicht wolkenverhangene Nacht verbringt, hat am nächsten Morgen eine weitere Chance für den Blick auf den Berg der Berge.

Byers Lake Camping

Im Wald am **Byers Lake** liegt ein »richtiger« ***Campground***, aber leider relativ seefern. Auf einem 8 km langen ***Trail*** geht es um den See herum, Wanderer mit Zelt können den 2 km entfernten ***Lakeshore Campground*** nutzen, der auch gerne von Kanufahrern

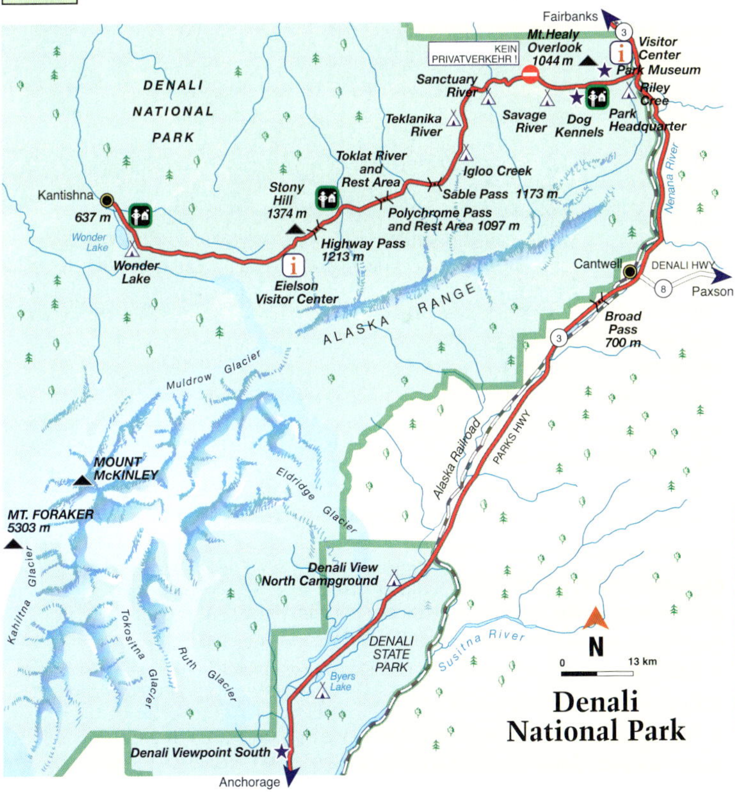

angelaufen wird. Von dort blickt man über die Wasserfläche in Richtung Abendsonne und *Mount McKinley*. An klaren Tagen hebt er sich mit seinen weißen Flanken glanzvoll vom blauen Himmel ab und spiegelt sich im See.

Talkeetna

Über eine Stichstraße (23 km) parallel zum *Parks Highway* geht es jenseits des Susitna River in nördliche Richtung nach **Talkeetna**, einer 800-Seelen-Siedlung, deren Umgebung als Angelparadies gilt. Sie ist wichtigster Ausgangspunkt für Besteigungen des *McKinley*, da die meisten Bergsteiger von dort zum *Basecamp* fliegen. In Talkeetna starten auch viele Touristen zu einem **Rundflug über das *McKinley*-Massiv** – sofern die Reisekasse das zuläßt (ab ca. $200), ✆ 1-800-764-2291, ✆ (907) 733-2291, www.flyk2.com. Auch Gletscherlandungen können gebucht werden, $75 Aufpreis.

Summit Lake an der Hatcher Pass Road

Hatcher Pass Road

44 km südlich der *Talkeetna Spur Road* bietet sich eine interessante Umgehung der Hauptstraße an: und zwar die 80 km lange ***Hatcher Pass Road***, die ca. 3 km nördlich von Willow als ***Willow Fishhook Road*** nach Osten abzweigt. Diese überwiegend geschotterte Passstraße mäßiger Qualität führt in diversen engen Serpentinen (keine größeren Wohnmobile) aus dem Tal in baumlose Höhen zum *Hatcher Pass* (1.184 m; oft bis Juni und wieder ab September Schneefall). Mehrere noch aktive und stillgelegte **Goldminen** säumen die Strecke.

Goldmine/ Ghost Town

Einige Kilometer östlich des *Hatcher Pass* befindet sich der ***Independence Mine State Historical Park***, in den 1930er-Jahren eine der größten Goldminen der Region, heute eine eindrucksvolle ***Ghost Town*** mit ***Visitor Center*** (täglich 10-19 Uhr von Juni bis Mitte September; täglich Führungen 13 und 15 Uhr, $5). Besucher dürfen überall im Park **Gold waschen**. Wer nur die Mine besichtigen möchte, fährt am besten den östlichen, asphaltierten Abschnitt der Straße, die ca. 2 km nördlich von Palmer als ***Palmer-Fishhook Road*** vom *Glenn Highway* abzweigt.

Wer auf dem *Parks Highway* bleibt, passiert westlich des *Highway* zwischen Willow (der »Fast-Haupstadt« Alaskas, ➪ Seite 481) und **Wasilla** zwei Seenplatten.

Seengebiete

Über eine Zufahrt (10 km) nördlich des Nancy Lake erreicht man die einsameren Seen der ***Nancy Lake State Recreation Area***. Am Wege passiert man eine Reihe von ***Trailheads*** für Wanderungen. Einen **Kanuverleih** gibt es am ***South Rolly Lake Campground*** am Straßenende. Über ausgebaute Portagen gelangt man von See zu See, Kanu $20/Tag, ✆ (907)-495-6688; www.paddlealaska.com.

Die Anfahrt zum größten als moderne Sommerfrische erschlossenen See der Region erfolgt über die ***Big Lake Road*** (ca. 10 km vom *Parks Highway*): Ferienort (2.600 Einwohner), Hausbootverleih, Motels, Supermärkte, Campingplätze, sogar Einkaufszentrum und Flugplatz – alles ist dort vorhanden. Indessen bilden die Seen eher ein gutes Wochenendziel für die Einwohner von Anchorage als einen Alaska-Anlaufpunkt für Touristen aus Übersee.

Iditarod Museum

Ca. 3 km südlich von **Wasilla** (6.800 Einwohner, ✆ (907) 376-1299; www.wasillachamber.org) befindet sich neben dem ***Lake Lucille Park*** (mit *Campground*) das ***Iditarod Trail Sled Dog Race Headquarters*** (Knik-Goose Bay Road), ✆ (907)-376-5155. Am Veranstaltungssitz des berühmtesten Schlittenhunderennens der Welt vermittelt ein Museum (Eintritt frei, Mitte Mai-Mitte September, täglich 8-19 Uhr) alles über Hunderennen und vor allem über das lokale Sportereignis (➪ Kasten). Außerdem kann man eine 200 m-Runde auf Hundeschlitten mitfahren (9-17 Uhr, $10).

Das Rennen geht auf eine Diphterie-Epidemie in Nome an der Beringstraße im Jahre 1925 zurück, als das einzig vorrätige Serum mangels einsatzbereiter Flugzeuge per Eisenbahn (von Anchorage nach Nenana) und von dort per Hundeschlittenstaffel (Nenana-Nome!) transportiert werden musste.

Schlittenhunde

Noch vor 70 Jahren wurden in Canadas Norden und in Alaska Lasten im Winter ausschließlich mit Hundeschlitten transportiert. Heute haben Schneemobile und Flugzeuge das traditionelle Fortbewegungsmittel selbst in solchen Regionen verdrängt, wo keine winterfesten Straßen existieren. Die Züchtung von Schlittenhunden wurde zur Liebhaberei, und Hunderennen mit Schlitten brachten es zu enormer Popularität.

Rennhunde haben aber nicht mehr sehr viel mit den halbwilden, wolfsähnlichen Geschöpfen gemein, die Indianer und *Inuit* einst vor ihre Schlitten spannten. Die populärsten reinblütigen Schlittenhunde, die *Siberian Huskies*, erkennt man an ihren charakteristischen blauen Augen. Die *Alaskan Malamutes*, ihre größeren und kräftigeren Verwandten, eignen sich eher zum langsameren Lastentransport als für den Rennwettbewerb. Eine der Hauptaufgaben des *Musher*, des Hundeschlittenführers, besteht darin, die ideale Zusammensetzung des Gespanns zu finden; dabei spielt die reinrassige Abkunft eine eher geringe Rolle.

Denn es kommt – da sie keine Lasten mehr schleppen – weniger auf Kraft, als auf Schnelligkeit und Ausdauer an. *Alaskan Huskies* sind in Alaska aufgezogene Mischlinge auf Basis des *Siberian Husky.* Dabei ähneln die durchtrainierten, leichtgewichtigen Rennhunde ohne ihr bauschiges Fell eher dem *Greyhound* oder dem Deutschem Kurzhaar als dem *Siberian Husky.*

Das bedeutendste Rennen der Welt ist das seit 1973 durchgeführte ***Iditarod Trail Sled Dog Race***, von Anchorage nach Nome. Der Start erfolgt am ersten Samstag im März, in geraden Jahren über die 1.757 km lange Nord-, in ungeraden über die 1.773 km lange Südroute. Das Preisgeld beträgt knapp US$900.000, der Sieger erhält davon US$69.000. 1985 gewann ***Libby Riddles*** als erste Frau das Rennen.

Als einzig andere siegreiche Frau sauste ***Susan Butcher*** aus Eureka/Alaska 4x mal mit ihrem Hundeteam als erste durchs Ziel. Ebenfalls viermal gewann ***Martin Buser***, der auch im Jahr 2002 mit 8 Tagen, 22 Stunden, 46 Minuten und 2 Sekunden den Streckenrekord aufstellte.

Für das ***Yukon Quest International Sled Dog Race***, ein 1.646 km langes Rennen von Fairbanks nach Whitehorse gibt es $185.000 Preisgeld. Auch bei den beiden berühmtesten Kurzstreckenrennen über etwa 40 km, das ***World Championship Sled Dog Race*** (www.furrondy.net) in Anchorage und den ***Open North American Championships*** in Fairbanks (www.sleddog.org), gelangen erhebliche Preisgelder zur Verteilung. Mittlerweile bestreiten *Sled Dog Race* Profiteams mit Preis- und Sponsorengeldern ihren Lebensunterhalt. Für die meisten *Musher* ist die Hundezucht jedoch ein Hobby; allenfalls verdienen sie sich mit Züchtung und gelegentlichen Verkäufen von Huskies ein Zubrot.

Die Rennsaison dauert von Dezember bis April, im Sommer trainieren die Gespanne mit Rollen unter den Schlitten. In Wasilla und im *Denali National Park* finden während der Touristensaison täglich Vorführungen mit Schlittenhunden statt.

Mehr Informationen unter www.iditarod.com bzw. www.yukonquest.com

Palmer

Palmer liegt im Herzen des fruchtbaren *Matanuska Valley*, der bedeutendsten Landwirtschaftsregion Alaskas. Erst in den 1930er-Jahren begann man dort in großem Stil mit dem Aufbau landwirtschaftlicher Betriebe. Die Region bietet mit jährlich 165 frostfreien Tagen und der extrem langen sommerlichen Sonnenscheindauer ideale Wachstumsbedingungen für zahlreiche Gemüsearten. Beim *Alaska State Fair* in Palmer wurde z.B. kürzlich ein 48 kg schwerer Rekord-Kohlkopf prämiert.

Info

Am *Parks Highway* 2 km westlich des *Glenn Highway,* befindet sich das ***Matanuska Susitna Visitor Center*** für die Region Palmer–Wasilla. © (907) 746-5000, www.alaskavisit.com.

5.3.7 Glenn Highway

Glenn Highway

Der ***Glenn Highway***, auf den der *Parks Highway* mündet bzw. an dem er beginnt, verbindet Anchorage direkt mit dem *Richardson Highway* und ist eine attraktive **Alternativstrecke** zur beschriebenen kombinierten **Route Straße/Fähre/Straße Anchorage–Whittier–Valdez–Glenallen**.

Der landschaftlich reizvollste Abschnitt des *Glenn Highway* ist die erste Hälfte der Strecke bis zum ***Eureka Summit***.

Moschus-ochsen

Nördlich von Palmer liegt die kleine ***Musk Ox Farm*** (Nähe Einmündung der Straße zum *Hatcher Pass*). Auf der Moschusochsenfarm werden die Mitte des 19. Jahrhunderts in Alaska ausgerotteten und 1930 aus Grönland wieder eingeführten Tiere wegen ihrer besonders feinen, wärmenden Unterwolle (*Qiviut*) gezüchtet. Traditionell fertigen *Inuit* Handschuhe und Mützen aus der Wolle. Halbstündige Führungen. Täglich Mitte Mai bis September; 10-18 Uhr; Eintritt (dafür hohe) $9; www.muskoxfarm.org.

Höhepunkt der Etappe ist der ***Matanuska Glacier***, den man von der hochgelegenen Straße aus sehr gut überblicken kann; www.matanuskaglacier.com. Die einzige Zufahrt per Auto zum Gletscher führt über das Privatgelände des ***Glacier Park Resort***, © (907) 745-2534 oder © 1-888-253-4480 und kostet happige $15 Eintritt/Person; zuviel für alle, die woanders noch/schon Gletscher zu sehen krieg(t)en. Alternativ kommt eine Wanderung mit Ausgangspunkt ***Matanuska Glacier State Recreation Site*** in Frage. Man passiert ihn etwa 2 km vor der Zufahrt zum *Glacier Park Resort*. Der *State Site* ist wegen des ***Matanuska Viewpoint*** ein beliebter Anlaufpunkt für *Sightseeing*-Ausflügler.

Vom ***Eureka Summit***, mit 1.013 m höchster Punkt des *Glenn Highway*, hat man einen großartigen Blick auf den ***Nelchina Glacier*** in den schneebedeckten *Chugach Mountains* im Süden. Im Nordwesten erheben sich die *Talkeetna Mountains*.

Straßenumzug zum Unabhängigkeitstag der USA in Glenallen

5.4 Die Inside Passage

Kenn-zeichnung

Der vom *Glacier Bay NP* bis Prince Rupert in British Columbia reichende Küstenstreifen Alaskas wird als ***Inside Passage*** bezeichnet. Dieses Gebiet ist durchs unzugängliche Gebirgsmassiv der *Coast Mountains* vom Kernland getrennt und besteht zum großen Teil aus Inseln und – dadurch – vor dem Pazifik geschützten Wasserstraßen. Touristisch gesehen profitieren Ketchikan und Juneau, zum Teil auch Sitka erheblich vom Kreuzfahrtboom nach Alaska. Aus bis zu sechs gleichzeitig ankernden gigantischen Luxuslinern stürmen bis zu je 2.000 Passagiere zu Kurzausflügen auf Landgang. Um Petersburg und Wrangell ist es ruhiger geblieben, und abseits der Kreuzfahrerziele herrscht ohnehin Einsamkeit. Nicht nur die isolierte Lage, sondern wohl auch die Unbilden des wechselhaften Wetters sind dafür verantwortlich.

Zum Reisen in der Inside Passage

Leider sind Reisen in dieses Gebiet mit erheblichen Ausgaben verbunden, sieht man ab von Haines und Skagway, die sich per Straße vom Yukon Territory aus erreichen lassen und bereits ausführlich behandelt wurden, ➪ Seiten 401 bzw. 405. Mit der Anreise ist es im übrigen nicht getan. Erst (meist teure) Abstecher und Ausflüge – und damit verbunden auch Aufenthaltskosten – machen die *Inside Passage* lohnenswert.

Information

Auskünfte über die aktuellen Möglichkeiten und Daten:

Southeast Alaska Tourism Council
www.alaskainfo.org mit Links zu allen Orten.

Information

Einzelheiten zu den Fähren in und durch die *Inside Passage* finden sich im folgenden Kapitel »Fähren in den Norden«.

Zunächst aber zu den Zielen der *Inside Passage*:

Ketchikan

Lage und Klima

Ketchikan, die südlichste und mit 7.700 Einwohnern fünftgrößte Stadt Alaskas, erstreckt sich über mehrere Kilometer auf einem schmalen Uferstreifen zwischen Bergen und Meer (*Tongass Narrows*). Die attraktive Stadt liegt in der regenreichsten Region der *Inside Passage*. Mit 3.830 mm ist die jährliche Niederschlagsmenge dort größer als auf Vancouver Island (➪ Seite 23) und sechsmal so hoch wie in Deutschland.

Die **Übernachtungskosten** in Ketchikan beginnen bei ca. **$80-$100 für *Bed & Breakfast*-Quartiere**.

Ein von den »Kreuzfahrern« aus den Luxuslinern überlaufenes Zentrum ist die pittoreske ***Creek Street*** an der ***Waterfront*** in *Downtown*. Bis in die 1950er-Jahre war dies ein bekannter Rotlicht-Bezirk. Die meisten der auf Pfeilern gebauten Häuser am ***Ketchikan Creek*** wurden restauriert und beherbergen *Shops*, Restaurants und Kneipen.

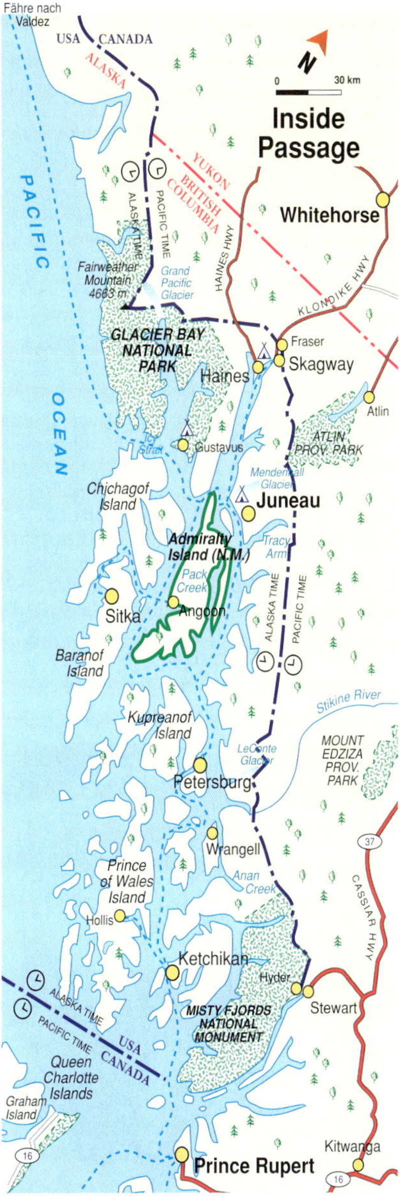

Totempfähle der *Tlingit*-Indianer im ***Saxman Totem Park*** am *South Tongass Highway* (4 km südlich) oder im ***Totem Bight State Historical Park*** am *North Tongass Highway*, 16 km nördlich der Stadt prägen Ketchikan.

Alaskas beste Totem-Kollektion mit 33 über 100 Jahre alten Pfählen steht im ***Totem Heritage Center***, 601 Deermount St (Mai-September täglich 8-17 Uhr, $5).

Informationen beim ***Visitors Bureau***, 131 Front Street, ✆ (907) 225-6166 oder ✆ 1-800-770-3300, www.visit-ketchikan.com

oder ***Southeast Alaska Discovery Center***, 50 Main Street, ✆ (907) 228-6220; www.nps.gov/aplic.

Wrangell

In Wrangell, einst Etappe für Goldsucher am Stikine River, scheint die Zeit stehengeblieben zu sein. Die 1.900 Einwohner leben von Fischfang und der Holzindustrie.

Die *Totem Poles* auf ***Chief Shakes Island*** im Hafen bilden die Hauptattraktion des Ortes.

Idealer Punkt zur **Bärenbeobachtung** ist eine Aussichtsplattform am ***Anan Creek***, 55 km südöstlich von Wrangell im ***Tongass Nat'l Forest***; ✆ (907) 874-2323. Dort gehen die gefräßigen Vierbeiner traditionell im Juli und August auf Lachsfang (*Pink Salmon*).

Zugang per Charterboot ($245; www.alaskawaters.com) oder mit Wasserflugzeug, ✆ (907) 874-2378 oder ✆ 1-800-347-4462. oder über die Stadt Wrangell, ✆ 1-800-367-9745 und ✆ (907) 874-2381; www.wrangell.com.

Petersburg

Geschichte

Der Norweger Peter Buschmann errichtete Ende des 19. Jahrhunderts auf *Mitkof Island* eine Sägemühle und einen Betrieb für die Lachsverarbeitung. Nach ihm wurde der Ort benannt. Die Fischindustrie und Holzwirtschaft blieben die wichtigsten ökonomischen Säulen von Petersburg (3.100 Einwohner).

Tages-aufenthalt

Der Fähranleger befindet sich 1 km südlich der Stadt, die – obwohl hübsch anzusehen und schön gelegen – touristisch wenig zu bieten hat. Einzige echte Attraktion ist die Bootstour zum mächtigen ***LeConte Glacier*** 40 km südöstlich, $160/7 Std-Trip, ✆ 1-888-385-2488; www.breakawayadventrues.com.

Information

Petersburg Chamber of Commerce,
✆ (907) 772-4636 oder ✆ 1-866-484-4700; www.petersburg.org.

Sitka

Baranof Island/ Geschichte

Im Gegensatz zu den anderen wichtigen Orten der *Inside Passage* liegt Sitka direkt an der Pazifikküste (***Baranof Island***). Die 8.800 Einwohner von Sitka, der viertgrößten Stadt Alaskas, leben auf geschichtsträchtigem Boden. Der Russe *Alexander Baranof* gründete hier auf einem alten Siedlungsplatz der *Tlingit*-Indianer 1799 ein Fort, das sich rasch zum größten Ort der Westküste entwickelte und neun Jahre später die Hauptstadt von Russisch-Alaska wurde. Am ***Baranof Castle Hill Historic Site*** fand 1867 die offizielle Übergabe Alaskas aus russischem in US-Besitz statt.

Sitka National Park

Einige Gebäude aus russischer Zeit gehören heute zum ***Sitka National Historical Park***, Mitte Mai-Sept. täglich 9-17 Uhr; $4, darunter das ***Russian Bishop's House*** von 1842 (Lincoln Street in der Stadt) und das alte Fort (am Ende Lincoln Street ca. 1 km weiter

Goldwäscher zur Zeit der Jahrhundertwende

östlich), im Jahr 1804 Schauplatz der ***Battle of Sitka*** (www.nps.gov/sitk). Es war der letzte (erfolglose) Versuch der *Tlingit,* den Weißen Paroli zu bieten. Der Kampf zwischen den Indianern und russischen Pelzhändlern wird in einer Dia-Show im ***Visitor Center*** dokumentiert.

Totem Poles Eine Reihe schöner Totempfähle steht vor dem Gebäude und entlang eines *Nature Trail* am Sitka Sound. Eine Rekonstruktion ist die russisch-orthodoxe *St. Michael's Cathedral* (ebenfalls Lincoln Street); das Original von 1848 brannte 1966 ab.

Unterkunft Vor allem an ***Bed & Breakfast***-Quartieren (ab $70/2 Personen) herrscht in Sitka kein Mangel. Hotels sind deutlich teurer.

Information ***Sitka Convention & Visitors Bureau***, *Centennial Building,* © (907) 747-5940, www.sitka.org.

Juneau

Geschichte Die abseits gelegene, attraktive **Hauptstadt Alaskas** am geschützten *Gastineau Channel* zählt 30.700 Einwohner und ist damit nach Anchorage **zweitgrößte Stadt** des Staates.

Ihre Geschichte begann 1880, als *Joe Juneau* und *Richard Harris* an einem später ***Gold Creek*** genannten Bach fündig wurden. Mehrere **Goldminen** entstanden, darunter die enorm reiche *Treadwell Mine* auf Douglas Island, die aber 1917 voll Wasser lief. Erst in den 1940er-Jahren gab als letzte Mine die ***Alaska Juneau Mine*** nach fast 30 Jahren Produktion ihren Betrieb auf. Insgesamt hat die Region über die Jahre knapp 7 Mio. Unzen (über 200 t) reines Gold hervorgebracht.

Hauptstadt Dank des Goldrausches und der daraus resultierenden Einwohnerzahl war Juneau zunächst die bedeutendste Stadt Alaskas und wurde 1906 Hauptstadt. Nach mehreren »Anläufen«, die Hauptstadtfunktion auf einen Ort im Alaska-Kernland zu übertragen, votierten 1976 die Einwohner Alaskas endlich für den Umzug der Regierung nach Willow, einem Ort 100 km nördlich von Anchorage), stimmten aber 1982 gegen die damit verbundenen Ausgaben in Milliardenhöhe. Seither ruht die Angelegenheit zur Erleichterung der Bevölkerung von Juneau, deren Arbeitsplätze zur Hälfte von der öffentlichen Verwaltung gestellt werden.

Fähren Juneau ist am besten mit den Fähren des ***Alaska Marine Highway*** ab Haines/Skagway zu erreichen; es gibt täglich mehrere Verbindungen. Außerdem fliegen Wasserflugzeuge von Skagway nach Juneau. Der Anleger befindet sich 23 km nördlich der Stadt. Busse und Taxen (3 km Fußweg zur Bushaltestelle) sorgen für den Transport in die belebte *Downtown.*

Information Gleich am Informationsschalter im Fährhafen oder im ***Davis Log Cabin Information Center*** in der Stadt, 134 3rd Street, sollte man sich eine ***Walking Tour Map*** besorgen, © 1-888-581-2201, © (907) 586-2201, www. traveljuneau.com.

Sights

Eine Attraktion Juneaus ist die **Seilbahn am *Mount Roberts*** in *Downtown* (Mai-Sept. täglich 9-21 Uhr, $25; www.goldbelttours.com). An der Bergstation (500 m, zu Fuß 3 km ab 6th Street) beginnen Wanderwege mit prächtiger Aussicht auf Stadt und Umgebung. Besuchenswert ist das ***Alaska State Museum*** (395 Whittier Street, Mitte Mai-Ende Sept. täglich 8.30-17.30 Uhr, sonst Di-Sa 10-16 Uhr, $5; www.museums.state.ak.us), das den Schwerpunkt auf die Siedlungsgeschichte Alaskas durch Russland und die USA sowie indianische Kultur gelegt hat. Unweit des *State Capitol* an der Main Street liegt das ***Juneau-Douglas City Museum*** (im *Veterans Memorial Building*), das insbesondere dem Goldrausch und den Goldminen viel Raum widmet; Mai-September Mo-Fr 9-17 Uhr, Sa+So 10-17, sonst Di-Sa 10-16 Uhr, Eintritt $4.

Mendenhall Glacier

Das erste Ziel außerhalb Downtown ist der 19 km lange und über 2 km breite *Mendenhall Glacier*, der vom 3.800 km² großen ***Juneau Icefield*** hinunter ins Tal drückt. Die ***Mendenhall Loop Road*** zweigt 15 km nördlich der Stadtmitte vom *Glacier Highway* ab und führt hinauf zum Mendenhall Lake, an dem das ***Mendenhall Glacier Visitor Center*** des *Forest Service* steht; Mai-Sept. täglich 8-19.30 Uhr, ✆ (907) 789-0097; Eintritt $3. Auch ein Bus verkehrt auf dieser Straße. ***Nature Trails*** führen beiderseits des Sees an den Gletscher heran.

Bootstour

Für $140 kann man einen 9-stündigen Bootsausflug in den wunderschönen ***Tracy Arm*** unternehmen, wo kalbende Gletscher ins Meer stürzen; z.B. ***Adventure Bound Alaska***, ✆ 1-800-228-3875, ✆ (907) 463-2509; www.adventureboundalaska.com. Der Trip ist ggf. eine gute Alternative zur teuren *Glacier Bay Tour*.

Hubschrauber

Auf dem Luftweg in die Gletscherwelt führt ein einstündiger Hubschrauberflug mit Landung und kurzem Spaziergang auf dem ***Norris Glacier***, ***Era Helicopters***, ✆ 1-800-843-1947; $265; www.flightseeingtours.com.

Unterkunft

Die Hotels und Motels kosten im Minimum ab $89, die meisten über $100 fürs DZ. ***B&B*** beginnt bei etwa $80 für 2 Personen:

- ***Cozy Log B & B***, ✆ (907) 789-2582, 8668 Dudley Street; $115, preiswert, gemütlich; www. cozylog.net
- ***Pearson's Pond Luxury Inn***, 4541 Sawa Circle, ✆ 1-888-658-6328, www.pearsonspond.com; DZ $280, elegant
- Einzige preiswerte Alternative ist das ***Int'l Hostel***, 614 Harris St, ✆ (907) 586-9559; $10/Person, www.juneauhostel.org; direkt in *Downtown*, langfristige Reservierung nötig.

Campingplätze gibt es um Juneau mehrere; am besten zeltet man am ***Mendenhall Lake Campground*** des *Forest Service*.

Admiralty Island

Südlich von Juneau liegt Admiralty Island, eine Insel, die zu knapp 90% als ***National Monument*** unter Naturschutz steht. **1.500 Braunbären** sollen auf Admiralty Island leben. Insbesondere während der Lachswanderung Mitte Juli bis Ende August gehen die Bären gleichzeitig auf Fischfang. Sie vom ***Pack Creek***

Brown Bear Viewing Area aus zu beobachten, ist ein Erlebnis. Man benötigt dazu ein ***Permit*** (⇨ Seite 605) vom *Forest Service Visitor Center* in Juneau (Anschrift ⇨ oben). Der **Transport nach Admiralty Island** erfolgt per Wasserflugzeug ab Juneau; ***Alaska Seaplanes***, Hin- und Rückflug bei max. 8 Std. Aufenthalt US$640 für 3 Personen; © (907)-789-3331; www.flyalaskaseaplanes.com.

Glacier Bay Nationalpark

Der einzigartige ***Glacier Bay National Park*** schließt im Norden die *Inside Passage*. Seine Gletscher und Eisberge zählen zu den touristischen Höhepunkten Alaskas und sind ein einmaliges Erlebnis. Voraussetzung für den Besuch ist allerdings ein großzügig bemessenes Reisebudget. **Information** bei:

Glacier Bay National Park; © (907) 697-2230; www.nps.gov/glba.

Gletscherflüge auf den Norris Glacier gibt es ab Juneau

Zur Zeit der ersten Erkundung der ***Icy Strait*** im Jahr 1794 durch Captain George Vancouver war die *Glacier Bay* bis auf 8 km vollkommen mit Eis bedeckt, das sich seither über 100 km zurückgezogen und eine bis 20 km breite Bucht freigegeben hat, in die 12 kalbende Gletscher »münden«. Von Juni bis September ziehen **Buckelwale** im nahrungsreichen Wasser ihre Jungen auf. Zum Nationalpark gehört auch der 30 km von der *Glacier Bay* entfernte ***Mount Fairweather***, mit 4.663 m der höchste Gipfel Südostalaskas.

Lage

An der ***Icy Strait***, der *Glacier Bay* abgewandt, liegt **Gustavus,** eine »Service-Siedlung«, deren 400 Einwohner im Nationalpark, in der Fischerei oder im Touristengeschäft beschäftigt sind. Von dort führt eine 16 km lange Straße nach **Bartlett Cove** am Ausgang der *Glacier Bay;* Verbindung durch *Shuttle Bus* (oder $15 einfach durch TLC Taxi, © (907)-697-2239).

Bartlett Cove besteht im wesentlichen aus Bootsanleger, *Park Headquarters*, ***Glacier Bay Lodge*** (Zimmer ab $160, © (907) 264-4600, www.visit glacierbay.com, Reservierung unter ©1-888-BAY-TOUR), Restaurant und **Campingplatz**.

Transport

Den Nationalpark erreicht man naturgemäß nur per Schiff oder Flugzeug, z.B. Juneau-Gustavus mit *Alaska Airlines* ➪ Seite 65. Die meisten Fluggäste landen aber mit kleinen Charterern in Gustavus, die in Haines, Skagway und Juneau starten. Bezahlbare Flüge bietet ab Juneau *L.A.B. Flying Service*, ✆ (907) 766-2222, www.labflying.com, $133 retour. Fr+So fährt das **Boot *Auk Nu*** von Juneau zum Park; $75 einfach; ✆ ➪ *Glacier Bay Lodge*.

Die Schiffe des *Alaska Marine Highway* laufen die *Glacier Bay* nicht an.

Absoluter **Höhepunkt** ist die Exkursion mit dem Ausflugsschiff ab Bartlett Cove in die *Glacier Bay* hinein (8 Stunden). Auf Alaskas bestem Bootstrip beobachtet man *Grizzlies* am Ufer, auftauchende Wale, Gletscher, die alpine Ausmaße um ein Vielfaches übertreffen, und im Hintergrund den ***Mount Fairweather***, dessen eisbedeckte Flanken vom Meeresspiegel bis auf 4.663 m emporragen.

Am Ende der Bucht bieten die kalbenden Gletscher ***Grand Pacific*** und ***Margerie*** ein fantastisches Naturschauspiel. Information zu Bootstouren dorthin ($160) wie *Glacier Bay Lodge*.

In der Glacier Bay

5.5 Fähren in den Norden

System

Die Städte an der *Inside Passage* in Südostalaska sind untereinander, mit Prince Rupert (in British Columbia) und Bellingham (am *Puget Sound* nördlich von Seattle im US-Staat Washington) durch Fähren verbunden. Sie gehören zum System des ***Alaska Marine Highway****), das einen weiteren Liniendienst im Südwesten Alaskas aufrechterhält, ➪ Seite 449.

Zwischen den beiden voneinander getrennten Zweigen des *Alaska Marine Highway* verkehrt nur eine Fähre auf der Route **Prince Rupert–Ketchikan–Juneau–Whittier** und retour (*Southeast/Southwest Cross Golf Trip*, ➪ ebenfalls Seite 449).

Netz

Die in der *Inside Passage* operierenden Schiffe pendeln entweder zwischen den wichtigen Städt(ch)en und kleineren Ortschaften (vor allem) auf den der Küste vorgelagerten Inseln oder gehören zu Langstreckenfähren. Diese verkehren zwischen **Bellingham** (USA) bzw. **Prince Rupert** und den Zielhäfen **Haines** und **Skagway**. Nur an den letztgenannten drei Punkten besteht **Anschluss ans kanadische Straßennetz**:

- in Prince Rupert an den *Yellowhead Highway*
- in Haines über die *Haines Road* zum *Alaska Highway*
- in Skagway über den *Klondike* zum *Alaska Highway*

Mit jeweils einer täglichen Abfahrt sind die Routen Skagway–Juneau bzw. Haines–Juneau ideal für einen relativ preiswerten Kurztrip in die Inside Passage. 3-mal wöchentlich verkehrt die Fähre Prince Rupert-Ketchikan. Beide Fährtrips sind ohne langfristige Reservierung zu machen.

Häfen unterwegs

Außer an den Endpunkten legen alle Fähren in Ketchikan, Wrangell, Petersburg und Juneau an; nur ein Teil von ihnen fährt den Umweg über Sitka.

Reservierung

Wer auf einer Sommerreise zu den vorgeplanten Daten die Alaska-Fähre benutzen möchte, sollte möglichst frühzeitig reservieren. Kabinenplätze sind oft schon Mitte Januar für die gesamte Hauptsaison ausgebucht, die Fahrzeugkapazität nicht viel später, speziell was Campmobile betrifft.

Ohne Auto und den Wunsch nach einem Kabinenbett kommt man als Deckspassagier (immer knappe Pullmannsessel zum Schlafen oder einfach Schlafsack irgendwo) meist auch kurzfristig noch auf den Schiffen unter. Dabei sind die Chancen ab Prince Rupert besser als ab Bellingham. Das gilt ebenso für Motorradfahrer. Reservierungen und aktuelle Informationen wie Fahrpläne und Tarife gibt es unter folgender Anschrift (➪ nächste Seite unter der Tabelle):

*) Der Begriff *Highway* mag in diesem Zusammenhang irritieren, aber in Kombination mit dem Wort *Marine* wird daraus in der Übersetzung »Wasserstraße«.

Tarife Alaska-Fähren in US$, jeweils einfache Fahrt in US$
(Fahrzeugtarife ohne Fahrer)

	Dauer (in Std.)	PKW bis 15 Fuß	Camper bis 21 Fuß	Person	Motorrad
Bellingham–Skagway	68	820	1257	363	478
Prince Rupert–Skagway	38	374	573	171	222
Prince Rupert–Ketchikan	5	98	143	54	61
Haines–Skagway	1	41	58	31	31
Haines–Juneau	6	75	108	37	49
Juneau–Skagway	7	98	146	50	63
2-Personen-Kabine	Bellingham–Skagway: $337-$393 Prince Rupert–Skagway: $156-$178 (beides ohne Verpflegung)				

Alaska Marine Highway
6858 Glacier Hwy, Juneau, AK
✆ 1-800-642-0066 und ✆ (907) 465-3941
www.ferryalaska.com

Reservierungen sind nur unter Angabe einer Kreditkartennummer und ihres Verfalldatums möglich.

Einige Tarifbeispiele (2008) vermitteln einen Eindruck der in etwa zu erwartenden – leider sehr hohen – Kosten.

Die Alaska-Fähre kostet also one-way:

- von **Bellingham nach Skagway** für **zwei Personen mit Kabinenplatz und kleinerem Pkw** in der günstigsten Kategorie **US$1.883, mit Camper US$2.320**
- für den landschaftlich reizvolleren Nordabschnitt der *Inside Passage* von **Prince Rupert nach Skagway** bei identischer Konstellation **US$872, mit Camper US$1.071**

Folgendes ist darüber hinaus wichtig zu wissen:

Frequenz der Fähren

Von Mai bis September startet von Bellingham eine Fähre pro Woche nach Skagway, Abfahrt jeweils 18 Uhr; ab Prince Rupert fährt um 18 Uhr ebenfalls 1x pro Woche ein Schiff nach Skagway.

Die Fähre benötigt ab Bellingham rund **68 Stunden**. Von **Prince Rupert nach Skagway** ist man **38 Stunden** unterwegs. Damit sind ab Bellingham 3 Nächte, ab Prince Rupert eine Nacht auf dem Schiff zu verbringen.

Schlafen

Auf See ist der Aufenthalt im eigenen Auto im Fahrzeugdeck untersagt. Wer sich nicht mit einem der (ziemlich unbequemen) Schlafsessel oder dem ausgerollten Schlafsack (erlaubt sind auf dem Oberdeck selbsttragende Kuppelzelte) begnügen mag, muss sich rechtzeitig um einen Kabinenplatz kümmern.

An Bord

Der Komfort auf den Schiffen ist nicht überragend. Neben **Bar** und **Cafeteria** gibt es lediglich ein beheiztes überdachtes Aussichtsdeck und ein kleines teures Geschäft mit begrenztem Angebot. Auf den langen Strecken sind ***Ranger*** des *Alaska Department of Fish & Game* oder des *National Forest Service* an Bord, die **Vorträge über Geographie**, **Flora und Fauna der *Inside Passage*** halten. Bei schlechtem Wetter, wenn Wolken und Regen die Aussicht trüben, wird die Fahrt aber dennoch rasch langweilig. Auch bei guten Witterungsbedingungen bleibt manches Sehenswerte während der Nachtstunden im wahrsten Sinne des Wortes im Dunkeln.

Unterbrechung

Die Häfen werden nur zum Be- und Entladen angelaufen, so dass nicht genug Zeit bleibt, einen Landausflug zu machen. Wer die Fähre spontan verlässt, hat für die Weiterreise mit nachfolgenden Schiffen kein Ticket mehr. Man muss also vor dem ersten Einschiffen die Belegung nachkommender Fähren über die links angegebene *Toll-Free-Number* erfragen und dann Fahrtunterbrechungen entsprechend umbuchen (15% Storno-Gebühr ab 14 Tage vor Abfahrt, sonst Storno, Umbuchung $10).

Deshalb sollten Autofahrer bei Unterbrechungen rechtzeitig alle Teilstrecken einzeln buchen – mit geringem Aufpreis im Vergleich zur durchgehenden Fähre.

Beurteilung mit Auto

Die Frage, ob sich die **mit Fahrzeug** extrem hohen Ausgaben für die Fähre überhaupt lohnen, ist nicht klar zu beantworten. Rein ökonomisch auf den ersten Blick kaum, denn die zusätzlichen 2.400 Straßenkilometer (ab Bellingham) bzw. 1.200 km (ab Prince Rupert) nach Whitehorse verursachen vergleichsweise geringe Benzinkosten und nur 2 bis 3 zusätzliche Miettage.

Haines und **Skagway** (von dort ggf. Juneau und den *Glacier Bay National Park* per Boot oder Flugzeug) kann man ebenso gut über das Straßensystem ansteuern und dabei den besonders attraktiven Teilabschnitt der *Inside Passage* zwischen Skagway und Haines (ggf. unter Einbeziehung von Juneau) ebenfalls vom Wasser aus erleben, ➪ Seite 405.

Anders sieht es eventuell dann aus, wenn man die Fährpassage zunächst als **»Anreise« ohne Auto** plant, so dass sich ggf. die Mietzeit für ein Campmobil um einige Tage verkürzt – z.B. bei **Übernahme des Fahrzeugs** erst ab Whitehorse.

... ohne Auto/ Motorrad

Für Leute **ganz ohne Auto** oder mit einem billiger zu transportierenden **Motorrad** ist die Entscheidung leichter. Der Einbau der Alaska-Fähre in die Reiseroute dürfte dann eine gute Idee sein, insbesondere wenn unterwegs Zeit für Zwischenstopps ist.

Fähre oder Neben routen?

Da eine Fahrt in den hohen Norden dank der *Klondike, Top of the World, Taylor* und *Cassiar Highways* nicht mehr notwendigerweise über weite Strecken auf derselben Route zurückgehen muss, entfällt das Argument, dass nur mit Hilfe der Fähren eine schöne Rundstrecke realisiert werden kann. Berücksichtigt werden muss ggf., dass die meisten Vermieter das Befahren von *Gravel Roads* untersagen bzw. mit Zuschlägen belegen. Der Anteil der Schotterstraßen wird jedoch immer geringer, ➪ Seite 374ff.

Kreuzfahrtschiffe

Wie gesagt, gibt es mit einer Ausnahme keine Linienschiffe von Süden ins Alaska-Kernland, nur **Kreuzfahrer** operieren nördlich der *Inside Passage*. Die Kosten liegen aber erheblich über den ohnehin nicht billigen Fährpassagen, wenn auch einschließlich höherem Komfort und Mahlzeiten. Zum Programm gehören nahe Vorbeifahrten an kalbenden Gletschern und Zwischenstopps in Häfen mit Ausflugsangebot.

Kosten

In der Hauptsaison berechnet z.B. die ***Norwegian Sun*** für 2 Personen inklusive aller Mahlzeiten (7 Nächte, jedoch kein Autotransport möglich) von Vancouver zur Glacier Bay mit Aufenthalten in Ketchikan, Skagway, Juneau und retour; zwischen €1.878 (Innenkabine) und €2.238 bis €3.038 (Außenkabine).

Deutlich billiger sind Kreuzfahrten vor Mitte Juni oder nach Mitte August.

Weitere Informationen in Reisebüros

Riesen-Kreuzfahrer am Kai von Seward/Alaska

Northwest Territories

6. DURCH DIE NORTHWEST TERRITORIES

6.1 Zur Planung

Rundfahrt

Wer mit dem Gedanken spielt, die Canada-Reise um eine Fahrt in die Einsamkeit der Northwest Territories zu ergänzen, muss bedenken, dass sich eine Tour dorthin nur als **Rundfahrt *Mackenzie Hwy–Liard Hwy–Alaska Hwy*** (oder umgekehrt) und auch nur in Kombination mit einem Abstecher nach *Yellowknife* lohnt. Mittlerweile ist der Großteil dieser Straßen asphaltiert und die verbliebenen Schotterpisten von 220 km auf dem *Mackenzie Highway* (Abzweigung *Yellowknife Highway* bis Checkpoint) bzw. 210 km auf dem *Liard Highway* (Checkpoint bis Grenze British Columbia) sind in einem akzeptablen Zustand. In Kombination mit dem *Alaska Highway* bis Watson Lake bietet die Route durch den leicht zugänglichen Teil der Northwest Territories eine mögliche Variante einer Reise durch Kanadas Norden.

Distanzen

Die dabei anfallenden Zusatzkilometer hängen vom Ausgangspunkt ab, wobei nachfolgend die Abstecher nach Yellowknife, Fort Simpson und Hay River jeweils berücksichtigt sind. Ab Edmonton legt man auf *Mackenzie* und *Liard Highway* bis Fort Nelson am *Alaska Highway* 2.700 km, bzw. ab Calgary 3.000 km zurück. Dabei macht man jeweils einen Umweg im Vergleich zur Direktroute über *Dawson Creek* von über 1.600 km.

Lohnt sich die Fahrt?

Wer über ausreichend Zeit verfügt, sollte den Umweg in Erwägung ziehen. Die Strecke »entschädigt« allerdings nur für die Mühe, wenn genügend Zeit (Minimum 3-4 Tage) für den Abstecher nach Yellowknife, nach Fort Simpson und ggf. noch einen Ausflug in die Wildnis bleibt (etwa Flug zu den *Virginia Falls*).

Andererseits bieten speziell der westliche Abschnitt des *Mackenzie Highway* und der *Liard Highway* weit mehr Einsamkeit des Nordens als der mittlerweile doch ziemlich populäre *Alaska Highway*. Und wer kann schon von sich sagen, er sei in Yellowknife gewesen?

Bärenfalle auf einem Campingplatz in den Northwest Territories

6.2 Übersicht über das NWT-Straßennetz

Nr.	Bezeichnung	von	nach
1	Mackenzie Hwy	Grimshaw, Alberta	Wrigley
2	Hay River Hwy	Enterprise	Hay River
3	Yellowknife Hwy	Mackenzie Hwy	Yellowknife
4	Ingraham Trail	Yellowknife	nach Osten
5	Fort Smith Hwy	Hay River	Fort Smith
6	Fort Resolution Hwy	Fort Smith Hwy	Fort Resolution
7	Liard Hwy	Mackenzie Hwy	Alaska Hwy, BC
8	Dempster Hwy*)	Klondike Hwy, Yukon	Inuvik

Straßenqualität

Asphaltiert sind die östlichen 40 km des ***Liard Highway***, der ***Mackenzie Highway*** von Alberta bis zur Abzweigung des *Yellowknife Highway*, der komplette ***Hay River Highway***, die westlichen 30 km des ***Ingraham Trail***, 150 km des ***Fort Smith Highway***, die westlichen 40 km des ***Fort Resolution Highway*** sowie der komplette ***Yellowknife Highway***. Das Gros der verbliebenen ***Schotterstraßen*** ist problemlos mit PKW oder Wohnmobil (so nicht vertraglich untersagt) zu befahren.

Tanken

Tankstellen besitzen in den NWT **Seltenheitswert**. Es gibt sie nur in den in der Übersichtskarte (➪ nächste Seite) verzeichneten Ortschaften (bis auf Edzo) und an der Abzweigung des *Liard Highway* vom *Mackenzie Highway* (*Checkpoint*). Entlang der Straßen findet man abseits dieser genannten Orte außer einigen Camping- und Picknickplätzen keine weiteren Serviceeinrichtungen. Im Norden ist es daher immer eine gute Idee, an jeder Tankstelle nachzutanken, denn es kann auch mal eine Station überraschend geschlossen oder gerade *»out of gas«* sein. Noch einmal **Volltanken in Alberta vor Erreichen der NWT** ist außerdem kostensparend.

Fähren

Die NWT unterhalten fünf kostenlose **Autofähren**. Sofern die Flüsse eisfrei sind, verkehren sie täglich:

- **Mackenzie Highway**: östlich Fort Simpson **über den Liard River** 8-23.45 Uhr, **und** westlich Fort Simpson **über den Mackenzie River** 9-11 Uhr und 14-20 Uhr.
- **Yellowknife Highway**
  bei Fort Providence über den Mackenzie River, 6-24 Uhr
- **Dempster Highway** *):
  bei Fort McPherson über den Peel River*) 9.15-0.45 Uhr
- **Dempster Highway** *):
  bei Tsiigehtchic über den Mackenzie River*) 9.30-0.45 Uhr

Planung

Zur grundsätzlichen Vorbereitung einer Fahrt in den Norden ➪ Seiten 374ff. Aktuelle Fährzeiten und Straßenzustandsberichte unter ✆ 1-800-661-0750 oder www.dot.gov.nt.ca.

*) Beschreibung im Kapitel 4 (Alaska Highway und Yukon Territory)

6.3 Die Routen

6.3.1 Mackenzie Highway (1.170 km)

Geschichte

Der *Mackenzie Highway* von Grimshaw/Alberta in das südwestliche Kernland der Northwest Territories wurde 1949 eingeweiht und blieb bis zur Eröffnung des *Liard Hwy* 1984 die einzige Landverbindung. Er ist – bis Wrigley, 220 km nordwestlich Fort Simpson – ca. 1200 km lang. Die parallele *Great Slave Lake Railway* wurde erst 1964 fertiggestellt.

Verlauf in Alberta

Der offizielle ***Mile 0-Marker*** des *Mackenzie Highway* befindet sich in **Grimshaw**, ✆ (780)-332-4626 (unweit der *Tourist Information* in einem Eisenbahnwaggon). Die folgenden 500 km der Straße laufen ohne besondere Höhepunkte zunächst durch unendlich erscheinende Agrar- und später Waldgebiete. Unterwegs lohnen sich nur Stopps im ***High Level Visitor Centre*** (www.highlevelchamber.com) mit ***Mackenzie Crossroads Heritage Museum*** (Mai-Anfang Sept. Mo-Sa 9-19, sonst Di-Fr 9-17 Uhr, Eintritt $2), und beim ***60th Parallel Visitor Information Centre*** an der Grenze Alberta/Northwest Territories am 60. Breitengrad.

Informationen NWT

Dieses Besucherzentrum der Northwest Territories ist Mitte Mai bis Mitte September täglich 8.30-20.30 Uhr geöffnet. Zum Gratisbecher Kaffee gibt es die ***Highway Map*** und alle Informationen *up-to-date*. Ein kleiner ***Campground*** mit einem überdachten Küchenhäuschen liegt nebenan am Hay River.

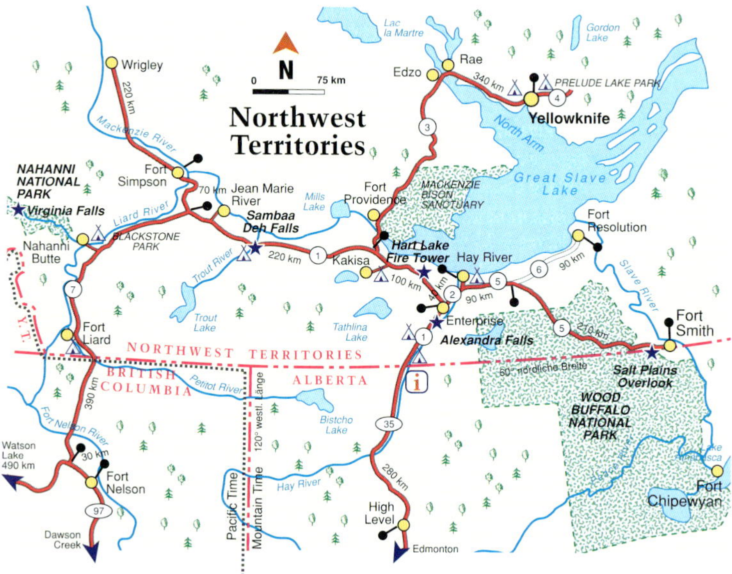

Wasserfälle

72 km nördlich der »Grenze« hat sich der die Straße begleitende Hay River eine tiefe Schlucht mit Wasserfällen und Stromschnellen geschaffen. Die ***Alexandra Falls*** (32 m hoch, Aussichtsplattform), als Fotomotiv in vielen Broschüren zu finden, sind auf mehreren kurzen *Trails* zu erreichen.

Gut 2 km weiter zweigt die Zufahrt zu den ***Louise Falls*** ab. Der dreistufige Wasserfall ist nur 20 m hoch, aber dafür lädt ein schön angelegter und instandgehaltener ***Campground*** zum Bleiben ein (Duschen). Man kann vom Campingplatz auch flussaufwärts zu den ***Alexandra Falls*** (2 km) und flussabwärts zu den kleineren Wasserfällen des ***Escarpment Creek*** (3 km) laufen. Dort befindet sich ein auch von der Straße aus erreichbarer ***Picnic Ground***. Die drei Wasserfälle sind Teil des ***Twin Falls Territorial Park.***

Hay River

In **Enterprise** (100 Einw.) wendet sich der *Mackenzie Highway* nach Westen. Geradeaus geht es auf dem 38 km langen ***Hay River Highway*** zur zweitgrößten Ortschaft der NWT, Standort des 17 Stockwerke (!) hohen ***Mackenzie Place Highrise***. ***Greyhoundbusse*** erreichen mit *Hay River* ihre Endstation in den NWT (3.600 Einwohner; www.hayriverchamber.com).

Der Ort besitzt einen kleinen Hafen, in dem Fischerboote und Frachtschiffe liegen, die entlegene Gebiete am *Great Slave Lake* bedienen. Der zweitgrößte, ganz in Canada gelegene See (28.568 km^2) ist bis in den Juni hinein eisbedeckt.

Der ***Campground*** im ***Hay River Territorial Park*** (ein wenig einladender Badestrand mit angeschwemmten Baumstämmen), befindet sich auf *Vale Island,* einer Insel im Mündungsbereich des Hay River, die auch die kleine Altstadt ***Old Town*** beherbergt. Nach einer Überflutung 1963 entstand 4 km südlich auf dem Festland die heute erheblich größere ***New Town***.

Fort Smith

Nach Fort Smith, der mit 2.400 Einwohnern viertgrößten Siedlung der NWT, sind es von Hay River 270 km. Die Hälfte der Strecke führt durch den ***Wood Buffalo National Park***, dessen ***Visitor Centre*** sich in Fort Smith befindet.

Wood Buffalo National Park

Wood Buffalo ist der größte Nationalpark Canadas und Heimat eines 4.000 Köpfe starken Bisonbestandes, zugleich deren letzte Zufluchtstätte in Nordamerika, wo die Bisons über Hunderte von Kilometern ungehindert umherziehen können.

Ein zweiter Superlativ ist das ausgedehnte **Flussdelta** am Zusammenfluss von Peace River und Athabasca River. Das Labyrinth aus flachen Seen und Sümpfen wird durch ein Netz von mäandernden Wasserwegen verbunden.

Mit einer Fläche von 44.800 km^2 ist der *Wood Buffalo National Park* größer als die Schweiz und verfügt dennoch mit dem Fort Smith Highway nur über eine einzige Zufahrt. Obwohl der Löwenanteil seiner Fläche im nördlichen Alberta liegt, erreicht man den Park nur über diese Route.

Wood Buffalos

Auch wenn die Geschichte der ***Wood Buffalos*** ganz interessant ist, den weiten Ausflug von Hay River zum *Wood Buffalo National Park* und ggf. weiter nach Fort Smith sollte nur ins Auge fassen, wer neben der (prioritären) Fahrt nach Yellowknife viel Zeit hat. Außer zur Bisonbeobachtung am Wegesrand (aber bessere Beobachtungspunkte gibt's am Yellowknife Hwy und oft am Liard Hwy) lohnt sich unterwegs auch ein Stop am ***Salt Plains Viewpoint*** (13 km Stichstraße). Salzwasser gelangt dort aus Quellen an die Oberfläche und trocknet zu ausgedehnten weißen Krusten.

Information

Wood Buffalo National Park
Visitor Centre, Fort Smith,
✆ (867) 872-7960, www.pc.gc.ca/woodbuffalo

Fort Smith Visitor Information
✆ (867) 872-3065; www.fortsmithtourism.ca

Bisons in den Northwest Territories

In Nordamerika gibt es zwei Arten von Bisons. Die **Präriebisons**, die einst in riesigen Herden durch die weiten Grassavannen zogen, standen gegen Ende des 19. Jahrhunderts kurz vor der Ausrottung. Nur in wenigen abgelegenen Reservaten und auf abseits gelegenen *Ranches* gab es noch einige geschützte Bestände. Auch in den Northwest Territories hatten die größten Landsäugetiere Nordamerikas überlebt. Bei ihnen handelte es sich aber um **Waldbisons**, die sich nur durch wenige Merkmale wie den etwas größeren Körperbau und die dunklere Behaarung vom Präriebison unterscheiden und in den nordwestlichen Wäldern Canadas beheimatet waren.

Zwischen 1925 und 1928 wurden mehrere tausend Bisons aus dem seinerzeitigen (1913-1939) ***Buffalo National Park*** bei Wainwright östlich von Edmonton in den 1922 gegründeten ***Wood Buffalo National Park*** gebracht. Beide Bisonarten vermischten sich, die Zahl der Tiere nahm zu.

Der »Erfolg« dieser Aktion war sogar so groß, dass es nach wenigen Jahrzehnten anscheinend keine reinrassigen Waldbisons mehr gab und sie um 1950 als ausgestorben angesehen werden mußten.

Überraschenderweise fand man 1957 am Nyarling River an der nördlichen Parkgrenze noch einige reinrassige Waldbisons. Sie wurden separiert und bildeten die Basis für die krankheitsfreien, reinrassigen Waldbisonherden in der ***Mackenzie Bison Sanctuary*** und im ***Elk Island National Park.***

Die Lage der Mischrasse ist dagegen problematisch. Rund 50% der im Park lebenden Bisons sind von Tuberkulose und von Brucellose befallen, Krankheiten, die seinerzeit von den Präriebisons eingeschleppt worden waren.

Da das Ökosystem im Nationalpark durch die erkrankten Bisons aber nur wenig belastet wird, der Bisonbestand trotz Wolfsattacken besonders auf geschwächte Tiere konstant bleibt und die erkrankte Herde (mit Wanderungsüberwachung) von der gesunden weit separiert lebt, bleibt bis zur Vorlage weiterer Forschungsergebnise über die Bekämpfung von Brucellose bzw. Tuberkoluse der Status quo erhalten.

Aussicht

Vom *Mackenzie Highway* geht es 45 km westlich von Enterprise zum ***Hart Lake Fire Tower***. Von der Beobachtungsplattform aus überschaut man ein riesiges Waldgebiet und in der Ferne den von der Straße aus nicht sichtbaren Great Slave Lake. Waldbrände sind in dieser Gegend wegen der Trockenheit nicht selten.

Evelyn Falls

Nach weiteren 39 km auf dem *Mackenzie Highway* erreicht man über die Straße in Richtung der kleinen Déné-Siedlung Kakisa am Kakisa Lake die ***Lady Evelyn Falls*** (7 km) mit schönem ***Territorial Campground*** oberhalb des 17 m hohen Wasserfalls. An dessen Basis kann man schwimmen.

Rund 160 km weiter passiert die Straße den nächsten Park, den kleinen, an einem Hang oberhalb des Trout River gelegenen ***Sambaa Deh Falls Territorial Park***. 20 erfreuliche Stellplätze und Duschen warten dort auf Camper. Die beiden Wasserfälle *Sambaa Deh* und *Coral Falls* verbindet ein 1,5 km langer ***Trail***.

Fort Simpson

An der Abzweigung des ***Liard Highway*** besteht das **Nest Checkpoint** nur aus Hotel mit Restaurant, Tankstelle und *Visitor Info*.

Auf dem langen Weg in die NWT sollte man von dort aus den Abstecher (ca. 70 km Asphaltstraße) nach **Fort Simpson**, dem einzig nennenswerten Ort (1.200 Einwohner, © (867) 695-3182; www.fortsimpson.com) am langen *Mackenzie Highway*, nicht auslassen. Von der kostenlosen Fähre (➪ Seite 491) über den *Liard River* sind es dorthin nur noch 20 km.

Fort Simpson liegt auf einer Insel an der Mündung des Liard in den *Mackenzie River*. Als »Tor« in den einsamen Norden verfügt der Ort über eine komplette Versorgungsinfrastruktur (mäßiger Campground am Ortseingang) und ist Ausgangspunkt für ***Flightseeing*** und geführte Touren ins Hinterland, insbesondere in den ***Nahanni National Park***.

Nahanni National Park

Dieser Park lässt sich per Straße nicht erreichen. Ein **Flug** zu den dortigen 90 m hohen *Virginia Falls* des *South Nahanni River* ist Höhepunkt vieler Trips in die NWT (Dauer 6 Std. inkl. 90-min-Stop im Park). Die **siebthöchsten Wasserfälle** Canadas sind imposant (40 min Wanderung ab Landeplatz, ⇨ auch Titelfoto dieses Kapitels auf Seite 489).

Noch beeindruckender ist aber auf den unterschiedlichen Hin- und Rückflugrouten (je 270 km) der Blick über die Flusscanyons und auf die scheinbar unendliche Wildnis; © (867) 695-2505, www.simpsonair.ca. Im ***Nahanni National Park Information Centre*** – © (867) 695-3151, www. pc.gc.ca/nahanni – gibt es Fotos und Filme davon.

Alexandra Falls des Hay River, *⇨ Seite 493*

6.3.2 Yellowknife Highway

Zeitbedarf

Eine Fahrt in die Northwest Territories ohne den Abstecher nach Yellowknife wäre wenig sinnvoll. Die reine Fahrtzeit beträgt auf der asphaltierten Straße 4-5 Stunden für den einfachen Weg, ca. **340 km**. Pausen, Besichtigungen und eine Weiterfahrt auf dem *Ingraham Trail* mitgerechnet, ist ein Abstecher nach Yellowknife ab 2 Tagen zu »machen«. **Hinweis**: Die **Supermarktpreise** liegen in Yellowknife niedriger als in anderen entlegenen Orten. Auch das Tanken ist dort fast 15 Cent billiger als in Fort Simpson.

Fähre

Bis zur kostenlosen Fähre (⇨ Seite 491) über den hier bereits sehr breiten **Mackenzie River** sind es 25 km. Oft verschwinden die letzten Eisschollen nicht vor Ende Juni; die Fähre kann ihren Betrieb wegen Eisgangs frühestens Mitte bis Ende Mai aufnehmen.

Bisons

Auf den folgenden 80 km bildet die Straße die Westgrenze des ***Mackenzie Bison Sanctuary***, Reservat einer weiteren Herde reinrassiger ***Wood Buffalos*** (⇨ oben). In der Regel weiden einige der hier auch schon über 2.000 Waldbisons direkt an der Straße. Die Bisons bekommt man dort eher und näher zu Gesicht als im *Wood Buffalo National Park*.

Fort Providence

Fort Providence ist ein 730-Seelen-Dorf mit überwiegend indianischer Bevölkerung. Interesse an ***Indian Handicraft*** – dort vor allem Stickereien aus Elchhaar – wäre ein Motiv für den Abstecher (5 km). Der schöne ***Fort Providence Territorial Park Campground*** liegt am Ufer des Mackenzie River, etwa 2 km vom *Yellowknife Highway* entfernt.

Park am Great Slave Lake

Diese Straße bietet auf den folgenden 200 km kaum Abwechslung. Im ***North Arm Park*** gibt es einen guten **Picknickplatz** am *Great Slave Lake.*

Rae

Im Bereich des *North Arm*, rund 100 km westlich vor Yellowknife, passiert man die Zufahrten zu den *Déné*-Siedlungen **Edzo** und **Rae**. Nur Rae, mit 1.550 Einwohnern größte *Déné*-Stadt der NWT, hat eine Versorgungsinfrastruktur (11 km ab Yellowknife Hwy). Mehr zu den NWT-Indianern ab Seite 593.

Der Übergang von den bewaldeten Ebenen der ***Mackenzie Lowlands*** zur felsigen Hügellandschaft des Kanadischen Schildes erfolgt in diesem Bereich. Die restliche Strecke bis Yellowknife ist erheblich reizvoller als der erste Abschnitt.

Yellowknife

Einige Kilometer vor der Ortseinfahrt von Yellowknife liegt der ***Fred Henne Territorial Park***, dessen Sandstrand am Long Lake beliebtes Ausflugsziel ist. Die Sommersonne erwärmt das Wasser des kleinen Sees auf badefreundliche Temperaturen. Schließlich verzeichnet Yellowknife mit 1.037 Stunden von Juni-August mehr Sonnenschein als alle anderen kanadischen Städte. Der attraktive ***Campground*** bietet trotz des nahen Flugfeldes relativ ruhige Übernachtungsplätze in Ortsnähe. Auf dem ***Prospector's Trail*** (4 km) kann man die geologischen Besonderheiten der Region studieren.

Hauptstadt

Yellowknife an der *Back Bay* der Slave-Lake-Nordküste beherbergt mit ca. **18.700 Einwohnern** fast 45% der Bevölkerung der Territories. Als Hauptstadt und Verwaltungszentrum verfügt sie über eine komplette Infrastruktur; auch der Anschluss ans nationale Flugnetz per Linienjet fehlt nicht.

Geschichte

Die nach den kupfernen Messern der *dort ansässigen* Indianer benannte Stadt existiert erst seit knapp 70 Jahren. Die Entdeckung von **Gold** hatte **1934** erstmals weiße Siedler in die Gegend nördlich des Great Slave Lake gebracht. Anders als etwa beim *Klondike Goldrush* ab 1898 kamen damals nicht Tausende, um in mühseliger Handarbeit *Pay Dirt* zu waschen, sondern die Goldgewinnung nahm rasch industrielle Formen an. Bis heute sind **Goldminen** in Betrieb, darunter die riesige, inzwischen stillgelegte *Giant Mine* 5 km nördlich der Stadt.

Information

Der erste Weg in Yellowknife sollte zum sehr gut ausgestatteten ***Northern Frontier Visitors Centre*** führen in der 4807 49th St, © 1-877-881-4262 oder © 867-873-4262. Dort erhält man den **Ortsplan** undalle erdenklichen Unterlagen. Information im **Internet** unter www.northernfrontier.com.

Museum

Unbedingt besuchen sollte man das ***Prince of Wales Northern Heritage Centre*** am *Frame Lake,* der sich von der Touristeninformation zu Fuß erreichen lässt. Das *Heritage Centre,* faktisch ein kombiniertes **Geschichts-, Naturkunde- und Kunstmuseum**, ist ausgesprochen informativ; es thematisiert u.a. die Geschichte sowie Flora und Fauna des Nordens. Geöffnet Juni-August täglich 10.30-17.30 Uhr, sonst Mo-Fr 10.30-17 Uhr und Sa-So 12-17 Uhr; Eintritt frei; www.pwnhc.ca.

Vom Museum führt ein kurzer Fußweg zum ***Legislative Assembly Building***. Das 1993 erbaute Parlament der Northwest Territories, ein moderner lichtdurchfluteter Kuppelbau, liegt ebenfalls am Frame Lake; www.assembly.gov.nt.ca.

Überblick

Neben diesem modernen Stadtzentrum besitzt Yellowknife noch einen zweiten historischen Stadtkern. Den besten Überblick über diese »*Old Town*« (1934!), hat man vom ***Pilot's Monument*** auf der dem heutigen Stadtzentrum östlich vorgelagerten Landzunge. An ***Back Bay*** und ***Yellowknife Bay*** liegen zahllose Hausboote und Wasserflugzeuge.

Abstecher

Von Yellowknife in absolute Einsamkeit führt der einst als Ostumgehung des *Great Slave Lake* projektierte ***Ingraham Trail*** (70 km in östliche Richtung bis zum Tibbitt Lake). Jede ***Picnic Area*** und die beiden ***Territorial Campgrounds*** am Wege eignen sich gut für Kanu- und Angeltouren. Kanuverleih für $45/Tag bei *Overlander Sports,* Kreuzung 50th Street/49th Ave; © (867) 873-2474; www. overlandersports.com.

Im ***Prelude Lake Territorial Park*** (prima *Campground,* 28 km östlich der Stadt) entstand mit viel Liebe zum Detail ein 3 km langer ***Nature Trail***. Auf dem Rundweg über die weiten Granithügel werden die Besonderheiten der Tier- und Pflanzenwelt der NWT unter den dort vorherrschenden klimatischen Verhältnissen erläutert.

6.3.3 Liard Highway

Verlauf

Der ***Liard Highway*** (390 km) führt durch eine einsame Waldlandschaft. Obwohl er die einzige direkte Verbindung zwischen den Northwest Territories und British Columbia darstellt, ist das Verkehrsaufkommen gering.

Geschichte und Qualität

Vorgänger des *Liard Highway* war eine »Winterroute« zwischen Fort Simpson und Fort Nelson/BC. Erst 1984 offiziell für den öffentlichen Verkehr freigegeben, ist die Straße heute relativ gut zu befahren. In BC ist die Trasse mittlerweile sogar voll asphaltiert, in den NWT eine 210 km lange, akzeptable Schotterstraße. Unterwegs grasen immer wieder Bisons am Straßenrand, und manchmal legen die mächtigen Tiere mitten auf dem *Highway* eine verkehrsblockierende Siesta ein.

Blackstone Park

Der ***Blackstone Territorial Park*** am Ostufer des breiten Liard River ist nach guten 100 km der erste markante Punkt für einen

Zwischenstopp. Jenseits des Flusses beginnen die Mackenzie Mountains. Vom ***Visitor Centre*** (geöffnet von Mitte Mai bis Mitte September) hat man einen herrlichen Fernblick auf den ***Nahanni Butte*** (1.396 m) am Zusammenfluss von South Nahanni und Liard River. Ein – offenbar nur schlecht gepflegter (so Leser) – ***Campground*** mit Duschen ist ebenfalls vorhanden; .

Fort Liard

Fort Liard (580 Einwohner, **Info** unter © (867) 770-4104, www.fortliard.com) liegt 6 km abseits des *Liard Highway*. An der Stichstraße, etwa auf halben Wege dorthin, befindet sich der kommunale ***Hay Lake Campground*** (gratis) am gleichnamigen See.

Der wenig attraktive Ort Fort Liard zeichnet sich nur durch seine Lage unmittelbar an der Einmündung des dunklen *Petitot River* in den breiten, helleren *Liard River* positiv aus. Immerhin können dort auch **Kanus** gemietet werden.

Im gut sortierten Shop des *Visitor Centre* gibt es ***Indian Handicraft*** wie Mokassins, Körbe und andere Artikel aus Leder und Birkenrinde.

Letzte Kilometer

Etwa 40 km weiter westlich passiert der *Liard Highway* die Grenze zwischen den North West Territories (*Mountain Time*) und British Columbia (*Pacific Time*). Kurz darauf überquert man den **Petitot River**, einen für sein **warmes Wasser** bekannten Fluss, bei schönem Wetter eine gute Gelegenheit für ein Bad.

Die einspurige **Brücke** über den Fort Nelson River liefert ein letztes gutes Fotomotiv auf dem *Liard Highway*, bevor man 28 km nordwestlich von Fort Nelson den *Alaska Highway* erreicht, ➪ Seite 385.

Die Northwest Territories zu bereisen, ist heute auch per Motorhome kein Problem mehr. Hier eine der Fähren über den Mackenzie River

ALBERTA
WHEAT POOL
FARMER OWNED
CO-OPERATIVE
HUSSAR
NO.2

Trans Canada
von Toronto nach Calgary

7. TRANS CANADA HIGHWAY VON TORONTO NACH CALGARY

Dieses Kapitel ist für alle diejenigen gedacht, die ihre Reise in und durch den Westen Canadas zunächst weiter östlich beginnen möchten. Es beschreibt die landschaftlich und kulturell interessanteste Route von Toronto bis Calgary.

Zur Route

Zum großen Teil entspricht die Strecke dem Verlauf des ***Trans Canada Highway*** (TCH, ➪ mehr zu dieser Straße auf Seite 209), zumal dazu teilweise keine Alternative existiert. Die hier vorgeschlagenen Abweichungen umgehen weniger aufregende TCH-Abschnitte bzw. führen über noch empfehlenswertere Routen.

Für die Fahrtrichtung **Ost-West** spricht vor allem, daß eine Reise durch den Westen, die mit einer Fahrt nach Osten abschließt, das Gros der *Highlights* an den Anfang stellt. Wer also zunächst im Westen unterwegs ist und dann transkontinental in östliche Richtung fährt, wird leicht vom letzten Teil der Reise enttäuscht sein. Umgekehrt steigert sich im Verlauf einer Ost-West-Reise die Attraktivität Canadas.

Start in Toronto

Als Start (oder Ziel) für eine solche Reise bietet sich **Toronto** insofern an, als die Stadt den am besten zu erreichenden internationalen Flughafen Canadas besitzt. Vergleichbar gute Verbindungen hat nur **Chicago**, gut 800 km südwestlich, ebenfalls ein bedenkenswerter Ausgangspunkt für Ost-West-Trips. Beide Cities mit Ontario und Niagara Falls bzw. einer Route von Chicago durch Michigan nach Sault Ste. Marie als Anfahrt zum TCH werden ausführlich im Reise Know-How Führer ***Kanadas Osten/ USA Nordosten*** behandelt, ➪ Seite 613.

Toronto ist Canadas größte Stadt. Ihre Skyline unterscheidet sich nicht von der US-amerikanischer Big Cities

7.1 Durchs westliche Ontario

7.1.1 Von Toronto nach Sault Ste. Marie

Verlauf des TCH

Naheliegend für eine Fahrt in Richtung Westen erscheint zunächst, dem ***Trans Canada Highway*** zu folgen, der indessen Toronto nicht berührt. Sein Hauptstrang verläuft weiter nördlich am *Lake Simcoe* entlang und erreicht bei Port Severn die *Georgian Bay* des Lake Huron. Von dort führt er nach Sudbury und folgt dann weitgehend der Uferlinie des *North Channel* (Lake Huron) und des Lake Superior.

Der Verlauf des TCH bis Sudbury und noch einiges darüberhinaus etwa bis Massey ist insgesamt weniger attraktiv als die im folgenden beschriebene Route über die Bruce Peninsula und Manitoulin Island.

Startroute

Dafür verläßt man die Metropole zunächst nordwärts auf der **Autobahn #400** über Barrie am *Lake Simcoe in* Richtung Port Severn bis zur Ausfahrt #147 und auf der **#12** weiter in **Richtung Midland**.

Living Museum

Etwa 5 km östlich des Städtchens liegt das Freilichtmuseum ***Sainte-Marie among the Hurons***. 1639 errichteten dort französische Jesuiten im Gebiet der Huronen die erste europäische Siedlung in Ontario. Nach heftigen Angriffen der mit den Huronen verfeindeten Irokesen sahen sich die Geistlichen (➪ unten) und die von ihnen bekehrten Indianer gezwungen, die Mission 1649 aufzugeben, brannten sie aber vorher bis auf die Grundmauern nieder; www.hhp.on.ca.

Das nach historischem Vorbild auf den originalen Ruinen wieder aufgebaute Dorf vermittelt dank liebevoller Detailrestaurierung und zeitgenössisch gekleideter »Bewohner« eindrucksvoll die Atmosphäre jener Zeit (geöffnet von Mitte Mai bis Mitte Oktober täglich 10-17 Uhr, Eintritt $12).

Martyrs' Shrine

Gleich gegenüber von *Sainte-Marie* ragen die hellen Zwillingstürme des ***Martyrs' Shrine*** empor. Acht der als Missionare in *Ste-Marie* tätigen Jesuiten waren von den Irokesen ermordet und posthum zu Märtyrern und Heiligen erklärt worden. Den Schrein schuf man ihnen zu Ehren. Er ist heute Ziel von Pilgern wie Touristen gleichermaßen (Mitte Mai-Mitte Oktober tägl. 8.30-21 Uhr; Eintritt $3; www.martyrsshrine.com). Große Bedeutung wird dem Papstbesuch im Jahr 1984 zugemessen – die damalige Visite von Johannes Paul II. ist ausführlichst dokumentiert.

Wye Marsh Wildlife Centre

Direkt südlich an Sainte-Marie grenzt das ***Wye Marsh Wildlife Centre***, wo am *Wye River* die in Ostcanada ausgerotteten **Trompeterschwäne** wieder angesiedelt wurden. Auf vier *Trails* und geführten **Kanutouren** ($6, Mai, Juni Sa, So, Juli+Aug. täglich, 45 min) kann man den größten Wasservogel Nordamerikas beobachten (tägl.9-17 Uhr, $10; www.wyemarsh.com).

Penetanguishene

Einige Kilometer nördlich von Midland liegt **Penetanguishene**. Das Städtchen war seit dem frühen 19. Jahrhundert britischer Marine-Stützpunkt und Werfthafen. Vor dem ***Discovery Harbour*** (Juli-Ende August, täglich 10-17 Uhr, Mitte Mai-Juni Mo-Fr 10-17 Uhr, Eintritt $6; www.hhp.on.ca), einem kleinen *Living Museum*, ankern die originalgetreuen Nachbauten der Segler ***HMS Bee*** von 1817 und der ***HMS Tecumseth*** von 1814.

Zur Nottawasaga Bay

Von dort sind es nur wenige Kilometer hinüber zur ***Nottawasaga Bay***. Über die Küstenstraße hinter endlosen Sommerhaussiedlungen erreicht man Wasaga Beach.

Wasaga Beach

Der ***Wasaga Beach Provincial Park*** ($12-$17 pro Auto) besitzt einen 14 km langen weißen Sandstrand. Seine Hauptattraktion ist – neben den *Beaches* – der **Nancy Island Historic Site** (Mitte Juni-Anfang September täglich 10-18 Uhr, sonst Sa, So 11-17 Uhr). Im britisch-amerikanischen Krieg von 1812-14 wurde vor der Mündung des Nottawasaga River die britische *HMS Nancy* von US-Kriegsschiffen versenkt. Gestein und Sand, die sich um das Wrack sammelten, sorgten für die Bildung von Nancy Island. Auf dem zwischen Dünen und Fluss gelegenen ***Historic Site*** befinden sich heute Leuchtturm und Museum; www.ontarioparks.com.

Niagara Escarpment

Westlich von **Wasaga Beach** erhebt sich bei **Collingwood** der ***Blue Mountain***, mit 541 m eine der höchsten Berge des *Niagara Escarpment*. Diese Kalksandstein-Abbruchkante erstreckt sich quer durch Südontario auf einer Länge von 725 km von den Niagarafällen über die Ostseite der Bruce Peninsula bis nach Tobermory. Der 782 km lange Fernwanderweg ***Bruce Trail*** (www.brucetrail.org) von Queenston (bei Niagara Falls) bis Tobermory folgt dem Verlauf des *Escarpment*.

Dieser Weg passiert u.a. das Gipfelplateau des ***Blue Mountain Resort***, ein populäres Sommerferiengebiet mit Seilbahn, **Mountain-Bike-Parcours** (*Trail+Gondola* $35, Mountainbike $46 pro Tag, © 1-877-445-0231 oder (705) 445-0231; www.bluemountain.ca) und Spazierwegen. Via *Blue Mountain Road* geht's zu den ***Scenic Caves*** auf der benachbarten Bergspitze, wo neben einer langen Hängebrücke (126 m) ein Rundweg zu Höhlen, Schluchten und Aussichtspunkten führt (Mai-Okt. tägl. 10-17 Uhr, Juli, Aug. 9-19 Uhr, $19; www.sceniccaves.com).

Nach Tobermory

Von Owen Sound geht es über die Hauptstraße #6 nach Tobermory. Den schönsten Abschnitt bilden die letzten Kilometer entlang der Ostküste der Bruce Peninsula. Die Westufer der Halbinsel am Lake Huron sind flach und streckenweise sumpfig. Sie verfügen aber auch über weitläufige Badestrände.

Abstecher

Weitere Abstecher von der #6 an die Westküste machen erst im Nationalpark Sinn (siehe unten). An die Ostküste führen dagegen mehrere lohnenswerte Stichstraßen. Eine davon, die #9 führt nach *Lion's Head* mit einem Sandstrand. Von dort aus sind es auf einem Teilstück des ***Bruce Trail*** etwa 4,5 km zum exponierten Aussichtspunkt ***Lion's Head Point***.

Ontarios Zentraler Osten
Sudbury
Science North
North Bay
TCH-SÜDROUTE
TCH-NORDROUT
Sault Ste. Marie
CHUTES PROV. PARK
Espanola
Massey
North Channel
KILLARNEY PROV. PARK
Killarney
Little Current
Gore Bay
Cup and Saucer
Ten Mile Pt.
Wikwemikong
Manitowaning
Providence Bay
South Baymouth
Manitoulin Island
Mississagi Lighthouse
Lake Nipissing
ALGONQUIN PROV. PARK
Ottawa
Thirty Thousand Islands
Georgian Bay
FATHOM FIVE NATIONAL MARINE PARK
Flowerpot Island
Tobermory
Cypress Lake
BRUCE PENINSULA NATIONAL PARK
Lion's Head
KILLBEAR PROV. PARK
Parry Sound
Huntsville
OASTLER LAKE PROV. PARK
SIX MILE LAKE PROV. PARK
Bracebridge
Gravenhurst
GEORGIAN BAY ISLANDS NAT. PARK
Port Severn
Nottawasaga Bay
Midland
Orillia
SAUBLE FALLS PROV. PARK
Sauble Beach
Owen Sound
CRAIGLEITH PROV. PARK
Sainte-Marie among the Hurons
Blue Mountain
Scenic Caves
Collingwood
Wasaga Beach
Barrie
Lindsay
Lake Simcoe
Southampton
Port Elgin
N
0 30 km
Kincardine
Hanover
Mount Forest
Newmarket
Markham
Orangeville
Brampton
Toronto
Toronto Islands
Montréal
Lake Huron
Goderich
Listowel
Bayfield
Guelph
St. Jacobs
Kitchener
Stratford
Cambridge
Lake Ontario
CANADA USA
St. Catharines
Niagara-on-the-Lake
Niagara Falls
Queensboro
Woodstock
Hamilton
London
Brantford
Fort Erie
Sarnia
Tillsonburg
Buffalo
Rochester
St. Thomas
Wallaceburg
Chatham
ONTARIO N.Y.
ONTARIO MICHIGAN
USA CANADA
Lake Erie
Detroit
Cleveland
17
6
637
69
522
11
60
35
12
7
10
89
9
400
401
21
23
402
3
40
90

Bruce Peninsula National Park

Das Gelände des ***Bruce Peninsula National Park*** liegt unterhalb der Nordspitze der Halbinsel beidseitig der Hauptstraße. Zur spektakulären Küste der *Georgian Bay* mit überhängenden Felsen, Höhlen und stillen Buchten geht es dort nur auf Schusters Rappen. Glasklares blaugrünes Wasser verführt am ***Indian Head Cove*** zum Baden, wenn auch die Temperaturen niedrig sind. 43 **Orchideenarten** gehören zur vielfältigen Flora des Parks. Im Westteil, am Lake Huron, erstrecken sich Sümpfe, sandige Buchten und Dünen. Gut zugänglich sind die ***Singing Sands*** an der Dorcas Bay mit langem Badestrand.

Cyprus Lake

Am *Cyprus Lake* liegen die drei **Campingplätze** des Parks dicht beieinander, © 1-877-RESERVE, www.pccamping.ca. Der ruhige See eignet sich besser zum **Schwimmen** als die kalte *Georgian Bay*. Der *Loop Trail* (5 km) um den Cyprus Lake ist aber weniger attraktiv als die Wege zur *Georgian Bay*.

Wanderungen

Vom *Trailhead* am Cyprus Lake führen ***Horse Lake***, ***Georgian Bay*** und ***Marr Lake Trail*** (alle um 1 km Länge) zum Uferpfad. Eine Kombination des *Horse Lake Trail* mit einem Teilstück des *Bruce Trail* und dem *Marr Lake Trail* ergibt eine der schönsten Rundwanderungen der Halbinsel (ca. 4 km): Entlang der felsigen Küste geht es zum ***Halfway Rock Point*** und anschließend über die ***Indian Head Cove*** zu einer etwas versteckt liegenden Grotte. Ein ungewöhnliches Phänomen ist der unterirdische Abfluss des **Horse Lake**, dessen Wasser durch Karsthöhlen zum *Marr Lake* und von diesem ebenfalls unterirdisch in die *Georgian Bay* fließt. Wer den Rücktransport organisiert, könnte auf dem ***Bruce Trail*** **bis Tobermory** laufen (ab Cyprus Lake 19 km).

Ein neues ***Visitor Centre*** des ***Bruce Peninsula National Park*** befindet sich unmittelbar südlich von Tobermory, © (519) 596-2233; www.pc.gc.ca/bruce.

Tobermory

An der Spitze der Halbinsel liegt **Tobermory**, © (519) 596-2452; www.tobermory.org. Dieser hübsche kleine Ort ist nicht nur Heimathafen der Fähre nach Manitoulin Island, sondern auch Ausgangspunkt für Bootsausflüge zu den Inseln des ***Fathom Five National Marine Park***.

Fathom Five National Park

Zum *Fathom Five National Marine Park* gehören 19 Inseln nördlich von Tobermory und ein Uferstreifen entlang der *Little Dunks Bay* östlich des Ortes. Canadas erster **Unterwasserpark** ist ein Paradies für Taucher und Ziel täglicher Exkursionen mit **Glasbodenbooten**. Eine zweistündige Fahrt zu den **22 Schiffswracks** vor der Küste Tobermorys, die dank der großen Wassertransparenz von oben recht deutlich zu erkennen sind, kostet $35. Ende Juni-Anfang September, im Hochsommer 4x täglich; www.blueheronco.com. Die meisten von ihnen verfehlten von der des 19. bis Anfang des 20. Jahrhunderts bei schwerer See die Passage zwischen *Bruce Peninsula* und Manitoulin Island und gerieten in die Untiefen der Tobermory vorgelagerten Felsinseln. Die Kälte des Wassers hat sie konserviert.

Einer der beiden »Flowerpots« auf der gleichnamigen Insel

Information im ***Visitor Centre*** des *Bruce Peninsula Nat'l Park*, im Internet unter www.pc.gc.ca/fathomfive

Flowerpot Island

Die 5 km vom Festland entfernte »Blumentopfinsel« (***Flowerpot Island***) ist die bekannteste Insel im Nationalpark. Sie ist Teil des ***Niagara Escarpment***, das ab Tobermory unter Wasser verläuft und am Ostufer der Insel beeindruckende Kalksteinformationen bildet. Wind und Regen haben zwei markante Säulen modelliert, die 7 und 12 m hohen ***Flowerpots***. Ihre »Köpfe« bestehen aus festerem Fels und wölben sich wie Kappen über dem stark erodierten Schaft.

Boote zur Insel

Da die Fähre Tobermory-South Baymouth die Westseite der Insel in beträchtlicher Entfernung passiert, muss eine zweistündige **Exkursion mit den Glasbodenschiffen** buchen, wer die *Flowerpots* und die Inselflora (mit zahlreichen Orchideenarten!) näher kennenlernen möchte. Besucher können sich auf *Flowerpot Island* absetzen und von einem späteren Boot wieder abholen lassen (***Blue Heron Cruises***; $38 täglich Mitte Mai-Mitte Oktober, ohne Landgang $28; Juli+August 6 Touren täglich, © (519) 596-2999.

Trails

Zwei Wanderwege stehen zur Auswahl. Der schöne ***Flowerpot Loop Trail*** (2,7 km) läuft an der Küste entlang und führt an beiden *Flowerpots* vorbei zum Leuchtturm. Quer über die Insel geht es zum Ausgangspunkt zurück. Mit festem Schuhwerk und Taschenlampe kann man auch die Höhle am größeren *Flowerpot* (Zugang per Treppenstufen) auf eigene Faust erforschen. Im Südosten der Insel gibt es am Ufer sogar **6 Camping-Plattformen für Zelte**, die nach Reihenfolge der Ankunft vergeben werden.

Fähre nach Manitoulin Island

Die Fähre ***MS Chi-Cheemaun*** fährt Ende Juni bis Anfang September viermal täglich – zu Anfang schöner Kurs durch den *Fathom Five National Marine Park* – von Tobermory nach South Baymouth auf Manitoulin Island und zurück. Anfang Mai bis Ende Juni und Anfang September bis Mitte Oktober verkehrt sie nur zweimal täglich, freitags dreimal. Die Fahrtzeit beträgt 1 Std. 45 min. Laut **Sommerfahrplan** erfolgt die erste Fahrt ab Tobermory um 7 Uhr morgens, die letzte um 20 Uhr, die erste Fahrt ab South Baymouth um 9, die letzte um 22 Uhr.

Kosten und Reservierung

Pro Person kostet die einfache Fahrt $15. Für Fahrzeuge bis 2,60 m Höhe zahlt man $32, für höhere Fahrzeuge $68. Bei mehr als 20 Fuß (6,10 m) langen Wohnmobilen werden pro Fuß Überlänge $2,40 bis 2,60m Höhe, sonst $4,70 Extragebühren fällig. **Reservierungen** sind beim ***Owen Sound Transportation Company*** über ✆ **1-800-265-3163** möglich (Kreditkarte notwendig):

Information über Abfahrten, ggf. Verspätungen etc:
Tobermory: ✆ (519) 596-2510
South Baymouth: ✆ (705) 859-3161

Aktuelle Tarife und Fahrplan unter www.chicheemaun.com

Wartezeiten lassen sich gut durch einen kleinen Abstecher zum **Fotomotiv *Big Tub Lighthouse*** am Ende der Landzunge nordwestlich von Tobermory überbrücken (am Ende der Straße #6/ Front Street links ab).

Indianerjunge beim Wikwemikong Int`l PowWow (an jedem 1.Wochenende im August)

Manitoulin Island

Manitoulin Island (2.765 km², © (705) 368-3021, www.manitoulintourism.com; ***Welcome Centre*** in Little Current) gilt als weltgrößte Insel in einem Süßwassersee. ***Manitoulin*** ist ein Wort aus der *Ojibwe*-Sprache und bedeutet soviel wie **»Heimat des Großen Geistes Manitou«**. Noch in den 1970er-Jahren lag die knapp 130 km lange Insel völlig abseits der Touristenströme. Der Ausbau von Straßen und Infrastruktur, wie die Indienststellung der MS Chi-Cheemaun 1974, hat aber seither für mehr Besucher gesorgt, wiewohl Massentourismus mangels »Top-Attraktionen« auf Manitoulin Island nicht existiert.

South Baymouth

Die Fähre aus Tobermory legt in South Baymouth an, in der Südostecke von Manitoulin Island.

Außer einem kleinen historischen Museum im ***Little Schoolhouse*** von 1898 am Ortseingang neben dem Fähranleger (Mai-Mitte Oktober täglich 9.30-16.30 Uhr; Eintritt frei) gibt es dort nicht viel zu sehen. **Campen** kann man ca. 1 km außerhalb an der Hauptstraße #6 im *South Bay Resort* mit Stellplätzen unmittelbar am Wasser mit Sandstrand; \$23-\$33, © (705) 859-3106.

Manitowaning

Die Straße von South Baymouth nach *Little Current* bietet anfangs wenig fürs Auge. Etwa auf halber Strecke dorthin liegt Manitowaning und in seinem Hafen das ***Steam Ship Norisle***, 1946-74 Personen- und Autofähre zwischen South Baymouth und Tobermory. Unweit davon befindet sich in einem alten Gefängnisgebäude das ***Assiginack Museum*** mit Relikten der ersten Siedler. Schiff und Museum sind von Juni bis Oktober täglich 10-17 Uhr zu besichtigen; Eintritt \$2.

Manitowaning spielt in der Geschichte der Insel eine bedeutende Rolle. Als Anerkennung für die Unterzeichnung des Friedensvertrags von Niagara 1764 verteilte die britische Kolonialverwaltung alljährlich Geschenke an die damals beteiligten Indianerstämme. Während einer solchen Zeremonie wurde 1836 in *Manitowaning* der Friedensvertrag von *Manitoulin* unterzeichnet. Bis zu seiner Annullierung 1862 blieb Weißen die Besiedelung der Insel verschlossen.

Manitowaning Experiment

Wohl deshalb wurde Manitowaning für das in den 1850er-Jahren gescheiterte ***Manitowaning Experiment*** ausgewählt, dessen Ziel es war, die ***Ojibwe*-Indianer** mit europäischen Landwirtschafts- und Handelsformen vertraut zu machen. Bei der Unterweisung galt besonderes Augenmerk den Kindern. Denn ihre Eltern brachten ihnen nach alter Tradition lieber das Fischen und Jagen bei, anstatt sie zur Schule zu schicken.

Wikwemikong

Die ***Wikwemikong Unceded Indian Reserve***, www.wiky.net, mit 2.800 Einwohnern ist die einzige kanadische Indianerreservation, die ihr Territorium nicht in einem Vertrag an den Staat Canada abgetreten hat. Schon anfangs des 19. Jahrhundert wurden die *Wikwemikong*-Indianer zum katholischen Glauben bekehrt. Die Ruine der abgebrannten ersten ***Holy Cross Mission*** der Jesuiten ist ein sichtbarer Zeuge der Missionsgeschichte.

Indian Pow-Wow

Seit 1960 findet jedes Jahr am ersten Wochenende im August das dreitägige ***Wikwemikong Cultural Festival*** statt, das älteste ***Pow Wow*** in Ostcanada; www.wikwemikongheritage.org.

Straße #6

Nördlich von Manitowaning passiert die Straße #6 im Ort High Falls Wasserfälle, die aber kleiner sind, als die Bezeichnung vermuten läßt. Attraktiver ist der etwas weiter im Norden liegende ***Ten Mile Point*** (= 16 km südlich von Little Current; mit indianischem Souvenirshop; © (705) 368-2377). Von dort hat man bei klarem Wetter eine schöne Aussicht auf die umliegenden Buchten und das Inselende im Norden.

Providence und Gore Bay

Als Route ins Inselinnere käme auch eine Fahrt von **Tehkummah** nach **Providence Bay** in Frage. Vom Küstenort am Lake Huron mit dem größten Sandstrand der Insel quert man sie in nur 41 km bis Gore Bay am *North Channel.* In diesem Städtchen ist das kleine Gore Bay Museum im einstigen Gefängnis beheimatet (Mai-Okt. täglich 10-16 Uhr, $4), im rot bedachten Pavillon an der *Waterfront* ein ***Visitor Centre*** (#15 Water St, © (705) 282-2420; www.gorebay.ca). Eine kurze Zufahrt führt östlich der Bucht zu einem Aussichtsfelsen auf dem *East Bluff.*

Mississagi Strait

Die einsame, touristisch kaum erschlossene Westecke der Insel erreicht man auf der Stichstraße #540. 73 km sind es von Gore Bay nach Meldrum Bay, von dort bis zum ***Mississagi Lighthouse*** von 1873 am westlichen Ende der Insel noch einmal 12 km. Der Blick über die *Mississagi Strait,* kurze Wanderwege entlang des felsigen Ufers, ein kleines Museum, ein Restaurant und ein schön in Wald eingebetteter **Campingplatz** (mit Duschen), $20-$25, lohnen die weite Anfahrt; www.themississagilight house.com.

Am Ostende der Straße #540 (18 km westlich von Little Current) beginnt das Wegenetz am ***Cup and Saucer***, einem bewaldeten Höhenzug des sich hier fortsetzenden *Niagara Escarpment* mit 70 m hohen Klippen. Die Bezeichnung spielt auf die Landschaftsform an, ein schmaler Hügel steht auf einem breiteren Hügel wie eine Tasse *(cup)* auf einer Untertasse *(saucer)*. Der 3 km lange ***Upper Trail*** zum höchsten Punkt auf Manitoulin Island ist die schönste Wanderung der Insel. Parallel dazu quert der 500 m lange ***Adventure Trail*** über einige Leitern den Felsen etwas unterhalb der Klippen.

Little Current

Auf der Straße #540 fährt man nordostwärts weiter nach **Little Current**, dem nach Wikwemikong zweitgrößten Ort der Insel. Eine Meerenge, der *North Channel*, trennt Manitoulin Island vom Nachbarn, der **Great La Cloche Island**. Zur vollen Stunde passiert der Schiffsverkehr die Drehbrücke zwischen beiden Inseln. An der Straße #6 erinnert ein *Historical Marker* an den ersten Europäer um 1612 auf diesem Wasserweg, den Franzosen ***Etienne Brûlé***, und die Pelzhändler, die ihm später mit ihren Transportkanus folgten. Die **Strecke bis Espanola** verläuft abwechslungsreich durch eine attraktive Seen- und Insellandschaft.

Chutes Park Der TCH von Espanola bis nach Sault Ste. Marie bietet mit Ausnahme des ***Chutes Provincial Park*** bei **Massey** kaum Höhepunkte. Der Provinzpark wird auf ganzer Länge vom verzweigten

Abstecher nach Sudbury

Sudbury Basin Sudbury (158.000 Einwohner), 80 km östlich von Espanola, liegt im gigantischen Krater des an Bodenschätzen reichen *Sudbury Basin* mit Eisen-, Gold-, Kupfer- und Silberlagerstätten und einem der weltgrößten Nickelvorkommen:

Sudbury Tourism Office, 200 Brady Street, © (705) 673-4161 und © 1-800-708-2505, www.sudburytourism.ca.

Erzlager Bereits 1902 wurde in Sudbury der Bergbaukonzern INCO gegründet. Seither ist Wohl und Wehe der Stadt eng mit dem mittlerweile zweitgrößten Nickelproduzenten der Welt verknüpft. Derzeit betreibt INCO in Sudbury Canadas größte Erzförder- und verarbeitungsanlage (*Copper Cliff*) sowie die tiefste Nickelmine der Welt (*Creighton Deep*, 2.300 m).

Museen In der Stadt befindet sich mit den ein paar Kilometer auseinander liegenden ***Science North/Dynamic Earth*** einer der interessantesten Museumskomplexe Ontarios. Vor ***Dynamic Earth*** (am Westausgang des Ortes) gilt die 9 m hohe 5-Cent-Münze aus Nickel als Wahrzeichen Sudburys.

In diesem Museumsteil fahren Besucher nach einer tollen Videoshow mit Spezialeffekten im gläsernen Aufzug in die Tiefe und lernen während einer Untertageführung Fördertechniken verschiedener Bergbauepochen und manches mehr kennen.

Das auffällige in Form zweier Schneeflocken konstruierte Gebäude von ***Science North*** liegt am Ufer des Ramsey Lake (Ausflugsboot ab Museum, Uferweg, Picknickplätze). Auf vier Stockwerken vermitteln Demonstrationen und Do-it-yourself-Experimente Naturwissenschaft hautnah. Außerdem gibt es 3D-Filme und Lasershows, den Bewegungssimulator *Virtual Voyages* und einen tropischen Regenwald voller Schmetterlinge. Ein IMAX-Kino fehlt auch nicht; www.sciencenorth.ca.

Info Juli-Anfang September täglich 9-18 Uhr, Ende April-Juni 9-17 Uhr, *Science North* $19, *Dynamic Earth* $18, IMAX-Kino $9, *Virtual Voyages* $7, Bootstour $12. Ermäßigte Kombitickets; © (705) 522-3701 und © 1-800-461-4898.

7

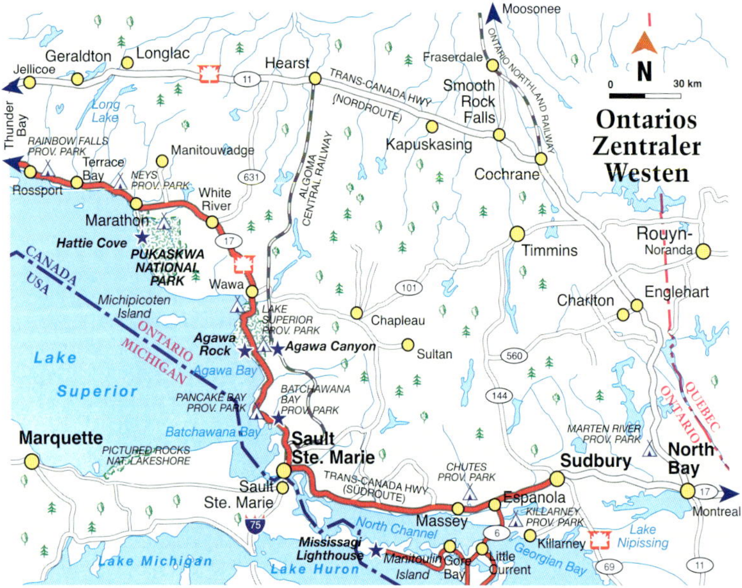

Aux Sables River durchflossen. Am Nordende noch voller Stromschnellen und Wirbel, beruhigt er sich im weiteren Verlauf. Südlich der Wasserfälle gibt es einen kleinen **Sandstrand** – eine gute Gelegenheit zum Baden. Dem Verlauf des Flusses folgt beiderseitig der ***Twin Bridges Trail*** (3 km). Von einer Aussichtsplattform überblickt man den Strand und den einstigen Standort der *Log Chute*: Bis Ende der 1920er-Jahre wurden auf der Holzrutsche Baumstämme um die Fälle herumgeflößt. Der **Campingplatz** des Parks liegt am Westufer des Flusses, ✆ 1-888-ONT-PARK.

Sault Ste. Marie

Bemerkenswert an Sault Ste. Marie (75.000 Einwohner) ist die Lage zwischen Lake Huron und Lake Superior und die Existenz einer Schwesterstadt gleichen Namens im US-Staat Michigan jenseits der ***International Bridge***.

Die beiden Sault Ste. Maries sind die letzten großen Orte bis Thunder Bay. Aus luftiger Höhe (der *International Bridge* bei Grenzübertritt) fällt der Blick über die Schleusenanlagen zwischen beiden Seen. Unübersehbar sind auch die Schlote der holzverarbeitenden Industrie.

Tourism Sault Ste. Marie, 99 Foster Drive
✆ (705) 759-5432, ✆ 1-800-461-6020; www.sault-canada.com

Schleusen

Die 1895 erbaute kanadische Schleuse (***Lock***) des *St. Marys River* steht unter der Verwaltung von *Parks Canada*. Ein eigenes ***Visitor Centre*** informiert über ihre Funktionsweise. ***Lock Tours Canada*** bietet 2-stündige Touren durch die Schleusen auf US- und kanadischer Seite (Ende Mai-Mitte Oktober 12.30 und 15 Uhr, Juli-August auch 18 Uhr, $27, ✆ 1-877-226-3665 oder (705) 253-9850; www.locktours.com.

Eisenbahn-Ausflug

Der ***Algoma Central Railway Terminal*** in der Bay Street unweit der Schleusen im kanadischen Sault Ste. Marie ist Ausgangspunkt für einen Tagestrip (Mitte Juni-Mitte Okt. täglich 8-17.30 Uhr) mit dem **Agawa Canyon Tour Train** zum Südostrand des ***Lake Superior Provincial Park***.

183 km benötigt die Eisenbahn bis zum *Canyon* des Agawa River. Die Trasse führt über historische Brücken durch die Einsamkeit. Am Zielpunkt reichen die zwei Stunden Aufenthalt aus für kleine Wanderungen wie den ***Lookout Trail*** zu einem 75 m höher gelegenen Aussichtspunkt. Der Trip kostet $65, ist so recht zu empfehlen aber nur im Herbst zur Zeit des ***Indian Summer*** ($85/Person). Tickets dann besser im voraus beschaffen. ✆ 1-800-242-9287; www.agawa canyontourtrain.com.

7.1.2 Von Sault Ste. Marie bis Kenora/Lake of the Woods

TCH am Lake Superior

Mit Erreichen der **Batchawana Bay** des Lake Superior, etwa 40 km nördlich von Sault Ste. Marie, beginnt einer der attraktivsten Abschnitte des TCH in Ontario: Felsige Küsten und Sandstrände prägen seinen Verlauf bis in den ***Lake Superior Provincial Park*** hinein.

Pancake Bay Provincial Park

Der ***Batchawana Provincial Park*** besitzt keinen Campingplatz. Im größeren ***Pancake Bay Provincial Park*** gibt es am 3,2 km langen sandigen Uferstreifen hübsche **Camping- und Picknickplätze** (Reservierung: ✆ 1-888-ONT-PARK).

Bis Anfang August hat sich das fast überall sonst eiskalte Wasser des Lake Superior in der geschützten »Pfannkuchen-Bucht« und in der *Batchawana Bay* soweit erwärmt, dass man dort ohne Kälteschockgefahr schwimmen kann.

Lake Superior Prov. Park

Der ***Lake Superior Provincial Park*** ist mit 1556 km² Ausdehnung einer der größten Provinzparks Ontarios. Über 120 km unerschlossene Küste und eine ausgedehnte Hügellandschaft voller Wälder und Gewässer (die typische Landschaftsform des Kanadischen Schildes) kennzeichnen sein Erscheinungsbild. Die flacheren Seen im Inland erreichen zumindest im Hochsommer halbwegs badefreundliche Temperaturen.

Agawa Rock

Die kurze Zufahrt vom TCH zu den ***Agawa Rock Indian Pictographs*** nördlich der *Agawa Bay* läßt sich nicht verfehlen. Die indianischen Felsmalereien über der Brandung des Lake Superior gehören zwar zu den Hauptsehenswürdigkeiten des Parks, sind jedoch nicht übermäßig beeindruckend. Trotzdem lohnt sich der Abstecher auf jeden Fall: für den kurzen ***Trail*** durch enge Felsspalten zum ***Agawa Rock***.

Trails

Auch wer keinen längeren Aufenthalt plant, sollte erwägen, ein paar Stunden Zeit zu reservieren für zumindest eine der folgenden beiden **Wanderungen**:

- Am Sand River, 7 km nördlich des Abzweigs zum *Agawa Rock*, darf man den ***Pinguisibi Trail*** (3 km) flussaufwärts einfach nicht auslassen. Der Abschnitt bis zu den ersten Stromschnellen ist der schönste. Auch die Fortsetzung bis zu den weiteren Fallstufen lohnt. Ein hübscher Picknickplatz liegt am Fluss.
- ***Orphan Lake Trail*** (4 km), die populäre Wanderroute mit Aussichtspunkten am Übergang vom nordischen borealen Nadelwald zum Laubwald führt zunächst zum *Orphan Lake* und folgt anschließend den Stromschnellen des Baldhead River zur steinigen Küste.

In der südlichen Parkhälfte ist der 63 km lange ***Coastal Trail*** zwar eine anspruchsvolle Mehrtagestour, einzelne Kurzetappen kann man aber auch ohne Übernachtung ablaufen. Zwischen ***Agawa Bay Campground*** und *Baldhead River* (insgesamt 33 km) bietet die parallel verlaufende Straße #17 am Südende des Provinzparks zahlreiche Zugänge zum Küstenwanderweg, dessen schönster Abschnitt (7 km) zwischen Coldwater und Baldhead River liegt.

Camping

Von den drei Campingplätzen des Parks ist der ***Agawa Bay Campground*** (Reservierung: ✆ 1-888-ONT-PARK) im Süden des Parks mit einem 3 km langen Strand, Duschen und *Coin Laundry* der größte und komfortabelste. Ein ***Visitor Centre*** informiert dort über organisierte Aktivitäten, Flora und Fauna, Geologie und Geschichte des Parks. Der ***Crescent Lake Campground*** an der südlichen Parkgrenze bietet zwar keinen Komfort, liegt aber sehr ruhig im Wald am See. Als Ausgangspunkt für Wanderungen und Kanutouren in das Hinterland eignet sich am besten der ***Rabbit Blanket Lake Campground*** (Kanuverleih; ✆ 1-888-ONT-PARK) im Nordareal.

Badebucht mit Strand im Pukaskwa National Park

Nach Verlassen des Provinzparks entfernt sich der TCH vom Lake Superior und beschreibt einen 200 km langen Bogen durch das Landesinnere. Wawa und White River sind die einzigen nennenswerten Orte in diesem Bereich.

Wawa

Etwas abseits des TCH (Straße #17) liegt **Wawa** am gleichnamigen, glasklaren See. An der Einmündung #17/#101 werden Besucher von einer 9 m hohen **Kanadagans** aus Stahl begrüßt. Viele tausend der in der Ojibwe-Sprache ***Wawa*** genannten Zugvögel machen im Frühjahr/Herbst auf ihrem alljährlichen Flug in den Norden/Süden am *Wawa Lake* Zwischenstation.

White River

In White River, 93 km nördlich von Wawa, erinnert vor der Tourist-Info eine **Winnie-the-Pooh-Statue** an den Herkunftsort des berühmten Bären.

Pukaskwa Park

Der ***Pukaskwa National Park*** am Lake Superior stellt eines der schönsten Wildnisgebiete Ontarios unter Naturschutz. Der Abstecher vom TCH (12 km) lohnt auf jeden Fall. Allerdings führt die Stichstraße nicht weiter als 2 km bis in dessen äußersten Nordwestzipfel, wo man in der einzigen erschlossenen Region des Nationalparks (***Hattie Cove***) an den Sandstränden im flachen Wasser baden kann. Ein komfortabler **Campingplatz** liegt unweit des Seeufers im Wald.

Trails

In *Hattie Cove* beginnen die **vier *Trails*** des Nationalparks. Dabei lassen sich die drei Kurzwanderwege leicht zu einer reizvollen, 6 km langen Rundtour kombinieren: ab *Visitor Centre* folgt man zunächst dem ***Southern Headland Trail*** zu einem Aussichtshügel mit Blick über den Lake Superior, dann geht es in westlicher Richtung auf dem ***Beach Trail*** am Strand entlang und zum Abschluss umrundet man auf dem ***Halfway Lake Trail*** den gleichnamigen See.

Rundwanderung

Dagegen ist der vierte Trail eine anspruchsvolle Mehrtagescampingtour auf glitschigen Pfaden ohne Ausweichmöglichkeit. Der 59 km lange ***Coastal Hiking Trail*** beginnt am ***Hattie Cove Visitor Centre*** und läuft zum *North Swallow River*. Für den Rückweg nach *Hattie Cove* kann einen Transport per Boot organisieren, wer den *Trail* nicht doppelt laufen möchte. An einem Tag zu bewältigen ist die erste Etappe bis zur Hängebrücke über den White River – 7,5 km ab Hattie Cove.

Nat'l Park Information: © (807) 229-0801, www.pc.gc.ca/pukaskwa

Westlich von **Marathon** folgt der TCH bis zum 300 km entfernten *Thunder Bay* wieder dem Verlauf des Lake Superior und gewinnt dabei deutlich an Attraktivität – entlang einsamer Küstenregionen passiert die Transkontinentalroute nur wenige Ortschaften.

Neys Park

Der ***Neys Provincial Park*** liegt auf der ***Coldwell Peninsula*** 26 km westlich von Marathon. Die Rundwege ***Dune Trail*** (1 km) und ***Lookout Trail*** (2 km) sind Kurzbesuchern als Aktivität zu empfehlen. Auch der 2 km lange Strand lädt zu einem Spaziergang ein, so auf dem ***Under the Volvano Trail*** (Baden für Abgehärtete).

Großartige Aussichten über Park-Halbinsel und Lake Superior bietet der ***Point Trail*** (1 km) von der ***Prisoner's Cove Picnic Area*** zu einer hochgelegenen Landzunge. Drei **Campingbereiche** befinden sich in guter Lage an der ***Neys Beach***, ein vierter knapp nördlich davon; Reservierung: © 1-888-ONT-PARK.

Rainbow Falls Park

Bei der Besichtigung der Wasserfälle im ***Rainbow Falls Provincial Park*** sollte es nicht bleiben. Die Wanderung etwa über *Rainbow Falls* und Whitesand River hinaus zu einem Aussichtspunkt (1,5 km) ist sehr empfehlenswert. Der Weg ist Teil des ***Voyageur Trail*** (50 km) von Terrace Bay nach Rossport. Eltern mit kleinen Kindern werden **Spielplatz** und Sandstrand am (im Sommer) angenehm warmen von bewaldeten Hügeln umgebenen **Whitesand Lake** zu schätzen wissen.

Ein Campingplatz befindet sich ebenfalls am Whitesand Lake, ein weiterer, der ***Rossport Campground***, zwischen Lake Superior und TCH rund 5 km westlich des Hauptareals direkt am kalten Wasser; Reservierung für alle unter © 1-888-ONT-PARK.

Terry Fox

Zwischen Nipigon und Thunder Bay trägt ein 83 km langer Abschnitt des TCH (#11/#17) die Bezeichnung ***Terry Fox Courage Highway***. *Terry Fox* hatte mit 18 Jahren durch ein Krebsleiden ein Bein verloren und trug seitdem eine Prothese. Um Lebensmut zu demonstrieren und Geld für die Krebsforschung zu sammeln, startete er den ***Marathon of Hope***, der von St. John`s in Newfoundland über den gesamten *Trans Canada Highway* bis zu dessen Endpunkt auf Vancouver Island führen sollte. Er brach am 12.4.1980 auf; geplant waren Tagesetappen von 42 km. Anfangs blieb das Unternehmen relativ unbeachtet, erst allmählich wurden die Medien auf *Terry Fox'* Lauf aufmerksam. An den Zielen seiner Tagesetappen kam es schließlich zu regelrechten Volksfesten, auf denen der tapfere junge Mann gefeiert wurde.

Die Legende vom Sleeping Giant

Bei Ankunft der ersten Weißen waren die *Isle Royal* und die Wälder um Thunder Bay Heimat der *Ojibwe*-Indianer. Sie verehrten den Großen Geist *Nanibijou*, der sie auf ihren Reisen über den Lake Superior vor allen Gefahren schützte. Als sie sich dem Großen Geist besonders wohlgefällig gezeigt hatten, so die Legende, sollten die Indianer eine Belohnung erhalten. Allerdings war daran die Bedingung geknüpft, daß niemals ein weißer Mann davon erfahren dürfe, sonst würden der Große Geist versteinern.

Dies sagten die Ojibwe zu, und *Nanabijou* zeigte ihnen den Zugangstunnel zur reichen Silbermine »Silver Islet«. Ein Sioux-Krieger jedoch erkundete die Route und verriet sie an die Weißen, die daraufhin mit Kanus über den See zur Mine paddelten. Ein gewaltiger Sturm ließ zwar die Boote der Eindringlinge kentern und die Besatzung spurlos verschwinden, aber am nächsten Morgen breitete sich in der Bucht eine große Halbinsel aus: der zu Stein gewordene *Nanabijou* in Gestalt eines schlafenden Riesen.

Quimet Canyon mit Aussichtsplattform

Dabei kamen $24 Mio Spenden für die Krebshilfe zusammen. ***Terry Fox*** musste den Lauf nach 143 Tagen und 5.373 km knapp vor Thunder Bay abbrechen. Er wurde nur 22 Jahre alt, sein Leben später verfilmt. In der Nähe seines Aufgabepunktes liegt der vielbesuchte ***Terry Fox Scenic Lookout*** (TCH, 15 km nordöstlich von Thunder Bay) mit dem ***Terry Fox Monument*** samt Läuferstatue und Thunder Bay Stadtinfo. In Canada schmückt sein Porträt zwei Briefmarken und eine 1$-Münze; ein Gipfel in den Rocky Mountains trägt seinen Namen und im gesamten Land wird zeitgleich zunächst in den meisten Schulen dann in vielen Ortszentren der alljährliche ***Terry Fox Run*** ausgerichtet.

Ouimet Canyon

Etwa auf halber Strecke zwischen Nipigon und Thunder Bay zweigt die kurze Stichstraße zum beeindruckenden *Ouimet Canyon* ab, einem ***Day-Use Provincial Park*** ohne Campingplatz. Ein 1 km langer Rundweg führt vom Parkplatz zu zwei Aussichtsplattformen über steilen Felswänden aus schmalen Diabas-Basaltsäulen. Auf den Grund dieser 60 m (im Norden) bis 200 m (im Süden) breiten und 100 m tiefen Schlucht fällt kaum Sonne. Deshalb herrscht dort ein besonders kühles, feuchtes Klima, in dem sich teilweise eine Flora entwickelte, wie sie sonst nur in der Arktis vorkommt. Zu ihrem Schutz sind Wanderungen in den Canyon hinein nicht möglich.

Sleeping Giant Provincial Park

Ein etwas längerer Abstecher sollte dem ***Sleeping Giant Provincial Park*** mit dem gleichnamigen 564 m hohen Monolithen gelten. Er bedeckt den größten Teil der Sibley-Halbinsel (52 km lang, bis zu 10 km breit). Deren Ufer sind auf der Ostseite recht flach, im Südwesten dagegen ragen bis zu 300 m hohe Klippen vertikal aus dem Wasser. Am Ende der Straße #587 durch den Park liegt direkt am Lake Superior **Silver Islet.**

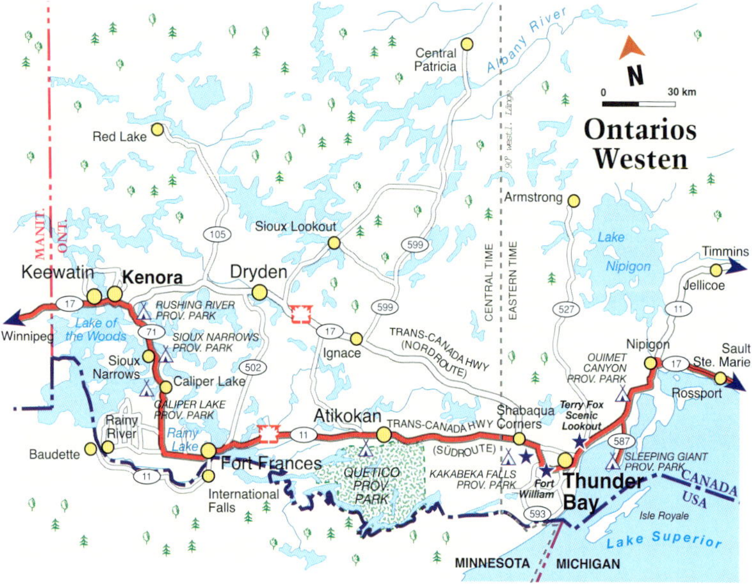

Trails

1 km westlich des kleinen Touristennestes beginnt der ***Top of the Giant Trail*** (11 km ab *Kabeyun Trail*) zum prächtigen Aussichtspunkt auf dem höchsten Berggipfel 380 m oberhalb des Lake Superior. Zudem durchziehen weitere 90 km Wanderwege die Halbinsel. Schönster Aussichtspunkt ist der ***Thunder Bay Lookout*** am nördlichen Straßenende. Auf einem Plateau des Felsrückens liegt am Badesee ***Lake Marie Louise*** ein schöner ***Campground*** gleichen Namens. Vor allem die Stellplätze in Ufernähe sind zu empfehlen; Reservierung unter ✆ 1-888-ONT-PARK.

Thunder Bay

Thunder Bay (109.000 Einw.) existiert unter dieser Bezeichnung erst seit 1969 als Zusammenschluss der Städte Port Arthur und Fort William. Obwohl der Hafen am Lake Superior am westlichen Ende des *St. Lawrence Seaway* noch immer ein bedeutender Umschlagplatz für Getreide aus den kanadischen Prärien ist, erlitt Thunder Bay mit der allmählichen Verlagerung des Transports von den Großen Seen auf andere Routen erhebliche Einbußen.

Thunder Bay Terry Fox Information Centre

✆ (807)-983-2041, ✆ 1-800-667-8386, www.visitthunderbay.com

Versorgung

Die Innenstadt als solche hat Touristen zwar nicht ganz viel zu bieten, aber Supermärkte und Einkaufszentren wie das ***Intercity Shopping Centre*** (mit über 100 Läden die größte *Mall* im Nordwesten Ontarios) an der #1000 *Fort William Road* bieten reichlich Gelegenheit zum Einkauf; www.intercityshoppingcentre.ca.

Centennial Park

Entlang des Current River erstrecken sich am nordöstlichen Stadtrand (die TCH-Ausfahrt liegt 1 km westlich des *Terry Fox Scenic Lookout*) drei durch kurze Wege miteinander verbundene Stadtparks. Zum 60 Hektar großen ***Centennial Park*** gehören eine kleine Farm mit Tieren und der Nachbau eines Holzfällercamps von 1910 samt Museum. Außerdem gibt es Naturlehrpfade. Flussabwärts besitzt der **Boulevard Lake Park** einen populären Sandstrand. Die Picknickplätze in beiden Parks eignen sich gut für einen Zwischenstop.

Trowbridge Park

Das gilt ebenso für den *Trowbridge Park*, etwas weiter flussaufwärts nördlich des TCH, Zufahrt Copenhagen Road. Über Stufen von schwarzem Gestein hat der **Current River** die ***Trowbridge Falls*** gebildet. Sie eignen sich wunderbar zum **Baden**.

Nur Benutzer des **Campingplatzes**, ✆ (807) 683-6661, $20-$26, haben einen direkten Zugang zu den Stromschnellen, alle anderen Besucher müssen vom Parkplatz noch einige hundert Meter weit laufen.

Mt. McKay

Einen schönen Panoramablick bietet der **Mount McKay** in der ***Fort William First Nation Indianerreservation***, www.fwfn.com. Vom *Scenic Lookout* auf halber Berghöhe führen Wanderwege zum Gipfel 300 m oberhalb der Stadt, Zufahrt über *Mission Road* direkt südlich von Thunder Bay, Mai-Anfang Oktober täglich 9-22 Uhr, Auto $5.

Fort William

Die **größte Sehenswürdigkeit** der Region ist *Fort William Historical Park*, eines der besten »lebenden« Museen Canadas. Das einstige westliche **Hauptquartier der *North West Company*** von 1803 bis 1821 hat man am Kaministiquia River originalgetreu wieder aufgebaut (Broadway Ave südwestlich der Stadt, dann ausgeschilderte Zufahrt). Das Fort diente den Pelztierjägern westlich und nördlich des Lake Superior als Treffpunkt, zentraler Umschlagplatz und Winterquartier. Von hier aus wurden ihre Felle auf riesigen Lastkanus im Frühjahr nach Montréal weitertransportiert.

Die für diese Art Museen typische Inszenierung der »guten alten Zeit« erreicht im *Fort William* einen hohen Grad an Perfektion. Das 14 km westlich der originalen Stelle aufgebaute **Palisadenfort**, 42 historische Gebäude und seine in zeitgenössischer Kleidung agierenden »Bewohner« vermitteln ein authentisches Bild von Leben und Alltag am Rande der Wildnis im Jahre 1815. Fünf Tage Mitte Juli findet alljährlich das ***Great Rendezvous*** statt, das Treffen der Pelzhändler mit den Trappern, bei dem – was sonst? – kräftig gefeiert wird.

Ihren besonderen Reiz bezieht die Anlage aus der Geschlossenheit der Gesamtkonzeption. Die Neuzeit scheint in dem großen Waldstück am Fluss gänzlich ausgeblendet zu sein; nicht einmal die unvermeidlichen Parkplätze liegen im Blickfeld. Mitte Mai bis Mitte Oktober 10-17 Uhr, ✆ (807) 473-2344, www.fwhp.ca; Eintritt in der Hauptsaison $14, sonst $12.

Kakabeka Falls

Gute 30 km westlich von Thunder Bay passiert man auf dem TCH (hier mit Dopppelnumerierung #11/#17) im gleichnamigen Provinzpark die ***Kakabeka Falls***, laut lokaler Tourismuswerbung die »Niagara-Fälle des Nordens« (39 m). Der Vergleich ist reichlich übertrieben. Die Kontrolle der Wassermenge durch zwei Kraftwerke führt außerdem bisweilen dazu, dass nur noch ein besseres Rinnsaal im Fluss verbleibt.

In unmittelbarer Nachbarschaft befindet sich der etwas beengte ***Ferns Edge Campground***, 1 km entfernt der großzügigere ***Whispering Hills Campground***, Reservierung für beide Plätze unter © 1-888-ONT-PARK.

Der TCH teilt sich in **Shabaqua Corners**, 60 km westlich von Thunder Bay. Wegen der besonders schönen letzten Kilometer im Bereich des Lake of the Woods sollte man die südliche TCH-Alternative (#11/#71) über Fort Frances vorziehen.

Quetico Park

Nur entlang der #11 besteht Gelegenheit zu einem Abstecher in den ***Quetico Provincial Park***. Die einzige Autozufahrt führt 40 km östlich von Atikokan in dessen äußersten Nordostzipfel, wo man im ***Visitor Centre*** vorbildlich über Flora, Fauna und Siedlungsgeschichte der Quetico-Region informiert. Jenseits der Grenze, im US-Staat Minnesota, schließt die ***Boundary Waters Canoe Area Wilderness*** an den kanadischen Park an. Beide Gebiete schützen eine von der Zivilisation weitgehend unberührte riesige Wasserwildnis.

Mit **1500 Routenkilometern** ist der *Quetico Prov'l Park* neben dem *Algonquin Park* das **Eldorado Ontarios für Kanufahrer**.

Kanuverleih bei ***Quetiguest***, © (807)-929-2266; www.quetiguest.com; $35/Kanu und Tag.

Wer über Nacht bleiben möchte, findet im Park neben vielen nur auf dem Wasserweg erreichbaren Zeltplätzen am French Lake auch den ***Dawson Trail*** **Campingplatz** für Autofahrer. Auf einer ufernahen Insel sind zahlreiche **Weißkopfseeadler** heimisch; Reservierung: © 1-888-ONT-PARK.

Fort Frances

Über die Brücken des ***Noden Causeway*** – die Inselwelt des überquerten **Rainy Lake**, der mit den Gewässern des *Quetico Park* verbunden ist, bietet schöne Fotomotive – erreicht man **Fort Frances** (© 1-800-820-3678, © (807)-274-5773, 474 Scott Street; www.fortfranceschamber.com). Einst Zentrum des Pelzhandels, erlebt man die Grenzstadt heute als eher uninteressanten Industriestandort. Im ***Pither's Point Park*** (östlicher Ortseingang von Fort Frances) steht der restaurierte Holzschleppkahn ***Hallett***.

Provincial Parks

Die Strecke zwischen Caliper Lake und Kenora gehört zu den besten Abschnitten des TCH in Ontario. Die Straße führt durch malerische **Fels- und Waldlandschaften**, unterbrochen von zahlreichen Seen. **Drei hervorragende Provinzparks** – *Caliper Lake, Sioux Narrows* und *Rushing River* – bieten wunderbare **Campingplätze** und verführen zum Bleiben.

Caliper Lake Park

Im ***Caliper Lake Park*** eignet sich der saubere und warme See ideal zum **Baden**. Insbesondere Familien mit Kindern werden den Spielplatz direkt am Sandstrand und die gepflegte ***Picnic Area*** mit großer Spielwiese zu schätzen wissen. Der hübsche ***Campground*** liegt in einem Kiefernwald unweit des Ufers. Reservierung unter ✆ 1-888-ONT-PARK.

Sioux Narrows Park

Im ***Sioux Narrows Provincial Park*** ist dank der Aussicht auf die Regina Bay und die *Narrows* der Picknickplatz mit flachem Sandstrand am etwas kühleren **Lake of the Woods** überaus beliebt. Von den Stellplätzen des ***Campground*** am Hang fällt der Blick übers Wasser.

Rushing River Park

Der ***Rushing River Provincial Park***, Reservierung: ✆ 1-888-ONT-PARK, und sein Campingplatz nördlich und südlich des Dogtooth Lake können kaum genug empfohlen werden. Wegen seiner großen Popularität sichert aber im Sommer nur zeitige Ankunft Unterkommen ohne Reservierung. Im warmen, flachen See kann man prima **baden** – es gibt sowohl **Sandstrand** als auch felsige Ufer. Eine Kurzwanderung führt an Stromschnellen entlang (***Lower Rapids Trail***). Bei niedrigem Wasserstand planschen jung und alt in den dann harmlosen *Rapids*.

Kenora

Kenora (17.000 Einwohner, ✆ 1-800-535-4549 oder ✆ (807) 467-4637, **Visitor Info** 1500 Hwy 17 E; www.kenora.ca) ist das **touristische Herz der Lake-of-the-Woods-Region** mit zahlreichen Motorboot- und Kanuvermietern. Während die Seeufer vielfach – wegen ausgedehnten Privatbesitzes – nur begrenzt zugänglich sind, gibt es im Stadtbereich einige Parks mit öffentlichen Stränden.

Bootstouren

Mehrmals täglich verläßt die *MS Kenora* die ***Harbourfront*** (täglich 13.30 Uhr, 15.30 Uhr, 18.30 Uhr,✆ (807) 468-9124) zu 2-stündigen **Rundfahrten** durch die Inselwelt des Lake of the Woods; $26/Person; www.mskenora.com.

Rundflüge

Ab $180 für 3 Personen kostet der 30 min-Rundflug per Cessna, ✆ (807) 468-9818, www. kenoraair.ca. Der Hafen für Wasserflugzeuge befindet sich am *2nd Street Dock* (»*Harbourfront*«).

Hausboote

Wegen seiner ungezählten Buchten und **14.600 Inseln** eignet sich der 3.150 km^2 große See ganz besonders für **Hausbootferien**. Hausboote kann man tage- und wochenweise mieten. Die kleineren Typen kosten ab $1275/Wochenende (3 Nächte), ✆ 1-800-2-KENORA, www.houseboatadventures.com.

Museum

Ebenfalls an der *Harbourfront*, in der 300 South Main Street, befindet sich das ***Lake of the Woods Museum***. Es besitzt eine Kollektion indianischer Kunstwerke und dokumentiert die Geschichte des Ortes, der früher **Rat Portage** hieß. Juli bis August täglich 10-17, sonst Di-Sa 10-17 Uhr; Eintritt $3; www.lakeofthewoodsmuseum.ca.

Caddy Lake im Whiteshell Provincial Park

7.2 Durch Manitoba und Saskatchewan

7.2.1 Vom Lake of the Woods nach Winnipeg

Highway #1

Mit Erreichen Manitobas erhält der **TCH**, nachdem er bis dort Straßen unterschiedlichster Numerierung folgte, die **Ziffer 1** – wie auch schon zu Beginn seines Verlaufs auf Neufundland und Prince Edward Island. Dabei bleibt es bis zum Endpunkt in Victoria auf Vancouver Island.

Nach Manitoba

Der **TCH ist die einzige Straßenverbindung** zwischen Ontario und Manitoba. Gleich hinter der Provinzgrenze erwartet den Reisenden ein großes ***Tourist Information Centre***.

Verlauf des TCH

Nach kurzer Strecke durch den unmittelbar an der Grenze zu Ontario gelegenen *Whiteshell Provincial Park* verläßt er die Seenplatte des Kanadischen Schilds (⇨ Seite 14) und läuft für über 1.450 km durch die Prärien im Süden Canadas. Diese bestehen – entgegen manchem Vorurteil – durchaus nicht nur aus ebenen Weideflächen und unendlichen Weizenfeldern, sondern werden von Hügellandschaften und Waldbeständen aufgelockert. Tatsächlich jedoch bietet eine Fahrt auf dem weitgehend vierspurig ausgebauten TCH nicht eben viel Abwechslung. Mit ein bißchen Extrazeit für Abstecher und Umwege läßt sich speziell in Manitoba eine Reise aber überraschend reizvoll gestalten.

Da wäre vor allem im Sommer zunächst ein »Schlenker« in nördliche Richtung zum angenehm warmen Lake Winnipeg und seinen Badestränden zu erwägen, zumindest aber ein Stop im ***Whiteshell Provincial Park;*** www.manitoba parks.com

Whiteshell Provincial Park

Unweit des TCH sind die Orte **West Hawk Lake** und **Falcon Lake** leicht erreichbare Anlaufpunkte mit ***Campgrounds*** und ausgebauter touristischer Infrastruktur (Strände, Hotels, Reitstall). Ruhiger wird es entlang der Straße #307 durch den zentralen Westen dieses ausgedehnten Parks.

Einen Stopp wert ist (noch an der Straße #44 unweit westlich der Abzweigung der #307) das ***Alfred Hole Goose Sanctuary*** bei Rennie, Ende Mai-Anfang September täglich 10.30-18 Uhr, Fr-So im September, frei. Im Sommer leben dort fast 100 der seltenen Canada Gänse. Ein ***Visitor Centre*** informiert über Eigenarten dieses Vogelschutzgebietes und vom Uferweg überblickt man die Nester im See.

Die #307 läuft an einer Kette hübscher Seen und an Flüssen mit Stromschnellen und Wasserfällen entlang, wo gut angelegte **Campingplätze** zum Bleiben einladen. Vom ***White Lake Campground*** Reservierung ✆ 1-888-482-2267 bzw. dem benachbarten ***White Lake Resort*** (✆ 204-348-7605, Cottage ab $45; www.whitelakeresort.com) erreicht man die gerne gelobten, aber wenig aufregenden ***Rainbow Falls***.

Ca. 10 km nordwestlich des White Lake zwischen **Betula Lake** und **Nutimik Lake** beginnt der 2 km lange ***Trail*** zu den pittoresken ***Pine Point Rapids***.

Südliches Manitoba
0 50 km
N
Thompson
Churchill
Flin Flon
GRASS RIVER PROV. PARK
Wekusko Lake
Wabowden
WEKUSKO FALLS PROV. PARK
Ponton
Cranberry Portage
The Pas
Saskatchewan R.
Prince Albert
Winnipeg
Cedar Lake
Grand Rapids
Nelson River
Island Lake
Lake Winnipeg
Lake Winnipegosis
PORCUPINE PROVINCIAL FOREST
Devils Lake
Swan River
DUCK MOUNTAIN PROV. PARK
Madge Lake
höchster Berg Manitobas Baldy Mountain 832 m
Dauphin Lake
Lake Manitoba
The Pas
Roblin
Yorkton
Dauphin
RIDING MOUNTAIN NATIONAL PARK
Ste. Rose du Lac
Arborg
Gimli
Victoria Beach
Lake Audy
Clear Lake
Norgate
Wasagaming
Saskatoon
Sandy Lake
YELLOWHEAD HWY
WINNIPEG BEACH PROV. PARK
GRAND BEACH PROV. PARK
Netley Marsh
Patricia Beach
Regina
Minnedosa
Selkirk
Lower Fort Garry
Oak Hammock Marsh
WHITESHELL PROV. PARK
White Lake
Sioux Lookout
BIRDS HILL PROV. PARK
Rennie
Brandon
Assiniboine River
TRANS-CANADA HWY
Portage la Prairie
Winnipeg
Falcon Lake
Kenora
S.539
SPRUCE WOODS PROV. PARK
Steinbach
Souris River
Red River
Morris
Lake of the Woods
TURTLE MOUNTAIN PROV. PARK
SASKATCHEWAN
MANITOBA
ONTARIO
CANADA
USA
49° nördl. Breite
MANITOBA
NORTH DAKOTA
MINNESOTA
Jamestown
Grand Forks
1 2 5 6 8 10 11 12 16 17 20 44 50 59 60 68 75 77 83 307

Lake Winnipeg

Am Winnipeg River verläßt die #307 den Park und stößt auf die Straße #11, die 90 km dem breiten Fluss zum Südostufer des riesigen Lake Winnipeg folgt, einem populären Seebereich mit flachem, schnell erwärmtem Wasser, langen Sandstränden und Dünenstreifen. Besonders an Wochenenden beliebt ist der ***Grand Beach Provincial Park*** mit hohen, weißen Sanddünen und **Campingplatz**, ✆ 1-888-482-2267; www.manitobaparks.com. Einen kaum weniger attraktiven, aber nicht so überlaufenen Strand findet man mit der ***Patricia Beach***.

Außerhalb der offiziell öffentlich zugänglichen Strände befindet sich bis hinauf zum Sommerfrischeort Victoria Beach die Küste leider überwiegend in Privathand.

Auch auf dem Südwestufer hat der Lake Winnipeg eine Reihe schöner Badestrände. Besonderer Beliebtheit bei Windsurfern erfreut sich der ***Winnipeg Beach Provincial Park***.

Neu-Island

Weiter nördlich sind die langen **Sandstrände von *Gimli***, einer der größten isländischen Gemeinden außerhalb Islands, erwähnenswert. Kultur- und Siedlungsgeschichte der Region, die Ende des 19. Jahrhunderts 12 Jahre lang zur »***Republic of New Iceland***« gehörte, wird vom ***New Iceland Heritage Museum*** beleuchtet (94 1st Ave, Mai-September täglich 10-16 Uhr, $5; www.nihm.ca). Anfang August lebt diese Periode der »Unabhängigkeit« beim 4-tägigen *Icelandic Festival of Manitoba* wieder auf; www.icelandicfestival.com.

Vogelreservat

Die Südufer des Sees sind wegen der verzweigten Mündung des Red River versumpft und bieten in der *Netley Marsh* einer artenreichen Vogelpopulation geschützten Lebensraum. Vom ***Breezy Point Observation Tower*** an der Mündung des Netley Creek (Ende Straße #320, etwa 16 km nördlich von Selkirk) überschaut man eines der größten Marschgebiete Manitobas.

Lower Fort Garry

Südlich Selkirk unweit der Kreuzung der Straßen #9 und #67 liegt das ***Lower Fort Garry***, www.pc.gc.ca/garry, (ab 1831), ein fast vollständig in seinem Originalzustand in der Mitte des 19. Jahrhunderts restaurierter Handelsposten der *Hudson's Bay Company* und heute ein ***National Historic Site***. Hinter dicken Steinmauern befindet sich das kleine *Visitor Centre*. Zeitgenössisch kostümiertes Personal erläutert Geschichte und Bedeutung des Forts.

Sommerhitze am Lake Winnipeg

Zwar kann *Fort Garry* nicht mit den herausragenden Museen dieser Art wie dem *Old Fort William* bei Thunder Bay mithalten, ist aber das beste lebende Museum in Manitoba. Geöffnet von Mitte Mai bis Anf. Sept. täglich 9-17 Uhr, Eintritt $8.

Oak Hammock Marsh

Etwa 17 km westlich des Fort Garry zweigt bei Stonewall eine kurze Stichstraße Hwy #220 von der #67 zur ***Oak Hammock Marsh*** ab, ein weiteres ornithologisch interessantes Gebiet. Zugvögel nutzen es im Frühjahr und Herbst als »Etappe«; www.oakhammock-marsh.ca. Das ***Interpretive Centre*** und das ausgezeichnete Netz von 30 km ***Trails*** über ***Boardwalks*** (Bohlenwege) und Deiche lohnen auch sommerliche Besuche. Das Besucherzentrum ist ganzjährig geöffnet, Juli-Oktober täglich 10-20 Uhr, sonst 10-16.30 Uhr; Eintritt $5.

Boardwalk mit Beobachtungspavillon im Sumpfgebiet der Oak Hammock Marsh

Steinbach

Auf der direkten Route von Ontario nach Winnipeg liegt ein Abstecher nach Steinbach nahe, 19 km südlich des TCH (Straße #12). Noch vor der Stadt, deren Entstehung 1874 Mennoniten russischer Abstammung zu verdanken ist, stößt man auf das ***Mennonite Village Museum***; © (204) 326-9661 oder © 1-866-280-8741, www.mennoniteheritagevillage.com. Dabei handelt es sich um ein nach alten Vorbildern errichtetes Mennonitendorf aus der Zeit um 1900. Die Anlage mit 20 Gebäuden und mennonitischem Restaurant vermittelt sicher ein realistisches Bild von den damaligen Verhältnissen, ist aber als solche nicht übermäßig interessant. Ein Besuch lohnt sich eher wegen der aufschlussreichen Dokumentation zu den Mennonitenwanderungen von Holland über Norddeutschland und Russland nach Canada. Mai, Juni+September Mo-Sa 10-17 Uhr, So 12-17 Uhr Juli-August Mo-Sa 10-18 Uhr, So 12-18 Uhr; $10.

Deutsche Ortsnamen

Neben Steinbach findet man noch eine ganze Reihe weiterer **Ortschaften mit typisch deutschen Namen** im südöstlichen Manitoba. Bezeichnungen wie Kleefeld, Altona, Gnadenthal, Reinland u.a.m. geben Aufschluss über die Herkunft der ersten Siedler. Lohnende Ziele sind diese Prärienester eher nicht.

Deutschstämmige Minderheiten in Canada: Hutterer, Mennoniten und Amish

Die Mehrheit der deutschen Einwanderer passte sich in Canada – wie auch andere kleinere Immigrationsgruppen – rasch der anglo-kanadischen Kultur an. Bereits die zweite Generation lernte Englisch als Muttersprache, und selbst die Familiennamen wurden oft von den Einwanderungsbehörden anglisiert oder – insbesondere während der beiden Weltkriege – nachträglich abgeändert. Dennoch haben sich deutsche Traditionen bis heute gehalten. So veranstaltet beispielsweise Kitchener in Ontario, das bis zum 1. Weltkrieg Berlin hieß, das größte Oktoberfest in Nordamerika (www.oktoberfest.ca). Radiosendungen in deutscher Sprache mit meist kirchlicher Ausrichtung, werden – außer im Süden Ontarios – auch in Manitoba, Saskatchewan und Alberta ausgestrahlt.

In Canada erscheinen 12 deutschsprachige Zeitungen, die auflagenstärksten sind (Auflage pro Ausgabe in Klammern): **Das Echo** (monatlich, aus Quebec, 30.000; www.dasecho.com), **Deutsche Presse** (wöchentlich, südliches Ontario, 35.000), **Echo Germanica** (! monatlich, südliches Ontario, www.echoworld.com, 16.000), **Deutsche Rundschau** (monatlich, 16.000, www.deutsche-rundschau.com), **Neue Welt** (vierzehntägig, Ontario, www.neueweltonline.com, 35.000).

Darüber hinaus gibt es bis heute in relativer Abgeschiedenheit lebende deutschsprachige Gruppen. So sind die ***Hutterer*** eine in urchristlicher Gütergemeinschaft lebende Gemeinde. Sie hält in strenger Religiosität an überlieferten Gepflogenheiten fest. Namensgeber ist der 1533 in Mähren, zum ersten Bischof der Gemeinde gewählte *Jakob Hutter* (1536 in Innsbruck verbrannt). Sie praktizierten die Erwachsenentaufe und gerieten damit als sogenannte »Wiedertäufer« in Widerspruch zur Amtskirche (erste hutterische Glaubenstaufe 1525). Weil sie in Mähren verfolgt wurden, zogen sie zunächst nach Siebenbürgen; von dort ging es weiter in die Ukraine. Ab 1870 wanderte die Bruderschaft in die USA aus, von wo aus die meisten ab 1918 nach Canada übersiedelten.

Gegenwärtig leben ca. 70.000 Hutterer in Nordamerika. Mehrere Familien bewirtschaften jeweils gemeinsam einen »Bruderhof«. Nachwuchssorgen haben die Gemeinden dank ihres Kinderreichtums nicht.

Die Hutterertrachten haben sich in Jahrhunderten kaum verändert. Die Röcke und Schürzen der Frauen sind in gedeckten Farben gehalten und weisen dezente Muster auf, unerläßlich ist ein gepunktetes Kopftuch. Die »Mannsleut'« tragen schwarze Hosen mit Hosenträgern und einfache gestreifte oder karierte Hemden; immer haben sie einen Kinnbart. Die pazifistisch gesinnten Hutterer lehnen den Wehrdienst ab und verweigern vor Gericht den Eid.

Die Interessen des Individuums sind dem Gemeinwohl der »Kolonie« grundsätzlich nachgeordnet. Die herkömmliche Rollenverteilung zwischen den Geschlechtern blieb bis heute unangetastet: Die Frauen »regieren« in Haus und Hof, die Männer arbeiten auf Feld und Weide.

Trotz aller Bemühungen, die kulturelle Identität zu wahren, zeichnen sich in einigen Bereichen aber doch Veränderungen ab. Da diese bei den einzelnen Bruderhöfen unterschiedlich ausfallen, bieten die Hutterer heute kein einheitliches Bild mehr. Es wird auch jetzt noch überwiegend Deutsch gesprochen (mit einem Dialekt der mährischen Urheimat).

Auch der technische Fortschritt ist nicht ganz aufzuhalten. Zwar lehnen die Hutterer immer noch Radio, Fernsehen und Computer ab, doch Maschinen zur Erhöhung der Arbeitseffektivität werden in zunehmendem Maße eingesetzt. Der hutterische Siedlungsbereich umfaßt heute die kanadischen Provinzen Alberta, Manitoba und Saskatchewan, sowie Montana, North und South Dakota in den USA.

Die ***Mennoniten***, ebenfalls »Wiedertäufer«, folgen den Glaubenslehren von *Menno Simons*, der ab 1537 ihr Bischof war. Sie waren ursprünglich in den Niederlanden und Norddeutschland beheimatet. Wie die Hutterer lebten sie lange Zeit in Russland und emigrierten dann über die USA nach Canada, wo sie sich erstmals 1776 in Ontario ansiedelten. Die Traditionalisten *Old Order Mennonites* unter ihnen lehnen die Nutzung moderner Technik rigoros ab. Wie in alten Zeiten spannen sie z.B. in St. Jacobs/ Ontario Pferde vor den Pflug und fahren in der Kutsche zur Kirche, während die meisten Glaubensbrüder heute Auto fahren.

8.000 russische Einwanderer gründeten 1874-84 die ersten Mennonitengemeinden Manitobas. Ihre traditionelle Lebensweise wird in Steinbach im *Mennonite Village Museum* erläutert.

Von den Mennoniten spalteten sich 1693 die ultrakonservativen ***Amish People*** – benannt nach ihrem Bischof *Jacob Amann* – ab. Sie ließen sich vor allem in den US-Bundesstaaten Ohio und Pennsylvania nieder. Die aus Europa nehezu vollständig vertriebenen Amish emigrierten um 1825 nach Canada. Ihr erstes und bislang einziges kanadisches Siedlungsgebiet war Ontario, wo sie in rund zehn Orten leben.

Huttererfrauen in der für das 19. Jahrhundert typischen schlichten Tracht

7.2.2 Winnipeg

Lage

Winnipeg ist die einzige »echte« Großstadt zwischen Toronto (2.100 km) und Calgary/Edmonton (1.300 km) und wirtschaftliches und kulturelles Zentrum einer weit über die Provinzgrenzen hinausreichenden Region. Die Hauptstadt liegt in der südöstlichen »Ecke« von Manitoba, rund 150 km westlich von Ontario und rund 100 km nördlich der Grenze zu den USA.

Auf einer Fahrt durch Manitoba geht an Winnipeg kein Weg vorbei, denn alle wichtigen Straßen und auch die Eisenbahnlinien führen über die Provinzkapitale.

Klima und Geschichte

Klima

Das Klima Winnipegs entspricht weitgehend der auf Seite 581 zu findenden Kennzeichnung für die Provinz Manitoba. Die ungeschützte Lage nach Norden wie nach Süden sorgt für starke jahreszeitliche Gegensätze. Im Sommer – mit im Juli/August Tageshöchsttemperaturen um 27°C – darf man mit stabilen **Schönwetterperioden** rechnen; nur gelegentlich setzen Gewitter Straßen und Campingplätze unter Wasser. Im Winter beschert das wetterbestimmende kontinentale Hoch der Stadt nur geringen Schneefall und Temperaturen bis unter –20°C. Mit 358 Stunden verzeichnet Winnipeg von Dezember bis Februar den meisten Sonnenschein von allen kanadischen Städten, ➪ Seiten 22+24.

Geschichte

Der Zusammenfluß von Assiniboine und Red River war schon 4.000 v.Chr. über alle Zeiten hinweg ein wichtiger Treffpunkt der indianischen Urbevölkerung. Die Franzosen unter ***Pierre de la Vérendrye*** erkannten die strategisch günstige Position dieses Ortes und gründeten dort 1738 die Pelzhandelsstation ***Fort Rouge***. Von dort aus betrieben sie die Erschließung des kanadischen Nordwestens. An fast gleicher Stelle errichtete 1809 die *North West Company* das ***Fort Gibraltar***. Der 1822 von der *Hudson's Bay Company* in ***Fort Garry*** umbenannte Stützpunkt versank vier Jahre später in den Fluten des Red River. Als Neubau entstanden zwei Festungen mit dicken Steinmauern: flußabwärts in Selkirk das ***Lower Fort Garry*** (➪ Seite 525) und am anderen Flußufer im Stadtzentrum das ***Upper Fort Garry*** (➪ Seite 536).

Métis

Nachdem 1812 der ***Earl of Selkirk*** schottische Siedler an die fruchtbaren Ufer des Red River gebracht hatte, kam es zu ständigen Konfrontationen mit den bereits dort ansässigen *Métis*, Nachkommen französischer Trapper und indianischer Frauen. Denn mit der Abholzung von Waldland zur Ausdehnung der Landwirtschaft reduzierten sich die Jagdreviere der *Métis*. Die Auseinandersetzungen gipfelten unter Führung von ***Louis Riel*** in der ***Red River Rebellion*** von 1869, die zur Schaffung Manitobas und zur Anerkennung von Minderheitenrechten für die *Métis* führte.

Nach den ersten unruhigen Jahren verlief die weitere Geschichte der Siedlung, die sich um das ***Upper Fort Garry*** entwickelt hatte, nun weniger turbulent. Mit der Konstituierung Manitobas (1870, ➪ Seite 581) wurde Winnipeg Verwaltungssitz, erhielt aber erst **1873 Stadtrechte** und seinen heutigen Namen, der aus der Sprache der *Cree*-Indianer stammt (*win nipee* = schlammiges Wasser).

Eisenbahn

Bereits mit dem Anschluß an das Eisenbahnnetz des Ostens (1878) gewann Winnipeg eine zentrale Position für den Weizentransport in die Bevölkerungszentren. Bereits 1887 war die *Winnipeg Commodity Exchange* gegründet worden, die bis heute den einzigen Agrar-Terminhandel Canadas abwickelt. Die Ankunft der ***Canadian Pacific Railway*** (CPR) und die Verkehrsanbindung an die Westküste 1885 sowie der Bau weiterer Bahnlinien – so auch nach Churchill an der Hudson Bay (1929) – machten Winnipeg zum Eisenbahnknotenpunkt und zur einzigen kanadischen Metropole im Umkreis von 1.300 km.

Bevölkerung

Winnipeg hatte zu Beginn des 1. Weltkrieges erst um die 150.000 Einwohner. Heute leben mit über 700.000 Menschen im Großraum (635.000 in der Stadt) knapp 60% der Bevölkerung Manitobas in der Provinzhauptstadt und deren Umgebung.

Information, Orientierung und öffentliche Verkehrsmittel

Touristen Infomation

Tourism Winnipeg
279 Portage Ave (*Downtown*)
✆ (204) 943-1970 oder ✆ 1-800-665-0204;
www.destinationwinnipeg.ca.

Explore Manitoba Centre in ***The Forks National Historic Site*** (➪ unten), 21 Forks Market Road, ✆ 1-800-665-0040. Großzügige Touristeninfo mit Ausstellungen über die Provinz samt Nationalparkinfos im ***Parks Canada Kiosk***, täglich 9-18 Uhr ✆ 1-888-773-8888; www.pc.gc.ca/forks, ➪ Seite 606.

Der ***Winnipeg International Airport*** (YWG), www.waa.ca, liegt nur 6 km westlich der Innenstadt. Airportzufahrt von *Downtown* (30 min) mit der Airport-Buslinie #15.

Zentrum

Das **Stadtzentrum** mit einer in den letzten Jahren dichter gewordenen Hochhauskulisse befindet sich nordwestlich der Einmündung des Assiniboine River in den Red River, ungefähr begrenzt durch Portage Ave, Broadway und Main Street. Am Ostufer des Red River liegt das alte Stadtviertel ***Saint Boniface*** mit französischsprachiger Bevölkerungsmehrheit.

Verkehrs-situation

Der ***Trans Canada Highway*** führt mitten durch die City (Main Street/Portage Ave). Alternativen dazu sind zwei weiträumig die City umgehende Autobahnen (***Perimeter Highway #100*** im Süden bzw.***Perimeter Highway #101*** im Norden). Im großzügig angelegten Winnipeg bereitet Autofahren kein Kopfzerbrechen.

Nahverkehr

In *Downtown* Winnipeg fahren die **3 *Downtown-Spirit-Buslinien*** Mo-Fr 7-19, Sa 11-19, So 12-17.30 Uhr auf einem Rundkurs um das Geschäftszentrum und weiter zu *The Forks* (➪ unten) gratis.

Auf anderen Routen gilt für ***Winnipeg Transit* Busse** – unabhängig von der Fahrtstrecke – ein Einheitstarif von $2,25, 10 Tickets $19,50. Man benötigt in den Bussen abgezähltes Kleingeld. Für *Transit Information* wählt man © (204) 986-5700 oder schaut ins Internet: www.winnipegtransit.com

Unterkunft und Camping

Hotels/Motels

Übernachten ist in Winnipeg nicht besonders teuer. Die Broschüre ***Winnipeg Accomodation Guide*** der *Visitor Information* enthält eine Liste aller Motels/Hotels in *Downtown* Winnipeg.

In *Downtown* und Umfeld findet man u.a. das relativ preiswerte

- ***Carlton Inn***, 220 Carlton Street, © (204) 942-0881 oder © 1-877-717-2885; www.carltoninn.mb.ca, sowie das edle, 1913 erbaute
- ***Fort Garry Hotel***, 222 Broadway Ave, © (204) 942-8251 bzw. © 1-800-665-8088; www.fortgarryhotel.com.

In den Außenbezirken liegen zahlreiche **Hotels und Motels** entlang der südlichen Zufahrtsstraße #42 (Pembina Hwy), an der westlichen Zufahrtsstraße #1/#85 (Portage Ave) sowie im Flughafenbereich. Ein gutes Preis-/Leistungs-Verhältnis haben

- ***Comfort Inn Winnipeg Airport***, 1770 Sargent Ave, © (204) 783-5627; www.choicehotel.com/hotel/cn237
- ***Holiday Inn Airport West***, 2520 Portage Ave W, © (204) 885-4478 oder © 1-800-665-0352; www.holidayinn.airportwest.com,
- ***Canada Inns Express Fort Garry***, 1792 Pembina Hwy, © (204) 269-6955, © 1-888-33-CANAD; www.canadinns.com/fgexpress

Preiswerte Unterkünfte

Die preiswerteste Übernachtung in Winnipeg bieten – wie auch anderswo – die ***Hostels***:

- ***HI Winnipeg Downtowner***
  330 Kennedy Street; 120 Betten, $29/Bett
  © (204) 943-5581, © 1-866-762-4122; www.hostels.ca
- ***Guest House International***
  168 Maryland Street, $25/Bett, DZ $50,
  © (204) 772-1272 oder © 1-800-743-4423;
  www.backpackerswinnipeg.com

Bed & Breakfast

Die folgende Agentur vermittelt im Stadtbereich Winnipeg zahlreiche Unterkünfte zu Preisen ab ca. $60:

- ***Bed & Breakfast of Manitoba,*** © (204) 661-0300; www.bedandbreakfast.mb.ca; © 1-877-304-0300

Camping

Der stadtnächste, gute öffentliche Campingplatz (über 400 Stellplätze) befindet sich im ***Birds Hill Provincial Park***, © 1-888-482-CAMP; www.manitobaparks.com, 25 km nordöstlich von *Downtown* Winnipeg an der Straße #59. Der Park verfügt über eine hervorragende Infrastruktur mit Reitstall, Badesee, Wander- und Fahrradwegen. Dem jährlichen ***Winnipeg Folk Festival*** dient er als Veranstaltungsort (⇨ Seite 540).

Unter mehreren kommerziellen Plätzen im Bereich des ***Perimeter Highway*** ist ***Traveller's RV Resort and Campground***, ✆ (204) 256-2186 oder ✆ 1-888-615-1995, $18-$30, eine gute Wahl. Der Platz (#870 Murdock Road neben *Fun Mountain Waterslide Park*) liegt 14 km östlich von *Downtown* Winnipeg am TCH, Kreuzung mit Hwy #100; www.travellersresort.com.

Stadtbesichtigung: Downtown

Situation

Eine Besichtigung von *Downtown* Winnipeg läßt sich gut zu Fuß machen. Zur Überwindung etwas größerer Distanzen kann man den ***Downtown Spirit*** in Anspruch nehmen, ⇨ Seite 530.

Die Beschreibung der Sehenswürdigkeiten Winnipegs beginnt an der **Main Street** knapp nördlich von Downtown:

Manitoba Museum

Das ***Manitoba Museum*** (190 Rupert Ave) mit Planetarium und interaktivem Wissenschaftsmuseum (⇨ unten) ist eine der herausragenden Attraktionen der Stadt. Die Natur- und Menschheitsgeschichte der Provinz wird über Dioramen, Filme und naturgetreue Modelle sehr anschaulich dargestellt. Die ***Earth History Gallery*** vermittelt einen Überblick über die geologischen Epochen der Region Manitoba; in der ***Arctic & Subarctic*** und der ***Boreal Forest Gallery*** geht es um das Leben der Ureinwohner des Nordens, und in der ***Grasslands Gallery*** um die Siedlungsgeschichte des südlichen Manitoba.

Die ***Hudson`s Bay Company Gallery*** thematisiert das Wirken der mächtigen Pelzhandelsgesellschaft. Ein originalgetreuer Nachbau (15 m, ⇨ Foto rechts) des Segelschiffs ***Nonsuch***, mit dem *Des Grosseilliers* 1668/69 in der Hudson Bay überwinterte, bildet einen der Höhepunkte der Ausstellung. Vor der Verbringung ins Museum mußte das Schiff 1970 anläßlich der 300-Jahr-Feier der *Hudson`s Bay Company*-Gründung die historische Seereise noch einmal absolvieren - mit Erfolg!

Eine weitere Attraktion sind in der ***Urban Gallery*** die Straßenzüge einer Kleinstadt, die Winnipeg um 1920 zeigen.

Planetarium und Science Centre

Im Planetarium sorgen 154 Projektoren, moderne Video- und Computertechnologie samt kolossaler Lautsprecher für beeindruckende ***Multi Media Shows***. Vor allem virtuelle Reisen durchs Weltall fesseln die Besucher. In der ***Science Gallery*** garantieren verblüffende Effekte und Illusionen einen kurzweiligen Aufenthalt.

Geöffnet Mitte Mai bis Anfang September täglich 10-17 Uhr, restliche Zeit des Jahres Di-So 11-16 Uhr, Eintritt $8, Pass für Museum, Planetarium und *Science Gallery* $18. *Planetarium* oder *Science Gallery* jeweils separat $7; www.manitobamuseum.mb.ca.

Centennial Concert Hall

Neben dem Manitoba *Museum* ist ein Kulturzentrum entstanden. Die *Centennial Concert Hall*, 555 Main St, bietet eine Bühne für *Manitoba Opera, Royal Winnipeg Ballet* und *Symphony Orchestra*. Im *Manitoba Theatre Centre*, 174 Market Ave, sieht man populäre Theaterproduktionen.

Exchange District

Das *Manitoba Museum* grenzt an ein über 20 Blocks umspannendes **historisches Viertel**. Dieses originale, kommerzielle und kulturelle Herz von Winnipeg heißt ***Exchange District***, was der Warenbörse (360 Main Street) an seinem Südende zu danken ist. Dort werden heute aber nur noch Getreideoptionen gehandelt. Im Erdgeschoss des Gebäudes befindet sich der ***Winnipeg Square*** mit 45 Geschäften, www.winnipegsquare.com.

Auf der gegenüberliegenden Straßenseite ragt das ***Toronto Dominion Centre*** (201 Portage Ave.) empor. Mit 128 m ist das ***TD Centre*** höchster Bau zwischen Toronto und Calgary.

Nachbau der »Nonsuch«, mit der Des Grosseilliers 1668/69 als erster auf dem Seeweg die Hudson Bay erreichte und dort überwinterte

Die Einkaufs- und Restaurant-Arkaden im *Exchange District* locken zahlreiche Besucher an. Der **Kernbereich** liegt westlich der Main Street. Um den *Old Market Square* mit Ess- und Verkaufsständen sowie oftmals *Entertainment* verbergen sich hinter sorgfältig restaurierten Fassaden ehemalige Wohn-, Handels- und Lagerhäuser aus dem ausgehenden 19. Jahrhundert.

Chinatown

An den *Exchange District* schließt sich nördlich ***Chinatown*** an (Zentrum an der King St), das bereits im 19. Jhr. als Wohnstadt chinesischer Eisenbahnarbeiter entstand. Das Viertel ist kleiner als die *Chinatown* in Vancouver, aber für einen kurzen Abstecher durchaus erwägenswert. Sehenswert sind das in traditioneller Architektur um einen chinesischen Garten herum errichtete ***Dynasty Building*** (180 King St) mit Chinesischem Tor.

Ukrainisches Zentrum

Östlich der Chinatown besitzt die nach Briten und Deutschen drittgrößte ethnische Gruppe Manitobas mit dem ***Oseredok Ukrainian Cultural and Educational Centre***, 184 Alexander Ave East eines der größten Kulturzentren dieser Art außerhalb der Ukraine, www.oseredok.org. Es präsentiert ukrainische Geschichte und Volkskunst wie handgemalte Ostereier (*Pysanky*), Keramik und Kunst (Mo-Sa 10-16, Juli-August So auch 13-16 Uhr; frei). Wer die Main Street (Hwy #52) ca. 2 km weiter in Richtung Norden fährt, kann die Kuppeltürme im ukrainischen Barockstil der ***Holy Trinity Ukrainian Orthodox Cathedral***, 1175 Main Street, nicht verfehlen. Im Erdgeschoß ist das kleinere ***Ukrainian Museum of Canada*** untergebracht mit ähnlichen Exponaten wie im Kulturzentrum (Mo-Fr nur Juli, August 10-16 Uhr, Eintritt $1).

City Center

Hauptgeschäftsstraße Winnipegs ist die ***Portage Ave*** zwischen Main Street und Memorial Blvd. Die großen Kaufhäuser und *Shopping*-Komplexe (***Cityplace Mall; Portage Place; Winnipeg Square***) konzentrieren sich dort und in unmittelbarer Nähe. Sie sind teilweise über verglaste Brücken oder unterirdisch miteinander verbunden. Das mit 125 Geschäften größte Einkaufszentrum ist ***Portage Place***, 393 Portage Avenue; www.portageplace.mb.ca. Es erstreckt sich über 3 Blocks und beherbergt u.a. ein ***IMAX Kino,*** Film $10; www.imaxwinnipeg.com.

Kunst Museum

Die ***Winnipeg Art Gallery***, 300 Memorial Blvd, ist zwischen Calgary und Toronto konkurrenzlos; www.wag.mb.ca. Das gilt auch für die ungewöhnliche Architektur des Museumsgebäudes. Den dreieckigen Grundriß nimmt man im Inneren des Baus wegen der geschickten räumlichen Gestaltung aber kaum wahr. Unter den Kollektionen verschiedener Kunstrichtungen und Epochen sind die Sammlung zur kanadischen Gegenwartskunst und Kanadas umfangreichste Ausstellung der ***Inuit-Art*** hervorhebenswert. Öffnungszeiten, Di-So 11-17 Uhr, aber Do bis 21 Uhr, Eintritt $6. Ein ***Super Brunch*** gibt`s im Dachgeschoss im ***Brio Restaurant***, © (204) 948-0085; www.briocatering.com.

Regierungsgebäude

In einem eigenen Park zwischen Broadway/Assiniboine River und Osborne/Kennedy Streets steht das ***Legislative Building***, 450 Broadway, Sitz der Provinzregierung und des Parlaments von Manitoba. Auf der Kuppel des neoklassizistischen Bauwerks (1920) steht das Wahrzeichen Winnipegs, die Statue des ***Golden Boy***, eines

rennenden Jünglings mit Weizengarbe im Arm und einer Fackel in der Hand. Mit 77 m war die Fackelspitze lange Zeit der höchste Punkt Winnipegs. Das Gebäude steht täglich zur Besichtigung – auf eigene Faust oder mit Führung – offen (8-20 Uhr), Eintritt frei; www.gov.mb.ca/legtour.

Osborne Village

Auf der anderen Seite des Flusses (Zugang über *Osborne Bridge*, Hwy #62) gibt es zahlreiche kleine Geschäfte beiderseits der Osborne Street. Zusätzliche Attraktivität gewinnt das *Osborne Village* durch seine **Restaurants und Cafés**.

Dalnavert House

Amerikanische Besucher schwärmen für das mit über 100 Jahren »uralte« ***Dalnavert House*** in der 61 Carlton Street. Es verkörperte 1895 nicht nur äußerlich den Gipfel des Luxus, sondern war mit Zentralheizung, Heißwasserversorgung und Elektrizitätsanschluß auch technisch auf dem neuesten Stand; www.mhs.mb.ca.

In dem akribisch restaurierten Anwesen lebte *Sir Hugh John MacDonald*. Der Sohn des ersten kanadischen Ministerpräsidenten war 1899-1900 *Premierminister* Manitobas. Geöffnet Mi-Fr 10-17 Uhr, Sa 11-18 Uhr, So 12-16 Uhr; Eintritt $5.

Fort Garry

In einem kleinen Park an der Main Street zeugt nur der kleine Torbogen ***Upper Fort Garry Gate*** vom zweiten Fort der *Hudson's Bay Company* in Winnipeg (➪ unter »Geschichte«). Das erste wurde nach einer Überflutung zerstört.

The Forks

Der Zugang zu ***The Forks***, einem zwischen der Bahnlinie östlich der Main St und dem Westufer des Red River gelegenen ehemaligen Rangierbahnhof erfolgt unmittelbar nördlich oder südlich der *VIA Rail Station*. Von der Innenstadt aus nimmt man alternativ die Water Ave (= Westzufahrt zur Provencher Bridge) und biegt vor dem Fluß rechts in den Pioneer Blvd ab. Das weitläufige Areal am Zusammenfluß von Red und Assiniboine River ist wegen seiner Rolle als (6.000 Jahre alter) indianischer Versammlungsort und Keimzelle Winnipegs zum ***National Historic Site*** deklariert worden; www.theforks.com.

In den letzten Jahren wurde das Gelände zu einem attraktiven **Freizeitpark** umgestaltet. In ihm befinden sich ***Tourist Information*** (im *Explore Manitoba Centre*), Hafen mit Leuchtturm (!) und Bootsverleih, das ***Manitoba Children's Museum*** (45 Forks Market Road, *Kinsmen Building* von 1889, täglich 9.30-16.30 Uhr, Fri+Sa. bis 18 Uhr, $7; www.childrensmuseum.com) und das *Johnston Terminal*, ein Lagerhaus von 1930 voller Läden und Bistros. *Festivals* und Veranstaltungen aller Art finden im *Market Plaza, Festival Park* und *Celebration Circle* statt.

Der ***The Forks Market*** ist in einem ehemaligen Eisenbahngebäude untergebracht (täglich ab 9.30 Uhr) und beherbergt eine bunte Vielfalt an Obst- und Gemüse-, Fleisch- und Fischständen, Restaurants und jede Menge Shops aller Art. Vom 6. Stock des voll verglasten Aussichtsturms überschaut man das Gelände von *The Forks* und die *Skyline* von Winnipeg.

Der ***Riverwalk*** zwischen *Legislative Building* und *Alexander Dock* lädt zu Spaziergängen mit Blick auf die *Skyline* ein.

Boottrips

Ebenso gut ist die Sicht vom ***Wassertaxi***, Einfachfahrt $3, Tagespass $15. Der ***Splash Dash Water Bus***, © (204) 783-6633; www.splashdash.ca, verkehrt durch *Downtown* mit 10 Haltestellen zwischen *Hugo Dock* und *Gibraltar Dock*. Stopps sind u.a. *the Forks, Legislative Building, Exchange District, Osborne Village St. Boniface*, Juli, August 12-23 Uhr, alle 15 min.

Ab *Alexander Dock* (Waterfront Dr am Westufer des Red River, Ecke Alexander Ave) starten **Schaufelraddampfer**: *Paddle Wheel Princess* und *Queen* zu Fahrten auf Red und Assiniboine River (Mai-Oktober täglich), 13 Uhr *Sightseeing* 2 Std $17, 19 Uhr *Sunset Dinner/Dance* 3 Std. $18, 22 Uhr *Moonlight Dance* (nur Fr+Sa) 3 Std. $18; © (204) 944-8000; www.paddlewheelcruises. com.

Ziele außerhalb des Zentrums

St. Boniface

St. Boniface, der Stadtteil am Ostufer des Red River sozusagen gegenüber *Downtown* Winnipeg, beherbergt die größte französischsprachige Gemeinde Canadas westlich von Québec. Er entstand auf dem traditionellen Siedlungsraum der Métis. In *St. Boniface* wurde ***Louis Riel*** 1844 geboren (➪ Geschichte, Seiten 580+586). Während die Anglokanadier den später gehängten *Riel* als Aufrührer betrachten, sehen die Frankokanadier in ihm einen Vorkämpfer für ihre Rechte.

Louis Riel

Mit über hundert Jahren Abstand wird dem Métis-Führer neuerdings viel Ehre zuteil. In Saskatchewan z.B. trägt die Autobahn 11 zwischen Regina und Saskatoon den Namen ***Louis Riel Trail***. Sein Grab neben der Cathédrale de Saint-Boniface (190, Ave de la Cathédral) wird bis heute sorgfältig gepflegt. Die ersten drei katholischen Kirchen wurden Anfang des 19. Jahrhunderts erbaut, fielen aber wiederholt Neubauten und Bränden zum Opfer. Das letzte Großfeuer wütete 1968 und ließ allein die romanische Vorderfront und einige Wände stehen. Die heutige 6. Kirche stammt

Die Ruine von St. Boniface vor der Silhouette der City of Winnipeg

bis auf dieses Relikt aus dem Jahre 1972. In der Nachbarschaft befindet sich das ***Collège Universitaire de Saint-Boniface***, ein französischsprachiger Ableger der *University of Manitoba*.

Museum

Das ebenfalls benachbarte ***Musée de Saint-Boniface*** (494 Ave Taché) befindet sich in einem Eichen-Blockhaus, dem ältesten Gebäude Winnipegs, das 1846 ursprünglich als Kloster für die »Grauen Nonnen« errichtet wurde. Hauptthema des Museums ist der Beitrag der ***Métis*** zur Entwicklung Winnipegs. Mitte Mai bis September Mo-Fr 9-17 Uhr, Sa, So 12-16 Uhr, restliches Jahr Mo-Fr 9-17 Uhr und So 12-16 Uhr; $5; www.msbm.mb.ca.

Riel House

Der ***Riel House National Historic Site*** mit dem Wohnhaus der Mutter von *Louis Riel* liegt außerhalb des Viertels *St. Boniface* im Süden Winnipegs. *Riel* hat zwar dieses Holzhaus unweit das *Red River* nie bewohnt, er wurde aber nach seiner Hinrichtung 1885 dort aufgebahrt (330 River Rd, täglich 10-18 Uhr Mitte Mai bis Anfang September, Eintritt $4; www.pc.gc.ca/riel).

Canadian Mint

Der futuristisch anmutende Glasbau der ***Royal Canadian Mint*** (520 Lagimodiere Blvd = Hwy #59) liegt unübersehbar im Osten Winnipegs südlich der Kreuzung mit dem *Trans Canada Highway* #1, Mitte Mai-Anfang September, täglich 9-17 Uhr, ansonsten Mo-Fr 9-17 Uhr; Eintritt $5; www.mint.ca.

Die ***Mint*** produziert alle Umlaufmünzen für Kanada und weitere Länder. Für die Prägung von Sammler- und Goldmünzen wie den kanadischen ***Maple Leaf Dollar*** ist die Zentrale in Ottawa zuständig. Die nur Mo-Fr stattfindende Führung, dann Eintritt $4, erfolgt auf einer Besuchergalerie; am Sa+So keine Produktion. Beeindruckend sind Einführungsfilm und Münzausstellung.

Assiniboine Park

Westlich von Downtown beeindruckt *Little Italy* mit **Restaurants**, **Terrassencafes, Bars** und sommerlichem *Nightlife* entlang des »Corydon Strip« (Corydon Ave westlich Ostborne Street). Im weiteren Straßenverlauf liegt am Südufer des Assiniboine River der sehr schöne ***Assiniboine Park***. Das Parkgelände verfügt über **Rad- und Wanderwege**, ein Gewächshaus voller tropischer Pflanzen, englische und französische Gärten sowie den ***Assiniboine Park Zoo***; im Sommer 9-19 Uhr, $4; www.zoosociety.com).

Prairie Museum und Park

Das ***Living Prairie Museum*** (2795 Ness Ave südwestlich des Flughafens) schützt Reste einer einst für den Süden Manitobas typischen Hochgras-Prärielandschaft. Im Besucherzentrum (kein Eintritt Juli-August, täglich 10-17 Uhr, Mai-Juni nur So) gibt es einen Videofilm. Ein Lehrpfad vermittelt das Gesehene in natura.

Flugzeugmuseum

Das ***Western Canada Aviation Museum*** (958 Ferry Road, Südostseite des Flughafens, Mo-Sa 10-16.30 Uhr, So 12-17 Uhr, Eintritt $8) bezieht sich im wesentlichen auf die kanadische Luftfahrt von frühen Buschpiloten bis heute; www.wcam.mb.ca.

Neben 25 Flugzeugen gibt es im zweitgrößten kanadischen Luftfahrtmuseum Flugsimulatoren, eine Weltraumreise mit Landung auf dem Mars sowie zahlreiche Erinnerungsstücke und Videos.

Fort Whyte Centre

Im Freigelände des ***Fort Whyte Centre*** (1961 McCreary Road am Highway #155; Mo-Fr 9-17 Uhr, Sa+So 10-17 Uhr; Eintritt $6; www.fortwhyte.org) durchziehen **Wanderwege und Holzplankenstege** 180 ha Sumpf, Feuchtbiotope und ein Bisonfreigehege. Schautafeln erläutern ökologisch bedeutsame Details.

Planschpark

Besonders an heißen Sommertagen kommt ein Abstecher zum ***Fun Mountain Waterslide Park*** mit 10 großen Wasserrutschen in Frage: am TCH östlich der City, Abzweig Murdock Road; täglich Mitte Juni-August 10-18 Uhr; $15; www.fun mountain. ca.

Strände

Eine gute Autostunde entfernt befinden sich die **Sandstrände** des Lake Winnipeg (*Grand Beach*, ➪ Seite 525).

Saddle Bronc Riding (➪ Seite 283) auf der Morris Stampede

In Winnipegs Kalender sind drei Daten hervorzuheben:

Folk-Festivals

- An 4 Tagen Anfang Juli findet im *Birds Hill Provincial Park* das international besetzte ***Winnipeg Folk Festival*** statt, ✆ (204) 231-0096; www.winnipegfolkfestival.ca
- Anfang August beginnt die zweiwöchige ***Folklorama***. In vielen über die Innenstadt verteilten Pavillons zeigen ethnische Gruppen aus aller Welt dreimal täglich Musikshows, nationaltypische Gerichte, Kunst- und Handwerksprodukte. Information unter ✆ (204) 982-6210, ✆ 1-800-665-0234; www.folklorama.ca.

Morris/ Stampede

- In der Region südlich von Winnipeg spielt nur Morris während der alljährlichen ***Manitoba Stampede*** & ***Exhibition*** eine touristisch bedeutsame Rolle. Im Anschluß an die ***Calgary Stampede*** (Daten und Kennzeichnung, ➪ Seite 282f.) findet dort Mitte Juli jeweils von Donnerstag bis Sonntag eine der größten Rodeoveranstaltungen Canadas statt.

  Sie verwandelt das ansonsten ruhige Städtchen am Zusammenfluß von Red und Morris River für 4 Tage in eine Art ***Boomtown***. Motels, Hotels und Campingplätze sind hoffnungslos überbelegt, und auf den Freiflächen um das Stampedegelände drängen sich Wohnmobile dicht an dicht. Eine Vielfaches der Einwohnerzahl fällt täglich nach Morris ein, um sich bei Jahrmarkt, Viehausstellung und Rodeo zu amüsieren. Alles, was unter »***Calgary Stampede***« beschrieben wird, gilt auch für Morris, wiewohl in einem kleineren, überschaubareren Rahmen. Wer es einrichten kann, sollte die ***Manitoba Stampede*** nicht versäumen; sie ist eine der attraktivsten Veranstaltungen ihrer Art in Canada. Information unter ✆ (204) 746-2552 oder ✆ 1-866-657-4741; www.manitobastampede. ca.

7.2.3 Von Winnipeg nach Calgary

Auf dem TCH nach Westen

Etwa 80 km westlich von Winnipeg passiert der TCH **Portage la Prairie** (13.000 Einwohner). Der Ort ging aus einem Rastplatz der Felltransporteure (*Voyageurs)* hervor, die dort mit ihren beladenen Kanus nach einer beschwerlichen *Portage* (Tragen der Kanus über Land) vom Lake Manitoba den Assiniboine River erreichten. Verläßt man auf der Fahrt nach Westen den TCH in Richtung Stadt (Straße #1A), liegt das ***Fort la Reine Museum & Pioneer Village*** gleich rechterhand an der Einmündung der Straße #26. Der Nachbau einer Handelsniederlassung von 1738, von der aus ***Pierre de la Vérendrye*** seine Entdeckungsreisen durch die Prärien startete, beherbergt viele Relikte aus jenen Tagen. Geöffnet Mo-Sa 9-18, So 12-18 Uhr; Eintritt $8; www.fortlareinemuseum.ca.

Spruce Woods

Auf der Fahrt durch Manitoba erscheint lediglich eine Abweichung vom Verlauf des TCH sinnvoll: Der Abstecher in den ***Spruce Woods Provincial Park***, ein großes Wald- und Hügelgebiet südwestlich von Portage la Prairie. Die Besonderheit dieser Region ist ein wüstenähnliches, etwa 5 km^2 großes Areal (***Spirit Sands***) mit feinsandigen Wanderdünen und sogar Kakteenbewuchs. Die Ausgangspunkte für *Trails* in die Dünen wie auch für den nahen, sehr gut angelegten ***Kiche Manitou Campground*** liegen rund 30 km vom TCH entfernt (Straße #5); Reservierung unter ✆ 1-888-482-2267; www.manitobaparks.com.

Riding Mountain National Park

Der Verlauf des TCH im westlichen Manitoba bis weit nach Saskatchewan hinein bietet so gut wie keine Abwechslung oder weitere sinnvolle Abstecher. Der einzige landschaftliche Höhepunkt dieser Region, der ***Riding Mountain National Park***, liegt rund 90 km nördlich. Wenn die Zeit es irgend zuläßt, sollte man den Umweg dorthin machen und dafür mindestens einen vollen Tag Aufenthalt einplanen.

Charakter des Parks

Der Bezeichnung ***Riding Mountain*** reflektiert die ungewöhnliche Position des 110 km langen Nationalparks. Seine Höhenzüge »reiten« quasi auf der bis über 500 m tiefer liegenden Umgebung. Flora und Fauna des von drei Landschaftsformen geprägten Nationalparks unterscheiden sich erheblich von Vegetation und Tierwelt der Prärie. Den Großteil von *Riding Mountain* nehmen in den Höhenlagen nordische Nadelwälder ein, die von Espenwald sowie im Westen auch von Prärien und Wiesen umschlossen werden. In den östlichen Tälern des Parks enden die letzten Ausläufer des ostkanadischen Laubwalds.

Flora & Fauna

Für einige Tier- und Pflanzenarten bietet *Riding Mountain* einen isolierten Lebensraum, der sie vor der Ausrottung bewahrte. Andere gefährdete Gattungen konnten sich dort erholen und eine stabile Existenzbasis zurückgewinnen. Mit etwas Glück sieht man **Bären** oder einen der rund **30 Wölfe**. **Biber** gibt es überreichlich; etwa 3.500 Biberkolonien mit je 4-7 Tieren bevölkern zur Zeit den Park.

Zufahrt

Die schönste Route in den Park hinein ist die (Schotter-)**Straße #19**, anzusteuern **über Norgate**, ca. 90 km nördlich des *Trans Canada Highway* auf der #5.

Riding Mountain National Park
Wasagaming
✆ (204) 848-7275
www.pc.gc.ca/riding

Reservierung *Wasagaming Campground*
✆ 1-877-RESERVE, www.pccamping.ca

Osteinfahrt in den Riding Mountain National Park

Trails

Der Nationalpark verfügt über das beste Wanderwegenetz Manitobas. Ein *Park Trail*-Heft (erhältlich beim *Visitor Centre* in Wasagaming) beschreibt sowohl kurze Rundwanderungen als auch Mehrtagestouren. Bei fünf *Self-guided Trails* erklären Informationstafeln die Natur entlang der Wege.

Gleich eingangs des Parks am Highway #19 beginnt der ***Burls and Bittersweet Trail***, ein hübscher Rundweg von ca. 2 km Länge durch Laubwald, wie man ihn sonst nur im Osten Canadas findet. Im weiteren Verlauf dieser Straße passiert man zahlreiche Seen mit Biberburgen und -dämmen.

Der kurze ***Rolling River Fire Trail*** führt durch eine 1980 verbrannte, in der Zwischenzeit längst wieder erholte Landschaft. Ebenfalls den Spuren früherer Waldbrände folgt der Rundwanderweg ***Brulé Trail*** (*Trailhead* an der #19 unweit östlich der #10) in Form einer langestreckten Acht (2 km / 4 km).

Clear Lake

Bei Anreise über die Straße #19 und Fortsetzung der Fahrt in den zentralen Bereich des Parks läßt man das mit perfekter touristischer Infrastruktur gesegnete Wasagaming am **Clear Lake** links liegen. An dessen Südende laden hübsche Strände und glasklares, im Juli und August erstaunlich warmes Wasser zum Baden ein.

Bisons im Freigehege Bison Enclosure

Bison Enclosure

Ein Besuch der ***Bison Enclosure*** gehört im *Riding Mountain Nat'l Park* zum »Pflichtprogramm«. In dem umzäunten Areal lebt eine kleine **Bisonherde** von etwa 30 Tieren. Eine Aussichtsplattform hilft beim Entdecken der Bisons. Versteckt in den Waldstücken oder im hohem Gras sind die mächtigen Tiere oft nicht zu sehen.

Lake Audy

Als Zubringer zur *Bison Enclosure* dient die ***Lake Audy Road***, an der sich der schönste **Campingplatz** des Parks befindet. Beim Lagerfeuer mit Blick auf den Sonnenuntergang über dem See vergißt man fast, daß sich dieses wunderbare Fleckchen Erde eigentlich mitten in der Prärie befindet.

Weiter nördlich lohnt sich ein kleiner Abstecher von der *Park Road #10* zum teilweise über Holzbohlen verlaufenden ***Boreal Island Trail***, einem Lehrpfad zu Pflanzen- und Tierwelt des nordischen Nadelwaldes. Unbedingt besteigen sollte man den Aussichtsturm ***Agassiz Tower*** unweit der nördlichen Parkeinfahrt. Von ihm hat man einen herrlichen Blick über die Prärie nach Dauphin und den Anstieg des *Riding Mountain* aus der Ebene.

Weiterfahrt

Nach Verlassen des Parks setzt man die Fahrt zunächst auf der Straße #5 fort, die in Saskatchewan die #10 annimmt.

Ukraina

Die Region rund um den *Riding Mountain Park* gehörte zu den Siedlungsschwerpunkten ukrainischer Einwanderer. Die markanten **Zwiebeltürme** russisch-orthodoxer Kirchen weisen in vielen Präriedörfern auf den Ursprung der Bewohner hin, z.B. südlich des Parks in Sandy Lake, nördlich in Dauphin und westlich in Wroxton (bereits Saskatchewan). In einem 10.000 Zuschauer fassenden Amphitheater in **Selo Ukraina** (»ukrainisches Dorf«), ca. 12 km südlich von Dauphin, findet jährlich Anfang August das große dreitägige ***Canada's National Ukrainian Festival*** statt; © 1-877-474-2683 oder © (204) 622-4600; www.cnuf.ca.

Yorkton

Mit 15.000 Einwohnern ist Yorkton (✆ 1-877-250-6454 oder ✆ (306) 783-8707; www.tourismyorkton.com) die fünftgrößte Stadt Saskatchewans und Zentrale der Südostregion. Am westlichen Ortsausgang (#16) steht eines von **4 *Western Development Museen*** Saskatchewans (www.wdm.ca), ➪ Seite 548, welche die Siedlungsgeschichte des kanadischen Westens beleuchten. Das Thema des relativ schwächsten Museums in Yorkton lautet ***Story of People***. Die Historie wird dem Besucher u.a. durch nachgestellte Szenen aus dem kargen Leben der ersten Einwanderer nahegebracht. Geöffnet Ende Juni-Mitte August täglich 9-17, sonst Mo-Fr 9-17, Sa, So 12-17 Uhr; Eintritt $9.

Camping

Den landschaftlich besten Campingplatz der Region gibt es im 48 km (nordwestlich) entfernten ***Good Spirit Lake Provincial Park*** (✆ 306-792-4750), Zufahrt über Hwy #47. Herrliche Sanddünen und ein langer Strand sorgen für große Beliebtheit des Parks. Spätankömmlinge kommen auf *Overflow*-Plätzen unter.

Zurück auf den TCH/Fort Qu`Appelle

Ab Yorkton bleibt man weiter auf der #10, die bei Regina auf den TCH zurückführt. Für Abwechslung nach langer Fahrt eignen sich die östlich und westlich von ***Fort Qu`Appelle*** aufgestauten *Pasqua, Echo, Mission* und *Katepwa Lake*. Diese 4 sog. **Fishing Lakes** sind beliebte Wassersport- und Angelreviere. Ihre Strände bieten an heißen Sommertagen Abkühlung. Über mehrere ***Campgrounds*** – am besten ist ***Lakeview*** – verfügt westlich von Fort Qu'Appelle der ***Echo Valley Provincial Park*** (Straße #210, ✆ (306)-332-3224). Fort Qu'Appelle entstand aus einem Handelsposten der *Hudson`s Bay Company* (heute Museum). Dort unterzeichneten 1874 die *Cree* und *Saulteaux*-Indianer die Verzichtserklärung auf einen Großteil ihrer früheren Stammesgebiete.

Regina

In einem großflächig ebenen, baumlosen Bereich der Prärie liegt Regina, das zunächst wegen der vielen in dieser Gegend von der Bisonjagd zurückgebliebenen Skelette bei den Indianern ***Wascana*** und bei den Siedlern ***Pile of Bones*** hieß (in beiden Fällen zu deutsch »Knochenhaufen«). Den Aufstieg in städtische Dimensionen verdankt das einstige Dorf dem Bau der ***Canadian Pacific Railway***. Als die transkontinentale Verbindung 1882 den Ort erreichte, entschied man sich, den unschönen Namen zu Ehren der *Queen Victoria* von England durch das vornehmere lateinische *Regina* (= Königin) zu ersetzen. Derart geadelt erfüllte das Städtchen die Voraussetzung seiner Erhebung zur Verwaltungszentrale für das damalige *North West Territory*, das die heutigen Provinzen Saskatchewan, Alberta, große Teile Manitobas und den gesamten Norden Kanadas umfaßte. Mittlerweile ist aus Regina, das 1905 mit der Schaffung der Provinz Saskatchewan zu deren Hauptstadt avancierte, eine City mit 179.000 Einwohnern geworden.

Information

Tourism Regina,
✆ 1-800-661-5099, ✆ (306) 789-5099
www.tourismregina.com
Visitor Info am TCH östlich der Stadt/Ecke Tower Road

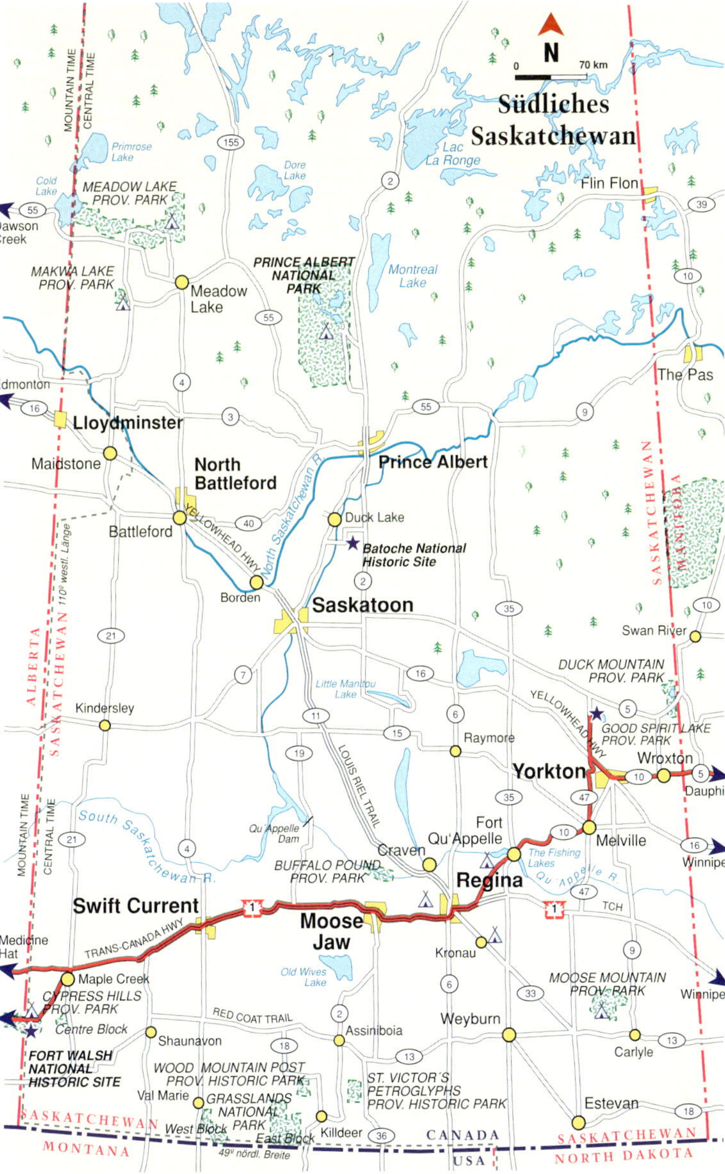

Südliches Saskatchewan
N
0 70 km
MOUNTAIN TIME
CENTRAL TIME
Primrose Lake
Cold Lake
Dore Lake
Lac La Ronge
Flin Flon
MEADOW LAKE PROV. PARK
Dawson Creek
MAKWA LAKE PROV. PARK
Meadow Lake
PRINCE ALBERT NATIONAL PARK
Montreal Lake
The Pas
Edmonton
Lloydminster
Maidstone
North Battleford
Prince Albert
Battleford
YELLOWHEAD HWY
North Saskatchewan R.
Duck Lake
Batoche National Historic Site
110° westl. Länge
Borden
Saskatoon
SASKATCHEWAN
MANITOBA
ALBERTA
Swan River
DUCK MOUNTAIN PROV. PARK
Little Manitou Lake
Kindersley
GOOD SPIRIT LAKE PROV. PARK
Raymore
LOUIS RIEL TRAIL
Yorkton
Wroxton
Dauphin
South Saskatchewan R.
Qu'Appelle Dam
Fort Qu'Appelle
Melville
Craven
The Fishing Lakes
Winnipeg
BUFFALO POUND PROV. PARK
Regina
Qu'Appelle R.
TCH
Swift Current
Moose Jaw
TRANS-CANADA HWY
Medicine Hat
Kronau
Maple Creek
Old Wives Lake
MOOSE MOUNTAIN PROV. PARK
CYPRESS HILLS PROV. PARK
Centre Block
RED COAT TRAIL
Assiniboia
Weyburn
Shaunavon
Carlyle
FORT WALSH NATIONAL HISTORIC SITE
WOOD MOUNTAIN POST PROV. HISTORIC PARK
ST. VICTOR'S PETROGLYPHS PROV. HISTORIC PARK
Val Marie
GRASSLANDS NATIONAL PARK
Estevan
West Block
East Block
Killdeer
CANADA
USA
MONTANA
NORTH DAKOTA
49° nördl. Breite

Mounties Sunset Retreat

Der ***Regina International Airport*** (YQR) befindet sich 3 km östlich der Innenstadt, Anfahrt nur per Taxi, www.yqr.ca.

Royal Mounties

Eng verbunden mit Regina ist die Geschichte der ***Mounties***, Canadas legendärer Polizeitruppe ***Royal Canadian Mounted Police***, ➪ 296. Sie besitzt am westlichen Stadtrand (5907 Dewdney Ave West) ein wichtiges Ausbildungszentrum, zu dem auch das 2007 eröffnete ***Heritage Centre*** gehört. Öffnungszeiten Ende Mai bis Anfang September täglich 9-17 Uhr, sonst Di-So 10-16.30 Uhr, Eintritt $12; www.rcmpheritagecentre.com.

Das *RCMP Centre* informiert ausführlich über Glanz und Gloria der Polizeitruppe von ihren Anfängen bis heute. Wer sich für die Siedlungsgeschichte des kanadischen Westens und alte Waffen interessiert, sollte den Besuch einplanen. Ende Mai bis Anfang September kann man die Rotröcke Mo-Fr um 12.45 Uhr bei ***Sergeant Major's Parade***, dazu Juli bis Mitte August dienstags um 18.30 Uhr bei der ***RCMP Sunset Retreat Ceremony*** bewundern, einer farbenfrohen Parade in historischen Uniformen.

Wascana Centre

Unmittelbar südlich des kleinen Geschäfts- und Bürozentrums von Regina erstreckt sich das ***Wascana Centre*** (www.wascana.sk.ca) mit dem gleichnamigen, durch Aufstauen das *Wascana Creek* entstandenen Sees über eine Fläche von fast 10 km^2. Die hügelige Parklandschaft mit schönem Baumbestand und sogar mehreren Inseln im See wirkt nach einer Fahrt durch die Prärie besonders einladend. ***Willow Island*** ist ein beliebter Platz fürs sommerliche Picknick. Die Fähre hinüber vom ***Willow Island Overlook*** am Wascana Drive kostet $4 (Ende Mai-Anfang September, nur Mo-Fr 12-16 Uhr, ✆ (306) 522-3661). Einen Bootsverleih gibt es bei der nahegelegenen ***Wascana Rentals Marina***, ✆ (306) 757-2628.

Sehenswertes

Royal Saskatchewan Museum

Rund ums *Wascana Centre* liegen fast alle Sehenswürdigkeiten. Besuchenswert ist das ***Royal Saskatchewan Museum*** (2445 Albert Street/College Ave, Mai bis Anfang September täglich 9-17.30 Uhr, sonst bis 16.30 Uhr, Eintritt $2). Die Ausstellung bezieht sich überwiegend auf Naturgeschichte und -kunde Saskatchewans und die Geschichte der Indianer; www.royalsaskmuseum.ca.

Parlamentsgebäude

Das ***Legislative Building*** (täglich ab 8 Uhr, Eintritt frei) am Südufer des Sees, ist ein mächtiger neoklassizistischer Kuppelbau. Erwähnenswert im Inneren des Parlamentsgebäudes sind der Sitzungssaal mit Holzschnitzereien und Böden und Wände mit Marmorarten aus aller Welt; www.legassembly.sk.ca.

Science Centre

Ebenfalls im *Wascana Centre* befindet sich in einem früheren Kraftwerk das ***Saskatchewan Science Centre*** (2903 Powerhouse Drive) mit dem einzigen IMAX-Kino der Provinz (✆ (306) 522-IMAX, täglich 12-21 Uhr; www.sasksciencecentre.com). Im ***Powerhouse of Discovery*** *gibt's* Naturwissenschaft zum Anfassen (Ende Mai bis Anfang Sept. Mo-Fr 9-18 Uhr, Sa-So 11-18 Uhr, sonst Mo geschlossen, Museum+IMAX je $8, Kombi $13).

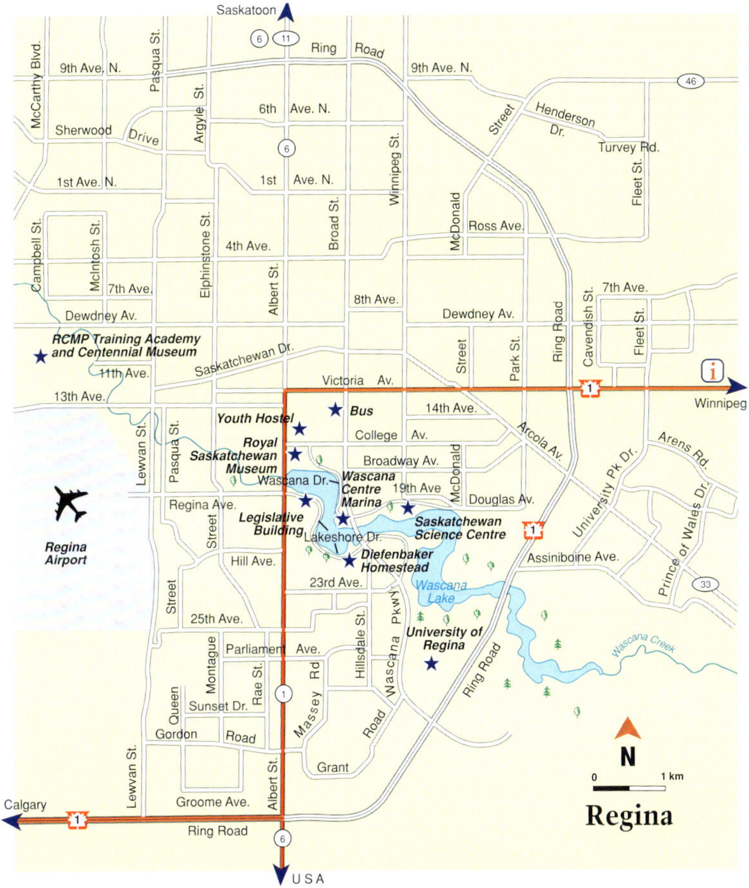

Unterkunft

In Regina herrscht weder an den Ausfallstraßen noch in der City Mangel an Hotels/Motels. Nahe dem *Wascana Centre* liegt das

- ***Regina Turgeon International Hostel*** (HI), 2310 McIntyre Street, © (306) 791-8165, 28 Betten, $21; www.hostels.ca.

Kommerzielle Campingplätze befinden sich östlich am TCH.

Ruhigere *Campgrounds* bieten 40 km südöstlich der ***Oyama Regional Park*** bei Kronau (Straße #33) und der ***Buffalo Pound Provincial Park*** mit Badestrand am ***Buffalo Pound Lake*** des ***Qu'Appelle River Valley*** 30 km nördlich von Moose Jaw.

Country Music Festival

Alljährlich **Mitte Juli** läuft in Craven im *Qu'Appelle Valley* 35 km nordwestlich von Regina das 4-tägige ***Craven Country Jamboree***, (www.cravencountryjamboree.com) ein bedeutendes Spektakel mit Konzerten und bekannten Namen. Neben dem Festgelände darf man campen; © 1-866-388-0007 und © (306) 757-0007.

Moose Jaw

Moose Jaw (32.000 Einwohner) bedürfte keiner besonderen Erwähnung, befände sich nicht direkt am TCH eines der ***Western Development* Museen** der Provinz. Das Thema dieses Hauses ist die Geschichte des Verkehrs. Alte Propellerflugzeuge, Auto- und Motorrad-Oldtimer und eine Schmalspur-Dampflokomotive (fährt Ende Mai-Anfang September Sa+So; $2) bilden eine sehenswerte Ausstellung; geöffnet täglich 9-17 Uhr, Eintritt $9; www.wdm.ca. Weitere Museen zur Entwicklung des Westens gibt es in Saskatoon, Yorkton und North Battleford, ➪ Seite 544 oben.

Snowbirds

Der Fluglärm um Moose Jaw stammt von einem der größten Militärflughäfen Canadas, wo auch die Kunstflieger ***Snowbirds***; www.snowbirds.dnd.ca, beheimatet sind. Sie zeigen tollkühne Flugformationen u.a. bei der zweitägigen ***Canada Remembers International Air Show*** Mitte August; www.canadaremembersairshow.com.

Red Coat Trail

Zu einer Abweichung vom TCH, etwa entlang des ***Red Coat Trail***, sollte sich in Saskatchewan nur entschließen, wer die TCH-Strecke schon einmal gefahren ist. Der *Dinosaur Provincial Park* und das Gebiet um Drumheller mit dem *Tyrrell Museum* (beides Alberta, ➪ Seite 292f.) sind eindrucksvoller als Saskatchewans *Badlands* im Provinzsüden.

Grasslands National Park

Positiv auf die Bewertung des Südwestens von Saskatchewan könnte sich die Weiterentwicklung des bereits 1988 gegründeten ***Grasslands National Park*** auswirken, wo erstmals die Flora und Fauna der Prärien unter den Schutz von *Parks Canada* gestellt wurden. Zwischen **Val Marie** und **Killdeer** blieben dadurch von der Nutzung als Ackerland verschonte Prärieareale so erhalten, wie sie vor über 100 Jahren von den ersten Siedlern vorgefunden worden waren, einmal im *West Block* (*Frenchman River Valley*) und im *East Block* in den *Killdeer Badlands*.

Bislang besitzt der Park bis auf einige **Wanderwege** kaum Infrastruktur. Den Westteil durchquert eine Schotterstraße (»Frenchman River Valley Ecotour«). Ein ***Visitor Centre*** existiert in Val Marie, © (306) 298-2257; www.pc.gc.ca/grasslands.

Cypress Hills

Die **schönste Landschaft** im Süden der kanadischen Prärien und zudem den **höchsten Berg** (1468 m) zwischen Rocky Mountains und Labrador können die dichtbewaldeten ***Cypress Hills*** im Grenzgebiet von Saskatchewan und Alberta für sich reklamieren; www.cypresshills.com. Der gleichnamige ***Interprovincial Park*** beiderseits der Grenzlinie wird in Saskatchewan ergänzt durch ein kleineres davon abgetrenntes Areal (***»Centre Block«*** genannt) an der Straße #21. In 37 km Entfernung vom TCH bietet der letztgenannte Teil des Parks mit mehreren warmen Seen prima **Wassersportreviere**, Badefreuden und Angelvergnügen.

Dort sorgen das komfortable ***Cypress Park Resort Inn*** (© (306) 662-4477, www.cypressresortinn.com) und **560 Campingplätze** aller Qualitätsstufen dafür, daß der *Centre Block* besonders bei Familienurlaubern beliebt und im Juli und August und an Wochenenden stark besucht sind. Auf den Hügeln ist das Klima im Sommer deutlich angenehmer als in den heißen Ebenen der Prärie.

Fort Walsh

Vorrangiges Motiv für einen Abstecher in den grenzüberschreitenden Teil der *Cypress Hills* auf der Saskatchewan-Seite wäre das rekonstruierte ***Fort Walsh National Historic Site***; Ende Mai-Anfang September täglich 9.30-17.30 Uhr, © (306) 662-3590; www.pc.gc.ca/walsh. Das Palisadenfort entspricht dem aus den Western bekannten Bild perfekt. Um diesen 1875 angelegten, aber schon 1883 wieder aufgegebenen Stützpunkt der NWMP entwickelte sich keine Ortschaft, so daß die idyllische landschaftliche Einbettung der Anlage auf einer Anhöhe erhalten blieb.

Ca. 3 km südlich vom Fort wird die Erinnerung an das ***Cypress Hills Massacre*** aufrechterhalten. Die Ermordung einer Indianergruppe durch Whiskeyschmuggler aus den nahen USA hatte 1873 wesentlichen Anteil an der Gründung der NWMP (➪ Seite 296). Zum Schauplatz des Gemetzels am rekonstruierten ***Farwell´s Trading Post*** verkehrt ein Pendelbus, $10 inkl. *Fort Walsh*-Eintritt. Die 1872 gebaute Handelsniederlassung war nach dem Massaker niedergebrannt worden.

Mountie auf den Cypress Hills.
Tief unten erkennt man das Fort Walsh.

Verbindung der Cypress Hills Areale

Vom TCH bis zum Fort sind es immerhin über 60 km Stichstraße. Für eine direkte Weiterfahrt quer durch den Park zum Alberta-Areal der *Cypress Hills* nach Elkwater und Rückkehr auf den TCH bei Medicine Hat gibt es keine asphaltierte Straße sondern nur die ***Graburn Gap Road***.

Wohnmobilfahrern ist von dieser rauhen, wiewohl schön geführten und bei Trockenheit für Pkw, *Vans* oder *Truck Camper* noch befahrbaren Route abzuraten.

Cypress Hills/Alberta

Die einzige asphaltierte Zufahrt zum *Cypress Hills Park* – ✆ (403) 893-3833 (*Visitor Centre*), ✆ (403) 893-3782 (Campingreservierung); www.tpr.alberta.ca/parks/cypresshills – in Alberta führt über die Straße #41 nach Elkwater. Im Vordergrund stehen dort, ähnlich wie im *Centre Block* in Saskatchewan, Familienurlaub und -freizeit. Am **Elkwater Lake** gibt es diverse große, an Wochenenden stark genutzte Campingplätze. Nur eine Straße erschließt das Parkinnere, die ***Reesor Lake Road*** zum ***Campground*** am gleichnamigen See.

Der TCH in Alberta ist bis auf wenige Kilometer autobahnmäßig ausgebaut und in seinem Verlauf weiterhin monoton.

Medicine Hat

Rund 300 km östlich Calgary liegt Medicine Hat (✆ (403) 527-6422 und ✆ 1-800-481-2822; www.tourismmedicinehat.com). Die 57.000-Einwohnerstadt besitzt außer der ***Esplanade Art Gallery*** (im ***Esplanade Heritage & Arts Centre***, Mo-Fr 10-17 Uhr, Sa+So 12-17 Uhr, Eintritt $4; www.esplanade.ca), einem Kunst- und Geschichtsmuseum, keine besonderen Sehenswürdigkeiten. Heiße Sommertage sind in dieser Gegend nicht ungewöhnlich. Schließlich ist Medicine Hat an durchschnittlich 270 Tagen im Jahr ohne Niederschlag und damit **die trockenste Stadt Canadas**.

Nach Calgary

Die Weiterfahrt nach Calgary erfolgt über den TCH mit einem eventuellen Abstecher zu Albertas ***Badlands*** (➪ Seite 291ff.) im ***Dinosaur Provincial Park*** und bei Drumheller oder über die Straße #3 durch Südalberta und Abstecher zum ***Writing-on-Stone Provincial Park*** und/oder zum ***Waterton Lakes National Park*** (➪ Seiten 293 und 299).

Blick über die Grasslands im südlichen Saskatchewan

Routen
durch
Canadas
Westen

8. ROUTENVORSCHLÄGE

Vorgaben

Die folgenden Vorschläge ergänzen die in den vorstehenden Kapiteln bereits großenteils als Rundfahrten angelegten Routenbeschreibungen. **Sie kombinieren in unterschiedlichen Abschnitten erläuterte Routen** so, daß möglichst viele der jeweils attraktivsten Ziele und Teilstrecken »mitgenommen« werden. Überwiegend beziehen sie sich auf Reisezeiten von 3-4 Wochen. Erweiterungen sind kein Problem. Auf einige Möglichkeiten wird hingewiesen. Sie ergeben sich aber auch aus der Lektüre der Reisekapitel.

Für kürzere Aufenthalte von 1-2 Wochen sind die Möglichkeiten in Abhängigkeit vom Startpunkt begrenzter. In Frage kommende Routen lassen sich z.B. mit Hilfe der Übersicht in der vorderen Umschlagklappe zusammenzustellen.

Kilometerleistung

Die **Kilometerangaben** beziehen sich auf die Summe der Entfernungen zwischen allen Punkten einer Route. **Die effektiv gefahrenen Kilometer** werden deutlich über dieser Zahl liegen, da Stadtverkehr, Unterkunfts- und/oder Campingplatzsuche, Fahrten innerhalb von Nationalparks und zum Einkauf/für Unternehmun gen nicht berücksichtigt wurden. Dafür fallen leicht zusätzlich 15%-30% der Entfernungskilometer an.

Zeitbedarf

Die Angaben zum Zeitbedarf beinhalten keine Aufenthaltstage am Start-/Zielpunkt (Vancouver, Calgary, Edmonton, Whitehorse, Anchorage) und beziehen sich auf Rundfahrten ohne längere Zwischenaufenthalte. Zwar bleibt auf Basis der jeweiligen Wochenangaben durchaus Zeit für Aktivitäten wie kurze bis zu Halbtageswanderungen, für ein Entspannen in heißen Quellen und den Besuch eines Museums, auch für volle Tage etwa in Banff oder Jasper, aber nicht für ausgedehnteres, spontanes Verweilen etwa an einem einsamen See während einiger Schönwettertage, einen längeren Trip per Kanu oder Pferd etc. Wer diese Art einer ruhigen und erholsamen Reise vorzieht, braucht für die vorgeschlagenen Routen 25%-50% mehr Zeit als hier vorkalkuliert oder muß sie abkürzen.

Route 1: Durchs südliche British Columbia und Alberta Rockies

Eckpunkte der Route:

Vancouver – Whistler – Duffey Lake Road – Lillooet – 100 Mile House – Clearwater – Wells Gray Park –Mt. Robson Park – Jasper Nat`l Park – Abstecher Maligne Lake - Icefields Parkway – Abstecher Yoho NP/Takakkaw Falls – Lake Louise – Banff – Abstecher Calgary – Kootenay Nat`l Park – Radium Hot Springs – Fort Steele – Creston – Balfour – Kaslo – Nakusp Hot Springs – Vernon – Okanagan Valley – Osoyoos – Manning Park – Hope – Harrison Hot Springs – Vancouver.

Ausgangspunkte: Vancouver, **Calgary**, ggf.auch Edmonton

Streckenlänge: mit den genannten Abstechern 3.100 km. Ab und bis Edmonton verlängert sich die Tour um über 700 km.

Zeitbedarf: 3 Wochen

Empfohlener Reisebeginn:

Da der *Icefields Parkway* bis Mitte Juni noch und ab Mitte September wieder verschneit sein kann, nicht vor Juni und aus demselben Grund nicht später als Anfang September. Ideal wäre die zweite Augusthälfte, wenn der Reiseverkehr langsam abnimmt. Anfang September ist man dann im warmen Süden von British Columbia.

Bemerkungen:

Der Hauptakzent dieser Route liegt auf dem Besuch der *Rocky Mountain National Parks* mit viel Natur »am Wege«, auf heißen Quellen und Badeseen. Die Rundfahrt läßt sich bequem in drei Wochen bewältigen.

Erweiterungsmöglichkeiten:

Jede Reise durch British Columbia kann mit einem Abstecher nach Vancouver Island sehr schön abgerundet werden. Dabei sollte man zumindest Victoria und den *Pacific Rim National Park* ansteuern. Der minimale zusätzliche Zeitbedarf beträgt 5 Tage, die zusätzliche Streckenlänge über 600 km oder rund 750 km, wenn man sich zu einer Rundfahrt über die Sunshine Coast nördlich Vancouver entschließt.

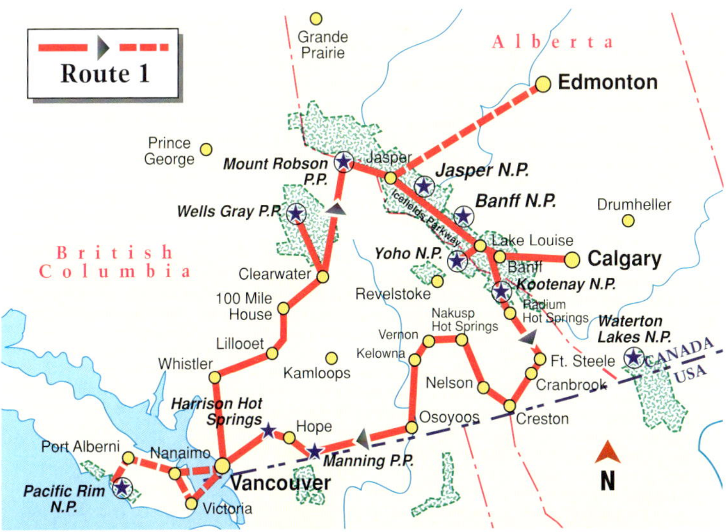

Route 2: Vancouver Island und Rocky Mountain National Parks

Eckpunkte der Route:
Vancouver – Fähre Swartz Bay – Victoria – Nanaimo – Pacific Rim National Park – Port Hardy mit Fähre nach Prince Rupert – Abstecher Stewart/Hyder – Yellowhead Highway – Jasper – Lake Maligne – Icefields Parkway – Lake Louise – Abstecher Yoho National Park – Banff/Abstecher Calgary – Kootenay National Park – Glacier National Park – Mount Revelstoke National Park – Nakusp Hot Springs und weiter wie Route 1.

Ausgangspunkte: Vancouver oder **Calgary**, ggf. auch Edmonton

Streckenlänge:
Mit allen oben aufgeführten Abstechern über 4.500 km. Ab und bis Edmonton verlängert sich die Strecke um 700 km.

Zeitbedarf: 4 Wochen

Empfohlener Reisebeginn:
Mitte Juni bis Anfang September, siehe dazu Route 1

Bemerkungen:
Für diese äußerst abwechslungsreiche Rundstrecke muß man die Fähre Port Hardy-Prince Rupert unbedingt vorbuchen.

Erweiterungsmöglichkeiten:
Ab Prince George ließe sich der *Yellowhead Highway* #16 durch folgende Route umgehen: Prince George – Quesnel – Barkerville/Bowron Lake – 100 Mile House – Wells Gray Park – Tête Jaune Cache und dann weiter nach Jasper wie gehabt. Ca. 700 km und 3 Tage zusätzlich.

Route 3 Durchs Yukon Territory und zu den Alberta Rocky Mountains

Eckpunkte der Route:
Vancouver – Lillooet – Williams Lake – Abstecher nach Barkerville – Prince George – Fort St. John – Alaska Highway – Watson Lake – Whitehorse – Skagway/Haines (Fähre) – Alaska Highway bis Tetlin Junction/Alaska – Dawson City – Carmacks – Campbell Highway – Watson Lake – Cassiar Highway – Abstecher nach Stewart/Hyder – Kitwanga – Prince George – Jasper – Abstecher Maligne Lake – Icefields Parkway – Lake Louise – Abstecher Banff und Calgary – Yoho National Park – Glacier National Park – Mount Revelstoke National Park – Vernon – Osoyoos – Hope – Vancouver.

Ausgangspunkte: Vancouver oder Calgary, ggf. auch Edmonton

Streckenlänge: Mit allen Abstechern über 8.300 km (darunter jeweils 620 km Schotterstrecke). Ab und bis Edmonton verlängert sich die Strecke um 700 km.

Zeitbedarf:
4-6 Wochen

Empfohlener Reisebeginn:
Mitte Juni bis spätestens Mitte August.

Bemerkungen: Voraussetzung für diese Route(n) ist ein Fahrzeug, das für Fahrten in den Norden und am besten auch für Schotterstraßen zugelassen ist. Wenn *Gravel Roads* nicht befahren werden dürfen, besteht die Möglichkeit, *Campbell* und *Cassiar Highway* durch die **Fähre Skagway-Prince Rupert** zu »ersetzen«. Eine zeitsparende, aber auch teure und im voraus zu planende und zu reservierende Alternative.

Diese **schönste und abwechslungsreichste Tour** durch den Westen Canadas kombiniert die **Highlights des Nordens** mit den **Nationalparks des Südens**. Es empfiehlt sich, zuerst die langen Etappen in den hohen Norden anzutreten (gibt Zeitreserven fürs Verweilen und bei eventuellen Pannen).

Abkürzungen:

Bei knapper Zeit (3-4 Wochen) sind folgende »Kürzungen« möglich:

- Ein Verzicht auf den Yukon-Abstecher (Watson Lake, Whitehorse, Skagway, Tetlin Jct, Dawson City) spart 2.500 km.
- Wer die Fährkosten in seinem Urlaubsbudget einigermaßen verschmerzen mag, könnte den Südosten von BC sowie die *Rocky Mountain Nationalparks* und Calgary in Alberta auslassen. Die verkürzte Streckenführung (ab/bis Vancouver knapp 6.900 km) hält sich sonst weitgehend an die »Eckpunkte der Route«. Aber die Rückfahrt geht ab Kitwanga über Prince Rupert, Port Hardy (auch für diese Fähre rechtzeitig reservieren), Vancouver Island nach Vancouver.

- Wer auf den Süden von BC mit Vancouver verzichtet, hat ab/bis Calgary bzw. ab/bis Edmonton noch ca. 6.700 km. Auch hierbei ist die Streckenführung in großen Bereichen identisch mit den Eckpunkten der Route. Nur der Hinweg führt über Edmonton (via Autobahn #2), Grande Prairie, Dawson City nach Fort St. John, die Rückfahrt erfolgt über Jasper via *Icefields Parkway*, Lake Louise (inkl. Abstecher zum *Yoho NP*) und Banff nach Calgary.

Route 4: Alaska und Yukon Territory

Eckpunkte der Route:
Anchorage – Portage – Abstecher nach Seward – Fähre Whittier-Valdez – Glennallen – Tok – Dawson City – Whitehorse – Skagway/Haines (Fähre) – Haines Junction – Alaska Highway – Fairbanks – Denali National Park – Anchorage.

Ausgangspunkte: Anchorage oder **Whitehorse**

Streckenlänge: einschließlich Abstecher ca. 3.400 km (davon nur ca. 70 km Schotterstraße zwischen Dawson City und Tok).

Zeitbedarf: inkl. Pausentage sehr gut machbar in 3 Wochen

Empfohlener Reisebeginn: ab Mitte Juni bis Mitte August

Bemerkungen:
Die Route entspricht der Alaska-Rundtour ergänzt um Teile der Yukon-Rundtour. Damit kombiniert sie die meisten Alaska *Highlights* mit den attraktivsten Strecken und interessantesten Zielen im Yukon Territory. Die **Fähre Whittier-Valdez** sollte vorgebucht werden. Auf der Strecke Skagway–Haines kommt man in der Regel auch kurzfristig unter; zur Not fährt man den landschaftlich wirklich »umwerfenden« *Klondike Highway* von Whitehorse nach Skagway hin und zurück.

Erweiterungsmöglichkeiten:
Mit ein bißchen Extrazeit könnte man noch zusätzlich Atlin, Keno oder Homer besuchen und von Skagway/Haines aus einen Abstecher zum *Glacier Bay National Park* machen.

8

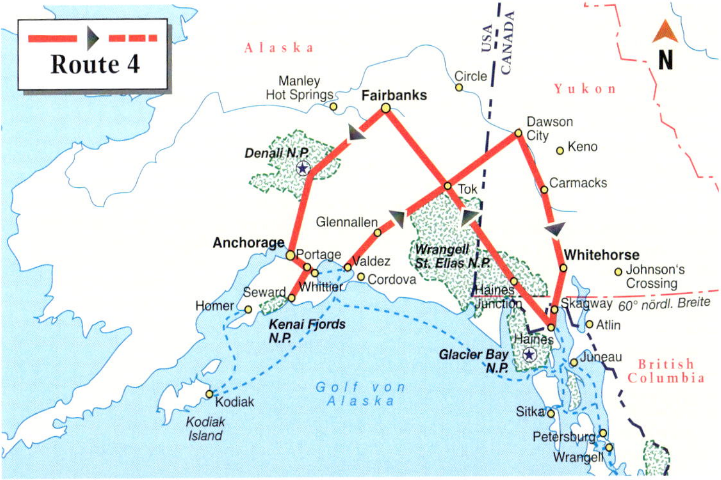

Route 5: Northwest Territories, Cassiar Highway und Rocky Mountains

Eckpunkte der Route:

Edmonton – Peace River – Mackenzie Hwy – Hay River – Abstecher nach Yellowknife – Abstecher Fort Simpson – Liard Hwy – Alaska Hwy – Watson Lake – Cassiar Hwy – Abstecher nach Stewart/Hyder – Kitwanga – Prince George – Jasper – Icefields Parkway – Lake Louise – Yoho Nat'l Park – Radium Hot Springs – Kootenay Nat'l Park – Banff – Calgary – Edmonton.

Ausgangspunkte: Edmonton oder **Calgary**

Streckenlänge: inkl. aller oben aufgeführten Abstecher rund 6.000 km, davon 480 km Schotterstraße

Zeitbedarf: 4 Wochen, ab/bis Edmonton machbar in 3 Wochen bei Verzicht auf den *Icefields Parkway* am Ende und direkter Rückfahrt nach Edmonton ab Jasper (knapp 5.400 km)

Empfohlener Reisebeginn: Mitte Juni bis Mitte August

Bemerkungen:

Die Route entspricht der beschriebenen Strecke durch die Northwest Territories in Kombination mit dem schönsten Teil des *Alaska Highway* von Fort Nelson nach Watson Lake sowie dem *Cassiar Highway* und dem *Icefields Parkway*. Eine schöne Erweiterung wäre eine Fahrt durch das Yukon Territory (nordwestlicher Teil Route 3: 2.500 km ab/bis Watson Lake), ggf. mit Fährstrecke Skagway – Prince Rupert.

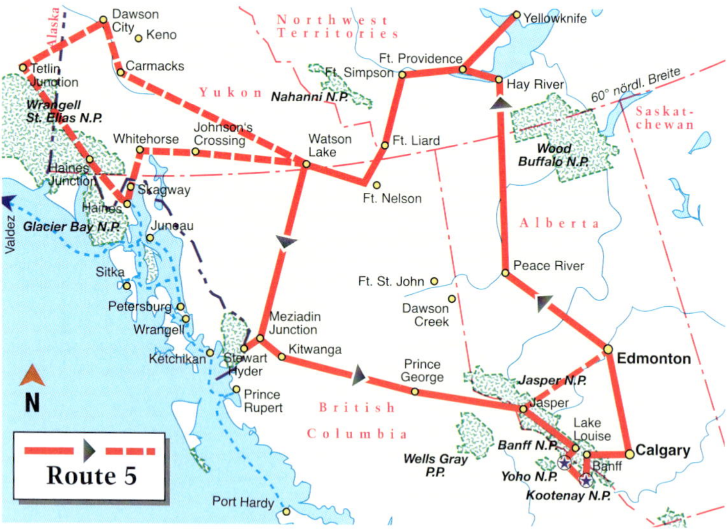

Route 6: Transkontinentalreise von Toronto nach Vancouver

Eckpunkte der Route:
Toronto – Midland – Bruce Peninsula – Manitoulin Island – Sault Ste. Marie – Pukaskwa National Park – Abstecher Sleeping Giant – Thunder Bay – Fort Frances – Kenora – Winnipeg – Portage La Prairie – Riding Mountain National Park – Good Spirit Lake – Regina – Cypress Hills Provincial Park – Dinosaur Provincial Park – Calgary – Banff – Lake Louise – Abstecher Yoho National Park – Icefields Parkway – Jasper – Abstecher Maligne Lake – Mount Robson Provincial Park – Wells Gray Provincial Park – Clearwater – 100 Mile House – Lillooet – Duffey Lake Road – Whistler – Vancouver

Ausgangspunkte: **Toronto** oder **Vancouver**

Streckenlänge:
knapp 5.700 km einschließlich aller oben aufgeführten Abstecher

Zeitbedarf: 4 Wochen

Empfohlener Reisebeginn: Ab Ende Mai bis Mitte August; bei Start in Vancouver ab Mitte Juni bis Anfang September.

Bemerkungen:
Diese Route in Ost-West-Richtung, ➪ Hinweise auf Seite 502, entspricht weitgehend der in Kapitel 7 beschriebenen Transkontinentalfahrt. Bis Calgary handelt es sich um die reizvollste Strecke durch Ontario, Manitoba und Saskatchewan. Sie verläuft ab Toronto über die Bruce Peninsula und folgt anschliesßend dem *Trans Canada Highway* bis Winnipeg. Mit einem Schlenker über den *Riding Mountain National Park* geht es weiter bis Calgary. Von dort folgt man noch ein kurzes Stück dem TCH bis Lake Louise, wendet sich auf dem *Icefields Parkway* nach Jasper und fährt von dort die Route 1 (➪ Seite 553) in Gegenrichtung.

Alternative Routenführung:
Für den Fall, daß Ziele weiter nördlich reizen (*Saskatoon*, nördliches Saskatchewan und Alberta), könnte man westlich des *Riding Mountain Park* den *Yellowhead Highway* nehmen. Von Edmonton ginge es dann nach Jasper, den *Icefields Parkway* nach Süden bis Lake Louise und Banff und weiter wie in Route 2, ➪ Seite 554. Die Gesamtdistanz erhöht sich dann auf ca. 6.300 km.

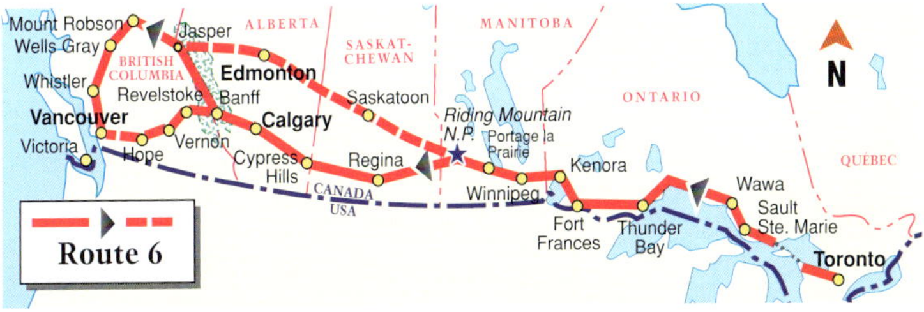

Fotonachweis

Alaska Dision of Tourism: Seiten 17, 430, 446, 467

Alberta Government Tourism/Travel Alberta:
Seiten 13, 21, 32, 33, 110, 172/3, 298, 302, 306, 310, 314, 317, 500/01, 560

BC Tourism:
Seiten 223, 225, 237, 251, 359, 365, 370

CRD-Canada Reisedienst: Seite 109

Hans-R. Grundmann: Seiten 30, 38, 54, 76, 89, 93, 107, 124, 145, 147, 153, 177, 185, 191, 194, 195, 204, 205, 207, 210, 213, 214, 229, 234, 236, 243, 259, 276, 323, 336, 351, 353, 355, 361, 366, 368, 369, 371, 391, 395, 401, 463, 469

ISTC: Seiten 287, 550, 568

Northwest Airlines: Seite 63

Northwest Territories Tourism: Seiten 489, 593

Ontario Government Tourism: Seiten 507, 508, 582

Parks Canada: Seiten 263, 273, 328, 342, 345, 470, 481, 494

Rocky Mountaineer: Seite 112

Theo Plück & Christel Valdez:
Seiten 34, 168/9, 192, 244, 250

Tourism Saskatchewan: Seiten 489, 549

Travel Manitoba: 523, 525, 533, 537

Vancouver Tourism: 184, 187

Yukon Tourism: 36, 373, 400, 407, 417, 418, 427, 476

Heike &Bernd Wagner: alle übrigen Fotos

ANHANG

*) Die allgemeinen Informationen zu den Provinzen sind identisch aufgebaut, die Gliederung ist hier nur einmal exemplarisch aufgeführt.

Der Staat Canada

Steckbrief

Unabhängigkeitsjahr		
de facto im *Britisch North America Act*:		1867
nominell im *Statute of Westminster:*		1931
eigene Verfassung im *Constitution Act:*		1982
Staatsoberhaupt:		Queen Elizabeth II.
Staatsflagge:		Ahornblatt, seit 1965
Nationalfeiertag:		1. Juli, Canada Day
Fläche:		9.984.670 km² (einschl. 891.163 km² Binnengewässer)
Einwohner:		33.200.000
Bevölkerungsdichte:		3 Einwohner/km²
Bruttoinlandsprodukt je Einwohner:		can$ 43.911
Hauptstadt:		Ottawa (seit 1857)
Größte Städte: (jeweils Einzugsbereich)	Toronto	5,5 Mio. Einw.
	Montréal	3,7 Mio. Einw.
	Vancouver	2,3 Mio. Einw.
	Ottawa-Gatineau	1,2 Mio. Einw.
Provinzen (10):	Alberta, British Columbia, Manitoba, New Brunswick, Newfoundland, Nova Scotia, Ontario, Prince Edward Island, Québec und Saskatchewan	
Territorien (3):	Northwest Territories, Nunavut, Yukon Territory	
Amtssprachen:	Englisch und Französisch	
Höchste Berge:	Mount Logan	5.959 m
	Mount St. Elias	5.489 m
Längste Flüsse:	Mackenzie River	4.241 km
	Yukon River	3.185 km
Größte Insel:	Baffin Island	507.451 km²
Größter See:	Lake Superior	82.100 km²
Hauptexportländer:	USA 79%, EU 7%, Japan 3%	
Hauptimportländer:	USA 65%, EU 10%, China 7%	
Hauptexportprodukte:	Maschinen	24%
	Kraftfahrzeuge/teile	22%
	Andere Industriegüter	16%
Hauptimportprodukte:	Maschinen	32%
	Kraftfahrzeug/teile	21%
	Andere Industriegüter	22%

Bevölkerung

Verteilung

Mit 3 Einwohnern pro km^2 (zum Vergleich: 231 Einwohner pro km^2 in Deutschland) ist Canada eines der am dünnsten besiedelten Länder der Erde. Allerdings liefert hier die reine Statistik ein verfälschtes Bild der tatsächlichen Verhältnisse: Rund ein Drittel der Bevölkerung lebt im Einzugsbereich der drei Metropolen Toronto, Montréal und Vancouver und ein weiteres Drittel in Städten über 10.000 Einwohnern. Weit über 90% aller Kanadier haben ihren Wohnsitz innerhalb eines 500 km breiten Streifens entlang der Grenze zu den USA. Die wenigen Bewohner außerhalb dieser Zone konzentrieren sich auf Siedlungen entlang einer Handvoll Straßen. Unglaublich ausgedehnte Gebiete im Norden sind völlig menschenleer.

Immigration

Zwar kontrollieren strenge Einwanderungsbeschränkungen Zahl und Zusammensetzung der kanadischen Bevölkerung, aber dennoch nahm das Land rund 17% der derzeitigen Einwohnerschaft als Immigranten auf. Zukünftige Kanadier müssen einer gesuchten Berufsgruppe angehören, ein gutes Finanzpolster mitbringen oder (erfolgreich) politisches Asyl beantragen, um Einlaß zu erhalten. Die reizvolle Idee, sich als Aussteiger in die Wildnis zurückzuziehen und am einsamen See ein Blockhaus zu bauen, können nur Kapitalkräftige realisieren.

Ethnische Gruppen

Kanadier britischer (40%) und französischer (27%) Abstammung stellen die größten Bevölkerungsanteile. Menschen anderer Herkunft (einschließlich der Ureinwohner, Indianer und *Inuit*), machten bei Gründung des *Dominion of Canada* 7% aus. Heute sind es 33%. Deutsche Einwanderer kamen regelmäßig ins Land, wobei die Dekade 1945-1955 nach dem 2. Weltkrieg eine besonders starke Immigrationswelle brachte. Insgesamt haben 5% der Kanadier deutsche Vorfahren. Nach 1945 gab es auch einen starken Zuzug aus Italien. Italiener ließen sich vor allem in den Großstädten des Ostens nieder. Ukrainer stellen die nächstgrößte Minderheit. Viele ihrer Vorfahren kamen Anfang des 20. Jahrhunderts und gründeten in den Prärien zahlreiche ukrainische Gemeinden.

Während früher die Einwanderer im wesentlichen aus Mittel- und Osteuropa kamen, sind in den letzten 30 Jahren Immigranten aus Asien mit 58% deutlich in der Mehrheit. Die Zahl Schwarzer blieb in Canada vergleichsweise niedrig.

Sprachen

Situation

Als Umgangssprache pflegen 68% der Kanadier Englisch und ca. 23% Französisch. Hinzu kommen Sprachen der ethnischen Minderheiten (Bedeutung in dieser Reihenfolge): chinesisch, italienisch, indisch, spanisch, portugiesisch, polnisch, deutsch sowie regional verschiedene Inuit- und Indianeridiome.

Offiziell zwei Sprachen

Canada tat mit dem ***Official Languages Act***, der dem Land 1969 zwei Amtssprachen gab, einen wichtigen Schritt zur Beruhigung

Englisch dominiert

eines nichtsdestoweniger bis heute schwelenden Sprachenkonflikts. Jeder Bürger hat seither das Recht, bei Ämtern und Behörden in Englisch oder Französisch vorzusprechen und Formulare in der Sprache seiner Wahl zu verlangen. In der Realität jedoch ist Canada von einer echten Zweisprachigkeit weit entfernt. In der Provinz Québec wird fast ausschließlich Französisch, im Rest des Landes ganz überwiegend Englisch gesprochen. **In den Westprovinzen ist Englisch faktisch alleinige Umgangssprache**. Französisch hört man nur vereinzelt und in eng begrenzten Bezirken (z.B. in St. Boniface in Winnipeg). Besuchern fällt die Zweisprachigkeit allenfalls an den in Französisch **und** Englisch gehaltenen Broschüren und Schildern der Nationalparks und Veröffentlichungen anderer regierungsoffizieller Organisationen und Stellen auf.

Problem Québec

Trotz des *Languages Act* weigert sich die Provinz Québec hartnäckig, Englisch neben Französisch gleichberechtigt zuzulassen. Unter Mißachtung eines Urteils des obersten kanadischen Verfassungsgerichtshofes lehnt die Regierung in Québec die Errichtung zweisprachiger Hinweisschilder ab.

Im sogenannten ***Meech Lake Agreement*** sollte 1987 sogar eine eigenständige kulturelle Entwicklung der französischsprachigen Bevölkerungsgruppe verfassungsrechtlich festgeschrieben werden. Kritiker dieser Regelung wendeten sich gegen Sonderbestimmungen für nur eine Bevölkerungsgruppe, die andere Minoritäten, wie z. B. Indianer und Inuit nicht berücksichtigten. 1990 wurde das *Meech Lake Agreement* dennoch in den meisten Provinzen ratifiziert, aber in Manitoba und Neufundland abgelehnt. Die Verfassungsänderung trat daher nicht in Kraft. Ergebnis war eine weitere Verstärkung separatistischer Bewegungen in Québec. 1995 sprach sich die Bevölkerung Québecs in einem Referendum mit der denkbar knappen Mehrheit von 50,6 % für den Verbleib in Canada und gegen eine eigenstaatliche Unabhängigkeit aus.

Politik

Verfassung

Mit dem ***British North America Act*** (auch: *Constitution Act*) gab Großbritannien seinen Provinzen New Brunswick, Nova Scotia, Ontario und Québec 1867 eine eigene Verfassung und einte sie im ***Dominion of Canada***. Nach wenigen Jahren schlossen sich Prince Edward Island, British Columbia und Manitoba dem Bund an, Anfang dieses Jahrhunderts Alberta und Saskatchewan, 1949 als letzte Provinz Newfoundland.

Die Konstitution unter britischer Oberhoheit sah eine Kompetenzenteilung zwischen Bund und Provinzen vor, die der Zentralregierung die bundesweite Verantwortung speziell für die Außen- und Verteidigungspolitik so

wie Wirtschaft und Finanzen übertrug. Eine eigenständige, von der einstigen Kolonialmacht unabhängige **kanadische Verfassung** löste **erst 1982** den *Constitution Act* von 1867 ab.

Konstitutionelle Monarchie

Canada blieb auch unter der neuen Verfassung eine konstitutionelle Monarchie mit ***Queen Elizabeth II.*** von England als offiziellem Staatsoberhaupt. Die englische Krone wird durch einen vom kanadischen Premierminister vorgeschlagenen Generalgouverneur vertreten. Seine Befugnisse beschränken sich auf wenige formale Amtshandlungen; die faktische Regierungsgewalt liegt beim kanadischen Premierminister.

House of Commons und Senate

Die Legislative setzt sich aus dem ***House of Commons*** (Unterhaus) und dem ***Senate*** (Oberhaus) zusammen. Das *House of Commons* bestimmt die Gesetzgebung des Bundes. Seine 301 Mitglieder werden direkt in ebensovielen Wahlkreisen ge-wählt, wobei mindestens alle fünf Jahre eine Neuwahl abgehalten werden muß. Bedingt durch das Mehrheitswahlrecht ist ein Abgeordneter schon gewählt, wenn er die relative Mehrheit in seinem Wahlkreis erreicht hat. Die 104 Mitglieder im *Senate* werden nach einem regionalen Schlüssel auf Vorschlag des Premierministers durch den Generalgouverneur ernannt. Dadurch liegen die Mehrheitsverhältnisse in *Senate* manchmal anders als im *House of Commons*. Allerdings kann der *Senate* die Verabschiedung eines Gesetzes nur hinauszögern, nicht verhindern.

Wahlen 2000

Die Parlamentswahl **2000** bescherte der *Liberal Party* unter *Jean Chrétien* und seinem Nachfolger *Paul Martin* mit 40,9% und 172 von 301 Parlamentssitzen einen überwältigenden Erfolg. Wichtigste Oppositionspartei blieb weiterhin die aus der *Reform Party* hervorgegangene *Canadian Alliance* (66 Sitze, 25,5%) unter Führung von *Stephen Harper*. Weiterhin im Parlament saßen *Bloc Québécois* (38 Sitze, 10,7%), *New Democratic Party* (13 Sitze, 8,5%) und die *Progressive Conservative Party* (12 Sitze, 12,2%).

Wahlen 2004 und 2006

Bei den Parlamentswahlen **2004** verloren die Liberalen mit 36,7% (135 Sitze) ihre absolute Mehrheit. Es reichte für **Premierminister *Paul Martin*** nur zur Bildung einer Minderheitsregierung aus. Als größte Oppositionspartei steht ihr die neue *Conservative Party* unter *Stephen Harper* gegenüber. Der Zusammenschluß aus *Conservative Party* und *Canadian Alliance* erreichte 29,6% (99 Sitze) Stimmenanteil, dahinter folgen *Bloc Québécois* (12,4%, 54 Sitze) und *New Democratic Party* (15,7%, 19 Sitze).

Im Januar **2006** mußte sich die in **Skandale verwickelte *Liberal Party*** Neuwahlen stellen. Erwartungsgemäß drücken nun die durch einen Stimmenverlust von 6,5% geschwächten Liberalen seither die **Oppositionsbänke**.

Als klarer Wahlsieger übernahm die schon bis 1993 mit absoluter Mehrheit regierende ***Conservative Party*** nach 13 Jahren Opposition wieder die Regierung. Unter ***Stephen J. Harper*** verzeichnete sie einen Stimmenzuwachs von 6,7%. Hochburgen der Konservativen sind die Provinzen Alberta (alle 28 Mandate), Saskatchewan (12 von 14 Mandaten), Manitoba (8 von 14), BC (17 von 36) sowie Ontario (40 von 106).

Der ausschließlich in der Provinz Québec angetretende separatistische ***Bloc Québécois*** unter **Gilles Duceppe** erhielt mehr Mandate als die landesweit operierende ***National Democratic Party***.

Partei	Mandate	Stimmenanteil
Bloc Québécois	51	10.5%
Conservative	124	36.3%
Green Party	0	4.5%
Independent	1	0.5%
Liberal	103	30.2%
NDP	29	17.5%
Sitze insgesamt	308	

Gültige Stimmen: 14.815.680; Wahlbeteilung: 64.9%

Die Territorien

Die (seit 1999 drei) Territorien unterstehen direkt der Bundesregierung in Ottawa. Ein Beauftragter, der ***Commissioner***, verwaltet die Gebiete im Norden mit Hilfe eines direkt gewählten Territorialrates. Schon seit Jahren wachsen in den Territorien die Bestrebungen nach mehr Selbständigkeit. So stimmten die Wähler in den NWT bereits 1992 für ein eigenes von den Inuit ab 1999 selbstverwaltetes **Territorium *Nunavut*** (»unser Land«), das für die rund 18.000 *Inuit* fast 2,1 Mio km² reservierte, eine Fläche, größer als die verbliebenen Northwest Territories, ➪ Seite 590.

Indianer und Inuit

Weitere Diskussionspunkte in den Territorialparlamenten ergeben sich aus den Ansprüchen und Konflikten der unterschiedlichen Indianer- und Inuitverbände bei der Erschließung des Nordens. Sie geben sich nicht mehr mit Geldzuwendungen allein zufrieden, sondern setzen der Bevormundung aus dem Süden politischen Widerstand entgegen und fordern Mitbestimmung und Lizenzabgaben kanadischer wie ausländischer Firmen direkt an die Stämme.

Rechtswesen

Das kanadische Rechtswesen geht – mit Ausnahme von Québec, welches den *Code Civil* Frankreichs adaptiert hat – zurück auf das britische *Common Law*. Von Ottawa erlassene Gesetze haben im ganzen Land Gültigkeit, die oberste Instanz für alle Rechtsfragen ist das ***Supreme Court of Canada***, vergleichbar unserem Bundesgerichtshof. Provinzgesetze gelten ausschließlich in der jeweiligen Provinz. Dadurch ergeben sich teilweise erhebliche Unterschiede in der Rechtsprechung benachbarter Provinzen.

Sozialstaat

Canada besitzt eine **provinzübergreifende Sozialgesetzgebung**, dessen Maschen wesentlich dichter geknüpft sind als etwa in den USA. Insbesondere bei der Krankenversicherung gibt es gravierende Unterschiede. Während schwere Erkrankungen für viele US-Bürger immer noch den finanziellen Ruin bedeuten können, wurde in Canada schon am Ende der 1950er-Jahre die allgemeine Krankenhausversicherung eingeführt, ein Jahrzehnt später die generelle Krankheitskostenversicherung. Der Grad der Absicherung ist mit dem in Deutschland vergleichbar. Auch Arbeitslosen- und Rentenversicherungsregelungen ähneln eher europäischen Normen als denen des Nachbarn.

Wirtschaft

Industrienation Canada

Bereits Ende des 19. Jahrhunderts begann die Entwicklung des zunächst weitgehend agrarisch orientierten Landes zu einer Industrienation; und schon in den 20er-Jahren lebte nur noch ein Drittel der Erwerbstätigen von der Landwirtschaft. Bis heute spielen aber Getreide und Fleisch der Prärieprovinzen für die Gesamtwirtschaft und den Export Canadas noch eine große Rolle. Angesichts der dort vorhandenen enormen Anbauflächen und Viehweiden überrascht, daß gegenwärtig nur noch 3% der Erwerbstätigen im Agrarsektor arbeiten. Auch in einstmals bedeutenden Wirtschaftszweigen wie Fischfang, Jagd und Holzfällerei sind insgesamt nicht mehr als 1% der Erwerbstätigen beschäftigt.

Canada steht bei der Gersteproduktion an dritter, bei der Haferproduktion an zweiter Stelle und beim Weizen – wozu allein Saskatchewan 68% beisteuert – an siebter Stelle der Weltrangliste. Bei Industrieholz besetzt Canada den dritten Weltrang, in der Papiererzeugung Rang vier. Die verarbeitende Industrie Canadas findet man vor allem im Süden Ontarios. Dort findet man zahlreiche Automobil- und Maschinenbauer.

Rohstoffreserven

Im Norden lagern bislang noch überwiegend unangetastete Bodenschätze, darunter enorme Ölsandvorkommen. Canada bzw. die Provinz Alberta, deren Förderung über 90% der kanadischen Gesamtmenge ausmacht, steht unter den Erdöl produzierenden Länder auf Platz neun, in der Erdgasproduktion sogar auf Platz drei.

Canada ist einer der weltgrößten Exporteure von Mineralien und Metallen, in der Weltrangliste die Nr. 1 bei Kalium, Uran, Nr. 3 bei Aluminium, Diamanten, Gips, Nickel, Platin, Titan Bei Kadmium, Salz und Zink hält es den vierten Platz, bei Asbest, Molybdän den fünften, bei Blei, Gold den sechsten, bei Kupfer, Silber den siebten und bei Eisenerz den neunten Rang. Dank der gestiegenen Rohstoffpreise konnte die kanadische Bergbauindustrie im Jahre 2006 den Produktionswert der metallischen wie nichtmetallischen Mineralien um 23% von $27,4 Mrd. auf $33,6 Mrd. steigern, und 2007 noch einmal kräftig zulegen.

Trotz seiner geringen Einwohnerzahl ist Canada daher heute ein wesentlicher Faktor im internationalen Wirtschaftsgefüge und gehört zur Gruppe der acht wichtigsten Industriestaaten (G 8).

Struktur der Arbeitnehmer

Über 74% aller kanadischen Erwerbstätigen arbeiten heute im Dienstleistungssektor, davon ein Großteil im Tourismus und in davon abhängigen Branchen. Nur 22% sind in Produktionsbetrieben beschäftigt. Insbesondere im Norden zahlreiche Arbeitsplätze direkt oder indirekt vom Staat abhängig. Die früher sehr hohe **Arbeitslosenquote** ist mittlerweile auf unter 8% gesunken.

Außenhandel

Die Wirtschaftsstruktur Canadas ist eng mit Haupthandelspartner USA verwoben. 79% der kanadischen Exporte (überwiegend industrielle Halb- und Fertigfabrikate) gehen zum südlichen

Nachbarn, 65% der Importe kommen von dort. Schwankungen der Wirtschaftsentwicklung in den USA übertragen sich daher stark auf die Wirtschaft Canadas. Dasselbe gilt auch für den Tourismus, 85% aller Auslandsbesucher in Canada sind US-Bürger. In andere wichtige Industrieländer (Japan, Großbritannien und Deutschland) werden hauptsächlich Rohstoffe, Holz- und Landwirtschaftsprodukte exportiert.

Im Jahr 1994 trat das nordamerikanische Freihandelsabkommen (***North American Free Trade Agreement***, kurz **NAFTA**) zwischen Mexiko, USA und Canada in Kraft, das ähnlich wie in der EU die Grenzen für den Warenaustausch weiter öffnet. Canada versprach sich davon zusätzliche Impulse, wie die zwischenzeitliche Entwicklung bereits bewies.

Umwelt-probleme

Wenngleich Canada wegen seiner Geographie und der in weiten Landesteilen extremen Klimabedingungen nur regional industrialisiert werden konnte, blieben Umweltschäden auch dort nicht aus, z.B. verursacht durch die Abholzung der Westküsten-Regenwälder und damit einhergehender Wasser- und Luftverschmutzung dank riesiger ***Pulp Mills*** (Papiermühlen) in British Columbia, aber auch durch »Sauren Regen« (überwiegend aus den USA), der auch in Gegenden abregnet, die fernab industrieller Zentren liegen.

Im Pro-Kopf-Energieverbrauch bzw.der -verschwendung steht Canada zusammen mit den USA einsam an der Weltspitze.

Die Royal Mounted Canadian Police ist mit ihren roten »Röcken« ein Imageträger für den Tourismus nach Canada

Provinzen und Territorien

Alberta

Geschichte, Geographie und Klima

19. Jahrhundert

Die **Indianer** auf dem Gebiet des heutigen Alberta (***Blackfeet, Assiniboine***, ***Scarcee***) wurden bis Mitte des 19. Jahrhunderts von den Weißen noch kaum bedrängt. Nur die Pelzhandelsgesellschaften – *North West* un d *Hudson's Bay Company* (⇨ Seite 232) – hatten auf Indianerland bereits Stützpunkte angelegt.

Steckbrief

Konstituierung als Provinz:		1905
Einwohner:		3.500.000
Anteil an der kanadischen Bevölkerung:		10,5%
Bruttoinlandsprodukt je Einwohner:		can$ 68.576
Fläche:		661.848 km²
Anteil an der kanadischen Fläche:		6,6%
Bevölkerungsdichte:		5,2 Einwohner pro km²
Hauptstadt:	Edmonton (seit 1905)	
Größte Städte:	Calgary:	1.020.000 Einw.
	im Großraum	1.150.000 Einw.
	Edmonton:	731.000 Einw.
	im Großraum	1.080.000 Einw.
	Red Deer:	83.000 Einw.
	Lethbridge:	75.000 Einw.
	Medicine Hat	57.000 Einw.
Provinzfeiertag:	*Heritage Day* am 1. Montag im August	
Höchster Berg:	Mount Columbia (Jasper National Park)	3.747 m
Niedrigster Punkt:	Salt River (Wood Buffalo NP an der Grenze zu den NWT)	170 m
Größter See:	Lake Athabasca	7.935 km²
Längste Flüsse:	Peace/Mackenzie River	4.241 km
	Bow/Saskatchewan/ Nelson River	2.575 km
Nationalparks:	Banff, Elk Island, Jasper, Waterton Lakes,Wood Buffalo	
Zeitzone:	Mountain Time, mit Sommerzeit	
Telefonvorwahl:	Süden	587 und 403
(*Area Code*)	Norden	587 und 780
Provincial Sales Tax:		keine

Eine nennenswerte Immigration begann erst nach Gründung des *Dominion of Canada* in 1869 und der Übernahme des bis dato von der HBC beanspruchten *Ruperts Land* durch den Staat. Trotz anfänglicher, großenteils durch illegalen Alkohol-handel verursachter Probleme blieben ernstere kriegerische Auseinandersetzungen zwischen Indianern und Neuankömmlingen wie in den USA aus. Im wesentlichen dank der eigens für die neuen Territorien im Westen geschaffenen berittenen Polizeitruppe ***North West Mounted Police***, Vorgängerin der »Rotröcke« (➪ RCMP, Seiten 296+546).

District of Alberta

Nicht verhindern konnte oder wollte die Polizei jedoch die mit der Besiedelung einhergehende dramatische Dezimierung der Bisonbestände, der wichtigsten Lebensgrundlage der Indianer. In der Folge mußten sie wohl oder übel der Abtretung des Großteils ihrer leergejagten Prärien zur Nutzung als Acker- und Weideland durch die Einwanderer zustimmen. Bereits 1882 entstand ein ***Provisional District of Alberta***, so benannt nach der Frau des britischen Gouverneurs und Tochter der Königin, Prinzessin *Louise Caroline Alberta*.

Eisenbahn 1885

Drei Jahre später, im Jahr 1885, wurde die transkontinentale Eisenbahnlinie ***Canadian Pacific Railway*** vollendet. Sie verband Alberta sowohl mit der Westküste als auch mit dem Osten des Landes und sorgte für einen kontinuierlichen Strom neuer Siedler. Mit der verkehrsmäßigen Erschließung und dem Bevölkerungsanstieg prosperierte bald die zunächst auf Ackerbau und Viehzucht basierende Wirtschaft Albertas. Die Festlegung der seither unverändert gültigen Grenzen (siehe unten) und die Konstituierung des bis dato voll von der Zentralgewalt abhängigen provisorischen Distrikts Alberta als selbstverwaltete Provinz erfolgte im Jahre 1905.

Provinz Alberta

Öl und Erdgas

Ölfunde 1914 und – noch ergiebiger – 1947 verhalfen Alberta zu einem zusätzlichen wirtschaftlichen »Standbein«. Kohle, Öl und Erdgas spülen vor allem seit den Ölkrisen der 70er-Jahre so viel Abgaben in die öffentlichen Kassen, daß Alberta ohne die sonst übliche Umsatzsteuer (*sales tax*) auskommt und dennoch einen Haushaltsüberschuß erwirtschaftet. Zum Wohlstand Albertas, einer der reichsten Provinzen des Landes, tragen außerdem erhebliche **Fremdenverkehrseinnahmen** bei. Die *Rocky Mountain National Parks* ***Banff*** und ***Jasper*** zählen zu den beliebtesten Tourismusregionen Canadas, und die ***Calgary Stampede*** ist ein weiterer Besuchermagnet.

Tourismus

Geographie

Die Grenzen Albertas wurden im Süden und Norden entlang des 49. und 60. Breitengrades definiert und im Osten und Westen am 110. bzw. 120. Längengrad ausgerichtet. Lediglich in den Rocky Mountains verläuft die Grenze unregelmäßig auf der durch die Wasserscheide zwischen Atlantik und Pazifik (*Continental Divide*) vorgegebenen Linie. Auf jeder Seite besitzt Alberta nur einen Nachbarn: Saskatchewan im Osten, den US-Staat Montana im Süden, British Columbia im Westen und die Northwest Territories im Norden.

Waldgebiete

Da sich Albertas Tourismus-Werbung stark auf die beiden erwähnten Nationalparks und die zwei Cities mitten in der Prärie konzentriert, entsteht leicht der Eindruck, die Alberta bestünde fast nur aus Weide- und Ackerland, begrenzt von den Bergen der Rockies im Westen. Tatsächlich bedecken **riesige, seenreiche Waldgebiete** etwa zwei Drittel der Fläche Albertas nördlich und westlich von Edmonton, wohingegen die **Prärien nur ein Drittel** ausmachen. Die Hochgebirgsregion spielt flächenmäßig kaum eine Rolle.

Prärie, Badlands und Berge

Die auch in Alberta nicht durchgängig ebenen Prärien steigen von etwa 600 m im Osten auf Höhenlagen bis 1.200 m im Westen. Dort enden sie an den Ausläufern der Rocky Mountains, im Bereich des ***Waterton Lakes National Park*** im äußersten Südwestzipfel der Provinz fast übergangslos vor dem Panorama des Hochgebirges. Ausgedehnte *Badlands* mit kargen Sandsteinformationen und tiefeingeschnittene Täler entlang des **Red Deer** und **Milk River** verhindern vor allem im Südosten die großflächige agrarische Nutzung der Prärie.

Die ergiebigsten **Fossilien-** und **Dinosaurierfundstellen** Nordamerikas (*Writing-on-Stone/Dinosaur Provincial Parks*, ➪ Seite 293) liegen in dieser Region nur wenig unter der Erdoberfläche, ebenso wie große Kohlevorkommen.

Neben den Badlands unterbrechen zahlreiche Flußläufe, Seen und kleinere Hügelgebiete die Landschaft – am markantesten die ***Cypress Hills*** an der Grenze zu Saskatchewan.

Bevölkerung

Der überwiegende Teil der Bevölkerung Albertas lebt entlang der Nord-Süd-Achse Lethbridge–Calgary–Red Deer–Edmonton. Sieht man ab von der Handvoll kleinerer Städte wie Medicine Hat, Fort McMurray und Grande Prairie und ihrem jeweiligen Umfeld ist der gesamte Rest der Provinz nur spärlich, der Norden so gut wie gar nicht besiedelt.

Klima

An den **Osthängen der Rocky Mountains** fallen etwa **600 mm Niederschlag** pro Jahr, was ungefähr deutschen Mittelwerten entspricht. Das Landesinnere dagegen ist mit nur noch der halben Regenmenge vergleichsweise trocken. In den Sommermonaten sind in der Prärie – einschließlich Calgary und Edmonton – Temperaturen von 25°C bis 30°C die Regel, aber am ***Icefields Parkway*** in den Nationalparks *Jasper* und *Banff* kommen selbst im Juli Frost und Schnee vor. Im an sich bitterkalten Winter sorgt gelegentlich der ***Chinook***, ein vom Pazifik über die Berge ins südliche Alberta steigender Föhn, innerhalb weniger Stunden für Temperaturwechsel von über 20°C. Der Rekord von 41°C Temperaturanstieg in nur einer Stunde wurde in Pincher Creek am *Crownsnest Highway* aufgestellt.

Informationen für Touristen

Besucherzentren

In den *Alberta Information Centres* an den Hauptstraßen werden Reisende mit Gratismaterial bestens bedient. Die Zentrale befindet sich in Edmonton:

Alberta Tourism
P.O. Box 2500, Edmonton, Alberta T5J 2Z4
✆ (780) 427-4321 und ✆ 1-800-ALBERTA
www.travelalberta.com

Informative Broschüren

- ***Alberta Accommodation Guide***, eine umfangreiche Liste von Hotels und Motels.
- ***Alberta Campground Guide***, eine – vor allem in Zusammenwirken mit der *Road Map* – äußerst hilfreiche Übersicht über die meisten Campingplätze der Provinz.
- ***Alberta Road Map***, eine ordentliche Straßenkarte im Maßstab 1:1.500.000. Grüne und schwarze Dreiecke markieren die geographische Lage der *Campgrounds*. Die Broschüre oben erläutert alle zugehörigen Details.
- ***Alberta Reiseplaner*** zu Attraktionen und Aktivitäten in der Natur und in Städten für alle Regionen Albertras

Camping Alberta

Grüne Dreiecke in den Straßenkarten kennzeichnen die Lage staatlicher Plätze in den *National Parks* (*Banff, Jasper, Elk Island, Waterton Lakes*), *Provincial Parks* und *Recreation Areas*. Zahlreiche ***Alberta Forest Campgrounds*** befinden sich in traumhafter Umgebung (➪ *Forestry Trunk Road*, Seite 302ff.). Sie gehören zur Einfachkategorie, sind preiswert und bieten Wasserpumpe, »Plumpsklo« und Picknicktische, oft auch gratis grobe Holzscheite fürs Lagerfeuer.

Schwarze Dreiecke stehen für private und städtische Campingplätze. Bei weitem nicht alle privaten Plätze finden sich in dieser Karte bzw. im ***Alberta Campground Guide***.

Eine ziemlich komplette Liste aller in Frage kommenden Plätze entlang der hier beschriebenen Routen liefert das diesem Buch **beigefügte Camping-Verzeichnis Alberta & BC**.

Campen in Provinzparks ➪ Seite 144

British Columbia

Geschichte

Entdeckung

Bereits 1579 söll der englische Freibeuter *Sir Francis Drake* bis nach Vancouver Island gelangt sein. Er war auf der Flucht vor spanischen Verfolgern nach Norden gesegelt in der Hoffnung, durch das Nordpolarmeer eine Passage nach Europa zu finden.

Steckbrief

Konstituierung als Provinz:		1871
Einwohner:		4.420.000
Anteil an der kanadischen Bevölkerung:		13,2%
Bruttoinlandsprodukt je Einwohner:		can$ 41.424
Fläche:		944.735 km²
Anteil an der kanadischen Fläche:		9,5%
Bevölkerungsdichte:		4,4 Einwohner pro km²
Hauptstadt:		Victoria (seit 1871)
Größte Städte:	Vancouver	580.000 Einw.
	Großraum Vancouver	2.300.000 Einw.
	Victoria	79.000 Einw.
	Großraum Victoria	336.000 Einw.
	Kelowna	107.000 Einw.
	Kamloops	81.000 Einw.
	Nanaimo	79.000 Einw.
	Prince George	71.000 Einw.
Provinzfeiertag:	British Columbia Day 1. Montag im August	
Höchster Berg:	Fairweather Mountain (St. Elias Range/Grenze zu Alaska)	4.663 m
Niedrigster Punkt:	Meeresspiegel des Pazifik	
Größter See:	Williston Lake	1.761 km²
Längste Flüsse:	Peace/Mackenzie River	4.241 km
	Columbia River	2.000 km
	Fraser River	1.370 km
Größte Insel:	Vancouver Island	31.285 km²
Nationalparks:	Glacier, Gulf Islands, Gwaii Haanas (Queen Charlotte Islands), Kootenay, Mount Revelstoke, Pacific Rim (Vancouver Island), Yoho	
Zeitzonen:	Mountain Time / teils mit Sommerzeit (nur Rocky Mountains)	
	Pacific Time mit Sommerzeit	
Telefonvorwahl: (*Area Code*)	Südwest BC mit Vancouver	604 und 778
	Rest BC	250 und 778
Provincial Sales Tax:		7%

1592 glaubte dann der Spanier *Juan de Fuca*, die Nordwest-Passage entdeckt zu haben. Tatsächlich handelte es sich jedoch um die später nach ihm benannte Wasserstraße zwischen Vancouver Island und der Olympic-Halbinsel.

Inbesitznahme Nach diesen ersten Visiten vergingen fast zwei Jahrhunderte, bis sich die europäischen Mächte Spanien, England und Rußland für den nördlichen Abschnitt der amerikanischen Pazifikküste zu interessieren begannen. 1774 landeten ***Bodega Quadra*** und ***Juan José Pérez*** auf Vancouver und Queen Charlotte Island und reklamierten sogleich die gesamte Region für die spanische Krone.

Vier Jahre später erhob der berühmte Seefahrer *James Cook* britische Besitzansprüche. Der Konflikt mit Spanien wurde von den Briten durch Kriegsdrohung gelöst: Die Spanier erlaubten auch anderen Nationen den Zugang zur (späteren) kanadischen Westküste, und ***George Vancouver*** erklärte während seiner Küstenerkundung 1792-94 den Nordwesten des Kontinents kurzerhand zum Besitz Großbritanniens.

Pelzhändler Über Landrouten zum Pazifik drangen als erste Weiße die *Explorer* der Pelzhandelsgesellschaft ***North West Company*** vor: ***Alexander Mackenzie*** folgte dem Peace River flußaufwärts, überquerte die Rocky Mountains und erreichte 1793 beim heutigen Bella Coola das Meer. ***Simon Fraser*** befuhr 1808 den später nach ihm benannten Fluß bis zur Mündung, und ***David Thompson*** gelangte 1811 auf dem Columbia River (US-Bundesstaaten Washington und Oregon) zum Pazifik. In der Folge etablierten sich ***North West*** und ***Hudson's Bay Company*** (⇨ Seite 232) mit Stützpunkten in ***New Caledonia***, was heute dem östlichen und zentralen Bereich von British Columbia entspricht, aber auch auf heutigem US-Gebiet.

Grenzziehung 1846 schlossen England und die USA den ***Oregon Treaty***. Dieser Vertrag legte den 49. Breitengrad, der – bis zu den Rocky Mountains – schon seit 1818 die britische Kolonie Canada und die westlichen Territorien der USA trennte, als offizielle Grenze bis zum Pazifik fest. Damit gerieten die heutigen US-Nordweststaaten aus englischem unter US-amerikanischen Einfluß. Vancouver Island, obwohl es über den 49. Breitengrad hinausreicht, wurde ganz Großbritannien überlassen. Nur die ***San Juan Islands*** blieben weiter umstritten. Als sich ein britisches Schwein um die Gebietsstreitigkeiten buchstäblich einen Dreck scherte und ein amerikanisches Kartoffelfeld durchwühlte, drohte die Kontroverse im sogenannten »**Schweinekrieg**« zu einem ernsthaften Konflikt auszuarten. Der als Vermittler eingesetzte deutsche Kaiser Wilhelm I. beendete 1872 den Streit, indem er die Inseln den USA zusprach.

Konstituierung In der Zwischenzeit war neben der ursprünglichen Kolonie Vancouver Island auf dem Festland das separate Territorium British Columbia entstanden.

Goldrausch

Gerade rechtzeitig, um während des ***Fraser River*** (1858/59) und ***Cariboo Goldrush*** (1861-64) einigermaßen Recht und Gesetz durchzusetzen (➪ Seite 229). Die Goldrauschzeit sorgte nicht nur für eine Zuwanderung in den bis dato menschenleeren Raum, sondern auch für die Anlage erster Straßen ins Landesinnere, namentlich des heute noch so bezeichneten *Cariboo Trail* von Yale (am TCH oberhalb Hope) nach Barkerville. Vancouver an der Mündung des Fraser River entstand ebenfalls in den Jahren des Goldrausches.

Als **Provinz** – bestehend aus Vancouver Island und dem Festland westlich der Rockies (bis 1866 verwaltungstechnisch getrennt) – trat British Columbia dem *Dominion of Canada* **1871** bei. **Hauptstadt wurde Victoria**, damals einzige nennenswerte Stadt.

BC und Canada

Die Felsbarriere der *Rocky Mountains* und weiterer Gebirgszüge erschwerte lange Zeit die Kommunikation zwischen BC und dem restlichen Canada. Haupthandelspartner war daher der südliche Nachbar. Sogar der Postweg von Vancouver nach Toronto lief über die USA. Die Situation änderte sich 1885 nach Fertigstellung der transkontinentalen ***Canadian Pacific Railway***.

BC heute

Bald florierte auch der Handel mit Asien. British Columbia stieg zur wirtschaftlich bedeutendsten Provinz des Westens auf und wurde zu einer Art kanadischem Kalifornien. Heute ist die Wirtschaft mehr denn je auf den pazifischen Raum ausgerichtet. Die **Region Vancouver** gilt als die reichste Canadas.

Geographie und Klima

Gebirge

Die Geographie der Provinz wird durch zahlreiche Gebirgszüge bestimmt, die überwiegend parallel und hintereinander in Südost-Nordwest-Richtung verlaufen. Im Osten sind dies die ***Rocky Mountains***. Im Westen reichen die ***Coast Mountains*** mit Gipfeln, welche die Höhe der BC-Rockies übertreffen *(Mount Waddington* 4.042 m), und Gletscherfeldern bis ans Meer. Dazwischen liegen u.a. die ***Cassiar Mountains*** im Norden und ***Columbia Mountains*** im Süden mit mehreren Teilgebirgen. Die höchsten von ihnen sind die ***Selkirk Mountains*** (mit *Glacier* und *Mount Revelstoke Nat'l Parks*) und die ***Cariboo Mountains*** (mit den Provinzparks *Wells Gray* und *Bowron Lake*) mit über 3.500 m hohen Gipfeln.

Rocky Mountains

Im Südosten markiert der Hauptkamm der *Rocky Mountains* den Grenzverlauf zwischen British Columbia und Alberta. Zugleich bildet er die Wasserscheide (*Continental Divide*) zwischen Atlantik und Pazifik. Mit dem ***Mount Robson*** steht unweit Jasper/Alberta, aber bereits auf BC-Gebiet, der höchste Berg der kanadischen Rockies (3.954 m). Lediglich vier Pässe erlauben die Überquerung der *Rockies*: der ***Crowsnest Pass*** (1.396 m) im Süden, der ***Vermilion Pass*** (1.651 m) zwischen den *National Parks Banff* und *Kootenay* (Straße #93), der ***Kikking Horse Pass***/TCH (1.647 m) und der ***Yellowhead Pass*** (1.146 m) des gleichnamigen *Highway*.

Ebenen

Zwischen den Gebirgen erstrecken sich bewaldete Ebenen, durchzogen von Seenplatten und Flüssen, darunter das riesige ***Interior Plateau*** zwischen *Coast* und *Columbia Mountains* und in etwa TCH (Kamloops-Cache Creek) und *Yellowhead Highway*. Im Nordosten ragt British Columbia mit einer »Ecke« in die *Lowlands* hinein, die den Norden der Prärieprovinzen kennzeichnen.

Flüsse

Viele Verkehrswege folgen dem Lauf großer Flüsse, wie z.B. der *Yellowhead Highway* dem oberen ***Fraser*** und dem ***Skeena River*** oder der TCH dem ***Thompson*** und Unterlauf des ***Fraser River***. Der (erst in den USA) mächtige ***Columbia River*** und seine Nebenflüsse haben ihren Ursprung in British Columbia. Ihr Fluß in Nord-Süd Richtung wird durch zahlreiche Stauseen unterbrochen, allgemein beliebte Freizeitreviere. Das von mildem Klima begünstigte (➪ unten) Seengebiet im ***Okanagan Valley*** ist nach den Nationalparks meistfrequentierte Touristenregion der Provinz.

Inseln

Vor der zerklüfteten Küste liegen fast **7.000 Inseln**, darunter mit Vancouver Island die größte Nordamerikas.

Fläche und Besiedelung

British Columbia ist größer als Deutschland, Frankreich und die Schweiz zusammen und **außerordentlich dünn besiedelt**. Im Provinznorden kann von einer Besiedelung nur entlang der *Highways John Hart, Alaska, Yellowhead* und *Cassiar* die Rede sein; die riesigen Gebiete dazwischen sind praktisch menschenleer. Dasselbe gilt für die Region zwischen Vancouver und *Yellowhead Highway* westlich der Achse Vancouver–Prince George.

Die **Bevölkerung konzentriert sich auf den Süden der Provinz**, und auch dort im wesentlichen auf wenige Schwerpunkte. Zwei Drittel der Einwohner leben in den Großräumen Vancouver und Victoria und weitere 20% im Einzugsbereich des *Okanagan Valley* einschließlich Kamloops und in Orten am *Crowsnest Highway* entlang der US-Grenze.

Klima/ Regen

Höhe und Lage der Gebirgsketten sorgen für unterschiedlichste Klimazonen. Feuchte pazifische Winde bestimmen das **Wetter im äußersten Westen** der Provinz. Sie regnen sich an den Berghängen der *Coast Mountains* ab. Die uralten Regenwälder an der pazifischen Küste verzeichnen dabei ähnliche Niederschlagsmengen wie der tropische Amazonas-Urwald. Extreme Temperaturschwankungen, wie sie östlich der *Rockies* auftreten, sind dort unbekannt, die Sommer relativ kühl und die Winter mild. Viel Regen fällt auch an den Westhängen der **Gebirge im Inland** einschließlich der *Rocky Mountains* Region. Das ***Interior Plateau*** und die Täler bleiben dagegen recht trocken; im Sommer sind Regentage dort selten. Der **Nordosten** unterliegt bereits arktischem Kontinentalklima mit kurzen kühlen und gelegentlich nassen Sommern und schneereichen, kalten Wintern.

Sommer/ Temperaturen

Milde Sommer mit gleichmäßig angenehmen Temperaturen um 20°C machen die Ostküsten von **Vancouver Island** im Bereich zwischen Nainamo und Courtenay zur beliebten Urlaubsregion.

Länger als dort scheint in Canada die Sonne nur im südlichen Alberta und in Saskatchewan. Gleichzeitig sind die Winter so mild wie in keiner anderen Region. Auf der dem Pazifik zugewandten Seite dagegen herrscht Küstenklima mit Rekord-Regenmengen.

Heiß ist es während der Sommermonate oft in den breiten Tälern **im zentralen Süden der Provinz**, insbesondere entlang der Flußtäler des *Fraser* und *Thompson River* und im *Okanagan Valley*, das unmittelbar an die nördlichen Ausläufer des wüstenähnlichen *Columbia Plateau* (USA) anschließt. In dieser Region gibt es sogar Kakteen und Klapperschlangen.

Informationen für Touristen

BC Travel Info Centres

In British Columbia existiert ein dichtes Netz von ***Visitor Info Centres*** für Touristen. Dank ihrer großen Zahl in über 100 Orten und unübersehbaren Ausschilderung sind sie mühelos zu finden. Die Adresse der zentralen Touristeninformation ist

Tourism British Columbia
PO Box 9830, Victoria, BC, Canada V8W 9W5
✆ 1-800-HELLO-BC oder ✆ (250) 387-1642
www.hellobc.com

Unter der 800-Nummer lassen sich auch **Hotels reservieren**. Infos über die sechs Tourismusregionen von BC im **Internet**:

Vancouver Island	www.islands.bc.ca
Vancouver, Coast & Mountains	www.vcmbc.com
Thompson/Okanagan	www.totabc.com
Kootenay/Rockies	www.kootenayrockies.com
Cariboo Chilcotin Coast	www.landwithoutlimits.com
Northern BC	www.nbctourism.com

Unterlagen

In den ***Info Centres*** bzw. bei ***Tourism BC*** gibt es unter anderem die folgenden Unterlagen:

- die Straßenkarte ***BC Road Map and Parks Guide*** im Maßstab ca. 1:1.500.000 enthält Übersichten für alle nennenswerten Städte und eine Liste von 280 erschlossenen *Provincial Parks* mit Ausstattungsdetails und ob mit/ohne Campingplatz, Länge und Zustand der Zufahrt. Im Norden und im zentralen Bereich der Provinz leistet die Karte ausreichende Dienste, im Süden – speziell Großraum Vancouver und Victoria – besitzt sie Detailkarten.

  Für den Bereich Vancouver und Victoria sollte man sich dennoch Stadtpläne bei den *Visitor Info Centres* bzw. beim Automobilclub CAA beschaffen (➪ Seite 132).

- den ***BC Vacation Planner***, ein attraktiv gemachtes Heft, in dem die sechs touristischen Regionen der Provinz vorgestellt werden. Für jede von ihnen gibt es wiederum einen eigenen *Travel Guide*; die Qualität der Einzelausgaben ist indessen recht unterschiedlich.

- die Broschüre ***Outdoor Adventure***, in der zahlreiche Möglichkeiten zu Freizeitaktivitäten und Anschriften von Veranstaltern genannt werden.
- das Heft ***Approved Accommodation***, ein Hotel-, Motel-, *Bed & Breakfast*- und Campingplatzverzeichnis für British Columbia mit reisepraktischer Einleitung, der man außerdem weitere Informationen entnehmen kann.
- das Heft ***Super Camping***, einen Campingführer, der einen Teil der privat betriebenen Plätze und die Provinzparks mit Campingplatz listet. Der **Eintritt in die Parks ist frei**, bei 41 Parks im Süden ist lediglich eine Parkgebühr von $1/Stunde bzw. $3/Tag fällig.
- 176 ***Provincial Parks*** besitzen ***Campgrounds*** mit Auto-Stellplätzen ($10-$24 pro Nacht). Zu den größeren Provinzparks gibt es ein gesondertes Faltblatt. Parkinfo im Internet unter: www.bcparks.ca. Dazu ist anzumerken, daß die Mehrheit von ihnen gut bis sehr gut angelegt ist, wenn auch im Sanitärbereich überwiegend einfach ausgestattet (Wasser und Toilette). Fast immer gibt es Feuerholz, wenn auch in groben Scheiten, die noch Nacharbeit mit der Axt erfordern. Weitere Details dazu im Beileger.

  Campingplätze in 67 *Provincial Parks* können unter ✆ 1-800-689-9025, ✆ (604) 689-9025, 2 Tage bis 3 Monate im voraus reserviert werden, Reservierungsgebühr: $6/Nacht, max. $18/Aufenthalt. Storno Umbuchung je $6; www.discovercamping.ca.
- BC verfügt über viele ***Forest Campgrounds***, von denen die meisten abseits der Hauptstraßen liegen. Karten der Forste mit Markierung dieser Plätze erhält man in den lokalen Büros des *Forest Service*. Auch die **Holzindustrie** hat in manchen Gebieten Campingplätze eingerichtet.

Straßenbau in British Columbia im 19. Jahrhundert

Manitoba

Geschichte, Geographie und Klima

Die ersten Entdecker

Bereits 1610 entdeckte der Engländer ***Henry Hudson*** die mit dem Atlantik verbundene riesige Bucht im zentralen Nordosten Canadas. Aber es verstrich über ein halbes Jahrhundert, ehe die französischen Forscher ***Radisson*** und ***Des Groseilliers*** auf Überlandrouten an die James Bay gelangten und die große wirtschaftliche Bedeutung des »Binnenmeers« Hudson Bay erkannten. Von dort war der Weg zu den ertragreichen Pelztierjagdgebieten des kanadischen Nordens wesentlich kürzer auf der beschwerlichen Route über den St.-Lorenz-Strom und die Großen Seen. Als sie von Frankreich abgewiesen wurden, wandten sich die beiden

Steckbrief

Konstituierung als Provinz:		1870
Einwohner:		1.190.000
Anteil an der kanadischen Bevölkerung:		3,7%
Bruttoinlandsprodukt je Einwohner:		can$ 37.929
Fläche:		647.797 km²
Anteil an der kanadischen Fläche:		6,5%
Bevölkerungsdichte:		1,8 Einwohner pro km²
Hauptstadt:		Winnipeg (seit 1870)
Größte Städte:	Winnipeg	634.000 Einw.
	Großraum Winnipeg	707.000 Einw.
	Brandon	42.000 Einw.
	Thompson	13.500 Einw.
	Springfield	13.000 Einw.
Provinzfeiertag:	Civic Holiday am 1. Montag im August	
Höchster Berg:	Baldy Mountain im Duck Mountain Provincial Park	832 m
Niedrigster Punkt:	Meeresspiegel (Hudson Bay)	
Größter See:	Lake Winnipeg (größer als Hessen!)	24.387 km²
Längster Fluß:	Bow/Saskatchewan/ Nelson River	2.575 km
	Churchill River	1.609 km
Nationalparks:	Riding Mountain Wapusk	
Zeitzone:	Central Time mit Sommerzeit	
Telefonvorwahl (*Area Code*):		204
Provincial Sales Tax:		7%

Franzosen mit dem Plan, eine Pelzhandelsstation an der Hudson Bay zu errichten, an die englische Krone. König *Charles II* ging auf den Vorschlag ein und beauftragte sie mit der Erforschung des Gebietes. 1668/69 überwinterte ***Des Groseilliers*** in der James Bay an Bord des Schoners ***Nonsuch*** (eine Nachbildung dieses bemerkenswerten Schiffes steht in Winnipeg im ***Museum of Man and Nature***, ➪ Seite 533) und kehrte von dieser Reise mit besten Winterpelzen beladen zurück.

Hudson's Bay Company

Aus dieser Reise resultierte die Gründung der ***Hudson's Bay Company***, die sich das Pelzhandelsmonopol in ***Rupert's Land*** sicherte, dem Einzugsbereich aller in die Hudson Bay mündenden Gewässer. **York Factory** im heutigen Manitoba zwischen den Mündungen von Nelson und Hayes River war das erste Handelsfort der Gesellschaft und wurde rasch zu ihrem wichtigsten Stützpunkt. Es erwirtschaftete nach kurzer Zeit glänzende Gewinne, da Trapper und Indianer des Nordwestens den kürzeren Weg an die Hudson Bay der langen Reise zu den Handelsposten am St. Lawrence River vorzogen.

Rupert's Land

Nun interessierten sich auch die Franzosen für die Hudson Bay. Bewaffnete Auseinandersetzungen ließen nicht lange auf sich warten. Mit dem Frieden zu Utrecht 1713 fanden jedoch die Streitigkeiten zwischen Franzosen und Engländern um die besten Handelsplätze an der Hudson Bay ein Ende. Denn *Rupert's Land* gelangte endgültig unter britische Kontrolle. Wohl vorsichtshalber wurde 1717 trotzdem noch das ***Fort Churchill*** gegründet und später zum mächtigen ***Fort Prince of Wales*** ausgebaut, das aber niemals in kriegerischen Auseinandersetzungen benötigt wurde.

Fort Rouge

Nach dem Verlust des Seeweges über die Hudson Bay setzten die Franzosen verstärkt auf die alten Pelzhandelsrouten und errichteten 1738 am Zusammenfluß von Red River und Assiniboine River das ***Fort Rouge***, die **Keimzelle Winnipegs**. Weitere Forts und Handelsposten der ***North West Company*** und der ***Hudson's Bay Company*** (➪ Seite 232) entstanden in der Folge auf dem Gebiet des heutigen Manitoba.

Die Métis

1812 brachte *Lord Selkirk* die ersten schottischen Siedler an den Red River. Sie sollten ein protestantisches Gegengewicht zu den dort mittlerweile etablierten katholischen ***Métis*** bilden. Zwischen dieser Volksgruppe, die aus der Verbindung französischer Trapper mit Indianerfrauen entstanden war, und den Schotten gab es schon bald Reibereien. Und als die HBC 1869 *Rupert's Land* an das *Dominion of Canada* abtrat, kam es unter Führung eines ***Louis Riel*** über die Frage der Land- und Jagdrechte zum **Aufstand**.

Provinz Manitoba

Nach Beilegung dieser sog. ***Red River Rebellion*** im Verhandlungswege erfolgte die Aufnahme Manitobas als **fünfte Provinz** in das *Dominion of Canada*. Das Wort ***Manito bau*** (»Stimme des großen Geistes«) aus der *Cree* Indianer-Sprache stand Pate bei der Namensgebung. Der von *Riel* formulierte Schutz für die französische Sprache und Kultur wurde in die Verfassung (*Manitoba Act* *of 1870*) aufgenommen. Die neue Provinz war mit 40.000 km^2 für kanadische Verhältnisse zunächst nur »briefmarkengroß«. Erst **1912** wurden die heutigen Grenzen festgelegt, die nun ein Gebiet von 647.797 km^2 umschließen.

Geographie der Prärieprovinzen

Der US-amerikanische Mittelwesten mit seinen unendlichen Weiden und Getreidefeldern setzt sich in Manitoba, Saskatchewan und Alberta nach Norden und Nordwesten fort. Aber nur das südliche Drittel der Flächen Manitobas und seiner Nachbarn besteht aus agrarisch genutztem Flach- und Hügelland. *Trans Canada* und *Yellowhead Highway* führen mitten hindurch. Im zentralen Teil der Provinz liegt die Tiefebene ***Manitoba Lowland*** zwischen Lake Winnipeg und der **Seenplatte Lakes Manitoba/Winnepegosis**, riesigen Überbleibseln des zu Urzeiten noch ausgedehnteren *Lake Agassiz*. Die restlichen zwei Drittel Manitobas bedeckt die bewaldete, fast menschenleere Seenlandschaft des »kanadischen Schilds« (➪ Seite 14). Nur wenige Straßen und die Eisenbahnlinie nach Churchill an der Hudson Bay erschließen den Norden. Viele Ansiedlungen können nur per (Wasser-)Flugzeug oder Boot erreicht werden. So gesehen ist die Bezeichnung Prärie- und/ oder Weizenprovinzen für Manitoba, Saskatchewan und Alberta nur bedingt zutreffend.

Die Hügelkette des ***Manitoba Escarpment*** trennt das *Manitoba Lowland* von den Prärien Saskatchewans. Sie zieht sich von den Turtle Mountains an der US-Grenze über ***Riding Mountain*** und ***Duck Mountain Park*** zu den Porcupine Hills. Trotz ihrer vergleichsweise geringen Höhe (der höchste Berg Manitobas ist mit 831 m der **Baldy Mountain** im *Duck Mountain Provincial Park*) stehen Landschaft und Vegetation dieser Regionen in erstaunlichem Kontrast zu ihrer relativ eintönigen Umgebung.

Klima

Das (kontinentale) Klima Manitobas ist durch **extreme jahreszeitliche Schwankungen** gekennzeichnet. Die Sommer sind im allgemeinen sehr warm und trocken. Im Juli und August überwiegen Tage mit Temperaturen über 25°C; Hitzewellen mit über 30°C sind keine Seltenheit. Tiefausläufer und kräftige Gewitter sorgen nur gelegentlich für Regen. Selbst in nördlichen Gefilden übertreffen die sommerlichen Tagestemperaturen oft noch 20°C. **Im Winter** dagegen gelten Temperaturen **unter minus 20°C** über längere Perioden selbst im Provinzsüden als normal. Ein langer Übergang zwischen Sommer und Winter bleibt Manitoba nicht. Nur in Ausnahmejahren gibt es vier aufeinanderfolgende frostfreie Monate.

Informationen für Touristen

Karten/ Prospekte

Die zentrale Touristinformation befindet sich in Winnipeg:

Travel Manitoba
21 Forks Market Road., Winnipeg, Manitoba, R3C 4T7
✆ (204) 927-7838 und ✆ 1-800-665-0040
www.travelmanitoba.com

Bei *Travel Manitoba* erhält man gratis folgende Broschüren:

- ***Official Highway Map*** im Maßstab 1:1.300.000, für Touristen völlig ausreichend; die Provinzkarte verfügt auf der Rückseite über Innenstadtpläne größerer Städte sowie eine Liste der kanadisch-amerikanischen Grenzübergange mit Öffnungszeiten.
- ***Manitoba Vacation Guide***; enthält alle touristisch relevanten Informationen über die Provinz up-to-date.
- ***Accommodation & Campground Guide***; eine ziemlich vollständige Liste der Motels und Hotels Manitobas, sämtliche staatlichen und eine Auswahl privater Campingplätze jeweils mit Preisen.
- ***Events Guide***. Der jährlich neu aufgelegte Kalender listet chronologisch Daten und Orte aller wichtigen Veranstaltungen in Manitoba.

Provinzparks/ Camping

Die ***Provincial Parks*** kosten $7 Eintritt. Fürs Campen sind zusätzlich $8-$15 (einfacher Stellplatz) $12-$18 (Elektroanschluß), $16-$19 (Platz mit Elektro/Wasseranschluß) oder $18 (*Full Hookup*) zu entrichten. Manitoba verfügt daneben über ein Netz überwiegend schön gelegener ***Wayside Parks***, einige mit Campingplatz, andere offiziell nicht als Übernachtungsplätze eingerichtet.

Informationen über die ***Provincial Parks*** kann man auch über das **Internet** abrufen: www.manitobaparks.com, **Campreservierung**: ✆ **1-888-4U2-CAMP** für 22 Parks möglich, Gebühr $8.

Abendstimmung am Lake of the Woods (Grenze zwischen Manitoba und Ontario)

Ontario

Steckbrief

Konstituierung als Provinz: (Gründungsprovinz des Staates)		1867
Einwohner:		12.870.000
Anteil an der kanadischen Bevölkerung:		38,4%
Bruttoinlandsprodukt je Einwohner:		can$ 43.734
Fläche:		1.076.395 km²
Anteil an der kanadischen Fläche:		10,8%
Bevölkerungsdichte:		11,2 Einwohner pro km²
Hauptstadt:		Toronto (seit 1867)
Größte Städte:	Toronto	2.503.000 Einw.
	Großraum Toronto	5.500.000 Einw.
	Ottawa	813.000 Einw.
	Großraum Ottawa	1.200.000 Einw.
Größere Städte West-Ontario:	Sudbury	158.000 Einw.
	Thunder Bay	109.000 Einw.
	Sault Ste. Marie	75.000 Einw.
Provinzfeiertag:	Simcoe Day	1. Montag im August
Höchster Punkt:	Ishpatina Ridge	693 m
Niedrigster Punkt:	Meeresspiegel (Hudson Bay)	
Größte Seen:	Lake Superior:	82.100 km²
	Lake Huron:	59.600 km²
	Lake Erie:	25.700 km²
	Lake Ontario:	18.960 km²
Längster Fluß:	St. Lawrence River	3.058 km
Nationalparks:	Bruce Peninsula, Fathom Five Marine Park, Georgian Bay Islands, Point Pelee, Pukaskwa, St. Lawrence Islands	
Zeitzonen:	Eastern Time mit Sommerzeit, Central Time im äußersten Westen mit Sommerzeit	
Telefonvorwahl (*Area Code*):	West-Ontario 807 Zentral-Ontario 705	
Provincial Sales Tax:		8%

Geschichte, Geographie und Klima

Entdecker

Der Franzose ***Samuel de Champlain*** gelangte 1615 als erster Europäer an den Lake Huron. 1634 und 1639 gründeten die Jesuitenpater *Jean le Brébeuf* und *Jérôme Lalemont* mehrere Missionsstationen im Siedlungsgebiet der Huronen, darunter auch das spätere Sault Sainte Marie. Trotz großer Schwierigkeiten mit den **Irokesen**, die zur Zerstörung der ersten Missionen führten, erklärte **Frankreich 1669** das dünnbesiedelte Gebiet nördlich von

Ottawa River, Huron und Superior Lake zu seiner Kolonie. Die Franzosen unternahmen aber in der Folge wenig, um diesem Anspruch – etwa durch den Bau von Forts – entschieden Nachdruck zu verleihen.

18. Jahrhundert

Im selben Jahr wurden der kurz zuvor gegründeten ***Hudson's Bay Company*** von der englischen Krone die »Rechte« zur Ausbeutung von ***Rupert's Land*** übertragen (➪ im Detail Seite 232). Damit geriet der Norden der von den Franzosen beanspruchten Region unter britischen Einfluß, was ständige Gebietsstreitigkeiten nach sich zog. Rund 100 Jahre später fiel das französische Territorium (*New France*) im Frieden von Paris 1763 an Großbritannien.

Lower and Upper Canada

In der Region zwischen Lake Erie, Ontario und Huron kam es darauf (im Anschluß an den nordamerikanischen Unabhängigkeitskrieg) zu einem Zustrom königstreuer Siedler (*British Loyalists*) und damit zu einer englischsprachigen Bevölkerungsmehrheit. Dies führte 1791 zu einer **Zweiteilung der Kolonie**, in das französischsprachige ***Lower Canada*** (Québec) und das britisch orientierte ***Upper Canada*** (Ontario). Niagara-on-the-Lake wurde Hauptstadt von *Upper Canada*, verlor diese Funktion aber schon ein paar Jahre später an York, das heutige Toronto.

Provinz Ontario

Nach einer Übergangsperiode, in der Ontario unter der Bezeichnung ***Canada-West*** zur britischen Kolonie Canada gehörte, wurde 1867 im ***British North America Act*** die Gründung des vom Mutterland Großbritannien bereits relativ unabhängigen ***Dominion of Canada*** proklamiert. Es umfaßte zunächst die Provinzen **Ontario, Québec, New Brunswick und Nova Scotia**.

Ontario entwickelte sich in der Folge zur bevölkerungsreichsten und auch wohlhabendsten Provinz des *Dominion of Canada* bzw. später des Staates Canada.

Geographie

Mit Ontario verbindet man zunächst einmal die Südostregion um Ottawa, Toronto und Hamilton, wo sich 85% der Provinzbevölkerung und die Industriestandorte befinden. Im Osten liegen auch die bekannteren Tourismusgebiete der Provinz wie *Niagara Falls* und der *Algonquin Park*. Über 80% der Fläche Ontarios erstrecken sich aber weiter westlich: zwischen der Georgian Bay des Huron Lake und dem Superior Lake einerseits sowie Hudson und James Bay andererseits. Ontario ist die (nach Québec) **zweitgrößte Provinz Canadas**. Ihre Ausdehnung entspricht der Fläche von Spanien und Frankreich. Die Länge des TCH durch Ontario – von Ottawa bis nach Kenora am Lake of the Woods – beträgt über 2.000 km.

Landschaftsformen

Die Landschaft der Provinz ist überwiegend flach oder leicht hügelig. Sie wird nur hier und dort durch **Erhebungen bis zu maximal 700 m** unterbrochen. In der – mit Ausnahme des Südostens – vom kanadischen Schild geprägten Geographie Ontarios (➪ Seite 14) gibt es **zahllose Gewässer und weitverzweigte Seenplatten**. Vier der fünf Großen Seen (Ontario, Erie, Huron und Superior) mit ihren Verbindungen, der St. Lorenz Strom und der Rainy River zwischen Lake of the Woods und Superior Lake bilden eine natürliche Grenze zu den USA.

St. Lawrence Seaway

Sie entspricht ab Thunder Bay dem Verlauf des 1957 fertiggestellten ***Great Lakes-St. Lawrence Seaway***, einer 3.700 km langen, für Hochseeschiffe befahrbaren Wasserstraße vom tiefsten Binnenland zum Atlantik. Bemerkenswert ist auf dieser Route der schon 1824 zur Umgehung der Niagarafälle geschaffene und später weiter ausgebaute ***Welland Canal*** zwischen Ontario und Erie Lake. Seine Schleusen gleichen über 100 m Höhenunterschied aus.

Klima

Starke **Gegensätze** zwischen Nord- und Südregionen kennzeichnen das Klima Ontarios. **Im Süden** bewirkt die Nähe der Großen Seen feuchtwarme Sommer und milde Winter bei relativ hohen Niederschlägen. Unter dem Einfluß trockener Polarluft sind die Sommer **im Norden** kurz und recht warm, die Winter lang und kalt. Insgesamt fallen weniger Niederschläge als im Süden.

Informationen für Touristen

Karten/ Prospekte

Die Adresse in der ***Ontario Tourist Information*** lautet:

Ontario Travel
900 Bay Street, 10th Floor, Toronto, Ontario, M7A 2E1
✆ (905) 282-1721, ✆ 1-800-ONTARIO; Fax (416) 314-7574
www.ontariotravel.net

Deutschland: ✆ 089/23662168; www.news-plus.net (➪ Seite 606)

Broschüren

Weitere *Ontario Travel Information Centres* befinden sich an den Hauptstraßen bei den Provinzgrenzen. Sie sind in der ***Official Ontario Road Map*** (1:250.000 Ballungsräume, 1:700.000 Süden, 1:1.600.000 Norden) mit einem Fragezeichen markiert. Dort erhält man u.a. die folgenden nützlichen Broschüren:

- ***Outdoor Adventure Calendar*** mit Listen zahlreicher Veranstalter für Wildnis- und Abenteuertrips,
- den ***Summer Ontario Travel Discoveries;*** er enthält einen ausführlichen Überblick, alles Wesentliche über Attraktionen sowie Routenvorschläge und Fakten,
- ***Festivals & Events,*** den Veranstaltungskalender.

Herbstlaub-färbung

Unter ✆ 1-800-ONTARIO können sich Herbsturlauber informieren, wann und wo die ***Fall Foliage***, die spätherbstliche Laubfärbung, am ausgeprägtesten ist (Bandansage).

Provincial Parks/ Camping

Ontario besitzt **118 erschlossene *Provincial Parks***. Viele verfügen neben *Picnic Areas* und *Nature Trails* auch über großzügig angelegte Campingplätze. Stellplätze können auf 75 Provinzparks mit *Campgrounds* reserviert werden. Ein Teil der Kapazität wird nichtsdestoweniger nach *first-come-first-served* vergeben.

Die **Tarife** für Eintritt und Übernachtung betragen in den Provinzparks Ontarios $9-$17 für die Tageskarte, Sommerpaß $90 und – je nach Komfort – $24-$38 fürs Camping. Weitere Informationen unter ✆ 1-800-ONTARIO und unter www.ontarioparks.com.

Campingplatzreservierungen ($12 Gebühr) unter ✆ **1-888-ONT-PARK**; Änderungs-/Stornogebühr $9.

Saskatchewan

Geschichte, Geographie und Klima

Erste Besiedelung

Pelztierjäger erreichten Gebiete im heutigen Saskatchewan bereits Ende des 17. Jahrhunderts, aber erst **Mitte des 18.Jahrhunderts** begannen *Hudson Bay* und *North West Company* mit dem Aufbau von Handelsposten. Als erste permanente Siedlung gilt Cumberland House, das ein *Samuel Hearne* 1774 im zentralen Osten der Provinz zwischen Saskatchewan River und Cumberland Lake gründete.

Métis und Indianer

Nach Übernahme Manitobas durch Canada zogen sich viele *Métis* und Indianer (➪ Seite 580) auf Territorien in Saskatchewan zurück. Kanadische Truppen und die ***North West Mounted Police*** (NWMP) rückten jedoch bald weiter nach Westen vor und errichteten an strategisch wichtigen Punkten militärische Befestigungsanlagen. Weiße Immigranten zogen nach und drängten allmählich *Métis* und Indianer zurück.

Im Gegensatz zu den USA, wo immense Einwandererströme weitgehend unkontrolliert das Indianerland besetzten und erst später die Staatsgewalt – nach damaligen Maßstäben – Recht und Ordnung herstellte, verhinderte in Canada eine Art »vorbeugende« Militärpräsenz zunächst größere bewaffnete Auseinandersetzungen zwischen Indianern und Siedlern.

Eisenbahnbau

Kritisch wurde die Situation mit dem Bau der Eisenbahn, die die Verbindung zwischen British Columbia und den Ostprovinzen herstellen sollte. Das Projekt brachte automatisch – und politisch beabsichtigt, um einer befürchteten US-Expansion entgegenzuwirken – einen verstärkten Zuzug weiterer Siedler.

Nach Fertigstellung der ***Canadian Pacific Railway*** verschwand der bis dahin noch vorhandene Freiraum der *Métis* und Indianer vollends. Ungeschützt vom Staat – die NWMP vertrat in erster Linie die Interessen der Neusiedler – wurden sie von den Immigranten förmlich überrannt. Endlich kam es 1885 zum Aufstand der *Métis*, der sogenannten ***Northwest Rebellion***.

Aufstand der Métis

Aber die schwache Koalition aus *Métis* und *Cree* Indianern unter ***Chief Big Bear*** (andere Stämme ließen sich nicht zur Teilnahme bewegen) war von vornherein chancenlos. Lediglich der erste Zusammenstoß im März 1885 war für die Rebellen erfolgreich: Nach der verlorenen ***Battle of Duck Lake*** mußte die NWMP den Rückzug antreten.

Dank Bahnlinie und telegrafischer Kommunikation schaffte die Regierung jedoch rasch Verstärkungen in den Westen, und einen Monat später gelang der *North West Field Force* in Batoche der entscheidende Sieg. Der militärische Führer der *Métis*, *Gabriel Dumont*, floh in die USA und trat später in *Buffalo Bill*s berühmter Wildwest-Show auf.

Steckbrief Saskatchewan

Konstituierung als Provinz:		1905
Einwohner:		1.010.000
Anteil an der kanadischen Bevölkerung:		3,2%
Bruttoinlandsprodukt je Einwohner:		can$ 45.600
Fläche:		651.036 km²
Anteil an der kanadischen Fläche:		6,5%
Bevölkerungsdichte:		1,6 Einwohner pro km²
Hauptstadt:		Regina (seit 1905)
Größte Städte:	Saskatoon	203.000 Einw.
	Regina:	179.000 Einw.
	Prince Albert	34.000 Einw.
	Moose Jaw	32.000 Einw.
	Yorkton	15.000 Einw.
Provinzfeiertag:	Saskatchewan Day, am 1. Montag im Aug.	
Höchster Berg:	Cypress Hills	1.392 m
Niedrigster Punkt:	Lake Athabasca	213 m
Größter See:	Lake Athabasca	7.935 km²
Längster Fluß: Bow/Saskatchewan/Nelson River		2.575 km
Nationalparks:	Grasslands	
	Prince Albert	
Zeitzone:	Central Time ohne Sommerzeit, Mountain Time mit Sommerzeit um die westliche Grenzstadt Lloydminster	
Telefonvorwahl (Area Code):		306
Provincial Sales Tax:		5%

Der politische Kopf, ***Louis Riel***, wurde gefangengesetzt. Während er nach der ***Red River Rebellion*** in Manitoba noch mit fünf Jahren Verbannung davongekommen war, kannte der Staat nun keine Gnade mehr. Im November 1885 endete *Riel* am Galgen.

Provinz Saskatchewan

1905 trat Saskatchewan gleichzeitig mit Alberta dem *Dominion of Canada* bei. Die bis dahin von Regina aus mitverwalteten Northwest Territories verblieben unter Bundeshoheit.

Weizen, Segen und Fluch der Prärien

In der Folge entwickelte sich Saskatchewan zur führenden Weizenprovinz Canadas. Die Technisierung der Landwirtschaft und ertragreiche Getreidearten sorgten zeitweise für Spitzenernten. Aber extrem trockene Jahre vor allem im Provinzsüden fielen zusammen mit Überproduktion in anderenRegionen Nordamerikas und in Europa. Der damit einhergehende Preisverfall und Mißernten führten in den vergangenen Dekaden zu erheblichen **strukturellen Problemen**.

Einst wohlhabende Dörfer verloren einen Großteil ihrer Einwohnerschaft und sind heute sichtlich verkommen. Riesige Flächen liegen brach; die einst fruchtbare Erde wird davongeweht. An manchen Tagen **verdunkeln Sandstürme den Himmel über der Prärie**, ein Phänomen, mit dem auch die Agrarstaaten der USA zu kämpfen haben. Denn in den Blütezeiten der Getreidewirtschaft wurde beidseitig der Grenze auch noch der letzte, die Bearbeitung der Felder mit Großgeräten »störende« Baum gerodet.

Öl, Erdgas und Kali

Einen ökonomischen Ausgleich findet Saskatchewan in **Öl-, Erdgas**- und insbesondere in **Kalivorkommen**. Nichtsdestoweniger leistet der **Agrarsektor** mit 68% der kanadischen Weizenproduktion immer noch den höchsten Beitrag zur wirtschaftlichen Gesamtleistung der Provinz.

Geographie

Die Grenzen des nahezu rechteckig geschnittenen Saskatchewan verlaufen identisch mit dem 49. bzw. 60. Breitengrad sowie dem 110. und – in etwa – dem 102. Längengrad.

Süden

Die südlichen zwei Drittel der Provinz mit ihren endlosen Weizenfeldern und riesigen Getreidespeichern als einziger Abwechslung sind relativ eben und eintönig. Sie werden nur hin und wieder unterbrochen von Höhenzügen (***Moose Mountain*** im Osten und den ***Cypress Hills*** an der Grenze zu Alberta), kargen Hügellandschaften mit Namen wie ***Big Muddy Badlands*** oder ***Great Sand Hills*** und tiefeingeschnittenen, teilweise in Stauseen versunkenen Flußtälern (Qu'Appelle, North und South Saskatchewan River).

Norden

Der weitgehend unbewohnte und nur per Wasserflugzeug zugängliche Norden Saskatchewans zeigt das typische Landschaftsbild des kanadischen Schildes. Unendliche Nadelwälder, riesige, durch zahllose Wasserläufe miteinander verbundene Seenplatten und sumpfige Flußniederungen kennzeichnen dieses Gebiet. Es gilt als Geheimtip für Wildnisabenteuer mit Kanu und Angelroute. In völliger Einsamkeit existieren dort viele ***Fly-in Camps***, wo sich Urlauber absetzen lassen, um ungestörte Tage oder Wochen weitab der Zivilisation zu verbringen.

Klima

Die klimatischen Verhältnisse Saskatchewans stimmen weitgehend mit denen Manitobas überein. Es herrscht ein kontinentales Klima mit extremen jahreszeitlichen Schwankungen. Der touristisch in erster Linie interessante Sommer ist heiß und trocken. Das Städtchen Estevan im Südosten der Provinz nahe der Grenze zu den USA nimmt sogar für sich in Anspruch, mit 2.537 Stunden Sonnenschein im Jahr die sonnenreichste Stadt Canadas zu sein.

Informationen für Touristen

Karten/ Prospekte

Die zentrale Touristeninformation befindet sich in Regina:

Tourism Saskatchewan
1922 Park Street, Regina, Saskatchewan S4N 7M4
✆ (306) 787-9600 und ✆ 1-877-2-ESCAPE; Fax (306) 787-0715
www.sasktourism.com

Tourism Saskatchewan gibt u.a. folgende **Broschüren** heraus:

- Die ***Official Road Map*** zeigt auch die Nebenrouten. Die Karte im Maßstab von ca. 1:1.600.000 enthält im allgemeinen Informationsteil neben üblichen Angaben eine Auflistung der Grenzübergänge zu den USA mit Öffnungszeiten, eine Übersicht über alle Fährverbindungen der Provinz sowie brauchbare Übersichtskarten für alle nennenswerten Ortschaften.
- ***The Saskatchewan Vacation Guide*** ist eine der besten offiziellen Veröffentlichung dieser Art in Canada. Darin wird die Provinz (Geographie, Geschichte, Tierwelt etc.) vorgestellt und die Vielfalt der Möglichkeiten für Freizeit- und Urlaubsgestaltung beschrieben.
- Der ***Saskatchewan Accommodation Guide*** listet nahezu alle Hotels und Motels der Provinz sowie sämtliche Campingplätze – staatlich und kommerziell – samt Gebühren, Ausstattung und Anfahrt.

Provincial Parks/ Camping

Saskatchewan Environment betreut **39 *Provincial Parks***. Der Eintritt beträgt $7 bei einmaligem Besuch, $25 für den Wochenpass oder **$50 für einen Jahrespass**. Die Pässe gelten in allen Parks. Die Preise fürs Camping betragen in Abhängigkeit von der Ausstattung der Plätze $11-$24, 19 Parks akzeptieren Campingreservierungen. Im **Internet** sind die Provinzparks unter www.saskparks.net zu finden. Aktuelle Auskünfte erteilt *Saskatchewan Environment* gebührenfrei unter ✆ **1-800-205-7070**.

Regional Parks

Neben den Provinzparks verfügt Saskatchewan über ein dichtes Netz von über 100 ***Regional Parks***. Selbst in an sich tristen Landstrichen liegen diese Parks manchmal in unerwartet hübschen Ecken an einem bewaldeten Flußbett, an in den Straßenkarten nicht verzeichneten kleinen Seen usw. Die Eintrittsgebühren für den *Day-Use* wie auch die Campingkosten sind durchweg sehr niedrig. Informationen im empfohlenen *Accommodation Guide*.

Dorthin verbrachte Bisons in einem grünen Flusstal der Grasslands

Die Northwest Territories

Geschichte, Geographie und Klima

Geschichte

Bereits 1789 durchquerte der Entdecker ***Alexander Mackenzie*** im Auftrag der ***North West Company*** (NWC) das Gebiet der North West Territories. Dabei folgte er als erster Mensch ab dem Great Slave Lake dem später nach ihm benannten Strom hinunter bis an seine Mündung. Ihm folgten Trapper und Pelzhändler; aber außerhalb der wenigen Handelsniederlassungen entstanden zunächst keine weiteren Siedlungen.

Faktisch lag der Nordwesten Kanadas fast vollständig im Einflußbereich der beiden Pelzhandelsgesellschaften *North West* und *Hudson`s Bay*, bevor Großbritannien 1870 diesen Teil Canadas zusammen mit dem ein Jahr zuvor für 300.000 britische Pfund von der HBC erworbenen ***Rupert's Land*** (➪ Seite 580) als **Northwest Territories** an das 1867 gegründete ***Dominion of Canada*** übertrug. Drei Jahrzehnte später wurden 1898 das Yukon Territory, 1905 die Provinzen Alberta und Saskatchewan und 1912 der Norden von Manitoba, Ontario und Québec abgetrennt.

Die nunmehr wohl endgültigen Grenzen sind erst 1999 neu definiert worden: Seither existiert der größere **Ostteil der bisherigen Northwest Territories unter der Bezeichnung *Nunavut*** als eigenständige Einheit.

Verwaltungs gebiet

Selbst 50 Jahre nach der Eingliederung in das *Dominion of Canada* gab es in den riesigen Northwest Territories nur ganze neun Polizeiwachen. Von dort übernahm zunächst die ***Royal Canadian Mounted Police*** auch administrative Aufgaben, die Kirche die schulische und medizinische Versorgung. Mit dem 2. Weltkrieg erwachte strategisch-militärisches Interesse am unerschlossenen Land im Norden, und die Bundesregierung begann, dort Flugplätze und Radarposten einzurichten.

Status heute

1967 verlegte sie die **Territorialverwaltung**, die bis dato in Ottawa erledigt worden war, nach **Yellowknife**. Das erste *Territorial Council*, eine Art Parlament mit eingeschränkten Befugnissen, wurde 1975 gewählt.

Geographie

Die Bezeichnung *Northwest* gibt die Position der Territorien heute nicht mehr recht wieder. Sie liegen zwar nördlich des 60. Breitengrades, aber als mittleres der drei Territorien zwischen dem neugeschaffenen **Nunavut** im Osten und dem Yukon Territory im Westen. In diesem immer noch riesigen Gebiet (über 1,3 Mio km^2) leben ganze 41.000 Menschen, womit rein rechnerisch auf jeden einzelnen eine Fläche von 33 km^2 kommt.

Lowlands

Das waldreiche ***Mackenzie Lowland***, Einzugsgebiet des Mackenzie River und nördliche Fortsetzung der *Great Plains* der Prärieprovinzen, bestimmt das Landschaftsbild der westlichen Northwest Territories.

Steckbrief

Konstituierung als eigenständiges Territorium:		1870
Einwohner:		42.600
Anteil an der kanadischen Bevölkerung:		0,1%
Bruttoinlandsprodukt je Einwohner:		can$ 98.211
Fläche:		1.346.106 km²
Anteil an der kanadischen Fläche:		13,5%
Bevölkerungsdichte:		ein Einwohner auf 33 km²
Hauptstadt:		Yellowknife (seit 1967)
Größte Orte:	Yellowknife	18.700 Einw.
	Hay River	3.600 Einw.
	Inuvik	3.500 Einw.
	Fort Smith	2.400 Einw.
Territorialer Feiertag:	Civic Holiday am 1. Montag im August	
Höchster Berg:	Mount Nirvana (Mackenzie Mountains)	2.773 m
Niedrigster Punkt:	Meeresspiegel (Nordpolarmeer)	
Größte Seen:	Great Bear Lake	31.328 km²
	Great Slave Lake	28.568 km²
Längster Fluß:	Peace/Mackenzie River	4.241 km
Größte Insel:	Victoria Island	217.291 km²
Nationalparks:	Aulavik, Nahanni Tuktut Nogait, Wood Buffalo	
Zeitzone:	Mountain Time, mit Sommerzeit	
Telefonvorwahl (*Area Code*):		867
Terrritorial Sales Tax:		keine

Ein **Straßennetz** existiert nur im südwestlichen Bereich und damit auf die Ebene; lediglich der *Yellowknife Highway* führt in die Felslandschaft des Kanadischen Schildes, ➪ Seite 14.

Klima

Permafrost kennzeichnet den Großteil der Fläche. Die Seen füllen sich im (späten) Frühjahr mit Schmelzwasser aus den an der Oberfläche tauenden Böden, Schnee und Eis. Sie bleiben daher auch im Sommer sehr kalt und sorgen im allgemeinen für kühlfeuchte Luft, ➪ auch Themenkasten Seite 433.

Dennoch kann man in Orten wie Hay River oder Fort Simpson im Juli/August dank der langen Tage bei Sonnenschein mit angenehmen **Tagestemperaturen von über 20°C** rechnen. Sogar Höchsttemperaturen von über 30°C werden gemessen.

Die **Niederschläge** liegen in den *Lowlands* und in der arktischen Tundra im Jahresschnitt erstaunlicherweise noch niedriger als etwa im *Okanagan Valley* oder im trockenen südlichen Saskatchewan.

Informationen für Touristen

Folgende nützliche Unterlagen sind bei den *Information Centres* der Northwest Territories erhältlich:

- der ***Road & Campground Guide,*** kilometerweise Auflistung des Straßennetzes mit Campingplätzen und Attraktionen
- der ***Explorers' Guide***, ein Hochglanzprospekt mit umfassenden Informationen über Parks, Attraktionen, Quartiere etc.

- die ***Explorers' Map***, eine Karte im Maßstab 1:5.000.000 mit Detailkarten und Liste der *Territorial Camp & Picnic Areas*

Explorer's Guide und ***Map*** erhält man auch per Post bei:

Northwest Territories Tourism
PO Box 610, Yellowknife, NT X1A 2N5
✆ 1-800-661-0788, (867) 873-7200; www.explorenwt.com

Infos zu den 34 ***Territorial Parks***
unter www.iti.gov.nt.ca/tourismparks
Campinggebühr $15-$25; Stellplätze mit Strom.

Campgroundreservierung ($5 Gebühr)
im Internet: www.campingnwt.ca

Eine weitere wichtige **Servicenummer** der NWT, besonders für Herbst- und Frühjahrsurlauber zum **Fährbetrieb und Straßenzustand**, ist ✆ **1-800-661-0750**.

Die Inuit (Eskimos)

Inuit bedeutet »Mensch«, »Eskimo« stammt aus der Sprache der Déné-Indianer und heißt »Rohfleischesser«.

Die Ahnen der *Inuit* überquerten in mehreren Einwanderungswellen die Bering-Landbrücke nach Alaska. Vor ungefähr 1.000 Jahren kamen sie als ***Thule People*** in die Northwest Territories. Diese gelten als direkte Vorfahren der *Inuit*. Als Halbnomaden jagten sie Großwale. Nach deren Verschwinden im 18. Jahrhundert – vermutlich aufgrund von Klimaänderungen – verlegte man sich auf kleinere Beutetiere wie Seehund und Walroß. Caribous, eine weitere wichtige Nahrungsquelle, wurden ins Wasser getrieben und vom Kayak aus erlegt.

Kontakte mit weißen Forschern wie z.B. *Martin Frobisher* und *John Franklin* kamen gelegentlich vor, doch erst die Walfänger des frühen 19. Jahrhunderts veränderten das Leben der *Inuit*. Im *Keewatin District* an der Westküste der Hudson Bay tauschten sie Frischfleisch und Pelze gegen Waffen und Gerätschaften der Walfänger.

Zwischen 1900 und 1925 brachten Pelzhändler, Missionare und die RCMP weitere »Errungenschaften« der Zivilisation ins Land der *Inuit* und beendeten das überlieferte Jagdverhalten und damit die Lebensgewohnheiten. Aus den Selbstversorgern wurden nach und nach Handeltreibende. Die Missionare sorgten für Christentum und Schriftsprache, aber auch für medizinische Versorgung und Schulen.

Die *Inuit* sind kein einheitliches Volk, sondern umfassen unterschiedliche Gruppen. Heute existieren über 41.000 Angehörige dieser Ethnie, von denen etwa zwei Drittel in den Küstengebieten des neuen Territoriums **Nunavut** und der Northwest Territories leben – der Rest im arktischen Teil Québecs, in Nord-Ontario und in Labrador (Neufundland). Bedingt durch ihre abgelegenen Lebensräume hat sich bei ihnen die **alte Sprache**, das ***Inuktitut***, vollständiger erhalten als die Muttersprachen vieler Indianervölker.

Die kanadische Regierung kam erst mit dem 2. Weltkrieg in den Norden. Da etwa gleichzeitig der Pelzhandel zurückging und Jagd und Fischfang allein die *Inuit* nicht mehr ernähren konnten, kümmerte sich der Wohlfahrtstaat um die Ureinwohner. Gutgemeinte Sozialleistungen und Fertighaussiedlungen führten aber zu einer Auflösung der traditionellen Mehrfamilienverbände und – Folge der Ernährungsumstellung – einer Verschlechterung des Gesundheitszustands. Viele *Inuit* starben an Krankheiten, gegen die sie keine Abwehrkräfte besaßen. Um dem wirtschaftlichen und sozialen Verfall der *Inuit*-Siedlungen entgegenzuwirken, förderte die Regierung u.a. ein Programm zur kommerziellen Nutzung von Kunsthandwerk. Die traditionelle Fertigung von Gebrauchsgegenständen und Werkzeugen aus Stein und Knochen wurde als eine Möglichkeit zur Existenzsicherung erkannt. Heute arbeiten *Inuit* in regelrechten **Künstlerkolonien** wie Cape Dorset, Baker Lake, Rankin Inlet oder Spence Bay, die ihre Produkte über Kooperativen vermarkten. Eine davon ist die Ladenkette *Northern Images.*

Die in der heutigen Form erst in den letzten 40 Jahren entstandene »typische« Kunst der *Inuit* besitzt heute einen guten Ruf. Für die Objekte werden hohe Preise gezahlt, und bekannte Museen wie die *Winnipeg Art Gallery* besitzen große *Inuit Art*-Sammlungen.

Nomadisierende *Inuit* gibt es nur noch wenige. Und die verknüpfen beim Fischen und Jagen moderne Technik mit alten Traditionen. Im Winter gehört das Schneemobil zu ihrer Grundausstattung.

Gleichzeitig haben die *Inuit* auch insgesamt – so scheint es – die Zeit der Agonie überwunden. **Politische Verantwortung und Selbstverwaltung** übernahmen die *First Nations*, die kanadischen Ureinwohner, **in Nunavut**. Dieses Inuktitutwort bedeutet ***Unser Land***, und als solches existiert es seit April 1999 im ehemaligen Osten der Northwest Territories. Von der **Hauptstadt Iqaluit** (*Mehr als zwei Fische*), dem früheren Frobisher Bay, sind sie nun verantwortlich für fast 2,1 Mio. km^2, in denen sie 85% der 28.200 Einwohner stellen.

Der **Weg nach Nunavut** begann 1992, als die Einwohner der Northwest Territories für die Aufteilung ihres Territoriums in zwei Teile stimmten. Ein Jahr später waren mit der kanadischen Bundesregierung die Details der Territorialgründung geregelt. Das Einzigartige hieran ist die größte, friedliche Übertragung von Landrechten in Nordamerika, allerdings für eine nahezu unbewohnte Region mit bis dato geringem wirtschaftlichen Nutzwert im menschenabweisenden Nordostkanada.

Nunavut liegt vollständig nördlich der Baumgrenze zwischen der weiten, baumlosen Tundra auf dem Festland und unzähligen Inseln im Nordpolarmeer. Der Permafrostboden weicht im Sommer nur oberflächlich etwas auf. Abgesehen von Verwaltung, Militär, ein bißchen Erdölexploration und Kunstgewerbe sind Erwerbsquellen rar, aber der Tourismus dringt allmählich auch in diese Region.

Yukon Territory

Steckbrief

Konstituierung als eigenständiges Territorium:		1898
Einwohner:		31.300
Anteil an der kanadischen Bevölkerung:		0,1%
Bruttoinlandsprodukt je Einwohner:		can$ 51.430
Fläche:		482.443 km²
Anteil an der kanadischen Fläche:		4,8%
Bevölkerungsdichte:		ein Einwohner auf 16 km²
Hauptstadt:		Whitehorse (seit 1953)
Größte Orte:	Whitehorse	24.470 Einw.
	Dawson City	1.880 Einw.
	Watson Lake	1.600 Einw.
	Haines Junction	810 Einw.
Territorialer Feiertag:	Discovery Day, 3. Montag im August	
Höchste Berge:	Mount Logan (höchster Berg Canadas)	5.959 m
	Mount St. Elias	5.489 m
Niedrigster Punkt:	Meeresspiegel (Nordpolarmeer)	
Größter See:	Kluane Lake	409 km²
Längster Fluß:	Yukon River	3.185 km
Nationalparks	Ivvavik	
	Kluane	
	Vuntut	
Zeitzone:	Pacific Time mit Sommerzeit	
Telefonvorwahl (*Area Code*):		867
Territorial Sales Tax:		keine

Geschichte, Geographie und Klima

Geschichte

Das Gebiet am Oberlauf des Yukon (»großer Fluß« in der Sprache der Ureinwohner) mit reichen Jagd- und Fischgründen war seit jeher nur äußerst dünn besiedelt. Kontakte zwischen Yukon-Indianern (*Kutchin, Tagish, Tlingit* u.a.) und Weißen ergaben sich erst im 19. Jahrhundert, als die Trapper der Pelzhandelsgesellschaften weit nach Norden vordrangen. Sie veranlaßten die **Indianer** zur verstärkten Jagd auf Pelztiere. Die Lebensgewohnheiten der ***Inuit***, Bewohner der Nordpolarmeer-Küstengebiete, wurden durch Walfangjäger verändert, die ihr Revier ebenfalls bis in den hohen Norden ausdehnten.

Zwei spektakuläre Ereignisse rückten das einsame Land am nordwestlichen Rand Canadas ins Bewußtsein der Öffentlichkeit: der ***Klondike Gold Rush*** zur Jahrhundertwende und der Bau des ***Alaska Highway*** 45 Jahre später.

Klondike Goldrausch

Zwar gab es bereits 1863 erste Berichte von Goldfunden im hohen Norden, aber erst Jahrzehnte später lösten spektakuläre Nachrichten zum Gold am ***Bonanza Creek***, einem Zufluß des Klondike und damit Yukon River, die *Stampede* von 1898 aus. Tausende von potentiellen Prospektoren machten sich auf den Weg. Die langwierige und gefahrvolle Anreise bis **Dawson City**, dem Zentrum des Goldfiebers, schreckte sie offenbar nicht. Die meisten kamen per Schiff von Seattle, Portland oder San Francisco nach Skagway und überquerten in entbehrungsreichen Fußmärschen den ***Chilkoot*** oder ***White Pass***, um ans Ufer des Lake Bennett zu gelangen (➪ Seite 403f). Von dort ging es auf dem Yukon River nach Dawson City.

Von 805 km Distanz wurden 740 km in Booten zurückgelegt, die in der Wildnis zusammengehauen worden waren. Nur wenige Menschen konnten sich die bequemere, aber weit längere Route an der Küste entlang bis zur Mündung des Yukon ins Beringmeer und dann per Raddampfer stromaufwärts zum 2.400 km entfernten **Dawson City** leisten.

Als Folge des Goldrausches spaltete sich 1898 das Yukon Territory von den Northwest Territories ab. Kurz vor dem Ende des 19. Jahrhunderts lebten in der zur Hauptstadt des neuen Territoriums avancierten ***Boom Town*** und ihrer Umgebung mehr Menschen als heute im ganzen Yukon Gebiet. Als der Rausch nach wenigen Jahren abflaute, kehrten die meisten Goldsucher – ärmer, als sie gekommen waren – dem Norden wieder den Rücken.

Alaska Highway

Der Bau des *Alaska Highway* brachte dem Yukon Territory die zweite »Invasion«. Zwar blieb der Bevölkerungszuwachs wiederum eine vorübergehende Erscheinung, die neue Straße förderte jedoch nachhaltig die Entwicklung der Region. **Whitehorse**, als Endpunkt der *White Pass & Yukon Railway Route* bis dahin eine eher unbedeutende Zwischenstation auf dem Weg nach Dawson City, löste dank seiner Lage das alte Goldgräberzentrum als Zentralort ab und übernahm 1953 auch die Hauptstadtfunktion.

Bevölkerung

Rund 90% der Bevölkerung des Yukon Territory leben im Einzugsbereich des *Alaska Highway*, und davon wieder die meisten in Whitehorse und Umgebung (➪ Steckbrief). Siedlungen wie Watson Lake (1.600 Einwohner), Teslin (450 Einw.) und Haines Junction (810 Einw.) sind die einzigen »größeren« Ortschaften an der Hauptverkehrsader. Nur ein abseits des *Alaska Highway* gelegener Ort besitzt nennenswerte Größe: **Dawson City** weist mit 2.100 Einwohnern zwar nur einen Bruchteil seiner Bevölkerung der Jahrhundertwende auf, entwickelt sich aber dank steigender Besucherzahlen seit einigen Jahren überdurchschnittlich.

Geographie

Die südliche Grenze des Yukon Territory entspricht exakt dem Verlauf des 60. Breitengrades, die westliche (zu Alaska) dem 141. Längengrad. Das **Mackenzie Massiv**, eine Teilformation der *Rocky Mountains*, trennt Yukon und Northwest Territories; die Grenze verläuft im Südosten streckenweise entlang der Wasserscheide zwischen Pazifik und Nordpolarmeer. Die Umrisse des Yukon Territory bilden damit ein fast geschlossenes Dreieck mit einer **Fläche**, die ca. der von Deutschland, Österreich und der Schweiz zusammengenommen entspricht.

Die **landschaftliche Gliederung** ähnelt der des südlichen Nachbarn British Columbia: Im Westen und Osten begrenzen hohe Gebirge das Territorium, dazwischen erstrecken sich ausgedehnte Ebenen unterbrochen von weiteren Höhenzügen.

Die ***Coast Mountains*** und die vergletscherte ***St. Elias Range*** mit dem ***Mount Logan*** (5.959 m), dem höchsten Berg Canadas, schirmen das Yukon Territory weitgehend gegen pazifische Einflüsse ab und sorgen für ein Abregnen der vom Meer heranziehenden Wolken. Die Niederschlagsmenge im Inland ist daher vergleichsweise niedrig. Im Regenschatten der Berge liegt das durchschnittlich 800 m hohe ***Yukon Plateau***, durch dessen nordische Nadelwaldbestände *Alaska* und *Klondike Highway* führen. Der ***Yukon River***, mit knapp 3.200 km einer der längsten Flüsse Nordamerikas, durchschneidet die Hochebene über 1.200 km. Lange war er der einzige Transportweg zwischen Küste und Inland.

Klima

Das Yukon Territory liegt größtenteils im Wirkungsbereich des trockenen Kontinentalklimas. Die dafür typischen starken Temperaturunterschiede zwischen den Jahreszeiten werden durch die lange Sonnenscheindauer im Sommer und die ausgedehnten Winternächte verstärkt. Selbst am südlichsten Punkt des Yukon, in Watson Lake, scheint die Sonne im Juni/ Juli bis zu 19 Stunden täglich, während sie sich an Wintertagen im Dezember und Januar höchstens 6 Stunden zeigt.

Obwohl die durchschnittliche Tiefsttemperatur dort -30°C beträgt, zeigt das Thermometer zwischen Juni und August im Tagesmaximum über 25°C an. Die höchste Temperatur im Yukon überhaupt wurde in Mayo mit 36°C gemessen, die niedrigste in Snag bei Beaver Creek mit -63°C. Beide Orte liegen fast auf derselben Breite.

Permafrost

Das Erdreich im nördlichen Teil des Yukon ist permanent gefroren. Im Sommer taut lediglich die Oberfläche auf. Permafrost erreicht am *Dempster Highway* eine Tiefe bis 300 m, aber auch weiter südlich dringt er noch bis zu 30 m tief in den Boden ein.

Regen/ Schnee

Im Südwesten des Yukon Territory sorgen feuchte Pazifikwinde für Niederschläge, speziell in den Küstengebirgen an der Grenze zu British Columbia und Alaska. Die ***Saint Elias Mountains*** verzeichnen im Winter bis zu 5 m Schnee. In den nördlichen Regionen dagegen fällt kaum Regen und selten mehr als 50 cm Schnee.

Informationen für Touristen

Broschüren und Karten für das Yukon Territory gibt es bei allen lokalen Touristenbüros und bei der Zentrale in Whitehorse.

Tourism Yukon
PO Box 2703, Whitehorse, Yukon Territory Y1A 2C6
✆ (867) 667-5036; ✆ 1-800-661-0494; www.travelyukon.com

Deutschland: *Yukon Tourism* c/o Bergold Promotions,
Kleine Hochstr. 4, 60313 Frankfurt,
✆ 069/219367-0; www.travelyukon.com

Das beste **Infozentrum** vor Ort existiert in Watson Lake in räumlicher Einheit mit dem ***Interpretive Centre*** zum Bau des *Alaska Highway* am *Signpost Forest* (➪ Seite 391). Weitere befinden sich am *Alaska Highway* in Whitehorse, Haines Junction und Beaver Creek. Am *Klondike Highway* gibt es Informationsbüros in Carcross und Dawson City.

Unbedingt beschaffen sollte man sich:

- die ***Highway Map*** im Maßstab 1:2.500.000
- den ***Yukon Vacation Planner***, der umfassende Reiseinformationen für alle Straßen liefert. Die Lage von *Campgrounds* und Sehenswürdigkeiten ist kilometergenau angegeben.
- »**Alaska-Yukon Reisemagazin**«, jährlich neu in Zeitungsform mit vielen aktuellen und nostalgischen Informationen und ebensoviel Werbung; www.alaskayukon.com.

Zu den Territorialparks des Yukon ➪ Seite 391

Autonummernschild im Yukon Territory:
Traditionell mit Goldwäscher und goldfarbenem Sand in der Pfanne.

US-Bundesstaat Alaska

Steckbrief

Kauf durch die USA:		18.10.1867
Konstituierung als 49. Bundesstaat der USA:		3.1.1959
Einwohner:		671.000
Anteil an der US-Bevölkerung:		0,2%
Fläche:		1.700.138 km^2 (größter US-Bundesstaat)
Anteil an der Gesamtfläche der USA:		17,3 %
Bevölkerungsdichte:		1 Einwohner auf 3 km^2
Hauptstadt:		Juneau (seit 1959)
Städte:	Anchorage	283.000 Einw.
	Juneau	30.700 Einw.
	Fairbanks	30.600 Einw.
	Sitka	8.800 Einw.
	Ketchikan	7.700 Einw.
	Kenai	6.900 Einw.
	Wasilla	6.800 Einw.
Staatsfeiertag:	Alaska Day, 18. Oktober	
Höchste Berge:	Mount McKinley/Denali (höchster Berg Nordamerikas)	6.194 m
	Mount St. Elias	5.489 m
Niedrigster Punkt:	Meeresspiegel (Pazifik, Nordpolarmeer)	
Größter Gletscher:	Bering Glacier mit Bagley Icefield	5.200 km^2, 190 km lang
Größte Insel:	Kodiak Island	9.293 km^2
Längster Fluß:	Yukon River	3.185 km
Nationalparks:	Denali, Gates of the Arctic, Glacier Bay, Katmai, Kenai Fjords, Kobuk Valley, Lake Clark, Wrangell-St. Elias	
Zeitzonen:	Alaska Time (–10 Stunden MEZ) Hawaii-Aleutian Time (–11 Std MEZ) auf den westlichen Aleuten jeweils mit Sommerzeit	
Wirtschaftszweige:	Erdöl, Erdgas, Tourismus, Fischfang, Bergbau	
Telefonvorwahl (*Area Code*):		907
State Sales Tax:		0%

Geschichte

Über die ausgetrocknete Beringstraße erfolgte vermutlich vor ca. 12.000 Jahren von Sibirien aus die erste Besiedlung Amerikas. Von den Ureinwohnern ist wenig mehr überliefert als die Bezeichnung, die sie dem Festlandsausläufer gaben: *Alyeska*, ein Wort der Aleuten-Indianer für »mächtiges Land«.

Erste Entdecker

Der Däne ***Vitus Bering***, von Peter dem Großen mit der Suche nach einer vermuteten Landbrücke von Sibirien nach Amerika beauftragt, mußte 1728 zunächst feststellen, daß Rußland und Amerika durch eine Meerenge, die später nach ihm benannte Beringstraße, getrennt sind. Eine zweite Großexpedition unter seiner Leitung erreichte 1741 die Inselkette der Aleuten und nordamerikanisches Festland am Golf von Alaska vor den *St. Elias Mountains*. Bering nahm den Küstenstreifen für den Zaren »in Besitz«.

In den 70er-Jahren des 18. Jahrhunderts segelten im nördlichen Pazifik Spanier und der britische Kapitän ***James Cook***, der 1778 Alaskas Küste bis nördlich der Beringstraße kartografierte. Die erste Besiedlung Alaskas blieb jedoch (ab 1784) russischen Trappern und Pelzhändlern vorbehalten.

Rußland/ Verkauf an die USA

Das Interesse der Russen an Alaska beschränkte sich im wesentlichen auf die Pelztiere. Der Verkauf ihrer Felle versprach hohen Profit. Eine gnadenlose Jagd führte aber bald zur fast vollständigen Ausrottung der Seeotter und zu einer erheblichen Dezimierung anderer Arten. Da deshalb die Kolonie ab Mitte des 19. Jahrhunderts nicht nur keinen Ertrag mehr für die Zarenkrone abwarf, sondern sogar hohe Kosten verursachte, wurde Alaska zum Verkauf angeboten.

Der **US-Außenminister *Seward* unterschrieb im Jahr 1867 den Vertrag**: Alaska ging für die aus heutiger Sicht lächerliche Summe von **7,2 Mio. Dollar** (weniger als $5/km^2!) an die Vereinigten Staaten. Trotz des günstigen Preises spottete man in den USA zunächst über *Sewards* »Eiskasten«, aber nur 13 Jahre später sollte sich die öffentliche Meinung gründlich ändern.

Gold

1880 fand ***Joe Juneau*** Gold, wo heute die nach ihm benannte Hauptstadt steht. Weitere Goldvorkommen wurden anderswo entdeckt, und amerikanische Prospektoren strömten nach Alaska, das bis dahin (unter russischer Herrschaft) nur am schmalen Küstenstreifen dünn besiedelt war. 18 Jahre später folgte der legendäre ***Klondike Gold Rush***. Zehntausende von Goldsuchern machten im Winter 1897/98 den kleinen Hafen **Skagway** zur größten Stadt Alaskas, als sie von dort ins benachbarte Yukon Territory strömten. Als 1898 auch in Nome Gold gefunden wurde, drängte es 30.000 Goldsucher sogar in den äußersten Westen Alaskas.

2. Weltkrieg

Die Jahre des Goldrausches blieben eine kurze Episode. Nach Ausbeutung der Lagerstätten und einem Abklingen der vom Gold verursachten Boom-Jahre verlor sich das öffentliche Interesse am

Hohen Norden rasch. Erst im Jahr 1942 geriet Alaska wieder ins Blickfeld der Öffentlichkeit, als die Japaner die Aleuten besetzten. Man befürchtete nach den Erfahrungen von Pearl Harbour die Besetzung ganz Alaskas.

Das US-Militär reagierte auf die vermeintliche Bedrohung mit dem Bau neuer Stützpunkte und – in Kooperation mit Canada – des ***Alaska Highway***. Zwar kam es im hohen Norden letztlich zu keinen Kampfhandlungen, aber das Militär war nun präsent und gab wesentliche Anstöße auch für die Nachkriegsentwicklung.

US-Staat Alaska

Mit dem neuen »kalten« Kriegsfeind Sowjetunion jenseits der Beringstraße stieg Alaskas strategische Bedeutung. Seine Konstituierung als **49. US-Bundesstaat** war nur eine Frage der Zeit und erfolgte **1959**.

Erdbeben

Am 27. März 1964 machte Alaska wieder von sich reden. Das mit weit über 8 auf der Richterskala verzeichnete Karfreitagsbeben (***Good Friday Earthquake***) markierte das stärkste je gemessene Beben Nordamerikas. Hohe seismische Flutwellen zerstörten – ausgehend vom Meeresboden im Golf von Alaska – viele Ortschaften. Unter anderem wurden Valdez, Seward und Anchorage verheerend getroffen; Valdez mußte an anderer Stelle neu errichtet werden. Das in einigen Karten noch immer eingezeichnete Portage am Nordende der Kenai Halbinsel wurde ganz aufgegeben.

Öl

Das entscheidende Jahr für die weitere Entwicklung Alaskas war **1968**, als man in der ***Prudhoe Bay*** im Nordpolarmeer auf Öl stieß. Seit 1977 fließt es über die 1.285 km lange ***Trans-Alaska Pipeline*** quer durch Alaska zum eisfreien Hafen Valdez. Dank des »schwarzen Goldes« verzeichnete **Alaska bis 1986 das höchste Pro-Kopf-Einkommen aller US-Bundesstaaten**, allerdings auch das

Preisniveau

höchste Preisniveau. Zu Alaskas Boomzeit lag der Lebensmittelpreisindex von Anchorage bis zu 25% über dem von Seattle, in anderen Landesteilen noch erheblich darüber.

Die in den 1980er-Jahren sinkenden Ölpreise bremsten die Einkommensentwicklung und damit auch den Preisauftrieb: In den 90er-Jahren kosteten Lebensmittel in Anchorage sogar 6% weniger als in Washington State. Mit dem Anstieg des Rohölpreises auf den Weltmärkten verbesserte sich in den letzten Jahren Alaskas wirtschaftliche Situation wieder. Gleichzeitig stieg das allgemeine Preisniveau auf neue Höhen.

Öl-katastrophe

Zuletzt geriet Alaskas Erdölindustrie 1989 durch die Havarie der ***Exxon Valdez*** in die Schlagzeilen der Weltpresse. Der *Prince William Sound* vor Valdez und die Küsten der *Kenai Peninsula*, von *Kodiak Island* und der sich weit nach Westen ziehenden Alaska-Halbinsel wurden vom Öl verseucht. Säuberungsaktionen und die Natur selbst haben dafür gesorgt, daß heute keine Spuren der Katastrophe mehr zu sehen sind.

Pipeline-schäden

2006 wurden an der Ölpipeline Risse und Leckstellen entdeckt; sie sorgten für Unruhe unter Betreibern und Umweltschützern.

Geographie

Lage

Wegen Alaskas geographischer Lage hat man leicht falsche Vorstellungen: Der nördlichste US-Bundesstaat erstreckt sich alles in allem nur auf der Höhe Skandinaviens. Derselbe Breitengrad läuft durch Anchorage und Helsinki, und Fairbanks liegt auf der Höhe von Island, kaum nördlicher als das norwegische Trondheim. Selbst *Cape Barrow*, Alaskas nördlichster Punkt, teilt noch den Breitengrad mit dem skandinavischen Nordkap.

Fläche und Ausdehnung

Alaskas über **1,7 Millionen km^2** entsprechen einem Sechstel des gesamten US-Territoriums oder einer über vierfachen Größe Deutschlands. Auf drei Seiten ist diese enorme Fläche von Meer umgeben. Der kürzeste Abstand zwischen dem Festland Amerikas und Asiens beträgt über die Beringstraße von *Cape Prince of Wales* (Alaska) nach *Kap Deshneva* (Sibirien) nur 89 km.

Im Osten läuft auf exakt 141° westlicher Länge schnurgerade die Grenze zum Nachbarn Canada, sieht man ab vom sog. ***Panhandle*** an der Pazifikküste: Vom *Wrangell/St. Elias* Massiv ragt ein schmaler Streifen Land mitsamt der Inselwelt der ***Inside Passage*** pfannenstielartig 800 km tief hinunter nach Süden, so daß Alaska tatsächlich bereits wenig nördlich der kanadischen Stadt Prince Rupert beginnt, und nicht erst ganz hoch im Norden.

Topographie

Mehrere mächtige Gebirgsformationen prägen das Landschaftsbild Alaskas. Die bogenförmige *Alaska Range* mit dem ***Mount McKinley*** (6.194 m), dem höchsten Berg Nordamerikas, trennt das südliche Alaska von den inneren Plateaus, die im Norden mit der *Brooks Range* enden. Hohe Berge liegen auch zwischen Pazifikküste (Golf von Alaska) von der *Kenai Peninsula* bis nach Valdez und weiter. Sie gehen über in das *Wrangell/St. Elias*-Massiv.

Etwa ein Drittel Alaskas liegt nördlich des Polarkreises. In dieser Region befinden sich die Gebirge der ***Brooks Range*** mit dem größten Nationalpark der USA ***Gates of the Arctic***, und die ausgedehnte arktische Küstenebene, eine flache, baumlose Tundra. Als einzige Straße führt der ***Dalton Highway*** entlang der *Trans-Alaska Pipeline* in dieses Gebiet. Um den problematischen Permafrost-Boden zu meiden, wurde die *Pipeline* über weite Strecken oberirdisch auf Stelzen gebaut.

Pipeline

Erdbebenzone Alaska

Die Südwestküste Alaskas gehört zur aktiven **Erdbeben- und Vulkanzone** rings um den Pazifik (*Ring of Fire*) und erlebte in jüngster Vergangenheit mehrere größere Eruptionen. Der Ausbruch des *Novarupta* im *Katmai National Park* auf der Alaska Peninsula war 1912 – bezogen auf die Eruptionsmenge von 30 Kubikkilometern – der zweitgrößte der Neuzeit.

Nationalparks

Das phantasievoll bezeichnete Gebiet ***Valley of 10.000 Smokes*** mit dem im 20. Jahrhundert viermal ausgebrochenen *Mount Trident* liegt ebenfalls im *Katmai National Park*. Im »benachbarten« ***Lake Clark National Park*** steht der *Mount Redoubt*, dessen Ausbrüche vor einigen Jahren den Flugverkehr Alaskas lahmlegten.

Klima

Pazifischer Einfluß

Das Wettergeschehen wird wie im Westen Canadas vom Pazifik bestimmt. Der warme, nordwestwärts fließende Alaskastrom hält die Südküsten Alaskas eisfrei und versorgt die aus Westen heranziehenden Luftmassen mit Feuchtigkeit.

Auf der *Kenai Peninsula* und **im *Panhandle*** bzw. i**m Bereich der *Inside Passage* regnet es ausgiebig**. In Ketchikan etwa beträgt der Niederschlag beachtliche 4 m im Jahr, östlich der Küstengebirge dagegen weniger als ein Zehntel davon. Während sich die Küste selbst im Sommer gerne unter Nebel und Regenwolken versteckt, verzeichnet das Inland oft lange Schönwetterperioden.

Temperaturen

Die pazifischen Westwinde sorgen aber nicht nur für Regen, sondern verhindern auch extreme Temperaturschwankungen. In **Anchorage** kennt man kaum strenge Winterkälte und hat bereits im März die ersten frostfreien Tage. Auch an der ***Inside Passage*** liegen die Temperaturen im Winter überwiegend oberhalb der Frostgrenze. Im Sommer mißt man im Küstenbereich andererseits selten höhere Tagestemperaturen als 18°C.

Inland

Das **Landesinnere Alaskas** weist ein trockenes Kontinentalklima mit einem sehr ausgeprägten Jahreszeitenwechsel auf. In Fairbanks sind Wintertemperaturen von minus 30°C keine Seltenheit, während im Juli die lange Sonnenscheindauer oft für angenehme Temperaturen um 20°C und nicht selten deutlich mehr sorgt. Sogar die Seen in der Umgebung von Fairbanks erwärmen sich im Sommer auf badefreundliches Niveau. Die höchste jemals in Alaska gemessene Temperatur war **36°C am Polarkreis** (!) in Fort Yukon, die niedrigste **minus 62°C** am *Prospect Creek/Dalton Highway* auf gleicher Breite.

Arktik

Die extrem trockene a**rktische Tundra** nördlich der *Brooks Range* erhält nur 100-200 mm Niederschlag im Jahr. Den größten Teil des Jahres (Oktober bis August) bedeckt Packeis die Küste an der *Beaufort Sea*, so daß der Erdöltransport aus der *Prudhoe Bay* nicht per Schiff erfolgen kann. Im langen Polarwinter sieht Barrow vom 18.11 bis zum 24.1 kein Sonnenlicht. Zum Ausgleich versinkt die Sonne vom 10.5. bis zum 2.8. insgesamt 84 Tage lang nicht hinter dem Horizont.

Informationen für Touristen

Informationen erhält man bei den folgenden Stellen:

Alaska Travel Industry Association
2600 Cordova Street, Suite 201, Anchorage, AK 99503
© (907) 929-2842; www.travelalaska.com

Deutschland: ***Alaska c/o ESTM,***
Postfach 1425, 61284 Bad Homburg,
© 06172/92160-1, www.alaska-travel.de

Unterlagen

Folgende Gratis-Unterlagen kann man dort anfordern:

- den ***Alaska Vacation Planner***, eine gute Informationsquelle, die detaillierte Angaben zu Orten, Parks und touristischen Attraktionen enthält und Hotels, Motels, *Bed & Breakfast*-Agenturen und Campingplätze listet.
- den **Alaska Reiseplaner** (deutsch); nur eine kurze Übersicht.
- die ***Official State Map*** (*and Campgrounds Guide*) im Maßstab von ca. 1:4,3 Millionen. Diese Karte ist für Autofahrer ebensowenig ausreichend wie die im *Rand Mc-Nally Road Atlas*, enthält aber eine Übersicht aller mit Fahrzeug zugänglichen öffentlichen Campingplätze in Alaska.

(**Hinweis**: Die **Karte des AAA/CAA** im Maßstab 1:4,0 Millionen – für Mitglieder europäischer Partnerclubs kostenlos – ist unterwegs erheblich brauchbarer. Sie besitzt detaillierte *Strip Maps* mit Angaben zu Tankstellen, Motels, *Campgrounds* und Läden).

Camping

Campen in Alaska ist besonders auf den rund **130** staatlichen, per Straße erreichbaren ***Campgrounds*** empfehlenswert. Sie zeichnen sich mehrheitlich durch eine schöne Lage aus. Darunter fallen auch die Plätze in rund 120 ***Alaska State Parks***: www.alaskastateparks.org. Gebührenpflichtige Plätze ($10-$15 pro Nacht) haben im allgemeinen Trinkwasser, häufig Feuerholz zur freien Bedienung, gehören aber generell zur sanitären Einfachkategorie. Es gilt generell: ***first-come-first-served***. Nur wenige können reserviert werden *(z.B. Eagle River,* ➪ Seite 436).

In Alaska betreibt der ***US Fish and Wildlife Service*** (USFWS; www.r7.fws.gov) *Campgrounds* im *Tetlin National Wildlife Refuge* sowie im *Kenai National Wildlife Refuge* Plätze.

Camping und Hütten

Der ***US Forest Service*** (USFS) unterhält in Alaska (Internet: www.fs.fed.us/r10) Campgrounds im *Chugach National Forest* und im *Tongass National Forest*. Von diesen können einige über ***National Recreation Reservation Service***, reserviert werden: ✆ 1-888-444-6777, www.recreation.gov.

Ebenso kann man die Reservierung von über **200 Hütten** (*Remote Cabins*) des *Forest Service* im Hinterland arrangieren, die nur auf Wanderwegen, per Flugzeug oder Boot zu erreichen sind.

Die Büros des ***Alaska Public Lands Information Center*** in

Anchorage,
605 West 4h Ave, ✆ (907) 271-2737; ✆ 1-866-869-6887
Fairbanks, 250 Cushman St, ✆ (907) 456-0527, ✆ 1-866-869-6887
Tok, ✆ (907) 883-5667
Ketchikan, 50 Main Street, ✆ (907) 228-6220,

haben Infos für alle staatlichen Campingplätze, *Cabins* und Parks, darüberhinaus Ausstellungen, Videos und Filme zu Alaskas Naturschutzgebieten. www.nps.gov/aplic.

Die aktuellen **Reservierungsmodalitäten** für *Campgrounds* und den *Bus-Shuttle* im ***Denali National Park*** (➪ Seite 468ff.) sollte man am besten schon bei der Ankunft in Alaska in den Informationszentren erfragen. Alaskas übrige Nationalparks besitzen keine Campgrounds mit Autostellplätzen.

Bären

Die **Beobachtung von Bären beim Lachsfang** ist eine von zahlreichen Alaska-Attraktionen. Während sich die Lachse mühsam flußaufwärts quälen, bedienen sich die Bären wie im Schlaraffenland. Sie lassen sich dabei von Menschen kaum stören, solange die ihnen nicht zu dicht auf den Pelz rücken.

Die beliebtesten Lachsfangplätze der Bären sind wohlbekannt. Problemlos an der Straße sind die Bären in Hyder (⇨ Seite 369) oder im Denali NP (⇨ Seite 468) zu beobachten. Um den Andrang der »Beobachter« andernorts zu kanalisieren, stellt die zuständige Behörde regelrechte ***Permits*** fürs ***Bear Watching*** aus. Ohne eine derartige Erlaubnis ist die gezielte Fotojagd in den Schutzgebieten nicht möglich. Das gilt teilweise auch für

- das ***McNeil River State Game Sanctuary*** nördlich des *Katmai National Park*, die beste Zeit ist von Anfang Juli bis Mitte August. Infos beim *Alaska Department of Fish and Game, McNeil River Sanctuary*, 333 Raspberry Rd, Anchorage AK 99518, ✆ (907) 267-2253, www.wildlife.alaska.gov.
- ***Brooks Falls*** im *Katmai National Park*; beste Zeit ist Mitte Juli und im September. Infos: *Katmai NP*, PO Box 7, King Salmon, AK 99613, ✆ (907) 246-3305, www.nps.gov/katm
- den ***Pack Creek*** im *Admiralty Island National Monument*, Information beim *Forest Service* in Juneau, ⇨ Seite 483, www.fs.fed.us/r10/ro/naturewatch
- ***Anan Wildlife Observatory*** im *Tongass NF*, ⇨ Seite 479, www.fs.fed.us/r10/ro/naturewatch
- die ***Kodiak National Wildlife Refuge*** (⇨ Seite 446)

Haines Highway, auch »Dalton Trail«, die Verbindung zwischen Haines am nördlichen Ende des Alaska Panhandle und dem Yukon Territory (Alaska Hwy)

Adressenanhang

Unterlagenversand für deutschsprachige Länder

Canadian Tourism Commission (CTC)
Postfach 200247, 63469 Maintal
✆ (01805) 526232; Fax (06181)497558
Email: canada-info@t-online.de;
www.kanada-entdecker.de

Fremdenverkehrsbüros der einzelnen Provinzen

Travel Alberta
PO Box 2500
Edmonton, AB T5J 2Z4
✆ (780) 427-4321,✆ 1-800-ALBERTA
Fax (780) 427-0867
www.travelalberta.com

Tourism British Columbia
PO Box 9830
Victoria, BC V8W 9W5
✆ (250) 387-1642, ✆ 1-800-HELLO-BC;
Fax (250) 356-8246
www.hellobc.com

Travel Manitoba
21 Forks Market Rd.
Winnipeg, MB R3C 4T7
✆ (204) 927-7838, ✆ 1-800-665-0040
Fax (204) 927-7852
www.travelmanitoba.com

Northwest Territories
PO Box 610
Yellowknife, NT X1A 2N5
✆ (867) 873-7200, ✆ 1-800-661-0788;
Fax (867) 873-4059
www.explorenwt.com

Nunavut
PO Box 1450
Iqaluit, NU X0A 0H0
✆ (867) 979-6551, ✆ 1-866-NUNAVUT;
Fax (867) 979-1261
www.nunavuttourism.com

Ontario Travel
900 Bay St, 10th Floor
Toronto, ON M7A 2E1
✆ 1-800-ONTARIO, ✆ (905) 282-1721
Fax (416) 314-7574
www.ontariotravel.net

***Ontario Travel* in Deutschland**:
News Plus
Sonnenstr. 9, 80331 München
✆ (089) 23662168
Fax (089) 23662199
www.news-plus.net

Tourism Saskatchewan
1922 Park Street
Regina, SK S4N 7M4
✆ (306) 787-9600, ✆1-877-2-ESCAPE
Fax (306) 787-0715
www.sasktourism.com

Tourism Yukon
PO Box 2703
Whitehorse, YT, Y1A 2C6
✆ (867) 667-5036, ✆ 1-800-661-0494
Fax (867) 667-3546
www.travelyukon.com

***Tourism Yukon* in Deutschland**:
Kleine Hochstr. 4, 60313 Frankfurt
✆ (069) 219367-0
Fax (069) 219367-77
www.travelyukon.de

Alaska Travel
2600 Cordova Street, Suite 201
Anchorage, AK 99503
✆ (907) 929-2842
Fax (907) 561-5727
www.travelalaska.com

Alaska Travel in Deutschland
c/o ESTM,
Postfach 1425,
61284 Bad Homburg,
✆ 06172/92160-1,
Fax 06172/921605
www.alaska-travel.de

Kanadische Botschaften

Deutschland:
Leipziger Platz 17
10117 Berlin
✆ (030) 20312-0
Fax (030) 20312-121
www.kanada.de

Schweiz:
Kirchenfeldstr. 88
CH-3005 Bern
✆ (031) 3573200
Fax (031) 3573210
www.dfait.gc.ca/canadaeuropa/switzerland

Österreich:
Laurenzerberg 2
A-1010 Wien
✆ (01) 531383000
Fax (01) 531383321
www.kanada.at

Botschaften der USA

Deutschland:
Neustädtische Kirchstr.4-5
10117 Berlin
✆ (030) 238-5174
Fax (030) 831-4926
www.us-botschaft.de

Schweiz:
Sulgeneckstr. 19
CH- 3007 Bern
✆ (031) 3577011
Fax (031) 3577280
http://bern.usembassy.gov

Österreich:
Boltzmanngasse 16
A-1090 Wien
✆ (01) 31339-0
Fax (01) 3100682
www.usembassy.at

Botschaften in Canada

Deutsche Botschaft

Embassy of the Federal Republic of Germany
1 Waverley St
Ottawa, ON K2P 0T8
✆ (613) 232-1101; Fax (613) 594-9330
www.ottawa.diplo.de

Österreichische Botschaft

Austrian Embassy
445 Wilbrod Street
Ottawa, ON K1N 6M7
✆ (613) 789-1444; Fax (613) 789-3431
www.austro.org

Schweizer Botschaft

Embassy of Switzerland
5 Marlborough Ave.
Ottawa, ON K1N 8E6
✆ (613) 235-1837; Fax (613) 563-1394
www.eda.admin.ch/canada

Botschaften in den USA

Deutsche Botschaft

Embassy of the Federal Republic of Germany
4645 Reservoir Road NW
Washington DC 20007
✆ (202) 298-4000; Fax (202) 298-4249
www.germanyinfo.org

Österreichische Botschaft

Austrian Embassy
3524 International Court NW
Washington DC 20008
✆ (202) 895-6700; Fax (202) 895-6750
www.austria.org

Schweizer Botschaft

Embassy of Switzerland
2900 Cathedral Ave NW
Washington DC 20008
✆ (202) 745-7900; Fax (202) 387-2564
www.swissemb.org

Neuauflage jedes Jahr

Abbildung Auflage 2008

Hans-R. Grundmann

Mallorca

Handbuch für den optimalen Urlaub

bestens beurteilt von der Stiftung Warentest

19. Auflage 5/2008

ISBN 978-3-89662-245-7 · € 19,90

488 + 48 + 60 Seiten mit 63 eigens für dieses Buch angefertigten Farbkarten, davon 8 Wanderkarten, und über 250 Fotos. Unterkunftsempfehlungen für 48 Ferienorte mit aktuellen Kostenbeispielen 2007.

Separate Straßenkarte mit Stadtplan Palma und kulinarischem Lexikon. Mit 2 Beilegern - 48+60 Seiten:

- **Wandern und Natur**
- **Optimal unterkommen auf Mallorca**
- **Jedes Jahr neu**

Marc Schichor, Kirsten Elsner

Wandern auf Mallorca

Tramuntana Gebirge – Gipfel, Schluchten und Täler

Neuauflage 2008/09 mit GR 221

- 50 Tourenvorschläge in der Tramuntana
- die meisten Wege auch in Gegenrichtung
- alle Routen in Kurzfassung und en Detail
- **Neu**: Mehrtageswanderung »Ruta de Pedra en Sec«
- Genaue Karten von alle Orten in der Wanderregion
- Kleines Pflanzenlexikon mit zahlreichen Fotos
- Unterkunftsverzeichnis von der Berghütte bis ****Hotel

Der Clou des Buches ist die von den Autoren **für speziell diese Routen angefertigte separate Karte** mit Höhenlinien und -schichten im **Maßstab 1:35.000**, die keine Zweifel mehr über den richtigen Weg aufkommen lassen360 Seiten vierfarbig mit zahlreichen exakten Karten, Skizzen und über 400 Fotos,

3. Auflage 10/2008 · ISBN 978-3-89662-239-6 · € 22,50

Neuauflage Anfang 2009

Abbildung 2. Auflage

Hans-R. Grundmann, Hartmut Ihnenfeldt

Auf Mallorca leben und arbeiten

Ein Ratgeber für alle, die sich auf Mallorca zu Hause fühlen wollen

Wer spielte nicht gelegentlich mit dem Gedanken, auszusteigen, Routine und allzu Bekanntes hinter sich zu lassen? Um zum Beispiel auf Mallorca ein neues, anderes Leben zu beginnen?

Viele erfüllen sich diesen Traum, stellen aber fest, daß auch auf einer Ferieninsel der ganz normale Alltag gemeistert sein will. Dieses Buch liefert Know-How zur Bewältigung von Fragen und Problemen, mit denen Mallorca-Einsteiger unweigerlich konfrontiert werden. **288 Seiten, über 140 Abbildungen**, **43 Themenkästen, zahlreiche Internetadressen.**

3. Auflage 2009 · ISBN 3-89662-253-6 · € 17,50

ALPHABETISCHES REGISTER – INDEX

Im Register finden sich alle Ortsnamen, Sehenswürdigkeiten und geographischen Bezeichnungen ebenso wie alle wichtigen Sachbegriffe. Egal, wonach man sucht, seien es Informationen zur Automiete, zu einer Stadt oder einem Nationalpark, alles ist unterschiedslos alphabetisch eingeordnet.

Abkürzungen: NHP=National Historic Park; **NP**=National Park; **PP**=Provincial Park; **SP**=State Park (Alaska)